中国循环经济年鉴

（2013）

总第6卷

解振华 主编

北 京
冶 金 工 业 出 版 社
2014

内容简介

为全面记载我国循环经济的发展历程，促进经济发展方式的转变，建设资源节约型和环境友好型社会，从2008年起，由解振华主编、国家发展和改革委员会资源节约和环境保护司组织编辑出版大型典籍《中国循环经济年鉴》。

《中国循环经济年鉴 2013》主要载述2012年国家相关法律法规、政策文件，国家各部委局、重点行业与各省（区、市）、试点单位循环经济发展状况、经验、成效，以及有关数据资料，内容丰富、详实，图文并茂，具有权威性、可靠性和较高的实用价值。

《中国循环经济 2013》可作为各级党政机关、企事业单位、高等院校、科研院所专家学者及有关人员在进行决策与规划制定、科研、教学、管理等的重要依据和查考、借鉴。

图书在版编目（CIP）数据

中国循环经济年鉴. 2013 / 《中国循环经济年鉴》编委会编. -- 北京 : 冶金工业出版社，2013.12

ISBN 978-7-5024-6503-2

Ⅰ. ①中… Ⅱ. ①中… Ⅲ. ①自然资源－资源经济学－中国－2013－年鉴 Ⅳ. ①F124.5－54

中国版本图书馆CIP数据核字(2013)第301689号

出版人：谭学余
地址：北京北河沿大街嵩祝院北巷39号，邮编100009
电话：(010) 64027926　　电子信箱：yjcbs@cnmip.com.cn
责任编辑：李维科　　美术编辑：孔令刚　版式设计：孔令刚
责任校对：张　之
ISBN 978-7-5024-6503-2
廊坊市长岭印务有限公司 印刷；冶金工业出版社出版发行；各地新华书店经销
2013年12月第1版，2013年12月第1次印刷
889mm×1194mm　1/16；31.75印张；62彩；1143千字；446页
380.00元
冶金工业出版社投稿电话：（010）64027932　　投稿信箱：tougao@cnmip.com.cn
冶金工业出版社发行部电话：（010）64044283　传真：（010）64027893
冶金书店地址：北京东四西大街46号（100010）　电话：（010）65289081(兼传真)

（本书如有印装质量问题，本社发行部负责退换）

必须更加自觉地把全面协调可持续作为深入贯彻落实科学发展观的基本要求，全面落实经济建设、政治建设、文化建设、社会建设、生态文明建设五位一体总体布局，促进现代化建设各方面相协调，促进生产关系与生产力、上层建筑与经济基础相协调，不断开拓生产发展、生活富裕、生态良好的文明发展道路。

坚持节约资源和保护环境的基本国策，坚持节约优先、保护优先、自然恢复为主的方针，着力推进绿色发展、循环发展、低碳发展，形成节约资源和保护环境的空间格局、产业结构、生产方式、生活方式，从源头上扭转生态环境恶化趋势，为人民创造良好生产生活环境，为全球生态安全作出贡献。

——胡锦涛在中国共产党第十八次全国代表大会上的报告

我们要继续推进生态文明建设，坚持节约资源和保护环境的基本国策，把生态文明建设放到现代化建设全局的突出地位，把生态文明理念深刻融入经济建设、政治建设、文化建设、社会建设各方面和全过程，从根本上扭转生态环境恶化趋势，确保中华民族永续发展，为全球生态安全作出我们应有的贡献。

——习近平在党的十八届一中全会上的讲话

推进生态文明建设，必须全面贯彻落实党的十八大精神，以邓小平理论、“三个代表”重要思想、科学发展观为指导，树立尊重自然、顺应自然、保护自然的生态文明理念，坚持节约资源和保护环境的基本国策，坚持节约优先、保护优先、自然恢复为主的方针，着力树立生态观念、完善生态制度、维护生态安全、优化生态环境，形成节约资源和保护环境的空间格局、产业结构、生产方式、生活方式。要正确处理好经济发展同生态环境保护的关系，牢固树立保护生态环境就是保护生产力、改善生态环境就是发展生产力的理念，更加自觉地推动绿色发展、循环发展、低碳发展，决不以牺牲环境为代价去换取一时的经济增长。

——习近平在中共中央政治局第六次集体学习时的讲话

建设生态文明，必须建立系统完整的生态文明制度体系，实行最严格的源头保护制度、损害赔偿制度、责任追究制度，完善环境治理和生态修复制度，用制度保护生态环境。健全自然资源资产产权制度和用途管制制度。划定生态保护红线。实行资源有偿使用制度和生态补偿制度。改革生态环境保护管理体制。

——中共中央关于全面深化改革若干重大问题的决定

2012年11月8日，中国共产党第十八次全国代表大会报告将“生态文明建设”作为中国特色社会主义事业“五位一体”总体布局的组成部分，着力推进绿色发展、循环发展、低碳发展，大力推进生态文明建设，努力建设美丽中国

2012年6月8～10日，以“循环经济新成就，绿色发展新动力”为主题，由国家发展改革委、科技部、工业和信息化部、环境保护部等共同主办的第二届中国国际循环经济成果交易博览会在青岛举行，600多家国内外企业参展

2012年4月10日，主题为“科技支撑、依法治理、节约资源、高效利用”的“2012年中华环保世纪行”启动仪式在北京人民大会堂举行，全国人大常委会副委员长陈至立出席并宣布启动

2012年6月8日，由中国国家发展和改革委员会、中国环境保护部、德国经济技术部等联合主办的“首届中德循环经济论坛”在青岛举行

2012年11月19日，国家发展和改革委员会和财政部在长沙召开"国家'城市矿产'示范基地建设现场会"，总结几年来国家"城市矿产"示范基地建设经验，进一步推进示范基地建设工作

2012年，国家发展和改革委员会、财政部启动推进园区循环化改造工作，把园区改造成为"经济快速发展、资源高效利用、环境优美清洁、生态良性循环"的循环经济示范园区

2012年10月30日，全国秸秆循环农业现场经验交流会在山东滨州市召开。会议总结交流了推进秸秆循环农业发展的经验和模式，研讨了秸秆循环农业支持政策及下一步发展思路

2012年12月3日，首届“城市矿产”博览会暨中国首届“城市矿产”产业高峰论坛在北京举行

《中国循环经济年鉴》编辑委员会

《中国循环经济年鉴》编辑部

编辑部地址：北京市东城区安外大街136号皇城国际A座
北京现代循环经济研究院611室

邮　　编：100011

电　　话：（010）84119310（兼传真）

电子邮箱：gzp1616@126.com

编辑说明

一、《中国循环经济年鉴》是全面记载我国循环经济历史的大型典籍类工具书，坚持以毛泽东思想、邓小平理论和“三个代表”重要思想为指导，贯彻落实科学发展观，为推动循环经济发展服务。

二、《中国循环经济年鉴》从2008年出版发行以来，受到了各方面的欢迎和赞许，给了我们继续努力编辑出版《中国循环经济年鉴》以巨大鼓舞和鞭策。

三、《中国循环经济年鉴 2013》内容是2012年中国循环经济的发展状况，采用文章、条目、报表和图片相结合的体例。

四、《中国循环经济年鉴 2013》具有一些明显特点，如载入的事件、信息、数据、资料、图片等都来自官方和公开出版物，具有权威性、真实性；内容比较全面、系统、完整，从中央到地方，以至企业、园区、各个行业、领域，言论、重大活动和事件、法规、政策、科技、典型案例，多层次、全方位，涉及循环经济的方方面面，丰富、翔实；收录了近600幅反映我国循环经济的图片，具有较强的可视性、生动性和可读性。

五、《中国循环经济年鉴 2013》载入了循环经济试点单位实践经验，从而增加了交流和借鉴的价值。

六、《中国循环经济年鉴 2013》在编辑出版过程中，得到了国务院有关部委（局），各省、市、自治区、计划单列市，国家各重点行业及其协会、循环经济试点单位的大力支持，在此深表感谢！

七、《中国循环经济年鉴》编辑部设在北京现代循环经济研究院。

八、由于缺乏经验和水平所限，存在的疏漏乃至错误，敬请不吝指正。

Preface

The Chinese Circular Economy Yearbook is a large-sized reference book to comprehensively record recycle economy history in our country. It was edited with Mao Zedong Thought, Deng Xiao-Ping Theory and the Important Thought of Three Represents as guidance to implement Scientific Outlook on Development and to serve the recycle economy promotion.

Since Chinese Circular Economy Yearbook is published for the first time in 2008, it is always welcomed and praised. Those compliments strongly encourage us to keep making endeavors to edit Chinese Circular Economy Yearbook.

The Chinese Circular Economy Yearbook 2013 records the development of Chinese Circular Economy in 2012 with the text mode combining with articles, entries, forms and pictures.

The Chinese Circular Economy Yearbook 2013 has some distinct characteristics, such as all the affairs, information, data, materials and pictures inside coming from official resources or publications with authority and reality; It is comprehensive, systematic and full content covers from the central government to local government and enterprises, industrial parks, every industries, areas, speeches, important events and affairs, laws, policies, sciences and typical cases; It involves in every aspects of the recycle economy from different levels and all orientations; It collects nearly 600 pictures portraying the recycle economy in our country and hence it is interesting to see and read.

The Chinese Circular Economy Yearbook 2013 records experiences from recycle economy experimental units which enhances its reference value.

During the edition of the Yearbook, it is highly appreciated for the strong support from the ministries and commissions of the State Department, every province, cities, municipalities and cities specifically designated in the state plan, Guiyang City, the Development and Reform Commission of Xinjiang Production and Construction Corps of CPLA, every national important industries and their associations, recycle economy experimental units.

The newsroom of the Yearbook is located in Beijing Modern Recycle Economy Academy (010-84119310, gzp1616@126.com).

Due to limited experiences and level, please don't hesitate to let us know if there's any omission and error.

目　录

试点示范单位展示

党和国家领导人重要论述

胡锦涛重要论述（2012年）

在十一届全国人大五次会议江苏代表团审议时的讲话（节录）

要按照发展新阶段的新要求和国际产业演进的新趋势，深入推进产业结构调整，巩固和增强实体经济优势，形成具有国际竞争力的现代产业体系。要巩固扩大节能减排成果，加快发展循环经济、绿色产业、低碳技术，不断提高生态文明水平。要完善创新机制，优化创新环境，实施科技创新工程，强化企业创新主体地位，促进产学研紧密结合，着力打造创新高地，努力引领创新趋势，全面提升经济发展的质量、效益、竞争力。（2012年3月5日）

在中共中央政治局第三十三次集体学习时的讲话（节录）

新中国成立以来特别是改革开放以来，我们在长期实践中探索和走出了中国特色新型工业化道路，我国工业建设取得举世瞩目的成就，建成了门类齐全、独立完整的现代工业体系和国民经济体系，实现了从农业大国向工业大国的历史性转变。同时，我们也必须看到，我国工业发展长期依靠高投入、高消耗，存在着发展方式粗放、结构不合理、核心技术受制于人、资源环境约束强化、区域发展不平衡等深层次矛盾和问题。这些矛盾和问题解决不好，不仅会影响我国工业健康发展，而且会给整个经济发展带来不利影响。

工业是实体经济的主体，也是转变经济发展方式、调整优化产业结构的主战场。坚持走中国特色新型工业化道路，走出一条科技含量高、经济效益好、资源消耗低、环境污染少、人力资源优势得到充分发挥的新型工业化路子，是加快转变经济发展方式的重要途径，是全面建设小康社会的必然要求，是提高我国综合国力和国际竞争力的重要保障。

（2012年5月28日）

在中国科学院第十六次院士大会、中国工程院第十一次院士大会上的讲话（节录）

当前，世界主要国家为了摆脱国际金融危机影响和推动经济复苏增长，克服全球共同面临的能源资源环境等重大问题，纷纷加大科技投入，抢占科技制高点，争取发展主动权。科技竞争在综合国力竞争中的地位更加突出，科学技术日益成为经济社会发展的主要驱动力。信息技术、生物技术、纳米科技、认知科技呈现群发突破的生动景象，知识创新、技术创新和产业创新深度融合催生新一代技术群和新产业生长点。能源资源科技将推动能源结构战略性调整、促进可持续能源和资源体系的形成，材料和制造技术将加速绿色化、智能化、可再生循环的进程，空间海洋和平利用和开发将为可持续发展提供巨大增量资源，生态环境保护能力提升将有力促进人与自然和谐相处。量子世界的调控，暗物质、暗能量的探测，生命现象系统整体的认知，都有可能引发科学知识体系的结构性变革。

（2012年6月11日）

沿着中国特色社会主义伟大道路奋勇前进（节录）

推进生态文明建设，是涉及生产方式和生活方式根本性变革的战略任务，必须把生态文明建设的理念、原则、目标等深刻融入和全面贯穿到我国经济、政治、文化、社会建设的各方面和全过程，坚持节约资源和保护环境的基本国策，着力推进绿色发展、循环发展、低碳发展，为人民创造良好生产生活环境。

（7月23日在省部级主要领导干部专题研讨班上的讲话）

在中国共产党第十八次全国代表大会上的报告（节录）

中国特色社会主义道路，就是在中国共产党领导下，立足基本国情，以经济建设为中心，坚持四项基本原则，坚持改革开放，解放和发展社会生产力，建设社会主义市场经济、社会主义民主政治、社会主义先进文化、社会主义和谐社会、社会主义生态文明，促进人的全面发展，逐步实现全体人民共同富裕，建设富强民主文明和谐的社会主义现代化国家。

三、全面建成小康社会和全面深化改革开放的目标

——资源节约型、环境友好型社会建设取得重大进展。主体功能区布局基本形成，中国特色社会主义伟大实践，这是党领导人民在建设社会主义长期实践中形资源循环利用体系初步建立。单位国内生产总值能源消耗和二氧化碳排放大幅下降，主要污染物排放总量显著减少。森林覆盖率提高，生态系统稳定性增强，人居环境明显改善。

八、大力推进生态文明建设

建设生态文明，是关系人民福祉、关乎民族未来的长远大计。面对资源约束趋紧、环境污染严重、生态系统退化的严峻形势，必须树立尊重自然、顺应自然、保护自然的生态文明理念，把生态文明建设放在突出地位，融入经济建设、政治建设、文化建设、社会建设各方面和全过程，努力建设美丽中国，实现中华民族永续发展。

坚持节约资源和保护环境的基本国策，坚持节约优先、保护优先、自然恢复为主的方针，着力推进绿色发展、循环发展、低碳发展，形成节约资源和保护环境的空间格局、产业结构、生产方式、生活方式，从源头上扭转生态环境恶化趋势，为人民创造良好生产生活环境，为全球生态安全作出贡献。

（一）优化国土空间开发格局。国土是生态文明建设的空间载体，必须珍惜每一寸国土。要按照人口资源环境相均衡、经济社会生态效益相统一的原则，控制开发强度，调整空间结构，促进生产空间集约高效、生活空间宜居适度、生态空间山清水秀，给自然留下更多修复空间，给农业留下更多良田，给子孙后代留下天蓝、地绿、水净的美好家园。加快实施主体功能区战略，推动各地区严格按照主体功能定位发展，构建科学合理的城市化格局、农业发展格局、生态安全格局。提高海洋资源开发能力，发展海洋经济，保护海洋生态环境，坚决维护国家海洋权益，建设海洋强国。

（二）全面促进资源节约。节约资源是保护生态环境的根本之策。要节约集约利用资源，推动资源利用方式根本转变，加强全过程节约管理，大幅降低能源、水、土地消耗强度，提高利用效率和效益。推动能源生产和消费革命，控制能源消费总量，加强节能降耗，支持节能低碳产业和新能源、可再生能源发展，确保国家能源安全。加强水源地保护和用水总量管理，推进水循环利用，建设节水型社会。严守耕地保护红线，严格土地用途管制。加强矿产资源勘查、保护、合理开发。发展循环经济，促进生产、流通、消费过程的减量化、再利用、资源化。

（三）加大自然生态系统和环境保护力度。良好生态环境是人和社会持续发展的根本基础。要实施重大生态修复工程，增强生态产品生产能力，推进荒漠化、石漠化、水土流失综合治理，扩大森林、湖泊、湿地面积，保护生物多样性。加快水利建设，增强城乡防洪抗旱排涝能力。加强防灾减灾体系建设，提高气象、地质、地震灾害防御能力。坚持预防为主、综合治理，以解决损害群众健康突出环境问题为重点，强化水、大气、土壤等污染防治。坚持共同但有区别的责任原则、公平原则、各自能力原则，同国际社会一道积极应对全球气候变化。

（四）加强生态文明制度建设。保护生态环境必须依靠制度。要把资源消耗、环境损害、生态效益纳入经济社会发展评价体系，建立体现生态文明要求的目标体系、考核办法、奖惩机制。建立国土空间开发保护制度，完善最严格的耕地保护制度、水资源管理制度、环境保护制度。深化资源性产品价格和税费改革，建立反映市场供求和资源稀缺程度、体现生态价值和代际补偿的资源有偿使用制度和生态补偿制度。积极开展节能量、碳排放权、排污权、水权交易试点。加强环境监管，健全生态环境保护责任追究制度和环境损害赔偿制度。加强生态文明宣传教育，增强全民节约意识、环保意识、生态意识，形成合理消费的社会风尚，营造爱护生态环境的良好风气。

我们一定要更加自觉地珍爱自然，更加积极地保护生态，努力走向社会主义生态文明新时代。

（2012年11月8日）

习近平重要论述（2012年）

参加十一届全国人大五次会议上海代表团审议时的讲话（节录）

坚定不移走科学发展之路，继续扎实抓好转型发展。进一步在全市各级干部中形成一个共识：不能以牺牲环境和资源为代价、不能以积累社会矛盾为代价、不能以增加历史欠账为代价一味追求快速发展；进一步在全市各级干部中坚定一个信念：在坚持科学发展道路上即使遇到的困难有千万重，抓好创新驱动、转型发展一刻也不能松，在保持经济平稳较快发展过程中，加快建设“四个中心”，加快智慧城市和郊区新城建设以及生态文明建设。

（2012年3月5日）

参加十一届全国人大五次会议山东代表团审议时的讲话（节录）

要着力发展实体经济、培育现代产业体系，在转方式、调结构中，通过一手抓战略性新兴产业培育、一手抓传统产业转型升级，一手抓资本技术密集型产业、一手抓劳动密集型产业，做优做强实体经济，真正走出一条科技含量高、经济效益好、资源消耗低、环境污染少、人力资源优势得到充分发挥的新型工业化道路。要着力抓好节能减排和环境保护，着眼于形成节约资源能源和保护生态环境的产业结构、增长方式、消费模式，加快建立生态环境和资源补偿惩罚机制。同时继续以“让江河湖泊休养生息示范省”建设为抓手，巩固提高流域治污成果，重点抓好大气污染治理，建设好天更蓝、地更绿、水更清、人民群众更幸福的生态山东，实现好、维护好人民群众生态权益。

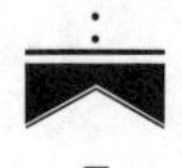

（2012年3月7日）

参加十一届全国人大五次会议福建代表团审议时的讲话（节录）

经济发展这边风景独好，环境和空气质量，我们这边实在还是成问题。富裕了，发达了，最后追求什么？文明指数还离不开生态，离不开天更蓝，水更绿，绿水青山。在建设生态文明方面，要更加重视和加强对森林资源的建设和开发，同时还要注重加强海洋管理，保护海洋环境。希望福建在新的一年里加深对建设资源节约型、环境友好型社会的重要性认识，以对历史负责、对人民负责、对子孙后代负责的态度，深入贯彻节约资源和保护环境的基本国策，努力在环境保护和生态建设上取得新的成效。

（2012年3月7日）

在党的十八届一中全会上的讲话

我们要继续推进生态文明建设，坚持节约资源和保护环境的基本国策，把生态文明建设放到现代化建设全局的突出地位，把生态文明理念深刻融入经济建设、政治建设、文化建设、社会建设各方面和全过程，从根本上扭转生态环境恶化趋势，确保中华民族永续发展，为全球生态安全作出我们应有的贡献。

（2012年11月15日）

吴邦国重要论述（2012年）

在十一届全国人大五次会议作的常委会工作报告（节录）

坚持不懈地推进节能减排，强化法律规范、政策引导，加强重点领域节能减排和生态保护，坚决淘汰落后产能，抑制高耗能高污染产业过快增长，促进清洁生产，发展绿色产业和循环经济，完善生态补偿机制，推动经济增长建立在可持续发展的基础上。

（2012年3月9日）

在黑龙江调研时的讲话（节录）

要坚持把生态文明理念贯穿于经济社会发展全过程，大力实施生态环境建设保护工程，加强重点生态功能区和生态环境脆弱区保护，加大黑土区水土流失治理力度，大力发展循环经济，倡导低碳、绿色生产消费理念，对林区湿地和水源地要严格环保审批，防止产生新的污染，切实保护好黑龙江的蓝天碧水和林海雪原。

（2012年7月16日至21日）

在第五届中国西部国际合作论坛上的讲话（节录）

要扩大产业合作，挖掘现代农业、战略性新兴产业、先进制造业和现代服务业等领域的合作潜力，联合开发新能源和可再生能源，加强技术研发合作和转让，推动绿色经济、循环经济发展。

（2012年9月26日）

在山西调研时的讲话（节录）

要继续推动转型发展。山西煤炭产业在全国占有举足轻重的地位，经过近年来大力整合重组，规模化、集约化、机械化、现代化水平大幅提高。要在巩固结构调整成效的基础上，进一步优化资源配置，提高产业集中度，依靠科技进步，提高煤炭资源回采率和综合利用效率，大力发展煤炭循环经济，加快煤层气产业化发展，推进输气、输电通道建设，把煤炭这篇大文章做实做好。

要抓好生态文明建设。党的十八大把生态文明建设纳入中国特色社会主义总体布局，既是我国经济持续发展的内在要求，也是落实科学发展观的重大举措。要把生态文明建设摆在更加突出的战略地位，加快淘汰落后产能，扎实推进节能减排，促进清洁生产和资源循环利用，抓好造林绿化、污染防治和生态修复工程，着力推进绿色发展、循环发展、低碳发展，加快建设资源节约型、环境友好型社会。

（2012年11月19~23日）

温家宝重要论述（2012年）

2012年政府工作报告（节录）

推进节能减排和生态环境保护。发布实施“十二五”节能减排综合性工作方案、控制温室气体排放工作方案和加强环境保护重点工作的意见。清洁能源发电装机达到2.9亿千瓦，比上年增加3356万千瓦。加强重点节能环保工程建设，新增城镇污水日处理能力1100万吨，5000多万千瓦新增燃煤发电机组全部安装脱硫设施。加大对高耗能、高排放和产能过剩行业的调控力度，淘汰落后的水泥产能1.5亿吨、炼铁产能3122万吨、焦炭产能1925万吨。

深入贯彻节约资源和保护环境基本国策。开展节能认证和能效标识监督检查，鼓励节能、节水、节地、节材和资源综合利用，大力发展循环经济。

（2012年3月5日）

在湖南省考察调研时的讲话（节录）

大力发展资源节约型、环境友好型的产业体系，促进产业高新化、集约化、清洁化和循环化。继续推进节能减排，大力发展绿色建筑，依法推进建筑节能、交通节能，引导商业和民用节能。大力发展循环经济，探索地区、企业、园区等不同类型的循环经济发展模式。切实落实节能、节水、环保产品消费政策，倡导绿色消费理念。建立推进节能减排的价格及补偿机制，推进主要污染物排污权交易和生态补偿试点。

（2012年5月25~27日）

在第四届中非企业家大会开幕式上的讲话（节录）

中方愿与非洲深化中非应对气候变化伙伴关系，加强在气候变化领域的政策对话与合作；将在森林保护、防灾减灾、荒漠化治理、生态保护、环境管理等领域向非洲提供更有力的支持；继续增加对非援助规模，实施更多有利于改善民生和提升可持续发展能力的项目；呼吁国际社会重视可持续发展领域执行力不足的问题，敦促发达国家兑现对非洲国家的援助承诺。

（2012年7月18日，北京）

在2012年夏季达沃斯论坛上的致辞（节录）

坚持节约资源和保护环境，着力增强可持续发展能力。这十年，中国践行可持续发展理念的一个重大的标志性举措，是把建设资源节约型、环境友好型社会确定为国家发展的重要战略。我们把节能减排作为约束性指标纳入国民经济和社会发展规划，加大资金投入，加快构建有利于节约能源资源和保护生态环境的产业结构、生产方式和消费模式，大力发展绿色经济，促进人与自然的和谐统一。

（2012年9月11日）

李克强重要论述（2012年）

与工程科技界院士、专家座谈时的讲话（节录）

我国发展面临的能源资源瓶颈制约日益突出，保障能源资源安全是现代化进程中始终面临的一个重大挑战。要坚持立足国内，推进地质找矿技术创新，加大密度、拓展深度，努力实现新突破，提高能源资源的国内保障水平，同时加强国际能源资源合作。破解能源资源难题，节约势在必行，也是必由之路。要把节能减排当作一场持久战来打，把循环经济的理念转化为各方面的实际行动，不断提高能源资源利用效率。

（2012年1月6日）

考察比利时优美科集团电子垃圾处理厂时的讲话（节录）

中国加强电子垃圾处理，事关加快建设资源节约型、环境友好型社会，事关改善民生。比利时这方面技术先进。中比双方在电子垃圾处理领域的合作前景广阔。希望优美科集团在与中方多年以来开展合作的基础上，同中方有关企业积极探讨推进在处理电子垃圾领域的互利合作，共同研发、推广并示范应用先进技术，为促进两国经济社会可持续发展作出积极贡献。

（2012年5月2日 布鲁塞尔）

学习党的十八大精神 促进经济持续健康发展和社会进步（节录）

资源环境是可持续发展的基本支撑。面对能源资源和环境制约经济社会发展的严峻形势，我们必须高度警觉，增强危机意识和紧迫感。要坚持节约资源、保护环境的基本国策，坚持节约优先、保护优先、自然恢复为主的方针，落实节能减排的目标和任务，推动能源生产和利用方式变革，加大污染治理和生态环保力度，全面节约利用资源，大力发展节能环保产业。“十二五”期间，大规模推进节能环保，将对技术、装备、服务等产生巨大需求，催生具有战略意义的新兴产业，开拓新的增长领域。

（2012年11月21日 人民日报）

建设一个生态文明的现代化中国

生态文明源于对发展的反思，也是对发展的提升。人类发展史就是一部文明进步史，也是一部人与自然的关系史。历史上，一些古代文明因生态良好而兴盛，也有的文明因生态恶化而衰败。近300年来，人类在工业化中创造了巨大的物质财富，但也付出了沉重的资源环境代价。20世纪下半叶后，国际社会开始思考“增长的极限”、“只有一个地球”等问题，提出了循环经济、绿色发展、生态文明等理念。联合国先后召开四次环境与发展大会，达成了促进可持续发展、应对气候变化等共识，并逐步转化为各国的行动。可以说，生态文明是对农业文明、工业文明的继承和创新，符合人类文明发展的方向。

中国自古以来就有“道法自然”、“天人合一”等生态思想，这些智慧对今天的发展仍有启示。从上世纪70年代起，中国就注重加强污染防治，并积极参与世界环境与发展事业。改革开放３０多年来，中国推进现代化建设，实行节约资源、保护环境的基本国策，采取了一系列有效措施，使生态环境恶化的趋势有所减缓。但我们清醒地看

到，中国面临的生态环境形势依然严峻。资源相对不足、环境容量有限，已经成为新的基本国情，成为发展的“短板”。我们大力推进生态文明建设，正是要打破这一瓶颈制约。

朝着生态文明的现代化中国迈进，是摆在我们面前的一项全新课题，是全面建成小康社会的应有之义。我们既要继续发展工业文明，又要大力弘扬生态文明。在中国这样一个１３亿多人口的大国实现现代化，人类历史上没有先例可循。在广阔的国土上保护生态环境，也是世界性难题。我们面临前所未有的发展机遇和风险挑战，既要有“走钢丝”的忧患意识，也要有“登高峰”的必胜信心。发达国家几百年里逐步实现的工业化、城镇化，在我国正加快推进；发达国家上百年间逐步出现的资源环境矛盾，在我国也集中显现。借鉴国际上的成功经验，汲取一些失败的教训，发挥新兴国家的后发优势，可以避免重复“先污染、后治理”的老路，探索出一条新的发展路径。中国将进一步树立尊重自然、顺应自然、保护自然的生态文明理念，把生态文明建设融入整个现代化建设之中，加快转变经济发展方式，在发展中保护、在保护中发展，通过转型发展，实现发展经济、改善民生、保护生态共赢。

（在中国环境与发展国际合作委员会二〇一二年年会开幕式上的讲话，2012年12月12日）

贾庆林重要论述（2012年）

在山东调研时的讲话（节录）

要加强生态文明建设，扎实推进节能减排，大力发展循环经济，在积极发展海洋经济的同时切实搞好海洋生态保护，加快形成节约能源资源和保护生态环境的产业结构、增长方式和消费模式，切实走出一条生产发展、生活富裕、生态良好的文明发展道路。

（2012年3月23~28日）

在河北调研时的讲话 （节录）

要着力加强生态环境建设，全面落实各项节能减排政策措施，加快发展循环经济，加强污染防治，深入开展植树造林，切实增强可持续发展能力。

（7月12日至18日）

在黑龙江调研时的讲话（节录）

推进生态文明建设，是涉及生产方式和生活方式根本性变革的战略任务。要坚持不懈抓好生态建设，深入开展植树造林，大力实施生态修复工程，强化重点生态功能区保护管理，不断改善生态环境质量。要扎实推进节能减排，牢固树立绿色发展、低碳发展理念，进一步降低单位产值的能耗、水耗和污染物排放水平。要完善生态型产业体系，大力发展林下经济，加快发展生态旅游产业，实现生态效益与经济效益的双赢，推动黑龙江由生态资源大省向生态经济强省跨越。

（2012年 7 月27~30日）

在甘肃调研时的讲话（节录）

要切实加强生态建设和环境保护，做好防沙治沙工作，培育壮大循环经济，着力推进绿色发展、循环发展、低碳发展，为人民创造良好生产生活环境。要依托丰富的文化资源，大力发展文化事业和文化产业，加强文化遗产保护，打造国内外知名的文化品牌，努力形成文化建设与经济建设相互促进协调发展的良好局面。

（2012年8月24~29日）

在全国发展改革系统资源节约和环境保护工作会议上的讲话（节录）

解振华

一、关于2011年资源节约和环境保护工作

2011年是“十二五”开局之年。一年来，各地区、各部门认真贯彻党的十七届五中全会和“十二五”规划《纲要》精神，按照主题主线的要求，全面总结“十一五”节能减排经验，科学谋划“十二五”节能减排工作，采取切实有效的措施，强力推进节能减排，大力发展循环经济，加大环境保护力度，促进绿色低碳发展，各项工作取得新的进展。

（一）强力推进节能减排

一是加强节能减排综合协调。“十一五”节能减排的成绩来之不易，工作具有创新性、宏观性、政策性和基础性，在建章立制、政策机制、宏观指导等方面积累了宝贵经验。在全面总结“十一五”节能减排工作基础上，研究起草《“十二五”节能减排综合性工作方案》，提出12个方面50条政策措施，国务院召开节能减排工作领导小组会议审议通过并由国务院发布。分解工作任务，由国务院办公厅印发部门分工，明确152项任务的责任部门。国务院召开全国节能减排工作电视电话会议，温家宝总理作重要讲话，对“十二五”节能减排工作进行部署。我委先后召开国务院节能减排工作领导小组联络员会议、全国节能主管部门系统工作会议，研究落实节能减排工作。开展节能减排形势分析，按季度发布各地区节能目标完成情况晴雨表，督促各地加强节能预警调控。会同有关部门在去年11月份对12个地区的节能减排情况进行了专项督察。

（二）大力推进循环经济

一是制定循环经济发展综合性政策。研究起草《国务院关于进一步加快发展循环经济的意见（代拟稿）》。印发《循环经济发展规划编制指南》，指导各地做好规划编制工作。起草《强制回收的产品和包装物名录及管理办法》，研究提出《国务院关于开展反食品浪费的通知（代拟稿）》。会同财政部制定循环经济发展专项资金实施方案，组织开展循环经济先进单位表彰推荐工作。

二是推进“城市矿产”示范基地建设。在第一批国家“城市矿产”示范基地建设基础上，将15个符合条件的园区确定为第二批国家“城市矿产”示范基地。安排循环经济发展专项资金近18亿元，支持示范基地新增加工利用能力、基础设施和公共服务平台建设等，带动总投资130多亿元，新增各类再生资源加工利用能力850余万吨。

三是推动再制造产业化发展。对第一批汽车零部件再制造试点进行验收，印发《关于深化再制造试点的通知》。安排中央预算内投资8520万元，支持再制造重点项目，年新增再制造发动机、工程机械、矿山机械4万台以及机油泵、助力泵68万台。召开再制造国际论坛，推动再制造技术推广和应用。

四是启动园区循环化改造。依据国务院批准的甘肃省和柴达木循环经济总体规划，会同财政部率先在甘肃、青海开展园区循环化改造示范试点，下发《关于同意白银高新技术产业开发区等8个循环化改造示范试点实施方案并确定为国家循环化改造示范试点园区的通知》，安排资金8.5亿元，支持园区建设103个关键链接项目和公用工程项目，从发展思路上、从源头控制上解决园区发展中存在的环境问题。

五是推进餐厨废弃物资源化利用和无害化处理。为斩断非法利益链，构建循环产业链，从源头上解决餐厨废弃物引发的“地沟油”、“垃圾猪”等食品安全问题，变废为宝、化害为利，我委等五部委联合开展餐厨废弃物资源化利用和无害化处理试点工作，确定第一批33个城市（区）试点单位，安排循环经济专项资金6亿多元。预计到2015年，试点城市餐厨废弃物资源化利用和无害化处理能力达322万吨，产值近45亿元。

六是总结循环经济典型模式。对“十一五”期间组织开展的78家循环经济试点单位进行总结，开展典型模式案例研究，凝炼出包括区域、园区和企业3个层面、14个种类的60个循环经济典型模式案例，印发了《循环经济典型模式案例（简本）》。

七是探讨循环经济统计评价方法。会同统计局研究提出将资源产出率作为评价循环经济发展的综合性指标，将资源产出率提高15%的目标纳入“十二五”规划《纲要》。研究国家层面资源产出率发布方法，开展资源产出率统计相关基础工作。

八是加强资源综合利用。协调推动全国资源综合利用，安排中央预算内投资13.67亿元，支持大宗固体废物综合利用等项目180个，利用工业废渣5100万吨、回收利用再生资源300万吨。举办资源综合利用认定管理政策培训，审核认定资源综合利用电厂118家，年利用煤矸石和煤泥1700万吨、生活垃圾1000多万吨。会同财税部门开展调研，

为修订《资源综合利用企业所得税优惠目录（2008年版）》做好基础性工作。

九是推进秸秆综合利用。向国务院呈报《关于我国农作物秸秆综合利用有关情况的报告》。统筹协调秸秆综合利用工作，印发《“十二五”农作物秸秆综合利用重点工作安排及部门分工》。召开秸秆综合利用试点工作启动会和棉秆综合利用工作座谈会。

十是推动墙体材料革新。近年来，各地区和有关部门认真贯彻落实《国务院办公厅关于进一步推进墙体材料革新和推广节能建筑的通知》，采取积极措施大力推进禁止使用实心黏土砖和墙体材料革新工作，实现了“十一五”末全国城市基本“禁实”、新型墙材占墙体材料总量55%的目标，经济、社会和环境效益显著。去年，我委向国务院呈报《“十一五”“禁实”和墙体材料革新有关情况及下一步工作安排》。印发《“十二五”墙体材料革新指导意见》，提出到2015年，全国30%以上的城市实现“限黏”、50%以上县城实现“禁实”，新型墙体材料产品生产能耗下降20%的目标任务。支持云南省盈江县地震灾后重建，组织捐赠2套年产6000万块标砖能力的新型墙体材料全自动生产线。

十一是巩固“限塑令”成果。联合11个部门起草并向国务院呈报《关于我国“限塑令”实施情况的报告》。开展主题为“开展限塑行动、倡导低碳生活”的“限塑令”三周年大型专题宣传活动。联合6个部门对20个省市进行“限塑”专项检查。

十二是治理商品过度包装工作。向国务院呈报《关于治理商品过度包装工作有关情况的报告》，会同有关部门印发《“十二五”治理商品过度包装重点工作及部门分工》。根据国务院领导指示，会同有关部门部署国庆节期间月饼市场监管工作，向国务院呈报《关于今年月饼市场食品质量、包装、价格有关情况的报告》。

十三是做好节水工作。起草并由国务院办公厅印发《关于加快发展海水淡化产业的意见》。组织召开海水淡化及综合利用工作座谈会，启动了海水淡化产业发展重点示范工程和产业基地建设。安排中央预算内投资近4亿元，支持矿井水利用、海水淡化和综合利用等重大示范项目74个，可形成年节水能力4亿多吨。与住建部共同召开全国节水型城市创建工作会议。

（三）加大环境保护力度

三是全面推行清洁生产。建立清洁生产部际协调工作机制。配合全国人大开展《清洁生产促进法》修订并参与相关调研工作，确立清洁生产综合管理部门职责，逐步理顺管理体制。梳理、修订清洁生产评价指标体系、清洁生产标准，规范清洁生产评价指标体系的制定工作。实施清洁生产示范项目，推进农业、服务业清洁生产工作。研究规范清洁生产审核，加强清洁生产审核机构管理。

（四）组织编制专项规划

加快编制国家级重点规划。按照国务院同意的“十二五”专项规划编制方案，研究编制《节能减排规划（2011-2015年）》、《“十二五”节能环保产业发展规划》、《全国城镇污水处理及再生利用设施建设规划（2011-2015年）》、《全国城镇生活垃圾无害化处理设施建设规划（2011-2015年）》，已报国务院审批。组织编制《全国循环经济发展规划（2011-2015年）》，已征求意见，正在修改完善。

组织编制专项规划。编制印发《“十二五”资源综合利用指导意见》、《“十二五”大宗固体废物综合利用实施方案》、《“十二五”农作物秸秆综合利用实施方案》等专项规划。

（五）加强宣传和国际、地区间合作

加大节能减排宣传。中央17个部门联合印发《“十二五”节能减排全民行动实施方案》，开展家庭社区、青少年等十个专项行动。围绕资源节约和环境保护的重点工作、重点政策和重大活动进行专题宣传，特别是通过新闻媒体、利用展览平台集中宣传报道了“十一五”节能减排的显著成效和政策措施。组织开展第21个全国节能宣传周活动，策划安排国务院领导视察企业及相关主题活动。启动并确定首批9家国家循环经济教育示范基地建设。继续开展循环经济专家行活动。国家节能中心联合各地节能中心举办首届全国节能文艺汇演，以节能人自编自演的方式宣传节能。

加强国际和地区间合作。举办第六届中日节能环保综合论坛，签署合作项目51个，李克强副总理出席论坛开幕式并致辞，中日双方约1000人参加。组织派遣三期赴日节能人才研修，启动中日合作北京智能交通系统项目，推进中日韩循环经济示范基地建设。举办第二届中美能效论坛、首届中法节能研讨会。与美国、德国、奥地利、日本、联合国开发计划署、世界银行等外国政府和国际组织在节能、资源循环利用、污染治理等方面开展广泛合作。建立和推进了海峡两岸半导体照明产业合作常态化交流。

二、当前资源节约和环境保护工作面临的形势

“十二五”时期是全面建设小康社会的关键时期，我国发展仍处于可以大有作为的重要战略机遇期，面临着难得的历史机遇。但发展中不平衡、不协调、不可持续的问题依然突出，特别是随着工业化、城镇化和农业现代化快速发展，能源资源需求刚性增长，资源环境约束日益强化。面对这一状况，党中央、国务院高瞻远瞩、审时度势，提出要以科学发展为主题，以加快经济发展方式转变为主线，把建设资源节约型、环境友好型社会作为加快转变经济发展方式的重要着力点，促进经济社会发展与人口资源环境相协调，走可持续发展的道路。这对资源节约和环境保护工作提出了更高要求，带来了新的挑战：如何以节能减排为抓手，切实推动经济结构战略性调整和发展方式加快转变，切实为经济社会发展提供支撑，切实维护人民群众切身利益，是环资工作的重大课题。

（一）做好环资工作是保持经济平稳较快发展、推动经济战略转型的迫切要求

当前，我国经济发展的基本面仍是好的，国内需求平稳增长，农业生产形势较好，工业生产总体稳定，结构调整积极推进，物价涨幅明显回落，经济工作开局良好。但也要看到，经济社会发展仍然面临不少困难和挑战。从国际看，尽管近期世界经济形势随着美国经济持续向好和欧债危机的暂时缓解而有了一些积极变化，但世界经济继续减速的趋势难以改变，世界贸易增速也将维持在较低水平，在此背景下国际贸易保护主义可能逐步升温，这些都将会对我国出口产生不利影响。从国内看，保持农业稳定增产的难度较大，经济增长存在下行压力，特别是在外需疲弱的情况下，制约投资消费增长因素较多。部分行业企业生产经营困难，盈利能力明显下降。经济增长粗放、产业结构不合理的问题仍然突出，加快推进产业结构升级和节能减排的任务艰巨。

在这一复杂的形势下，中央确定今年工作思路时将经济增长预期目标定为7.5%，为调结构、转方式留下空间。加快转型发展，必须大力淘汰落后产能，严防部分地方追求过快增长、盲目投资“两高”项目，抑制高耗能行业过快增长；同时，加快发展服务业和战略性新兴产业，积极培育新的经济增长点，这是实现节能减排目标的重要措施。国内外实践表明，强化节能环保是经济转型的重要突破口，对发展可以创造市场需求、提供新的动力，对企业可以提升技术水平、增加经济效益，对居民可以改善环境质量、提高生活品质。在应对这次国际金融危机中，世界上许多国家提出实施“绿色新政”，推动经济强劲、平衡、可持续增长，抢占未来竞争的制高点。如何在新一轮的经济变革中，掌握先进技术和主动权，切实增强核心竞争力，加快经济战略转型，是我们的重要任务和光荣使命。据测算，到2015年，我国节能环保产业增加值占国内生产总值比重将达到2%左右，总产值达4.5万亿元，预计产值年均增长15%以上。

（二）做好环资工作是破解资源环境瓶颈制约、支撑经济可持续发展的重要途径

能源资源是经济社会发展的重要物质基础，是经济的命脉和发动机。我国石油对外依存度已经达到54.9%，国际能源市场的风吹草动都会给我国能源供应甚至经济运行带来影响。近几年，国际油价一直保持高位运行，前一段时间最高达每桶120多美元，对全球经济特别是石油进口国经济产生较大的影响，也在一定程度上造成我国成品油供应紧张，加剧了通货膨胀压力，影响了经济运行和人民生活。没有可靠的能源资源保障，就没有经济的平稳运行，没有社会的可持续发展。

由于资源禀赋、环境容量、国际形势等诸多因素的限制，保障压力越来越大，能源资源供需矛盾将是长期制约我国经济社会发展的软肋。一是资源因素。我国资源禀赋较差，石油和天然气人均剩余可采储量仅为世界平均水平的7%左右，淡水为28%，耕地为43%，森林为25%，煤炭为67%，铁矿石为17%。煤炭超强度开采，产能中达不到安全生产条件的达1/3左右，安全事故频发。这决定了国内进一步增产的潜力有限。二是环境因素。自然资源的大量开采和使用，造成大气、土壤、地下水污染，矿区沉陷，土地荒漠化，严重破坏生态环境。我国有2.98亿农村人口喝不上安全的饮用水；京津冀、长三角、珠三角及部分省会城市大气污染问题突出，部分城市灰霾现象凸现，PM2.5吸入所引发的肺癌发病率超过吸烟，成为城市居民的健康杀手；重金属污染、持久性有机污染物和土壤污染加重，环境问题引发的群体性事件频发。三是国际因素。能源资源等战略性物资与国际政治、经济、军事有着紧密的联系，一些国家利用手中的能源资源在国际关系中打政治牌，一些地区的局部战争和武装冲突往往是争夺能源资源引起的。所以说，能源资源既是一个经济问题、环境问题，也是一个政治问题。

我国是一个发展中大国，保障能源资源战略安全，从根本上要靠自身的努力。一方面要积极增加供给，另一方面要千方百计挖掘节约潜力，抑制不合理需求。同时要看到，我国能源资源利用效率与世界先进水平还有很大差距，节约潜力还是很大的，而且随着技术进步潜力不断提高。

（三）做好环资工作是应对气候变化、树立良好大国形象的客观需要

气候变化是当今国际社会的热点问题之一，受到各国政府的高度重视，受到广大人民群众的普遍关注。目前，一些国家甚至将其作为检验一个国家对子孙后代、对人类社会可持续发展的政治责任，提出了很高的要求。“十一五”以来，我国碳强度显著降低，但温室气体排放总量增长迅速，面临着巨大的国际压力。一是增长快、增幅大。我国温室气体排放总量已超过美国、欧盟等主要经济体，成为世界第一排放大国。二是人均排放量不断攀升。1990年，我国人均排放量只有2吨，人均排放列世界第100位左右，2009年上升到第58位，人均排放超过世界平均水平。三是未来一段时期内，我国温室气体排放总量仍可能出现大幅增长。

由于我国排放总量和人均排放量快速增长，这使我们在国际气候谈判中不可避免地成为各方关注的焦点。不仅是发达国家，部分发展中国家也开始要求中国等新兴发展中大国减排。1990年，联合国气候变化框架公约签署时，占世界人口20%的发达国家占世界温室气体排放总量的80%，而占世界人口80%的发展中国家仅占世界温室气体排放量的20%，共同但有区别的责任十分明确。但20年后，发展中国家的温室气体排放量比重已上升到60%左右，同期OECD国家排放量比重下降到40%左右。随着世界经济和排放格局发生巨大变化，国际社会必然会寻求与之相适应的制度安排。一些发达国家借应对气候变化的名义，企图对发展中国家设置碳关税、“环境标准”等贸易壁垒，如欧盟已经开始实施航空碳税，不断增加对发展中国家的要求。随着我国成为世界第一大排放国和第二大经济体，国际气候谈判的外部环境和条件已经发生重要变化，各方对我国的期待和要求也不可能一成不变。

“十一五”期间，我国单位国内生产总值能耗下降19.1%，节能6.3亿吨标准煤，减少二氧化碳排放14.6亿吨，实现了规划《纲要》确定的约束性目标，受到了国际社会的高度评价，为国际气候谈判赢得了主动。如果我们的承诺没有实现，我想在国际气候谈判中，我们的处境就要被动得多。

（四）做好环资工作是当前一项重要的紧迫任务

2011年是“十二五”开局之年，但节能减排的开局并不理想。我们确定的目标是单位国内生产总值能耗下降3.5%，但实际只下降了2.01%。温总理在政府工作报告中说，去年有两项任务没有完成，一项是控制通货膨胀，另外一项就是节能减排。全国有8个地区未完成年度节能目标，分别是：浙江、福建、海南、西藏、甘肃、青海、宁夏、新疆。其中，海南、西藏、青海、宁夏、新疆的能耗强度不降反升，分别上升5.23%、0.81%、9.44%、4.6%和6.96%。全国有13个地区未完成节能进度目标，分别是：内蒙古、辽宁、江苏、浙江、福建、江西、广东、海南、西藏、甘肃、青海、宁夏、新疆。这种状况大大增加了后四年的工作压力，如果今年的目标任务还不能完成，“十二五”节能减排指标就可能落空。

分析去年的节能减排工作，主要存在以下问题：一是认识不到位。不能正确处理经济发展与节能减排的关系，有的片面追求经济增长，经济增速大大高于计划，对调结构、转方式重视不够；有的存在畏难情绪，有“前松后紧”搞突击的想法；有的节能减排责任意识减弱，工作有所懈怠，要求有所降低，行动有所滞后。二是结构调整进展缓慢。一些地区特别是中西部地区高耗能行业增长过快，加上2010年一些关停和延期投产的高耗能产能在去年恢复性反弹释放，结构节能目标没有实现，同时由于东部地区经济结构优于西部地区，去年西部地区平均增速比东部地区高3.67个百分点，也增加了能耗强度下降的难度。三是有利于节能减排的价格、财税、金融等经济政策还不完善，合理控制能源消费总量的倒逼机制尚未建立，基于市场的激励和约束机制不健全，有些政策衔接不够甚至相互矛盾，创新驱动不足，企业缺乏节能减排内生动力。四是基础工作薄弱。节能减排标准不完善，监察、监测能力亟待加强，节能管理能力不能适应工作需要。特别是国家和地区能源统计数据不衔接，去年单位国内生产总值能耗降低率地区加权平均数与国家数相差近1个百分点，地方自己测算完成了任务，而国家始终面临完不成任务的压力，使得各项措施落实不到位，监督检查难以起到应有效果。这些矛盾和问题必须尽快加以解决。

总之，加强资源节约和环境保护工作，是加快转变经济发展方式，实现科学发展的战略选择；是从根本上缓解资源环境约束，实现可持续发展的重要措施；是应对全球气候变化挑战，有效减排温室气体的主要途径；是实现全面建设小康社会目标和可持续发展的必然要求，任务紧迫而艰巨。我们要从战略和全局的高度，充分认识加强资源节约和环境保护工作的重要性和紧迫性，增强忧患意识和危机意识，增强责任感和使命感，大力推进节能减排，加快发展循环经济，切实加强环境保护，加快建设“两型”社会，促进国民经济又好又快发展。

三、关于2012年资源节约和环境保护重点工作

今年是实施“十二五”规划承上启下的重要一年，是喜迎党的十八大胜利召开之年。中央提出要坚持“稳中求进”的工作总基调，也是中央对今年工作的总要求。所谓“稳”，就是保持宏观经济政策基本稳定，保持经济平稳较快发展，保持物价总水平基本稳定，保持社会大局稳定。所谓“进”，就是继续抓住和用好重要战略机遇期，在转变发展方式上取得新进展，在深化改革开放上取得新突破，在改善民生上取得新成效。坚持“稳中求进”，就是突出科学发展这个主题，贯穿加快转变经济发展方式这条主线，把“稳增长、控物价、调结构、惠民生、抓改革、促和谐”更好结合起来，朝着既定目标坚定不移地向前推进。特别指出“进”就是首先要在转变发展方式上取得新进展。节能减排是转方式的重要抓手，是检验转方式成效的重要标志，是“进”的重要内容。节能减排要取得新进展，就是责任意识进一步强化，目标完成取得重大进展，重点领域工作深入推进，难点问题实现新的突破。我们要按照中央的决策和部署，深入贯彻科学发展观，认真落实《政府工作报告》和“两会”精神，正确处理经济增长、转变发展方式、结构调整和节能减排的关系，紧紧围绕实现节能减排目标，扎实做好资源节约和环境保护各项工作，积极推动绿色低碳循环发展，不断增强可持续发展能力。

主要目标是：单位国内生产总值能耗下降3.5%左右；二氧化硫和化学需氧量排放量均下降2%，氨氮排放量下降1.5%，氮氧化物排放量实现零增长；单位工业增加值用水量下降7.2%；城市污水处理率、生活垃圾无害化处理率分别达到81.5%和79%，工业固体废物综合利用率达到67.76%。

为此，要扎实做好以下七个方面的重点工作。

（一）做好综合协调，加强节能减排宏观指导

一是抓好2012年节能减排工作部署。研究提出2012年节能减排工作安排，提请国务院召开节能减排工作领导小组会议、节能减排工作电视电话会议，协调解决重大问题，提出更加刚性的要求和措施。各地区要结合这次系统工作会议精神，抓紧落实本地区2012年节能减排工作安排；对节能进度要求上存在“前松后紧”的10个地区要重新调整年度分解计划，加大前三年的节能力度。

二是落实《节能减排规划（2011-2015年）》。规划重点明确全国和行业目标、主要任务和工程措施，《“十二五”节能减排综合性工作方案》重点明确地区目标、部门分工和政策措施，是指导节能减排工作的两个纲领性文件。要积极做好国务院审议规划的配合工作，待国务院批准发布后，加大宣传贯彻力度，各地区、各部门要切实做好落实工作。

三是做好节能减排形势分析。深入基层开展节能减排调研分析，及时提出政策建议。从4月份开始按月度发布各地节能进展情况晴雨表，通过主要新闻媒体向社会公布，并对形势严峻的要针对性地开展督查。各地要定期发布本行政区域内地（市）节能进展情况晴雨表，制定预警调控方案，根据工作进展情况适时启动。

四是推动落实节能减排政策措施。我委要履行好国务院节能减排工作领导小组办公室职责，加强跟踪和协调，重点跟踪各部门节能减排措施的落实；汇总评价各有关部门节能工作完成情况报国务院；商统计局尽快完善能源消费统计办法，建立季度节能目标数据协商机制。各地区要充分发挥政府节能减排工作领导小组的作用，加强协调和统筹，督促各项政策措施的落实。节能减排财政政策综合示范的8个城市要提前一年完成“十二五”节能减排任务。

五是加强节能减排监督检查。按照中央加快转变经济发展方式监督检查总体安排，将监督检查工作与年度节能目标考核、节能绩效考核、节能预警、淘汰落后产能、清理优惠电价、落实差别电价等相结合，切实落实中央的要求。上半年，要结合年度节能目标考核做好监督检查；下半年，要配合国务院办公厅开展节能减排专项督查。各地要组织节能监察机构对重点用能单位能耗情况进行专项监察审计，提出超能耗（电耗）企业和产品名单并公示，实行惩罚性电价。

六是深化节能减排全民行动。会同有关部门继续推动家庭社区、青少年、企业、学校、军营、农村、政府机构、科技、科普、媒体等十个节能减排专项行动深入开展。组织开展第22个全国节能宣传周活动。各地要组织好节能宣传周和节能减排全民行动，活动要围绕实现节能目标，突出重点，形式多样，注重实效。

（二）节能提高能效，确保完成年度目标任务

（三）壮大循环经济，努力提高资源产出率

一是加强循环经济宏观指导。召开全国循环经济大会并组织学习贯彻会议精神。推动出台《全国循环经济发展规划（2011-2015年）》，组织编制2－3个特色地区循环经济发展规划。加快出台《国务院关于进一步加快发展循环经济的意见》，做好贯彻落实和任务分解，全面促进循环经济发展。

二是实施“十百千”示范行动。实施十大循环经济重点工程、建设百个循环经济示范城市、培育千家循环经济示范企业和园区。会同有关部门下发《关于实施“十百千”示范行动的通知》，今年启动创建循环经济示范城市、示范企业和园区工作，主要是以示范单位为载体，提高资源产出率，构建覆盖全社会的资源循环利用体系。创建工作要以地方申报单位为主，对达到建设要求和标准的，将按照有关程序和评审标准组织论证并批复。

三是推进园区循环化改造。为实现《关于推进园区循环化改造的意见》提出的主要资源产出率、土地产出率、固体废物资源化利用率、水循环利用率的目标，今年在全国范围内选择一批符合条件的园区开展循环化改造示范试点。试点将沿用预拨与清算相结合的财政补贴以及地政府承诺等方式，明确目标责任并加强监管。力争到2015年，50%以上的国家级园区和30%以上的省级园区完成循环化改造。

四是继续开展国家“城市矿产”示范基地建设。开展第三批国家“城市矿产”示范基地的组织评选工作，召开示范基地建设现场会。对第一批7个示范基地开展中期评估。要求相关省市承诺示范基地所在地不再新建同类园区和项目，切实发挥示范基地的引领作用。力争到2015年建成50个示范基地，预计将使7000多万吨各类再生资源得到规范化、规模化、高值化利用。

五是稳步推进餐厨废弃物资源化利用和无害化处理。会同有关部门开展第二批餐厨废弃物资源化利用和无害化处理城市试点，研究制定餐厨废弃物管理办法和相关标准，加大中央财政补助比例。力争到2015年，在全国100个城市建立起餐厨废弃物资源化利用和无害化处理体系，年资源化利用餐厨废弃物达到1000万吨。

六是开展汽车零部件“以旧换再”推广行动。在总结汽车零部件再制造试点成果的基础上，开展“以旧换再”

活动，对交回旧零部件、购买再制造产品的消费者给予直接补贴。力争解决旧件回收难、再制造产品市场推广难的问题，打通再制造的瓶颈。

七是开展资源产出率统计试点。在发布国家层面资源产出率公告基础上，扩大资源产出率统计试点范围，拟选择5个省在全省范围，其余选择部分城市，对资源产出率进行统计试点。力争到2014年，在全国范围内开展产出率统计，并纳入统计日常报表制度。

八是推进国家循环经济教育示范基地创建活动机制化。教育示范基地要以企业和园区为主体，以直观的循环经济产业链为载体，强化循环经济理念宣传。会同教育部、国家旅游局联合指导教育示范基地建设，及时组织专家评审核查，确定教育示范基地创建单位，试运行一年后正式挂牌，使这项工作机制化、常态化。

九是推进资源综合利用。建设资源综合利用“双百工程”，从矿产资源、产业废物、废旧资源三大领域，培育百个示范基地和百家骨干企业，形成资源综合利用能力超过2亿吨/年，资源综合利用实现产值超过1000亿元，吸纳就业人数超过200万人。我委刚刚下发通知，提出了具体要求，请各地区深入调研、发掘好的典型，做好申报推荐工作。继续会同财税部门，根据产业政策、综合利用技术水平和市场情况及时调整和完善现行资源综合利用优惠政策。

十是抓好农作物秸秆综合利用。贯彻落实《国务院办公厅关于加快推进农作物秸秆综合利用的意见》，按照“十二五”农作物秸秆综合利用实施方案要求，会同有关部门在全国粮棉主产区开展秸秆综合利用试点示范。各地发展改革部门要发挥综合协调作用，围绕秸秆肥料化、饲料化、原料化和燃料化等领域，积极推广先进技术，提高秸秆综合利用率，推动秸秆综合利用产业发展，力争到2015年秸秆综合利用率超过80%。

十一是进一步推动墙体材料革新。墙材革新工作要以推进节能减排、促进循环经济发展为重心，以服务建筑、保护耕地、资源综合利用为目标，推进“城市限黏、县城禁实”，发布“限黏”城市、“禁实”县城名单，组织开展监督检查，为节能减排目标的完成作出应有的贡献；积极发挥新型墙体材料专项基金引导作用，大力发展节能、节地、利废的新型墙体材料；完善税收、金融和产业政策，坚决遏制黏土砖的生产和应用；组织修订《新型墙体材料目录》，促进新型墙体材料健康发展。

十二是深化节水工作。落实《国务院办公厅关于加快发展海水淡化产业的意见》，发布《“十二五”海水淡化产业发展规划》，开展海水淡化示范试点工作，包括开展海水淡化城市（工业园区和海岛）试点，建设海水淡化示范工程、产业基地和培训基地，组建海水淡化产业联盟，建立健全海水淡化标准体系，加强海水淡化政策法规和管理体系建设，形成较为完整的海水淡化产业体系，增强国际竞争力。召开全国海水淡化工作会议及发展论坛。编制印发《“十二五”矿井水利用发展规划》。积极推动创建国家节水型城市和节水型社会工作。

十三是抓好“限塑”和治理过度包装。各地发展改革部门要切实起到牵头作用，贯彻落实“限塑令”，限制过度包装，有效遏制浪费现象。将“限塑令”和治理商品过度包装作为节能减排全民行动的重要内容，利用节能宣传周等活动，针对家庭社区、学校等重点区域和重点群体，大力宣传超薄塑料袋、滥用塑料袋和商品过度包装的危害。在重点节假日期间，部署开展监督检查工作。

（六）加强项目管理，切实提高中央投资效益

（解振华：国家发展和改革委员会副主任，2012年4月9日）

加快建设“城市矿产”示范基地 促进再生资源产业化发展

解振华

循环经济是实现资源节约、环境保护、经济增长有机统一的经济发展模式，其核心是资源高效利用和循环利用，基本原则是减量化、再利用、资源化和减量化优先，实质是节约、低碳、生态、环保，目标是增强可持续发展能力，实现人与自然和谐相处。

发展循环经济是我国经济社会发展的一项重大战略，是转变经济发展方式，建设资源节约型、环境友好型社会，提高生态文明水平，实现可持续发展的必由之路。“十一五”期间，国家采取一系列措施，推动循环经济从理念变为行动，循环经济迅速发展，取得明显成效。出台了《循环经济促进法》及其配套法规，循环经济步入法制化管理轨道；制定了促进循环经济发展的产业政策、价格、财税和金融政策，激励机制正在逐步形成；开展了两批国家循环经济示范试点，探索出了发展循环经济的有效模式；循环经济关键共性技术研发和产业化取得突破，技术支撑作用逐步增强；资源循环利用产业不断壮大，年产值已超过1万亿元，就业人数超过2000万人。

“十二五”时期，我国经济发展仍处于大有作为的重要战略机遇期，也是我国加快转变经济发展方式的关键

期。国家“十二五”规划《纲要》把大力发展循环经济作为建设资源节约型、环境友好型社会的重要任务，提出要按照减量化、再利用、资源化的原则，减量化优先，以提高资源产出效率为目标，推进生产、流通、消费各环节循环经济发展，加快构建覆盖全社会的资源循环利用体系，并首次提出了“十二五”时期资源产出率提高15%的指导性目标。

国家发展改革委将按照“十二五”规划纲要的要求，进一步采取措施，推进循环经济加快发展。组织编制《全国循环经济发展“十二五”规划》，该《规划》将很快上报国务院批准印发；组织实施循环经济“十百千”示范行动，实施十大示范工程，创建百个示范城市，培育千家示范企业和园区；继续完善促进循环经济发展的产业、投资、财税、价格、金融等政策，健全循环经济配套法规和规章，强化循环经济管理，建立循环经济统计评价制度，加强监督检查，推动循环经济形成较大规模，加快促进转型发展。

我国正处于工业化、城镇化加快发展阶段，居民消费水平不断提高，消费结构逐渐升级，再生资源产生量和蓄积量日益增加，如有效利用，既可以替代部分原生矿产资源，减少大量矿产资源进口，弥补我国原生资源不足，又能形成“资源——产品——废弃物——再生资源”的循环经济发展模式，对我国经济发展具有重要的战略意义。这就要求我们树立新的资源观，其实世界上没有真正的垃圾，垃圾是放错地方的资源，因此要打破传统上“原生资源才是资源”的旧有观念，大力加快推动废金属、废塑料、废橡胶、废玻璃等再生资源的开发利用。大力开发利用再生资源，必须推动再生资源产业化发展，切实解决行业当前存在的经营分散、秩序混乱、技术装备落后、资源利用效率不高、污染严重等问题。推动再生资源产业化发展，实现由大变强，至少要从以下几个方面进行努力。

一是推进回收与利用一体化发展。要尽快建立起先进完整的再生资源回收体系，做好现有回收体系与利用体系的有效衔接。鼓励加工利用企业自建回收体系，或通过联合经营、战略合作的形式，向上游延伸，如果没有有效地回收体系，利用就是无源之水；鼓励回收企业开展深加工，延长产业链，逐步形成回收与利用一体化发展格局。像青岛新天地静脉产业园，正是由于在山东省的支持下建立了自己的回收网络体系，所以在很短的时间里，就发生了巨大的变化。

二是推进再生资源的规模化利用。要鼓励再生资源加工利用企业集聚发展，支持建立一批“城市矿产”示范基地，进行园区化管理。像天津子牙园区规划了50平方公里的面积，促进再生资源产业集聚发展，广东清远也规划了很大的面积，实行集中化管理，都取得了很好的效果。另外，要加快培育再生资源龙头企业，鼓励龙头企业通过兼并、重组、联营等方式，加快行业整合力度，提高产业集中度。

三是推进再生资源的高值化利用。要加快淘汰落后的生产工艺和技术设备，加快推广先进适用技术，推动再生资源分选、拆解、破碎、加工利用的技术和装备升级，解决当前普遍存在的高值资源低效利用，乃至一些价值较高的资源未能充分利用的问题。要支持再生资源利用企业拉长产业链，加快形成分拣、拆解、加工、资源化利用和无害化处理等完整的产业链条，着力资源化深度加工利用，提高产品的附加值。要坚决避免低水平重复建设。第一批国家“城市矿产”示范基地里面的金田铜业实现了50万吨再生铜的高值利用，相当于一个大铜矿。

四是推进再生资源清洁和安全利用。要严格执行环保、安全、卫生、质量标准。推动再生资源利用企业建立完善的环保设施，避免二次污染。加快制定再生资源回收、拆解、利用的相关规范，尽快完善再生资源产品标准，规范再生资源的利用方式，确保再生资源的清洁和安全利用，树立起再生资源产业化发展的新形象。

为推动再生资源的规模化利用、产业化发展，2010年，国家发展改革委、财政部启动实施了国家“城市矿产”示范基地建设工程，提出“十二五”期间在全国建设50个“城市矿产”示范基地，并提出示范基地建设要达到“七化”的要求，即：回收体系网络化、产业链条合理化、资源利用规模化、技术装备领先化、基础设施共享化、环保处理集中化、运营管理规范化。严格按照这个“七化”的要求来做，“城市矿产”示范基地建设、再生资源产业化发展就会达到一个新水平、再上一个新台阶。

建设国家“城市矿产”示范基地作为循环经济重点工程，已列入国家“十二五”规划《纲要》。国家发展改革委、财政部按照“成熟一批、开展一批”的原则，已累计确定了两批共22个“城市矿产”示范基地。这22家示范基地建成后，将集聚各类“城市矿产”资源3000多万吨。50个“城市矿产”示范基地建成后，将形成7000多万吨各类再生资源的加工利用能力，年产值预计将超过4300亿元。

5月30日，国务院常务会议讨论通过了《战略性新兴产业“十二五”规划》，推进再生资源利用产业化发展是一项重要内容。下一步，国家发展改革委将会同有关部门，贯彻落实规划精神，继续推进国家“城市矿产”示范基地建设，研究完善促进再生资源产业化发展的政策措施，加大支持力度，把再生资源产业培育为重要的战略性新兴产业和新的经济增长点。

抓住机遇 开拓进取 深入开展废旧商品回收体系建设工作（节录）

姜增伟

一、充分认识废旧商品回收体系建设的重要意义

“十二五”时期是我国全面建设小康社会的关键时期，是深化改革开放、加快转变经济发展方式的攻坚时期，也是废旧商品回收行业发展的重要机遇期。《国务院办公厅关于建立完整的先进的废旧商品回收体系的意见》（国办发〔2011〕49号，以下简称49号文件）的下发，体现了党中央、国务院对这项工作的高度重视，也彰显出这项工作的重要性。

（一）49号文件的出台是转变经济发展方式、促进资源节约和环境保护的必然要求。

当前，我国已经进入加速实现工业化、城镇化、市场化以及迎接全球化挑战的新阶段。但是，国内资源短缺和环境污染对经济社会健康发展的制约日益突出，高能耗、低效率的粗放型增长方式难以为继，转变经济发展方式势在必行。做好废旧商品回收体系建设工作，是缓解资源紧缺压力、改善环境污染、转变经济发展方式、促进消费和创建和谐社会的必然要求。2011年，国内废旧商品回收总量约1.62亿吨，同比增长8.9%，回收总值5715亿元人民币，约占当年GDP的1.49%。各类回收企业10万多家，从业人员约1800万人，吸纳了大量下岗人员、农村转移劳动力和残疾人等弱势群体就业，为我国经济发展做出了重要贡献。随着经济的发展和居民消费结构逐渐升级，我国废旧商品回收行业规模将继续扩大，回收总量将逐步提升。49号文件的出台，表明废旧商品回收工作对于扩大内需、增加就业、改善环境、建设和谐社会等方面的积极作用，已经得到了全社会的广泛认同。

（二）49号文件为深入开展废旧商品回收体系建设搭建了工作平台。

废旧商品回收体系建设涉及回收、运输、分拣、加工等多个环节，联结产废、利废等多个主体，涉及诸多管理部门，今年5月，经国务院同意，批准建立了由商务部牵头，国务院22个部门参与的废旧商品回收体系部际联席会议制度，这一制度的建立，标志着废旧商品回收体系建设的综合协调机制正式启动，也为加快建立完整的先进的废旧商品回收体系提供了新的工作平台。商务部门既是废旧商品回收体系建设工作的牵头部门，同时也是综合服务部门。各地商务主管部门要在当地人民政府的统一领导下，成立由商务主管部门牵头，发展改革、财政、国土资源、环境保护等单位参加的废旧商品回收体系建设领导小组或协调机制，加强配合，形成合力，建立工作目标责任制和领导负责制，制订具体的贯彻落实方案，研究解决工作中的重大问题。各地商务主管部门要结合实际情况，做到一把手亲自过问，分管领导负责抓紧抓好。要完善内部工作机制，明确牵头处室、责任到人。要进一步充实力量，要建立相应的督查制度和工作计划，按时高效、保质保量地完成49号文件各项工作任务。

（三）49号文件为深入开展废旧商品回收工作提供了政策保障。

49号文件明确了做好废旧商品回收工作的指导思想和任务，特别是提出“到2015年初步建立起网络完善、技术先进、分拣处理良好、管理规范的现代废旧商品回收体系，各主要品种废旧商品回收率达到70%”的工作目标。这是改革开放以来第一个关于废旧商品回收工作的指导性、纲领性文件，体现了党中央、国务院对废旧商品回收工作的高度重视，是做好废旧商品回收体系工作的基石，也为今后做好废旧商品回收体系工作提供了政策保障。实践证明，建立完整的先进的废旧商品回收体系具有重要的社会公益性，既需要依靠市场的力量，也需要采取政策支持和必要的法律手段。各地商务主管部门要认真学习文件精神，进一步提高认识，针对当前行业发展中面临的突出问题，从加大财税支持力度、加强和改进金融服务、完善土地支持政策、编制规划、完善法规标准等方面采取有针对性的措施，将各项工作落到实处，为企业的发展营造良好的政策环境。

二、深入推进废旧商品回收体系建设的重点工作

近年来，在各有关部门、各地政府、行业协会和广大企业的共同努力下，废旧商品回收体系建设稳步推进，各项工作取得了阶段性成果。但是我们也要认识到，我国废旧商品回收行业基础差、底子薄，还存在诸多需要解决的问题和矛盾，比如重点品种发展不均衡，城乡回收网络尚不健全；行业规模化和组织化程度不高，装备技术含量较低，从业人员缺乏培训和劳动保护意识；行业经营秩序有待规范等。因此，今后一个阶段，各级商务部门要以贯彻落实49号文件为核心，以完善废旧商品回收网络为重点，以加强法规建设、制度和机制创新为保障，以先进适用技术应用推广为支撑，扎实推进废旧商品回收体系建设深入开展，重点做好以下几方面工作。

（一）建立完善便捷的回收网络。

只有建立完善便捷的回收网络，才能将居民、企事业单位手中的废旧商品及时转化为再生资源。这一方面有

利于防止环境污染和安全隐患，改善城乡居民生活质量，提升居民幸福指数，同时还能够起到扩大内需、促进消费升级的积极作用。因此，回收网点的建设要本着方便居民交投的原则，坚持试点先行、由点及面、逐步推广的工作方式，逐步实现全面覆盖。一是合理规划和布局回收网点。回收网点要深入街道社区、深入农村集镇、深入机关团体、深入大中学校、深入厂矿企业。回收网点的设置要综合考虑当地人口规模、回收资源总量、经济发展水平、地理特点等因素，确保发挥最大效益。二是探索多元化回收模式。回收网点的设置要坚持因地制宜，采取固定与流动相结合、长期与临时相结合的建设模式，推广封闭式流动回收站、回收车。探索环卫和回收“双网合一”，畅通直接回收大宗废旧商品和边角余料的渠道。支持利用多种方式开展预约回收和交易，探索押金回收、以旧换新等灵活多样的回收方式，实现回收途径多元化。

（二）提升分拣加工水平，促进产业融合集聚。

提升分拣加工技术装备水平，是提升资源回收利用率和回收行业产值的重要手段，也是为下游利废行业提供可靠原料来源的必要保障。一是提升回收企业的分拣加工水平。支持废旧商品分拣处理企业加大投入，开展技术升级改造，鼓励采用现代分拣分选设备，提升废旧商品分拣处理能力。建设符合环保要求的专业分拣中心，实现精细化分拣处理，从而提高产品价值，提升企业核心竞争力。二是试点建设分拣加工集聚区。不断完善废旧商品集散市场的分拣和集散功能，提高专业分拣能力，促进产需有效衔接，促进废旧商品回收加工一体化发展，培育具备功能齐备、环保处理和劳动安全保护合格规范，运营管理高效先进的产业集聚区。

（三）开展分类指导，做好重点品种回收。

各地商务主管部门要按照废旧商品的不同特点，有针对性地进行分类指导，加强与资源综合利用企业的合作，做到应收尽收。对于废金属、废纸、废塑料、废旧机电设备等品种，要充分发挥市场机制作用，做好行业指导；对于废玻璃、废轮胎等靠市场机制难以发挥作用的品种，要加大政策扶持力度，鼓励社会积极参与回收；对于废铅酸电池、废弃节能灯等易污染环境的品种，要配合环境保护部门，做好回收处理，防止环境污染；对废弃电器电子产品，要按照《废弃电器电子产品回收处理管理条例》规定，配合有关部门落实生产者责任制；对报废汽车回收拆解，要按照有关规定统筹规划，加强监管，并做好报废汽车回收拆解企业升级改造。对于废旧纺织品、废旧木材等品种，要学习国外先进技术，积极探索有效的回收模式。

（四）运用先进流通方式，提高组织化、规模化水平。

长期以来，废旧商品回收行业小、散、差，发展不规范是制约行业发展的最大障碍。各地商务主管部门要采取多种措施，坚持市场主导，政府推动，运用先进流通方式，积极创新发展模式，提高行业规模化、组织化程度，形成以龙头企业为主体，大、中、小企业分工协作的发展模式。一是鼓励龙头企业按照市场经济规律整合中小企业和个体经营户，充分利用拾荒人员、社区居民等多方力量，采取连锁经营、特许经营等方式，运用龙头企业物流设施和设备，建立稳定、高效、安全、便捷的回收渠道。二是鼓励龙头企业向上下游延伸。鼓励有条件的大型回收企业向处理、拆解领域积极拓展，加快产业融合，发展多元化经营模式，推动形成上下游密切合作、渠道畅通、利益共享、风险共担的产业链条。三是鼓励生产企业、销售企业和其他企业参与回收体系建设，充分调动社会资本的积极性，着力培育一批规模大、经济效益好、经营管理规范、技术装备先进，具备核心竞争力的大型龙头企业。

（五）积极配合相关部门开展工作。

近年来，国务院各部门从职能出发，积极推进与废旧商品回收体系建设相关的各项工作。如发展改革委开展了循环经济试点及“城市矿产”示范基地建设项目，科技部从科技发展与创新出发，提出了“十二五”期间我国依靠科技创新推进废物资源化的总体思路，工业和信息化部积极推动生产企业与废旧商品综合利用企业的对接与合作，环境保护部对电子废物的拆解、利用行为进行规范，实行资质管理，住房城乡建设部积极推进城市生活垃圾分类工作，并会同发展改革委等部门，组织开展了城市餐厨废弃物资源化利用和无害化处理试点工作，国管局积极推动各地区建立公共机构废旧商品回收体系。各地商务主管部门要积极参与各部门工作，形成推动废旧商品回收体系建设的合力。

三、对今后工作的几点要求

各级商务主管部门、各试点城市要高度重视废旧商品回收体系建设工作，加强组织领导、完善落实规划、创造政策环境、做好宣传引导，为加快建立完整的先进的废旧商品回收体系提供保障。

加强组织领导，建立工作机制。

完善规划立法，做好基础工作。

完善配套政策，争取各方面支持。

开展宣传教育，加强舆论引导。

做好劳动者培训和保护，加强行业监管。

（姜增伟：商务部副部长，2012年6月28日在2012年废旧商品回收体系电视电话会议上的讲话）

北京市人民政府工作报告（节录）

2012年，是实施“十二五”规划承上启下的重要一年。做好2012年全市各项工作，对于巩固经济社会发展良好势头，为党的十八大召开创造良好环境，具有十分重要的意义。

2012年全市经济社会发展的主要预期目标是：单位地区生产总值能耗和二氧化碳排放量分别下降2.5%和3%，水耗下降3%；二氧化硫、氮氧化物、化学需氧量、氨氮排放量分别削减2%、3%、2%和2%。

进一步推进节能减排降耗。认真落实国家下达的“十二五”时期目标任务，以内涵促降为重点，健全激励约束机制，加强考核问责，切实抓好工业、交通、建筑和居民生活等重点领域节能减排，确保完成年度任务。继续退出“三高”企业，强化对耗能耗水和污染排放重点单位的管理，全面推进清洁生产，努力实现源头和全过程控制。探索推广循环经济典型模式，抓好国家生态工业示范园区建设，大力发展新能源及节能服务业，加快资源再生利用产业化。推进住宅产业化和建筑节能改造，大力推广绿色建筑。加强对PM2.5和臭氧等重点污染物的防治，抓紧建立完善监测网络，实时发布监测信息，以更大决心、更有力措施、更高标准，实现空气质量继续改善。完成1200蒸吨燃煤锅炉清洁能源改造任务，力争淘汰15万辆老旧机动车，做好核心区非文保区1万户煤改清洁能源工作，加强工地扬尘监管，确保主要污染物浓度均下降2%。实施节能减排全民行动计划，推广应用节能节水新技术、新产品，广泛动员全社会参与节能减排。

（郭金龙：北京市市长，2012年1月12日在北京市第十三届人民代表大会第五次会议》

天津市人民政府工作报告（节录）

2012年全市经济和社会发展的主要预期目标是：万元生产总值能耗下降4%，二氧化硫、氮氧化物、化学需氧量、氨氮排放总量分别下降2%。

着力提高现代制造业发展水平。坚定不移抓大项目好项目建设，推出新一批工业重大项目，狠抓项目投达产，新投产项目产值2700亿元。培育壮大战略性新兴产业，建设一批新兴产业聚集区，尽快形成先导性、支柱性产业。重点推进云计算、物联网关键设备和核心技术等示范工程，建设胰岛素生产基地、英利等一批重点项目，扩大风电设备、光伏电池、锂离子动力电池等生产能力。加快轻纺等传统产业的改造升级。推进“智慧天津”建设，全面启动“三网融合”试点。高度重视和强化节能减排工作，全面推进清洁生产，严格落实目标责任，加强重点用能行业和企业节能管理，继续实施十大节能工程，加速淘汰落后产能，进一步优化能源结构。加快建设子牙等国家级循环经济示范区，促进资源综合利用。

优化修复生态环境。全面实施生态城市建设三年行动计划。继续实施清水工程、净化工程、绿化工程，综合治理河道15条，修建截污管道60公里，新建扩建污水处理厂5座，实施纪庄子污水处理厂迁建工程，年内环城四区河道实现水清岸绿。完成于桥水库周边污染源治理工程。建成大港、贯庄垃圾焚烧发电厂，生活垃圾无害化处理率达到93%以上。新建绿地1700万平方米，建成区绿化覆盖率达到33%，植树造林17万亩。完成“两河三堤”改造工程，建设北辰郊野公园。加快推进陈塘庄热电厂搬迁改造。从今年开始，实行财政补贴与限行结合，四年内淘汰车龄长、污染重的“黄标车”11.3万辆；五年内投入资金100亿元，全面淘汰中心城区、滨海新区核心区燃煤供热锅炉，由热电联产和燃气供热替代，进一步改善大气环境质量，让人民群众呼吸到更加清新的空气。

（黄兴国：天津市市长，2012年1月9日天津市第十五届人民代表大会第五次会议）

河北省人民政府工作报告（节录）

2012年经济社会发展的主要预期目标是：单位生产总值能耗下降3.66%，化学需氧量、二氧化硫和氨氮、氮氧化物排放量分别削减2.2%、3.2%、3.1%和1.5%。

坚持不懈地抓好节能减排，促进绿色低碳发展。正确处理经济增长、结构调整和节能减排三者的关系，实行差别政策，分地区、分行业下达节能减排考核指标。大力实施重点示范工程，继续抓好新老“双三十”单位节能减排。深入实施“双千”工程，力争1000家重点用能企业年内实现节能500万吨标煤，1000家环保重点监控企业主要污染物排

放量减少14万吨。发展循环经济、低碳经济，推广一批新工艺、新材料、新技术，加强和完善城镇污水、垃圾处理设施建设与运行管理，推进供热计量改革和建筑节能。综合运用经济、法律、技术、行政等手段，坚决有序淘汰落后产能。积极开展造林绿化、水土保持、防沙治沙等工作，加强自然保护区、水源保护地等生态功能区的保护和管理。综合整治农村环境，减少面源污染。综合治理陆域、流域、海域污染，开展北戴河及相邻地区海域污染防治和环境综合整治集中行动，加强入海河流和直接入海排污企业治理，确保海水水质明显改善。节能减排事关发展大局、事关社会稳定、事关百姓福祉，我们一定以更大的决心、更大的力度、更硬的措施，坚决打好这场攻坚战。

（张庆伟：河北省代省长，2012年1月6日河北省第十一届人民代表大会第五次会议）

山西省人民政府工作报告（节录）

2012年我省经济社会发展的约束性指标是：万元生产总值综合能耗下降3.5%，万元生产总值二氧化碳排放量下降3.7%，二氧化硫、化学需氧量、氨氮排放量分别下降2%、1.3%、1%，氮氧化物排放量实现零增长，烟尘、粉尘排放量均下降3%，万元工业增加值用水量下降3.5%。这些约束性指标是硬任务、硬指标，必须完成。

切实抓好节能减排工作，促进生态环境明显改善。强力推进减排治污。大力实施绿色生态工程，严格控制重点区域和主要流域的污染排放，加大工业源、农业源、生活源污染治理，大力开展城乡清洁活动，抓好城市污水处理厂建设运营和垃圾无害化处理，在重点城市开展细颗粒物（PM2.5）监测。全力推进节能降耗。加大淘汰落后产能力度，抑制高耗能、高排放行业过快增长；优化能源结构，积极开发风能、太阳能、生物质能等可再生能源；全面推进工业、交通、建筑和公共机构节能，抓好重点行业和企业节能工作；优化工艺流程，降低能耗物耗水平。大力推进生态建设。以建设生态省为目标，继续抓好造林绿化工程，确保完成营造林400万亩以上。加强水土流失治理，加大汾河流域生态环境治理修复力度。加快推进太原西山地区生态环境综合整治，今年采暖期前太化、煤气化要全部停产，做到早日搬迁。着力健全长效机制。全面落实节能评估审查制度和环境评价制度，强化能耗限额标准管理，推行合同能源管理，积极开展能效对标活动，推进节能量、排污权、碳排放权交易，继续落实差别电价、征收排污费和鼓励节能环保产品消费等政策，推进节能减排工作走上制度化、规范化的轨道。

（王君：山西省省长，2012年1月11日山西省第十一届人民代表大会第六次会议）

内蒙古自治区人民政府工作报告（节录）

确保完成节能减排任务。继续强化节能减排责任目标的落实和考核工作，加大对重点地区和重点行业经常性节能减排检查力度，综合运用行政、经济、工程、技术等措施，深入推进节能减排。合理控制能源消费总量，全面加强用能管理，抓好工业、交通、建筑和公共机构等领域的节能工作，对电石、铁合金等高耗能产品用电量实行“零增长”。开展主要污染物排污权有偿使用和交易试点，加强对高排放行业的总量控制和监督检查。抓好节能减排示范工程和新产品、新技术、新设备的推广应用，实施森林草原固碳增汇技术示范工程。

提高资源综合利用水平。进一步完善环境与发展综合决策机制，认真落实资源开发利用总体规划，切实加强对土地、草原、森林、水和矿产资源的有序开发与合理利用。不断健全和完善煤炭资源配置政策，从严控制和规范资源配置。科学开发、合理利用水资源，实行最严格的水资源管理制度，严禁开采地下水建设高耗水工业项目。千方百计盘活土地存量，全面清理闲置土地，提高土地利用率和供地率。围绕煤炭、电力、化工、冶金、建材等重点行业和特色产业，积极构建循环经济产业链，加强高铝粉煤灰资源开发利用，抓好共伴生矿、煤层气和煤矸石、尾矿及林业剩余物综合利用项目，加快循环经济产业集群建设。加大稀土资源保护力度，提高开发利用水平。继续推进资源型城市可持续发展。

（巴特尔：内蒙古自治区主席，2012年2月15日内蒙古自治区第十一届人民代表大会第五次会议）

辽宁省人民政府工作报告（节录）

抓好节能降耗，坚决完成国家下达的淘汰落后产能任务。大力实施蓝天工程。推进热电联产、集中供热，推广地源热泵。开展大气污染联防联控和全运会环境空气质量保障工程。抓好乡镇污水处理设施、生活垃圾处理场建设，尽快完善污水处理厂配套设施，使其充分发挥应有效益。促进再生资源产业发展。切实保护利用好土地资源。科学开发云水资源。严格加强自然保护区的建设和管理，健全完善生态补偿机制。加大近海环境、地质环境保护力度。科学编制好全省岸线资源利用和保护规划。

（陈政高：辽宁省省长，2012年1月12日辽宁省第十一届人民代表大会第五次会议）

黑龙江省人民政府工作报告（节录）

加强节能减排和生态环境保护，促进可持续发展。我省是生态大省，良好的生态是可持续发展的宝贵资源和重要依托。以生态文明建设为核心，推进低碳发展，实现绿色崛起。一是推动林区经济转型。坚持“林业经济林中发展，林区工业林外发展，矿产资源开发一点、保护一面、带动全局”，抓好大小兴安岭生态功能区建设和“天保工程”二期实施，加强森林资源保护和抚育，发展生态主导型经济，促进林区经济社会和人口资源环境相协调。二是搞好生态治理与恢复。启动实施松花江流域水污染防治“十二五”规划，项目开工率达到20%。加强农村污水、垃圾和面源污染治理，提高农村环境质量。植树造林300万亩，治理水土流失16万公顷，治理“三化”草原1.4万公顷。加强土地资源节约集约利用，强化基本农田保护。三是强化节能减排。开发和推广新技术、新工艺、新产品，重点支持100项节能节水技术改造和100项节能产业化项目。抓好机关节能和建筑节能，严控“两高”行业，加快淘汰落后产能。二氧化硫排放量下降0.4%，化学需氧量排放量下降1.5%，氨氮排放量下降2%。让龙江大地山川秀美，土净天蓝。

（王宪魁：黑龙江省省长，2012年1月9日黑龙江省第十一届人民代表大会第七次会议）

吉林省人民政府工作报告（节录）

扎实开展节能减排和环境保护工作。突出抓好工业、交通、建筑、公共机构等节能，组织开展20家节约型公共机构示范单位创建活动，实施100个工业节能改造项目，对100户重点耗能企业进行节能监测，按计划淘汰落后产能。组织推进吉林市全国节能减排财政政策示范城市建设。坚持在发展中保护、在保护中发展，把环境保护放在更加突出的位置。强化污染减排，完成省级温室气体排放清单编制工作，加快建设燃煤电厂脱硝设施，严格执行老旧机动车淘汰制度。加强松花江、辽河等重点流域污染防治，抓好伊通河、饮马河、条子河、招苏台河等主要支流环境综合治理。新建成10座垃圾处理场，启动重点建制镇污水处理厂建设，确保已建成环保设施稳定运行。作为国家第二批9个试点省份之一，实施长吉一体化区域和重点流域农村环境集中连片治理。开展农村畜禽养殖污染专项整治行动。大力推行节约用水，严格实施用水总量控制和定额管理，抓好重点用水行业节水技术改造，提高工业用水循环利用率。实行重要湿地生态效益补偿机制和生态补水长效机制。搞好西部盐碱地改良、中部黑土区水土流失治理和防沙治沙工程。实施好第二个十年绿化美化吉林大地规划，创建2－3个绿化美化标准县，绿化村屯1475个。加强森林和生态资源保护，合理开发林副产品，提高林业综合效益。

（王儒林：吉林省省长，2012年2月1日吉林省第十一届人民代表大会第五次会议）

安徽省人民政府工作报告（节录）

强力推进节能减排。落实国家能源消费强度和总量双控制要求，执行淘汰和限制类行业企业差别电价政策，实行合同能源管理，推进节能重点项目建设，坚决淘汰落后产能。强化环保目标责任制，严格环境准入标准，加强脱硫脱硝设施建设和低氮燃烧技术改造，强化机动车尾气污染治理，切实控制氮氧化物等主要污染物排放，严肃查处环境违法突出问题。新增城镇污水处理配套管网1000公里以上，提高生活垃圾无害化处理能力，加大重点建制镇环保设施投入。

加强资源节约集约利用。严格规范土地管理，加大清理闲置土地力度，完善单位面积土地投资强度及产出效益的标准和激励机制，坚决遏制土地违法违规行为。推进矿产资源开发整合和清洁高效利用。继续实施节能产品惠民工程和绿色照明工程，促进全社会低碳消费。切实加强水资源管理，抓好农业、城市、企业节约用水，建设节水型

社会。以提高资源产出效率为目标，加快构建覆盖全社会的资源循环利用体系。加快实施重点企业和各类园区循环经济改造，全面推行清洁生产，建设100个省级循环经济示范单位。

（李斌省：安徽省代理省长，2012年2月11日安徽省第十一届人民代表大会第五次会议）

江苏省人民政府工作报告（节录）

以节能减排为突破口提高生态建设水平。生态良好是科学发展的重要标志。要深入实施生态文明建设工程，努力实现经济持续增长、污染持续下降、生态持续改善。

强化节能减排。把节能减排作为生态建设的首要任务，综合施策，狠抓落实，确保完成年度目标。严格执行新建项目节能和环境影响评价制度，禁止新上高耗能、高排放项目，坚决淘汰落后产能。大力推进工业、建筑、交通、公共机构和居民生活等领域的节能。加大科技支撑力度，实施重点节能减排工程，加强重点企业节能减排技术改造，大力推广应用新技术、新产品，加快燃煤机组脱硝建设。实施循环经济重点工程，开展清洁生产先进企业创建活动。大力发展环保产业。健全监测预警、统计和考核体系，严格监管考核，严肃查处环境违法行为，把各项政策措施落到实处。

强化环境综合整治。深入实施“清水蓝天”工程。加强控源截污和生态修复，扎实推进重点流域和近岸海域水环境治理，持续改善太湖水质，确保南水北调工程沿线水质达标。加强饮用水源地管理和保护。加大城市大气污染治理力度，按照国家部署，实施环境空气质量新标准，13个省辖市全部形成PM2.5监测能力。加强机动车、扬尘、工业废气、秸秆焚烧等污染综合治理，扩大新能源汽车推广应用范围，以更有力的措施减少灰霾污染。集中整治突出环境问题，重点加强化工污染专项治理和重金属污染综合防治。深入开展农业面源污染治理，不断改善农村环境质量。

（李学勇：江苏省省长，2012年2月9日江苏省第十一届人民代表大会第五次会议）

浙江省人民政府工作报告（节录）

建议2012年全省经济社会发展的主要预期目标为：增长均为8.5%左右；研究与试验发展经费支出占生产总值比重2.1%；单位生产总值能耗下降4%左右，化学需氧量、氨氮、二氧化硫排放量均减少2.5%，氮氧化物排放量减少3%。

加强节约环保和生态建设。牢固树立绿色、低碳发展理念，深入开展“811”生态文明建设推进行动，切实保护好全省人民生态家园。一是打好节能减排攻坚战。建立单位生产总值能耗和能源消费总量双控管理机制，加强主要污染物排放总量控制，抓好节能减排重点工程，严格新上项目能效和环保标准。加强建筑、交通运输和公共机构节能。二是强化节地节水节材。实施“365”节约集约用地行动计划，探索建设用地投入产出考核机制，加快低效建设用地二次开发。完善水资源管理体制，落实水资源开发、用水效率控制红线，推进节水示范工程。加强重点行业原材料消耗管理。三是深化循环经济试点省建设。实施循环经济“991”行动计划，加强示范企业、示范园区建设，推行清洁生产。抓好杭州国家低碳城市试点，开展新能源汽车推广应用。四是加强环境保护和污染治理。狠抓清洁水源、清洁空气、清洁土壤专项行动，完善环境执法监管机制，健全水污染区域联防联控机制，切实维护环境安全。加强重点生态功能区建设，注重海域、海岛及海岸带环境保护。推进水土流失治理，加快生态公益林、沿海防护林和碳汇林业建设。深入开展生态文明创建活动，营造共建生态省良好局面。

（夏宝龙：浙江省代省长，2012年1月12日浙江省第十一届人民代表大会第五次会议）

山东省人民政府工作报告（节录）

切实加强环境保护、全面建设“生态山东”。认真贯彻落实《关于建设生态山东的决定》，以节能减排和环境保护的积极成效，推动科学发展、保障人民健康、提高生态文明水平。

持续推进节能降耗。认真落实国家和省“十二五”节能减排综合性工作方案，完善节能减排标准体系，建立技术支撑体系，推进企业能源管理中心建设，探索建立节能量交易制度。强化节能预警调控，加强工业、建筑、交通、公共机构等领域用能管理。加大差别电价、惩罚性电价实施力度，认真抓好小火电、水泥、钢铁等落后产能淘汰工作，全面完成国家下达的年度任务。

切实加强环境保护。坚持“调结构、控新增、减存量”，扎实推进污染物总量减排。打好南水北调沿线治污攻坚战，确保年底前达到国家规定的水质要求。启动新一轮小清河流域生态环境综合治理，促进流域生态环境质量明显改善。加强大气污染治理和监测预警，将PM2.5纳入常规空气质量监测体系，努力增加城市“蓝天白云、繁星闪烁”天数。抓好污水、垃圾处理设施的升级改造和运营管理，城市和县城污水集中处理率达到90%、垃圾无害化处理率达到95%。强化海洋环境保护，处理好突发性海洋灾害事件。认真解决重金属、农业面源污染等损害群众健康的突出环境问题。抓好森林防火和林业病虫害防控，切实保护森林资源。

集约节约利用资源。落实最严格的水资源管理制度，发展节水型经济，建设节水型社会。实行最严格的节约用地制度，规范城乡建设用地增减挂钩试点，实行行业用地定额标准和投资强度控制标准，严格执行全省土地利用总体规划，严肃查处土地违法违纪行为。规范矿产勘查开发秩序。加快发展循环经济，推行清洁生产，推广低碳技术，推进再生资源综合利用。

（姜大明：山东省省长，2012年2月19日山东省第十一届人民代表大会第五次会议）

福建省人民政府工作报告（节录）

2012年经济社会发展的主要预期目标是：单位生产总值能耗下降3.2%，完成化学需氧量、氨氮、二氧化硫、氮氧化物年度减排任务。

持续推进生态省建设。加大节能减排攻坚力度。全面落实环境保护“一岗双责”，严格节能减排奖惩措施，确保完成目标任务。注重源头控制，加强投资项目节能评估和审查，切实抓好环境影响评价和环保“三同时”。完善落后产能退出机制和配套政策。大力推进重点节能工程和污染减排项目建设，进一步完善城乡污水垃圾处理设施，加快淘汰老旧机动车。深入实施重点企业和各类园区循环经济改造，加强节能减排新技术、新产品、新装备的研发及应用，全面推行清洁生产。

加大以水环境整治为重点的环境保护力度。认真实施《福建省流域水环境保护条例》，突出抓好“六江两溪”水环境综合整治，全面实施畜禽养殖污染治理、工业园区和重污染行业污染防治，加强从流域到河口、近岸海域的环保协同监管，严防水体污染。实施水资源总量控制和定额管理，强化实施生态补偿机制，加强饮用水源地环境保护。狠抓城市内河、噪音、饮食业油烟等治理，加快农村环境连片整治，控制农业面源污染。加强重金属和危险废物环境管理，健全环境风险防范与应急管理机制。

（苏树林：福建省省长，2012年1月12日福建省第十一届人民代表大会第六次会议）

上海市人民政府工作报告（节录）

综合各方面因素，2012年全市经济社会发展的主要预期目标是：单位生产总值综合能耗、单位生产总值二氧化碳排放量进一步下降，主要污染物排放量削减率完成国家下达目标，环保投入相当于全市生产总值的比例保持在3%左右。

基本的环境质量是一种公共产品，是政府必须确保的公共服务。进一步加强资源节约和环境保护。合理控制能源消费总量，推进重点领域和重点单位节能管理，强化节能目标责任考核。健全节能市场机制，促进合同能源管理和节能服务产业发展。推进临港燃机电厂、天然气主干管网二期、东海大桥海上风电二期和临港海上风电项目建设，加快崇明、闵行、奉贤等燃机电厂项目前期工作。落实最严格的土地管理制度，健全节约集约用地机制。加快东风西沙水库工程建设。启动最严格水资源管理制度试点工作，大力推进节水型社会建设。强化污染减排目标管理责任制，完成主要污染物年度减排目标。启动实施第五轮环保三年行动计划。认真做好PM2.5监测与治理相关工作，力争列为国家首批发布的城市之一。加强大气污染治理，加快燃煤电厂脱硝工程建设，大力推进电厂高效除尘工程，扩大布袋除尘试点，强化机动车控制和重污染车辆淘汰，加强扬尘和秸秆焚烧治理。完成白龙港污水处理厂二期扩建工程。加快推进宝山南大地区环境综合整治，深化金山卫化工集中区污染治理。推进外环生态专项等工程建设，完成绿地建设1000公顷，其中公共绿地500公顷。

（韩正：上海市市长，2012年1月11日上海市第十三届人民代表大会第五次会议）

江西省人民政府工作报告（节录）

2012年全省经济社会发展的主要预期目标是：单位生产总值能耗下降3%，二氧化硫排放量下降1.2%，化学需氧量、氨氮排放量下降1%，氮氧化物排放量实现零增长。

强化“特色是生态”，着力提升生态文明水平。围绕建设秀美江西，深化和拓展造林绿化“一大四小”工程，完成造林235万亩以上。提高工业园区生态建设水平，全面开工建设第三批37个工业园区污水处理设施。新增200个集镇、2万个自然村实施垃圾无害化处理。大力推进“绿色矿山”建设和矿产资源综合利用示范基地建设，启动实施重点工业企业污染源治理工程，继续开展环境保护专项整治行动，抓好自然保护区、森林公园和湿地公园建设和管理，强化环境监测、预警和应急能力建设。扎实推进节能减排，实行能源消费总量控制，严把项目准入能评环评关，抓好工业、交通、建筑和公共机构等重点领域节能减排，着力实施万家企业节能低碳行动，加快淘汰落后产能，抓好脱硫脱硝设施建设和运行。

围绕“走出一条生态与经济协调发展的路子”，积极开展先行先试。大力发展低碳与生态经济，推进循环经济发展，加快构建资源节约型、环境友好型产业体系。抓紧出台全省主体功能区规划及实施细则，建立有利于促进主体功能区形成的绩效考评体系，引导各地科学发展。积极探索市场化生态补偿模式，启动湿地生态补偿试点，力争林权、水权、碳汇、排污权等资源环境产权交易试点取得实质性进展。加快推进鄱阳湖生态经济区先导示范区建设，支持共青城建设成为经济文明与生态文明、社会文明有机统一的示范区，支持新余加快建设新能源科技示范城，鼓励基础条件较好的其他县（市、区）创建示范区。

(鹿心社：江西省代省长，2012年2月1日江西省第十一届人民代表大会第五次会议)

河南省人民政府工作报告（节录）

强化节能减排。实行能源消耗强度和总量双控制，完善评价考核机制和奖惩制度，大力淘汰落后产能，开展千家企业节能低碳、绿色节能建筑等八大节能专项行动计划。实施主要污染物总量预算指标管理，强化环境影响评价。推进城镇污水处理厂、电力行业脱硫脱硝设施、规模化畜禽养殖污染等重点污染物减排项目建设。继续开展重点流域、重点区域、重点行业环境综合整治。积极推进农村环境连片综合整治、重金属污染防治。加快发展节能环保产业，有序开展碳排放权、排污权有偿使用交易。深入推进循环经济试点省建设。搞好经济运行调节。建立煤炭储备制度，完善电煤供应保障机制。完善铁路、公路运输协调服务机制，保障重点企业产品和重点物资运输。坚持“内外结合、源网并重”，加强电源电网建设。继续推进高效清洁燃煤机组建设，大力发展热电联产，争取新增电力装机500万千瓦、开工500万千瓦以上。持兴利除害并举、节约开发并重，全面加快复合型、多功能水利网络体系建设，提高水资源保障能力和防洪除涝抗旱能力。加强生态建设。推进伏牛山、桐柏山和大别山、太行山山地生态区和平原生态涵养区建设，构建沿黄生态涵养带、南水北调中线生态走廊，完善区域生态网络。做好南水北调水源地保护工作。加快矿区生态恢复、煤矿塌陷区治理和农村土壤修复。继续推进林业生态省建设，完成造林400万亩。

(郭庚茂：河南省省长，2012年1月8日河南省第十一届人民代表大会第五次会议)

湖北省人民政府工作报告（节录）

强力推进节能减排。坚持总量控制和强度限制相结合，分解落实能源总量控制目标。全面推进工业、交通、建筑和居民生活等重点领域的节能减排，坚决淘汰落后产能。调整优化能源结构，扩大可再生能源的开发利用，推广使用先进技术和节能产品，加强用能管理，提高能源利用率。制定完善“十二五”和年度主要污染物总量控制目标和重点减排项目，并确保完成。抓好重点行业减排工程，扩大碳排放和排污权交易试点。落实节能环保优惠政策，加快发展节能环保产业。完善节能减排目标责任制，严格评价考核，并将考核结果向社会公布。建立健全能源行业统计体系，实行能源消费预测预警和信息发布制度。

积极发展循环经济和低碳产业。推进“青一阳一鄂”等不同类型循环经济发展。加快构建循环型产业体系和再生资源循环利用体系。启动武汉花山生态新城“两型”社会建设示范工程。增强绿色消费意识，倡导理性消费与清洁消费。积极应对气候变化，大力推进低碳试点省建设，抓紧编制完成《湖北低碳发展规划》，支持咸宁低碳发展试验区建设，鼓励武昌滨江商务区打造“零碳未来城”，推进谷城再生资源国家“城市矿产”示范基地建设，抓好市、社区、园区和企业四级试点。推进以低碳经济为主题的国际（鄂法）经济合作。

着力加强生态治理和环境保护。出台《全省主体功能区实施规划》。实施“蓝天、碧水、青山、美城”工程。推进“三江、三库、三湖”等重点流域区域水污染防治，组织实施长江、汉江中下游水污染防治规划。加快武汉城市圈碧水工程、大东湖生态水网、梁子湖国家湖泊生态环境保护试点项目建设。加强城市垃圾无害化处理和污水净化排放，优先解决重金属污染、饮用水达标等关系民生的突出环保问题。探索在大城市开展PM2.5和臭氧监测试点，提高城市空气质量。抓紧制定生态文明建设的指标体系和考核办法，研究建立重点区域流域生态补偿机制。大力发展接续替代产业，开展矿山土地复垦和污染土壤修复治理，推进资源枯竭型城市转型。

(王国生：湖北省省长，2012年1月11日湖北省第十一届人民代表大会第五次会议)

湖南省人民政府工作报告（节录）

加快两型社会建设 .推进长株潭试验区第二阶段改革建设。加快体制机制创新，率先在资源节约、环境友好，以及社会管理、城市建设、市场运作、要素聚集等方面积累经验。加快构建两型产业体系，实施以两型产业振兴为主导的八大工程，积极推进示范区建设、节能减排全覆盖、湘江流域综合治理，以及基础设施建设、城乡统筹示范、综合交通运输一体化、“三网融合”，促进产业高新化、集约化、清洁化和循环化。推行两型标准体系和认证制度，开展两型示范工程项目、两型示范单位创建活动。继续推行排污权交易，开展绿色保险试点和生态补偿工作。落实节能、节水、环保产品消费政策，倡导绿色消费理念，引导群众自觉融入“两型”，从自己做起、从日常生活做起，形成全民动员、全社会参与两型社会建设的良好氛围。

确保完成节能减排任务。实行能源消费强度和总量双控制，坚决淘汰落后产能，严格控制高耗能、高污染和高排放行业的增长。狠抓重点领域、行业、企业的节能减排，开展“万家企业节能低碳行动”，推广合同能源管理，降低重点用能企业单位能耗；加强城镇污水、垃圾处理配套设施建设。推进循环经济发展和资源综合利用，支持汨罗国家城市矿产示范基地、长沙（浏阳、宁乡）国家再制造示范基地、衡阳国家餐厨废弃物资源化利用和无害化处理试点城市建设。健全节能减排的政策法规、科技支撑和统计监测体系。深化资源性产品价格改革，推行居民用电、用水、用气阶梯价格改革。对未完成节能减排任务的地区，实行区域限批。

加强环境保护和生态建设。启动绿色湖南建设，以“一湖四水”为重点，加强森林、水系、湿地及水源涵养区、江河源头区、生态脆弱区的环境保护，积极开展生态县（市）、生态示范区、生态文明村、生态居住小区等创建活动。实行最严格的水资源管理制度，坚决守住用水总量、用水效率、水功能区限制纳污“三条红线”。扎实推进湘江流域重金属污染治理和水污染综合整治。切实推进河道采砂、水上餐饮专项整治。提高县以上城镇生活垃圾无害化处理率，积极推动城市污泥无害化集中处置。

(徐守盛：湖南省省长，2012年1月11日湖南省第十一届人民代表大会第六次会议)

广西壮族自治区人民政府工作报告（节录）

今年全区经济社会发展主要预期目标是:地区生产总值增长11%，财政收入增长15%，全社会固定资产投资增长20%，规模以上工业增加值增长21%，社会消费品零售总额增长17%，外贸进出口总额增长20%，万元地区生产总值能耗下降3.1%，万元地区生产总值二氧化碳排放量下降3.2%，化学需氧量排放量削减1%，二氧化硫排放量、氨氮排放量、氮氧化物排放量均削减0.5%，城镇居民人均可支配收入增长11%，农民人均纯收入增长12%，城镇登记失业率控制在4.6%以内，人口自然增长率控制在9.2%。以内，居民消费价格总水平涨幅控制在4%左右。

大力发展林下经济。发展生态农业和有机农业，推广林果、林草、林菌、林禽、林畜、林药、林菜、林蜂等模式，新增林下经济面积650万亩，通过林下经济实现人均增收1000元以上的林农累计达到750万人。

大力推进节能减排工作。健全节能减排约束激励机制和工作机制。推进火电、水泥等行业企业脱硝、机动车尾气氮氧化物和规模化养殖业的污染治理，完善城镇污水收集管网建设。严格控制“两高”和产能过剩项目。落实淘汰落后产能计划，推进节能减排新技术、新产品、新工艺、新材料的应用。开展全民节能减排行动。继续实施重点节能改造工程和节能产品惠民行动。开展节能环保宣传，倡导绿色低碳的生活方式。

大力发展循环经济。构建循环经济产业链，在制糖、铝、火电、新型干法水泥、有色金属等重点工业行业中推行循环经济发展模式和清洁生产。加快推进火电、水泥、林浆纸、石化、锡、锌、锰等行业循环经济产业园区建设。加快建设贺州华润循环经济示范区、国家“城市矿产”示范基地梧州进口再生资源加工园区和玉林龙潭进口再生资源加工利用园区。努力创建糖业循环经济示范省区。

（马飚：广西壮族自治区主席，2012年1月8日广西壮族自治区第十一届人民代表大会第五次会议）

海南省人民政府工作报告（节录）

切实抓好节能减排。突出抓好节能新技术新产品在工业、建筑、交通运输、能源等行业的推广应用和重点领域的节能改造，实施节能产品惠民等十大节能工程，推行合同能源管理，推进绿色照明示范省建设。坚决淘汰落后产能，新建项目全部采用节能新技术新产品。发展清洁能源，提高清洁能源消费比重。加强城镇污水和垃圾处理设施的建设、配套及营运管理，提高城市生活污水和生活垃圾无害化处理能力。对分解到各市县、各部门和重点单位的节能减排任务要实行严格的目标责任考核。

大力发展循环经济。扎实推进昌江循环经济工业园建设，抓好海口、三亚再生资源回收利用体系试点，在海口、三亚、保亭等市县开展创建循环经济示范园和示范企业试点，在重点旅游景区和农业开发区建设生态示范园区，积极推动重大节能、低碳技术开发，加大循环经济技术示范推广力度，力争将我省列入国家循环经济示范区。

（蒋定之：海南省代省长，2012年2月9日海南省第四届人民代表大会第五次会议）

重庆市人民政府工作报告（节录）

加强节能减排和环境保护工作。健全行政管控和市场调节的互动机制，严格目标责任和管理，完成节能减排年度任务。推广先进技术和节能产品，构建节能环保型产业体系。继续实施环境污染安全隐患企业环保搬迁，推进资源型企业兼并重组，坚决淘汰落后产能。加强工业园区、重点企业循环经济示范，规划建设一批低碳产业园区。全面推行清洁生产，加强粉尘、噪声、废气、烟气综合治理。推进公共建筑节能改造。完善城镇污水处理管网配套，新增和扩建一批城镇生活垃圾处理设施。大力开展农村生活垃圾和污水治理，完善垃圾收运体系。抓好小流域环境整治，有效防治农业面源污染。深入开展合同能源管理和排污权交易，利用市场化手段挖掘节能减排潜力。搞好森林管护，探索碳汇交易。弘扬生态文化，倡导绿色消费，促进人与自然和谐共生。

（黄奇帆：重庆市市长，2012年1月8日重庆市第三届人民代表大会第五次会议）

四川省人民政府工作报告（节录）

大力推进节能减排。严格执行国家产业政策，坚决遏制高耗能行业过快增长，确保万元GDP能耗下降3.5%。突出抓好工业节能减排，开展“千家企业节能行动”，实施节能减排重大支撑项目、重点示范项目，加快淘汰落后过剩产能。深入推进建筑、交通运输、商贸、公共机构等重点领域节能。重点抓好大气、水体、重金属、机动车尾气、危险化学品、固体废物、农村面源污染防治，对二氧化硫、化学需氧量、氨氮、氮氧化物排放实行总量控制，确保完成国家下达的年度减排目标。加快污水处理厂、垃圾焚烧和处理场及配套设施建设。加强危险废物、持久性有机污染物防治。落实岷江、沱江流域跨界断面水质超标资金扣缴制度，开展出川断面区域环境综合整治。加强饮用水水源保护管理。深化城乡环境综合治理，实施环境优美示范工程，推进环保模范城市创建活动。

加强生态建设和地质灾害防治。深入实施重点生态工程，完成营造林600万亩，治理沙化土地6.5万亩，增加森林面积175万亩、森林蓄积1450万立方米。强化水土保持预防监督管理，综合治理水土流失2000平方公里。继续推进生态县（市、区）和生态工业园创建活动。加强自然保护区和生态功能保护区建设管理，强化川西北地区湿地保护，搞好生态脆弱和敏感区域生态修复。全面推进地质灾害调查评价，加快实施重大地质灾害防治工程和地质灾害防灾避险搬迁安置工程，切实做好重要场镇、人口聚集区、受灾群众安置点和重大基础设施建设区等重点区域地质灾害防治工作。严密监测、重点防治地震灾区地质灾害重大隐患点，及时采取监测预警、搬迁避让、应急除险等措施，防止造成重大人员伤亡和财产损失。

提高资源综合利用水平。大力推广节水技术和产品，鼓励企业加强污水综合治理回用，加快建设节水型社会。坚守耕地和基本农田保护"红线"，严格土地用途管制，大力推进节约集约用地。坚持差别化供地政策，着力保障重点新区、重点项目、重大产业和重大民生工程用地。加强矿产资源勘探，形成一批重要矿产资源战略接续区。抓好国家、省循环经济试点，推行强制性清洁生产审核制度。

（蒋巨峰：四川省省长，2012年1月10日四川省第十一届人民代表大会第五次会议）

云南省人民政府工作报告（节录）

发展绿色经济。牢固树立绿色发展理念，壮大绿色产业。完善以资源有偿使用、生态环境补偿等为重点的发展政策体系和保障机制。积极发展循环经济，全面推行清洁生产审核。努力推进低碳经济试点省工作，实施低碳发展十大重点工程，建立温室气体排放统计核算制度，完成碳排放削减目标。

加大江河湖泊治理力度。按照"一湖一策"的部署，抓好以滇池为重点的九大高原湖泊水污染综合防治工作，巩固提升治污成果。搞好长江、珠江、澜沧江等河流防护林建设，加强出境跨界河流水环境综合防治。切实抓好重金属污染防治和危险化学品排查治理工作。完善环境突发事件应急机制。

加强资源保护和合理利用。做好国家"低丘缓坡土地综合开发利用试点"工作。全面开展划定永久基本农田工作，将坝区80%以上的耕地和山区集中连片优质耕地划为永久基本农田，实行特殊保护。整顿和规范矿产资源开发秩序，健全矿政管理新机制。继续开展地质找矿，力争实现更大突破。全面推进水资源保护和节水型社会建设，倡导水资源多目标开发。广泛开展资源综合利用，重点加强城市资源循环利用。

推进节能减排。建设覆盖全省的节能指标监测和预测预警体系。实施200项节能示范项目，形成100万吨标准煤的节能能力。启动实施万家企业节能低碳行动计划。加大淘汰落后产能力度。实行污染减排调度制度，定期研究重点减排项目进展情况。加强污染源监控。加快城镇污水和生活垃圾处理设施建设，确保248个项目全部正常运行。完成化学需氧量、氨氮、二氧化硫、氮氧化物4项主要污染物削减的目标任务。

（李纪恒：云南省代省长，2012年2月11日云南省第十一届人民代表大会第五次会议）

贵州省人民政府工作报告（节录）

加强生态环境保护，切实保障持续发展。把加快经济发展与加强环境保护结合起来，以生态文明理念引领经济社会发展。加强生态建设。完成营造林380万亩，其中实施省级退耕还林20万亩；进一步加大石漠化、水土流失和中小河流治理力度，森林覆盖率提高1个百分点。扎实推进节能减排。实施重点耗能企业节能改造、节能技术产业化示范等工程，推动工业废弃物在新型建筑材料中的应用，淘汰一批落后产能。大力发展循环经济。实施重点企业和产业园区循环经济建设与改造，扩大省级循环经济示范试点范围，全面推行清洁生产。实行最严格的环境保护制度。加强饮用水源地保护，突出抓好重点流域污染治理。新增25个县城垃圾无害化处理设施，对省级工业园区污水处理设施项目予以贴息。加强重点建制镇污水处理厂建设。保障污染治理设施稳定运行。加强工业固体废物和重金属污染防治，强化危险废物和医疗废物管理。推进地质灾害防治和矿山环境恢复治理。加强农村面源污染治理，严禁工矿企业污染向农村转移。实行最严格的耕地保护制度。坚持集约节约用地，加强土地利用管理，严格实行占补平衡，加强耕地整治恢复，提高土地资源综合利用效益。

（赵克志：贵州省省长，2012年1月10日贵州省第十一届人民代表大会第五次会议）

2012年西藏自治区人民政府工作报告

保障生态环境安全。继续实施好《西藏生态安全屏障保护与建设规划》，狠抓天然林保护、退牧还草、退耕还林和农牧区能源替代等生态工程和重点区域生态公益林建设。加大江河源头、草地、湿地及生物多样性保护，开展拉萨河源头、雅鲁藏布江源头生态功能保护区建设，推进纳木错生态环境保护工程。加大防沙治沙、水土保持和雅江中游土地开发及环境治理力度。加大草原生态保护补助奖励机制和森林生态效益补偿机制实施力度。探索湿地及资源开发的生态补偿试点。积极开展生态地县、生态乡村创建工作。推进生态环境监测体系建设，着力加强环保能

力建设。加大饮用水水源地保护力度。加强城镇污水、垃圾处理等环境基础设施建设。加大交通沿线、重点景区等区域环境综合整治力度。严格环评审批。深入开展环保专项行动。强化污染防治和辐射环境监管。全面落实节能减排要求，确保单位地区生产总值能耗和主要污染物排放总量控制在国家核定范围之内。

（白玛赤林：西藏自治区人民政府主席，2012年1月9日西藏自治区九届人大五次会议）

陕西省人民政府工作报告（节录）

以节能减排引领发展方式转变，促进生态环境建设上台阶。我们按照开局之年一定要有所作为的要求，加大生态环境建设力度。一是强化工程治污措施。建成污水处理厂94座，关中和陕北县城实现全覆盖，全省城镇污水处理率超过70%。结合重点示范镇建设启动了生活垃圾、污水收集处理工程，在448个村、25个规模化畜禽养殖企业开展了环境综合整治。工业减排新设施、新工艺广泛应用，新上电厂同步建起脱硫脱硝设备，减排工作成为8个受到国务院表彰的省份之一。二是制定并启动了渭河流域水污染防治三年行动方案。教育、管理、工程、法律等措施并举，用铁腕治理，力争3年使渭河水变清变净，与全线防洪和生态治理同步。三是努力降低资源消耗水平。大力发展环保产业，全面推进节能、节水、节地，淘汰落后产能295万吨，发展节水灌溉面积87万亩，实施各类土地开发整理28万亩，盘活利用存量土地6.2万亩。

加快循环经济示范区建设。深入实施《甘肃省循环经济总体规划》，建设一批支撑性和标志性的循环经济重大项目，基本建成兰白石油化工、冶金有色循环经济基地，酒嘉清洁能源、冶金新材料循环经济基地和金昌有色金属新材料循环经济基地；完成金昌、白银、陇西、华亭、武威黄羊5个国家园区循环化改造进度的50%。健全循环经济统计评价考核体系。加快构建循环型农业、工业、社会三大体系。

加快形成优势产业集群。按照产业发展定位和产业园区规划，以承接产业转移和老城区企业“出城入园”为契机，全面推进国务院批复的石油化工、装备制造、高新技术、现代物流、现代农业产业园区建设，在园区内形成“产品相互关联、技术相互协作、设施相互共享”的循环发展格局。进一步做好各项服务工作，促进已签约项目尽快开工建设，已建成项目尽快达产达标。

加强资源节约和环境保护，着力推进生态文明建设围绕资源节约型、环境友好型社会建设，把生态文明建设放在突出位置，着力推进绿色发展、循环发展、低碳发展，实现节能减排目标，不断提高环境质量。

抓好节能减排和环境保护工作。落实“十二五”节能减排综合性工作方案和节能减排规划，突出抓好重点行业、重点领域、重点企业的节能减排。淘汰落后产能510万吨。加快推进建筑、农村、商业和公共机构节能。加大污染防治力度，突出重金属、危险废物和化学品三类污染物防治。加强集中式饮用水水源地环境保护。进一步推进兰州等重点城市大气污染综合治理，不断改善重点区域、重点流域环境质量。抓好农村环境连片整治，减少农业面源污染，切实改善农村环境质量。

（赵正永：陕西省省长，2012年1月12日陕西省第十一届人民代表大会第五次会议）

青海省人民政府工作报告（节录）

加快形成新兴产业高起点、高技术、高投入、高增长的发展格局，打造十大特色优势产业的基本产业链。继续推进科技“123”工程，加强关键技术和工艺再创新，促进信息化和工业化融合。优化资源配置，推进企业兼并重组，提高产业集中度。认真执行国家产业政策，严禁高于行业能耗标准的项目上马，突出抓好节能减排改造工程，实施落后产能淘汰计划，从源头上强化节能减排工作。

全面提高生态环境承载力。构筑高原生态屏障，事关全国可持续发展。今年要启动三江源国家生态保护综合试验区建设，按照统筹生态保护、民生改善和区域发展的要求，抓紧实施三江源保护与建设二期工程，提升生态保护层次。坚持先行先试，完善政策措施，创新体制机制，积极探索符合试验区功能定位的保护发展模式和科学发展手段，特别是进一步推动建立生态补偿的长效机制，努力将试验区建成全国生态文明的先行区。整体推进青海湖流域、柴达木盆地、湟水流域等区域生态工程建设，以及祁连山水源涵养区生态环境保护和综合治理。加强环境美化绿化和污染综合防治，全面完成湟水流域排污口截污纳管，实现"全测控、全收集、全处理"。继续开展农村环境连片整治。全面推进饮用水水源地保护、重金属污染防治、大气和噪声污染治理，提高水质达标率、人均绿地率、污水无害化处理率和垃圾资源化利用率。我们要始终肩负起保护生态环境的历史责任，让青海各族人民与蓝天碧水青山相依，让奔腾不息的江河之水永远滋润中华大地。

（骆惠宁：青海省省长，2012年1月13日青海省第十一届人民代表大会第五次会议）

宁夏回族自治区人民政府工作报告（节录）

狠抓节能减排，促进工业循环式发展。变节能减排压力为结构调整动力，进一步创新激励机制，落实国家淘汰落后产能新标准，对腾出能耗和污染物排放空间的地区、园区和企业，实施等量置换，优先安排项目。严格执行新上项目环境和能耗评估制度，继续推进高耗能行业能耗限额管理。大力发展循环经济，推进园区内、企业中和产业间循环，延长产业链，力促清洁生产、减量排放。严格执行“十大铁律”，办好环保实事，增加森林碳汇，实现绿色循环发展。

（王正伟：宁夏回族自治区主席，2012年1月11日宁夏回族自治区第十届人民代表大会第六次会议）

新疆维吾尔自治区人民政府工作报告（节录）

坚持“环保优先、生态立区”和“两个可持续”，坚持“发展中保护，保护中发展”，加大生态环境保护建设力度，科学制定生态环境功能区划。进一步提高伊犁、阿勒泰等重要生态环境功能区和风景名胜区规划控制标准。根据主体功能区划，统筹专项规划，明确开发方向，规范开发秩序，控制开发强度。加强对资源开发分类指导、分类管理，实现区域经济规划与环境保护目标协调统一。开展煤炭资源开发生态补偿试点。对优质或零线以上水源涵养区、集中饮用水源保护区实行最严格保护措施。对自然保护区、自然生态良好区、风景名胜区、人群密集区和生态敏感区实行最严格管控。清理取缔非法采矿活动。继续加强天山、阿尔泰山天然林，平原绿化林和荒漠植被保护工程建设。加强塔里木盆地周边、准噶尔盆地南缘沙漠化治理。做好天山北坡谷地森林植被保护与修复。加强伊犁河、额尔齐斯河、博斯腾湖、艾比湖流域、巴音布鲁克草原生态环境综合整治，启动塔里木河流域综合治理二期工程、乌伦古河下游应急生态补水工程。加强退耕还林、退牧还草、优质饲草料基地、重点防护林及湿地保护工程建设。新增造林250万亩、封育150万亩、退牧还草2280万亩、天然草原禁牧1.5亿亩。统筹生产生活和生态用水。严禁超采地下水，严禁无序开荒。大力推进农村连片环境综合治理。加大重点行业脱硫脱硝工程建设，坚决淘汰落后产能，加强超排企业综合整治。加快城镇污水垃圾处理设施建设。下决心搬迁人口密集区重污染企业。继续加强乌鲁木齐大气污染综合治理。加强重点排污企业环保执法监督。积极发展环境污染责任保险。坚决落实最严格的耕地保护和集约节约用地制度。坚决维护农牧民土地、草场合法权益。充分利用戈壁荒滩进行基础设施、工业项目建设和城镇化发展。

（努尔•白克力：新疆维吾尔自治区主席，2012年1月10日新疆维吾尔自治区十一届人大五次会议）

法律规章

中华人民共和国清洁生产促进法

（2002年6月29日第九届全国人民代表大会常务委员会第二十八次会议通过　根据2012年2月29日第十一届全国人民代表大会常务委员会第二十五次会议《关于修改〈中华人民共和国清洁生产促进法〉的决定》修正）

第一章　总则

第一条　为了促进清洁生产，提高资源利用效率，减少和避免污染物的产生，保护和改善环境，保障人体健康，促进经济与社会可持续发展，制定本法。

第二条　本法所称清洁生产，是指不断采取改进设计、使用清洁的能源和原料、采用先进的工艺技术与设备、改善管理、综合利用等措施，从源头削减污染，提高资源利用效率，减少或者避免生产、服务和产品使用过程中污染物的产生和排放，以减轻或者消除对人类健康和环境的危害。

第三条　在中华人民共和国领域内，从事生产和服务活动的单位以及从事相关管理活动的部门依照本法规定，组织、实施清洁生产。

第四条　国家鼓励和促进清洁生产。国务院和县级以上地方人民政府，应当将清洁生产促进工作纳入国民经济和社会发展规划、年度计划以及环境保护、资源利用、产业发展、区域开发等规划。

第五条　国务院清洁生产综合协调部门负责组织、协调全国的清洁生产促进工作。国务院环境保护、工业、科学技术、财政部门和其他有关部门，按照各自的职责，负责有关的清洁生产促进工作。

县级以上地方人民政府负责领导本行政区域内的清洁生产促进工作。县级以上地方人民政府确定的清洁生产综合协调部门负责组织、协调本行政区域内的清洁生产促进工作。县级以上地方人民政府其他有关部门，按照各自的职责，负责有关的清洁生产促进工作。

第六条　国家鼓励开展有关清洁生产的科学研究、技术开发和国际合作，组织宣传、普及清洁生产知识，推广清洁生产技术。

国家鼓励社会团体和公众参与清洁生产的宣传、教育、推广、实施及监督。

第二章　清洁生产的推行

第七条　国务院应当制定有利于实施清洁生产的财政税收政策。

国务院及其有关部门和省、自治区、直辖市人民政府，应当制定有利于实施清洁生产的产业政策、技术开发和推广政策。

第八条　国务院清洁生产综合协调部门会同国务院环境保护、工业、科学技术部门和其他有关部门，根据国民经济和社会发展规划及国家节约资源、降低能源消耗、减少重点污染物排放的要求，编制国家清洁生产推行规划，报经国务院批准后及时公布。

国家清洁生产推行规划应当包括：推行清洁生产的目标、主要任务和保障措施，按照资源能源消耗、污染物排放水平确定开展清洁生产的重点领域、重点行业和重点工程。

国务院有关行业主管部门根据国家清洁生产推行规划确定本行业清洁生产的重点项目，制定行业专项清洁生产推行规划并组织实施。

县级以上地方人民政府根据国家清洁生产推行规划、有关行业专项清洁生产推行规划，按照本地区节约资源、降低能源消耗、减少重点污染物排放的要求，确定本地区清洁生产的重点项目，制定推行清洁生产的实施规划并组织落实。

第九条　中央预算应当加强对清洁生产促进工作的资金投入，包括中央财政清洁生产专项资金和中央预算安排的其他清洁生产资金，用于支持国家清洁生产推行规划确定的重点领域、重点行业、重点工程实施清洁生产及其技术推广工作，以及生态脆弱地区实施清洁生产的项目。中央预算用于支持清洁生产促进工作的资金使用的具体办法，由国务院财政部门、清洁生产综合协调部门会同国务院有关部门制定。

县级以上地方人民政府应当统筹地方财政安排的清洁生产促进工作的资金，引导社会资金，支持清洁生产重点项目。

第十条　国务院和省、自治区、直辖市人民政府的有关部门，应当组织和支持建立促进清洁生产信息系统和技术咨询服务体系，向社会提供有关清洁生产方法和技术、可再生利用的废物供求以及清洁生产政策等方面的信息和服务。

第十一条　国务院清洁生产综合协调部门会同国务院环境保护、工业、科学技术、建设、农业等有关部门定期发布清洁生产技术、工艺、设备和产品导向目录。

国务院清洁生产综合协调部门、环境保护部门和省、自治区、直辖市人民政府负责清洁生产综合协调的部门、环境保护部门会同同级有关部门，组织编制重点行业或者地区的清洁生产指南，指导实施清洁生产。

第十二条　国家对浪费资源和严重污染环境的落后生产技术、工艺、设备和产品实行限期淘汰制度。国务院有关部门按照职责分工，制定并发布限期淘汰的生产技术、工艺、设备以及产品的名录。

第十三条　国务院有关部门可以根据需要批准设立节能、节水、废物再生利用等环境与资源保护方面的产品标志，并按照国家规定制定相应标准。

第十四条　县级以上人民政府科学技术部门和其他有关部门，应当指导和支持清洁生产技术和有利于环境与资源保护的产品的研究、开发以及清洁生产技术的示范和推广工作。

第十五条　国务院教育部门，应当将清洁生产技术和管理课程纳入有关高等教育、职业教育和技术培训体系。

县级以上人民政府有关部门组织开展清洁生产的宣传和培训，提高国家工作人员、企业经营管理者和公众的清洁生产意识，培养清洁生产管理和技术人员。

新闻出版、广播影视、文化等单位和有关社会团体，应当发挥各自优势做好清洁生产宣传工作。

第十六条　各级人民政府应当优先采购节能、节水、废物再生利用等有利于环境与资源保护的产品。

各级人民政府应当通过宣传、教育等措施，鼓励公众购买和使用节能、节水、废物再生利用等有利于环境与资源保护的产品。

第十七条　省、自治区、直辖市人民政府负责清洁生产综合协调的部门、环境保护部门，根据促进清洁生产工作的需要，在本地区主要媒体上公布未达到能源消耗控制指标、重点污染物排放控制指标的企业的名单，为公众监督企业实施清洁生产提供依据。

列入前款规定名单的企业，应当按照国务院清洁生产综合协调部门、环境保护部门的规定公布能源消耗或者重点污染物产生、排放情况，接受公众监督。

第三章　清洁生产的实施

第十八条　新建、改建和扩建项目应当进行环境影响评价，对原料使用、资源消耗、资源综合利用以及污染物产生与处置等进行分析论证，优先采用资源利用率高以及污染物产生量少的清洁生产技术、工艺和设备。

第十九条　企业在进行技术改造过程中，应当采取以下清洁生产措施：

（一）采用无毒、无害或者低毒、低害的原料，替代毒性大、危害严重的原料；

（二）采用资源利用率高、污染物产生量少的工艺和设备，替代资源利用率低、污染物产生量多的工艺和设备；

（三）对生产过程中产生的废物、废水和余热等进行综合利用或者循环使用；

（四）采用能够达到国家或者地方规定的污染物排放标准和污染物排放总量控制指标的污染防治技术。

第二十条　产品和包装物的设计，应当考虑其在生命周期中对人类健康和环境的影响，优先选择无毒、无害、易于降解或者便于回收利用的方案。

企业对产品的包装应当合理，包装的材质、结构和成本应当与内装产品的质量、规格和成本相适应，减少包装性废物的产生，不得进行过度包装。

第二十一条　生产大型机电设备、机动运输工具以及国务院工业部门指定的其他产品的企业，应当按照国务院标准化部门或者其授权机构制定的技术规范，在产品的主体构件上注明材料成分的标准牌号。

第二十二条　农业生产者应当科学地使用化肥、农药、农用薄膜和饲料添加剂，改进种植和养殖技术，实现农产品的优质、无害和农业生产废物的资源化，防止农业环境污染。

禁止将有毒、有害废物用作肥料或者用于造田。

第二十三条　餐饮、娱乐、宾馆等服务性企业，应当采用节能、节水和其他有利于环境保护的技术和设备，减

少使用或者不使用浪费资源、污染环境的消费品。

第二十四条　建筑工程应当采用节能、节水等有利于环境与资源保护的建筑设计方案、建筑和装修材料、建筑构配件及设备。

建筑和装修材料必须符合国家标准。禁止生产、销售和使用有毒、有害物质超过国家标准的建筑和装修材料。

第二十五条　矿产资源的勘查、开采，应当采用有利于合理利用资源、保护环境和防止污染的勘查、开采方法和工艺技术，提高资源利用水平。

第二十六条　企业应当在经济技术可行的条件下对生产和服务过程中产生的废物、余热等自行回收利用或者转让给有条件的其他企业和个人利用。

第二十七条　企业应当对生产和服务过程中的资源消耗以及废物的产生情况进行监测，并根据需要对生产和服务实施清洁生产审核。

有下列情形之一的企业，应当实施强制性清洁生产审核：

（一）污染物排放超过国家或者地方规定的排放标准，或者虽未超过国家或者地方规定的排放标准，但超过重点污染物排放总量控制指标的；

（二）超过单位产品能源消耗限额标准构成高耗能的；

（三）使用有毒、有害原料进行生产或者在生产中排放有毒、有害物质的。

污染物排放超过国家或者地方规定的排放标准的企业，应当按照环境保护相关法律的规定治理。

实施强制性清洁生产审核的企业，应当将审核结果向所在地县级以上地方人民政府负责清洁生产综合协调的部门、环境保护部门报告，并在本地区主要媒体上公布，接受公众监督，但涉及商业秘密的除外。

县级以上地方人民政府有关部门应当对企业实施强制性清洁生产审核的情况进行监督，必要时可以组织对企业实施清洁生产的效果进行评估验收，所需费用纳入同级政府预算。承担评估验收工作的部门或者单位不得向被评估验收企业收取费用。

实施清洁生产审核的具体办法，由国务院清洁生产综合协调部门、环境保护部门会同国务院有关部门制定。

第二十八条　本法第二十七条第二款规定以外的企业，可以自愿与清洁生产综合协调部门和环境保护部门签订进一步节约资源、削减污染物排放量的协议。该清洁生产综合协调部门和环境保护部门应当在本地区主要媒体上公布该企业的名称以及节约资源、防治污染的成果。

第二十九条　企业可以根据自愿原则，按照国家有关环境管理体系等认证的规定，委托经国务院认证认可监督管理部门认可的认证机构进行认证，提高清洁生产水平。

第四章　鼓励措施

第三十条　国家建立清洁生产表彰奖励制度。对在清洁生产工作中做出显著成绩的单位和个人，由人民政府给予表彰和奖励。

第三十一条　对从事清洁生产研究、示范和培训，实施国家清洁生产重点技术改造项目和本法第二十八条规定的自愿节约资源、削减污染物排放量协议中载明的技术改造项目，由县级以上人民政府给予资金支持。

第三十二条　在依照国家规定设立的中小企业发展基金中，应当根据需要安排适当数额用于支持中小企业实施清洁生产。

第三十三条　依法利用废物和从废物中回收原料生产产品的，按照国家规定享受税收优惠。

第三十四条　企业用于清洁生产审核和培训的费用，可以列入企业经营成本。

第五章　法律责任

第三十五条　清洁生产综合协调部门或者其他有关部门未依照本法规定履行职责的，对直接负责的主管人员和其他直接责任人员依法给予处分。

第三十六条　违反本法第十七条第二款规定，未按照规定公布能源消耗或者重点污染物产生、排放情况的，由县级以上地方人民政府负责清洁生产综合协调的部门、环境保护部门按照职责分工责令公布，可以处十万元以下的罚款。

第三十七条　违反本法第二十一条规定，未标注产品材料的成分或者不如实标注的，由县级以上地方人民政府质量技术监督部门责令限期改正；拒不改正的，处以五万元以下的罚款。

第三十八条　违反本法第二十四条第二款规定，生产、销售有毒、有害物质超过国家标准的建筑和装修材料的，依照产品质量法和有关民事、刑事法律的规定，追究行政、民事、刑事法律责任。

第三十九条　违反本法第二十七条第二款、第四款规定，不实施强制性清洁生产审核或者在清洁生产审核中弄虚作假的，或者实施强制性清洁生产审核的企业不报告或者不如实报告审核结果的，由县级以上地方人民政府负责清洁生产综合协调的部门、环境保护部门按照职责分工责令限期改正；拒不改正的，处以五万元以上五十万元以下的罚款。

违反本法第二十七条第五款规定，承担评估验收工作的部门或者单位及其工作人员向被评估验收企业收取费用的，不如实评估验收或者在评估验收中弄虚作假的，或者利用职务上的便利谋取利益的，对直接负责的主管人员和其他直接责任人员依法给予处分；构成犯罪的，依法追究刑事责任。

第六章　附则

第四十条　本法自2003年1月1日起施行。

关于印发《循环经济发展专项资金管理暂行办法》的通知

财建[2012]616号

各省、自治区、直辖市、计划单列市财政厅（局）、发展改革委（经贸委、经信委、工信厅）：

为规范循环经济发展专项资金管理，提高财政资金使用效益，根据《中华人民共和国循环经济促进法》、《中华人民共和国预算法》等法律法规，财政部、国家发展改革委联合制定了《循环经济发展专项资金管理暂行办法》。现予印发，请遵照执行。 附件：循环经济发展专项资金管理暂行办法

财政部 国家发展改革委

2012年7月20日

附件：

循环经济发展专项资金管理暂行办法

第一章 总 则

第一条 为规范循环经济发展专项资金管理，提高财政资金使用效益，根据《中华人民共和国循环经济促进法》、《中华人民共和国预算法》等法律法规，制定本办法。

第二条 本办法所称循环经济发展专项资金（以下简称专项资金），是指为促进循环经济发展，提高资源利用效率，保护和改善环境，实现可持续发展，由中央财政预算安排的，专项用于支持循环经济重点工程和项目的实施、循环经济技术和产品的示范与推广、循环经济基础能力建设等方面的财政专项资金。

第三条 专项资金由财政部会同国务院循环经济发展综合管理等有关主管部门按照职责分工共同管理，各司其职，各负其责。

第四条 专项资金的使用和安排应当坚持以下原则：

（一）坚持充分发挥市场基础性作用与政府引导相结合。尊重市场经济规律，通过引导、示范、培育市场等方式，调动全社会的积极性。

（二）坚持创新财政资金支持方式。找准循环经济发展薄弱环节和突出问题，并根据每个环节的特点，分别采取不同的支持方式。

（三）坚持集中财力，重点突破。通过机制创新，将专项资金的使用和其他专项资金衔接起来，发挥财政资金合力作用。

（四）坚持“科学、公开、公正”，并接受社会监督。

第三章 专项资金支持范围

第五条 专项资金支持的重点工作和范围包括：

（一）国家“城市矿产”示范基地建设。本办法所称“城市矿产”是指工业化和城镇化过程中产生和蕴藏在废

旧机电设备、电线电缆、通讯工具、汽车、家电、电子产品、金属和塑料包装物以及废料中，可循环利用的钢铁、有色金属、稀贵金属、塑料、橡胶、玻璃等资源，其利用量相当于原生矿产资源。

1. 示范基地的“城市矿产”资源新增加工处理能力（含改造）建设。

2. 示范基地内的基础设施和公共服务平台建设。

3. 示范基地“城市矿产”资源回收体系建设。

（二）餐厨废弃物资源化利用和无害化处理。

1. 餐厨废弃物收运体系建设。

2. 资源化利用和无害化处理项目建设。

3. 能力建设。包括电子信息管理平台、监测系统等。

（三）园区循环化改造示范。

1. 循环化改造的关键补链项目构建。

2. 公共服务设施建设。

（四）再制造。本办法所称再制造是指对废旧汽车零部件、工程机械、机床等进行专业化修复的批量化生产过程，再制造产品达到与原有产品相同的质量和性能。

重点支持可再制造技术进步、旧件回收体系建设、再制造产品推广及产业化发展等。

（五）清洁生产技术示范推广。

1. 技术推广应用。重点支持能够显著提升企业清洁生产水平的成熟、先进、适用清洁生产技术的推广应用。

2. 技术应用示范。重点支持对行业整体清洁生产水平影响较大，具有推广应用前景，但尚未实现突破的共性、关键技术应用示范。

（六）循环经济（含清洁生产，下同）基础能力建设。

1. 循环经济法规、规划及政策研究。

2. 循环经济相关标准制定、目录编制。

3. 循环经济发展宣传教育、组织动员等。

4. 循环经济管理信息系统建设。

5. 循环经济发展综合评价与统计体系和规划、方案、项目评审及考核、验收等。

（七）国务院循环经济发展综合管理部门、财政部协商确定的其他重点工作。

第六条 对中央基建投资、中央财政节能减排专项资金等已支持的重点工作（工程）或项目，专项资金不再予以支持。

第四章 专项资金的支持方式

第七条 对循环经济的重点工作，专项资金采取不同的方式予以支持。

第八条 支持国家“城市矿产”示范基地建设的专项资金，采取预拨与清算相结合的综合财政补助方式。

（一）地方政府根据国家发展改革委、财政部要求，以及当地“城市矿产”资源情况提出示范基地建设方案（实施期原则上不超过5年）。

（二）国家发展改革委、财政部按规定对地方政府提出的方案进行论证并批复。对已批复的方案，地方政府与两部委签订承诺书并具体组织实施。

（三）财政部、国家发展改革委根据方案，以新增“城市矿产”资源集聚利用量为依据，并参考再生资源利用成本及市场售价测算核定补助资金，总额不超过新增投资额的一定比例。补助资金由地方政府按照国家发展改革委、财政部批复的有关实施方案统筹使用，专项用于“城市矿产”示范基地建设，资金使用方案及其调整情况需报两部委备案。

（四）承诺书签订后，中央财政按补助资金的50%拨付启动资金，5年内再生资源利用量已超过建设方案中设定目标90%以上的，由地方政府提出考核和余款拨付申请，国家发展改革委、财政部组织考核，考核合格的拨付余款；不合格的不予拨付余款并扣回部分已拨付补助资金。3年内工作无实质进展的，将已拨付补助资金全部扣回。

第九条 支持餐厨废弃物资源化利用和无害化处理、园区循环化改造示范的专项资金，支持方式比照国家“城市矿产”示范基地支持方式执行。具体实施方案由国家发展改革委、财政部另行制定。

第十条 支持再制造的专项资金，在构建完善质量保证体系的前提下，主要采取补贴的方式支持旧件回收及再制造产品的推广及产业化发展。具体实施方案由国家发展改革委、财政部另行制定。

第十一条 支持清洁生产技术示范推广的专项资金，对于成熟的先进、适用清洁生产技术，在组织专家论证的基础上，通过政府购买技术的形式，在全行业免费推广。过渡期内，对中西部地区的企业或部分重点企业采用成熟先进的清洁生产技术进行的改造可给予适当奖励。

对于未实现突破的重大共性、关键性技术进行应用示范，并按照项目投资额的一定比例予以补助，应用示范项目成功后可按项目投资额一定倍数进行政府购买，并免费在全行业推广。

具体实施方案由国务院财政部门、清洁生产综合协调部门会同国务院有关部门另行制定。

第十二条 支持循环经济基础能力建设的专项资金，按照部门预算管理规定，纳入国务院有关部门的部门预算。

第十三条 其他重点工作的资金支持方式由财政部会同国务院循环经济发展综合管理等有关主管部门另行确定。

第五章 监督管理

第十四条 财政部会同国务院循环经济发展综合管理等有关主管部门按照职责分工对专项资金使用情况实施监督检查、追踪问效，对专项资金使用管理情况实施专项核查。对达不到要求的，责令限期整改，经整改仍达不到要求的，扣回已拨付资金。

第十五条 相关单位及省级财政部门、循环经济发展综合管理等有关部门对申报材料的合法性、真实性负责，并应加强对本单位、本地区专项资金使用和项目实施情况的监督检查。

第十六条 专项资金应当坚持专款专用，任何单位和个人不得以任何形式、任何理由截留、挤占和挪用。违反本办法规定的，国务院财政部门会同循环经济发展综合管理等有关主管部门将视情节分别给予通报批评、取消申报资格、停止资金拨付或收回已拨付补助资金，并按照《财政违法行为 处罚处分条例》（国务院令第427号）规定对有关单位和个人予以处罚。

第六章 附 则

第十七条 本办法由财政部、国家发展改革委负责解释。

第十八条 本办法自2012年9月1日施行。

废弃电器电子产品处理基金征收使用管理办法

（财政部　环境保护部　国家发展改革委　工业和信息化部　海关总署　税务总局2012年5月21日印发）

第一章　总则

第一条　为了规范废弃电器电子产品处理基金征收使用管理，根据《废弃电器电子产品回收处理管理条例》（国务院令第551号，以下简称《条例》）的规定，制定本办法。

第二条　废弃电器电子产品处理基金（以下简称基金）是国家为促进废弃电器电子产品回收处理而设立的政府性基金。

第三条　基金全额上缴中央国库，纳入中央政府性基金预算管理，实行专款专用，年终结余结转下年度继续使用。

第二章　征收管理

第四条　电器电子产品生产者、进口电器电子产品的收货人或者其代理人应当按照本办法的规定履行基金缴纳义务。

电器电子产品生产者包括自主品牌生产企业和代工生产企业。

第五条　基金分别按照电器电子产品生产者销售、进口电器电子产品的收货人或者其代理人进口的电器电子产品数量定额征收。

第六条　纳入基金征收范围的电器电子产品按照《废弃电器电子产品处理目录》（以下简称《目录》）执行，具体征收范围和标准见附件。

第七条　财政部会同环境保护部、国家发展改革委、工业和信息化部根据废弃电器电子产品回收处理补贴资金的实际需要，在听取有关企业和行业协会意见的基础上，适时调整基金征收标准。

第八条　电器电子产品生产者应缴纳的基金，由国家税务局负责征收。进口电器电子产品的收货人或者其代理人应缴纳的基金，由海关负责征收。

第九条　电器电子产品生产者按季申报缴纳基金。

国家税务局对电器电子产品生产者征收基金，适用税收征收管理的规定。

第十条　进口电器电子产品的收货人或者其代理人在货物申报进口时缴纳基金。

海关对基金的征收缴库管理，按照关税征收缴库管理的规定执行。

第十一条　对采用有利于资源综合利用和无害化处理的设计方案以及使用环保和便于回收利用材料生产的电器电子产品，可以减征基金，具体办法由财政部会同环境保护部、国家发展改革委、工业和信息化部、税务总局、海关总署另行制定。

第十二条　电器电子产品生产者生产用于出口的电器电子产品免征基金，由电器电子产品生产者依据《中华人民共和国海关出口货物报关单》列明的出口产品名称和数量，向国家税务局申请从应缴纳基金的产品销售数量中扣除。

第十三条　电器电子产品生产者进口电器电子产品已缴纳基金的，国内销售时免征基金，由电器电子产品生产者依据《中华人民共和国海关进口货物报关单》和《进口废弃电器电子产品处理基金缴款书》列明的进口产品名称和数量，向国家税务局申请从应缴纳基金的产品销售数量中扣除。

第十四条　基金收入在政府收支分类科目中列103类01款75项“废弃电器电子产品处理基金收入”（新增）下的有关目级科目。

第十五条　未经国务院批准或者授权，任何地方、部门和单位不得擅自减免基金，不得改变基金征收对象、范围和标准。

第十六条　电器电子产品生产者、进口电器电子产品的收货人或者其代理人缴纳的基金计入生产经营成本，准予在计算应纳税所得额时扣除。

第三章　使用管理

第十七条　基金使用范围包括：

（一）废弃电器电子产品回收处理费用补贴；

（二）废弃电器电子产品回收处理和电器电子产品生产销售信息管理系统建设，以及相关信息采集发布支出；

（三）基金征收管理经费支出；

（四）经财政部批准与废弃电器电子产品回收处理相关的其他支出。

第十八条　依照《条例》和《废弃电器电子产品处理资格许可管理办法》（环境保护部令第13号）的规定取得废弃电器电子产品处理资格的企业（以下简称处理企业），对列入《目录》的废弃电器电子产品进行处理，可以申请基金补贴。

给予基金补贴的处理企业名单，由财政部、环境保护部会同国家发展改革委、工业和信息化部向社会公布。

第十九条　国家鼓励电器电子产品生产者自行回收处理列入《目录》的废弃电器电子产品。各省（区、市）环境保护主管部门在编制本地区废弃电器电子产品处理发展规划时，应当优先支持电器电子产品生产者设立处理企业。

第二十条　对处理企业按照实际完成拆解处理的废弃电器电子产品数量给予定额补贴。

基金补贴标准为：电视机85元/台、电冰箱80元/台、洗衣机35元/台、房间空调器35元/台、微型计算机85元/台。

上述实际完成拆解处理的废弃电器电子产品是指整机，不包括零部件或散件。

财政部会同环境保护部、国家发展改革委、工业和信息化部根据废弃电器电子产品回收处理成本变化情况，在听取有关企业和行业协会意见的基础上，适时调整基金补贴标准。

第二十一条　处理企业拆解处理废弃电器电子产品应当符合国家有关资源综合利用、环境保护的要求和相关技术规范，并按照环境保护部制定的审核办法核定废弃电器电子产品拆解处理数量后，方可获得基金补贴。

第二十二条　处理企业按季对完成拆解处理的废弃电器电子产品种类、数量进行统计，填写《废弃电器电子产品拆解处理情况表》，并在每个季度结束次月的5日前报送各省（区、市）环境保护主管部门。

第二十三条　处理企业报送《废弃电器电子产品拆解处理情况表》时，应当同时提供以下资料：

（一）废弃电器电子产品入库和出库记录报表；

（二）废弃电器电子产品拆解处理作业记录报表；

（三）废弃电器电子产品拆解产物出库和入库记录报表；

（四）废弃电器电子产品拆解产物销售凭证或处理证明。

相关报表和凭证按照环境保护部统一规定的格式报送。

第二十四条　各省（区、市）环境保护主管部门接到处理企业报送的《废弃电器电子产品拆解处理情况表》及相关资料后组织开展审核工作，并在每个季度结束次月的月底前将审核意见连同处理企业填写的《废弃电器电子产品拆解处理情况表》，以书面形式上报环境保护部。

环境保护部负责对各省（区、市）环境保护主管部门上报情况进行核实，确认每个处理企业完成拆解处理的废弃电器电子产品种类、数量，并汇总提交财政部。

财政部按照环境保护部提交的废弃电器电子产品拆解处理种类、数量和基金补贴标准，核定对每个处理企业补贴金额并支付资金。资金支付按照国库集中支付制度有关规定执行。

第二十五条　环境保护部、税务总局、海关总署等有关部门应当按照中央政府性基金预算编制的要求，编制年度基金支出预算，报财政部审核。

财政部应当按照预算管理规定审核基金支出预算并批复下达相关部门。

第二十六条　基金支出在政府收支分类科目中列211类61款“废弃电器电子产品处理基金支出”（新增）。

第四章　监督管理

第二十七条　电器电子产品生产者、进口电器电子产品的收货人或者其代理人应当分别向国家税务局、海关报送电器电子产品销售和进口的基本数据及情况，并按照规定申报缴纳基金，自觉接受国家税务局、海关的监督检查。

第二十八条　处理企业应当按照规定建立废弃电器电子产品的数据信息管理系统，跟踪记录废弃电器电子产品接收、贮存和处理，拆解产物出入库和销售，最终废弃物出入库和处理等信息，全面反映废弃电器电子产品在处理企业内部运转流程，并如实向环境保护等主管部门报送废弃电器电子产品回收和拆解处理的基本数据及情况。

第二十九条　处理企业申请基金补贴相关资料及记录废弃电器电子产品回收和拆解处理情况的原始凭证应当妥善保存备查，保存期限不得少于5年。

第三十条　环境保护部和各省（区、市）环境保护主管部门应当建立健全基金补贴审核制度，通过数据系统比对、书面核查、实地检查等方式，加强废弃电器电子产品拆解处理的环保核查和数量审核，防止弄虚作假、虚报冒领补贴资金等行为的发生。

第三十一条　财政部会同环境保护部、国家发展改革委、工业和信息化部建立实时监控废弃电器电子产品回收处理和生产销售的信息管理系统（以下简称监控系统）。

处理企业和电器电子产品生产者应当配合有关部门建立监控系统。处理企业建立的废弃电器电子产品数据信息管理系统应当与监控系统对接。电器电子产品生产者应当按照建立监控系统的要求，登记企业信息并报送电器电子产品生产销售情况。

第三十二条　财政部、审计署、环境保护部、国家发展改革委、工业和信息化部、税务总局、海关总署应当按照职责加强对基金缴纳、使用情况的监督检查，依法对基金违法违规行为进行处理、处罚。

第三十三条　有关行业协会应当协助环境保护主管部门和财政部门做好废弃电器电子产品拆解处理种类、数量的审核工作。

第三十四条　环境保护部和各省（区、市）环境保护主管部门应当分别公开全国和本地区处理企业拆解处理废弃电器电子产品及接受基金补贴情况，接受公众监督。

任何单位和个人有权监督和举报基金缴纳和使用中的违法违规问题。有关部门应当按照职责分工对单位和个人举报投诉的问题进行调查和处理。

第五章　法律责任

第三十五条　单位和个人有下列情形之一的，依照《财政违法行为处罚处分条例》（国务院令第427号）和《违反行政事业性收费和罚没收入收支两条线管理规定行政处分暂行规定》（国务院令第281号）等法律法规进行处理、处罚、处分；构成犯罪的，依法追究刑事责任：

（一）未经国务院批准或者授权，擅自减免基金或者改变基金征收范围、对象和标准的；

（二）以虚报、冒领等手段骗取基金补贴的；

（三）滞留、截留、挪用基金的；

（四）其他违反政府性基金管理规定的行为。

处理企业有第一款第（二）项行为的，取消给予基金补贴的资格，并向社会公示。

第三十六条　电器电子产品生产者违反基金征收管理规定的，由国家税务局比照税收违法行为予以行政处罚。进口电器电子产品的收货人或者其代理人违反基金征收管理规定的，由海关比照关税违法行为予以行政处罚。

第三十七条　基金征收、使用管理有关部门的工作人员违反本办法规定，在基金征收和使用管理工作中滥用职权、玩忽职守、徇私舞弊，构成犯罪的，依法追究刑事责任；尚不构成犯罪的，依法给予处分。

第六章　附则

第三十八条　本办法由财政部、环境保护部、国家发展改革委、工业和信息化部、税务总局、海关总署负责解释。

第三十九条　本办法自2012年7月1日起执行。

附：1.对电器电子产品生产者征收基金的产品范围和征收标准（略，详情请登录财政部网站）

2.对进口电器电子产品征收基金适用的商品名称、海关税则号列和征收标准（略）

废弃电器电子产品处理基金征收管理规定

（国家税务总局2012年第41号公告 2012年8月20日）

第一条　为做好废弃电器电子产品处理基金（以下简称基金）的征收管理工作，根据国务院批准的《关于印发〈废弃电器电子产品处理基金征收使用管理办法〉的通知》（财综〔2012〕34号，以下简称《办法》），制定本规定。

第二条　中华人民共和国境内电器电子产品的生产者，为基金缴纳义务人，应当按照本规定缴纳基金。

第三条　基金的征收范围、征收标准依照《国内销售电器电子产品基金征收范围和标准》（附件1）执行。

基金的征收范围、征收标准调整的，依照调整后的范围和标准执行。

第四条　基金由国家税务局负责征收。

基金缴纳义务人向其主管税务机关申报缴纳基金。

对基金缴纳义务人征收基金，适用税收征收管理的规定。

第五条　基金缴纳义务人销售应征基金产品时缴纳基金。本规定所称销售，是指通过从购买方取得货物、货币或其他经济利益转让应征基金产品所有权。

基金缴纳义务人受托加工生产应征基金产品的，不论原料和主要材料由何方提供，不论在财务上是否做销售处理，均由受托方缴纳基金。

第六条　基金缴纳义务人将应征基金产品用于生产非应征基金产品、在建工程、管理部门、非生产机构、提供劳务、馈赠、赞助、集资、广告、样品、职工福利、奖励等方面，于移送使用时缴纳基金。

第七条　基金缴纳义务人销售或受托加工生产相关电器电子产品，按照从量定额的办法计算应缴纳基金。应缴纳基金的计算公式为：

应缴纳基金＝销售数量（受托加工数量）×征收标准

第八条　基金缴纳义务的发生时间按照如下要求确定：

（一）基金缴纳义务人销售电器电子产品的，按不同的销售结算方式分别为：

1.采取赊销和分期收款结算方式的，为书面合同约定的收款日期的当天，书面合同没有约定收款日期或者无书面合同的，为发出电器电子产品的当天；

2.采取预收货款结算方式的，为发出电器电子产品的当天；

3.采取托收承付和委托银行收款方式的，为发出电器电子产品并办妥托收手续的当天；

4.采取其他结算方式的，为收讫销售款或者取得索取销售款凭据的当天。

（二）受托加工应征基金产品，基金缴纳义务人只收取加工费的，为委托方提货的当天。

（三）基金缴纳义务人将应征基金产品用于本规定第六条规定情形的，为移送使用的当天。

（四）基金缴纳义务人以委托代销方式销售应征基金产品的，为收到代销单位的代销清单或者收到全部或者部分货款的当天。未收到代销清单及货款的，为发出应征基金产品满180天的当天。

第九条　基金缴纳义务人出口电器电子产品，免征基金。

第十条　基金缴纳义务人购进或者收回委托加工电器电子产品已缴纳基金的，从应征基金产品销售数量中扣除；不足扣除部分，可留待下期继续扣除。

第十一条　基金缴纳义务人应当准确核算购进和委托加工收回的已缴纳基金的电器电子产品数量，不能准确核算的，按实际销售数量征收基金。

第十二条　基金缴纳义务人已缴纳基金的电器电子产品发生销货退回的，准予在当期申报中扣除，不足扣除部分，可留待下期继续扣除。

第十三条　对采用有利于资源综合利用和无害化处理的设计方案以及使用环保和便于回收利用材料生产的电器电子产品，可以减征基金的，按照国务院相关部门的具体规定执行。

第十四条　基金缴纳义务人按季申报缴纳基金。

基金缴纳义务人应当自季度终了之日起15日内申报缴纳基金，向主管税务机关报送《废弃电器电子产品处理基金申报表》（附件2）。

第十五条　国家税务局征收基金应使用税收票证。

第十六条　基金缴纳义务人应妥善保管基金缴款凭证、增值税专用发票及清单、海关进（出）口货物报关单、代理出口货物证明、委托代理出口协议、委托加工协议、退货证明及其他相关资料。

基金缴纳义务人应当自觉接受税务机关的监督检查，提供有关资料，如实反映情况，不得拒绝、隐瞒。

第十七条　基金缴纳义务人违反基金征收管理规定的，税务机关比照税收违法行为予以行政处罚。

第十八条　本规定自2012年7月1日起施行。

附件：1.国内销售电器电子产品基金征收范围和标准（略，详情请登录税务总局网站）

2.废弃电器电子产品处理基金申报表（略，详情请登录税务总局网站）

废塑料加工利用污染防治管理规定

（环境保护部、国家发展和改革委、商务部2012年8月24日印发）

第一条　为贯彻落实《国务院办公厅关于限制生产销售使用塑料购物袋的通知》（国办发〔2007〕72号）、《国务院办公厅关于建立完整的先进的废旧商品回收体系的意见》（国办发〔2011〕49号），加强废塑料加工利用的污染防治，保护人民群众身体健康，保障环境安全，促进循环经济健康发展，制定本规定。

第二条　在中华人民共和国境内废塑料加工利用活动必须遵守本规定要求。

本规定所称废塑料加工利用，是指将国内回收的废塑料（包括工业边角料、废弃塑料瓶、包装物及其他塑料制品、农膜等）及经批准从国外进口的各类废塑料等进行分类、清洗、拉丝、造粒的活动；以及将废塑料加工成塑料再生制品或成品的活动。

第三条　废塑料加工利用必须符合国家相关产业政策规定及《废塑料回收与再生利用污染控制技术规范》，防止二次污染。

禁止在居民区加工利用废塑料。禁止利用废塑料生产厚度小于0.025mm的超薄塑料购物袋和厚度小于0.015mm超薄塑料袋。禁止利用废塑料生产食品用塑料袋。禁止无危险废物经营许可证从事废塑料类危险废物的回收利用活动，包括被危险化学品、农药等污染的废弃塑料包装物，废弃的一次性医疗用塑料制品（如输液器、血袋）等。

无符合环保要求污水治理设施的，禁止从事废编织袋造粒、缸脚料淘洗、废塑料退镀（涂）、盐卤分拣等加工

活动。

第四条　废塑料加工利用单位应当以环境无害化方式处理废塑料加工利用过程产生的残余垃圾、滤网；禁止交不符合环保要求的单位或个人处置。

禁止露天焚烧废塑料及加工利用过程产生的残余垃圾、滤网。

第五条　进口废塑料加工利用企业应当符合《固体废物进口管理办法》以及环境保护部关于进口可用作原料的固体废物和废塑料环境保护管理相关规定。

禁止进口未经清洗的使用过的废塑料。

禁止将进口的废塑料全部或者部分转让给进口许可证载明的利用企业以外的单位或者个人，包括将进口废塑料委托给其他企业代为清洗。

进口废塑料分拣或加工利用过程产生的残余废塑料应当进行无害化利用或者处置；禁止将上述残余废塑料未经清洗处理直接出售。

进口废纸加工利用企业应当对进口废纸中的废塑料进行无害化利用或者处置；禁止将进口废纸中的废塑料，未经清洗处理直接出售。

第六条　进口废塑料加工利用企业发现属于国家禁止进口类或者不符合环境保护控制标准的进口废塑料，应当立即向口岸海关、检验检疫部门和所在地环保部门报告并配合做好相关处理工作。

第七条　废塑料加工利用集散地应当建立废塑料加工利用散户产生的残余垃圾和滤网集中回收处理机制。集散地申请开展国家“城市矿产”示范基地建设，申请开展废旧商品鼓励废塑料加工利用集散地对废塑料加工利用散户实行集中园区化管理，集中处理废塑料加工利用产生的废水、废气和固体废物。

鼓励有条件的废塑料加工利用回收体系建设试点工作。

第八条　省级环保、商务主管部门应当组织核查并公布合格的废塑料加工利用企业名单；对核查发现问题的，应当依法处理并将处理结果向社会公布。

自2013年1月1日起，未经环保核查合格的企业，不予批准进口废塑料。

第九条　本规定自2012年10月1日起实行。

废轮胎综合利用行业准入条件

（工业和信息化部2012年7月31日公告）

生产企业的设立和布局

（一）新建、改扩建废轮胎加工利用项目必须符合国家产业政策和所在地区土地利用总体规划、城乡规划、环境保护和污染防治规划，采用节能环保技术与生产装备。

（二）在国家法律、法规、行政规章及规划确定或经县级以上人民政府批准的自然保护区、生态功能保护区、风景名胜区、森林公园、饮用水水源保护区内，以及大中城市、居民集中区、疗养地等环境条件要求较高的地点不得建立废轮胎加工利用企业；已建废轮胎加工利用企业要根据该区域规划要求，在一定期限内，通过“搬迁、转产”等方式逐步退出。

生产经营规模

（一）已建废轮胎加工利用企业，废轮胎年综合处理能力不得低于10000吨。新建、改扩建的废轮胎加工利用企业，年综合处理能力不得低于20000吨(常压连续再生法除外)。

（二）废轮胎加工利用企业的主要生产设备、检测设备、实验设备及公用工程设施、生产辅助设施等必须符合国家、行业相关规定要求。

资源回收利用及能耗

(一)资源回收利用

在废轮胎加工利用过程中，要对废轮胎中的废橡胶进行100%的利用；对废轮胎中的废纤维、废钢丝进行回收利用。不具备利用条件的企业，应委托其他企业进行再加工利用，不得擅自丢弃、倾倒、焚烧与填埋。

(二)能源消耗指标

废轮胎加工再生橡胶综合能耗低于850千瓦时/吨；废轮胎加工橡胶粉综合能耗低于350千瓦时/吨(40目以上及精细胶粉除外)；废轮胎热解加工综合能耗低于300千瓦时/吨。

工艺与装备

新建、改扩建废轮胎加工利用企业必须采用先进技术、先进工艺及先进设备。

（一）再生橡胶生产采用动态法、常压连续再生法、力化学法等，再生橡胶生产企业应同步配套除尘装备、尾气净化装置、烟气及水处理装置。

（二）橡胶粉生产采用常温法，加工过程实现自动化，同步配套除尘、降噪装置。

（三）热解企业采用负压热解技术，配套油品分离装置、炭黑加工装置、尾气排放环保控制装置，生产过程实现集成自动化和连续化。

（四）采用其他先进加工利用技术方式。

环境保护

（一）新建、改扩建废轮胎加工利用项目要严格执行《中华人民共和国环境影响评价法》，依法向环境保护行政主管部门报批环境评价文件，按照环境保护“三同时”的要求，建设与项目相配套的环境保护设施，并依法申请项目竣工环境保护验收。

（二）除尘和废气净化处理

废轮胎破碎处理厂房（区）应设置集尘和除尘设备，且粉尘收集设备的粉尘排放必须符合《大气污染物综合排放标准》的要求。

再生橡胶生产设计应同步配套除尘装备、尾气净化装置、污水排放处理装置。脱硫装置尾气排放必须达到《大气污染物综合排放标准》、《恶臭污染物排放标准》。

热解处理装置尾气排放必须达到《大气污染物综合排放标准》、《恶臭污染物排放标准》。

（三）废水循环利用

再生橡胶生产企业应建有废水循环处理池，实现废水循环利用。废水排放必须达到《污水综合排放标准》。

（四）噪声

对于废轮胎加工处理工艺设备中噪音污染大的设备须采取降噪和隔音措施，噪音污染防治必须达到《工业企业厂界环境噪声排放标准》。

防火安全

企业应严格执行《中华人民共和国消防法》的各项规定。生产厂房、仓库、堆场等场所的防火设计、施工和验收应符合国家现行相关标准的要求，生产与使用溶剂的生产区域应符合相关防火、防爆的要求。

编辑本段产品质量和职业教育

（一）企业应当设立独立的质量检验部门和专职检验人员，质量检验管理制度健全、检验数据完整，具有经过检定合格、符合使用期限的相应检验、检测设备。

（二）产品质量应符合《再生橡胶》、《硫化橡胶粉》等相关标准。

（三）企业应建立可追溯的生产记录以及检验过程中的各种相关信息、所使用的原材料与配件、各工序加工过程中的工艺参数和客户产品等档案。

（四）企业应建立职业教育培训管理制度。工程技术人员、工人技师和生产工人应定期接受培训与继续教育，建立职工教育档案，做到持证上岗。

安全生产

（一）企业应严格遵守《中华人民共和国安全生产法》、《中华人民共和国职业病防治法》以及其他有关的法律、法规、规章、标准，建立健全安全生产和职业病防治责任制度，采取措施确保安全生产和劳动者获得职业卫生保护。

（二）企业应具有健全的安全生产、职业卫生管理体系，职工安全生产、职业卫生培训制度和安全生产、职业卫生检查制度。

（三）企业应有安全防护与防治措施，配备符合国家标准的安全防护器材与设备，避免在生产过程中造成机械伤害。对可能产生粉尘、烟气的作业区，应配备职业病防护设施，保证工作场所符合国家职业卫生标准。

（四）生产区、胎体存放区内应严禁烟火，不可存放任何易燃性物质，并应设置严禁烟火标志。

（五）企业应按照国家有关要求，积极开展安全生产标准化和隐患排查治理体系建设，确保在规定的期限内达标。

监督管理

（一）新建、改扩建废轮胎加工利用项目应符合本准入条件。对不符合本准入条件的现有废轮胎加工利用企业，在准入条件执行2年之内应达到准入条件规定的产品质量、环保、能耗、安全生产和劳动保护等相关要求。

（二）县级以上工业和信息化主管部门负责对当地生产企业执行本准入条件的情况进行监督管理；配合当地工商管理部门和环保部门加强对废轮胎加工利用企业的监督检查。

（三）废轮胎循环利用相关行业协会要加强对行业发展情况的分析和研究；组织推广应用行业节能减排新技术、新工艺、新设备及新材料；建立符合准入条件的评估体系，科学公正地提出评估意见；协助政府有关部门做好行业监督和规范管理工作。

（四）工业和信息化部会同环境保护部定期公告符合本准入条件的废轮胎加工利用企业名单。不符合本准入条件的企业，不得从事废轮胎加工利用经营活动。

（五）国家相关管理部门可依据本准入条件制定相应的配套监管办法。

附则

（一）本准入条件适用于中华人民共和国境内的废轮胎加工利用企业。

（二）本准入条件自公告之日起实施，由工业和信息化部负责解释，并根据行业发展情况适时进行修订。

再生铅行业准入条件

（2012年第38号　工业和信息化部 环境保护部2012年8月27日公告）

为规范、引导再生铅行业健康发展，根据国家有关法律法规、产业政策及《重金属污染综合防治“十二五”规划》、《再生有色金属产业发展推进计划》（工信部联节〔2011〕51号）等规定和要求，制定再生铅行业准入条件。

一、项目建设条件和企业生产布局

（一）新建或者改、扩建再生铅项目必须符合国家产业政策和规划要求，符合本地区城乡建设规划、生态环境规划、土壤环境保护规划、土地利用总体规划和主体功能区规划等要求。各省（自治区、直辖市）根据资源、能源状况和市场需求情况，要依据产业布局和国家相关规划严格审批再生铅项目，抑制盲目扩张。

（二）在国家法律、法规、规章及规划确定或县级以上人民政府批准的自然保护区、生态功能保护区、风景名胜区、饮用水水源保护区等需要特殊保护的地区，大中城市及其近郊，居民集中区、疗养地、医院，以及食品、药品等对环境条件要求高的企业周边1公里内，在《重金属污染综合防治“十二五”规划》划定的重点区域和因铅污染导致环境质量不能稳定达标区域内不得新建再生铅项目。已在上述区域内生产运营的再生铅企业要根据该区域有关规划，依法通过搬迁、转停产等方式逐步退出。

（三）再生铅企业厂址选择应符合本地区大气污染防治、水资源保护、自然生态保护的要求。

二、生产规模、工艺和装备

（一）新建再生铅项目必须在5万吨/年以上（单系列生产能力，下同）。淘汰1万吨/年以下再生铅生产能力，以及坩埚熔炼、直接燃煤的反射炉等工艺及设备。鼓励企业实施5万吨/年以上改扩建再生铅项目，到2013年底以前淘汰3万吨/年以下的再生铅生产能力。

（二）再生铅企业必须整只回收废铅蓄电池，执行《危险废物贮存污染控制标准》（GB 18597）中的有关要求，禁止对废铅蓄电池进行人工破碎和露天环境下破碎作业，严禁直接排放铅蓄电池破碎产生的废酸液。企业应采用机械化破碎分选处置废铅蓄电池的工艺、技术和设备，预处理过程中采用水力分选的，必须做到水闭路循环使用不外泄。对分选出的铅膏必须进行脱硫预处理或送硫化铅精矿冶炼厂合并处理，脱硫母液必须进行处理并回收副产品。

（三）再生铅企业不得直接熔炼带壳废铅蓄电池，不得利用坩埚炉熔炼再生铅，应采用密闭熔炼、低温连续熔炼、新型节能环保熔炼炉等先进工艺及设备，并在负压条件下生产，防止废气逸出。同时应具备完整的废水、废气净化设施、报警系统和应急处理等装置。企业应严格执行《废铅酸蓄电池处理污染控制技术规范》（HJ 519），确保废水、废气等排放符合国家相关环保标准。

三、能源消耗及资源综合利用

（一）利用原生矿合并处理含铅废料的企业能源消耗及资源综合利用指标，应参照《铅锌行业准入条件》（2007年第13号公告）有关要求执行。

（二）单独处理含铅废料的新建、改建、扩建再生铅项目综合能耗应低于130千克标准煤/吨铅，铅的总回收率大于98%，废水实现全部循环利用。

（三）现有再生铅企业综合能耗应低于185千克标准煤/吨铅，铅的总回收率大于96%，冶炼弃渣中铅含量小于2%，废水循环利用率应大于98%。现有再生铅企业综合能耗指标应在2013年底前达到新建项目标准。

四、环境保护

（一）新建和改扩建项目应严格执行《环境影响评价法》，未通过环境影响评价审批的项目一律不准开工建设。按照环境保护“三同时”的要求，建设项目配套环境保护设施并依法申请项目竣工环境保护验收，验收合格后方可投入生产运行。现有企业应按照《清洁生产促进法》定期开展强制性清洁生产审核，并通过评估验收，两次审核的时间间隔不得超过两年，位于《重金属污染综合防治“十二五”规划》中重点区域的重点企业及环境风险较大的再生铅企业应当购买环境污染责任保险。现有熔炼设施的生产过程中，应采取有效措施去除原料中含氯物质及切削油等有机物。鼓励企业封闭化生产。

（二）从事涉铅危险废物收集、贮存、利用和处置废铅蓄电池的经营单位应按照《危险废物经营许可证管理办法》的有关规定向省级环保部门申请领取危险废物经营许可证，并符合《废铅酸蓄电池处理污染控制技术规范》（HJ 519）的相关要求。禁止无经营许可证或者不按照经营许可证规定从事废铅蓄电池收集、贮存、利用和处置的经营活动。废铅蓄电池外壳应经过彻底清洗后，满足环保标准《废塑料回收与再生利用污染控制技术规范》（HJ/T 364）的要求后方可再生使用。

（三）再生铅企业要制定完善的环保规章制度和重金属环境污染应急预案，具备相应的应急设施和装备，定期开展环境应急培训和演练。生产废水、废气排放符合国家规定的环保标准要求，工人洗衣、洗浴、车间冲洗废水等应单独收集处理。再生铅企业生产的废渣、燃煤炉渣等必须进行无害化处理。要规范物料堆放场、废渣场、排污口的管理，新建、改扩建再生铅项目要同步建设配套在线监测设施并与当地环保部门联网，现有再生铅企业应在2013年底前完成。再生铅企业必须具有完善的自行监测能力，要建立自行监测制度，按照要求制定方案，对所有排放的污染物定期开展监测，特别是要建立铅污染物的日监测制度，每日向公众发布自行监测结果，每月向当地环境保护行政主管部门报告。排放二恶英的企业和单位应至少每年开展一次二恶英排放监测，并将数据上报地方环保部门备案。

（四）废气中铅尘应采用自动清灰的布袋除尘技术、静电除尘技术、湿法除尘技术等进行处理，生产车间必须有良好的排风系统，应建有通风除尘系统对车间内含铅烟气进行收集处理，鼓励企业将收尘灰返回熔炼系统处理。废水、废气等排放要符合国家规定的环保标准要求。再生铅企业产生的废弃渣，废水处理系统产生的泥渣，除尘系统净化回收的含铅烟尘（灰），防尘系统中废弃的吸附材料、燃煤炉渣等必须进行无害化处理。鼓励企业将沉淀泥进行无害化处理。对于没有处置能力的再生铅企业，要求其产生的废渣及污泥等危险废物必须委托持有危险废物经营许可证的单位进行安全处置，严格执行危险废物转移联单制度。含铅量大于2%的水处理泥渣、铅烟尘（灰）必须要经过二次处理。生产过程中的废弃劳动保护用品应按照危险废物进行管理。

（五）厂界噪声符合《工业企业厂界环境噪声排放标准》（GB 12348）。

五、安全、卫生职业病防治

六、监督与管理

（一）工业和信息化部、环境保护部按照本准入条件，组织对再生铅生产企业进行核查。未列入环境保护部环保核查公告名单的企业，不予通过准入条件审查。对符合准入条件的生产企业以联合公告的形式定期向社会发布。

（二）对不符合规划布局、生产规模、工艺装备、资源利用、环境保护、安全卫生等要求的再生铅项目，有关部门不予核准或备案，国土资源管理、环境保护、质检、安监等部门不得办理有关手续，金融机构不得提供贷款和

其他形式的授信支持。

（三）各省（自治区、直辖市）工业主管部门负责对本地再生铅生产企业执行准入条件情况进行监督检查。有关行业协会等中介机构要协助做好本准入条件的实施工作，加强行业协调和自律管理。

七、附 则

（一）再生铅是指以含铅废料为原料，主要是废铅蓄电池金属态铅废料等经过冶炼加工工艺而生产出再生铅产品的生产经营活动。再生铅行业包括废铅蓄电池等含铅废料的回收利用。

（二）本准入条件适用于中华人民共和国境内（台湾、香港、澳门地区除外）所有类型的再生铅企业和项目。

（三）本准入条件涉及的法律法规、国家标准和行业政策若进行修订，按修订后的规定执行。

（四）本准入条件自发布之日起实施，并根据行业发展情况和宏观调控要求适时进行修订。

废钢铁加工行业准入公告管理暂行办法

（工业和信息化部2012年10月29日印发）

第一章 总则

第一条 为加强废钢铁加工行业准入管理工作，规范废钢铁加工行业发展，提升行业发展水平，依据《废钢铁加工行业准入条件》(以下简称《准入条件》)，制定本办法。

第二条 本办法适用于中华人民共和国境内（香港、澳门、台湾地区除外）所有废钢铁加工配送企业。

第三条 工业和信息化部及各地方工业和信息化主管部门负责对符合《准入条件》的企业实行动态管理，相关行业协会负责协助做好公告管理相关工作。

第二章 申请和核实

第四条 申请公告的废钢铁加工配送企业，应当具备以下条件：

（一）具有独立法人资格；

（二）符合国家产业政策和行业发展规划的要求；

（三）符合《准入条件》中有关规定的要求；

（四）企业建设项目的立项申请、土地使用权取得、环境影响评价、竣工环境保护验收、环境保护“三同时”等手续符合相关法律法规规定和建设项目管理程序要求；

（五）企业不生产、销售和使用《产业结构调整指导目录》中明令淘汰的落后工艺、技术、装备及产品；

（六）安全生产条件符合有关标准、规定，依法履行各项安全生产行政许可手续。

第五条 符合本办法第四条所列条件的现有废钢铁加工配送企业可向本地区省级工业和信息化主管部门提出公告申请，如实填报《废钢铁加工行业准入公告申请书》(以下简称《申请书》)及相关报表(见附件)。公告申请书应对申请企业是否符合《准入条件》中企业布局和建设要求、规模、工艺和装备、产品质量、能源消耗和资源综合利用、环境保护、人员培训、安全生产、职业健康和社会责任等方面要求做出详细说明。

第六条 同一个企业法人拥有多个位于不同地址的厂区或生产车间的，每个厂区或生产车间需要单独填写《申请书》（见附件），并在申请准入审查时同时提交。

第七条 各省、自治区、直辖市工业和信息化主管部门会同有关部门依照第四条有关要求，对申请公告企业的相关情况进行核实并提出具体审核意见，于每年3月31日和9月30日前将符合准入条件要求的企业申请材料和审核意见报工业和信息化部。

第三章 复核与公告

第八条 工业和信息化部收到申请材料后，组织相关行业协会和专家，依据第四条有关要求，对各地报送的企业材料及审核意见进行复审和现场核实，确定符合准入要求的企业名单。同一个企业法人拥有的多个位于不同地址的厂区或生产车间必须都达到第四条有关要求，该企业才可被列入符合准入要求的企业名单。

第九条 经复核符合准入要求的企业，在工业和信息化部网站上进行公示（10个工作日）。对公示期间有异议的企业，工业和信息化部将组织进一步核实有关情况，对无异议的企业，每年6月30日和12月31日前以工业和信息化部公告方式予以发布。

第四章 监督管理

第十条 进入公告名单的企业要严格按照《准入条件》的要求组织生产经营活动。各省、自治区、直辖市工业和信息化主管部门及相关行业协会会同省级有关部门，对公告企业进行监督检查，并将监督检查结果于每年4月30日前报送工业和信息化部。

第十一条 欢迎和鼓励社会监督。任何单位或个人发现申请公告企业或已公告企业有不符合本办法有关规定的，可向工业和信息化部投诉或举报。

第十二条 有下列情况之一的，各省、自治区、直辖市工业和信息化主管部门要责令企业限期整改，对拒不整改或整改不合格的企业，报请工业和信息化部撤销其公告资格：

（一）不能保持《准入条件》要求的；

（二）填报相关材料有弄虚作假行为的；

（三）拒绝接受监督检查的；

（四）发生较大生产安全和环境污染事故，或有重大环境违法行为的；

（五）有其他严重违法行为的。

因前款规定被撤销公告资格的企业，经整改合格2年后方可重新提出准入公告申请。

工业和信息化部撤销公告资格应提前告知企业，听取企业的陈述和申辩。

第五章 附则

第十三条 本办法由工业和信息化部负责解释。

第十四条 本办法自2012年11月10日起施行。

绿色信贷指引

（中国银行业监督管理委员会2012年2月24日印发）

第一章 总则

第一条 为促进银行业金融机构发展绿色信贷，根据《中华人民共和国银行业监督管理法》、《中华人民共和国商业银行法》等法律法规，制定本指引：

第二条 本指引所称银行业金融机构，包括在中华人民共和国境内依法设立的政策性银行、商业银行、农村合作银行、农村信用社。

第三条 银行业金融机构应当从战略高度推进绿色信贷，加大对绿色经济、低碳经济、循环经济的支持，防范环境和社会风险，提升自身的环境和社会表现，并以此优化信贷结构，提高服务水平，促进发展方式转变。

第四条 银行业金融机构应当有效识别、计量、监测、控制信贷业务活动中的环境和社会风险，建立环境和社会风险管理体系，完善相关信贷政策制度和流程管理。

本指引所称环境和社会风险是指银行业金融机构的客户及其重要关联方在建设、生产、经营活动中可能给环境和社会带来的危害及相关风险，包括与耗能、污染、土地、健康、安全、移民安置、生态保护、气候变化等有关的环境与社会问题。

第五条 中国银监会依法负责对银行业金融机构的绿色信贷业务及其环境和社会风险管理实施监督管理。

第二章 组织管理

第六条 银行业金融机构董事会或理事会应当树立并推行节约、环保、可持续发展等绿色信贷理念，重视发挥银行业金融机构在促进经济社会全面、协调、可持续发展中的作用，建立与社会共赢的可持续发展模式。

第七条 银行业金融机构董事会或理事会负责确定绿色信贷发展战略，审批高级管理层制定的绿色信贷目标和提交的绿色信贷报告，监督、评估本机构绿色信贷发展战略执行情况。

第八条 银行业金融机构高级管理层应当根据董事会或理事会的决定，制定绿色信贷目标，建立机制和流程，明确职责和权限，开展内控检查和考核评价，每年度向董事会或理事会报告绿色信贷发展情况，并及时向监管机构报

送相关情况。

第九条 银行业金融机构高级管理层应当明确一名高管人员及牵头管理部门，配备相应资源，组织开展并归口管理绿色信贷各项工作。必要时可以设立跨部门的绿色信贷委员会，协调相关工作。

第三章　政策制度及能力建设

第十条 银行业金融机构应当根据国家环保法律法规、产业政策、行业准入政策等规定，建立并不断完善环境和社会风险管理的政策、制度和流程，明确绿色信贷的支持方向和重点领域，对国家重点调控的限制类以及有重大环境和社会风险的行业制定专门的授信指引，实行有差别、动态的授信政策，实施风险敞口管理制度。

第十一条 银行业金融机构应当制定针对客户的环境和社会风险评估标准，对客户的环境和社会风险进行动态评估与分类，相关结果应当作为其评级、信贷准入、管理和退出的重要依据，并在贷款“三查”、贷款定价和经济资本分配等方面采取差别化的风险管理措施。

银行业金融机构应当对存在重大环境和社会风险的客户实行名单制管理，要求其采取风险缓释措施，包括制定并落实重大风险应对预案，建立充分、有效的利益相关方沟通机制，寻求第三方分担环境和社会风险等。

第十二条 银行业金融机构应当建立有利于绿色信贷创新的工作机制，在有效控制风险和商业可持续的前提下，推动绿色信贷流程、产品和服务创新。

第十三条 银行业金融机构应当重视自身的环境和社会表现，建立相关制度，加强绿色信贷理念宣传教育，规范经营行为，推行绿色办公，提高集约化管理水平。

第十四条 银行业金融机构应当加强绿色信贷能力建设，建立健全绿色信贷标识和统计制度，完善相关信贷管理系统，加强绿色信贷培训，培养和引进相关专业人才。必要时可以借助合格、独立的第三方对环境和社会风险进行评审或通过其他有效的服务外包方式，获得相关专业服务。

第四章　流程管理

第十五条 银行业金融机构应当加强授信尽职调查，根据客户及其项目所处行业、区域特点，明确环境和社会风险尽职调查的内容，确保调查全面、深入、细致。必要时可以寻求合格、独立的第三方和相关主管部门的支持。

第十六条 银行业金融机构应当对拟授信客户进行严格的合规审查，针对不同行业的客户特点，制定环境和社会方面的合规文件清单和合规风险审查清单，确保客户提交的文件和相关手续的合规性、有效性和完整性，确信客户对相关风险点有足够的重视和有效的动态控制，符合实质合规要求。

第十七条 银行业金融机构应当加强授信审批管理，根据客户面临的环境和社会风险的性质和严重程度，确定合理的授信权限和审批流程。对环境和社会表现不合规的客户，应当不予授信。

第十八条 银行业金融机构应当通过完善合同条款督促客户加强环境和社会风险管理。对涉及重大环境和社会风险的客户，在合同中应当要求客户提交环境和社会风险报告，订立客户加强环境和社会风险管理的声明和保证条款，设定客户接受贷款人监督等承诺条款，以及客户在管理环境和社会风险方面违约时银行业金融机构的救济条款。

第十九条 银行业金融机构应当加强信贷资金拨付管理，将客户对环境和社会风险的管理状况作为决定信贷资金拨付的重要依据。在已授信项目的设计、准备、施工、竣工、运营、关停等各环节，均应当设置环境和社会风险评估关卡，对出现重大风险隐患的，可以中止直至终止信贷资金拨付。

第二十条 银行业金融机构应当加强贷后管理，对有潜在重大环境和社会风险的客户，制定并实行有针对性的贷后管理措施。密切关注国家政策对客户经营状况的影响，加强动态分析，并在资产风险分类、准备计提、损失核销等方面及时做出调整。建立健全客户重大环境和社会风险的内部报告制度和责任追究制度。在客户发生重大环境和社会风险事件时，应当及时采取相关的风险处置措施，并就该事件可能对银行业金融机构造成的影响向监管机构报告。

第二十一条 银行业金融机构应当加强对拟授信的境外项目的环境和社会风险管理，确保项目发起人遵守项目所在国家或地区有关环保、土地、健康、安全等相关法律法规。对拟授信的境外项目公开承诺采用相关国际惯例或国际准则，确保对拟授信项目的操作与国际良好做法在实质上保持一致。

第五章　内控管理与信息披露

第二十二条 银行业金融机构应当将绿色信贷执行情况纳入内控合规检查范围，定期组织实施绿色信贷内部审计。检查发现重大问题的，应当依据规定进行问责。

第二十三条 银行业金融机构应当建立有效的绿色信贷考核评价体系和奖惩机制，落实激励约束措施，确保绿色信贷持续有效开展。

第二十四条 银行业金融机构应当公开绿色信贷战略和政策，充分披露绿色信贷发展情况。对涉及重大环境与社会风险影响的授信情况，应当依据法律法规披露相关信息，接受市场和利益相关方的监督。必要时可以聘请合格、独立的第三方，对银行业金融机构履行环境和社会责任的活动进行评估或审计。

第六章 监督检查

第二十五条 各级银行业监管机构应当加强与相关主管部门的协调配合，建立健全信息共享机制，完善信息服务，向银行业金融机构提示相关环境和社会风险。

第二十六条 各级银行业监管机构应当加强非现场监管，完善非现场监管指标体系，强化对银行业金融机构面临的环境和社会风险的监测分析，及时引导其加强风险管理，调整信贷投向。

银行业金融机构应当根据本指引要求，至少每两年开展一次绿色信贷的全面评估工作，并向银行业监管机构报送自我评估报告。

第二十七条 银行业监管机构组织开展现场检查，应当充分考虑银行业金融机构面临的环境和社会风险，明确相关检查内容和要求。对环境和社会风险突出的地区或银行业金融机构，应当开展专项检查，并根据检查结果督促其整改。

第二十八条 银行业监管机构应当加强对银行业金融机构绿色信贷自我评估的指导，并结合非现场监管和现场检查情况，全面评估银行业金融机构的绿色信贷成效，按照相关法律法规将评估结果作为银行业金融机构监管评级、机构准入、业务准入、高管人员履职评价的重要依据。

第七章 附则

第二十九条 本指引自公布之日起施行。村镇银行、贷款公司、农村资金互助社、非银行金融机构参照本指引执行。

第三十条 本指引由中国银监会负责解释。

政策文件

国务院政策文件

国务院办公厅关于转发发展改革委 住房城乡建设部绿色建筑行动方案的通知

国办发〔2013〕1号

各省、自治区、直辖市人民政府，国务院各部委、各直属机构：

发展改革委、住房城乡建设部《绿色建筑行动方案》已经国务院同意，现转发给你们，请结合本地区、本部门实际，认真贯彻落实。

（国务院办公厅 2013年1月1日）

绿色建筑行动方案

国家发展改革委　住房城乡建设部

为深入贯彻落实科学发展观，切实转变城乡建设模式和建筑业发展方式，提高资源利用效率，实现节能减排约束性目标，积极应对全球气候变化，建设资源节约型、环境友好型社会，提高生态文明水平，改善人民生活质量，制定本行动方案。

一、充分认识开展绿色建筑行动的重要意义

绿色建筑是在建筑的全寿命期内，最大限度地节约资源、保护环境和减少污染，为人们提供健康、适用和高效的使用空间，与自然和谐共生的建筑。“十一五”以来，我国绿色建筑工作取得明显成效，既有建筑供热计量和节能改造超额完成“十一五”目标任务，新建建筑节能标准执行率大幅度提高，可再生能源建筑应用规模进一步扩大，国家机关办公建筑和大型公共建筑节能监管体系初步建立。但也面临一些比较突出的问题，主要是：城乡建设模式粗放，能源资源消耗高、利用效率低，重规模轻效率、重外观轻品质、重建设轻管理，建筑使用寿命远低于设计使用年限等。

开展绿色建筑行动，以绿色、循环、低碳理念指导城乡建设，严格执行建筑节能强制性标准，扎实推进既有建筑节能改造，集约节约利用资源，提高建筑的安全性、舒适性和健康性，对转变城乡建设模式，破解能源资源瓶颈约束，改善群众生产生活条件，培育节能环保、新能源等战略性新兴产业，具有十分重要的意义和作用。要把开展绿色建筑行动作为贯彻落实科学发展观、大力推进生态文明建设的重要内容，把握我国城镇化和新农村建设加快发展的历史机遇，切实推动城乡建设走上绿色、循环、低碳的科学发展轨道，促进经济社会全面、协调、可持续发展。

二、指导思想、主要目标和基本原则

（一）指导思想。

以邓小平理论、“三个代表”重要思想、科学发展观为指导，把生态文明融入城乡建设的全过程，紧紧抓住城镇化和新农村建设的重要战略机遇期，树立全寿命期理念，切实转变城乡建设模式，提高资源利用效率，合理改善建筑舒适性，从政策法规、体制机制、规划设计、标准规范、技术推广、建设运营和产业支撑等方面全面推进绿色建筑行动，加快推进建设资源节约型和环境友好型社会。

（二）主要目标。

1.新建建筑。城镇新建建筑严格落实强制性节能标准，“十二五”期间，完成新建绿色建筑10亿平方米；到2015年末，20%的城镇新建建筑达到绿色建筑标准要求。

2.既有建筑节能改造。“十二五”期间，完成北方采暖地区既有居住建筑供热计量和节能改造4亿平方米以上，夏热冬冷地区既有居住建筑节能改造5000万平方米，公共建筑和公共机构办公建筑节能改造1.2亿平方米，实施农村

危房改造节能示范40万套。到2020年末，基本完成北方采暖地区有改造价值的城镇居住建筑节能改造。

（三）基本原则。

1.全面推进，突出重点。全面推进城乡建筑绿色发展，重点推动政府投资建筑、保障性住房以及大型公共建筑率先执行绿色建筑标准，推进北方采暖地区既有居住建筑节能改造。

2.因地制宜，分类指导。结合各地区经济社会发展水平、资源禀赋、气候条件和建筑特点，建立健全绿色建筑标准体系、发展规划和技术路线，有针对性地制定有关政策措施。

3.政府引导，市场推动。以政策、规划、标准等手段规范市场主体行为，综合运用价格、财税、金融等经济手段，发挥市场配置资源的基础性作用，营造有利于绿色建筑发展的市场环境，激发市场主体设计、建造、使用绿色建筑的内生动力。

4.立足当前，着眼长远。树立建筑全寿命期理念，综合考虑投入产出效益，选择合理的规划、建设方案和技术措施，切实避免盲目的高投入和资源消耗。

三、重点任务

（一）切实抓好新建建筑节能工作。

1.科学做好城乡建设规划。在城镇新区建设、旧城更新和棚户区改造中，以绿色、节能、环保为指导思想，建立包括绿色建筑比例、生态环保、公共交通、可再生能源利用、土地集约利用、再生水利用、废弃物回收利用等内容的指标体系，将其纳入总体规划、控制性详细规划、修建性详细规划和专项规划，并落实到具体项目。做好城乡建设规划与区域能源规划的衔接，优化能源的系统集成利用。建设用地要优先利用城乡废弃地，积极开发利用地下空间。积极引导建设绿色生态城区，推进绿色建筑规模化发展。

2.大力促进城镇绿色建筑发展。政府投资的国家机关、学校、医院、博物馆、科技馆、体育馆等建筑，直辖市、计划单列市及省会城市的保障性住房，以及单体建筑面积超过2万平方米的机场、车站、宾馆、饭店、商场、写字楼等大型公共建筑，自2014年起全面执行绿色建筑标准。积极引导商业房地产开发项目执行绿色建筑标准，鼓励房地产开发企业建设绿色住宅小区。切实推进绿色工业建筑建设。发展改革、财政、住房城乡建设等部门要修订工程预算和建设标准，各省级人民政府要制定绿色建筑工程定额和造价标准。严格落实固定资产投资项目节能评估审查制度，强化对大型公共建筑项目执行绿色建筑标准情况的审查。强化绿色建筑评价标识管理，加强对规划、设计、施工和运行的监管。

3.积极推进绿色农房建设。各级住房城乡建设、农业等部门要加强农村村庄建设整体规划管理，制定村镇绿色生态发展指导意见，编制农村住宅绿色建设和改造推广图集、村镇绿色建筑技术指南，免费提供技术服务。大力推广太阳能热利用、围护结构保温隔热、省柴节煤灶、节能炕等农房节能技术；切实推进生物质能利用，发展大中型沼气，加强运行管理和维护服务。科学引导农房执行建筑节能标准。

4.严格落实建筑节能强制性标准。住房城乡建设部门要严把规划设计关口，加强建筑设计方案规划审查和施工图审查，城镇建筑设计阶段要100%达到节能标准要求。加强施工阶段监管和稽查，确保工程质量和安全，切实提高节能标准执行率。严格建筑节能专项验收，对达不到强制性标准要求的建筑，不得出具竣工验收合格报告，不允许投入使用并强制进行整改。鼓励有条件的地区执行更高能效水平的建筑节能标准。

（二）大力推进既有建筑节能改造。

1.加快实施“节能暖房”工程。以围护结构、供热计量、管网热平衡改造为重点，大力推进北方采暖地区既有居住建筑供热计量及节能改造，“十二五”期间完成改造4亿平方米以上，鼓励有条件的地区超额完成任务。

2.积极推动公共建筑节能改造。开展大型公共建筑和公共机构办公建筑空调、采暖、通风、照明、热水等用能系统的节能改造，提高用能效率和管理水平。鼓励采取合同能源管理模式进行改造，对项目按节能量予以奖励。推进公共建筑节能改造重点城市示范，继续推行“节约型高等学校”建设。“十二五”期间，完成公共建筑改造6000万平方米，公共机构办公建筑改造6000万平方米。

3.开展夏热冬冷和夏热冬暖地区居住建筑节能改造试点。以建筑门窗、外遮阳、自然通风等为重点，在夏热冬冷和夏热冬暖地区进行居住建筑节能改造试点，探索适宜的改造模式和技术路线。“十二五”期间，完成改造5000万平方米以上。

4.创新既有建筑节能改造工作机制。做好既有建筑节能改造的调查和统计工作，制定具体改造规划。在旧城区综合改造、城市市容整治、既有建筑抗震加固中，有条件的地区要同步开展节能改造。制定改造方案要充分听取有

关各方面的意见，保障社会公众的知情权、参与权和监督权。在条件许可并征得业主同意的前提下，研究采用加层改造、扩容改造等方式进行节能改造。坚持以人为本，切实减少扰民，积极推行工业化和标准化施工。住房城乡建设部门要严格落实工程建设责任制，严把规划、设计、施工、材料等关口，确保工程安全、质量和效益。节能改造工程完工后，应进行建筑能效测评，对达不到要求的不得通过竣工验收。加强宣传，充分调动居民对节能改造的积极性。

（三）开展城镇供热系统改造。

实施北方采暖地区城镇供热系统节能改造，提高热源效率和管网保温性能，优化系统调节能力，改善管网热平衡。撤并低能效、高污染的供热燃煤小锅炉，因地制宜地推广热电联产、高效锅炉、工业废热利用等供热技术。推广“吸收式热泵”和“吸收式换热”技术，提高集中供热管网的输送能力。开展城市老旧供热管网系统改造，减少管网热损失，降低循环水泵电耗。

（四）推进可再生能源建筑规模化应用。

积极推动太阳能、浅层地能、生物质能等可再生能源在建筑中的应用。太阳能资源适宜地区应在2015年前出台太阳能光热建筑一体化的强制性推广政策及技术标准，普及太阳能热水利用，积极推进被动式太阳能采暖。研究完善建筑光伏发电上网政策，加快微电网技术研发和工程示范，稳步推进太阳能光伏在建筑上的应用。合理开发浅层地热能。财政部、住房城乡建设部研究确定可再生能源建筑规模化应用适宜推广地区名单。开展可再生能源建筑应用地区示范，推动可再生能源建筑应用集中连片推广，到2015年末，新增可再生能源建筑应用面积25亿平方米，示范地区建筑可再生能源消费量占建筑能耗总量的比例达到10%以上。

（五）加强公共建筑节能管理。

加强公共建筑能耗统计、能源审计和能耗公示工作，推行能耗分项计量和实时监控，推进公共建筑节能、节水监管平台建设。建立完善的公共机构能源审计、能效公示和能耗定额管理制度，加强能耗监测和节能监管体系建设。加强监管平台建设统筹协调，实现监测数据共享，避免重复建设。对新建、改扩建的国家机关办公建筑和大型公共建筑，要进行能源利用效率测评和标识。研究建立公共建筑能源利用状况报告制度，组织开展商场、宾馆、学校、医院等行业的能效水平对标活动。实施大型公共建筑能耗（电耗）限额管理，对超限额用能（用电）的，实行惩罚性价格。公共建筑业主和所有权人要切实加强用能管理，严格执行公共建筑空调温度控制标准。研究开展公共建筑节能量交易试点。

（六）加快绿色建筑相关技术研发推广。

科技部门要研究设立绿色建筑科技发展专项，加快绿色建筑共性和关键技术研发，重点攻克既有建筑节能改造、可再生能源建筑应用、节水与水资源综合利用、绿色建材、废弃物资源化、环境质量控制、提高建筑物耐久性等方面的技术，加强绿色建筑技术标准规范研究，开展绿色建筑技术的集成示范。依托高等院校、科研机构等，加快绿色建筑工程技术中心建设。发展改革、住房城乡建设部门要编制绿色建筑重点技术推广目录，因地制宜推广自然采光、自然通风、遮阳、高效空调、热泵、雨水收集、规模化中水利用、隔音等成熟技术，加快普及高效节能照明产品、风机、水泵、热水器、办公设备、家用电器及节水器具等。

（七）大力发展绿色建材。

因地制宜、就地取材，结合当地气候特点和资源禀赋，大力发展安全耐久、节能环保、施工便利的绿色建材。加快发展防火隔热性能好的建筑保温体系和材料，积极发展烧结空心制品、加气混凝土制品、多功能复合一体化墙体材料、一体化屋面、低辐射镀膜玻璃、断桥隔热门窗、遮阳系统等建材。引导高性能混凝土、高强钢的发展利用，到2015年末，标准抗压强度60兆帕以上混凝土用量达到总用量的10%，屈服强度400兆帕以上热轧带肋钢筋用量达到总用量的45%。大力发展预拌混凝土、预拌砂浆。深入推进墙体材料革新，城市城区限制使用黏土制品，县城禁止使用实心黏土砖。发展改革、住房城乡建设、工业和信息化、质检部门要研究建立绿色建材认证制度，编制绿色建材产品目录，引导规范市场消费。质检、住房城乡建设、工业和信息化部门要加强建材生产、流通和使用环节的质量监管和稽查，杜绝性能不达标的建材进入市场。积极支持绿色建材产业发展，组织开展绿色建材产业化示范。

（八）推动建筑工业化。

住房城乡建设等部门要加快建立促进建筑工业化的设计、施工、部品生产等环节的标准体系，推动结构件、部品、部件的标准化，丰富标准件的种类，提高通用性和可置换性。推广适合工业化生产的预制装配式混凝土、钢结

构等建筑体系，加快发展建设工程的预制和装配技术，提高建筑工业化技术集成水平。支持集设计、生产、施工于一体的工业化基地建设，开展工业化建筑示范试点。积极推行住宅全装修，鼓励新建住宅一次装修到位或菜单式装修，促进个性化装修和产业化装修相统一。

（九）严格建筑拆除管理程序。

加强城市规划管理，维护规划的严肃性和稳定性。城市人民政府以及建筑的所有者和使用者要加强建筑维护管理，对符合城市规划和工程建设标准、在正常使用寿命内的建筑，除基本的公共利益需要外，不得随意拆除。拆除大型公共建筑的，要按有关程序提前向社会公示征求意见，接受社会监督。住房城乡建设部门要研究完善建筑拆除的相关管理制度，探索实行建筑报废拆除审核制度。对违规拆除行为，要依法依规追究有关单位和人员的责任。

（十）推进建筑废弃物资源化利用。

落实建筑废弃物处理责任制，按照“谁产生、谁负责”的原则进行建筑废弃物的收集、运输和处理。住房城乡建设、发展改革、财政、工业和信息化部门要制定实施方案，推行建筑废弃物集中处理和分级利用，加快建筑废弃物资源化利用技术、装备研发推广，编制建筑废弃物综合利用技术标准，开展建筑废弃物资源化利用示范，研究建立建筑废弃物再生产品标识制度。地方各级人民政府对本行政区域内的废弃物资源化利用负总责，地级以上城市要因地制宜设立专门的建筑废弃物集中处理基地。

四、保障措施

（一）强化目标责任。

要将绿色建筑行动的目标任务科学分解到省级人民政府，将绿色建筑行动目标完成情况和措施落实情况纳入省级人民政府节能目标责任评价考核体系。要把贯彻落实本行动方案情况纳入绩效考核体系，考核结果作为领导干部综合考核评价的重要内容，实行责任制和问责制，对作出突出贡献的单位和人员予以通报表扬。

（二）加大政策激励。

研究完善财政支持政策，继续支持绿色建筑及绿色生态城区建设、既有建筑节能改造、供热系统节能改造、可再生能源建筑应用等，研究制定支持绿色建材发展、建筑垃圾资源化利用、建筑工业化、基础能力建设等工作的政策措施。对达到国家绿色建筑评价标准二星级及以上的建筑给予财政资金奖励。财政部、税务总局要研究制定税收方面的优惠政策，鼓励房地产开发商建设绿色建筑，引导消费者购买绿色住宅。改进和完善对绿色建筑的金融服务，金融机构可对购买绿色住宅的消费者在购房贷款利率上给予适当优惠。国土资源部门要研究制定促进绿色建筑发展在土地转让方面的政策，住房城乡建设部门要研究制定容积率奖励方面的政策，在土地招拍挂出让规划条件中，要明确绿色建筑的建设用地比例。

（三）完善标准体系。

住房城乡建设等部门要完善建筑节能标准，科学合理地提高标准要求。健全绿色建筑评价标准体系，加快制（修）订适合不同气候区、不同类型建筑的节能建筑和绿色建筑评价标准，2013年完成《绿色建筑评价标准》的修订工作，完善住宅、办公楼、商场、宾馆的评价标准，出台学校、医院、机场、车站等公共建筑的评价标准。尽快制（修）订绿色建筑相关工程建设、运营管理、能源管理体系等标准，编制绿色建筑区域规划技术导则和标准体系。住房城乡建设、发展改革部门要研究制定基于实际用能状况，覆盖不同气候区、不同类型建筑的建筑能耗限额，要会同工业和信息化、质检等部门完善绿色建材标准体系，研究制定建筑装修材料有害物限量标准，编制建筑废弃物综合利用的相关标准规范。

（四）深化城镇供热体制改革。

住房城乡建设、发展改革、财政、质检等部门要大力推行按热量计量收费，督导各地区出台完善供热计量价格和收费办法。严格执行两部制热价。新建建筑、完成供热计量改造的既有建筑全部实行按热量计量收费，推行采暖补贴“暗补”变“明补”。对实行分户计量有难度的，研究采用按小区或楼宇供热量计量收费。实施热价与煤价、气价联动制度，对低收入居民家庭提供供热补贴。加快供热企业改革，推进供热企业市场化经营，培育和规范供热市场，理顺热源、管网、用户的利益关系。

（五）严格建设全过程监督管理。

在城镇新区建设、旧城更新、棚户区改造等规划中，地方各级人民政府要建立并严格落实绿色建设指标体系要求，住房城乡建设部门要加强规划审查，国土资源部门要加强土地出让监管。对应执行绿色建筑标准的项目，住房城乡建设部门要在设计方案审查、施工图设计审查中增加绿色建筑相关内容，未通过审查的不得颁发建设工程规划

许可证、施工许可证；施工时要加强监管，确保按图施工。对自愿执行绿色建筑标准的项目，在项目立项时要标明绿色星级标准，建设单位应在房屋施工、销售现场明示建筑节能、节水等性能指标。

（六）强化能力建设。

住房城乡建设部要会同有关部门建立健全建筑能耗统计体系，提高统计的准确性和及时性。加强绿色建筑评价标识体系建设，推行第三方评价，强化绿色建筑评价监管机构能力建设，严格评价监管。要加强建筑规划、设计、施工、评价、运行等人员的培训，将绿色建筑知识作为相关专业工程师继续教育培训、执业资格考试的重要内容。鼓励高等院校开设绿色建筑相关课程，加强相关学科建设。组织规划设计单位、人员开展绿色建筑规划与设计竞赛活动。广泛开展国际交流与合作，借鉴国际先进经验。

（七）加强监督检查。

将绿色建筑行动执行情况纳入国务院节能减排检查和建设领域检查内容，开展绿色建筑行动专项督查，严肃查处违规建设高耗能建筑、违反工程建设标准、建筑材料不达标、不按规定公示性能指标、违反供热计量价格和收费办法等行为。

（八）开展宣传教育。

采用多种形式积极宣传绿色建筑法律法规、政策措施、典型案例、先进经验，加强舆论监督，营造开展绿色建筑行动的良好氛围。将绿色建筑行动作为全国节能宣传周、科技活动周、城市节水宣传周、全国低碳日、世界环境日、世界水日等活动的重要宣传内容，提高公众对绿色建筑的认知度，倡导绿色消费理念，普及节约知识，引导公众合理使用用能产品。

各地区、各部门要按照绿色建筑行动方案的部署和要求，抓好各项任务落实。发展改革委、住房城乡建设部要加强综合协调，指导各地区和有关部门开展工作。各地区、各有关部门要尽快制定相应的绿色建筑行动实施方案，加强指导，明确责任，狠抓落实，推动城乡建设模式和建筑业发展方式加快转变，促进资源节约型、环境友好型社会建设。

国务院办公厅关于印发建立完整的先进的废旧商品回收体系重点工作部门分工方案的通知

国办函[2012]82号

国务院有关部门：

《建立完整的先进的废旧商品回收体系重点工作部门分工方案》（以下简称《分工方案》）已经国务院同意，现印发给你们，请认真落实。

各有关部门要认真贯彻落实《国务院办公厅关于建立完整的先进的废旧商品回收体系的意见》（国办发[2011]49号）精神，按照《分工方案》要求，明确责任，加强协调，密切配合，抓紧制定具体措施并尽快组织实施。商务部要会同有关部门做好协调指导、统筹推进和督促检查工作，确保各项重点任务和政策措施落到实处。

国务院办公厅

二〇一二年四月二十六日

建立完整的先进的废旧商品回收体系重点工作部门分工方案

一、抓好重点废旧商品回收

（一）充分发挥市场机制作用，提高主要品种废旧商品回收率。（商务部、工业和信息化部、环境保护部按职责分工负责）

（二）加强政策引导和支持力度，进一步明确生产者、销售者、消费者责任。（发展改革委牵头，工业和信息化部、商务部、环境保护部、供销总社等部门和单位配合）

（三）通过垃圾分类回收等途径，切实做好重点废旧商品的有效回收。（住房城乡建设部牵头，商务部、环境保护部、供销总社等部门和单位配合）

（四）加强报废汽车回收拆解管理，加快回收拆解企业升级改造，提高回收拆解水平。（商务部牵头，公安部、环境保护部、工商总局等部门配合）

二、提高分拣水平

（五）加快废旧商品分拣处理企业技术升级改造，鼓励采用现代分拣分选设备，提升废旧商品分拣处理能力。建设符合环保要求的专业分拣中心，实现精细化分拣处理。（商务部牵头，科技部、环境保护部、供销总社配合

（六）不断完善废旧商品集散市场的分拣和集散功能，提高专业分拣能力，促进产需有效衔接，促进废旧商品回收加工一体化发展。（商务部牵头，发展改革委、供销总社配合）

三、强化科技支撑

（七）在国家相关科技计划中进一步加大对废旧商品回收分拣处理技术研发的支持力度。建立健全产、学、研衔接互动机制，加强废旧商品回收分拣处理技术攻关，集中力量开发大宗废弃物、易污染环境的重点废旧商品回收分拣处理技术。鼓励研发先进的废旧商品回收分拣处理设备，提高回收分拣处理企业的技术装备水平。（科技部牵头，商务部、财政部配合）

（八）通过推广应用新技术、新工艺、新设备，加快提高废旧商品回收的现代化水平。加强国际合作与交流，借鉴国外废旧商品回收分拣处理的管理经验，积极引进国外先进技术设备，提高消化、吸收和创新能力。（商务部牵头，发展改革委、教育部、科技部、工业和信息化部、环境保护部、供销总社配合）

四、发挥大型企业带动作用

（九）加大政策引导和支持力度，鼓励废旧商品回收企业联合、重组，做大做强，逐步培育形成一批组织规模大、经济效益好、研发能力强、技术装备先进的大型企业。（商务部牵头，人民银行、税务总局、银监会、供销总社配合）

（十）充分发挥大型企业的示范和带动效应，提高废旧商品回收企业的组织化和规模化程度。鼓励外资参与废旧商品回收体系建设。（商务部牵头，发展改革委、工业和信息化部、供销总社配合）

五、推进废旧商品回收分拣集约化、规模化发展

（十一）按照布局合理、产业集聚、土地集约、生态环保的原则，在基础较好、需求迫切的地区先行试点，建设分拣技术先进、环保处理设施完备、劳动保护措施健全的废旧商品回收分拣集聚区，促进回收分拣集聚区与国家“城市矿产”示范基地等规模化利用基地的有效衔接。（商务部牵头，国土资源部、发展改革委、科技部、财政部、人力资源社会保障部、供销总社配合）

六、完善回收处理网络

（十二）鼓励各类投资主体积极参与建设、改造标准化居民固定或流动式废旧商品回收网点，发挥中小企业的优势，整合提升传统回收网络，对拾荒人员实行规范化管理。（商务部牵头，发展改革委、住房城乡建设部、供销总社配合）

（十三）结合城市生活垃圾收运体系建设，加快建立居民废旧商品分类收集制度。（住房城乡建设部牵头，商务部配合）

（十四）畅通生产企业间直接回收大宗废旧商品和边角余料的渠道。鼓励生产企业、流通企业积极参与废旧商品回收，逐步实行生产者、销售者责任延伸制。明确生产企业回收废旧商品的责任，督促企业在设计和制造环节充分考虑产品废旧回收时的便利性和可回收率。（发展改革委、工业和信息化部、商务部等部门负责）

（十五）鼓励党政机关、企事业单位以及居民社区与回收企业建立废旧商品定点定期回收机制。支持利用多种方式开展预约回收和交易，鼓励尝试押金回收、以旧换新、设置自动有偿回收机等灵活多样的回收方式，实现回收途径多元化。进一步做好废旧商品回收体系建设试点工作。（商务部牵头，住房城乡建设部、国管局、供销总社配合）

七、加强行业监管

（十六）加强对回收企业站点、回收加工经营行为和市场秩序的监督管理，进一步健全行业管理制度和监督机制，营造统一规范、竞争有序的市场环境，建立和维护良好的废旧商品回收秩序。完善废旧商品回收经营者登记管理相关制度，加强对废旧商品交易市场经营行为的监管。（商务部牵头，工商总局配合）

（十七）强化对回收站点的治安管理，依法查处收购国家禁止收购物品、收赃销赃等违法犯罪行为。（公安部牵头，商务部、工商总局配合）

（十八）严厉打击利用废旧商品制假、造假行为，规范市场秩序。（商务部牵头，工商总局、质检总局配合

（十九）保护废旧商品回收和加工劳动者的合法权益，严格落实国家关于劳动保障的有关法规和制度。（人力资源社会保障部牵头，商务部配合）

（二十）落实国家固体废物进口管理有关规定，加大预防和打击废物非法进口力度，加强对进口固体废物和旧商品的监管，鼓励进口再利用价值高、对原生资源替代性强、可直接用作原料的固体废物。（环境保护部牵头，商务部、发展改革委、海关总署、质检总局配合）

八、加强环境保护

（二十一）强化废旧商品回收各环节的污染防治工作，完善污染防治设施，对废水、废气和固体废物实行严格收集和处理，严禁产生二次污染。制定和完善相应的环保法规、标准，加强回收、运输、处理、利用各环节的环境监管，加大环保执法力度，依法查处污染环境的企业并向社会公布。建立以环保指标为主要依据之一的市场准入和退出机制。积极推动企业开展质量管理体系和环境管理体系认证及清洁生产审核。对未达到质量和环保要求的废旧商品回收、运输、处理、利用企业，要切实加强督查、限期整改。（环境保护部牵头，商务部、发展改革委等部门配合）

九、加大财税金融支持力度

（二十二）进一步研究完善支持废旧商品回收体系建设的财政政策。建立废弃电器电子产品处理基金，用于废弃电器电子产品回收处理费用补贴。通过国家科技计划（基金）等渠道，加强废旧商品回收处理有关技术设备的研发与示范。（财政部牵头，发展改革委、商务部、科技部、环境保护部等配合）

（二十三）研究制定并完善促进废旧商品回收体系建设的税收政策。（财政部、税务总局牵头，商务部、发展改革委配合）

（二十四）创新金融产品和服务方式，加大金融机构支持废旧商品回收体系建设的服务力度。鼓励并引导社会资金参与废旧商品回收体系建设。（人民银行牵头，商务部、银监会、证监会配合）

十、完善土地支持政策

（二十五）在提高土地节约集约利用水平的基础上，加大对废旧商品回收体系项目的土地政策支持。对列入各地废旧商品回收体系建设规划的重点项目，在符合土地利用总体规划前提下布局和选址，需要进行土地征收和农用地转用的，在土地利用年度计划内优先安排。积极支持利用工业企业存量土地建设废旧商品回收体系项目。（国土资源部牵头，商务部、发展改革委配合）

十一、修订完善相关制度和标准

（二十六）加快废旧商品回收法规建设，将废旧商品回收处理纳入法制化轨道，明确相关主体责任。（商务部牵头，法制办配合）

（二十七）完善促进和规范废旧商品回收的相关制度，建立废旧商品回收统计体系，加强考核和评价。（商务部牵头，发展改革委、统计局配合）

（二十八）加快废旧商品回收行业标准和规范的制修订工作，制定相关技术规范和重点废旧商品回收目录。（商务部牵头，发展改革委、质检总局配合）

（二十九）修订《报废汽车回收管理办法》。（法制办牵头，商务部、发展改革委、公安部、环境保护部、工商总局等部门配合）

十二、编制规划

（三十）编制“十二五”废旧商品回收体系建设规划并纳入国家“十二五”发展规划和循环经济发展规划。各地区在编制和调整城市规划、土地利用总体规划、基础设施规划、村镇规划时，应充分考虑废旧商品回收体系建设的需要，合理布局回收网点、分拣中心和区域性回收分拣基地。（商务部牵头，发展改革委、国土资源部、住房城乡建设部、供销总社等部门和单位配合）

十三、建立统筹协调指导机制

（三十一）成立由商务部牵头、有关部门参与的废旧商品回收体系建设部际协调机制，指导废旧商品回收体系建设工作，协调解决工作中的重大问题，研究提出政策建议和工作思路，促进废旧商品回收体系建设工作制度化。

（商务部牵头，发展改革委、财政部、环境保护部、税务总局、供销总社等部门和单位配合）

（三十二）充分发挥行业协会作用，强化企业与政府沟通，提高行业自律和组织水平。（商务部牵头，中国再生资源回收利用协会、中国物资再生协会等行业协会配合）

十四、深入开展宣传教育

（三十三）利用多种形式，广泛进行废旧商品回收利用宣传教育，积极倡导环保健康、循环利用的生产生活方式，在全社会推动形成加强环境保护、注重资源回收的良好氛围，树立全民节约环保意识。（商务部牵头，中央宣传部、广电总局、教育部、环境保护部等部门配合）

（三十四）在中小学教育和职业技能培训中，加强勤俭节约品德和废旧商品回收知识普及教育。（教育部、人力资源社会保障部牵头，商务部配合）

国务院办公厅关于加快林下经济发展的意见

国办发〔2012〕42号

各省、自治区、直辖市人民政府,国务院各部委、各直属机构：

近年来，各地区大力发展以林下种植、林下养殖、相关产品采集加工和森林景观利用等为主要内容的林下经济，取得了积极成效，对于增加农民收入、巩固集体林权制度改革和生态建设成果、加快林业产业结构调整步伐发挥了重要作用。为加快林下经济发展，经国务院同意，现提出以下意见。

一、总体要求

（一）指导思想。以邓小平理论和“三个代表”重要思想为指导，深入贯彻落实科学发展观，在保护生态环境的前提下，以市场为导向，科学合理利用森林资源，大力推进专业合作组织和市场流通体系建设，着力加强科技服务、政策扶持和监督管理，促进林下经济向集约化、规模化、标准化和产业化发展，为实现绿色增长，推动社会主义新农村建设作出更大贡献。

（二）基本原则。坚持生态优先，确保生态环境得到保护；坚持因地制宜，确保林下经济发展符合实际；坚持政策扶持，确保农民得到实惠；坚持机制创新，确保林地综合生产效益得到持续提高。

（三）总体目标。努力建成一批规模大、效益好、带动力强的林下经济示范基地，重点扶持一批龙头企业和农民林业专业合作社，逐步形成“一县一业，一村一品”的发展格局，增强农民持续增收能力，林下经济产值和农民林业综合收入实现稳定增长，林下经济产值占林业总产值的比重显著提高。

二、主要任务

（四）科学规划林下经济发展。要结合国家特色农产品区域布局，制定专项规划，分区域确定林下经济发展的重点产业和目标。要把林下经济发展与森林资源培育、天然林保护、重点防护林体系建设、退耕还林、防沙治沙、野生动植物保护及自然保护区建设等生态建设工程紧密结合，根据当地自然条件和市场需求等情况，充分发挥农民主体作用，尊重农民意愿，突出当地特色，合理确定林下经济发展方向和模式。

（五）推进示范基地建设。积极引进和培育龙头企业，大力推广“龙头企业+专业合作组织+基地+农户”运作模式，因地制宜发展品牌产品，加大产品营销和品牌宣传力度，形成一批各具特色的林下经济示范基地。通过典型示范，推广先进实用技术和发展模式，辐射带动广大农民积极发展林下经济。推动龙头企业集群发展，增强区域经济发展实力。鼓励企业在贫困地区建立基地，帮助扶贫对象参与林下经济发展，加快脱贫致富步伐。

（六）提高科技支撑水平。加大科技扶持和投入力度，重点加强适宜林下经济发展的优势品种的研究与开发。加快构建科技服务平台，切实加强技术指导。积极搭建农民、企业与科研院所合作平台，加快良种选育、病虫害防治、森林防火、林产品加工、储藏保鲜等先进实用技术的转化和科技成果推广。强化人才培养，积极开展龙头企业负责人和农民培训。

（七）健全社会化服务体系。支持农民林业专业合作组织建设，提高农民发展林下经济的组织化水平和抗风险能力。推进林权管理服务机构建设，为农民提供林权评估、交易、融资等服务。鼓励相关专业协会建设，充分发挥其政策咨询、信息服务、科技推广、行业自律等作用。加快社会化中介服务机构建设，为广大农民和林业生产经营

者提供方便快捷的服务。

（八）加强市场流通体系建设。积极培育林下经济产品的专业市场，加快市场需求信息公共服务平台建设，健全流通网络，引导产销衔接，降低流通成本，帮助农民规避市场风险。支持连锁经营、物流配送、电子商务、农超对接等现代流通方式向林下经济产品延伸，促进贸易便利化。努力开拓国际市场，提高林下经济对外开放水平。

（九）强化日常监督管理。严格土地用途管制，依法执行林木采伐制度，严禁以发展林下经济为名擅自改变林地性质或乱砍乱伐、毁坏林木。要充分考虑当地生态承载能力，适量、适度、合理发展林下经济。依法加强森林资源资产评估、林地承包经营权和林木所有权流转管理。

（十）提高林下经济发展水平。支持发展市场短缺品种，优化林下经济结构，切实帮助相关企业提高经营管理水平。积极促进林下经济产品深加工，提高产品质量和附加值。不断延伸产业链条，大力发展林业循环经济。开展林下经济产品生态原产地保护工作。完善林下经济产品标准和检测体系，确保产品使用和食用安全。

三、政策措施

（十一）加大投入力度。要逐步建立政府引导，农民、企业和社会为主体的多元化投入机制。充分发挥现代农业生产发展资金、林业科技推广示范资金等专项资金的作用，重点支持林下经济示范基地与综合生产能力建设，促进林下经济技术推广和农民林业专业合作组织发展。通过以奖代补等方式支持林下经济优势产品集中开发。发展改革、财政、水利、农业、商务、林业、扶贫等部门要结合各地林下经济发展的需求和相关资金渠道，对符合条件的项目予以支持。天然林保护、森林抚育、公益林管护、退耕还林、速生丰产用材林基地建设、木本粮油基地建设、农业综合开发、科技富民、新品种新技术推广等项目，以及林业基本建设、技术转让、技术改造等资金，应紧密结合各自项目建设的政策、规划等，扶持林下经济发展。

（十二）强化政策扶持。对符合小型微型企业条件的农民林业专业合作社、合作林场等，可享受国家相关扶持政策。符合税收相关规定的农民生产林下经济产品，应依法享受有关税收优惠政策。支持符合条件的龙头企业申请国家相关扶持资金。对生态脆弱区域、少数民族地区和边远地区发展林下经济，要重点予以扶持。

（十三）加大金融支持力度。各银行业金融机构要积极开展林权抵押贷款、农民小额信用贷款和农民联保贷款等业务，加大对林下经济发展的有效信贷投入。充分发挥财政贴息政策的带动和引导作用，中央财政对符合条件的林下经济发展项目加大贴息扶持力度。

（十四）加快基础设施建设。要加大林下经济相关基础设施的投入力度，将其纳入各地基础设施建设规划并优先安排，结合新农村建设有关要求，加快道路、水利、通信、电力等基础设施建设，切实解决农民发展林下经济基础设施薄弱的难题。

（十五）加强组织领导和协调配合。地方各级人民政府要把林下经济发展列入重要议事日程，明确目标任务，完善政策措施；要实行领导负责制，完善激励机制，层层落实责任，并将其纳入干部考核内容；要充分发挥基层组织作用，注重增强村级集体经济实力。各有关部门要依据各自职责，加强监督检查、监测统计和信息沟通，充分发挥管理、指导、协调和服务职能，形成共同支持林下经济发展的合力。

各地区、各部门要结合实际，研究制定贯彻落实本意见的具体办法，加强舆论宣传，加大扶持力度，努力营造有利于林下经济健康发展的良好环境。

国务院办公厅

2012年7月30日

国家农业节水纲要（2012—2020年）（节录）

（国办发 〔2012〕55号 国务院办公厅2012年11月26日印发）

水资源是基础性的自然资源和重要的战略资源。我国是一个水资源严重短缺的国家，水资源供需矛盾突出仍然是可持续发展的主要瓶颈。农业是用水大户，近年来农业用水量约占经济社会用水总量的62%，部分地区高达90%以上，农业用水效率不高，节水潜力很大。大力发展农业节水，在农业用水量基本稳定的同时扩大灌溉面积、提高灌溉保证率，是促进水资源可持续利用、保障国家粮食安全、加快转变经济发展方式的重要举措。为贯彻落实《中共中央国务院关于加快水利改革发展的决定》（中发〔2011〕1号）和《国务院关于实行最严格水资源管理制度的意见》（国发〔2012〕3号）精神，把节水灌溉作为经济社会可持续发展的一项重大战略任务，全面做好农业节水工作，特制定本纲要。

一、总体要求

（一）指导思想。以邓小平理论、“三个代表”重要思想、科学发展观为指导，按照中央

关于加快水利改革发展、推进农业科技创新的决策和部署，以改善和保障民生为宗旨，以提高农业综合生产能力为目标，以水资源高效利用为核心，严格水资源管理，优化农业生产布局，转变农业用水方式，完善农业节水机制，着力加强农业节水的综合措施，着力强化农业节水的科技支撑，着力创新农业节水工程管理体制，着力健全基层水利服务和农技推广体系，以水资源的可持续利用保障农业和经济社会的可持续发展。

（二）基本原则。

——坚持科学规划，统筹兼顾。编制全国性、区域性的农业节水相关规划，以供定需，量水而行，因水制宜，合理确定农业节水发展目标和建设重点。

——坚持因地制宜，分区实施。根据各地水土资源条件、农业生产布局等实际情况，抓住影响农业用水效率和效益的关键环节，分区采取适宜的农业节水措施，兼顾节水的经济效益、社会效益和生态效益，促进农业增产和农民增收。

——坚持突出重点，示范推广。突出抓好重点区域、主要农作物的节水技术应用，集中连片建设农业节水工程，实行规模化发展。建设旱作节水农业示范工程，加快节水技术推广。

——坚持政府主导，多方参与。建立政府调控、市场引导、公众参与的农业节水机制。充分尊重农民意愿，加大公共财政投入，明确各方职责，调动和发挥广大农民以及社会力量的积极性。

——坚持建管并重，深化改革。在加强农业节水工程建设的同时，建立健全工程管理体制和运行机制，推行用水总量控制和定额管理，深化农业水价综合改革，完善农业节水产业支持、技术服务、财政补助等政策措施。

（三）发展目标。到2020年，在全国初步建立农业生产布局与水土资源条件相匹配、农业用水规模与用水效率相协调、工程措施与非工程措施相结合的农业节水体系。基本完成大型灌区、重点中型灌区续建配套与节水改造和大中型灌排泵站更新改造，小型农田水利重点县建设基本覆盖农业大县;全国农田有效灌溉面积达到10亿亩，新增节水灌溉工程面积3亿亩，其中新增高效节水灌溉工程面积1.5亿亩以上;全国农业用水量基本稳定，农田灌溉水有效利用系数达到0.55以上;全国旱作节水农业技术推广面积达到5亿亩以上，高效用水技术覆盖率达到50%以上。

二、建立农业节水体系

（四）优化配置农业用水。通过建设骨干水源工程和实施区域水资源配置工程，进一步优化用水结构，缓解重点农业生产区的用水压力。充分利用天然降水，合理配置地表水和地下水，重视利用非常规水源，提高农业用水总体保障水平。在渠灌区因地制宜实行蓄水、引水、提水相结合。在井渠结合灌区实行地表水和地下水联合调度。在井灌区严格控制地下水开采。在不具备常规灌溉条件的地区，利用当地水窖、水池、塘坝等多种手段集蓄雨水，解决抗旱播种和保苗用水。

（五）调整农业生产和用水结构。根据各地水资源承载能力和自然、经济、社会条件，优化配置水、土、光、热、种质等资源，合理调整农业生产布局、农作物种植结构以及农、林、牧、渔业用水结构。在水资源短缺地区严格限制种植高耗水农作物，鼓励种植耗水少、附加值高的农作物。在规划建设商品粮、棉、油、菜等基地时，要充分考虑当地水资源条件，避免加剧用水供需矛盾。积极发展林果业和养殖业节水。

（六）完善农业节水工程措施。优先推进粮食主产区、严重缺水和生态环境脆弱地区节水灌溉发展。除有回灌补源要求的渠段以外，对渠道要进行防渗处理。要平整土地，合理调整沟畦规格，推广抗旱坐水种和移动式软管灌溉等地面灌水技术，提高田间灌溉水利用率。在井灌区和有条件的渠灌区，大力推广管道输水灌溉。在水资源短缺、经济作物种植和农业规模化经营等地区，积极推广喷灌、微灌、膜下滴灌等高效节水灌溉和水肥一体化技术。因地制宜实施坡耕地综合治理、雨水集蓄利用等措施。

（七）推广农机、农艺和生物技术节水措施。合理安排耕作和栽培制度，选育和推广优质耐旱高产品种，提高天然降水利用率。大力推广深松整地、中耕除草、镇压耙耱、覆盖保墒、增施有机肥以及合理施用生物抗旱剂、土壤保水剂等技术，提高土壤吸纳和保持水分的能力。在干旱和易发生水土流失地区，加快推广保护性耕作技术。

（八）健全农业节水管理措施。加强水资源统一管理，强化农业用水管理和监督，严格控制农业用水量，合理

确定灌溉用水定额。明确农业节水工程设施管护主体，落实管护责任。完善农业用水计量设施，加强水费计收与使用管理。完善农业节水社会化服务体系，加强技术指导和示范培训。积极推行农业节水信息化，有条件的灌区要实行灌溉用水自动化、数字化管理。加强技术监督，规范节水材料和设备市场。

三、实行分区指导

（九）东北地区。包括辽宁、吉林、黑龙江三省以及内蒙古自治区东部。西部要根据水资源承载能力，大力推广高效节水灌溉技术，积极采用深松整地、抗旱坐水种等措施，合理施用生物抗旱剂和土壤保水剂;合理发展膜下滴灌、喷灌，在有规模化耕作条件的地区集中连片发展大、中型机械化行走式喷灌。东部要加大现有灌区续建配套与节水改造力度，新建灌区应达到节水灌溉工程规范要求，大力推广水稻控制灌溉技术。

（十）西北地区。包括陕西、甘肃、青海、宁夏、新疆五省（区）和内蒙古自治区中西部以及山西省西部，要严格按照水资源配置总量，控制灌溉发展规模。在灌区重点发展渠道防渗，在适宜地区大力推广膜下滴灌、喷灌技术。在水资源条件允许的地区，适度发展大、中型机械化行走式喷灌，兼顾发展小型移动机组式喷灌和管道输水灌溉;在具有水力自流条件的地区优先发展自压喷灌、微灌和管道输水灌溉。在内陆河区优先发展高效节水灌溉，维护生态安全。要加强土地平整，改进沟畦灌水技术，推广垄膜沟灌、覆盖保墒等技术，配套施用长效、缓释肥料及抗旱、抗逆制剂。根据水资源条件，在草原牧区积极发展节水灌溉饲草料地。大力实施小流域、坡耕地综合治理和黄土高原淤地坝等工程建设，有效改善农业生产条件和生态环境。

（十一）黄淮海地区。包括北京、天津、河北、山东、河南五省（市）和山西东部以及江苏、安徽两省北部。在井灌区重点发展管道输水灌溉，积极发展喷灌、微灌和水肥一体化，推广用水计量和智能控制技术。在渠灌区、井渠结合灌区重点发展渠道防渗，因地制宜发展低压管道输水灌溉，推广水稻控制灌溉技术。在地下水超采区严格控制新增灌溉面积，大力提倡合理利用雨洪资源、微咸水、再生水等。

（十二）南方地区。包括长江沿岸及其以南的各省（区、市），要以渠道防渗为主，重点加快灌排工程更新改造，适当发展管道输水灌溉，大力发展水稻控制灌溉。在丘陵山区兴建小水窖、小水池、小塘坝、小泵站、小水渠等“五小水利”工程，积极推广节水灌溉技术，提高抗旱减灾能力;搞好水土保持和生态建设，推广坡耕地综合治理，采取覆盖等农艺措施，提高土壤蓄水保墒能力。东南沿海经济发达地区要采取各类节水综合措施，提高灌溉保证率，率先实现农田水利现代化。

四、推进重点工程

（十三）大中型灌区节水改造工程。优先安排粮食主产区、严重缺水和生态环境脆弱地区的灌区续建配套与节水改造，着力解决工程不配套、渠（沟）系建筑物老化、渗漏损失大、计量设施不全、管理手段落后等问题。加强末级渠系建设，加快解决“最后一公里”问题。

（十四）高效节水灌溉技术规模化推广工程。以东北、西北、黄淮海地区为重点，选择农业生产急需、发展条件好、农民积极性高的地区，集工程、农艺、农机和管理等措施于一体，建设一批高效节水灌溉技术规模化推广工程，为周边农户开展技术咨询和培训，让实用节水技术进村入户到人，努力做到节水效果明显、经济效益显著、示范作用较大。

（十五）旱作节水农业技术推广示范工程。建设旱作节水农业示范县，突出工程措施与农艺措施集成配套，旱作节水农业技术与区域优势产业发展相结合，完善田间基础设施，发展补充灌溉和微水灌溉，推广改土、覆盖、倒茬、平整土地和秸秆还田、土壤墒情监测等技术，提高降雨入渗量，增强田间蓄墒能力。

（十六）农业节水技术创新工程。积极发挥科研单位、大专院校的优势，建立企业、用水户广泛参与、产学研相结合的农业节水技术创新和推广机制。注重引进、消化和吸收国外先进节水技术，集成和再创新形成适应我国不同地区的农业节水模式。加强主要农作物高效用水基础科学研究，开展节水灌溉技术标准、灌溉制度、新产品与新技术研发和综合节水技术集成模式等方面的联合攻关，在喷灌、微灌关键设备和低成本大口径管材及生产工艺等方面实现新突破，推广具有自主核心知识产权的智能控制和精量灌溉装备。开展灌区自动化控制、信息化管理等应用技术研究，逐步建立农田水利管理信息网络。重视发挥节水材料和设备生产、销售骨干企业在农业节水技术创新与集成中的主体作用，落实相关财税优惠政策，完善其售后服务网络。

（十七）山丘区“五小水利”工程。以西南地区为重点，在具有一定降水条件的地区大力推进“五小水利”工程建设，实现人均占有半亩以上具有补充灌溉条件的基本农田，使中等干旱年生产生活用水有保障、粮食不减产，严重干旱年生活用水有保障、粮食少减产。积极发挥人工增雨（雪）的抗旱减灾作用。

五、健全体制机制

（十八）完善法规政策。积极推进农田水利立法工作。各地区要实行最严格水资源管理制度，加强水资源论证和取水许可管理，加大水行政执法力度，规范农业节水工程建设和管理。针对农村劳动力大量外出、农业比较效益下降等实际情况，研究支持农田水利特别是发展节水灌溉的长效机制。进一步完善占用农业灌溉水源和灌排工程设施补偿制度。

（十九）推行节水灌溉制度。建立取用水总量控制指标体系，逐级分解农业用水指标，落实到各地区和各灌区。各地区要发布适合本地区条件的主要作物灌溉用水定额。有条件的地区要逐步建立节约水量交易机制，构建交易平台，保障农民在水权转让中的合法权益。

（二十）增加农业节水投入。进一步加大中央和地方对大型和中型灌区节水改造、高效节水灌溉和旱作节水农业示范等投入力度;增加中央和省级小型农田水利设施建设补助专项资金规模;全面落实从土地出让收益中提取10%用于农田水利建设政策，抓好中央统筹资金的使用管理，重点向粮食主产区、中西部地区和革命老区、少数民族地区、边疆地区、贫困地区倾斜，大力发展节水灌溉。农业发展银行要在风险可控的前提下，为发展节水灌溉提供中长期政策性贷款支持。加大节水灌溉研发投入，提高科技装备水平。扩大节水和抗旱机具购置补贴范围。

六、组织实施

（二十六）制订相关规划。地方各级水利、农业等部门要根据经济社会发展的总体目标和水资源承载能力，制订节水灌溉、旱作节水农业等相关中长期发展规划和年度实施计划，经各方面专家论证、审查和政府审批后，作为安排农业节水补助资金和整合相关资金的重要依据。规划要与流域、区域的水资源开发利用和总量控制指标相适应，与抗旱、农村土地整治、农业发展、资源能源节约、生态环境保护、节水型社会建设等规划相衔接。

国家发展改革委政策文件

关于印发节能减排全民行动实施方案的通知

发改环资[2012]194号

各省、自治区、直辖市及计划单列市、副省级省会城市、新疆生产建设兵团发展改革委、经信委（经贸委、工信委）、宣传部、科技厅（科委）、农业厅（农委）、教育厅（教委、教育局）、财政厅（局）、国资委、环保局、总工会、团委、妇联、科协、机关事务管理部门，各军区联勤部、各军兵种后勤部、四总部有关部门，武警部队后勤部，国务院有关部门：

为贯彻落实《国务院关于印发"十二五"节能减排综合性工作方案的通知》（国发〔2011〕26号）精神，进一步深化节能减排全民行动，充分调动全社会参与节能减排的积极性，国家发展改革委会同中宣部、教育部、科技部、农业部、国管局、全国总工会、共青团中央、全国妇联、中国科协、解放军总后勤部、全国人大常委会办公厅、全国政协办公厅、财政部、环保部、国资委、中直管理局共同制定了《"十二五"节能减排全民行动实施方案》。现印发你们，请结合本地区、本部门实际，认真贯彻执行。

附件："十二五"节能减排全民行动实施方案

附件：

"十二五"节能减排全民行动实施方案

国家发展改革委　中宣部　教育部　科技部　农业部
国管局　全国总工会　共青团中央　全国妇联
中国科协　总后勤部　全国人大办公厅　全国政协办公厅
财政部　环境保护部　国资委　中直管理局
二〇一二年一月三十一日

为贯彻落实《国务院关于印发"十二五"节能减排综合性工作方案的通知》（国发〔2011〕26号）和温家宝总理在全国节能减排工作电视电话会议上的讲话精神，进一步深化节能减排全民行动，充分调动全社会参与节能减排的积极性，国家发展改革委会同中宣部、教育部、科技部、农业部、国管局、全国总工会、共青团中央、全国妇联、中国科协、解放军总后勤部、全国人大常委会办公厅、全国政协办公厅、财政部、环境保护部、国资委、中直管理局共同制定了节能减排全民行动方案，组织开展家庭社区、青少年、企业、学校、军营、农村、政府机构、科技、科普和媒体等十个节能减排专项行动，通过典型示范、专题活动、展览展示、岗位创建、合理化建议等多种形式，广泛动员全社会参与节能减排，倡导文明、节约、绿色、低碳的生产方式、消费模式和生活习惯。

一、节能减排家庭社区行动

家庭、社区是社会的基础和基层组织形态，是推动社会节能减排的重要依靠力量。宣传节能环保理念，倡导绿色生活，形成节约风尚，改变当前家庭生活中与节能减排不相适应的观念、行为。通过家庭影响社区，通过社区带动全社会参与节能减排。主要活动包括：

（一）树立绿色低碳家庭生活消费新理念。继续在广大妇女和家庭中开展系列低碳活动，大力宣传和普及节能减排和低碳知识。倡导广大家庭践行低能量、低消耗、低开支、低代价的低碳生活方式。在全社会倡导勤俭节约之风，反对食品浪费，减少使用塑料购物袋，减少一次性用品使用，抵制商品过度包装。引导广大家庭成员从自己做起、从家庭做起、从点滴做起，形成节约资源和保护生态环境的生活理念、消费模式。

（二）开展家庭社区节能减排系列主题活动。继续实施"家庭低碳计划十五件事"，在社区和家庭进行普及推广。开展低碳绿色出行活动，倡导妇女和家庭成员步行、骑车、乘公交等方式代替驾驶机动车出行。在广大社区和家庭中开展节能减排小发明竞赛活动，并将设计新颖、效果明显的小发明向全国家庭推广。开展“勤俭节约、文明健康饮食”主题活动，倡导节约粮食、适度消费理念。组织社区居民节能减排经验交流活动，指导社区居民做好垃圾分类回收。

（三）深入开展家庭社区节能减排宣传教育。大力宣传节能减排家庭社区行动，对节能减排先进典型和先进事迹进行广泛宣传。组织相关专家在示范城市、示范社区开展低碳家庭时尚生活巡讲，有针对性地进行辅导、展示和咨询等工作。借助现代女性大讲堂开展低碳生活的相关讲座，介绍节能环保的金点子和小常识。建设完善节能减排社区平台，利用社区、街道宣传栏、黑板报等载体，张贴节能减排、低碳生活的标语、口号、宣传画、条幅等。向社区居民发放宣传资料、低碳科普读物，介绍和宣传日常节能环保知识。借助央视《欢乐一家亲》栏目进行节能减排和低碳生活的宣传。

（四）选树节能环保家庭。把节能减排家庭社区行动中表现突出、作出较大贡献的家庭和个人，选树为“节能环保家庭”。大力宣传节能环保家庭的先进事迹，发挥典型的示范带头作用，树立良好社会风尚。

牵头单位：全国妇联、国家发展改革委

支撑单位：中国妇女报刊协会、国家节能中心、中国节能协会

二、节能减排青少年行动

青少年是现代化建设的生力军，是国家的未来和希望，是当前家庭社会的重要组成。引导青少年参与节能减排，不仅有助于青少年自身成长为节能减排的积极倡导者和坚定践行者，也有助于通过青少年的行为影响其家庭成员共同参与节能减排。要充分发挥青少年的积极性和创造力，宣传绿色理念，引领节约风尚，积极参与到节能减排工作中来。主要活动包括：

（一）动员青少年积极参与节能减排实践。开展青年文明号节约示范行动和青少年环境友好使者行动等活动。在少年儿童中开展节能环保教育活动，继续开展以节约一滴水、一张纸、一粒米、一度电为主要内容的节约资源活动。继续深化保护母亲河行动。以捐植爱心树、纪念树（林）等方式进行植树造林，保护大江大河生态环境，建设绿色家园。

（二）开展节能减排志愿者活动。开展志愿者节能减排社区示范活动，宣传节能减排知识，传授节能减排技能。开展绿色校园节能志愿活动，指导青年学生主动关闭无人上课和自习教室的长明灯，减少学校能源浪费，引导青年学生从身边的小事做起，人人争做节能卫士。

（三）加强青少年节能减排宣传教育。在共青团、少先队活动阵地设立宣传栏，并利用青少年报刊、中小学生报和共青团、少先队网站，大力宣传节能环保知识。注重借助情感、艺术、时尚等元素，运用互联网、手机、动漫、短视频、移动媒体等青少年喜爱的手段和载体，扩大节能减排宣传力度。创作儿歌、童谣、动漫、故事、舞台剧、戏曲等艺术作品，设计少年儿童喜爱的挂图、海报、文具、玩具等，宣传节能环保知识。引导青少年充分认识节能减排的重要性和紧迫性，强化节能观念，树立环保意识，增强参与节能减排工作的责任感和自觉性。

（四）选树青少年节能减排典型。把在节能减排青少年行动中表现特别突出的个人，纳入团队组织已有表彰体系。做好“母亲河奖”评选表彰活动。发挥雏鹰争章活动的激励作用，引导少先队员争获“环保章”。

牵头单位：共青团中央、国家发展改革委、环境保护部

支撑单位：中国青年报社、中国青年志愿者协会、团中央网络影视中心、中国少年儿童新闻出版总社、环境保护部宣传教育中心

三、节能减排企业行动

企业是最大的能源消耗和污染排放的主体，也是节能减排的主力，职工是节能减排的主力军，企业节能减排的成效，决定了全社会节能减排工作的成败。要动员全体企业职工，从岗位做起，从自身做起，从点滴做起，积极投身节能减排工作。主要活动包括：

（一）继续开展我为节能减排做贡献活动。在职工中广泛开展职工技术创新、岗位练兵、技术比武和技术培训等活动，不断提高职工技术水平和节能减排能力。组织广大职工开展以小革新、小改造、小设计、小建议、小发明等为主要内容的节能减排达标竞赛，促进重点行业的节能减排达标。围绕节能减排主题，大力开发和推广新技术、新工艺、新材料、新设备，开展职工优秀节能减排技术成果评选、表彰和推广，积极推动企业技术进步。

（二）深入推进节能减排义务监督员行动。加强职工义务监督员队伍建设，推动全国所有企业设立义务监督

员，力争“十二五”期间达到100万人。加大对义务监督员的培训力度，为其开展工作创造条件，总结交流节能减排义务监督员工作经验，充分发挥其督促企业落实节能减排措施的重要作用，促进企业实现节能减排目标。

（三）积极组织职工参与企业节能减排工作。组织广大职工积极参与企业管理和监督，充分发挥职工民主管理在节能减排中的作用。企业工会要把节能减排作为职代会的重要内容，发挥职工的主动性和创造性，为挖掘节能减排潜力作贡献。

（四）开展中央企业节能表率行动。中央企业要带头履行社会责任，在节能减排工作中发挥表率作用。在中央企业深入开展创建节约型企业活动。继续完善中央企业节能减排组织管理、统计监测和考核奖惩体系，提升中央企业生产运行精细化管理水平，全面深化中央企业能耗水平和污染物排放强度对标工作。加大中央企业节能减排新技术、新工艺研发和推广应用。

（五）开展企业节能减排宣传教育活动。利用各种宣传阵地，宣传国家有关节能减排的法律法规和政策，开展环境危机教育，不断增强职工忧患意识、危机意识和责任意识。以不同形式开展面向企业负责人、企业节能环保人员和生产一线人员的节能减排培训，提高培训质量，确保培训效果。

牵头单位：全国总工会、国资委、国家发展改革委、环境保护部

支撑单位：中国职工技术协会、中国职工科技报、国家节能中心、中国节能协会、环境保护部宣传教育中心等

四、节能减排学校行动

学校是社会的摇篮，是国民教育最重要的组成，对学生树立节能环保理念发挥着不可替代的重要作用。在推动校园节能减排的同时，要积极开展以节能减排、绿色生活为主要内容的课堂主题教育和社会实践活动，营造节能减排校园文化，引导学生形成绿色生活、勤俭节约的意识和行为习惯。主要活动包括：

（一）深化节能环保基础教育。在中小学和中等职业学校相关学科课程中进一步渗透节能环保教育内容。推进节能减排专业教育，加强对高职高专院校、普通本科高校非环境专业学生的节能减排教育。鼓励各地和学校结合实际情况，通过开设富有地域特色的地方课程和学校课程，以及综合实践活动等，传播节能环保、新能源、可持续发展等知识，通过课堂主渠道不断培养学生节能减排意识，树立可持续发展观念。因地制宜开展与节能减排相关的专题讲座、研究性学习、技能竞赛等活动。

（二）建设一批循环经济教育示范基地。推进循环经济教育和科学知识的普及，广泛开展面向青少年学生的循环经济教育和知识普及活动。在全国建设一批技术先进、管理规范、示范作用强、循环经济特征明显的循环经济教育示范基地。结合农村义务教育试行免费教科书制度，在全国范围内制定分科教科书的循环使用方案。

（三）继续开展青少年科学调查体验活动。落实未成年人科学素质行动的任务和要求。继续开展以节粮在我身边、珍爱生命之水、我的低碳生活等为主题，以提高青少年科学素质为目标，以科学调查、科学体验、科学研究为主要方式，结合中小学科学课和综合实践活动要求的青少年科学调查体验活动。活动开展要求主题鲜明，内容丰富、形式多样，有利于培养未成年人创新能力、实践能力，有利于提升未成年人综合素质。

牵头单位：教育部、中国科协、国家发展改革委

支撑单位：清华大学、华中科技大学、江南大学、同济大学、华南理工大学、科协青少年中心、国家节能中心、中国节能协会等

五、节能减排军营行动

军队是社会资源的消费集团，军队资源节约是社会节能减排的重要组成部分。全军和武警部队要着力推进节约型供应保障方式、消费方式、训练模式的规范拓展，着力推进节能新技术新产品的规模化推广，着力推进群众性节约活动的深入开展，基本形成符合时代要求、具有军队特色的节约型军营模式。主要内容包括：

（一）创新发展节约型供应保障方式、消费方式和训练模式。推进基地化训练，开展训练场地资源普查，规范建设100个可用于统建共享的大型训练场地。优化经费保障和管理，大力压缩行政消耗性开支。推行军需物资油料节约，加大节能环保产品强制采购力度，严禁采购使用国家明令禁止的高耗低效和非环保产品，开展废旧军服回收。完善医疗卫生资源共享与管理。加大军地运力统筹使用，提高运输效益，加强车辆、船舶使用维护管理等。深化现代营房建设管理，统筹规划利用军用土地资源，稳步推进房地产资源整合，逐步建立营区能源消耗统计、监测监管平台。

（二）大力实施重点节能工程。组织开展军队建筑节能工程、办公及生产生活节能工程、军油节能工程、可再生能源利用工程、模拟技术工程、信息技术工程、装备节能工程等一批重点节能工程，提升军队节能减排能力。大

力推行合同能源管理，组织实施合同能源管理示范项目。

（三）深化完善相关制度体系。加强制度建设，制定出台军队有关节能配套政策法规，完善军队资源节约法规体系。加强统计考评制度建设，建立总部—大单位—部队互相衔接、齐全配套的资源节约统计指标和统计考评机制，完善统计、考评、通报制度。

（四）开展系列主题活动。深入开展“八节一压”、“反食品浪费”、“红管家、好当家、小行家”等群众性节约活动和各类节约技能竞赛，建立争创节油示范单位、节油标兵和“红旗车分队、红旗车驾驶员”评定活动常态化机制。

（五）深入抓好宣传教育。加强资源节约日常宣传，将资源节约宣传纳入部队经常性教育和经常性管理之中，纳入每年的重大主题宣传活动，建立常态化宣传教育机制。充分利用各种渠道和媒体，广泛深入持久地宣传党中央、国务院和中央军委关于资源节约的方针政策和决策部署，宣传军队资源节约工作取得的成就、经验和做法。建设军队资源节约工作网，并在中国军网和军内网站积极组织网民话题，营造强大舆论宣传声势。

牵头单位：解放军总后勤部、国家发展改革委

支撑单位：解放军后勤学院、后勤科学研究所、解放军报、中国军网、解放军第三二〇九工厂

六、节能减排农村行动

我国是农业大国，推动农业和农村节能减排工作，有利于优化能源结构，缓解国家能源压力；有利于降低农业面源污染，缓解环境压力；有利于转变农业发展方式，加快发展现代农业。要积极引导农民参与节能减排，倡导低碳生产生活方式。主要活动包括：

（一）开展节能减排农村行活动。以普及推广《农业和农村节能减排十大技术》为重点，进村入户，开展技术咨询、宣传培训和生产指导，贯彻落实国家节能减排政策，推广农业和农村节能减排适用技术和产品，帮助农民树立节能减排新理念，使农民真正成为节能减排的主体。

（二）传播农业清洁生产技术。通过促进农村畜禽粪便、农作物秸秆、生产垃圾和污水向肥料、饲料、燃料转化，实现经济、生态和社会效益的统一；通过集成配套推广节水、节肥、节能等实用技术和工程措施，净化水源、净化农田和净化庭院，实现生产发展、生活富裕和生态良好，逐步改变农村脏、乱、差的现状，推动资源节约型和环境友好型新农村建设。

（三）构建农村低碳生活方式。通过推广沼气、生物质能、太阳能、风能等农村可再生能源开发利用技术，开展省柴节煤炉灶炕升级换代，推广高效低排放节能炉灶炕，改善农村室内空气质量，提高农民生活水平。

（四）深入抓好节能减排宣传培训工作。进一步强化节能减排宣传和培训工作，将其纳入“十二五”农业和农村经济重点工作之中。充分利用各种媒体，加大宣传力度，采取多种形式，举办培训班，增强广大农民群众节约资源、保护环境的自觉性，为农业和农村节能减排工作营造良好的社会氛围。

牵头单位：农业部、国家发展改革委、环境保护部

支撑单位：中国农村能源行业协会、中国农业出版社、中央农业广播电视学校、中国农业电影电视中心、环境保护部华南环境科学研究所、国家节能中心等

七、节能减排政府机构行动

政府机构是社会行为和公共道德的示范和标杆，政府机构的行为受到社会广泛关注，政府机构为对节能减排的重视程度将对公众观念产生重要影响。各级政府机构要充分认识节能减排工作的重要意义，通过深入推进节约型机关建设，降低机关能源资源消耗，切实发挥政府机构的表率示范作用，引导和带动全社会做好节能减排工作。主要活动包括：

（一）开展绿色办公活动。倡导用电高峰时段每天少开一小时空调，使用空调时关好门窗。日常办公尽量采用自然光，离开会议室等办公区时随手关灯。在全国政府机构推广使用节能环保铅笔、再生纸等绿色办公用品。开展零待机能耗活动，推广使用节能插座等降低待机能耗的新技术和新产品。征集日常办公中的节能经验、点子，并择优在全国政府机构推广。提倡高层建筑电梯分段运行或隔层停开，上下两层楼不乘电梯，尽量减少电梯不合理使用等。

（二）开展绿色出行活动。根据公务用车的配备标准和编制数量及时更新购车计划，严禁超标准、超编制采购公务用车。提高新增公务车中小排量和清洁能源汽车比例。全国政府机构公务用车按牌号尾数每周少开一天，开展公务自行车试点。机关工作人员每月少开一天车，倡导“135”出行方案，即1公里以内步行，3公里以内骑自行

车，5公里乘坐公共交通工具。加快推进公务用车制度改革。

（三）开展资源循环利用活动。推行公务用车厂家回收置换。开展废旧电脑、打印机、电池、灯管、报纸和包装物等回收利用。组织有条件的单位实施餐厨垃圾资源化处理。完善资源循环利用渠道，建立资源循环利用长效机制。

（四）开展政府机构节能宣传教育活动。围绕节约型机关建设，组织开展“能源紧缺体验”、“厉行节约”、“反对食品浪费”等活动。举办知识竞赛、征文、专题讲座等形式多样的宣传和普及节能环保知识，提高政府机构工作人员的节能意识。通过广播、电视、报刊、网络等媒体，广泛宣传政府机构节能减排工作建设和突出成效，充分发挥政府机构的引导和示范作用。开展政府机构能耗信息和能效水平公开试点，在门户网站上公示单位能耗信息和能效水平，并接受社会监督。

牵头单位：国管局、中直管理局、国家发展改革委、全国人大机关事务管理局、全国政协机关事务管理局、解放军总后勤部

支撑单位：中国建筑科学研究院、清华大学建筑节能研究中心、中国节能协会公共机构节能专业委员会、国家节能中心等

八、节能减排科技行动

科学技术是开展节能减排全民行动的重要支撑。节能减排全民科技行动的工作目标，是针对全民节能减排能力建设的共性技术需求，研发全民节能减排能力提升系列工具，推广全民节能减排适用技术成果，开展全民节能减排科技示范。要以科技成果的转化和应用为主线，提高公众的节能减排科技意识和能力，形成全社会依靠科技开展节能减排的良好氛围。主要活动包括：

（一）开发全民节能减排科技工具包。针对公众辨识各项行为节能减排潜力的需求，组织专家测量和核算涵盖公众日常生活主要活动的节能减排潜力数据，开发“全民节能减排潜力基础信息数据库”，建设“全民节能减排科技信息网”。拓展和完善基于互联网的“低碳生活计算器”软件，通过宣传和推广，进一步发挥该软件在定量反映公众节能减排潜力数据；组织专家筛选国内外节能减排的小窍门和小技巧，建立“全民节能减排金点子”数据库；编制全民节能减排科技系列手册。

（二）推广应用节能减排适用技术成果。进一步筛选各类科技计划取得的适用于全民节能减排的技术成果，拓展和完善全民节能减排适用技术成果库；结合一年一度的“科技周”活动和“科技列车行”活动，举办节能减排技术成果推介会，加大对节能减排科技成果的推广力度。

（三）组织开展节能减排综合科技示范。依托国家可持续发展实验区、国家高新技术开发区、国家星火密集区等科技示范平台，选择20个左右的具备良好基础的县、市、区，开展多种形式的全民节能减排综合科技示范活动。

（四）建设节能减排技术服务体系。加强节能减排专家队伍建设，推动节能减排技术公共服务平台的建设与发展；培育节能减排技术服务市场，充分发挥生产能力促进中心、技术中介服务机构等在开展节能减排技术服务方面的作用；鼓励和引导民营资本投资建设公共技术平台和科技合作咨询服务平台，为中小企业提供研发、测试和检测等专业技术服务。

牵头单位：科技部、国家发展改革委、环境保护部、中国科协

支撑单位：中国 21世纪议程管理中心、中国可持续发展研究会、中国科学院地理科学与资源研究所、中国科学出版社、中国社会科学文献出版社、中国科普研究所、中国科协科普活动中心、国家节能中心等

九、节能减排科普行动

先进实用的技术成果和知识需要普及到全社会才能真正发挥作用。要面向全社会宣传科技思想、科技知识，介绍节能减排先进实用技术、成果，普及节能减排实践经验、先进典型和节能窍门，提高公众节能减排能力。主要活动包括：

（一）开发集成节能减排科普资源。组织开发以节能减排为主题的展览、挂图、图书、影视、宣传册、网络视频、网络游戏等科普资源。实施繁荣科普创作资助计划，资助优秀的科普创作团队、科普资源建设基地和科技工作者。开发以节能减排为主题的科普展品。推进科技创新成果转化为科普素材、科普影视、科普图书等科普资源。开展优秀科普资源征集推介，集成、整理社会优质科普资源形成科普资源包，向社会广泛推介使用。

（二）举办节能减排科普展览。发挥科技类博物馆、科普教育基地和各类基层科普基础设施的作用，围绕节能减排主题举办形式多样、便于公众参与的展览和教育活动。实施中国流动科技馆项目，在部分大中城市开展节能减

排主题内容的科普巡回展览。增强科普大篷车等流动科普中节能减排科普宣传内容设置。

（三）开展系列节能减排科普活动。在全国科普日活动、中国科协年会科普活动中，设立以节能减排为主线的活动区域，向公众宣传建设节约型、环境友好型社会的有关科普知识。组织以节能减排为主线的科技馆活动进校园、科普大篷车进校园等活动，面向青少年开展节能减排科普教育。在社区开展科普大讲堂等形式多样、贴近居民的科普活动。

（四）广泛开展节能减排科普宣传。与电视台、广播电台、报刊、网站等相关媒体合作，开设科普宣传专栏，介绍建设节约型、环境友好型社会的有关科普知识。增加“科普大篷车”电视栏目的节能减排内容。发挥中国数字科技馆的作用，利用互联网向公众提供节能减排数字化科普资源及信息服务。利用社区科普宣传栏，进行节能减排科普宣传。

牵头单位：中国科协、国家发展改革委

支撑单位：中国科协信息中心、中国科普研究所、中国科协科普活动中心、中国科技馆、中国科协农村专业技术服务中心、科学普及出版社、中国互联网协会网络科普联盟、中国节能协会等

十、节能减排媒体行动

节能减排新闻宣传是经济宣传的一项重要内容，要精心谋划，周密部署，组织新闻媒体加大宣传力度，充分反映节能减排工作的措施和成效，为节能减排工作提供有力舆论支持。主要活动包括：

（一）做好节能减排相关法律法规和政策的宣传报道。宣传节能减排的重要性和紧迫性，引导广大干部群众积极参与节能减排工作。

（二）做好节能减排各项工作进展的宣传报道。报道各地着力调整优化产业结构促进节能减排，以科技创新和技术进步推动节能减排的先进经验和做法。宣传报道“十二五”节能减排工作进展情况。及时报道各地各部门节能减排工作成效。

（三）做好重点领域节能减排和节能减排重点工程的宣传报道。报道节能重点工程、污染减排重点工程、循环经济重点工程的实施进展情况。报道各行业合理控制能源消耗总量，工业、建筑、交通运输、农业和农村、商业和民用、公共机构等领域的节能减排情况。

（四）加强节能减排宣传教育。组织好全国节能宣传周、世界环境日等主题宣传活动，加强日常性节能减排宣传教育。

（五）加强和改进舆论监督。配合各部委的监督检查行动，对违规乱上项目、落实节能减排政策措施不力等现象，选取典型案例依法开展舆论监督，倡导文明、节约、绿色、低碳的生产方式、消费模式和生活习惯。

牵头单位：中宣部、国家发展改革委

支撑单位：人民日报、新华社、光明日报、经济日报、中央人民广播电台、中央电视台、国家节能中心、中国节能协会等

各地区、各部门要充分认识动员全民参与节能减排的重大意义，增强紧迫感和责任感。各级发展改革、经信部门要会同有关部门和单位加强对本地区全民行动的指导和协调。财政部门要视情况对节能减排全民行动给予适当支持，推动各项活动有序开展。各专项活动牵头部门要根据各自责任分工，会同联合主办部门细化行动计划，做好年度任务部署，充分发挥技术支撑单位作用，带动全社会共同参与节能减排工作，营造良好社会氛围，为确保实现“十二五”节能减排目标做出贡献。

关于确定北京德青源农业科技股份有限公司等9家单位为首批国家循环经济教育示范基地的复函

发改环资[2012]341号

北京市、天津市、上海市、江苏省、山东省、河南省、湖北省、新疆建设兵团、青岛市发展改革委（经信委）、教育厅（委、局），财政厅（局），旅游局（委）：

为贯彻落实《循环经济促进法》，宣传循环经济理念，推广循环经济典型模式，国家发展改革委、教育部、财

政部、国家旅游局联合印发了《关于组织开展循环经济教育示范基地建设的通知》（发改办环资[2011]1552号）和《关于确定首批国家循环经济教育示范基地初选名单及有关事项的通知》（发改办环资[2011]2734号），组织开展国家循环经济教育示范基地（以下简称教育示范基地）建设工作。

日前，国家发展改革委会同教育部、财政部、国家旅游局委托专家，依据教育示范基地评审标准，对教育示范基地初选单位编报的《国家循环经济教育示范基地实施方案》（以下简称《实施方案》）进行了评审，原则同意北京德青源农业科技股份有限公司等9家单位的《实施方案》，并确定该9家单位为国家循环经济教育示范基地。现将有关事项函复如下：

建设内容及要求

各教育示范基地应当以现有条件为基础，严格按照《实施方案》的要求，统筹安排，合理规划，以宣传循环经济理念为核心，健全参观的软硬件设施，建立高效的服务团队，强化循环经济产业链接的展示功能，认真履行循环经济宣传教育职能。

教育示范基地建设期为5年，自2012年初至2016年底。在建设期内，各教育示范基地应当于每年3月1日前，向国家发展改革委、教育部、财政部、国家旅游局提交上一年的教育示范基地建设和运营报告，对参观和安保设施的建设情况、资金投入情况、实现参观人数等方面的内容进行报告。

二、试运行及挂牌

根据《实施方案》要求，2012年为试运行期。各教育示范基地应当以《实施方案》中的1年期目标为建设目标，着力筹措资金，建立稳定的管理团队，配备必要的参观和安保基础设施，确保实现预计的宣传教育目标。

试运行期满，各教育示范基地建设单位提出挂牌申请，经各省（区、市）相关部门审查后，国家发展改革委、教育部、财政部、国家旅游局组织专家，对申请单位进行考察，并对考察合格的单位正式挂牌，对考察不合格的单位，责令限期完善，完善后仍不能达到建设目标的，取消挂牌资格。标牌式样由国家发展改革委、教育部、财政部、国家旅游局另行发布。

三、保障措施

国家发展改革委、教育部、财政部、国家旅游局将对教育示范基地上报的建设和运营报告进行书面审查，并根据书面审查的情况，对部分教育示范基地进行不定期抽查。

5年建设期满，由各教育示范基地建设单位提出验收申请，国家发展改革委、教育部、财政部、国家旅游局依申请对教育示范基地进行现场考察验收，通过验收的，允许其继续使用教育示范基地称号，未通过验收的，取消教育示范基地称号。

国家对教育示范基地申报的循环经济专项资金支持项目及资源节约和环境保护中央预算内投资备选项目，在同等条件下予以优先支持，并优先考虑列为教育、旅游等方面的相关示范、试点。对教育示范基地工作中的好经验、好做法，国家发展改革委、教育部、财政部、国家旅游局将采取制作案例、媒体报道、现场交流等方式予以宣传推广。

各省级循环经济发展综合管理部门、教育部门、财政部门、旅游部门应当加强对教育示范基地的监督管理，并给予必要的支持，确保其实现《实施方案》的各项目标。教育部门应当协调附近中小学与教育示范基地建立稳定合作关系，组织中小学生进行定期参观；旅游部门应当将教育示范基地作为本地旅游资源，在旅游资源布局中予以充分考虑。对工作中出现的新情况、新问题，要认真研究解决，并及时向国家发展改革委、教育部、财政部、国家旅游局报告。

附件：首批国家循环经济教育示范基地名单

国家发展改革委　教育部

财政部　国家旅游局

二〇一二年二月十七日

附件：

首批国家循环经济教育示范基地名单

区域	建设单位
北京	德青源农业科技股份有限公司
天津	天津子牙循环经济产业区
上海	伟翔环保科技发展（上海）有限公司
江苏	扬州经济技术开发区
山东	中国重汽集团济南复强动力有限公司
河南	河南天冠企业集团有限公司
湖北	荆门市格林美新材料有限公司
新疆	新疆天业（集团）有限公司
青岛	青岛啤酒股份有限公司青岛啤酒二厂

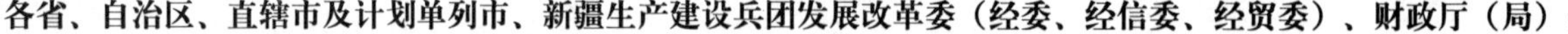

关于组织推荐2012年园区循环化改造示范试点备选园区的通知

发改办环资[2012]385号

各省、自治区、直辖市及计划单列市、新疆生产建设兵团发展改革委（经委、经信委、经贸委）、财政厅（局）：

为贯彻落实《循环经济促进法》、国家“十二五”规划纲要和中央经济工作会议精神，推进园区循环经济发展，提高园区综合竞争力，实现持续健康发展，加快转变经济发展方式，建设资源节约型、环境友好型社会，提高生态文明水平，国家发展改革委、财政部决定继续组织实施园区循环化改造示范试点工作，现就申报2012年园区循环化改造示范试点备选园区有关事项通知如下。

一、组织推荐

各省、自治区、直辖市、计划单列市及新疆生产建设兵团循环经济综合管理部门、财政部门组织推荐具备循环化改造基础的列入中国开发区审核公告目录的园区以及再制造示范基地、国家循环经济试点园区、国家循环经济教育示范基地作为备选园区（“城市矿产”类园区除外）。

（一）推荐园区应具备以下条件：

1.园区已得到国家或省（自治区、直辖市）正式批准；

2.园区符合土地利用总体规划和城市总体规划；

3.园区内的产业符合国家产业政策；

4.具有明确的园区边界以及园区组织管理机构或投资运营主体；

5.园区具备一定的产业基础和产业规模；

6.园区土地尚有开发利用空间，发展潜力较大；

7.园区废弃物产生量大，减量化、再利用、资源化潜力较大，循环化改造潜力较大；

8.园区基础设施较为完善，具备符合国家标准的各项环保设施，近三年未出现重大环境事故和群体事件；

9.园区具备循环化改造基础，已开展相关基础工作；

10.财政部、国家发展改革委确定的节能减排财政政策综合示范城市的园区优先，国家或省级循环经济试点园区或国家生态工业示范园区优先。

（二）推荐材料包括：

1.省级循环经济发展综合管理部门、财政部门联合推荐文件。

2.园区基本情况。重点对园区的边界以及现有产业构成、产品、产值、规模、产业链以及资源、环境现状等进行描述，提供具体的园区区位图和空间布局图。

3.园区循环化改造思路。分析园区发展中存在的问题，论述循环化改造的必要性、紧迫性及重要意义，按照3R（减量化、再利用、资源化）原则阐明下一步循环化改造的基础、总体思路、目标和预期成效。

4.相关证明文件。包括园区的批复文件，符合土地利用、城市规划、环境保护规划等规划的证明文件，国家发展改革委的审核公告，国土资源部确定的四至范围证明文件，环境保护部门的环保审查报告，以及成立管理机构的证明文件等各类证明文件。

二、程序安排

（一）确定初步名单。国家发展改革委、财政部组织专家进行初审，确定实施园区循环化改造示范试点的初选名单。

（二）编报实施方案。被列入初选名单的园区要结合本地区资源环境、产业发展现状及园区特点，组织编写园区循环化改造示范试点实施方案，并报省循环经济发展综合管理部门、财政部门。省级循环经济发展综合管理部门、财政部门共同组织专家对实施方案联合审核后报国家发展改革委、财政部。

（三）评审实施方案。国家发展改革委、财政部会同有关部门组织专家对实施方案进行评审。方案通过评审的，由国家发展改革委、财政部联合批复。对实施方案获得批复的园区，可在适当位置标示“国家循环化改造示范试点园区”标志。标志式样由国家发展改革委、财政部另行发布。

（四）签订承诺书。园区所在地省级人民政府与国家发展改革委、财政部签订承诺书，确定园区循环化改造的目标任务、重点项目，落实相关配套措施和优惠政策。

（五）拨付资金。财政部、国家发展改革委根据园区循环化改造实施方案，综合考虑园区循环化改造项目投资计划，共同确定给予园区循环化改造的中央财政补助资金额，财政部、国家发展改革委按照补助金额的50%下拨启动资金。中央财政补助资金由地方政府统筹使用，专项用于园区循环化改造。

（六）实施改造。园区按照国家发展改革委、财政部批复的实施方案进行循环化改造，每年年底前将实施进展情况报国家发展改革委、财政部。省级循环经济发展综合管理部门、财政部门加强跟踪，督促落实，帮助协调解决循环化改造中的问题。地方政府根据园区循环化改造实施方案统筹使用补助资金，专项用于园区循环化改造，并于每年底前将资金使用情况报送财政部、国家发展改革委备案。项目建设要严格按照国家项目管理的有关程序和规定执行，项目有调整的要及时报国家发展改革委、财政部批准。

（七）考核验收。实施期内，园区配套基础设施和关键补链项目建设进度完成实施方案设定目标，且资源环境指标达到实施方案预期目标90%以上的，由地方政府提出考核和余款拨付申请，国家发展改革委、财政部组织力量进行考核。考核重点是实施方案是否完成，实施情况是否达到预期效果，园区配套基础设施和关键补链项目建设是否发挥应有作用，其中对关键补链项目建设，主要考核补链后资源节约和环境污染减少是否达到预期目标。考核合格的，财政部、国家发展改革委拨付剩余资金，并命名为“国家循环化改造示范园区”，不合格的不再拨付。3年内工作无实质性进展的，将已拨付补助资金扣回。具体考核办法由国家发展改革委、财政部另行制定。

三、有关要求

各地要高度重视园区循环化改造工作，加强组织领导，认真做好组织推荐工作，确保申报材料的真实性、准确性，并于2012年3月10日前，将推荐材料一式两份分别报送国家发展改革委（环资司）、财政部（经建司）。每个省、自治区、直辖市、计划单列市及新疆生产建设兵团限报1个备选园区（再制造示范基地有园区循环化改造内容的可另报1家）。

国家发展改革委办公厅

财政部办公厅

二〇一二年二月二十三日

关于推进园区循环化改造的意见

发改环资[2012]765号

各省、自治区、直辖市及计划单列市、新疆生产建设兵团发展改革委（经信委、经贸委）、财政厅（局）：

园区是我国经济发展的重要支撑，也是我国发展循环经济的重点领域。为贯彻落实《循环经济促进法》、国家“十二五”规划纲要和中央经济工作会议精神，加快转变经济发展方式，推进园区绿色低碳循环发展，提升产业园区综合竞争力和可持续发展能力，现就推进园区循环化改造提出如下意见：

一、充分认识园区循环化改造的重要意义

《循环经济促进法》提出，“各类产业园区应当组织区内企业进行资源综合利用，促进循环经济发展”；国家“十二五”规划纲要将园区循环化改造列为循环经济重点工程；中央经济工作会议提出，加快重点企业和各类园区的循环经济改造。推进园区循环化改造，就是推进现有的各类园区（包括经济技术开发区、高新技术产业开发区、保税区、出口加工区以及各类专业园区等）按照循环经济减量化、再利用、资源化，减量化优先原则，优化空间布局，调整产业结构，突破循环经济关键链接技术，合理延伸产业链并循环链接，搭建基础设施和公共服务平台，创新组织形式和管理机制，实现园区资源高效、循环利用和废物“零排放”，不断增强园区可持续发展能力。

（一）推进园区循环化改造是转变经济发展方式，实现园区可持续发展的内在要求

园区是我国产业发展的集聚区，也是国民经济和地区经济发展的重要载体。但目前很多园区受到土地、资源、环境等因素的制约，可持续发展面临挑战，迫切需要加快转变发展方式，为经济持续快速发展提供有效支撑。推进园区循环化改造，用循环经济理念改造存量、构建增量，有效引导园区调整产业结构，推进产业集聚发展，培育战略性新兴产业和新的经济增长点，促进园区迈入创新驱动、自主增长的发展轨道，可实现经济快速发展、资源高效利用、生态环境改善的有机统一。

（二）推进园区循环化改造是提高资源产出率，提升园区综合竞争力的有效途径

能源资源消耗的集中区域，也是节约潜力较大的区域。推进园区循环化改造，通过推进节能、节水、节地、节材，构建企业内部、企业之间的循环经济产业链，实现生产过程耦合和多联产，物尽其用，变废为宝，可以最大限度地降低园区的物耗、水耗和能耗，改变粗放的能源资源利用方式，切实提高园区的资源产出率，降低企业运行成本，对于提高园区资源产出率，提升综合竞争力具有重要意义。

（三）推进园区循环化改造是加强环境保护，改善区域生态环境的重要措施

产业园区是生产的集中区域，也是各类污染物集中产生或排放的区域。由于多方面的原因，目前一些地方的产业园区成为污染物集中排放场所，对所在区域的生态环境造成很大压力，有的甚至已对当地生态环境乃至群众的健康产生不利影响。推进园区循环化改造，变末端治理为源头减量、全过程控制，实现园区废物“零排放”，可以最大限度地减少企业入园后集中生产的环境负荷，改善生态环境质量，降低区域环境风险，减少园区与周边居民的环境纠纷，促进当地社会和谐稳定。

二、总体要求、原则和目标

（一）总体要求

全面贯彻落实科学发展观，把循环化改造作为各类园区加快转变经济发展方式、调整经济结构的有效实现形式，以提高资源产出率为目标，按照“布局优化、产业成链、企业集群、物质循环、创新管理、集约发展”的要求，统筹规划园区空间布局，调整产业结构，优化资源配置，推进园区土地集约利用，大力推行清洁生产，推进企业间废物交换利用、能量梯级利用、废水循环利用，共享资源，共同使用基础设施，形成低消耗、低排放、高效率、能循环的现代产业体系，把园区改造成为“经济快速发展、资源高效利用、环境优美清洁、生态良性循环”的循环经济示范园区。

（二）原则

1．坚持发展循环经济与提高园区竞争力相结合。依据园区现有产业结构和资源环境禀赋，发挥产业集聚带来的各种优势，把循环经济减量化、再利用、资源化贯穿于循环化改造的全过程，提高资源利用效率，降低成本，构

建具有特色的循环经济产业链，培育新的增长点，提高园区的核心竞争力。

2．坚持总体规划与重点突破相结合。整体规划园区循环化改造，统筹考虑循环化改造的各项任务；同时要针对园区发展中面临的突出问题和薄弱环节，明确阶段性的改造方向、重点和目标，对提高园区资源产出率，关键补链和公共服务平台建设项目进行重点设计，力争短期内取得明显成效。

3．坚持技术进步与强化管理相结合。依靠科技进步，把高新技术和先进实用技术作为园区循环化改造的重要支撑，推进产业循环链接的关键技术突破，实现资源由低值利用向高值利用转变，由难循环向易循环转变，同时要创新机制，强化管理，提高园区循环经济发展的公共管理和公共服务水平，实现资源优化配置和关键技术、信息的共享。

4．坚持产业发展与环境保护相结合。基于区域环境容量调整对现有产业结构进行优化，大力发展节能环保等战略性新兴产业，严格节能、环保、安全、质量等标准，严把新上项目准入关，强化污染物总量控制，使园区内的产业发展与资源环境相协调，发展速度与环境容量相适应，实现经济效益、社会效益和环境效益的有机统一。

5．坚持市场引导与政府推动相结合。充分发挥市场配置资源的基础性作用，以企业为园区循环化改造的实施主体。政府通过编制规划，完善政策，健全法规标准，加强监督检查，形成有效的激励和约束机制，引导企业自觉参与循环化改造。

（三）工作目标

到2015年，50%以上的国家级园区和30%以上的省级园区实施循环化改造。通过循环化改造，实现园区的主要资源产出率、土地产出率大幅度上升，固体废物资源化利用率、水循环利用率、生活垃圾资源化利用率显著提高，主要污染物排放量大幅度降低，基本实现“零排放”。同时培育百个国家循环化改造示范园区，示范、推广一批适合我国国情的园区循环化改造范式、管理模式，为各类产业园区通过发展循环经济，实现转型发展提供示范。

三、主要任务

要从空间布局优化、产业结构调整、企业清洁生产、公共基础设施建设、环境保护、组织管理创新等方面，推进现有各类园区进行循环化改造。

（一）空间布局合理化

根据物质流和产业关联性，开展园区布局总体设计或进行布局优化，改造园区内的企业、产业和基础设施的空间布局，体现产业集聚和循环链接效应，实现土地的节约集约高效利用。

（二）产业结构最优化

结合本区域的产业和资源的比较优势，考虑园区环境承载力和地方发展需求，围绕提高资源产出率和提高园区综合竞争力，加大传统产业改造升级力度，培育和发展战略性新兴产业，不断调整和优化园区的产业结构。

（三）产业链接循环化

按照“横向耦合、纵向延伸、循环链接”原则，实行产业链招商、补链招商，建设和引进产业链接或延伸的关键项目，合理延伸产业链，实现项目间、企业间、产业间首尾相连、环环相扣、物料闭路循环，物尽其用，促进原料投入和废物排放的减量化、再利用和资源化，以及危险废物的资源化和无害化处理。

（四）资源利用高效化

按照循环经济减量化优先的原则，推行清洁生产，促进源头减量；开发能源资源的清洁高效利用技术，开展清洁能源替代改造，提高可再生能源利用比例；推动余热余压利用、企业间废物交换利用和水的循环利用；推进水资源替代，沿海地区的园区适当开展海水淡化，减少淡水的使用。

（五）污染治理集中化

加强污染集中治理设施建设及升级改造。培育专业化废弃物处理服务公司，实行园区污染集中治理。强化园区的环境综合管理，开展企业环境管理体系认证，构建园区、企业和产品等不同层次的环境治理和管理体系，最大限度地降低污染物排放水平。

（六）基础设施绿色化

对园区内运输、供水、供电、照明、通讯、建筑和环保等基础设施进行绿色化、循环化改造，促进各类基础设施的共建共享、集成优化，降低基础设施建设和运行成本，提高运行效率，使园区生态环境优美。

（七）运行管理规范化

建立园区循环化改造指导协调机制；建设园区废物交换平台，以及循环经济技术研发及孵化中心等公共服务设施；制定并实施循环经济相关技术研发和应用的激励政策；制定入园企业、项目的准入标准和招商引资指导目录，实行产业链招商、补链招商；强化对园区内企业资源节约、环境保护的执法监管；开展宣传教育，促进公众参与，形成优美、清洁、和谐的环境和氛围。

四、组织实施

（一）加强统筹规划

各地要高度重视，把园区循环化改造作为转变发展方式、实现园区绿色低碳循环发展的重要抓手，统筹规划，全面推进。各地方循环经济发展综合管理部门、财政部门要加强统筹协调，会同有关部门制定本地区园区循环化改造的推进工作方案，确定改造的目标、重点任务和推进措施，并推动、指导各类园区制定循环化改造实施方案。国家发展改革委、财政部将会同有关部门编制印发园区循环化改造指导指南。

（二）完善支持政策

中央财政资金将加大对园区循环化改造重点项目的支持力度。各地要按照国家发展改革委、人民银行、银监会、证监会《关于支持循环经济发展的投融资政策措施意见的通知》（发改环资[2010]801号）要求,制定实施方案，用足用好有关政策，加大对循环经济发展的投融资支持力度。各地要研究完善促进园区循环化改造的综合配套政策措施。

（三）创新改造模式

鼓励园区引进或培育专业化公司为园区废物管理提供“嵌入式”服务。鼓励园区采取合同能源管理方式推进园区及企业节能改造。鼓励园区创新环境服务模式，积极推进污水、垃圾处理等基础设施建设和运行的专业化、社会化。推动技术创新、管理模式和商业模式创新，促进企业内部“小循环”、园区（企业间）“中循环”与社会“大循环”的有机衔接，发挥循环经济整体效益。国家发展改革委将会同有关部门组织成立园区循环化改造专家组，对各园区开展循环化改造提供技术服务指导。

（四）实施示范工程

国家发展改革委、财政部将组织开展园区循环化改造示范工程，选择一些基础条件好、改造潜力大的园区进行循环化改造示范试点，并给予必要的资金支持。各地方循环经济发展综合管理部门、财政部门要结合本地区实际，支持推动一批重点园区进行循环化改造示范。

（五）强化监督检查

各地循环经济发展综合管理部门要依据《循环经济促进法》，督促各类园区组织区内企业进行资源化利用，促进循环经济发展。国家发展改革委、财政部将会同有关部门对各地推进园区循环化改造工作进行督导，对园区循环化改造成效开展评估。对工作开展较好的地区在园区循环化改造示范工程、重点项目安排等方面优先考虑，对循环化改造成效明显的园区，国家发展改革委、财政部将其优先确定为“国家循环经济示范园区”，并加强宣传推广。

加快园区循环化改造，是发展循环经济的重要阵地，要抓紧抓好，切实抓出成效。各地循环经济发展综合管理部门、财政部门要加强调研，认真总结园区循环化改造的经验，推广好的做法，对出现的新情况、新问题要认真研究解决，并及时向国家发展改革委（环资司）、财政部（经建司）提出意见和建议。

国家发展改革委
财政部
二〇一二年三月二十一日

关于组织推荐第二批餐厨废弃物资源化利用和无害化处理试点备选城市的通知

发改办环资[2012]718号

各省、自治区、直辖市及计划单列市、新疆生产建设兵团发展改革委（经信委、工信委、工信厅）、住房城乡建设厅（局、市容环卫行政主管部门）、财政厅（局）、环境保护厅（局）、农业厅：

为推动餐厨废弃物资源化利用和无害化处理，促进循环经济发展，加快建设资源节约型和环境友好型社会，国

家发展改革委、财政部、住房城乡建设部会同环境保护部、农业部于2011年选择部分城市（区）组织开展了餐厨废弃物资源化利用和无害化处理试点工作。根据国家“十二五”规划纲要和《关于组织开展城市餐厨废弃物资源化利用和无害化处理试点工作的通知》（发改办环资[2010]1020号）及《关于印发循环经济发展专项资金支持餐厨废弃物资源化利用和无害化处理试点城市建设实施方案的通知》（发改办环资[2011]1111号）要求，国家发展改革委、财政部、住房城乡建设部会同环境保护部、农业部决定继续开展餐厨废弃物资源化利用和无害化处理试点工 作。

现将有关事项通知如下：

一、试点内容 选择部分具备开展餐厨废弃物资源化利用和无害化处理条件的设区城市或直辖市市辖区进行试点，财政部、国家发展改革委确定的节能减排财政政策综合示范城市优先。试点工作的主要内容包括：

建立餐厨废弃物产生登记、定点回收、集中处理、资源化产品评估以及监督管理体系。

（二）建设餐厨废弃物资源化利用和无害化处理示范项目，不断优化技术路线，提高资源化利用和无害化处理水平。

（三）建立促进餐厨废弃物资源化利用的激励机制。

（四）引导消费者科学消费，减少产生量；开展餐饮业分类存放、清洁生产、资源化利用、无害化处理等方面的宣传教育，促进源头减量化。 中央财政将安排专项资金支持餐厨废弃物资源化利用和无害化处理试点，资金由地方政府统筹使用，专项用于餐厨废弃物资源化利用和无害化处理体系建设。

二、组织推荐 各省、自治区、直辖市及计划单列市循环经济综合管理部门、财政部门、住房城乡建设（市容环卫）部门要会同环保部门、农业部门严格按照发改办环资[2010]1020号和发改办环资[2011]1111号文件要求，推荐地级以上城市或直辖市市辖区作为备选城市（区）（限报1个）。推荐城市（区）应具备以下条件：

（一）出台餐厨废弃物管理方面的地方性法规或规章，或初步形成了餐厨废弃物资源化利用方面的相关政策机制。

（二）建立部门之间分工明确、协作配合的工作机制，在餐厨废弃物收运、资源化利用、无害化处理等方面具有一定的工作基础。

（三）已建设或规划建设餐厨废弃物资源化利用和无害化处理项目，技术工艺路线成熟，资源化产品投入产出效益较好，质量安全可靠。

三、申报材料

（一）联合推荐文件：循环经济综合管理部门、财政部门、住房城乡建设（市容环卫）部门的联合推荐文件（需征求环保部门、农业部门意见）。

（二）现有工作基础：包括推荐城市基本情况；近几年开展餐厨废弃物资源化利用和无害化处理工作情况，资源化项目建设情况；采取的政策机制、工作机制和保障措施；开展试点的总体思路、工作目标、重点工作，要突出强调餐厨废弃物收运体系建设、资源化利用项目及技术工艺路线、资源化产品及其市场定位等方面的内容。

（三）相关证明材料：包括资源化项目立项批复、土地预审、环评批复、其他批复性文件和地方出台法规、规章和支持性政策文件等。

四、程序安排 国家发展改革委、财政部、住房城乡建设部将会同环境保护部、农业部等有关部门，按照国家发展改革委等部门印发的发改办环资[2011]1111号文件规定的相关程序，组织开展相关工作。

五、有关要求 各地要高度重视餐厨废弃物资源化利用和无害化处理试点工作，加强组织领导，认真做好组织推荐工作，确保申报材料的真实性、准确性，并于2012年4月15日前，将推荐材料及推荐城市（区）餐厨废弃物资源化利用和无害化处理基本情况表（见附件）一式两份分别报送国家发展改革委（环资司）、财政部（经建司）、住房城乡建设部（城建司），环境保护部（污防司）。 附件：推荐城市（区）餐厨废弃物资源化利用和无害化处理基本情况表

国家发展改革委办公厅　住房城乡建设部办公 厅

财政部办公厅　环境保护部办公厅

农业部办公厅

二〇一二年三月二十七日

关于开展资源综合利用“双百工程”建设的通知

发改办环资[2012]726号

各省、自治区、直辖市及计划单列市、新疆生产建设兵团发展改革委，经贸委（经委、经信委），有关中央企业：

为贯彻落实《国民经济和社会发展第十二个五年规划纲要》提出的“提高资源综合利用水平”和“培育一批资源综合利用示范基地”的总体要求，根据《“十二五”资源综合利用指导意见》和《大宗固体废物综合利用实施方案》等文件部署，我委决定开展资源综合利用“双百工程”建设，“十二五”期间将在全国重点培育和扶持百个资源综合利用示范工程（基地）和百家资源综合利用骨干企业，发挥示范引领作用，带动整体水平提升，推动战略性新兴产业发展，加快经济发展方式转变。现就有关事项通知如下：

一、充分认识“双百工程 ”建设的重要意义

（一）有利于增强资源保障能力。我国自然资源禀赋较差，人均占有量少，重要资源自给能力不足、对外依存度逐年提高。建设“双百工程”，挖掘各类废弃物中蕴含的丰富资源，将有效增强资源保障能力。根据相关规划，“十二五”期间我国煤矸石、煤泥等低热值燃料电厂发电装机容量将达到7500万千瓦，仅此一项年可节约原煤超过1.2亿吨。

（二）有利于缓解环境压力。随着工业化、城镇化进程加快，我国经济发展面临的环境压力日趋增大。建设“双百工程”是减少废物排放、解决固体废物污染环境的有效途径，如粉煤灰排放量大、占地多，如果得到合理利用将有效减少由于堆存造成对土壤、大气、水质等环境的影响和对人体健康的危害，建筑废物综合利用将有力减轻“垃圾围城”问题。

（三）有利于促进循环经济发展形成较大规模。资源综合利用产业是循环经济的重要组成部分，“十一五”期间年产值超过1万亿元，就业人数超过2000万人。建设“双百工程”，发挥示范工程（基地）和骨干企业的技术引领支撑作用，依托优势企业、产业集聚和重大项目，加速资源综合利用产业规模化发展，有利于实现循环经济形成较大规模。

二、建设任务

结合各地资源特点和区域优势等条件，因地制宜培育一批资源利用效率高、自主创新能力强、经济和社会效益好、企业社会责任意识强的示范工程（基地）和骨干企业，发挥示范和引领作用，扩大利用规模、提高利用效益、提升利用水平，确保实现国家“十二五”规划《纲要》和《“十二五”资源综合利用指导意见》等相关专项规划中提出的各项资源综合利用目标要求。

（一）形成稳定资源综合利用能力。到“十二五”末，“双百工程”形成资源综合利用能力超过2亿吨/年，占全国新增利用能力的30%。示范工程（基地）内的矿产资源总回收率与共伴生矿产综合利用率分别达到40%和45%以上。

（二）实现良好资源综合利用效益。到“十二五”末，“双百工程”实现资源综合利用产值超过1000亿元，吸纳就业人数超过200万人，培育一批资源综合利用上市企业和具有国际竞争力的大型集团公司。

（三）提升资源综合利用技术水平。通过“双百工程”培育扶持一批资源综合利用相关技术研发中心，形成一批具有自主知识产权和核心竞争力的资源综合利用产品，突破共性问题瓶颈，部分关键技术达到国际先进水平。

三、建设领域

（一）矿产资源综合利用

共伴生矿产及尾矿资源综合利用（煤层气发电除外）。

（二）产业废物综合利用

煤矸石、粉煤灰、工业副产石膏、冶炼渣、建筑废物综合利用（煤矸石发电除外）。

（三）废旧资源综合利用

废旧轮胎、废弃包装物、废旧纺织品再生利用。

四、建设条件

（一）示范工程（基地）推荐条件

1、各类废物年产生量1000万吨以上的市，所辖区域内资源综合利用支撑企业不少于5家，资源综合利用总产值超过10亿元。

2、已编制或正在编制本地区的资源综合利用相关规划，提出的各项目标高于《“十二五”资源综合利用指导意见》提出的各项全国性目标。

3、优先推荐《大宗固体废物综合利用实施方案》规划内的各项示范工程（基地）。

4、前期基础好，已形成一定产业规模，矿产资源总回收率和共伴生矿产综合利用率分别不低于35%和40%，工业固体废物综合利用率不低于70%。

5、具备一定的技术支撑能力。

（二）骨干企业推荐条件

1、原则上应为集团公司，下属专业化综合利用子公司不少于3家，企业年利废能力不低于100万吨（含子公司），具有较强的上下游产业带动、辐射示范作用。

2、应以资源综合利用产品生产、加工利用为主业，综合利用总产值不低于5000万元（含子公司）。

3、获得《国家鼓励的资源综合利用认定证书》。

4、企业现有生产能力、工艺和产品符合《国家产业结构调整指导目录（2011年本）》中鼓励类范围。

5、企业采用的生产工艺、技术装备以及资源综合利用效率处于全国同行业领先水平。

6、企业近三年经济效益较好，利润率处于行业领先水平，企业资产负债率一般应低于60%；银行信用等级应在AA级以上。

五、建设方案

（一）组织推荐。各地发展改革委、有关中央企业在征求相关部门意见基础上，将废物产生量大、利用能力强、经济和社会效益好、符合相关推荐条件的示范工程（基地）和骨干企业向国家发展改革委推荐。

（二）编制方案。被推荐城市和企业要按照本通知要求，编制示范工程（基地）和骨干企业实施方案，包括基本情况、目标任务、规划项目等及符合推荐条件的相关证明材料，具体编制要点见附件。

（三）评审发布。国家发展改革委将组织有关专家对各地申报材料进行认真论证，并结合现场答辩和实地考察等方式，分批确定“双百工程”示范工程（基地）和骨干企业名单。

（四）组织实施。纳入名单的示范工程（基地）和骨干企业应按照所报实施方案或建设方案认真组织实施，加大投入力度、加强技术研发、切实提高资源综合利用水平，确保方案提出的各项综合利用目标的实现。

（五）加大支持。国家发展改革委将加强对示范工程（基地）建设和骨干企业发展的指导，对示范工程（基地）内的规划项目和骨干企业具体承担的项目建设给予重点支持，并会同有关部门进一步研究完善鼓励和扶持政策。

（六）经验交流。国家发展改革委将适时召开“双百工程 ”建设现场经验交流会，分领域召开“双百工程”技术研讨会，加强对“双百工程 ”的技术支撑和对先进模式的宣传报道。

（七）总结推广。“十二五”末，对“双百工程”建设工作进行全面总结和系统梳理，将示范工程（基地）和骨干企业好的经验做法在全国推广。

六、组织申报

各地发展改革委、有关中央企业要高度重视建设“双百工程”的重要意义，深入调研、发掘好的典型，充分发挥经贸委（经委、经信委）及有关部门的作用，切实做好组织申报工作，结合自身优势特点，每个领域中推荐1-2个示范工程（基地）和2-3家骨干企业，于2012年5月10日前将申报材料（包括申报文件以及示范工程（基地）和骨干企业实施方案，一式两份及电子版材料）报送至国家发展改革委（环资司）。

附件：“双百工程 ”示范工程（基地）/骨干企业实施方案编制要点（略）

国家发展改革委办公厅

二〇一二年三月二十七日

国家发展改革委关于完善垃圾焚烧发电价格政策的通知

发改价格〔2012〕801号

各省、自治区、直辖市发展改革委、物价局：

为引导垃圾焚烧发电产业健康发展，促进资源节约和环境保护，决定进一步完善垃圾焚烧发电价格政策。现将有关事项通知如下：

一、进一步规范垃圾焚烧发电价格政策

以生活垃圾为原料的垃圾焚烧发电项目，均先按其入厂垃圾处理量折算成上网电量进行结算，每吨生活垃圾折算上网电量暂定为280千瓦时，并执行全国统一垃圾发电标杆电价每千瓦时0.65元（含税，下同）；其余上网电量执行当地同类燃煤发电机组上网电价。

二、完善垃圾焚烧发电费用分摊制度

垃圾焚烧发电上网电价高出当地脱硫燃煤机组标杆上网电价的部分实行两级分摊。其中，当地省级电网负担每千瓦时0.1元，电网企业由此增加的购电成本通过销售电价予以疏导；其余部分纳入全国征收的可再生能源电价附加解决。

三、切实加强垃圾焚烧发电价格监管

（一）省级价格主管部门依据垃圾发电项目核准文件、垃圾处理合同，以及当地有关部门支付垃圾处理费的银行转账单等，定期对垃圾处理量进行核实。电网企业依据省级价格主管部门核定的垃圾发电上网电量和常规能源发电上网电量支付电费。

（二）当以垃圾处理量折算的上网电量低于实际上网电量的50%时，视为常规发电项目，不得享受垃圾发电价格补贴；当折算上网电量高于实际上网电量的50%且低于实际上网电量时，以折算的上网电量作为垃圾发电上网电量；当折算上网电量高于实际上网电量时，以实际上网电量作为垃圾发电上网电量。

（三）各级价格主管部门要加强对垃圾焚烧发电上网电价执行和电价附加补贴结算的监管，做好垃圾处理量、上网电量及电价补贴的统计核查工作，确保上网电价政策执行到位。各发电企业和电网企业必须真实、完整地记载和保存垃圾焚烧发电项目上网电量、价格、补贴金额和垃圾处理量等资料，接受有关部门监督检查。

（四）对虚报垃圾处理量、不据实核定垃圾处理量和上网电量等行为，将予以严肃查处，取消相关垃圾焚烧发电企业电价补贴，并依法追究有关人员责任。

（五）电网企业应按照《可再生能源法》和有关规定，承担垃圾焚烧发电项目接入系统的建设和管理责任。

四、执行时间

本通知自2012年4月1日起执行。2006年1月1日后核准的垃圾焚烧发电项目均按上述规定执行。

国家发展改革委

二〇一二年三月二十八日

中国资源综合利用年度报告（2012）

国家发展和改革委员会

前言

资源环境是人类赖以生存和发展的物质基础，一切经济活动都离不开资源的投入，同时也伴随着废物的产生和排放。我国人口众多，资源禀赋不足，生态脆弱，重要资源人均占有量远低于世界平均水平，对外依存度居高不下，部分地区环境容量已严重超载。长期以来，粗放型的资源利用方式和先污染后治理的环境保护模式导致了严重的资源浪费和环境污染问题，资源环境瓶颈约束已经成为制约我国经济社会发展的重要因素之一。

党的十八大报告指出，大力推进生态文明建设，坚持节约资源和保护环境的基本国策，要节约集约利用资源，

推动资源利用方式根本转变，提高利用效率和效益。资源综合利用是解决可持续发展道路中合理利用资源和减轻环境污染两个核心问题的有效途径，既有利于缓解资源匮乏和短缺问题，又有利于减少废物排放。我国政府历来高度重视资源综合利用工作，把资源综合利用作为一项重大技术经济政策和长远战略方针，把资源综合利用产业作为战略性新兴产业的重要组成部分。2011年，按照《国民经济和社会发展第十二个五年规划纲要》关于“提高资源综合利用水平”的总体部署，各地区各有关部门积极出台政策措施，大力推进资源综合利用，取得了积极成效。

为全面客观反映2011年我国资源综合利用工作开展情况及取得的成效，特编写本年度报告。

一、资源综合利用总体情况

2011年，在国家一系列鼓励政策的扶持下，我国资源综合利用推进力度不断增强，利用规模日益扩大，技术装备水平不断提升，实现了良好的经济效益、社会效益、资源效益和环境效益。

（一）综合利用规模稳步提高

2011年，我国煤炭、铜、铁、磷等重点矿种的采矿回采率、选矿回收率及综合利用率比上年提高0.5%-1%，全国约1/3的共伴生矿产资源实现综合开发。粉煤灰、煤矸石、工业副产石膏等大宗固体废物年利用量达15亿吨。工业固体废物综合利用率达到近60%，年利用量近20亿吨。农作物秸秆综合利用率达到71%，年利用量5亿吨。主要品种再生资源回收总量达1.65亿吨，回收总值达5763.9亿元，部分城市主要品种再生资源回收率提高到70%，废钢铁、废铜、废铝、废铅利用量分别占当年产量的13%、50%、23%和42%。

（二）综合利用效益日益显现

2011年，通过综合利用各类固体废物减少堆存占地10多万亩。全国煤矸石、煤泥发电装机容量达2800万千瓦，相当于减少原煤开采4200万吨。从钢渣中提取出约450万吨渣钢，相当于减少铁矿石开采近1740万吨。秸秆养畜相当于节约粮食5000万吨，作为燃料使用相当于节约原煤约8400万吨。通过农林废物综合利用节约木材超过9000万立方米。全国从事再生资源回收利用企业10万余家、各类回收网点30万个，从业人员1800多万人。

（三）综合利用水平不断提升

2011年，组织实施“废物资源化技术与示范”国家科技计划重点专项，统筹973计划、863计划、国家科技支撑计划等，全面推进资源综合利用科技创新体系建设。部分资源综合利用技术获得国家技术发明奖和国家科学技术进步奖，钒钛资源、铜铅锌镍钴矿伴生资源实现综合开发，高铝粉煤灰提取氧化铝技术逐步实现产业化，废旧纺织品再生利用技术中试成功，一批重大共性关键技术取得突破，以煤矸石、煤泥为主要燃料的大型煤矸石发电机组陆续投入运行，全煤矸石烧结砖技术装备达到国际先进水平。

二、矿产资源综合利用

（一）共伴生矿产

2011年，我国黑色金属矿共伴生的30多种有用组分中，有20多种得到综合利用；有色金属矿的45种共伴生组分中，有33种得到综合利用；全国共伴生金属矿产约70%得到综合利用，综合利用的金属量占到全国金属总产量的15%。全国35%的黄金、90%的银、100%的铂族元素、75%的硫铁矿和50%以上的钒、碲、镓、铟、锗等稀有金属来自于综合利用。贫镍硫化矿、贫锡多金属矿、复杂低品位铜铅锌和钨钼铋多金属矿高效经济选别技术，低品位黑白钨混合精矿直接水冶、钼铋精矿直接提取铋和钼等一批重大新工艺、新技术得到突破和应用。全铁品位低于10%的超贫磁铁矿得到开发利用。铜、铀等低品位难选冶矿石的地下溶浸和就地浸出实现工业化，无底柱分段崩落采矿技术在矿山得到推广。

全国煤层气（煤矿瓦斯）抽采量114亿立方米，利用量达48亿立方米。其中，井下瓦斯抽采量91亿立方米，利用量达30亿立方米；煤层气产量23亿立方米，利用量18亿立方米。全国累计施工煤层气井8000余口，产能超过60亿立方米，煤矿瓦斯用户200余万户，瓦斯发电装机容量130万千瓦，煤层气燃料汽车9000余辆。

国家发展改革委组织实施资源综合利用“双百工程”，首批确定6家矿产资源综合利用示范基地和11家矿产资源综合利用骨干企业。财政部等部门印发《矿产资源节约与综合利用专项资金管理办法》，确定37家国家级绿色矿山试点单位和40个矿产资源综合利用示范基地，安排矿产资源节约与综合利用、矿山地质环境治理等专项资金共计16亿元。科技部支持建立了国家金属矿山固体废物处理与处置、国家金属矿产资源综合利用、国家盐湖资源综合利用等工程技术研究中心。国土资源部组织开展全国矿产资源综合利用情况调查与评价工作，初步建立矿产资源节约与综合利用评价指标体系，确定矿产资源开发利用开采回采率、选矿回收率、综合利用率为今后评价矿山企业合理开发利用矿产资源的主要指标。

（二）尾矿

2011年，我国尾矿产生量达15.81亿吨，同比增长13.5%，其中铁尾矿8.06亿吨，铜尾矿3.07亿吨，黄金尾矿2.01亿吨，其他有色及稀贵金属尾矿1.34亿吨，非金属矿尾矿1.33亿吨。

2011年，尾矿综合利用量为2.69亿吨，同比增长23.1%，综合利用率为17%，比上一年度提高1.3个百分点。其中从尾矿中回收有价组分约占尾矿利用总量的3%，资源回收量达800万吨，生产建筑材料约占尾矿利用总量的43%，充填矿山采空区约占尾矿利用总量的53%。尾矿综合利用年产值达到468亿元。

表1　2007～2011年我国主要尾矿产生情况（亿吨）

种类	2007	2008	2009	2010	2011	总计
铁尾矿	4.31	4.92	5.36	6.34	8.06	28.99
黄金尾矿	1.5	1.57	1.74	1.89	2.01	8.71
铜尾矿	2.41	2.46	2.56	3.05	3.07	13.55
其它有色金属	1.06	1.08	1.12	1.33	1.34	5.93
非金属尾矿	0.95	0.97	1.14	1.32	1.33	5.71
合计	10.23	11	11.92	13.93	15.81	62.89

表2　2009～2011年尾矿产生与综合利用情况

年份	尾矿产生量（亿吨）	尾矿利用量（亿吨）	尾矿利用率（%）
2009	11.92	1.59	13.3
2010	13.93	2.18	15.7
2011	15.81	2.69	17.0

三、产业废物综合利用

（一）粉煤灰

2011年，我国粉煤灰产生量达5.4亿吨，综合利用量达3.67亿吨，综合利用率达到68%，高于美国等发达国家。其中用于水泥生产约1.5亿吨，占利用总量的41%；用于生产商品混凝土7100万吨，占利用总量的19%；用于生产粉煤灰砖9600万吨，占利用总量的26%，用于筑路、农业和提取矿物等高附加值利用各占5%、5%和4%。

表3　2007～2011年粉煤灰产生与利用情况

年份	粉煤灰产生量（亿吨）	粉煤灰利用量（亿吨）	粉煤灰利用率（%）
2007	3.88	2.6	67
2008	3.95	2.65	67
2009	4.2	2.83	67
2010	4.8	3.2	68
2011	5.4	3.67	68

国家发展改革委组织修订《粉煤灰综合利用管理办法》，发布《关于加强高铝粉煤灰资源开发利用的指导意见》。颁布《蒸压粉煤灰多孔砖》（GB 26541-2011）和《建材用粉煤灰及煤矸石化学分析方法》（GB/T 27974-2011）标准。粉煤灰提取氧化铝、提取微珠、冶炼硅铝合金等技术工艺取得较大突破，综合利用方式逐步从粗放型利用转变为集约型高附加值利用。

（二）煤矸石

2011年，我国煤矸石产生量约6.59亿吨，综合利用量4.1亿吨，综合利用率62%。煤矸石等低热值燃料发电机组总装机容量达2800万千瓦，年利用煤矸石1.4亿吨，综合利用发电企业达400多家，年发电量1600亿千瓦时；生产建材利用煤矸石量5000多万吨；充填采空区、塌陷区、筑基修路、土地复垦等利用煤矸石2.15亿吨。

表4　2007～2011年煤矸石产生与利用情况

年份	煤炭产量（亿吨）	煤矸石排放总量（亿吨）	煤矸石利用量（亿吨）	煤矸石利用率（%）
2007	25.36	4.78	2.53	53
2008	27.88	5	3	60
2009	29.8	5.6	3.5	62.5
2010	32.4	5.94	3.65	61.4
2011	35.2	6.59	4.1	62.2

有关部门发布了《关于促进低热值煤发电产业健康发展的通知》。高参数、高效率、大容量循环流化床锅炉燃烧技术广泛应用于煤矸石发电机组，最大单机容量33万千瓦；煤矸石深加工技术取得突破，年产30万吨煤系高岭土项目投产，“矸石充填置换煤关键技术研究与应用”项目获国家科学技术进步二等奖。

（三）工业副产石膏

2011年，我国工业副产石膏产生量达1.69亿吨，其中磷石膏6800万吨，脱硫石膏6770万吨，其它工业副产石膏3285万吨。工业副产石膏年综合利用量7789万吨，已与天然石膏持平，综合利用率达到46.2%，其中磷石膏、脱硫石膏综合利用率分别达到23%和69%。水泥生产利用工业副产石膏6000万吨作为水泥缓凝剂，墙体材料生产利用工业副产石膏550万吨，年产纸面石膏板2.9亿平方米、石膏砌块850万平方米。

表5　2009～2011年工业副产石膏产生情况（万吨）

种类	2009	2010	2011
磷石膏	5000	6200	6800
脱硫石膏	4300	5230	6770
其他副产石膏	2545	2904	3285
合计	11845	14334	16855

表6　2009～2011年工业副产石膏利用情况（万吨）

年份	工业副产石膏	磷石膏	脱硫石膏	其他
2009年利用量	4558	1100	2408	1050
2010年利用量	6144	1260	3610	1274
2011年利用量	7789	1600	4800	1389
2009年利用率（%）	38	22	56	47.5
2010年利用率（%）	42.9	20	69	56.3
2011年利用率（%）	46.2	24	71	56.3

有关部门发布了《工业副产石膏综合利用指导意见》，制定了《烟气脱硫石膏》、《α型高强石膏》和《磷石膏土壤调理剂》等相关标准，研发成功了蒸压半干法生产高强石膏、循环流化床煅烧工业副产石膏以及利用磷石膏制粒状硫酸铵产品、制成高强度、耐水承重的全息磷石膏砖等技术工艺，单条年产5000万平方米全工业副产石膏生产纸面石膏板生产线全部实现国产化。利用脱硫石膏替代天然石膏作为水泥缓凝剂技术成熟并已逐步推广应用。

（四）冶炼渣

1．钢铁冶金渣

2011年，全国钢铁冶金渣产生量约4亿吨，其中高炉渣2.38亿吨、钢渣9360万吨、含铁尘泥5580万吨、铁合金渣1160万吨，综合利用量约3.87亿吨，综合利用率达到96.7%，主要用于水泥、混凝土掺合料以及钢渣砖、透水砖、免烧砖、砌块、路缘石等各种建材制品的生产。

国家将冶金固体废弃物综合利用先进工艺技术和新一代钢铁可循环流程工艺技术开发与应用列入《产业结构调整指导目录（2011年本）》鼓励类。制订了《混凝土多孔砖和路面砖用钢渣》、《道路用钢渣》、《钢渣道路水泥》等一系列标准。开发了矿渣、钢渣复合微粉、钢铁渣生产水泥、熔融高炉渣直接生产矿棉技术工艺。

2．有色冶炼渣

2011年，有色冶炼渣产生量7639万吨，其中赤泥、铜渣、锌渣、铅渣产生量分别为4260万吨、1356万吨、400万吨和289万吨，综合利用量达到3700万吨，综合利用率约48%，其中铜渣、铅渣基本得到综合利用，赤泥综合利用率较低，仅为5.2%。

国家发布《铜渣精矿》等相关标准，有关企业自主开发了含砷废渣处理技术-砷滤饼加压浸出工艺及成套处理装备，可综合回收铜、砷、铼等有价金属。采用全湿法清洁生产工艺，有色金属冶炼过程中富集的含砷、含镉等有毒、有害固体废物基本实现回收利用。

（五）化工废渣

2011年，我国电石渣产生量达1757万吨，综合利用率达100%，主要用于生产水泥、碳化砖、粉煤灰砖、室内装饰材料等建材产品，近年来扩展到用于工业脱硫及生产碳酸钙、氯化钙、硫酸钙等化工产品。纯碱白泥利用量近100万吨，主要用于工程土、锅炉脱硫剂、农用肥料、制净水剂等领域。

国家出台《烧碱/聚氯乙烯行业清洁生产评价指标体系》，年产200万吨电石渣生产纯碱碳酸钠生产线投入运营。

（六）建筑垃圾

2011年，我国建筑垃圾产生量约8亿吨，其中拆除建筑产生的建筑垃圾约6亿吨，建筑施工产生的建筑垃圾约2.26亿吨。利用建筑垃圾生产再生骨料1000万吨。

国家颁布了《再生骨料应用技术规程》，有关部门起草了《建筑垃圾资源化利用的指导意见》，启动了国家标准《建筑垃圾资源化综合利用术语》及行业标准《建筑垃圾再生无机混合料》、《建筑垃圾再生骨料实心砖》、《砌块和砖用再生骨料》等4项标准的编制工作。建筑垃圾移动式处理装备实现国产化。深圳、广州、青岛、昆明、邯郸等地起草出台地方条例，规范建筑垃圾综合利用工作。

（七）废旧路面材料

2011年，我国国省道干线公路大中修工程年产生沥青路面旧料达1.6亿吨，水泥路面旧料达3000万吨，综合利用率约30%。

交通运输部加大了路面材料循环利用技术研发和推广力度，通过实施科技示范工程、专项技术推广等方式，在全国公路建设中大力推进沥青、水泥路面再生利用技术成果，编制发布了《公路沥青路面再生技术规范》、《沥青路面再生技术指南》、《水泥混凝土路面再生利用结构设计与施工工艺指南》等行业标准规范，推进规模化应用，提高科技含量和技术水平，加快沥青路面再生设备、水泥路面再生设备的国产化进程。

（八）废水

2011年，我国再生水产量12.9亿吨，再生水利用量9.6亿吨，其中工业用水6亿吨、市政用水1.3亿吨、景观用水2.3亿吨。全国新增海水淡化能力16万立方米 / 日，新增矿井水利用量4亿立方米，矿井水利用能力达到40亿立方米/年，矿井水利用率达到61.5%。

国务院发布了《“十二五”全国城镇污水处理及再生利用设施建设规划》，提出到2015年城镇污水再生利用率达到15%的目标，明确资源化利用技术路线。国务院办公厅发布《关于加快发展海水淡化产业的意见》。有关部门起草和发布了《海水淡化产业发展“十二五”规划》、《海水淡化科技发展“十二五”专项规划》、《矿井水利用发展规划》、《工业节水“十二五”规划》，制定了《湿法炼锌企业废水循环利用技术规范》等标准。

四、农林废物综合利用

（一）秸秆

2011年，我国农作物秸秆理论资源量达到8.63亿吨，可收集资源量约为7亿吨，其中稻草2.11亿吨，麦秆1.54亿吨，玉米秆2.73亿吨，棉秆2600万吨，油料作物秸秆3700万吨，豆类秸秆2800万吨，薯类秸秆2300万吨。秸秆综合利用量达到5亿吨，综合利用率约为71%，其中，作为饲料使用约2.18亿吨，占31.9%；作为肥料使用1.07亿吨，占15.6%；作为种植食用菌基料0.18亿吨，占2.6%；作为燃料使用1.22亿吨，占17.8%；作为造纸等工业原料0.18亿吨，占2.6%。我国秸秆还田面积总计5.24亿亩。全国农林剩余物直燃发电装机容量达340万千瓦，年利用农林剩余物2700多万吨。

国家发展改革委、财政部、农业部等部门发布了《“十二五”农作物秸秆综合利用实施方案》、《关于完善农林生物质发电价格政策的通知》、《土壤有机质提升补贴项目实施指导意见》等文件，出台保护性耕作、秸秆养畜、秸秆腐熟还田等激励政策，将秸秆粉碎还田机械等纳入农机购置补贴范围。将部分秸秆综合利用技术列入国家863、973等科技支撑计划，实施了秸秆沼气、秸秆气化、秸秆固化试点工程，开展了秸秆沼气集中供气、秸秆气化

和秸秆固化成型等综合利用技术示范推广。

（二）林业三剩物和次小薪材

2011年，我国林业三剩物及次小薪材产生量约2亿吨，其中采伐剩余物约占15%、造材剩余物约占5%、木材加工剩余物约占50%，综合利用量达到1.9亿吨，其中造纸、生产人造板、养殖食用菌和生物质能源化年利用量分别达到5000万吨、1.1亿吨、1000万吨和2000万吨。

财税部门调整完善资源综合利用增值税优惠政策，继续对林业三剩物和次小薪材综合利用给予税收优惠。发布《林业应对气候变化"十二五"行动要点》，将推进林业剩余物能源化利用，开发林业生物质能高效转化技术作为重要途径和措施。农林生物质工程纳入国家科技支撑计划重大项目。木竹加工剩余物定向解聚和分子重构技术列入863课题。

（三）畜禽粪便

2011年，我国畜禽粪便产生量达到30亿吨。目前主要有"粪便污水贮存+农田利用技术模式"、"厌氧沼气发酵+生态处理技术模式"、"干湿分离+固体粪便堆肥+污水达标排放技术模式"等3种利用模式，全国沼气年产量达150亿立方米，生产有机沼肥4亿吨，年可处理利用畜禽粪便10亿多吨。

国家有关部门起草了《畜禽养殖污染防治条例》，制定了《畜禽粪便中铅、镉、铬、汞的测定电感耦合等离子体质谱法》等相关标准，将养殖废弃物处理纳入国家扶持畜禽标准化规模养殖政策资金支持范围。

（四）海洋与水产品加工废物

利用海洋与水产品加工废物生产甲壳素、海鲜调味品、饲料等技术工艺日趋成熟，利用贝壳等废物生产高档陶瓷制品、工艺品技术得到快速发展。

五、再生资源回收利用

（一）废钢铁

2011年，我国废钢铁利用量达9100万吨，同比增长5%，其中包括钢铁企业产生废钢铁3500多万吨，社会回收废钢铁5000多万吨，进口废钢铁677万吨。废钢铁利用量占当年粗钢产量的13%，年可节省1.55亿吨精矿粉，相当于减少原生矿石开采3.9亿吨。

国家发布了《钢铁工业"十二五"发展规划》，制定了《废钢铁加工行业准入条件》。废钢铁加工配送企业快速发展,年加工能力超过20万吨的企业已有40多家，形成3000多万吨的加工能力。

（二）废有色金属

2011年，我国国内主要废有色金属回收利用量达465万吨，同比增长12.3%。其中废铜100万吨、废铝220万吨、废铅135万吨、废锌10万吨。我国再生铜、铅、铝占铜、铅、铝当年产量的比例分别达到50%、23%和42%。进口主要废有色金属实物量738万吨，同比增长2.4%。废有色金属回收利用相当于减少原生矿开采5.3亿吨。

工业和信息化部、科技部、财政部联合发布了《再生有色金属产业发展推进计划》。典型废旧金属综合利用及废旧机电产品再制造关键技术与应用研究、废旧稀土及贵金属产品再生产利用技术及示范分别列入国家科技支撑计划和863计划，国内自主研发的总重量达260万吨的NGL铜冶炼炉成功下线，再生铅领域的节能环保短窑和废铅蓄电池破碎分选国产化设备得到推广和应用。

（三）废纸

2011年，我国废纸综合利用量约7015万吨，综合利用率达71.2%。其中国内废纸回收量4347万吨，进口各类废纸2668.4万吨。我国国内废纸回收率由2001年的27.2%提高到2011年的44.57%，回收量从1002万吨提高到4347万吨，利用量由1638万吨提高到7015万吨。

有关部门发布了《造纸工业发展"十二五"规划》和《国家鼓励的循环经济技术、工艺和设备名录》（第一批），促进了以废纸为原料的造纸项目发展。我国大部分纸及纸板品种中均可使用以废纸为原料的纸浆，并用于大型纸机，生产部分高档产品。废纸利用水平达到了国际先进水平。

（四）废塑料

2011年，我国废塑料产生量约2800万吨，再生利用量为2100多万吨，同比增长9.37%，占塑料消费总量的24%，其中国内废塑料再生利用量约1350万吨，进口量约830万吨，年可节约原料2000多万吨，节约原油超过4000万吨。

废塑料再生利用新技术、新产品得到持续开发应用，基本形成了大中型塑料回收再生利用企业为主体、废塑料专业交易市场为基础的综合利用格局。在沿海地区涌现出了一批废塑料来源稳定、经济效益好、技术装备先进的再生利用企业，实现废塑料的规模化、集中化处理，环保设施较为完善，避免二次污染。

（五）废旧纺织品

2011年，我国废旧纺织品产生量达2600万吨，其中化学纤维占70%左右。废旧纺织品综合利用量230万吨，相当于节约原油300万吨。

成功研发了“废旧服装-再生切片-纤维高值化再生利用”生产工艺，建成国内第一条年利用3000吨废旧服装再生切片生产线。科技部将涤纶与涤棉废旧纺织品回收利用关键技术研究项目列入国家863计划。成立了废旧纺织品综合利用产业技术创新战略联盟。

（六）废旧木材

2011年，我国各类废旧木材产生量达6000万吨，折合材积8500万立方米，综合利用率达到65%以上，主要用于木质人造板、木塑复合材料、制浆造纸和生产乙醇等。

国家发展改革委等部门编制印发了《木材节约代用工作实用手册》，制定《废弃木质材料回收利用管理规范》、《木材保护管理规范》等国家标准。

（七）废旧轮胎

2011年，我国废旧轮胎产生量约1000万吨，无害化利用率约60%，其中翻新轮胎约1600万条，再生橡胶产量约300万吨，胶粉产量约30万吨，其中用于生产改性沥青12万吨，废旧轮胎综合利用已经成为与天然橡胶、合成橡胶并列的橡胶资源渠道。

工业和信息化部发布了《废旧轮胎综合利用指导意见》。科技部“十一五”科技支撑计划重大项目课题“废轮胎超细粉碎和再生利用技术开发”取得重大突破，研发了具有自主知识产权的低温预硫化技术和“BP线控废全钢子午胎胶粉成套装备”等共性关键技术设备，“特巨型工程轮胎无模翻新成套技术、工艺和设备”、“常压连续法再生橡胶清洁生产技术”。交通运输部制定了《路用废胎硫化橡胶粉》、《公路工程废胎胶粉橡胶沥青》等行业标准，研制了大功率、高效的橡胶沥青加工设备，累计实施废旧轮胎胶粉沥青公路修筑示范工程近1万公里。

（八）废弃电器电子产品

2011年，我国电视机、洗衣机、电冰箱、房间空调器、微型计算机五种电器生产量达7.4亿台，社会保有量超过18亿台(其中居民社会保有量占90%)。理论报废量接近7000万台，重量约200万吨。全国家电以旧换新累计回收废旧家电6000多万台，其中，废旧电视机5100万台，废旧电冰箱220万台，废旧洗衣机470万台，废旧房间空调器22万台，废旧微型计算机260万台，回收率为88%；拆解处理废旧家电约为5600多万台，其中，废旧电视机4730万台、废旧电冰箱220万台、废旧洗衣机430万台、废旧房间空调器27万台、废旧微型计算机210万台，处理率为91.1%。截至2011年底，我国规范化的废弃电器电子产品处理企业近100家。

国家颁布实施了《废弃电器电子产品回收处理管理条例》，有关部门制定发布了《废弃电器电子产品处理目录（第一批）》、《制订和调整废弃电器电子产品处理目录的若干规定》、《废弃电器电子产品处理资格许可管理办法》、《废弃电器电子产品处理基金征收使用管理办法》、《废弃电器电子产品处理基金征收管理规定》等相关配套政策。

（九）生活垃圾

2011年，我国城市生活垃圾年无害化处理量为1.58亿吨，其中设市城市1.31亿吨、县城0.27亿吨），其中采用焚烧、堆肥等资源化处理方式超过0.3亿吨。2011年，全国城市生活垃圾无害化处理能力达到51.3万吨/日，其中焚烧处理能力超过10万吨/日，生活垃圾发电容量达250万千瓦，年利用垃圾量3000多万吨。

国务院批转了住房城乡建设部等部门《关于进一步加强城市生活垃圾处理工作意见》。中央财政安排循环经济发展专项资金3.16亿元，支持了33个城市（区）餐厨废弃物资源化利用和无害化处理试点建设。

六、加强资源综合利用制度建设

2011年，各地区各有关部门按照《国民经济和社会发展第十二个五年规划纲要》提出的“提高资源综合利用水平”的总体要求，积极推动各行业、各领域的资源综合利用工作，从加强规划指导、促进产业转型、推进重点领域、引导技术进步、完善扶持政策、推广典型模式等方面不断加强有利于资源综合利用的制度建设。

（一）规划指导，强化宏观管理

国家发展改革委发布了《“十二五”资源综合利用指导意见》，研究提出了“十二五”资源综合利用工作的指导思想、基本原则、主要目标、重点领域和政策措施。国土资源部、工业和信息化部、国家能源局分别发布了《矿产资源节约与综合利用“十二五”规划》、《大宗工业固体废物综合利用“十二五”规划》和《煤层气（煤矿瓦斯）开发利用“十二五”规划》，进一步加强矿产资源和大宗固体废物综合利用领域的规划指导。

（二）转型升级，促进结构调整

国家发展改革委修订发布《产业结构调整指导目录（2011年本）》，将环境保护与资源节约综合利用作为

鼓励类重点内容，并在多个领域和相关行业中对资源综合利用的技术、装备和产品给予鼓励。《煤炭工业发展“十二五”规划》、《建材工业“十二五”发展规划》、《有色金属工业“十二五”发展规划》等均提出将综合利用作为促进产业结构调整的重要内容。工业和信息化部等部门联合印发《再生有色金属产业发展推进计划》。

（三）重点推动，带动全面提升

国家发展改革委、工业和信息化部等部门相继发布了《大宗固体废物综合利用实施方案》、《“十二五”墙体材料革新指导意见》、《“十二五”农作物秸秆综合利用实施方案》、《关于加强高铝粉煤灰资源开发利用的指导意见》、《工业副产石膏综合利用指导意见》、《赤泥综合利用指导意见》等专项文件。在重点领域选择资源化利用潜力大、环境影响广泛、堆存量大的品类，推动大规模、多途径、高附加值综合利用，带动资源综合利用产业全面提升。

（四）技术驱动，增强支撑能力

国家发展改革委等部门联合印发《中国资源综合利用技术政策大纲》，发布了257项先进适用的资源综合利用技术。科技部在《国家“十二五”科学和技术发展规划》中提出实施废物资源化科技工程，编制发布《废物资源化科技工程“十二五”专项规划》。工业余热余压利用、工业和城市节水、废水处理、固体废弃物资源综合利用等相关技术领域纳入《当前优先发展的高技术产业化重点领域指南（2011年度）》作为发展重点。工业和信息化部编制发布了《再生资源综合利用先进适用技术目录（第一批）》。国土资源部发布《矿产资源节约与综合利用鼓励、限制和淘汰技术目录》。

（五）政策导向，完善配套措施

国家发展改革委利用中央预算内投资支持了180个资源综合利用项目，形成大宗固体废物综合利用能力4000多万吨/年。商务部、财政部安排中央财政资金支持52个再生资源回收体系建设试点城市，建设41309个回收网点、226个分拣中心和37个集散市场，同时支持了91个区域性大型回收基地建设。财政部、国家税务总局发布了《关于调整完善资源综合利用产品及劳务增值税政策的通知》，对资源综合利用增值税政策进行了调整完善。人民银行等部门出台《关于支持循环经济发展的投融资政策措施意见的通知》，要求各级金融机构将资源综合利用项目作为支持重点，积极创新金融产品和服务方式。

（六）试点示范，推广典型模式

国家发展改革委启动了资源综合利用“双百工程”建设，在全国重点培育和扶持百个资源综合利用示范基地和百家资源综合利用骨干企业，首批确定了24个示范基地和26家骨干企业。国家发展改革委、财政部确定了15个国家“城市矿产”示范基地。工业和信息化部选择12个城市开展工业固体废物综合利用基地建设试点工作。商务部分3批确定了90个再生资源回收体系建设试点城市。

节约型公共机构示范单位创建工作方案

（发改环资[2012]1982号 国家发展改革委、财政部、国管局2012年7月5日印发）

一、指导思想

以邓小平理论和“三个代表”重要思想为指导，深入贯彻落实科学发展观，以节能、节水、资源循环利用、可再生能源应用和绿色消费为重点，在国家机关和教育、科技、文化、卫生、体育等系统公共机构中，创建一批管理科学精细、资源利用高效、崇尚勤俭节约、践行绿色低碳的节约型公共机构示范单位，引领和带动全国公共机构深入开展节能减排工作，营造良好社会氛围，为实现“十二五”节能减排目标，加快建设资源节约型和环境友好型社会作出贡献。

二、主要目标

“十二五”期间，创建2000 家节约型公共机构示范单位。

通过创建活动，示范单位建立起科学、规范的节约能源资源管理体系，单位建筑面积和人均能源资源指标大幅度降低，形成100 万吨标准煤的节能能力。

三、创建条件

纳入示范单位创建活动的公共机构应当符合以下条件：

（一）国家机关年能源消费量原则上不低于500 吨标准煤，其他公共机构年能源消费量原则上不低于1000 吨标准煤；

（二）节约能源资源工作基础较好，具备开展示范单位创建所需的组织管理、人员技术等条件；

（三）制定了切实可行的实施方案，节约效果明显，具有较强的示范推广意义。

四、创建内容

（一）建筑节能。发展绿色建筑，新建建筑严格执行建筑节能标准；加大既有建筑节能改造力度，北方采暖地区的公共机构完成供热计量改造，实施供热计量收费。加强建筑用能管理，实施能耗分项计量，建立监测体系，开展能源审计和能效公示。

（三）节水和资源循环利用。开展节水型单位建设，实施用水设备节水改造，推广应用节水器具，充分利用中水、雨水。加强废旧物品回收，开展垃圾分类收集和回收利用。推进餐厨垃圾资源化利用和无害化处理。

（四）可再生能源应用。积极应用太阳能、浅层地能、生物质能等可再生能源。充分利用建筑屋顶，开展太阳能光热、光电应用。

（五）绿色消费。严格落实节能产品优先采购和强制采购有关规定，积极使用再生纸等再生办公用品，抵制商品过度包装，减少使用一次性用品，开展节约粮食、反对食品浪费活动，创导文明、节约、绿色、低碳的消费模式。

（六）管理监督。按照节约型机关评价导则、节约型学校评价导则等国家标准，建立健全能源资源管理体系。完善节能规章制度，开展能耗、水耗定额管理，强化供暖、空调、照明、办公设备等日常管理。加强公务车使用管理，实施油耗指标管理。宣传节约理念，提高节约意识。

五、实施程序

（一）申报推荐。申报单位按要求填写《节约型公共机构示范单位创建推荐表》，并编制示范单位创建实施方案，报送省级机关事务管理部门汇总。省级机关事务管理部门会同发展改革（经贸、经信）部门、财政部门进行初选确定推荐名单，并将推荐名单和有关申报材料报国管局汇总。中央级公共机构的申报和初选由国管局负责组织。

（二）确定名单。国管局、国家发展改革委、财政部对申报材料进行审核，并组织专家对实施方案进行论证，按年度分批次确定节约型公共机构示范单位创建名单，将节约能源资源工作基础较好、实施方案编制合理、投资少见效快、在本地区本系统具有较强示范意义的申报单位列为示范单位。

（三）组织实施。示范单位要根据审定的实施方案，抓好各项创建内容的组织实施，确保创建工作的质量和进度。示范单位不得随意改变创建的内容，由于条件变化，需要对创建内容进行较大调整的，须按规定程序报有关部门批准。对符合支持节能减排和可再生能源发展政策的项目，按现行政策渠道优先给予支持。

（四）评价验收。省级机关事务管理部门要会同节能主管部门、财政部门加强对创建工作进展情况的监督检查，组织开展阶段性评估。国管局、国家发展改革委、财政部对实施方案落实情况进行检查，对按照要求完成方案实施并达到节约型公共机构创建标准的单位，授予“节约型公共机构示范单位”称号；对不能按时完成创建任务或弄虚作假的，予以通报，并取消创建资格。

六、组织领导

（一）国家发展改革委、财政部、国管局负责组织、指导和推动节约型公共机构示范单位创建，协调解决工作中的重大问题，制定节约型公共机构示范单位创建标准。

（二）各省级发展改革（经贸、经信）部门、财政部门、机关事务管理部门会同有关部门协调解决本地区节约型公共机构示范单位创建工作中的问题，给予政策和资金支持。

（三）示范单位要成立工作领导小组，建立健全相关管理制度，明确任务，落实责任，制定详细计划，切实抓好实施方案的组织实施。

关于组织推荐第四批国家“城市矿产”示范基地备选园区的通知

发改办环资[2012]3003号

有关省、自治区及计划单列市发展改革委（经信委、经贸委）、财政厅（局）：

为落实“十二五”规划《纲要》，推动“城市矿产”规模化、规范化、产业化发展，促进循环经济形成较大规模，加快建设资源节约型和环境友好型社会，根据《国家发展改革委财政部关于组织开展城市矿产示范基地建设的

通知》（发改环资[2010]977号）和《循环经济发展专项资金管理暂行办法》（财建[2012]616号），2013年，国家发展改革委、财政部拟继续选择部分园区开展第四批国家“城市矿产”示范基地（以下简称示范基地）建设。现将有关事项通知如下：

一、组织申报

各省、自治区、直辖市及计划单列市（第一、第二批示范基地所在直辖市、计划单列市和第三批示范基地所在省、区、市除外）循环经济综合管理部门、财政部门要严格按照发改环资[2010]977号文件要求，组织推荐备选园区（限报1个，对于超报地区，两部门对其报送的实施方案将不予组织评审）。

（一）申报园区应具备以下条件：

1、园区已被确立为国家或省级循环经济试点单位。

2、实行园区化管理（有明确的园区边界，成立了园区管委会或专门管理机构等）。

3、园区符合土地利用总体规划和城市总体规划。

4、园区有符合标准的各项环保处理设施，近三年内无重大环保事故。

5、园区有较为完善的再生资源回收网络体系，能够保障园区原料来源。

6、园区“城市矿产”品种两种以上，年集聚量不低于30万吨，有合理产业链，加工利用量占集聚量的30%以上，且加工利用工艺技术水平国内领先。

（二）申报材料包括：

1、省级循环经济综合管理部门、财政部门的联合申报文件。

2、建设国家“城市矿产”示范基地实施方案。申报单位要按照发改环资[2010]977号文件要求，按照《国家“城市矿产”示范基地实施方案编报指南》（见附件）认真编制实施方案。实施方案要结合本地区资源循环利用产业发展现状，园区现有资源聚集基础，加工利用情况，科学合理规划示范基地建设目标和指标，提出实现标志性目标指标的支撑项目和具体措施。

3、相关证明材料：包括园区规划、立项批复、土地证明、环评批复、相关资质证明以及其他批复性文件和地方出台的支持性政策文件等。

二、程序安排

（一）地方初审。有关省、自治区及计划单列市循环经济发展综合管理部门、财政部门要会同有关部门，组织专家对拟申报园区的示范基地建设实施方案进行联合初审，并将初审意见和专家名单连同申报材料一并报送。

（二）联合评审。国家发展改革委、财政部将会同有关部门组织专家对各地上报的实施方案进行评审，批复通过评审的实施方案，并将该园区确定为国家“城市矿产”示范基地，向社会公布。

（三）签订承诺书。示范基地所在地省级（自治区、直辖市、计划单列市）人民政府要与国家发展改革委、财政部签订《国家“城市矿产”示范基地建设承诺书》，保证完成建设目标，落实相关政策等。

（四）资金拨付。财政部、国家发展改革委安排中央财政专项资金，采取预拨与清算相结合的方式，支持示范基地新增再生资源加工处理能力建设（含升级改造）、基础设施和公共服务平台建设以及再生资源回收体系建设，并根据示范基地建设实施方案，按照相关标准，共同核定示范基地中央财政补助资金额，并按照补助金额的50%下拨启动资金。中央财政补助资金由地方政府统筹使用，专项用于示范基地建设，各地要于每年年底前将资金使用情况逐级联合上报财政部、国家发展改革委备案。

（五）实施建设任务。地方政府应督促示范基地按照批复的实施方案开展建设，并于每年年底前将建设进度逐级联合上报国家发展改革委、财政部备案。项目有调整的，需报国家发展改革委、财政部批准。

（六）考核验收。国家发展改革委、财政部将根据地方申请，组织考核验收。考核合格的，拨付剩余补助资金，不合格的不再拨付。3年内工作无实质进展或发生重大环境污染等事件的，将扣回已拨付补助资金。

三、有关要求

（一）统筹规划。有关省、自治区及计划单列市循环经济综合管理部门、财政部门要会同有关部门，对辖区内资源循环利用产业进行科学规划，已有国家“城市矿产”示范基地的省（区、市）要统筹好示范基地间的关系，区分特色、合理布局，形成相互促进、共同引领行业升级发展的格局。

（二）严格筛选。有关省、自治区及计划单列市循环经济综合管理部门、财政部门要会同有关部门，结合上述申报条件对拟申报园区的现状进行实地考察和评价，重点是考察园区资源聚集能力、技术装备水平和基础配套设施情况。要选择条件具备、基础较好的园区进一步编制实施方案。

（三）科学论证。有关省、自治区及计划单列市循环经济综合管理部门和财政部门，要组织专家对拟申报园区的实施方案进行联合审核，重点是结合本地区“城市矿产”资源量和分布特点，对实施方案提出的标志性目标（指标）、主要任务、保障措施、重点支撑项目等进行科学论证。

各地要高度重视“城市矿产”示范基地建设，认真做好组织申报和实施方案初审工作，确保申报材料的真实性、准确性和实施方案的科学性、可行性，并于2013年1月18日前，将申报材料一式两份（附光盘）分别报送国家发展改革委（环资司）、财政部（经建司）。

附件：国家“城市矿产”示范基地实施方案编报指南（略）

国家发展改革委办公厅
财政部办公厅
2012年10月29日

关于印发资源综合利用“双百工程”示范基地和骨干企业名单（第一批）及有关事项的通知

发改办环资[2012]3309号

有关省、自治区、直辖市及计划单列市、新疆生产建设兵团发展改革委、经委（经信委），有关中央管理企业：

今年3月，我委印发了《关于开展资源综合利用“双百工程”建设的通知》（发改办环资[2012]726号，以下简称《通知》），提出“十二五”期间在全国重点培育和扶持百个资源综合利用示范基地和百家资源综合利用骨干企业。《通知》下发后，各地高度重视，积极组织申报，在专家评审和实地调研的基础上，我委选出了50家单位作为首批资源综合利用“双百工程”示范基地和骨干企业，现将有关事项通知如下：

一、总体情况

（一）首批名单。确定本溪市等24个地区和单位为首批资源综合利用“双百工程”示范基地（名单见附件一）。

确定白银有色金属集团有限公司等26家单位为首批资源综合利用“双百工程”骨干企业（名单见附件二）。

（二）建设内容。建设一批资源综合利用示范项目，培育扶持一批资源综合利用技术研发中心，攻克钒钛磁铁矿综合利用、高铝粉煤灰提取氧化铝等相关领域的关键共性技术，形成一批具有自主知识产权和核心竞争力的资源综合利用技术和产品，研究完善有利于资源综合利用的体制机制和政策体系。

（三）预期效果。通过首批示范基地和骨干企业建设，到2015年，形成大宗固体废物综合利用能力5.5亿吨/年，其中新增利用能力1.2亿吨/年，实现资源综合利用总产值3000亿元。

二、建设要求

（一）高度重视，加强领导。各地要高度重视“双百工程”建设对于提高资源综合利用水平、促进循环经济发展的重要意义。示范基地所在市级人民政府要加强对“双百工程”建设的组织领导，成立主要领导牵头、各有关部门分工负责的工作机制。骨干企业要有专人负责“双百工程”建设协调，切实把资源综合利用作为企业发展的内生动力。

（二）精心组织，认真实施。“双百工程”建设承担单位要认真按照修改完善后的实施方案，统筹规划、合理布局，加大投入，有序实施各项重点项目，落实各项保障措施，确保完成实施方案中提出的各项目标。骨干企业要加大技术研发力度，提高产品附加值，培育知名品牌，力争建设成为资源综合利用领域具有国际影响力和竞争力的大型企业集团。

（三）加强督导，及时总结。各省级发展改革部门（经信部门）要加强对“双百工程”建设的跟踪管理，组织示范基地和骨干企业建设承担单位在实施方案基础上，编制年度重点建设项目表，指导“双百工程”建设承担单位认真落实建设任务，确保年度、中期、远期建设目标的实现，及时发现并解决基地建设和企业发展中出现的新情况、新问题，总结推广好的技术、经验，提出有关政策建议。

三、保障措施

（一）我委将会同有关部门研究支持“双百工程”建设的相关政策，利用中央预算内投资优先支持“双百工程”示范基地和骨干企业重点项目建设，及时总结“双百工程”建设中涌现出的重大关键研发类、成果转化类、产

业化推广类技术，将先进适用的技术适时修订纳入《中国资源综合利用技术政策大纲》。

（二）各省级发展改革部门（经信部门）要对“双百工程”示范基地和骨干企业申报的资源综合利用技术和产品，在符合条件的前提下优先给予认定，并按照《关于支持循环经济发展的投融资政策措施意见的通知》（发改环资[2010]801号），将“双百工程”重点项目作为信贷支持重点，积极协调金融机构给予多元化信贷支持，为示范基地建设做好配套金融服务，鼓励和支持骨干企业上市融资。

（三）示范基地所在市级人民政府要结合“双百工程”建设探索建立有利于资源综合利用的体制机制，深入挖掘废弃资源对原生资源的补充替代作用，落实好国家鼓励资源综合利用的各项优惠政策。有条件的地区要设立“双百工程”建设专项资金，优先保障示范基地和骨干企业建设用地供应。

各省级发展改革部门（经信部门）要承担起监督实施责任，加强与相关部门的沟通协调和对建设单位的监督指导，积极推进本地区“双百工程”建设，并于每年3月底前和9月底前，分别将上一年度和当年上半年本地区示范基地和骨干企业建设进展情况（附年度重点建设项目表）报我委（环资司）。

联系人：马维晨 牛波

附件：1、资源综合利用“双百工程”示范基地名单（第一批）

2、资源综合利用“双百工程”骨干企业名单（第一批）（略）

国家发展改革委办公厅

2012年11月26日

附件：

资源综合利用“双百工程”示范基地名单（第一批）

矿产资源综合利用示范基地

序号	基地名称	主要利用资源	建设目标	监督实施单位
1	本溪市矿产资源综合利用示范基地	铁尾矿、冶炼渣	到2015年,大宗固体废物综合利用率达到63%，年利用量超过2000万吨，其中尾矿综合利用率达到40%、年利用量600万吨，冶炼渣综合利用率达到97%、年利用量1500万吨，实现资源综合利用年产值160亿元。	辽宁发改委、经信委
2	承德市矿产资源综合利用示范基地	钒钛磁铁矿、尾矿	到2015年，矿产资源总回收率达到57.9%，共伴生矿综合利用率达到48%，尾矿综合利用率达到40%以上，其中铁、钒、钛、磷回收率分别达到66%、60%、21%和46%，年利用尾矿量超过4000万吨，实现资源综合利用年产值136.5亿元。	河北发改委
3	个旧市矿产资源综合利用示范基地	低品位锡矿、尾矿	到2015年，大宗固体废物综合利用率提高到73%，年利用量超过1300万吨，其中锡尾矿890万吨、冶炼渣450万吨，实现资源综合利用年产值214亿元。	云南发改委
4	洛阳市矿产资源综合利用示范基地	钼钨、铅锌银尾矿	到2015年，钼矿伴生金属综合回收率达到95%以上，钼尾矿综合利用率达到40%，年利用量超过900万吨，实现资源综合利用年产值超过19亿元。	河南发改委
5	攀枝花市矿产资源综合利用示范基地	钒钛磁铁矿尾矿、冶炼渣	到2015年，共伴生矿产综合利用率达到50%，其中铁、钒、钛回收率分别提高到75%、60%和20%，工业固体废物综合利用率达到75%以上，年利用量超过2000万吨，实现资源综合利用年产值200亿元。	四川发改委

工业和信息化部政策文件

关于深入推进节水型企业建设工作的通知

工信部联节[2012]431号

各省、自治区、直辖市及计划单列市、新疆生产建设兵团工业和信息化主管部门、水行政主管部门、节约用水办公室，有关中央企业，中国钢铁工业协会、中国纺织工业协会、中国造纸协会、中国石油和化学工业联合会及有关协会，有关单位：

为贯彻落实《国务院关于实行最严格水资源管理制度的意见》（国发〔2012〕3号）,进一步推动工业节水工作，提升工业节水能力和水平，实现“十二五”工业节水约束性指标，经研究，决定在重点用水工业行业开展节水型企业建设工作。现就有关事项通知如下：

一、推进节水型企业建设工作的必要性

（一）建设节水型企业是落实最严格水资源管理制度的重要措施。目前，全国工业取水量占总取水量的四分之一左右。随着工业化进程的不断加快，工业用水需求呈增长趋势，水资源供需矛盾进一步凸显。建设节水型企业，全面提高工业用水效率，减少工业废水排放，是控制工业用水总量，缓解水资源供需矛盾的重要措施。

（二）建设节水型企业是转变工业发展方式的迫切要求。近年来，尽管工业节水工作不断进步，水资源重复利用、非常规水资源利用等技术水平不断提高，但总体上看工业用水方式仍以粗放型为主，主要生产工艺和关键环节用水量大、废水排放多等问题依然存在。建设节水型企业，鼓励节水工艺技术创新和推广，以更小的水资源消耗实现工业可持续发展，是促进工业发展方式转变的一项重要任务。

（三）建设节水型企业是加强企业节水管理的重要内容。企业是工业节水的主体。我国工业企业用水效率总体水平不高、节水意识相对薄弱、节水潜力很大。建设节水型企业，树立行业发展的先进典型，总结推广优秀企业的成功经验，颁布实施行业用水效率先进指标，是促进企业加强节水管理、提高工业用水效率的重要途径。

二、推进节水型企业建设工作的思路和要求

（一）总体思路

以科学发展观为指导，坚持节约优先的方针，全面落实最严格水资源管理制度，以企业为主体，以提高用水效率为核心，在重点用水行业推进节水型企业建设工作。发布一批节水标杆企业和标杆指标，引导企业加强节水管理和技术进步，加快转变工业用水方式。在节水基础较好、管理规范的工业聚集区探索开展节水型工业园区建设。建设一批节水型企业，带动行业用水效率的提高，为实现“十二五”单位工业增加值用水量降低30%的目标提供保障，为建设资源节约型、环境友好型社会奠定基础。

（二）主要目标

2013年底前，在钢铁、纺织染整、造纸、石油炼制等重点用水行业开展节水型企业创建活动，树立一批行业内有代表性、产品结构合理、用水管理基础较好、用水指标达到行业领先水平的节水标杆企业典范，发布行业节水标杆指标。引导其他企业向标杆企业对标达标，推进节水型企业建设。

2014年底前，将节水型企业创建的范围逐步扩大到食品发酵、化工、有色金属等其他重点用水行业。

2015年底前，钢铁、纺织染整、造纸、石油炼制等重点用水行业企业全部达到节水型企业标准，并在工业领域形成节水型企业建设长效机制。

（三）具体要求

在重点行业推进节水型企业建设，必须加强节水管理、推进节水技术进步，切实加强企业单位产品用水定额、工业用水重复利用率、水表计量率、锅炉冷凝水回收率、企业用水综合漏失率考核，推动企业对标达标，降低单位产品用水量，提升工业水循环利用水平。

节水型企业建设具体要求：

1.完善企业节水管理制度。建立科学合理的节水管理岗位责任制，健全企业节水管理机构和人员，明确节水管理主要领导职责、管理部门、人员和岗位职责。加强目标责任管理和考核。制定并实施节水规划和年度节水计划。

2.加强定额管理，向先进水平对标达标。严格执行国家和地方取（用）水定额指标和标准，按照定额指标选择适合的用水工艺和技术，实施企业内部节水评价。向节水标杆企业和标杆指标进行对标达标，不断提升用水效率。

3.加强用水管网（设备）建设，完善用水计量配备和管理。依据GB 24789《用水单位水计量器具配备和管理通则》配备用水计量器具，建立完整、规范的原始记录和统计台账，健全节水统计制度。编制详细的供水排水管网图和计量网络图，定期开展水平衡测试，加强用水效率和总量分析。建立日常巡查和检修制度，防止跑冒滴漏。

4.加强节水技术改造，推进节水技术进步。推进节水重点技术改造项目实施。积极研发或采用节水新技术、新工艺、新设备，加快淘汰落后用水工艺、设备和器具。节水设施与主体工程同时设计、同时施工、同时投入运行。

5.加强冷凝水、冷却水循环利用，推进工业废水回用，提高水资源重复利用率，积极努力推进废水“零”排放。

6.提高职工节水意识。定期组织开展节水宣传和教育活动，不断提高职工节水意识。

三、加强节水型企业建设工作的组织管理

（一）加强组织领导

工业和信息化部、水利部、全国节约用水办公室负责全国工业节水型企业建设工作，中国标准化研究院、有关行业协会为节水型企业建设工作提供技术支撑和咨询服务。各级地方工业和信息化主管部门、水行政主管部门、节约用水办公室，有关中央企业积极组织推进本地区、本企业集团节水型企业建设工作。

（二）节水型企业评价指标

节水型企业评价的基本标准：符合国家产业政策相关要求；符合节水型企业相关标准（见附件1）；满足节水型企业基本要求（见附件2）的各项条件；符合单位产品取水量、水重复利用率、用水漏损等各项具体技术考核要求（见附件3）；按照节水型企业管理评价要求（见附件4）进行评价并达到48分以上（含48分，满分60分）。

（三）节水型企业评价方式

节水型企业申报工作采取自愿申报和重点推荐相结合的方式，由企业按照节水型企业建设要求和评价标准编写节水型企业申请报告（申请表及证明材料要求见附件5、6），各省级工业和信息化主管部门、水行政主管部门、节约用水办公室按照上述节水型企业评价标准，组织专家对相关材料进行评审，必要时可进行现场考察。达到节水型企业要求的，公示发布节水型企业名单，并于每年10月底前将节水型企业评价有关情况（正式文件，企业相关材料一式6份并提交电子版）报工业和信息化部、水利部和全国节约用水办公室。节水型企业评价工作，接受社会监督，任何单位和个人不得向企业收取费用。

已建立规范评价制度并已开展节水型企业评价的省（市），可按原有模式开展省级节水型企业评价工作。

（四）推进节水标杆示范和用水效率对标达标

工业和信息化部、水利部、全国节约用水办公室委托相关行业协会对地方上报的节水型企业有关情况进行汇总审核，对行业内最先进的用水指标进行论证，并研究提出节水标杆企业和标杆指标建议。工业和信息化部、水利部、全国节约用水办公室对评价结果进行最终审定，并组织对标杆企业和标杆指标进行现场核验，经公示无异议后发布节水标杆企业和标杆指标。工业和信息化部会同有关部门加快研究制订和发布产业用水效率指南，参考有关标杆指标制订行业用水效率准入标准，切实把好工业固定资产投资项目用水效率准入关。

各地区、有关行业协会适时开展节水型企业建设经验交流会、组织相关企业向节水标杆企业和标杆指标进行对标达标，不断提升工业用水效率。

四、加强对节水型企业建设的政策引导和支持

各级工业和信息化主管部门、水行政主管部门、节约用水办公室要加强对节水型企业建设的政策引导和支持，在安排技术改造、清洁生产等财政专项资金时，优先支持节水型企业；同等条件下，优先保证节水型企业新建、改建、扩建项目用水需求；优先支持节水标杆企业组织实施节水示范工程。

支持有条件的工业园区把节水型企业建设与节水型工业园区建设结合起来，加强园区节约用水管理，完善用水管网基础设施建设，拓展水资源利用渠道，探索园区内污水集中处理回用的第三方节水服务模式，实现不同行业间的循环用水、一水多用，不断提高节水管理水平。

附件：（略）

工业和信息化部 水利部 全国节约用水办公室

2012年9月12日

关于加强工业清洁生产示范项目管理与监督工作的通知

工信厅节[2012]222号

各省、自治区、直辖市及计划单列市、新疆生产建设兵团工业和信息化主管部门，有关中央企业：

2009年以来，中央财政加强了对工业清洁生产的支持，安排了一批重点行业关键共性清洁生产技术应用和推广示范项目，取得了积极效果。为进一步提高工业清洁生产示范项目质量和资金使用效益，加强示范项目的管理与监督工作，根据《中央财政清洁生产专项资金管理暂行办法》（财建[2009]707号，以下简称《暂行办法》）等有关规定，现就有关要求通知如下：

一、提高项目申报、审核、论证工作质量

（一）加强项目审核。按照《暂行办法》有关规定及年度申报通知要求，各级工业和信息化主管部门、中央企业要加强项目审核工作，认真查验项目审批手续和相关证明材料原件，特别是对项目整体（含子项目）近3年内是否得到中央财政资金支持进行审查，对已获得中央财政资金支持或已申报其他渠道中央财政资金支持的项目不得重复申报。

（二）加强项目论证。对应用示范项目，要充分论证项目技术工艺的先进性、项目实施基础、建设方案以及项目资源环境效益和经济效益等。应用示范项目所采用的技术应为行业首次产业化应用的关键共性技术。推广示范项目必须符合项目申报通知要求的范围，项目开工建设时间应不超过3年（包括项目申报年度），并已完成竣工验收。

（三）组织专家现场核实。对拟上报的应用示范项目，结合项目资金申请材料，重点核实项目申报单位实施项目建设的能力；对拟上报的推广示范项目，重点核实项目完成的情况与实际效果，确保申报材料符合项目实际情况。

二、加强项目实施跟踪检查

（一）实行项目进度跟踪制度。对已下达资金计划的应用示范项目，在建设周期内的，应及时掌握进度和预期完工时间；资金计划下达半年内仍未开工建设的项目，将收回已安排资金；未按申报建设周期完成的，须调查项目延期原因，在定期报送项目进展情况中予以说明，同时向项目实施单位提出整改意见，督促抓紧落实，推动项目加快建成；如遇项目实施单位重大变故不能完成项目建设的，须以书面报告形式报工业和信息化部（节能与综合利用司）。

（二）定期报送项目进展情况。每年6月底和12月底将项目进展情况报告报送工业和信息化部（节能与综合利用司）（具体要求见附件）。对未按要求及时报送项目进展情况的省级工业和信息化主管部门、中央企业，将不予受理其下一年度清洁生产示范项目的申报。

三、及时组织竣工项目示范效果评价

（一）对已竣工的应用示范项目，要及时组织有关专家对项目的实际建设内容、实施效果进行论证评价。对达到预期示范效果的项目，要提出技术推广建议；对未达到预期示范效果的项目，须详细说明原因。评价结果要报送工业和信息化部（节能与综合利用司）。

（二）加强对应用示范项目专项资金使用情况的审计工作，确保资金专款专用。对经查实违反资金使用规定或弄虚作假、骗取、套取专项资金的项目承担单位，工业和信息化部将把项目申报单位纳入黑名单，连续三年不受理该项目单位申报中央财政清洁生产资金项目；对上报该项目的省级工业和信息化主管部门、中央企业，不予受理其下一年度清洁生产示范项目的申报。

工业和信息化部办公厅

2012年11月19日

财政部政策文件

关于公共基础设施项目和环境保护节能节水项目企业所得税优惠政策问题的通知

财税〔2012〕10号

各省、自治区、直辖市、计划单列市财政厅（局）、国家税务局、地方税务局，新疆生产建设兵团财务局：

根据《中华人民共和国企业所得税法》（以下简称新税法）和《中华人民共和国企业所得税法实施条例》（国务院令第512号）的有关规定，现就企业享受公共基础设施项目和环境保护、节能节水项目企业所得税优惠政策问题通知如下：

一、企业从事符合《公共基础设施项目企业所得税优惠目录》规定、于2007年12月31日前已经批准的公共基础设施项目投资经营的所得，以及从事符合《环境保护、节能节水项目企业所得税优惠目录》规定、于2007年12月31日前已经批准的环境保护、节能节水项目的所得，可在该项目取得第一笔生产经营收入所属纳税年度起，按新税法规定计算的企业所得税"三免三减半"优惠期间内，自2008年1月1日起享受其剩余年限的减免企业所得税优惠。

二、如企业既符合享受上述税收优惠政策的条件，又符合享受《国务院关于实施企业所得税过渡优惠政策的通知》（国发[2007]39号）第一条规定的企业所得税过渡优惠政策的条件，由企业选择最优惠的政策执行，不得叠加享受。

财政部 国家税务总局

二〇一二年一月五日

关于加快推动我国绿色建筑发展的实施意见

财建[2012]167号

各省、自治区、直辖市、计划单列市财政厅（局）、住房城乡建设厅（委、局），新疆建设兵团财务局、建设局：

按照《国务院关于印发"十二五"节能减排综合性工作方案的通知》（国发[2011]26号）统一部署，为进一步深入推进建筑节能，加快发展绿色建筑，促进城乡建设模式转型升级，特制定以下实施意见：

一、充分认识绿色建筑发展的重要意义

绿色建筑是指满足《绿色建筑评价标准》（GB/T 50378-2006），在全寿命周期内最大限度地节能、节地、节水、节材，保护环境和减少污染，为人们提供健康、适用和高效的使用空间，与自然和谐共生的建筑。

我国正处于工业化、城镇化和新农村建设快速发展的历史时期，深入推进建筑节能，加快发展绿色建筑面临难得的历史机遇。目前，我国城乡建设增长方式仍然粗放，发展质量和效益不高，建筑建造和使用过程能源资源消耗高、利用效率低的问题比较突出。大力发展绿色建筑，以绿色、生态、低碳理念指导城乡建设，能够最大效率地利用资源和最低限度地影响环境，有效转变城乡建设发展模式，缓解城镇化进程中资源环境约束；能够充分体现以人为本理念，为人们提供健康、舒适、安全的居住、工作和活动空间，显著改善群众生产生活条件，提高人民满意度，并在广大群众中树立节约资源与保护环境的观念；能够全面集成建筑节能、节地、节水、节材及环境保护等多种技术，极大带动建筑技术革新，直接推动建筑生产方式的重大变革，促进建筑产业优化升级，拉动节能环保建材、新能源应用、节能服务、咨询等相关产业发展。

各级财政、住房城乡建设部门要充分认识到推动发展绿色建筑，是保障改善民生的重要举措，是建设资源节约、环境友好型社会的基本内容，对加快转变经济发展方式，深入贯彻落实科学发展观都具有重要的现实意义。要进一步增强紧迫感和责任感，紧紧抓住难得的历史机遇，尽快制定有力的政策措施，建立健全体制机制，加快推动我国绿色建筑健康发展。

二、推动绿色建筑发展的主要目标与基本原则

（一）主要目标。切实提高绿色建筑在新建建筑中的比重，到2020年，绿色建筑占新建建筑比重超过30%，建筑建造和使用过程的能源资源消耗水平接近或达到现阶段发达国家水平。“十二五”期间，加强相关政策激励、标准规范、技术进步、产业支撑、认证评估等方面能力建设，建立有利于绿色建筑发展的体制机制，以新建单体建筑评价标识推广、城市新区集中推广为手段，实现绿色建筑的快速发展，到2014年政府投资的公益性建筑和直辖市、计划单列市及省会城市的保障性住房全面执行绿色建筑标准，力争到2015年，新增绿色建筑面积10亿平方米以上。

（二）基本原则。加快推动我国绿色建筑发展必须遵循以下原则：因地制宜、经济适用，充分考虑各地经济社会发展水平、资源禀赋、气候条件、建筑特点，合理制定地区绿色建筑发展规划和技术路线，建立健全地区绿色建筑标准体系，实施有针对性的政策措施。整体推进、突出重点，积极完善政策体系，从整体上推动绿色建筑发展，并注重集中资金和政策，支持重点城市及政府投资公益性建筑在加快绿色建筑发展方面率先突破。合理分级、分类指导，按照绿色建筑星级的不同，实施有区别的财政支持政策，以单体建筑奖励为主，支持二星级以上的高星级绿色建筑发展，提高绿色建筑质量水平；以支持绿色生态城区发展为主要抓手，引导低星级绿色建筑规模化发展。激励引导、规范约束，在发展初期，以政策激励为主，调动各方加快绿色建筑发展的积极性，加快标准标识等制度建设，完善约束机制，切实提高绿色建筑标准执行率。

三、建立健全绿色建筑标准规范及评价标识体系，引导绿色建筑健康发展

（一）健全绿色建筑标准体系。尽快完善绿色建筑标准体系，制（修）订绿色建筑规划、设计、施工、验收、运行管理及相关产品标准、规程。加快制定适合不同气候区、不同建筑类型的绿色建筑评价标准。研究制定绿色建筑工程定额及造价标准。鼓励地方结合地区实际，制定绿色建筑强制性标准。编制绿色生态城区指标体系、技术导则和标准体系。

（二）完善绿色建筑评价制度。各地住房城乡建设、财政部门要加大绿色建筑评价标识制度的推进力度，建立自愿性标识与强制性标识相结合的推进机制，对按绿色建筑标准设计建造的一般住宅和公共建筑，实行自愿性评价标识，对按绿色建筑标准设计建造的政府投资的保障性住房、学校、医院等公益性建筑及大型公共建筑，率先实行评价标识，并逐步过渡到对所有新建绿色建筑均进行评价标识。

（三）加强绿色建筑评价能力建设。培育专门的绿色建筑评价机构，负责相关设计咨询、产品部品检测、单体建筑第三方评价、区域规划等。建立绿色建筑评价职业资格制度，加快培养绿色建筑设计、施工、评估、能源服务等方面的人才。

四、建立高星级绿色建筑财政政策激励机制，引导更高水平绿色建筑建设

（一）建立高星级绿色建筑奖励审核、备案及公示制度。各级地方财政、住房城乡建设部门将设计评价标识达到二星级及以上的绿色建筑项目汇总上报至财政部、住房城乡建设部（以下简称“两部”），两部组织专家委员会对申请项目的规划设计方案、绿色建筑评价标识报告、工程建设审批文件、性能效果分析报告等进行程序性审核，对审核通过的绿色建筑项目予以备案，项目竣工验收后，其中大型公共建筑投入使用一年后，两部组织能效测评机构对项目的实施量、工程量、实际性能效果进行评价，并将符合申请预期目标的绿色建筑名单向社会公示，接受社会监督。

（二）对高星级绿色建筑给予财政奖励。对经过上述审核、备案及公示程序，且满足相关标准要求的二星级及以上的绿色建筑给予奖励。2012年奖励标准为：二星级绿色建筑45元/平方米（建筑面积，下同），三星级绿色建筑80元/平方米。奖励标准将根据技术进步、成本变化等情况进行调整。

（三）规范财政奖励资金的使用管理。中央财政将奖励资金拨至相关省市财政部门，由各地财政部门兑付至项目单位，对公益性建筑、商业性公共建筑、保障性住房等，奖励资金兑付给建设单位或投资方，对商业性住宅项目，各地应研究采取措施主要使购房者得益。

五、推进绿色生态城区建设，规模化发展绿色建筑

（一）积极发展绿色生态城区。鼓励城市新区按照绿色、生态、低碳理念进行规划设计，充分体现资源节约环境保护的要求，集中连片发展绿色建筑。中央财政支持绿色生态城区建设，申请绿色生态城区示范应具备以下条

件：新区已按绿色、生态、低碳理念编制完成总体规划、控制性详细规划以及建筑、市政、能源等专项规划，并建立相应的指标体系；新建建筑全面执行《绿色建筑评价标准》中的一星级及以上的评价标准，其中二星级及以上绿色建筑达到30%以上，2年内绿色建筑开工建设规模不少于200万平方米。

（二）支持绿色建筑规模化发展。中央财政对经审核满足上述条件的绿色生态城区给予资金定额补助。资金补助基准为5000万元，具体根据绿色生态城区规划建设水平、绿色建筑建设规模、评价等级、能力建设情况等因素综合核定。对规划建设水平高、建设规模大、能力建设突出的绿色生态城区，将相应调增补助额度。补助资金主要用于补贴绿色建筑建设增量成本及城区绿色生态规划、指标体系制定、绿色建筑评价标识及能效测评等相关支出。

六、引导保障性住房及公益性行业优先发展绿色建筑，使绿色建筑更多地惠及民生

（一）鼓励保障性住房按照绿色建筑标准规划建设。各地要切实提高公租房、廉租房及经济适用房等保障性住房建设水平，强调绿色节能环保要求，在制定保障性住房建设规划及年度计划时，具备条件的地区应安排一定比例的保障性住房按照绿色建筑标准进行设计建造。

（二）在公益性行业加快发展绿色建筑。鼓励各地在政府办公建筑、学校、医院、博物馆等政府投资的公益性建筑建设中，率先执行绿色建筑标准。结合地区经济社会发展水平，在公益性建筑中开展强制执行绿色建筑标准试点，从2014年起，政府投资公益性建筑全部执行绿色建筑标准。

（三）切实加大保障性住房及公益性行业的财政支持力度。绿色建筑奖励及补助资金、可再生能源建筑应用资金向保障性住房及公益性行业倾斜，达到高星级奖励标准的优先奖励，保障性住房发展一星级绿色建筑达到一定规模的也将优先给予定额补助。

七、大力推进绿色建筑科技进步及产业发展，切实加强绿色建筑综合能力建设

（一）积极推动绿色建筑科技进步。各级财政、住房城乡建设部门要鼓励支持建筑节能与绿色建筑工程技术中心建设，积极支持绿色建筑重大共性关键技术研究。加大高强钢、高性能混凝土、防火与保温性能优良的建筑保温材料等绿色建材的推广力度。要根据绿色建筑发展需要，及时制定发布相关技术、产品推广公告、目录，促进行业技术进步。

（二）大力推进建筑垃圾资源化利用。积极推进地级以上城市全面开展建筑垃圾资源化利用，各级财政、住房城乡建设部门要系统推行垃圾收集、运输、处理、再利用等各项工作，加快建筑垃圾资源化利用技术、装备研发推广，实行建筑垃圾集中处理和分级利用，建立专门的建筑垃圾集中处理基地。

（三）积极推动住宅产业化。积极推广适合住宅产业化的新型建筑体系，支持集设计、生产、施工于一体的工业化基地建设；加快建立建筑设计、施工、部品生产等环节的标准体系，实现住宅部品通用化，大力推广住宅全装修，推行新建住宅一次装修到位或菜单式装修，促进个性化装修和产业化装修相统一。

各级财政、住房城乡建设部门要按照本意见的部署和要求，统一思想，提高认识，认真抓好各项政策措施的落实，要与发改、科技、规划、机关事务等有关部门加强协调配合，落实工作责任，及时研究解决绿色建筑发展中的重大问题，科学组织实施，推动我国绿色建筑快速健康发展。

财政部 住房和城乡建设部

二〇一二年四月二十七日

关于进一步明确废弃电器电子产品处理基金征收产品范围的通知

财综[2012]80号

各省、自治区、直辖市财政厅（局）、国家税务局：

根据《财政部 环境保护部 国家发展改革委 工业和信息化部 海关总署国家税务总局关于印发〈废弃电器电子产品处理基金征收使用管理办法〉的通知》（财综[2012]34号）的规定，现就国家税务局对电器电子产品生产者征收废弃电器电子产品处理基金（以下简称基金）的产品范围通知如下：

一、纳入基金征收范围的电视机，是指含有电视调谐器（高频头）的用于接收信号并还原出图像及伴音的终端设备，包括阴极射线管（黑白、彩色）电视机、液晶电视机、等离子电视机、背投电视机以及其他用于接收信号并还原出图像及伴音的终端设备。

二、纳入基金征收范围的电冰箱，是指具有制冷系统、消耗能量以获取冷量的隔热箱体，包括各自装有单独外门的冷藏冷冻箱（柜）、容积≤500升的冷藏箱（柜）、制冷温度＞-40℃且容积≤500升的冷冻箱（柜），以及其他具有制冷系统、消耗能量以获取冷量的隔热箱体。

对上述产品中分体形式的设备，按其制冷系统设备的数量计征基金。对自动售货机、容积＜50升的车载冰箱以及不具有制冷系统的柜体，不征收基金。

三、纳入基金征收范围的洗衣机，是指干衣量≤10kg的依靠机械作用洗涤衣物（含兼有干衣功能）的器具，包括波轮式洗衣机、滚筒式洗衣机、搅拌式洗衣机、脱水机以及其他依靠机械作用洗涤衣物（含兼有干衣功能）的器具。

四、纳入基金征收范围的房间空调器，是指制冷量≤14000W（12046大卡/时）的房间空气调节器具，包括整体式空调（窗机、穿墙机、移动式等）、分体形式空调（分体壁挂、分体柜机、一拖多、单元式空调器等）以及其他房间空气调节器。

对分体形式空调器，按室外机的数量计征基金。对不具有制冷系统的空气调节器，不征收基金。

五、纳入基金征收范围的微型计算机，是指接口类型仅包括VGA（模拟信号接口）、DVI（数字视频接口）或HDMI（高清晰多媒体接口）的台式微型计算机的显示器、主机和显示器一体形式的台式微型计算机、便携式微型计算机（含笔记本电脑、平板电脑、掌上电脑）以及其他信息事务处理实体。

六、本通知自2012年7月1日起执行。

财政部 国家税务总局

2012年10月15日

环境保护部政策文件

关于实施《环境空气质量标准》（GB3095-2012）的通知

环境保护部 环发[2012]11号

各省、自治区、直辖市环境保护厅（局），新疆生产建设兵团环境保护局，解放军环境保护局，辽河保护区管理局，各计划单列市、副省级城市环境保护局，各派出机构、直属单位：

为贯彻落实第七次全国环境保护大会和2012年全国环境保护工作会议精神，加快推进我国大气污染治理，切实保障人民群众身体健康，我部批准发布了《环境空气质量标准》（GB3095 2012）。现就分期实施该标准通知如下：

一、充分认识实施《环境空气质量标准》的重要意义

实施《环境空气质量标准》是新时期加强大气环境治理的客观需求。随着我国经济社会的快速发展，以煤炭为主的能源消耗大幅攀升，机动车保有量急剧增加，经济发达地区氮氧化物（NO_x）和挥发性有机物（VOCs）排放量显著增长，臭氧（O_3）和细颗粒物（PM2.5）污染加剧，在可吸入颗粒物（PM10）和总悬浮颗粒物（TSP）污染还未全面解决的情况下，京津冀、长江三角洲、珠江三角洲等区域PM2.5和O_3污染加重，灰霾现象频繁发生，能见度降低，迫切需要实施新的《环境空气质量标准》，增加污染物监测项目，加严部分污染物限值，以客观反映我国环境空气质量状况，推动大气污染防治。

实施《环境空气质量标准》是完善环境质量评价体系的重要内容。健全环境质量评价体系，建立科学合理的环境评价指标，使评价结果与人民群众切身感受相一致，逐步与国际标准接轨，是探索环保新道路的重要任务。实施《环境空气质量标准》是落实《国务院关于加强环境保护重点工作的意见》、《关于推进大气污染联防联控工作改善区域空气质量的指导意见》以及《重金属污染综合防治“十二五”规划》中关于完善空气质量标准及其评价体系，加强大气污染治理，改善环境空气质量的工作要求。

实施《环境空气质量标准》是满足公众需求和提高政府公信力的必然要求。与新标准同步实施的《环境空气质量指数（AQI）技术规定（试行）》增加了环境质量评价的污染物因子，可以更好地表征我国环境空气质量状况，反映当前复合型大气污染形势；调整了指数分级分类表述方式，完善了空气质量指数发布方式，有利于提高环境空气质量评价工作的科学水平，更好地为公众提供健康指引，努力消除公众主观感观与监测评价结果不完全一致的现象。

二、分期实施新修订的《环境空气质量标准》

我国不同地区的空气污染特征、经济发展水平和环境管理要求差异较大，新增指标监测需要开展仪器设备安装、数据质量控制、专业人员培训等一系列准备工作。为确保各地有仪器、有人员、有资金，做到测得出、测得准、说得清，确保按期实施新修订的《环境空气质量标准》，现提出如下要求：

（一）分期实施新标准的时间要求

2012年，京津冀、长三角、珠三角等重点区域以及直辖市和省会城市；

2013年，113个环境保护重点城市和国家环保模范城市；

2015年，所有地级以上城市；

2016年1月1日，全国实施新标准。

（二）鼓励各省、自治区、直辖市人民政府根据实际情况和当地环境保护的需要，在上述规定的时间要求之前实施新标准。

（三）经济技术基础较好且复合型大气污染比较突出的地区，如京津冀、长三角、珠三角等重点区域，要做到率先实施环境空气质量新标准，率先使监测结果与人民群众感受相一致，率先争取早日和国际接轨。

三、大力推进大气污染防治，不断改善环境空气质量

当前，我国大气污染形势十分严峻，突出表现在大气污染物排放量大、大气环境污染物浓度高、区域性大气复合型污染严重。实施环境空气质量标准、开展监测和公布数据只是解决大气环境问题的第一步，必须大力推进大气污染防治，采取切实措施改善空气质量。近期，环保部门应积极联合有关部门，重点做好以下工作：

（一）开展科学研究，制定达标规划。在抓紧开展监测与信息发布的基础上，组织力量尽快开展达标减排相关科研，摸清规律，明确排放清单和控制对策，针对空气质量改善途径和阶段目标以及相应的控制工程技术进行科学、系统、深入地研究，探索建立辖区大气环境质量预报系统、逐步形成风险信息研判和预警能力，进一步增强大气污染防治科技支撑。未达到环境空气质量标准的大气污染防治重点城市，要制定达标规划报上级部门批准实施。

（二）提高环境准入门槛。严把新建项目准入关，严格控制"两高一资"项目和产能过剩行业的过快增长及产品出口。加强区域产业发展规划环境影响评价，严格控制钢铁、水泥、平板玻璃、传统煤化工、多晶硅、电解铝、造船等产能过剩行业扩大产能项目建设。

（三）深入开展重点区域大气污染联防联控。在京津冀、长三角、珠三角等重点区域实施大气污染防治规划，加大产业调整力度，加快淘汰落后产能。积极推广清洁能源，开展煤炭消费总量控制试点。实施多污染物协同控制，制定并实施更加严格的火电、钢铁、石化等重点行业大气污染物排放限值，大力削减二氧化硫、氮氧化物、颗粒物和挥发性有机物排放总量。

（四）切实加强机动车污染防治。采取激励与约束并举的经济调节手段，加快推进车用燃油品质与机动车排放标准实施进度同步，提升车用燃油清洁化水平。全面落实第四阶段机动车排放标准，鼓励重点地区提前实施第五阶段排放标准。全面推行机动车环保标志管理，加快淘汰"黄标车"，到2015年基本淘汰2005年以前注册运营的"黄标车"。加强机动车环保监管能力建设，强化在用车环保检验机构监管，全面提高机动车排放控制水平。

（五）建立健全极端不利气象条件下大气污染监测报告和预警体系。地级以上城市环保部门要按照《环境空气质量指数（AQI）技术规定（试行）》开展环境空气监测结果日报和实时报工作，为公众提供健康指引，引导当地居民合理安排出行和生活。结合当地实际情况，研究制定大气污染防治预警应急预案、构建区域应急体系，出现重污染天气时及时启动应急机制，实行重点排放源限产限排、建筑工地停止土方作业、机动车限行等应急措施，向公众提出防护措施建议。

各地应尽快做好实施新标准的相关准备工作，按期实施，并将实施情况及时报告我部。

二〇一二年二月二十九日

关于公布《"十二五"主要污染物总量减排目标责任书》要求2012年完成的重点减排项目的公告

环境保护部公告 2012年 第27号

受国务院委托，环境保护部与31个省、自治区、直辖市人民政府和新疆生产建设兵团，以及中国石油天然气集团公司、中国石油化工集团公司、国家电网公司、中国华能集团公司、中国大唐集团公司、中国华电集团公司、中国国电集团公司、中国电力投资集团公司等8家中央企业集团签订了《"十二五"主要污染物总量减排目标责任书》,要求加强领导，明确责任，落实措施，确保按期完成污染减排工作目标任务。现将2012年要求完成的重点减排项目名单予以公告（见附件）。各地方和有关企业应采取有效措施，确保列入名单的治理项目在2012年底前完成。各级环保部门要及时将项目要求及完成时限落实到位，并加大监督检查力度。对重点减排项目未按目标责任书落实的地区和企业，我部将根据《国务院关于印发"十二五"节能减排综合性工作方案的通知》（国发〔2011〕26号）第（三十七）条的规定，实行阶段性环评限批。请社会各界和新闻媒体予以监督。

附件：《"十二五"主要污染物总量减排目标责任书》要求2012年完成的重点减排项目名单（略）

二〇一二年四月十二日

关于公布全国城镇污水处理设施等重点减排工程的公告

环境保护部 公告 2012年 第29号

为督促城镇污水处理设施、燃煤机组脱硫脱硝设施和钢铁烧结机及球团脱硫设施的正常运行，现将全国已建成投运的城镇污水处理设施、燃煤机组脱硫脱硝设施和钢铁烧结机及球团脱硫设施名单予以公告。其中，全国投运的城镇污水处理设施共3184座，总设计处理能力1.36亿立方米/日，平均日处理水量1.06亿立方米；燃煤脱硫机组共4468台，总装机容量6.70亿千瓦；燃煤脱硝机组共289台，总装机容量1.29亿千瓦；钢铁烧结机脱硫设施302台，烧结机总面积4.50万平方米；钢铁球团脱硫设施32台，球团年生产能力1290万吨。

请各级环保部门切实加强对重点减排工程的监督检查，确保稳定运行，同时请新闻媒体和社会各界予以监督。

附件：（略）

二〇一二年四月十八日

关于组织开展废弃电器电子产品拆解处理情况审核工作的通知

各省、自治区、直辖市环境保护厅（局）、财政厅（局），各环境保护督查中心：

根据《废弃电器电子产品回收处理管理条例》和财政部、环境保护部等部门《关于印发〈废弃电器电子产品处理基金征收使用管理办法〉的通知》（财综〔2012〕34号，以下简称《办法》，见附件1），为确保落实废弃电器电子产品处理基金补贴政策，现就组织开展废弃电器电子产品拆解处理情况审核工作有关事项通知如下：

一、高度重视。废弃电器电子产品处理基金（以下简称“基金”）是国家设立的政府性基金，对于促进废弃电器电子产品规范回收处理具有重要意义。《办法》规定环境保护主管部门负责核定废弃电器电子产品处理企业（以下简称“处理企业”）拆解处理种类和数量；财政部负责按照环境保护部提交的废弃电器电子产品拆解处理种类、数量，核定每个处理企业补贴金额并拨付补贴基金。各级环保部门和财政部门务必高度重视，进一步提高认识，加强组织领导，落实责任单位和责任人，坚持公开、公平、廉政、高效的原则，切实抓好审核工作，保障基金使用安全。

二、制定审核工作方案。省级环保部门负责组织本辖区处理企业拆解处理种类和数量的审核工作。要制定审核工作方案，配置专人负责审核工作。审核工作方案要明确审核工作机制、工作流程和工作时限等内容。审核工作要充分发挥有关部门、行业协会和专家的作用；对涉及处理企业相关资金往来的信息，可委托或邀请会计师事务所等专业机构审核；在保障资金安全的前提下，要不断提高审核效率。对未制定审核工作方案的省（区、市），环境保护部不予受理该省（区、市）的审核申请。

三、严格审核。各相关环保部门要依据《废弃电器电子产品企业补贴审核指南》，对处理企业回收和拆解处理废弃电器电子产品的物流、信息流和资金流进行比对审核，确定拆解处理种类和数量。对处理企业不能提供材料证明的，或者有关物流、信息流和资金流等信息不一致且不能提供充分合理理由的，不予认可。对危险废物类拆解产物（如含铅玻璃、印刷电路板等）的处理情况，不仅要核对委托处理合同，还要核对危险废物接收单位返还的转移联单；无接收单位返还转移联单的，不予认可。省级财政部门在职责范围内，就保障基金使用安全开展相关工作。

四、及时报送审核结果。省级环保部门要按季度组织开展审核工作，督促处理企业在每个季度结束次月的5日前上报拆解处理的种类和数量，确保在每个季度结束次月的月底前以省级环保部门正式文件形式将审核情况上报环境保护部，并附《废弃电器电子产品拆解处理情况表》（格式见附件2）、《废弃电器电子产品基金补贴审核报告》（辖区内一个企业一个报告，报告由具体负责审核的环保部门出具，格式参照附件3），省级环保部门不得无故不上报或者拖延上报审核意见。《废弃电器电子产品拆解处理情况表》须由省级环保部门负责人签字并加盖公章；环境保护部核实汇总后，提交财政部；财政部核定每个处理企业的补贴金额后，按照国库集中支付制度有关规定支付资金。有关审核资料应当归档备查，保存期限不少于3年。拆解处理种类和数量从处理企业获得拆解处理资质之日起开始计算；对“以旧换新”政策实施期间，国家已给予补贴的，不得重复计算补贴产品数量。

五、加强处理企业监管。省级环保部门要制定监管方案，按照属地监管原则，组织县级以上地方环保部门加强日常监管，原则上每两周现场检查一次，有条件的地区可以实行驻厂监管。原则上负责废弃电器电子产品处理资格许可的设区的市级环保部门是处理企业的第一监管责任人。要重点抽查核实处理企业每日报送的拆解处理种类和数量，检查含铅玻璃、废弃印刷电路板等危险废物利用处置等环境保护情况等；对处理企业发生视频监控系统、信息系统故障等不利于审核情形的，应责令企业限期整改，并停止废弃电器电子产品收集和拆解处理活动直至整改符合要求。环境保护部、财政部将组织对处理企业进行随机抽查。

六、建立基金补贴企业退出机制。各省级环保部门要根据日常监管情况，对辖区内处理企业进行综合评估，适时调整本省（区、市）《废弃电器电子产品处理发展规划》布点，淘汰缺乏诚信、不符合环保要求、回收体系不健全、资源综合利用率低或者技术工艺落后的企业；增补设备先进、管理规范、资源利用效率高、回收体系健全的企业，并报财政部、环境保护部等部门审核后调整纳入基金补贴范围的企业名单，逐步提高处理行业整体水平。

七、完善监控措施。各级相关环保部门要督促处理企业按照《废弃电器电子产品处理企业资格审查和许可指南》的要求，完善处理企业远程视频监控系统（具体要求见附件4），对拆解处理全过程进行监控，并与省级环保部门联网；督促处理企业建设数据信息管理系统（具体要求见附件4），在财政部会同环境保护部等部门建立废弃电器电子产品回收处理实时监控信息管理系统后，能够与之对接联网。要充分发挥信息系统的辅助审核作用，加强数据分析，查找风险，提高监管和审核的针对性。

八、经费保障。对各级环保部门在开展废弃电器电子产品拆解处理审核工作中发生的委托专业机构审核经费、建设远程视频监控系统经费及其他相关经费开支，由各级环保部门向同级财政部门提出申请，同级财政部门在环保部门预算中予以核定，切实保障环保部门开展废弃电器电子产品拆解处理审核工作的需要。

九、严肃纪律。各级环保部门应当严格执行党风廉政建设的有关规定，廉洁自律，坚决杜绝权钱交易。要实行信息公开，设区的市级以上地方环保部门应当在门户网站上公开本地区各处理企业的审核情况，接受公众监督。对发现处理企业以虚报、冒领等手段骗取基金补贴的，要提请财政部、环境保护部取消给予基金补贴的资格，并向社会公布；构成犯罪的，依法追究刑事责任。

省级环保部门要督促第一批纳入基金补贴范围的企业在落实相关整改要求的基础上，尽快全面开展拆解处理工作，并相应做好审核工作。请各省级环保部门于2012年9月30日前将本省审核工作方案、负责人及联系人联系方式报环境保护部、财政部备案。

环境保护部　财政部

2012年9月3日

住房和城乡建设部政策文件

关于组织开展2012年度住房城乡建设领域节能减排监督检查的通知（节录）

建办科[2012]43号

各省、自治区住房城乡建设厅，直辖市、计划单列市住房城乡建委（建设交通委、建设局），新疆生产建设兵团建设局：

为贯彻落实《节约能源法》、《民用建筑节能条例》和《国务院关于印发“十二五”节能减排综合性工作方案的通知》（国发[2012]26号），进一步推进住房城乡建设领域节能减排工作，我部定于2012年12月上旬开展专项监督检查。现将有关事项通知如下：

一、检查目的

检查了解各地住房城乡建设领域2012年度节能减排工作进展，总结推广各地推进节能减排工作的经验和做法，查找工作中的不足并提出改进措施。

二、检查内容

根据国务院明确的住房城乡建设领域节能减排任务，检查建筑节能、供热计量改革、城市照明节能及城镇污水处理、生活垃圾处理设施建设运行管理方面的情况。

（一）建筑节能

（二）北方采暖地区供热计量改革

（三）城市照明节能

（四）城镇污水处理

1.重点检查《“十二五”全国城镇污水处理及再生利用设施建设规划》落实情况以及中央资金支持的城镇污水处理设施及其配套管网建设进展情况。

2.重点检查已建成投运的城镇污水处理厂运行负荷情况、达标排放情况和污染物削减情况。

3.未建成投运城镇污水处理厂的市（县）设施建设进展情况。

4.对2011年度住房城乡建设领域节能减排检查中存在问题项目的整改落实情况进行“回头看”。

（五）生活垃圾处理设施运行管理

1.各地贯彻落实《关于进一步加强城市生活垃圾处理工作的意见》（国发[2011]9号）的情况，落实《“十二五”全国城镇生活垃圾无害化处理设施建设规划》（国办发[2012]23号）的情况及各地“十二五”规划的编制、落实情况，受检城市生活垃圾处理设施建设和运行情况。

2.按照《关于做好城镇生活垃圾处理信息报送工作的通知》（建办城函[2009]226号）精神，报送垃圾处理信息系统相关信息情况。

3.餐厨垃圾试点工作情况。按照批复的各试点城市（区）《餐厨废弃物资源化利用和无害化处理试点城市建设实施方案》和《推进餐厨废弃物资源化利用和无害化处理试点工作承诺书》，重点检查一、二批试点城市的餐厨废弃物收集、运输、利用和处理体系建设工作，以及法规、标准、管理体系等能力建设工作。

三、检查时间及组织方式

（一）检查时间：2012年12月上旬。

（二）检查地区：北京、天津、河北、山西、内蒙古、辽宁、吉林、黑龙江、上海、江苏、浙江、安徽、福建、江西、山东、河南、湖北、湖南、广东、广西、海南、重庆、四川、贵州、云南、陕西、甘肃、宁夏、新疆、青海省（自治区、直辖市）及新疆生产建设兵团，大连、青岛、宁波、厦门、深圳市。每个省（自治区）检查省会城市（自治区首府），抽查1个地级市、1个县；直辖市、计划单列市检查市本级，抽查1个区（县）。

（三）组织方式：本次专项监督检查共分10个检查组，每组检查2～3个省（区、市）。各省（区、市）受检地级城市及县（区）由检查组确定，并于2012年12月5日前通知相关省、自治区住房城乡建设主管部门。

各检查组的具体日程安排另行通知。

四、有关要求

（四）城镇污水处理专项检查

1.受检省（区、市）和市（县）住房城乡建设（城镇排水）主管部门向检查组汇报本地区贯彻落实国家“十二五”城镇污水处理及其配套管网设施相关规划、推进设施建设和运行管理工作等方面的情况，并提供相关书面材料。

2.受检省（区、市）住房城乡建设（城镇排水）主管部门认真组织填写《“十二五”全国城镇污水处理及再生利用设施建设规划进展情况表》、《2011 — 2012年中央财政城镇污水处理配套管网专项资金集中支持项目建设完成情况清算表》、《城镇污水处理设施运营情况检查表》、《未建成运行城镇污水处理设施的县（市、旗）情况检查表》和《2011年度存在问题项目整改进展情况表》，填写完成的表格应在检查组离开受检省（区、市）前提交检查组，并同时报我部城市建设司。

3.受检省（区、市）住房城乡建设（城镇排水）主管部门尽快组织补报未纳入“全国城镇污水处理管理信息系统”（以下简称“信息系统”）的项目。

4.受检市（县）提供本地区城镇污水处理及配套管网设施清单（含在建项目），由检查组抽取现场检查项目。地级及以上城市检查不少于3个项目，县级市和县城检查不少于2个项目。

（五）生活垃圾处理设施运行管理专项检查

1.受检省（区、市）和市（县）主管部门向检查组汇报落实国发[2011]9号文件的具体举措和取得的效果，垃圾处理设施建设及运行情况、餐厨废弃物资源化利用和无害化处理试点城市建设情况等，并提交书面材料。

2.受检省（区、市）认真填写《生活垃圾处理设施基本情况表》、《生活垃圾处理设施情况汇总表》，填写完成的表格应在检查组离开受检省（区、市）前提交检查组，并同时报我部城市建设司。

3.受检市（县）提供本地区生活垃圾处理设施清单（含在建项目），由检查组抽取现场检查项目。

五、检查结果处理方式

（一）检查组向省级住房城乡建设主管部门反馈检查情况。

（二）对检查中发现的问题，要求提出整改措施，并跟踪督导。对违反《节约能源法》、《民用建筑节能条例》及有关标准中强制性条文的工程项目，下发执法告知书。

（三）建筑节能、供热计量改革专项检查将针对主管部门工作情况进行评分，并由高到低排序。

（四）对具备供热计量收费条件拒不按照用热量计价收费的供热企业将公布城市和企业名单，进行通报。

附件：（略）

住房和城乡建设部办公厅

2012年11月23日

国土资源部政策文件

煤炭资源合理开发利用“三率”指标要求（试行）

（国土资源部 2012年9月20日公告）

煤炭资源合理开发利用“三率”是指煤矿采区回采率、原煤入选率、煤矸石与共伴生矿产资源综合利用率等三项指标，是评价煤炭企业开发利用煤炭资源效果的主要指标。经研究，确定其指标要求如下：

一、“三率”指标要求

（一）煤矿采区回采率。

1.井工煤矿。

薄煤层（<1.3米）不低于85%；中厚煤层（1.3～3.5米）不低于80%；厚煤层（>3.5米）不低于75%；

对于采用水力采煤技术的井工煤矿，薄煤层、中厚煤层和厚煤层的采区回采率分别不低于80%、75%和70%。

2.露天煤矿。

薄煤层（<3.5米）不低于85%；中厚煤层（3.5～10.0米）不低于90%；厚煤层（>10.0米）不低于95%。

（二）原煤入选率。

煤炭矿山企业的原煤入选率原则上应达到75%以上。

（三）煤矸石与共伴生矿产资源综合利用率。

国家鼓励煤炭矿山企业合理开发与综合利用煤矸石以及与煤共伴生矿产资源。开采设计或开发利用方案也要对煤层气、黄铁矿、镁、铟、高岭土等矿产资源开发利用提出指标要求。其中煤矸石和矿井水综合利用率均应达到75%以上。

二、监督管理

（一）本指标要求是国土资源主管部门监督管理煤炭矿山企业合理开发利用矿产资源的重要依据。

（二）本指标要求是编制和审查煤炭资源开发利用方案、矿山设计的依据，新建或改扩建的煤炭矿山企业的“三率”指标应达到本指标要求。

（三）生产矿山要在本指标要求发布之日后两年内达到本指标要求规定的要求。达不到本指标要求的，省级国土资源主管部门应组织督促其限期整改，整改后仍未达标的矿山企业，不予通过矿产资源开发利用年度检查。受地区煤层、技术等客观条件限制达不到本指标要求的，矿山企业应说明原因，并提交具备设计资质的单位出具的论证报告，提出改进措施。原采矿权登记管理机关要对矿山企业提交的论证报告予以审定。

（四）省级国土资源主管部门负责对辖区煤炭矿山企业执行本指标要求情况进行监督管理，不定期开展抽查和检查，定期公告符合本指标要求的煤炭矿山企业名单，实行社会监督，动态管理。

三、指标定义与计算方法

（一）煤矿采区回采率。

1.定义。

煤矿采区回采率：是指采区实际采出煤量与采区动用资源储量的百分比。

采出煤量（矿井采区）：是指采区内所有工作面采出煤量与掘进煤量之和。

采出煤量（露天矿采区）：是指采区内实际采出的煤量。

采区动用资源储量：是指采区采出煤量与开采损失煤量之和。

2.计算方法。

采区回采率（K）＝采区采出煤量（百万吨）/采区动用资源储量（百万吨）×100%

（二）原煤入选率。

1.定义。

原煤入选率：是指选煤厂年度入选原煤量与矿山年度生产原煤量的百分比。

入选原煤量：指从毛煤中拣出大块矸石后进入选煤厂供选煤设备分选的原煤。对于变质程度低，风化、泥化严重的褐煤（不包括老年褐煤）和质量较好的动力用煤（灰分低于12%、硫分低于1%、经简单加工处理就可以达到用户对产品质量要求），可以不入选，其煤炭加工量计入原煤入选量。

生产原煤量：指所有进入选煤厂与直接外销原煤数量的总和。

2.计算方法。

原煤入选率（P）=入选原煤量（百万吨/年）/生产原煤量（百万吨/年）×100%

（三）煤矸石与共伴生矿产资源综合利用率。

1.定义。

①煤矸石综合利用率：是指煤矿年度生产过程中，利用的煤矸石量与产生的煤矸石量的百分比。

②矿井水综合利用率：是指煤矿年度生产过程中，产生的矿井水减去排放的矿井水与产生的矿井水之间的百分比。

③共伴生矿产资源综合利用率：是指煤矿年度生产过程中，所有共伴生矿产的开发利用量与其开采动用的资源储量的百分比之平均值。

2.计算方法。

①煤矸石综合利用率（$R_{煤矸石}$）=年度利用的煤矸石量/年度产生的煤矸石量×100%

②矿井水综合利用率（$R_{矿井水}$）=（年度产生的矿井水-年度排放的矿井水）/年度产生的矿井水×100%

③共伴生矿产资源综合利用率（R）= $\frac{1}{n}\sum_{i=1}^{n} r_i$

r_i 第i个共伴生矿产利用率，是指第i个共伴生矿产年度利用量与该矿产年度开采动用资源储量的百分比。

n 与煤共伴生矿产个数

四、附则

本指标要求自发布之日起试行，由国土资源部负责解释。

商务部政策文件

关于开展再生资源回收体系建设项目督查工作的通知

各省、自治区、直辖市、计划单列市及新疆生产建设兵团商务主管部门：

为加强对再生资源回收体系建设项目监管，确保试点项目顺利推进并达到预期成效，我部决定自2012年4月中旬起，组织对再生资源回收体系建设项目进行督查，现就有关事项通知如下：

一、切实提高认识

开展再生资源回收体系建设项目督查，是贯彻落实《国务院办公厅关于建立完整的先进的废旧商品回收体系的意见》（国办发[2011]49号）要求，加快建立网络完善、分拣技术先进、管理规范的再生资源回收体系的重要举措。各地商务主管部门要高度重视，认真组织，严格督查项目内容，完善督查方式，提高督查效果，切实把工作抓紧抓实。

二、开展项目自查

各省级商务主管部门在4月中旬按督查方案（见附件）要求组织项目自查，并于5月20日前向我部（流通发展司）提交自查报告和项目实施效果情况表。

三、组织第三方督查

在做好自查的基础上，各地商务主管部门要建立第三方督查制度，委托具有资质的机构，组织专业人员开展项目督查。第三方督查机构名单和督查报告请于6月30日前报我部（流通发展司）。同时，我部将委托流通产业促进中心进行抽查。

四、建立定期督查制度

各地商务主管部门要在总结本次督查经验的基础上，建立定期督查制度，每半年报送一次督查报告，督查中的经验和做法也请及时报送。各地项目进展及督查情况将作为下一年度项目安排的重要依据。

项目督查中如有问题，请及时与我部（流通发展司）联系。

附件：再生资源回收体系建设项目督查方案

商务部办公厅

二〇一二年四月十一日

附件：

再生资源回收体系建设项目督查方案

一、督查目的

为全面了解中央财政支持项目的进展情况，加强对再生资源回收体系建设项目监管，及时总结经验，研究问题，确保试点项目顺利推进并达到预期成效，及时发挥试点项目的带动作用。

二、检查内容

2009-2012年列入中央财政支持的再生资源回收体系试点城市建设、再生资源回收基地建设两类项目，包括项目立项、执行情况、资金管理和使用情况、项目实施效果等。检查对象包括各级商务主管部门和企业。具体内容：

（一）检查地方商务主管部门工作

1.项目组织情况

（1）项目决策情况。项目确定是否民主、公开、科学，是否经过招标程序，是否经过集体研究，是否通过适当的渠道向社会公示；相关事项是否建立文件档案。

（2）工作制度情况。是否制定详细的工作计划，建立相关管理和监督机制，组织和人员是否落实，有关工作是否按进度进行并达到相关要求。

（3）项目实施和验收。是否制定详细的项目实施、验收工作方案，并认真组织实施。

（4）绩效考核。是否制定绩效考核和奖惩办法，充分调动相关单位和人员积极性。

2.资金使用管理情况

（1）资金管理制度。是否制定资金使用管理办法及相关制度，是否建立相关监督检查机制，确保资金使用安全。

（2）资金使用方向。是否按照资金管理规定操作使用，资金是否在规定的项目和环节使用。

（3）资金拨付情况。检查补贴资金是否按时、足额下拨到承办企业，是否存在滞留、截留、挤占、挪用、虚报冒领、贪污私分等违纪违法行为。

3.各项目实施的效果。

（二）检查承担企业情况

1.企业资质方面。

是否具有相关资质，是否符合相关项目承办主体要求。是否具备土地、环评、立项等方面资质。

2.资金使用管理方面。

（1）资金申领情况。检查项目承担企业是否如实提供申领资金材料；对同一建设项目是否存在多头申领资金情况。

（2）资金使用情况。检查项目承担企业资金使用方向是否符合财政部、商务部有关文件要求；是否按照资金管理规定操作使用；是否存在挪用、虚报冒领、贪污私分等违纪违法行为。

3.企业项目实施进展情况及效果。

三、检查方式

项目督查采取自查、第三方督查与商务部抽查相结合的方式，共分三个阶段。

（一）第一阶段（4月-5月中旬）：各地商务主管部门对督查范围内的所有项目，按督查的内容要求进行全面自查，指导帮助项目单位建立规范的项目档案，填写项目实施效果进展表（见附表1、2），并对督查情况进行书面总结。总结材料主要包括以下内容：

1.项目实施总体情况。主要包括项目总体进展情况、投资完成总体情况、中央和省级财政投资到位情况、地方配套及项目自筹资金落实到位情况等。

2.采取的主要措施及效果等情况。主要包括项目的组织实施、项目的监管措施、取得的具体成效（数字描述）等。

3．项目存在的主要问题及整改意见。按照项目督查的内容、逐项对照核查，对于项目存在不合规、不合法的问题和行为，立即作出整改；不能立即整改的，要实事求是地加以认定，并提出整改意见及建议，问题认定要客观准确，整改措施应具体可行。

自查报告及项目实施进展情况表于2012年5月20日前上报商务部。

（二）第二阶段（5月下旬-6月底）：由省级商务主管部门委托第三方督查机构，对本地项目进行督查，并提交书面督查报告，报告应包括：项目实施的总体情况、存在的主要问题及原因、相关建议等。第三方督查机构名单及报告于2012年6月30日前上报商务部。

（三）第三阶段（7-10月）：商务部委托流通产业促进中心对各省项目进行抽查，形成项目评估报告。

四、督查要求

（一）督查工作要本着务实、高效、廉洁的原则进行，轻车简从，要发扬求真务实的工作作风，深入调查，不走过场，切实保证督查效果。

（二）各省级商务主管部门在督查中要及时总结经验，抓好典型，发现问题，研究对策，加强指导，推进工作。

附表：1. 再生资源回收体系试点城市项目进展情况及实施效果统计表

2. 再生资源回收利用基地项目进展情况及实施效果统计表

关于开展再生资源回收行业调查通知

商办流通函［2012］316号

各省、自治区、直辖市、计划单列市及新疆建设兵团商务主管部门：

为贯彻落实《国务院办公厅关于建立完整的先进的废旧商品回收体系的意见》（国办发〔2011〕49号），全面掌握行业发展情况，深入了解企业政策需求，推动再生资源回收行业持续、健康、协调发展，商务部决定开展再生资源回收行业情况摸底调查工作，现将有关事项通知如下：

一、调查内容

（一）行业管理情况本省（区、市）及试点城市再生资源回收立法、规划和政策情况，行业管理部门的机构设置、制度建设情况（附表1）。

（二）行业发展情况

本省（区、市）及试点城市再生资源总体规模、情况和各主要回收品种的规模、情况（附表2）。

（三）企业发展情况

本省（区、市）年销售额在5000万元以上的大中型企业基本情况（附件3）。

（四）政策建议

当前制约行业、企业发展的突出体制机制障碍、矛盾和问题，从法律、规划以及税收、土地政策等方面改善行业发展环境的意见建议；增强行业规范化、专业化、组织化、规模化、产业化程度的政策建议。

二、工作要求

（一）填报要求

各地商务主管部门要认真组织部署，充分发挥政府、协会、企业等各方面优势，确保摸底调查工作及时完成。其中，附件1调查表及相关政策建议由省级商务主管部门负责汇总填写；附件2的调查表由省级商务主管部门和试点城市商务主管部门分别填写，省级商务主管部门收集上报；附件3的调查表由各地商务主管部门负责督促本地区全部的大、中型企业在再生资源电子备案系统中填报（网上填报流程见附件4）。上述调查表可在商务部网站流通发展司网站子网下载。

（二）时间要求

各地省级商务主管部门于2012年5月25日前将附件1、附件2的调查表及政策建议的书面材料和电子版报送商务部（流通发展司）；大、中型企业调查表于2012年6月15日前在网上填报完毕。

各地上报的文件材料将作为商务部考核各地再生资源体系建设开展情况的重要依据，今后再生资源体系建设支持对象将从调查企业信息库中择优选取。

附件：（略）

商务部 办公厅

二〇一二年五月八日

关于进一步做好废旧商品回收体系建设工作的通知

商办流通函[2012]831号

各省、自治区、直辖市、计划单列市及新疆生产建设兵团商务主管部门：

为深入贯彻落实《国务院办公厅关于建立完整的先进的废旧商品回收体系的意见》（国办发[2011]49号，以下简称《意见》）、《国务院办公厅关于印发建立完整的先进的废旧商品回收体系重点工作部门分工方案的通知》（国办函[2012]82号）等文件精神，进一步做好废旧商品回收体系建设工作，现就有关事项通知如下：

一、充分认识废旧商品回收体系建设的重要性

"十二五"时期是我国全面建设小康社会的关键时期，是深化改革开放、加快转变经济发展方式的攻坚时期，也是废旧商品回收行业发展再上新台阶的重要机遇期。《意见》的发布，体现了党中央、国务院对废旧商品回收体系建设工作的高度重视，各地商务主管部门要从深入贯彻落实科学发展观、加快转变经济发展方式、建设"两型社会"的高度，充分认识这项工作的重要性，进一步增强紧迫感、责任感和使命感，结合实际，认真落实各项工作，促进完整的先进的废旧商品回收体系早日建立。

二、建立健全组织机构

经国务院批准，建立由商务部牵头，22个部门组成的废旧商品回收体系部际联席会议制度。部际联席第一次会议明确，将完善政策环境、开展公共机构回收试点、组织绿色回收进校园和开展宣传周系列活动作为2012年下半年工作重点。各地商务主管部门要按照《意见》的要求，在当地人民政府的统一领导下，建立由商务主管部门牵头、有关部门参与的工作机制，明确各部门任务分工；结合本地实际，提出工作重点，加强工作的动态考核，确保各项工作落到实处。

三、建立重点企业联系制度

培育龙头企业是加快废旧商品回收体系建设的重中之重。各地商务主管部门要按照《商务部办公厅关于开展再生资源回收行业调查的通知》（商办流通函[2012]316号）要求，结合废旧商品的重点品种，遴选10—20家具有代表性的龙头企业，建立省级重点企业联系制度，并及时向我部推荐。商务部将在各地推荐的基础上，建立全国重点企业联系制度。

四、开展废旧商品回收体系示范工作

根据国家"十二五"规划纲要关于建设80个网点布局合理、管理规范、回收方式多元、重点品种回收率高的废旧商品回收体系示范城市的要求，商务部将在省级试点工作的基础上，确定全国废旧商品回收体系试点城市，并适时开展废旧商品回收体系示范城市评价工作。各地商务主管部门要按照试点城市建设规范的要求，认真做好省级废旧商品回收体系建设试点，结合城市建设发展规划，合理布局，规范建设，逐步形成以龙头企业为主导、以回收站点为基础、以分拣加工集聚区为核心、以信息平台为支撑的废旧商品回收体系。

五、加强基础性工作

各地商务主管部门要尽快制订符合当地实际的废旧商品回收体系发展规划，根据人口规模、经济发展水平、资源产生量等因素，做好重点品种回收站点、分拣中心及回收利用基地的规划布局，促进回收与利用产业的有效融合。同时，要按照商务部统一部署，切实做好回收行业统计和标准制订工作，以回收网点、分拣中心、劳动者保护等标准为重点，加大地方性标准制修订和贯彻实施力度。

六、加强项目监管

各地商务主管部门要按照《商务部办公厅关于开展再生资源回收体系建设项目督查工作的通知》（商办流通函[2012]258号）要求，制定项目资金管理办法，严格项目申报程序，认真组织项目评审及验收，加强跟踪问效，切实管好、用好资金，确保中央财政资金安全和项目建设实效。

请各地商务主管部门按照本通知要求，积极落实各项工作任务。其中第二、三项工作落实情况请于2012年8月31日前报商务部（流通发展司）。

商务部办公厅

2012年7月27日

国务院机关事务管理局政策文件

关于加强公共机构废旧商品回收利用工作的通知

（国管节能 [2012]91号）

各省、自治区、直辖市、计划单列市及新疆生产建设兵团公共机构节能管理部门、商务主管部门：

为贯彻落实《国务院办公厅关于建立完整的先进的废旧商品回收体系的意见》（国办发[2011]49号），加强公共机构废旧商品回收利用工作，建立网络完善、处理良好、管理规范的公共机构废旧商品回收体系，现就有关事项通知如下：

一、充分认识公共机构废旧商品回收利用工作的重要性

国家机关、事业单位、团体组织等公共机构在运行过程中，产生了大量的废纸、废弃电器电子产品、报废汽车、废弃节能灯、废塑料等废旧商品，如果不加以妥善回收和处理，不仅是资源的极大浪费，也会造成环境污染。公共机构作为社会行为和公共道德的示范和标杆，加强废旧商品回收利用工作，不仅是建设节约型社会的具体体现，也是促进循环经济发展的客观要求，对于引领和带动全社会节约资源、保护环境具有重要的示范意义。各地区要切实增强责任感和紧迫感，加强组织协调，落实工作责任，确保公共机构废旧商品回收利用工作取得实效。

二、着力抓好公共机构废旧商品回收利用重点工作

（一）抓好重点品种回收。对废旧商品实行分类回收处置，力争到2015年各主要品种回收利用率达到80%以上。对于废纸、废金属、废塑料、废旧节能灯、废铅酸（锂）电池等，要在办公区设置分类回收箱，加强分类收集；对于废弃电器电子产品、废旧机电设备等报废资产，鼓励各地区结合国有资产处置平台进行统一回收处置；对于报废汽车，鼓励各地区与汽车生产厂家建立以旧换新、补偿差价、厂家回收等处置方式，或者按照国家有关规定委托具备资质的汽车解体厂家进行拆解处置。其中，有涉密内容的废纸和存储介质按原规定渠道处理，属于《国家危险废物名录》中的危险废弃物，由符合资质的回收企业统一处理。

（二）完善回收处理网络。鼓励有条件的地区组织公共机构与有资质、实力强的回收企业合作，构建集中管理、规范高效的公共机构废旧商品回收网络，建立定点定期回收机制。引导回收企业合理布设回收网点，实行统一服务和规范管理。

（三）强化再生资源利用。各级商务主管部门要加强对回收企业的监管，确保回收到的废旧商品得到合理处理和高效利用。各级公共机构节能管理部门要在公共机构中积极推广使用再生纸、再生铅笔等再生用品，开展废旧商品兑换再生用品等活动。

三、加强公共机构废旧商品回收利用工作的组织协调

（一）加强组织领导。各地区公共机构节能管理部门要把废旧商品回收利用工作作为公共机构节能工作的一项重点任务来抓，切实加强组织领导，结合实际制定工作方案，认真抓好落实。各地区商务主管部门要加强业务指导，积极支持、推动公共机构废旧商品回收利用工作的深入开展。

（二）抓好宣传教育。各地区公共机构节能管理部门要会同商务主管部门，采取多种形式开展以“点滴资源、成就未来”为主题的废旧商品回收利用宣传活动，大力宣传资源节约理念和勤俭节约美德，积极倡导环保健康、循环利用的办公和生活方式，使之成为广大干部职工的自觉行动，形成加强环境保护、注重资源回收的良好氛围。

（三）强化考核监督。国管局将会同商务部对各地区开展公共机构废旧商品回收利用工作的组织领导、任务落实等情况进行检查，对废旧商品回收体系健全、工作开展积极有效的地区和单位进行表彰。各地区要建立健全公共机构废旧商品回收统计、监督和考核机制，认真总结经验，工作中遇到的问题，请及时反馈国管局和商务部。

国务院机关事务管理局

中华人民共和国商务部

二〇一二年四月十九日

中华全国供销合作总社政策文件

关于加快推进供销合作社废旧商品回收利用体系建设的意见

供销经字［2012］28号

各省、自治区、直辖市及计划单列市、新疆生产建设兵团供销合作社，中国供销集团及中国再生资源开发有限公司：

为深入贯彻落实《国务院办公厅关于建立完整的先进的废旧商品回收体系的意见》（国办发[2011]49号）（以下简称国办49号文件），加快推进供销合作社废旧商品回收利用体系建设，促进供销合作社废旧商品回收利用企业健康快速发展，现提出如下意见：

一、提高对废旧商品回收利用体系建设意义的认识

（一）废旧商品回收利用是供销合作社的主营业务和优势资源。几十年来，供销合作社一直致力于废旧商品回收利用网络建设和业务拓展，为支援国家经济社会建设做出了积极贡献。特别是近年来，供销合作社通过深化改革、加快发展、推进“新网工程”建设，在国家循环经济、城市矿产、城市回收体系试点建设中发挥着越来越重要的作用。目前，全系统有县及县以上废旧商品回收利用企业2000多家，回收网点15万多个，从业人员100多万人，年回收总额达1500亿元。系统企业在国家发展改革委组织的15个循环经济试点单位中占8个，在22个城市矿产试点中占4个，在商务部55个城市再生资源回收体系试点中占38个。培育出了一批国家级和区域级废旧商品回收利用行业龙头企业，为建立完整的先进的废旧商品回收体系建设奠定了良好基础。

（二）国办49号文件为供销合作社加快推进废旧商品回收利用体系建设提供了良好机遇。供销合作社废旧商品回收利用体系建设虽然有较好的基础，但也存在着基础薄弱、设施陈旧、加工处理技术落后、企业小而散、规划管理不到位等问题，与建立完整的先进的废旧商品回收体系有较大差距。建立完整的先进的废旧商品回收体系，是国家从经济社会可持续发展战略层面对废旧商品回收利用行业的战略定位，对于贯彻落实节约资源和保护环境基本国策，缓解工业化和城镇化进程中日趋强化的资源环境约束，提高资源利用效率，加快经济发展方式转变，增强可持续发展能力都具有重要意义。也为供销合作社发挥自身优势，加快发展，提供了良好机遇，提出了更高要求。供销合作社要进一步增强责任感和使命感，勇于担当，主动作为，为建立完整的先进的废旧商品回收体系做出积极贡献。

二、总体要求和主要目标

（三）总体要求。按照国办49号文件要求，发挥供销合作社在废旧商品回收利用领域的传统优势，统筹规划、合理布局、分类推进、加强联合、有效整合、改造和提升系统现有回收利用网络资源，进一步巩固回收基础、扩大加工能力、提升技术水平、做强龙头企业、完善行业管理、推进产业化进程，尽快形成村镇和城市社区有回收网点、重要集散地有分拣中心、资源富集区有产业园区的一体化网络体系，在建立我国完整的先进的废旧商品回收体系中发挥主导作用。

（四）主要目标。经过努力，到“十二五”末，全系统废旧商品回收总额占全社会回收总额的比重达到60%以上，在80%以上的城市社区设立规范化的回收站点，80%以上的废旧商品实现规范化的交易和集中处理，培育年收入超50亿元的大型龙头企业10家，建立功能齐备、设施先进的废旧商品集散市场1000个。基本构建起基础回收网络、分拣加工中心或集散市场与产业基地三级层次分明，回收、加工、利用三个环节有机链接，覆盖面广、功能完善、技术先进、高效利用、生态环保的供销合作社再生资源现代回收利用体系。

三、重点任务

（五）加强基层回收网点建设。结合各地城乡社区建设、环境治理和供销合作社基层组织网点建设，有重点有步骤地展开城市社区和乡村回收站点建设。对现有的回收站点进行标准化改造，实施规范化经营；在网络薄弱和

网点空白的地区，通过新建或依托供销合作社废旧商品回收利用龙头企业，对现有的社会回收站点、个体经营者等采取收购、加盟、租赁、兴办专业合作社等灵活多样的方式进行整合，夯实回收网络的基础，扩大回收网络的覆盖面。

（六）大力发展集散市场。发展专业化的废旧商品集散市场或分拣中心，提高废旧商品回收利用的集约化程度，打造对接产业上下游的服务平台。对现有的600多家市场进行升级改造，提高先进技术应用和管理水平，提升分拣集散功能。同时，根据区域分布和市场需求，规划新建一批集散市场或整合一批社会资源。有条件的县级供销合作社要牵头建设专业化的废旧商品集散市场或分拣中心，地（市）级以上的供销合作社要牵头建设区域性的集散市场或加工交易中心。同时，发挥中心城市供销合作社辐射带动作用，依托现有的物流运输力量和经营队伍，建立废旧商品物流配送系统。

（七）加强综合利用产业园区建设。按照布局合理、产业集聚、土地集约、生态环保的原则，在有条件的重点经济区域内，集中力量加快建设一批高起点、高标准、高水平的废旧商品回收利用产业园区，引导供销合作社及社会废旧商品回收利用企业进入园区或基地，集聚发展。积极与国家“城市矿产”示范基地等规模化利用基地有效衔接，继续加大力量，将全系统已列入国家试点的产业园区和区域性集散市场等项目建设成为技术装备先进、综合加工利用水平高的产业园区，率先带动国内废旧商品回收利用产业集群升级。

（八）培育壮大龙头企业。打破行政区划和内部层级界限，以资本为纽带，以项目为平台，全面推进系统内资源整合，加强同业经营企业的纵向整合与横向联合，促进优势资源进一步向骨干企业集中，尽快培育形成一批回收网络全、产业规模大、经济效益好、研发能力强、技术装备先进的大型龙头企业。鼓励龙头企业依托资本市场，通过发行股票、债券、可转换债等方式联合合作、融资重组；支持龙头企业加大创新力度，引进国际先进的行业理念、技术设备、工艺流程，努力在核心技术和关键工艺上取得突破，通过内部研发储备和对外收购兼并等多种形式，做精做强优势主营业务，加快做强做大步伐。

（九）提高技术创新能力。充分发挥系统科研院所和企业的集群研发优势，加快新技术、新工艺、新设备的研发和应用，提升废旧商品回收利用的现代化水平。积极引进和采用先进装备、技术和管理模式，大力推广精细分拣加工技术，加快进行分拣加工环节的技术升级改造。在集散市场、分拣中心，按回收能力配置机械化分拣分选设备，减少手工作业，做好废旧商品加工预处理，提高出场原料的技术等级，降低利废企业再加工成本。在加工区与交易区配备相应的环保、安全作业设施，对废水、废气和固体废物集中实行无害化处理，消除二次污染。

（十）加快回收方式和业态创新。大力发展在线回收、上门回收、集中回收等新型废旧商品回收方式。充分利用现代信息技术，建设废旧商品专业网站和电子商务平台，方便社区居民处理废旧电器等废旧商品。回收企业要积极建立与党政机关、大专院校和企事业单位废旧商品定点定期回收机制，探索与军队、铁路、电力等特殊行业废旧商品回收的合作模式。大胆尝试预约回收和交易、押金回收、以旧换新、设置自动有偿回收机等灵活多样的回收方式。已经取得电子废弃物和废旧汽车拆解等资质的企业要积极开展连锁经营。

（十一）做好重点废旧商品回收利用。在做好现有经营品种的基础上，积极拓展业务领域，扩大废旧商品的回收品种，提高废金属、废纸、废塑料、报废汽车及废旧机电设备、废旧轮胎、废弃电器电子产品、废玻璃、废铅酸电池、废弃节能灯等重点废旧商品的回收率。

（十二）发挥行业协会的协调服务功能。充分发挥供销合作社再生资源行业协会的桥梁纽带作用，积极履行行业自律、信息沟通和反映诉求职能。组织专业技能培训，引导企业规范经营，推动行业诚信建设，维护公平竞争的市场秩序。完善废旧商品回收利用生产经营评价指标和统计体系，实时掌握废旧商品行业运行状况，为废旧商品行业管理的科学决策提供依据,提高行业服务和管理水平。

四、保障措施

（十三）加强组织领导。各地供销合作社一定要从战略和全局高度认识建立完整的先进的废旧商品回收体系的重大意义，把该项工作作为当前和今后一个时期的重点工作，摆上重要议事日程。中华全国供销合作总社（以下简称总社）成立了废旧商品回收体系建设工作领导小组，各地供销合作社也要成立相应的领导小组和工作机构，明确工作职责，完善工作机制，加大工作推动力度，以高度的政治责任感和历史使命感，为推动我国循环经济和再生资源产业发展作出新的更大贡献。

（十四）强化业务指导。各级供销合作社要在深入调查研究的基础上，理清发展思路，制定出科学合理的“十二五”发展规划。总社将把各省（自治区、直辖市）废旧商品回收利用体系建设纳入综合业绩考核范围，并及时总结各地的好经验、好做法，加大宣传和推广的力度。

（十五）争取政策支持。各级供销合作社要切实抓住贯彻国办49号文件的机遇，积极向当地政府汇报，把供销合作社废旧商品回收利用体系建设纳入到当地总体建设规划中去；要加大工作力度，加强与发改、财政、国土、工信、税务、环保、商务等部门的沟通协调，利用好国家发展改革委现有“循环经济试点、城市矿产”和商务部回收体系建设三大试点工程的政策支持，并努力争取各级地方财政政策资金支持。总社“新网工程”将逐步增加对废旧商品回收利用体系建设的支持比例。

（十六）积极参与政策制定。总社作为废旧商品回收体系建设部际协调机制成员单位，承担相关的职责和义务。各级供销合作社也要积极加入当地废旧商品回收体系建设部门协调机制，反映系统的意见和呼声，影响和参与相关政策的制定，促进再生资源行业健康发展。

（十七）加强宣传工作。充分利用供销合作的网点、网站、报纸等媒介，加强废旧商品回收利用的宣传和推广，积极倡导环保健康、循环利用的生产生活方式，促进全社会加强环境保护、注重资源回收利用良好氛围的形成。

中华全国供销合作总社

二〇一二年四月二十四日

规划方案

国务院关于印发《循环经济发展战略及近期行动计划》的通知

国发〔2013〕5号

各省、自治区、直辖市人民政府，国务院各部委、各直属机构：

现将《循环经济发展战略及近期行动计划》印发给你们，请认真贯彻执行。

国务院

2013年1月23日

循环经济发展战略及近期行动计划

前言

发展循环经济是我国的一项重大战略决策，是落实党的十八大推进生态文明建设战略部署的重大举措，是加快转变经济发展方式，建设资源节约型、环境友好型社会，实现可持续发展的必然选择。

近年来，各地区、各部门大力推动循环经济发展，循环经济理念进一步确立，产业体系逐步完善，发展水平不断提高，经济、社会和环境效益进一步显现。当前，我国已进入全面建成小康社会的决定性阶段，随着工业化、城镇化和农业现代化持续推进，我国能源资源需求将呈刚性增长，废弃物产生量将不断增加，经济增长与资源环境之间的矛盾更加突出，发展循环经济的要求更为迫切。

为指导和推动循环经济加快发展，实现“十二五”规划纲要提出的资源产出率提高15%的目标，国家编制了《循环经济发展战略及近期行动计划》，对发展循环经济作出战略规划，对今后一个时期的工作进行具体部署。各地区、各部门要从战略和全局的高度，充分认识加快发展循环经济的重要意义，落实工作责任，完善工作机制，加强协调配合，进一步加大工作力度，采取切实有效的措施，确保完成各项目标任务，全面提高生态文明水平。

第一章　现状与形势

第一节　“十一五”循环经济发展取得的主要成效

循环经济理念逐步树立。国家把发展循环经济作为一项重大任务纳入国民经济和社会发展规划，要求按照减量化、再利用、资源化，减量化优先的原则，推进生产、流通、消费各环节循环经济发展。一些地方将发展循环经济作为实现转型发展的基本路径。

循环经济试点取得明显成效。经国务院批准，在重点行业、重点领域、产业园区和省市开展了两批国家循环经济试点，各地区结合实际开展了本地循环经济试点。通过试点，总结凝练出60个发展循环经济的模式案例，涌现出一大批循环经济先进典型，探索了符合我国国情的循环经济发展道路。

法规标准体系初步建立。循环经济促进法于2009年1月1日起施行，标志着我国循环经济进入法制化管理轨道。公布实施了《废弃电器电子产品回收处理管理条例》、《再生资源回收管理办法》等法规规章，发布了200多项循环经济相关国家标准。一些地区制定了地方循环经济促进条例。

政策机制逐渐完善。深化资源性产品价格改革，实行了差别电价、惩罚性电价、阶梯水价和燃煤发电脱硫加价政策。实施成品油价格和税费改革，提高了成品油消费税单位税额，逐步理顺成品油价格。中央财政设立了专项资金支持实施循环经济重点项目和开展示范试点。开展资源税改革试点，制定了鼓励生产和购买使用节能节水专用设备、小排量汽车、资源综合利用产品和劳务等的税收优惠政策。完善了环保收费政策。出台了支持循环经济发展的投融资政策。

技术支撑不断增强。将循环经济技术列入国家中长期科技发展规划，支持了一批关键共性技术研发。实施了一批循环经济技术产业化示范项目，推广应用了一大批先进适用的循环经济技术。汽车零部件再制造技术已达到国际领先水平，废旧家电和报废汽车回收拆解、废电池资源化利用、共伴生矿和尾矿资源回收利用等一大批技术和装备取得突破。

产业体系日趋完善。产业废物综合利用已形成较大规模，产业循环链接不断深化，再生资源回收体系逐步完善，垃圾分类回收制度逐步建立，“城市矿产”资源利用水平得到提升，再制造产业化稳步推进，餐厨废弃物资源化利用开始起步。

“十一五”以来，通过发展循环经济，我国单位国内生产总值能耗、物耗、水耗大幅度降低，资源循环利用产业规模不断扩大，资源产出率有所提高，初步扭转了工业化、城镇化加快发展阶段资源消耗强度大幅上升的势头，促进了结构优化升级和发展方式转变，为保持经济平稳较快发展提供了有力支撑，为改变“大量生产、大量消费、大量废弃”的传统增长方式和消费模式探索出了可行路径。

表1 “十一五”时期循环经济发展情况

指标名称	单位	2005年	2010年	2010年比2005年提高%
能源产出率	万元/吨标准煤	1	1.24	24
水资源产出率	元/立方米	41.9	66.7	59
矿产资源总回收率	%	30	35	[5]
共伴生矿综合利用率	%	35	40	[5]
工业固体废物综合利用量	亿吨	7.70	16.18	110.1
工业固体废物综合利用率	%	55.8	69	[13.2]
主要再生资源回收利用总量	亿吨	0.84	1.49	77.4
主要再生有色金属产量占有色金属总产量比重	%	19.3	26.7	[7.4]
农业灌溉用水有效利用系数	-	0.45	0.5	11.1
工业用水重复利用率	%	75.1	85.7	[10.6]
秸秆综合利用率	%		70.6	

注：1.能源产出率、水资源产出率按2010年可比价计算。

2.主要再生资源包括废金属、废纸、废塑料、报废汽车、废轮胎、废弃电器电子产品、废玻璃、废铅酸电池等。（下同）

3.主要再生有色金属包括再生铜、再生铝、再生铅三种。（下同）

4.[ ] 内为提高的百分点。（下同）

同时必须清醒地看到，我国循环经济发展规模还有待扩大、发展水平有待提高，主要表现在：循环经济理念尚未在全社会得到普及，一些地方和企业对发展循环经济的认识还不到位；循环经济促进法配套法规规章尚不健全，生产者责任延伸等制度尚未全面建立；部分资源性产品价格形成机制尚未理顺，有利于循环经济发展的产业、投资、财税、金融等政策有待完善；循环经济技术创新体系和先进适用技术推广机制不健全，技术创新能力亟需加强；统计基础工作比较薄弱，评价制度不健全，循环经济能力建设、服务体系、宣传教育等有待加强。这些矛盾和问题已严重制约循环经济的发展，必须尽快加以研究解决。

第二节 循环经济发展面临的形势

资源约束强化。我国主要资源人均占有量远低于世界平均水平，加上增长方式仍较粗放，国内资源供给难以保障经济社会发展需要，能源、重要矿产、水、土地等资源短缺矛盾将进一步加剧，重要资源对外依存度将进一步攀升，可持续发展面临能源资源瓶颈约束的严峻挑战。

环境污染严重。我国环境状况总体恶化的趋势尚未得到根本遏制，重点流域水污染严重，一些地区大气污染问题突出，“垃圾围城”现象较为普遍，农业面源污染、金属和土壤污染问题严重，重大环境事件时有发生，给人民

群众身体健康带来危害。

应对气候变化压力加大。我国是最易受气候变化影响的国家之一，气候变化导致农业生产不稳定性增加，局部地区干旱高温危害严重，生物多样性减少，生态系统脆弱性增加。近年来，我国温室气体排放快速增长，人均排放量不断攀升，减排压力不断加大。

绿色发展成为国际潮流。近年来，为应对国际金融危机和全球气候变化的挑战，发达国家纷纷加快发展绿色产业，将其作为推进经济增长和转型的重要途径，一些国家利用技术优势，在国际贸易中制造绿色壁垒。在新一轮经济科技的竞争中，走绿色低碳循环的发展道路是必然的选择。

无论是从国内能源资源供给和生态环境承载能力看，还是从全球发展趋势和温室气体排放空间看，我国都无法继续靠粗放型的增长方式推进现代化进程。当前我国已进入全面建成小康社会的关键时期，也是发展循环经济的重要机遇期，必须积极创造有利条件，着力解决突出矛盾和问题，加快推进循环经济发展，从源头减少能源资源消耗和废弃物排放，实现资源高效利用和循环利用，改变“先污染、后治理”的传统模式，推动产业升级提升和发展方式转变,促进经济社会持续健康发展。

第二章　指导思想、基本原则和主要目标

第一节　指导思想

以邓小平理论、“三个代表”重要思想、科学发展观为指导，落实节约资源和保护环境的基本国策，围绕提高资源产出率，遵循“减量化、再利用、资源化，减量化优先”的原则，坚持统筹规划、重点突破、全面推进相结合，因地制宜、示范引领、推广普及相结合，制度创新、技术创新、管理创新相结合，政府推动、企业实施、公众参与相结合，健全激励约束机制，积极构建循环型产业体系，推动资源再生利用产业化，推行绿色消费，形成覆盖全社会的资源循环利用体系，加快转变经济发展方式，推进资源节约型、环境友好型社会建设，提高生态文明水平。

第二节　基本原则

强化理念，减量优先。推动全社会树立减量化、再利用、资源化的循环经济理念，坚持减量化优先，从源头上减少生产、流通、消费各环节能源资源消耗和废弃物产生，大力推进再利用和资源化，促进资源永续利用。

完善机制，创新驱动。健全法规标准，完善经济政策，充分发挥市场配置资源的基础性作用，形成有效的激励和约束机制，增强发展循环经济的内生动力。加强制度创新、技术创新、管理创新，提升循环经济发展水平。

改造存量，优化增量。对现有各类产业园区、重点企业进行循环化改造，提高资源产出率。产业园区、企业和项目要从规划、设计、施工、运行、管理等各环节贯彻循环经济的要求。按照自然资源开发利用和产品生产制造产业即动脉产业的特点，统筹对废弃物资源化利用相关产业即静脉产业进行合理布局，推动动脉产业与静脉产业协同发展。

示范引领，全面推进。在农业、工业、服务业各产业，城市、园区、企业各层面，生产、流通、消费各环节培育一批循环经济示范典型，全面推广循环经济典型模式，推动循环经济形成较大规模。

因地制宜，突出特色。根据主体功能定位、区域经济特点、资源禀赋和环境承载力等状况，科学确定各地区循环经济发展重点，合理规划布局，发挥区域优势，突出地方特色，切实发挥循环经济促进经济转型升级的作用。

高效利用，安全循环。提高资源利用效率，推动资源由低值利用向高值利用转变，提高再生利用产品附加值，避免资源低水平利用和“只循环不经济”。强化监管，防止资源循环利用过程中产生二次污染，确保再生产品质量安全，实现经济效益与环境效益、社会效益相统一。

第三节　主要目标

循环经济发展的中长期目标是：循环型生产方式广泛推行，绿色消费模式普及推广，覆盖全社会的资源循环利用体系初步建立，资源产出率大幅提高，可持续发展能力显著增强。到“十二五”末的目标（近期目标）是：主要资源产出率比“十一五”末提高15%，资源循环利用产业总产值达到1.8万亿元。

表2 “十二五”时期循环经济发展主要指标

指标名称	单位	2010年	2015年	2015年比2010年提高%
主要资源产出率提高	%			15
能源产出率	万元/吨标准煤	1.24	1.47	18.5
水资源产出率	元/立方米	66.7	95.2	43
建设用地土地产出率提高	%			43
资源循环利用产业总产值	万亿元	1.0	1.8	80
矿产资源总回收率	%	35	40	[5]
共伴生矿综合利用率	%	40	45	[5]
工业固体废物综合利用量	亿吨	16.18	31.26	93.2
工业固体废物综合利用率	%	69	72	[3]
主要再生资源回收利用总量	亿吨	1.49	2.14	43.6
主要再生资源回收率	%	65	70	[5]
主要再生有色金属产量占有色金属总产量比重	%	26.7	30	[3.3]
农业灌溉水有效利用系数	-	0.5	0.53	6
工业用水重复利用率	%	85.7	＞90	[＞4.3]
城镇污水处理设施再生水利用率	%	＜10	＞15	[＞5]
城市生活垃圾资源化利用比例	%		30	
秸秆综合利用率	%	70.6	80	[9.4]
综合利用发电装机容量	万千瓦	2600	7600	192.3

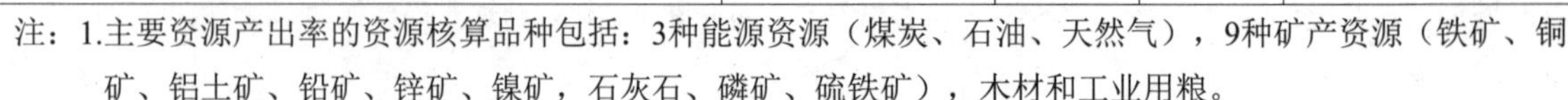
注：1.主要资源产出率的资源核算品种包括：3种能源资源（煤炭、石油、天然气），9种矿产资源（铁矿、铜矿、铝土矿、铅矿、锌矿、镍矿，石灰石、磷矿、硫铁矿），木材和工业用粮。

2.主要资源产出率、能源产出率、水资源产出率、资源循环利用产业总产值按2010年可比价计算。

3.综合利用发电指煤矸石、煤泥、油母页岩等低热值燃料发电。

第三章 构建循环型工业体系

在工业领域全面推行循环型生产方式，实施清洁生产，促进源头减量；推进企业间、行业间、产业间共生耦合，形成循环链接的产业体系；鼓励产业集聚发展，实施园区循环化改造，实现能源梯级利用、水资源循环利用、废物交换利用、土地节约集约利用，促进企业循环式生产、园区循环式发展、产业循环式组合，构建循环型工业体系。到2015年，单位工业增加值能耗、用水量分别比2010年降低21%、30%，工业固体废物综合利用率达到72%，50%以上的国家级园区和30%以上的省级园区实施了循环化改造。

第一节 煤炭工业

推动煤矿绿色开采。根据资源赋存条件选择先进高效的开采技术，推广矸石充填、以矸换煤等即采即填技术工艺，鼓励采用保水开采、煤与瓦斯共采等开采方式，提高煤炭资源回采率。

推进煤系共伴生资源综合开发利用。加强煤系高岭土（岩）、油母页岩、硅藻土、石墨、膨润土、耐火土等共伴生矿综合利用，提高产品附加值。鼓励煤层气发电或将煤层气作为矿区、城市的生产生活用气。推动矿井水用于矿区补充水源和周边地区生产、生活和生态用水。

实施系统节能降耗。鼓励煤矿和选煤厂开展系统节能，淘汰老旧设备和选煤工艺，加强工序能耗管理，加大

风机、水泵及选煤厂技术改造，加强洗煤废水循环利用，减少电耗、水耗和介质消耗。加大煤泥脱水技术的攻关力度，提高煤泥利用率。

推进矿区生态环境保护。鼓励利用矿区矸石对采空区进行填充，对沉陷区进行立体生态整治，利用矸石、灰渣等进行土地复垦，发展生态农业和旅游业等适宜产业。鼓励复垦土地的再利用。生产水泥，构建煤—电—建材产业链。推进煤制烯烃、煤制乙二醇、煤制合成氨等已纳入国家相关规划的示范项目建设，构建煤—焦—化等煤基多联产产业链。

到2015年，原煤入洗率达到60%以上，煤矸石综合利用率达到75%，煤层气（瓦斯）抽采利用率达到60%，煤层气发电装机容量超过285万千瓦，低热值煤炭资源综合利用发电装机容量达到7600万千瓦，矿井水综合利用率达到75%，土地复垦率达到60%。

第二节　电力工业

加强节能降耗。调整优化电源结构，淘汰落后小火电机组，提高火电机组技术装备水平。加大锅炉、风机、水泵等设备节能改造，推广等离子无油点火等节能技术，降低厂用电率。鼓励发展热电联产和热电冷三联供，严格实行“以热定电”。加快智能电网建设和电网节能技术改造，提高电网传输效率，有效降低线损。在有条件的地方鼓励将中水、海水等非常规水源作为冷却水。

推进粉煤灰、脱硫石膏综合利用。鼓励利用粉煤灰生产建材产品，推广粉煤灰在市政建设、筑路等工程中的应用，有序推进在高铝粉煤灰中提取氧化铝，支持粉煤灰经超细化加工作为造纸、橡胶等的填充材料。鼓励利用脱硫石膏生产纸面石膏板、高档装饰建材及改良盐碱土壤等。

支持可再生能源发电和资源综合利用电厂建设。加强准入监管，优先支持风能、太阳能、生物质能等可再生能源发电以及符合条件的煤层气、煤矸石、余热余压、垃圾等综合利用电厂并网发电。强化电力调度交易监管，推行节能发电调度，提高可再生能源和综合利用电厂发电量比例，促进区域间电力交易，减少“窝电”。推广分布式能源。

构建发电与相关产业的循环经济链。构建发电—粉煤灰—建材、筑路、建筑工程，发电—高铝粉煤灰—氧化铝，发电—脱硫石膏—建材及装饰材料，发电—余热—海水淡化—浓海水制盐—盐化工，煤矸石、垃圾、污泥—发电—灰渣—建材等产业链。

到2015年，火电平均供电煤耗降到325克标准煤/千瓦时，粉煤灰综合利用率达到70%，脱硫石膏综合利用率达到80%，生物质发电装机容量达到1300万千瓦。

第三节　钢铁工业

推进铁矿石资源综合开发利用。加强低品位矿产及难分选矿产综合利用。推动高磷铁矿、高硫铁矿中磷、硫等伴生元素的提取利用。推进铁尾矿伴生金属的高效提取利用、富铁老尾矿低成本再选和低铁富硅尾矿高值整体利用。鼓励利用尾矿砂生产建材、进行井下充填和开展生态环境治理等。

强化节能降耗。加快淘汰落后高炉、转炉等。推广连铸坯热送热装和直接轧制技术。优化烧结、球团生产工艺，提高精料水平。优化高炉炉料结构。推广干熄焦、干法除尘、烧结余热回收、干式压差发电（TRT）、高效喷煤、蓄热式燃烧、全燃煤气发电等技术。推动建立企业能源管理中心。

推动余热余压、固体废物和废水资源化利用。大力推广焦炉、高炉、转炉副产煤气回收利用和各工序余热余压发电，鼓励燃气蒸汽联合循环发电。鼓励转炉渣、含铁尘泥、氧化铁皮回炉烧结，利用高炉渣、转炉渣生产水泥等建材产品。推动利用焦油、焦炉煤气、粗苯等焦化副产品生产化工产品。鼓励建立企业内部水循环系统，对废水进行分质串级循环利用。

鼓励钢铁生产系统与社会生活系统循环链接。在有条件的地区，鼓励钢铁企业利用余热资源为城市供暖供热，利用再生水、矿井水、海水淡化水等非常规水补充新水。大力推动钢铁企业消纳铬渣、废塑料等废弃物。建立废钢回收体系，支持钢铁企业建设废钢加工配送基地。

构建钢铁行业循环经济产业链。构建焦化、冶炼—副产煤气、余热余压—发电，冶炼—废渣—建材，冶炼—含铁尘泥—烧结，炼焦—焦油、煤气—化工产品，冶炼—钢铁产品—废钢铁—电炉炼钢等产业链。

到2015年，吨钢综合能耗降到580千克标准煤，吨钢耗新水量降到4立方米，废钢回收利用量达到1.3亿吨，冶炼废渣综合利用率达到97%，重点钢铁企业焦炉干熄焦普及率达到95%以上。

第四节　有色金属工业

推进共伴生矿和尾矿综合开发利用。加强对低品位矿、共伴生矿、难选冶矿、尾矿等的综合利用。大力推进铜、钴、镍尾矿多元素与铅、锌、银多元素伴生矿的综合利用，推进低品位铝土矿浮选脱硅工艺技术优化，加快铝土矿高效选矿药剂开发，推进黄金尾矿硫化物深度分选及有价组分提取。加快开发和推广铜、镍、铅、锌、铝等矿产加压浸出、生物冶金等技术、工艺及设备。加强稀贵金属矿产资源和复杂难处理贵金属共生矿综合开发利用。

强化节能降耗。淘汰落后冶炼、加工等产能，大力推广先进适用技术和装备，优化生产工艺流程，强化节能管理。重点推广新型阴极结构铝电解槽、低温高效铝电解等先进节能工艺技术。推进氧气底吹熔炼技术、闪速技术等广泛应用。加快短流程连续炼铅、液态铅渣直接还原炼铅等技术开发和推广应用。鼓励热送热装、直接铸造。

推动冶炼废渣、废气、废液和余热资源化利用。推进从冶炼废渣中提取有价组分，从赤泥中提取回收铁、贵金属、碱等，从铜冶炼渣、阳极泥中提取稀贵金属，从铅锌冶炼废渣中提取镉、锗、铁等，从黄金矿渣和氰化尾渣中提取铜、银、铅等。推动冶炼废液的综合利用，从氧化铝母液回收镓、钪等，从电解液回收镍等。推动从冶炼废气中回收铅、锌、铜、锑、铋和硫、磷等。加强余热利用和冶炼废水循环利用。

推进废有色金属再生利用。淘汰再生金属落后产能，抑制低水平重复建设。推进再生铜、再生铝等再生金属高值利用，提高在有色金属产量中的比重。支持从废铅酸蓄电池提取废酸和铅等，从废镀锌钢板提取锌，从废感光材料提取银，从废催化剂提取铂族元素和稀土材料等，从废弃电子产品提取贵金属。支持利用境外可用作原料的废有色金属资源。

构建有色金属行业循环经济产业链。构建采选—尾矿—有价组分—冶炼—有色金属，冶炼—废渣—有色金属，冶炼—炉渣—建材，冶炼—尾气—磷、硫—化工产品，冶炼—余热—发电，冶炼—有色金属—再生金属—冶炼等产业链。

到2015年，铜冶炼综合能耗降到300千克标准煤/吨，铝锭综合交流电耗降到13300千瓦时/吨，赤泥综合利用率达到20%，工业用水循环利用率达到87%，主要再生有色金属产量达到1200万吨。

第五节　石油石化工业

加强油气资源综合开发利用。推广高效油气分离、原油稳定和伴生气处理、高效真空加热等技术，加强对非常规油气资源的开采回收，鼓励有条件的地区运用二氧化碳驱油技术，提高油气采收率。加强油田伴生气、酸性气体等回收利用，推动油砂、油页岩利用产业化发展，加强高含硫化氢天然气中硫磺的综合利用。大力推动天然气分布式能源和大型液化天然气（LNG）接收站的冷能利用，提高天然气利用效率。

加强节能降耗。原油开采环节全面实施抽油机、驱动电机节能改造，推广不加热集油技术和油田采出水余热回收利用技术。加快淘汰落后工艺设备。鼓励采用先进的节能环保技术和装备，重点推广优化换热流程、提高冷凝液回收率、优化中段回流取热比例、降低汽化率、增加塔顶循环回流换热等节能技术。

推动废渣、废气、废水资源化利用。鼓励从石油炼制废催化剂中提取钴、铑、钯等稀贵金属。加强炼制各环节余热余压的回收利用。鼓励采用自动点火系统，加强火炬气回收，探索利用火炬气发电。提高硫磺回收率。推动稠油产出污水等采油废水深度处理回用，以及石化废水分类处理利用。

构建石油石化行业循环经济产业链。构建油气开采—油砂、油页岩—炼油，炼化—废催化剂—稀贵金属，炼化—废气—硫磺—化工产品，炼化—废气—供热、发电，炼化—余热余压—发电等产业链。

到2015年，原油加工综合能耗降到86千克标准煤/吨，乙烯综合能耗降到857千克标准煤/吨，石油石化行业单位工业增加值用水量比2010年减少30%。

第六节　化学工业

推动磷、硫、钾等矿产资源综合开发利用。加强对中低品位磷矿、硫铁矿、硼铁矿、钾矿等资源的开发利用。推进磷矿中氟、碘，硫铁矿和硼铁矿中铁，盐湖中锂、钾、钠、硼、镁等伴生资源的综合利用。

推进节能降耗。合成氨行业实施“上大压小”淘汰落后产能，重点推广先进煤气化、节能高效脱硫脱碳、低位能余热吸收制冷等技术。烧碱行业要逐步淘汰隔膜法烧碱工艺，提高离子膜法烧碱工艺比重。纯碱行业重点推动蒸汽多级利用、变换气制碱技术，积极推广应用新型盐析结晶器和循环泵等。电石行业要加快采用大型密闭式电石炉，重点推广电石炉炉气利用、空心电极等节能技术。煤化工行业鼓励再生水、矿井水利用及余热回收发电。

推动“三废”资源化利用。纯碱行业重点推动氨碱废渣用于锅炉烟气湿法脱硫和蒸氨废液综合利用。氯碱化工行业重点推动利用电石渣生产水泥或用于脱硫，加强电石渣上清液回收利用以及电石炉尾气中一氧化碳、氢气综

合利用。磷化工行业重点推动磷石膏制建材、分解制酸并联产水泥，黄磷炉尾气回收生产碳一化学品及热能回收利用。硫化工行业重点推动利用硫酸生产废渣炼钢和生产水泥，加强余热回收利用。煤化工行业重点推进废渣用于生产水泥等建材产品，推广煤制烯烃水循环利用、碎粉加压气化含酚废水治理、中水回用、高浓盐水处理、低温余热利用、高温气体热利用等技术。

构建化学工业循环经济产业链。构建磷矿—磷肥—磷石膏—建材，磷石膏—制酸—废渣—水泥，磷矿—磷肥—尾气—磷酸，电石—聚氯乙烯—电石渣—水泥，合成氨—造气炉渣—建材，焦化—废渣—水泥等产业链。

到2015年，合成氨综合能耗低于1350千克标准煤/吨，烧碱（离子膜）综合能耗降到330千克标准煤/吨，电石综合能耗降到1050千克标准煤/吨，行业平均中水回用率达到90%，固体废物综合利用率达到75%。

第七节　建材工业

加强节能降耗。重点推进窑炉等热工设备节能改造。继续推广大型新型干法水泥生产线，推进水泥粉磨、熟料生产等节能改造。推广纯低温余热发电等窑炉余热梯级利用技术，推进玻璃生产线低温余热发电。加强粉尘回收利用。进一步扩大禁止生产和使用实心黏土砖范围。

推动利废建材规模化发展。推进利用矿渣、煤矸石、粉煤灰、尾矿、工业副产石膏、建筑废弃物和废旧路面材料等大宗固体废物生产建材。在大宗固体废物产生量、堆存量大的地区，优先发展高档次、高掺量的利废新型建材产品。推动废玻璃、废玻纤、废陶瓷、废复合材料、废碎石及石粉等回收利用并生产建材产品。培育利废建材行业龙头企业。

发展绿色建材产品。鼓励发展绿色建材产品。重点加快发展节能玻璃、太阳能玻璃、复合多功能墙体材料、木塑复合材料等新材料。提高高标号水泥及高性能混凝土的应用比例，推进水泥及混凝土用量的减量化。

推进水泥窑协同资源化处理废弃物。鼓励水泥窑协同资源化处理城市生活垃圾、污水厂污泥、危险废物、废塑料等废弃物，替代部分原料、燃料，推进水泥行业与相关行业、社会系统的循环链接。

构建建材行业循环经济产业链。构建工业生产—废渣—建材，建筑废弃物、路面材料—建材，水泥、玻璃生产—余热—发电，水泥—粉尘—水泥，玻璃—废玻璃—玻璃，陶瓷—废陶瓷—陶瓷，石材—废碎石、石粉—人造石、砖，复合材料—废复合材料—复合材料等产业链。

到2015年，水泥熟料综合能耗降到112千克标准煤/吨，平板玻璃综合能耗降到15千克标准煤/重量箱，日用陶瓷综合能耗降到1110千克标准煤/吨，水泥生产线纯低温余热发电比例提高到70%以上，玻璃生产线余热发电比例提高到30%以上，新型墙体材料比重达到65%以上，水泥窑协同资源化处理废弃物生产线比例达10%。

第八节　造纸工业

推进节能降耗。淘汰小制浆、小造纸等落后产能。推广低固形物连蒸、低能耗蒸煮、新型高速纸机、纸板机等先进节能工艺设备。鼓励使用高得率木片磨浆系统。推广无元素氯漂白、氧脱木素等工艺。鼓励生产低白度纸和本色纸等清洁产品。

加强废物资源化利用。鼓励从制浆黑液中回收碱，利用黑液中的有机物发电，推动副产白泥用于生产水泥或氧化钙。推进造纸废水资源化利用，鼓励应用厌氧生化技术生产沼气，加强废水循环利用。鼓励利用树皮、锯木屑等备料工序剩余物、造纸废水处理污泥作为锅炉燃料。

推进造纸行业与上下游产业一体化发展。推进林浆纸一体化发展，鼓励利用林业速生材、间伐材、小径材、林竹“三剩物”及农作物秸秆等制浆。提高废纸回收利用率，积极推动新闻纸全部使用再生纸。

构建造纸行业循环经济产业链。构建制浆—黑液—白泥—水泥，制浆—黑液—白泥—氧化钙—碱—制浆，制浆—黑液—白泥—精制碳酸钙填料—造纸，纸浆—黑液等有机质—燃烧余热—热电—制浆、造纸，制浆、造纸—废液—沼气—热能、发电—制浆、造纸，制浆、造纸—固体废物—燃料—热电—制浆、造纸，废纸—制浆—造纸等产业链。

到2015年，纸及纸板综合能耗降到530千克标准煤/吨，纸浆综合能耗降到370千克标准煤/吨，纸浆、纸及纸板生产平均取水量降到70立方米/吨，废纸利用率达到72%。

第九节　食品工业

加强节能降耗。加快淘汰落后产能，加快推广节能、节水、节粮工艺技术和装备。优化生产工艺，实现生产过程中水和热的循环梯级利用。大幅度减少食品过度包装。

推进食品加工副产物和废弃物资源化利用。粮食加工行业重点推进利用稻壳、米糠、麦胚、麸皮等副产物生产稻壳碳、米糠油、米糠蛋白、玉米油、麦胚油、膳食纤维等。肉类、水产品加工行业重点推进利用皮毛、内脏、血液等副产物生产医药、生化产品等。发酵、酿酒行业重点推进利用酒糟、废液等进行无害化处理，将其作为生产饲料、有机肥料、生物质能等原料利用。制糖行业重点推进利用蔗渣发电、造纸、生产建材产品，利用废糖蜜制酒精等。饮料行业重点对果渣、茶渣等进行无害化处理，将其作为生产饲料或肥料的原料利用。加强废水循环利用。加强过期食品、召回食品的无风险资源化利用。

推动食品行业与上下游产业一体化发展。鼓励食品行业向上下游产业延伸，建立从原料生产到终端消费的全产业链，促进各环节有效衔接。推广以种植、养殖、加工一体化为特征的工农业复合型循环经济发展模式。

构建食品行业循环经济产业链。构建稻谷加工—稻壳—稻壳碳、生物质能，稻谷加工—米糠—米糠油、米糠蛋白，小麦加工—麦胚、麸皮—麦胚油、膳食纤维，肉类加工—皮毛、内脏、血液—医药、生化产品等，发酵/酿酒—酒糟、残渣—无害化处理—有机肥、饲料，发酵/酿酒—废液—沼气，甘蔗制糖—蔗渣—造纸、建材，蔗渣—发电—灰渣—无害化处理—有机肥，制糖—废糖蜜—酒精，水果蔬菜加工—果渣—饲料，茶叶加工—茶渣—无害化处理—肥料等产业链。

到2015年，食品行业单位工业增加值能耗、用水量分别比2010年降低16%、30%，食品工业副产品综合利用率提高到80%以上。

第十节　纺织工业

推进节能降耗。加快淘汰落后产能，加大工艺设备节能节水改造力度。推广应用高效节能电机和空调自动控制技术，优化能源系统。推广使用可生物降解浆料和清洁型气相导热油，从源头减少有毒有害物质的使用。印染行业全面推广高效短流程前处理工艺，以及冷轧堆染色、气流染色、数码喷印等印染加工技术。加快开发替代石油的生物质纺织纤维材料，鼓励利用废聚酯瓶、废旧丙纶等生产高附加值再生纤维，减少原生资源消耗。

加强废弃物资源化利用。鼓励进行废水循环利用和废水、废气热能回收利用。推动从印染废水中回收染化料、助剂，从印染废碱液中回收碱。鼓励利用化纤生产废气制酸。加强对生产废料、边角料的再利用。

推动废旧纺织品再生利用规范化发展。以废旧职业装再生利用为突破口，完善社会化废旧纺织品回收再利用体系。选择经济合理的废旧纺织品再生利用技术路线，推动废旧纺织品分类与安全环保加工处理，鼓励利用废旧纺织品生产建筑保温材料等产品。

构建纺织行业循环经济产业链。构建印染—废液—碱，化纤生产—废气—制酸，纺织—废水、废气—热能—纺织，纺织—边角料—纺织，纺织品—废旧纺织品—再利用产成品—纺织品，纺织品—废旧纺织品—保温材料，废弃聚酯—化纤—纺织品等产业链。

到2015年，纺织行业单位工业增加值能耗、取水量比2010年分别下降20%、30%，纺织纤维再利用总量达到800万吨。

第十一节　产业园区

按照“布局优化、企业集群、产业成链、物质循环、集约发展”的要求，推进新建、搬迁企业和项目园区化、集聚化发展，推动各类产业园区实施循环化改造，构建循环经济产业链，实现企业、产业间的循环链接，提高产业关联度和循环化程度，促进园区绿色低碳循环发展。到2015年，50%以上的国家级园区和30%以上的省级园区实施循环化改造。

构建园区循环经济产业链。根据物质流和产业关联性，对园区进行功能分区，合理布局企业、产业、基础设施及生活区。推进园区改造提升传统产业，培育发展战略性新兴产业，促进产业结构优化升级。重化工业要实现园区化发展，按照“横向耦合、纵向延伸、循环链接”的原则构建产业链,形成园区企业之间原料（产品）互供、资源共享的一体化。专业性产业园区要纵向延伸产业链。综合性产业园区要“补链”招商，促进产业横向耦合。工农业复合型产业园区要推进农副产品深加工利用，延长产业链，提高附加值。提高新建和搬迁改造园区的产业关联度和循环化程度。

推进园区资源高效循环利用。实施清洁生产，促进源头减量。推动园区内企业废物交换利用、废水循环利用、能源梯级利用、土地节约集约利用。推进园区生活污水再生利用，建设雨水收集利用设施，鼓励有条件的地区发展海水淡化产业。大力发展清洁能源和可再生能源。鼓励专业化服务公司为园区废物管理提供“嵌入式”服务。

推行园区基础设施绿色化。对园区内供水、供电、供热、道路、通信等公共基础设施实施绿色化改造，促进共建共享、集成优化。加快园区污染物集中治理设施建设及升级改造，鼓励园区创新环境服务模式，积极推进污水、

垃圾处理设施建设和运行专业化、社会化。

第四章　构建循环型农业体系

在农业领域加快推动资源利用节约化、生产过程清洁化、产业链接循环化、废物处理资源化，形成农林牧渔多业共生的循环型农业生产方式，加快农业机械化，推进农业现代化，改善农村生态环境，提高农业综合效益，促进农业发展方式转变。到2015年，农业灌溉用水有效利用系数达到0.53，秸秆综合利用率提高到80%，设施渔业养殖废水处理与综合利用率达80%以上，林业“三剩物”综合利用率达80%以上。

第一节　种植业

发展节约型种植业。加快淘汰老旧农业机械，推广使用节能型农业机械，推进抽水泵站节能改造，推广普及节能型太阳能蔬菜大棚。推广普及管道输水、膜下滴灌、水肥一体化等高效节水灌溉技术，支持旱作农业示范基地建设，加大旱作节水农业技术推广力度。大力推广测土配方施肥技术，科学使用化肥，鼓励农民增施有机肥，减少不合理化肥施用量。淘汰落后施药机械，推广使用高效、低毒、低残留农药。开展有机农产品基地建设。推进粮食生产全过程机械化，加快粮食烘干、仓储设施建设，减少粮食田间损失和仓储损耗。

推动农作物秸秆综合利用。因地制宜推广农作物秸秆饲料化、肥料化、基料化、原料化、燃料化等利用方式，重点推进秸秆过腹还田、腐熟还田和机械化还田，鼓励利用富含营养成分的花生、豆类等秸秆加工制作饲料，推广应用秸秆栽培食用菌，发展新型秸秆代木、功能型秸秆木塑复合型材，推广秸秆制沼集中供气、固化成型燃料等。

推动农田残膜、灌溉器材回收利用。建立政府推动、农户参与、企业实施的农田残膜、灌溉器材回收机制，形成使用、回收、再利用各个环节相互配套的回收利用体系。支持建设农田残膜、灌溉器材回收、初加工网点及深加工利用项目。

第二节　林业

加强林竹加工业节能降耗。大力发展木材精深加工，严格控制木材粗加工项目。加快淘汰高耗能落后工艺、技术和设备，推动木材、竹材加工设备节能改造。

推动林竹废弃物资源化利用。鼓励利用采伐、造材、加工等林业“三剩物”和次小薪柴生产板材、培养食用菌等，鼓励对食用菌培养基进行再利用。推动利用竹业“三剩物”生产竹炭、活性炭、精制醋粉等产品以及进行延伸加工利用。

构建林业循环经济产业链。构建林业—“三剩物”、次小薪柴—板材，林业加工—木屑—食用菌—培养基—饲料、肥料，竹业—“三剩物”—竹炭、活性炭，竹业—“三剩物”—醋液—醋粉—药品、保健品，竹业—竹屑—型材，林竹—制浆—造纸等产业链。

第三节　畜牧业

推进畜禽养殖清洁生产。推进适度规模养殖，鼓励养殖与种植相结合，建设标准化畜禽养殖场，推广畜禽清洁养殖、雨污分流、干湿分离和设施化处理技术。支持深加工集成养殖模式，发展饲料生产、畜禽养殖、畜禽产品加工及深加工一体化养殖业。发展畜禽圈舍、沼气池、厕所、日光温室“四位一体”生态农业。

加强畜禽粪污资源化利用。鼓励利用畜禽粪便发展农村户用和集中供气沼气工程，鼓励利用畜禽粪便、秸秆、有机生活垃圾等多种原料发展超大型沼气工程。推广堆肥处理、工厂化生产有机肥、好氧发酵农田直接施用技术，促进养殖粪污资源化利用和无害化处理。

推动畜禽加工副产物和废弃物利用。鼓励利用畜禽血液、脏器、骨组织、皮毛绒、蛋壳等生产医药、保健品、生活用品等，提高畜禽加工附加值。支持开展屠宰废水循环利用。

构建农牧业循环经济产业链。构建畜禽粪便—沼气—发电，畜禽粪便—沼气—沼渣、沼液—无害化处理—肥料、农药—农林作物，畜禽加工—副产物—生化制品等产业链。

第四节　渔业

推行设施渔业清洁生产。开展渔航更新改造，发展设施渔业及浅海立体生态养殖。推广使用优质良种和安全高效配合饲料，集成标准化饲养、疫病防控、安全用药等关键技术，发展循环水节水养殖。科学确定养殖容量，合理控制养殖密度，实现养殖水域空间资源合理利用。鼓励利用稻田、盐碱地、采矿塌陷区发展水产养殖。

延伸渔业循环产业链。促进水产养殖业与种植业有效对接，实现鱼、粮、果、菜协同发展。鼓励利用鱼类、虾蟹、贝藻以及水产加工副产物，生产氨基酸、调味品、保健品等产品。推进老旧渔船及网具材料的综合利用。

第五节　工农业复合

推进种植业、养殖业、农产品加工业、生物质能产业、农林废弃物循环利用产业、高效有机肥产业、休闲农业等产业循环链接，形成无废高效的跨企业、跨农户循环经济联合体，构建粮、菜、畜、林、加工、物流、旅游一体化和一、二、三产业联动发展的现代工农复合型循环经济产业体系。大力推广农业循环经济典型模式，重点培育推广畜（禽)—沼—果（菜、林、果)复合型模式、农林牧渔复合型模式、上农下渔模式、工农业复合型模式等，提升农业综合效益。

第五章　构建循环型服务业体系

加快构建循环型服务业体系，推进服务主体绿色化、服务过程清洁化，促进服务业与其他产业融合发展，充分发挥服务业在引导人们树立绿色循环低碳理念，转变消费模式方面的积极作用。

第一节　旅游业

推进旅游业开发、管理、消费各环节绿色化，积极构建循环型旅游服务体系。

推进旅游景区建设和管理绿色化。加强旅游资源保护性开发，严格执行旅游项目环境影响评价制度，合理确定景区游客容量。设施建设要采用节能环保产品，积极利用可再生能源，配套建设污水再生利用、雨水收集、垃圾无害化处理系统。支持旅游景区使用节能环保交通工具，开发绿色旅游产品，科学设置垃圾分类回收装置，推进废弃物分类回收和资源化利用。

引导低碳旅游和绿色消费。大力倡导低碳旅游出行方式，在旅游景区加强生态科普宣传教育，传播绿色低碳理念，减少使用一次性用品，引导游客分类投放废弃物，自觉保护景区环境。

第二节　通信服务业

推进绿色基站建设。鼓励采用分布式基站网络结构。通过载波智能功效、智能调整等手段降低设备能耗。推广以自然冷热源和蓄电池温控为基础的空调升温启动技术，合理采用风光互补、分布式冷却系统以及电池组在线维护管理，实施传统基站节能改造。合理设计供电方案，推广应用绿色电源。

推进绿色数据中心建设。加快老旧设备退网，鼓励建设云计算、仓储式及集装箱式数据机房，推动广泛应用先进节能技术，加大节能改造力度，提高数据中心和机房的能源利用效率。

鼓励回收废旧通信产品。推动通信运营商回收基站中的废旧铅酸电池。依托通信运营商服务网点，探　索采用押金制等方式建立废旧手机、电池、充电器等通信产品的回收体系，提高回收率。推进手机充电器、电池标准化工作。

到2015年，通信基站能耗比2010年降低25%，通信基站废旧铅酸蓄电池回收率达90%以上。

第三节　零售批发业

积极推行清洁生产。开展清洁生产审计、ISO14000环境管理体系认证。推动现有商用建筑进行保温、隔热改造并对采暖、制冷、通风、照明、冷藏等系统进行节能改造，采用自动控制扶梯等节能设备和技术。鼓励发展连锁经营、统一配送、电子商务等现代流通方式，运用物联网技术强化资源整合和供应链全程优化。

推进废弃物回收利用。鼓励零售批发企业对废弃包装物、废弃食品、垃圾等进行分类回收。鼓励批发零售企业采用以旧换新等方式回收废旧商品。严格执行“限塑令”，禁止销售、使用超薄塑料购物袋，落实塑料购物袋有偿使用政策。

推动绿色消费。充分发挥零售批发业连接生产和消费环节的桥梁作用，支持零售批发业采购节能环保产品，鼓励商贸流通企业开设绿色产品销售专区、专柜等，向消费者推介绿色产品，扩大绿色产品消费，带动绿色产品生产。积极培育租赁业、旧货业发展，促进产品再利用。

到2015年，营业面积在1万平方米以上的大型超市、百货店、专业店等零售业万元营业额能耗显著下降。

第四节　餐饮住宿业

推进餐饮住宿业绿色化。推动餐饮住宿业对照明、空调、锅炉系统进行节能改造，使用节能节水产品和无磷高效洗涤剂，分类排放生活垃圾，分类存放餐厨废弃物。鼓励大型住宿餐饮企业建设具有集中加工、采购、贮存和配送功能的厨房。

倡导绿色服务。倡导减少使用一次性木筷、快餐盒以及客房一次性牙刷、剃须刀等用品。鼓励企业开设绿色客房并给予消费者相应优惠。鼓励餐饮企业实行分餐制，按照营养均衡的要求，适量配餐，提供科学合理的菜单及不同规格的盛具。

到2015年，餐饮住宿业单位增加值能耗明显降低，一次性用品使用率大幅降低。

第五节　物流业

提高物流运行效率。大力发展多式联运，促进多种运输方式合理分工运行，削减总行驶量。强化产地物流功能，实行“减量化”运输。支持建立以城市为中心的公共配送体系，优化城市配送网络，鼓励统一配送和共同配送。鼓励使用节能环保和新能源车辆。推广可多次利用的周转包装，支持托盘共用系统建设，实现包装物的梯级利用，加强对废弃包装物的回收和再生处理。

加快绿色仓储建设。合理规划和优化仓库布局，采用现代化储存保养技术，降低各类仓储损耗。完善仓储设施节能环保标准。规范有毒化学品、放射性物品、易燃易爆物品的仓储保管。支持仓储设施利用太阳能和其他清洁能源。支持建设绿色生态型物流园区。

到2015年，初步建立起低碳、循环、高效的绿色物流体系，物流设施能源利用效率明显提高，车辆空驶率稳步降低。

第六章　推进社会层面循环经济发展

加快完善再生资源和垃圾分类回收体系，推动再生资源利用产业化，发展再制造，推进餐厨废弃物资源化利用，实施绿色建筑行动和绿色交通行动，推行绿色消费，实施大循环战略，加快建设循环型社会。

第一节　完善再生资源回收体系

完善再生资源回收网络。加快建设城市社区和乡村回收站点、分拣中心、集散市场三位一体的回收网络。鼓励各类投资主体积极参与建设、改造回收站点，建设符合环保要求的专业分拣中心，逐步建设一批分拣技术先进、环保处理设施完备、劳动保护措施健全的废旧商品回收分拣集聚区。

健全生活垃圾分类回收体系。完善生活垃圾分类回收、密闭运输、集中处理体系，在社区及家庭推行垃圾分类排放。鼓励居民分开盛放和投放厨余垃圾，建立高水分有机生活垃圾收运系统，实现厨余垃圾单独收集、循环利用。

加强重点再生资源回收。落实有关优惠政策，做好废金属、废塑料、废玻璃、废纸等传统再生资源的回收，提高回收率。创新回收方式，强化监督管理，推进废电器电子产品、报废汽车、废旧轮胎、包装物、废旧纺织品的回收，推动废铅酸电池、废镉镍电池、废弃含汞荧光灯、废温度计、废弃农药包装物等有害废物的回收。

到2015年，构建起先进完整的再生资源回收体系，垃圾分类工作取得明显进展，主要品种再生资源回收率达到70%。

第二节　推动再生资源利用产业化发展

推动废旧机电产品、电线电缆、通信设备、汽车、家电、手机、铅酸电池、塑料、橡胶、玻璃等再生资源利用的规模化、产业化发展。到2015年，主要再生资源利用总量达到2.66亿吨，产值达到1.2万亿元，就业人员1800万人。

推进再生资源规模化利用。鼓励再生资源加工利用企业集聚发展，进行园区化管理。加快培育再生资源龙头企业，鼓励通过兼并、重组、联营等方式，加快行业整合力度，提高产业集中度。

推进再生资源高值化利用。加快淘汰落后生产工艺和技术设备，推动再生资源分选、拆解、破碎、加工利用技术和装备升级。支持再生资源利用企业延长产业链，加快形成覆盖分拣、拆解、加工、资源化利用和无害化处理等环节的完整产业链，着力加强深度加工利用，提高产品附加值。提高废弃电器电子产品、报废机动车、报废船舶等的拆解及利用水平。做好执法部门罚没产品的回收利用工作。

推进再生资源清洁安全利用。严格执行环保、安全、卫生、质量标准，推动再生资源利用企业建设完善的环保设施，规范再生资源拆解、利用行为，避免二次污染，确保生产环节清洁安全和再生利用产品质量安全。

第三节　发展再制造

建立旧件逆向回收体系。支持建立以汽车4S店、特约维修站点为主渠道，回收拆解企业为补充的汽车零部件回收体系。规范建立专业化再制造旧件回收企业和区域性再制造旧件回收物流集散中心。积极利用现有再生资源回收网络，回收计算机服务器、硒鼓、墨盒等易回收产品。开展消费者交回旧件并以置换价购买再制造产品（以旧换再）的工作，扩大再制造旧件回收规模。

抓好重点产品再制造。重点推进机动车零部件、机床、工程机械、矿山机械、农用机械、冶金轧辊、复印机、计算机服务器以及墨盒、硒鼓等的再制造，探索航空发动机、汽轮机再制造，继续推进废旧轮胎翻新。

推动再制造产业化发展。支持建设再制造产业示范基地，促进产业集聚发展。支持再制造企业加快技术升级改

造。建立再制造产品质量保障体系和销售体系，促进再制造产品生产与售后服务一体化。鼓励专业化再制造服务公司为企业提供整体解决方案和专项服务。建立再制造旧件回收、产品营销、溯源等信息化管理系统。

到2015年，实现年再制造发动机80万台，变速箱、起动机、发电机等800万件，工程机械、矿山机械、农用机械等20万台套，再制造产业年产值达500亿元左右。

第四节　实施绿色建筑行动

推进既有建筑供热计量和节能改造。北方采暖地区以围护结构、供热计量、管网热平衡为重点，夏热冬冷地区以建筑门窗、外遮阳、自然通风为重点，加快实施节能改造。大力推进大型公共建筑和办公建筑采暖、空调、通风、照明等节能改造。

新建建筑严格执行节能标准。严把设计关口，加强施工图审查，城镇建筑设计阶段100%达到节能标准要求。加强施工监管和稽查，确保工程质量和安全，施工阶段节能标准执行率达到95%以上。严格执行节能专项验收，达不到节能标准的不予通过竣工验收，强制进行整改。鼓励有条件的地区提高建筑节能标准。

发展绿色建筑。加强新区绿色规划，积极推进绿色建筑设计和施工。重点推动党政机关、学校、医院以及影剧院、博物馆、科技馆、体育馆等建筑执行绿色建筑标准。在商业房地产、工业厂房中推广绿色建筑，鼓励商品住宅装修一次到位，倡导简约适度装修。推动雨水收集和利用。

推进建筑废物资源化利用。推进建筑废物集中处理、分级利用，生产高性能再生混凝土、混凝土砌块等建材产品。因地制宜建设建筑废物资源化利用和处理基地。

“十二五”期间，北方采暖地区完成既有居住建筑供热计量和节能改造4亿平方米以上，夏热冬冷地区既有居住建筑节能改造5000万平方米以上，公共建筑和公共办公区建筑节能改造1.2亿平方米，新建绿色建筑8亿平方米。到2015年，城镇新建建筑15%以上达到绿色建筑标准要求。

第五节　构建绿色综合交通运输体系

基础设施建设环节体现循环经济要求。按照绿色循环低碳的要求，构建综合交通运输体系。统筹衔接各种运输方式，加快实现“零距离换乘”和“无缝化衔接”。合理布局铁路、公路、水路和机场基础设施，科学确定建设规模，系统提升土地、能源、水等资源的利用效率。新建机场、车站、码头严格执行建筑节能标准，充分利用自然光、太阳能等可再生能源，积极使用节能环保产品。鼓励再生利用道路沥青以及利用粉煤灰筑路、建桥等。

运营服务环节大力提高能源资源利用效率。引导采用绿色环保型交通工具，加快淘汰老旧机车、船舶。加快现有机场、车站、港口节能节水改造。提高电气化铁路比重，扩大新材料、新技术的应用，降低非牵引能耗。大力推广甩挂运输、不停车收费系统（ETC），推进船舶靠岸使用岸电技术改造，优化港口装卸工艺，减少二次搬运。优化航线网络结构，鼓励机场提供地面供电替代飞机自发电。

倡导绿色出行。完善城市交通系统，加强城市步行和自行车交通系统建设，加快发展轨道交通，推进不同公共交通体系之间以及市内公交系统与铁路、高速公路、机场等之间无缝衔接。引导居民外出多乘公共交通，少开私家车。在有条件的地区探索实行拼车出行，推广电话叫车、网络叫车，降低出租车空驶率。

到2015年，铁路、公路、水路、民航、邮政、城市轨道交通行业基础设施建设和运营服务环节的资源能源利用效率全面提高，污染排放得到有效控制。

第六节　推进餐厨废弃物资源化利用

建立餐厨废弃物资源化利用体系。推动建立规范的餐饮企业、单位食堂餐厨废弃物定点收集、密闭运输、集中处理体系，逐步建立家庭厨余垃圾收运体系。支持餐厨废弃物资源化利用设施建设，鼓励利用餐厨废弃物生产沼气、生物柴油、工业油脂、有机肥等。加快餐厨废弃物资源化利用技术研发，不断优化技术工艺路线，加大推广应用力度。

强化餐厨废弃物管理。推动对城市餐厨废弃物收集、运输、处理实行许可或备案制。加大对餐厨废弃物资源化利用和无害化处理的监管，严厉打击用“地沟油”等餐厨废弃物生产食用油等违法行为。

到2015年，50%的设区城市初步实现餐厨废弃物分类收运和资源化利用，餐厨废弃物资源化利用能力达到3万吨/日。

第七节　推行绿色消费

树立绿色消费理念。推动全社会树立和践行文明、节约、绿色、低碳、循环的消费理念，引导节约消费、适度消费，反对铺张浪费。发扬勤俭节约的优良传统，摒弃讲排场、摆阔气、奢侈浪费的陋习，提高全社会节能、节

水、节材、节粮意识。

倡导绿色生活方式。鼓励消费者购买和使用节能环保产品、节能省地住宅，减少使用一次性用品。鼓励自备购物袋，禁止使用超薄塑料购物袋。强化法规标准建设，限制企业对商品进行过度包装，引导消费者抵制过度包装商品。倡导绿色、环保、简约、实用的装修理念，抵制奢华、过度装修住宅。鼓励外出就餐适度点餐、餐后打包，婚丧嫁娶等红白喜事用餐从简操办。倡导生态旅游，杜绝随意丢弃垃圾，自觉进行垃圾分类。鼓励网上购物、视频会议、无纸化办公，珍爱野生动植物。

政府机构带头节约。政府机关要在节能、节水、节纸、节粮等方面率先垂范，切实建设节约型政府。强化政府绿色采购制度，严格执行强制或优先采购节能环保产品制度，提高政府采购中再生产品和再制造产品的比重。政府机关食堂完善用餐收费制度，健全公务接待用餐管理制度，避免政府机关食堂、公务接待用餐浪费。

第八节　实施大循环战略

在推动企业内部、园区内部、产业内部实行清洁生产和资源循环利用的基础上，遵循生态循环规律，实施大循环战略，推动产业之间、生产与生活系统之间、国内外之间的循环式布局、循环式组合、循环式流通，加快构建循环型社会，全面推进循环发展，实现资源利用可循环、环境容量可承载、经济发展可持续。

推进产业循环式组合。加强物质流分析和管理，科学规划，统筹产业带、产业园区和基地的空间布局，消除各种限制性障碍，打破地区封锁和部门利益，搭建循环经济技术、市场、产品等公共服务平台，鼓励企业间、产业间建立物质流、资金流、产品链紧密结合的循环经济联合体，促进工业、农业、服务业等产业间循环链接、共生耦合，实现资源跨企业、跨行业、跨产业、跨区域循环利用。中西部地区在承接产业转移时，要按照产业循环式组合的要求，推进产业集聚发展，合理布局建设项目，避免走先污染、后治理的老路。东部地区要通过推进产业循环式组合，促进产业结构优化升级。

促进生产与生活系统的循环链接。构建布局合理、资源节约、环保安全、循环共享的生产生活共生体系。推动生产系统的余能、余热等在社会生活系统中的循环利用，推动煤层气、沼气、高炉煤气和焦炉煤气等资源在城市居民供热、供气以及出租车等方面的应用，鼓励在有条件的地区发展煤层气公共汽车。推动中水在社会生活系统中的应用，提高城市生活污水在工业生产系统中的应用水平。完善再生水用于农业浇灌的标准，开展示范应用。推动矿井水用作生活、生态用水。推动沿海缺水地区利用海水淡化水作为企业生产和生活用水。推进钢铁、电力、水泥行业等生产过程协同资源化处理废弃物，将生活废弃物作为生产过程的原料、燃料。

推进资源循环利用国内外大循环。充分利用国内外两个市场、两种资源，不断增强经济社会发展的能源资源保障能力。加快转变对外经济发展方式，推进加工贸易转型升级，提升我国产业在全球产业分工中的价值。在实施“走出去”战略和对外援助时，把循环经济理念融入到规划、建设、施工、运行、管理等各环节，加强绿色循环低碳工程建设，树立我国负责任、注重可持续发展的大国形象。扩大再生资源进口种类和规模。严格再生资源进口监管，对沿海地区以进口再生资源加工利用为主的企业和项目实行圈区化管理，推进进口再生资源的清洁、安全和高效利用。

第七章　实施循环经济“十百千”示范行动

通过实施循环经济“十百千”示范行动，实现技术突破和管理创新，推动循环经济形成较大规模。

第一节　实施循环经济十大示范工程

资源综合利用示范工程。推动共伴生矿及尾矿、工业固体废物、道路和建筑废物综合利用以及非常规水源利用。建设60个矿产资源综合利用示范基地。建设8个煤系共伴生高岭土、铝矾土综合利用工程和30个煤层气、煤矸石、矿井水综合利用工程。建设30个黑色和有色金属共伴生矿及尾矿有价组分提取和综合利用工程。建设2-3个赤泥综合利用示范基地，3-5个高铝粉煤灰综合利用基地，实施一批冶炼废渣、化工废渣、脱硫石膏和磷石膏等工业副产石膏综合利用工程。建设6个建筑和道路废物资源化利用示范工程。建设20个海水淡化示范项目，20个雨水收集利用和再生水利用示范工程。

产业园区循环化改造示范工程。选择100家基础条件好、改造潜力大的国家级和省级开发区开展循环化改造示范。支持改造30个化工、纺织、制革等单一产业园区，推动延伸产业链；支持改造60个综合性园区和重化工集中的园区，推动产业间横向耦合、纵向延伸、循环链接；支持改造10个工农业复合型产业园区，推动农林产品及副产物深加工利用。通过示范，凝练和推广一批适合我国国情的园区循环化改造范式，提高园区主要资源产出率、土地产出率、资源循环利用率，基本实现“零排放”。

再生资源回收体系示范工程。建设80个左右网点布局合理、管理规范、回收方式多元化、重点品种回收率高的再生资源回收体系示范城市，规范建设100个废旧商品回收分拣集聚区，培育100个组织化规模化程度高、技术先进的龙头企业，推动一批商贸流通企业参与回收体系，促进再生资源交易和流通，提高再生资源回收率。

“城市矿产”基地建设示范工程。建设50个技术先进、环保达标、管理规范、利用规模化、辐射作用强的国家“城市矿产”示范基地，推动废钢铁、废有色金属、废塑料、废橡胶等再生资源集中拆解处理、集中治理污染、合理延伸产业链，促进“城市矿产”资源高值化利用和集聚化发展，切实解决再生资源利用中存在的经营分散、技术落后、利用水平低和二次污染等问题。

再制造产业化示范试点工程。建设5-10个国家级再制造产业示范基地，推动再制造业集聚发展。选择30家左右具有一定基础的汽车零部件再制造企业开展示范，重点支持建立发动机、变速箱等旧件回收、再制造加工、检测和质量控制体系。选择一批企业开展机床、工程机械、农业机械、矿山机械、办公用品等再制造试点。培育20家左右再制造专业化服务机构。

餐厨废弃物资源化利用和无害处理示范试点工程。选择100个城市开展餐厨废弃物资源化利用和无害化处理示范试点，支持回收利用体系和能力建设。通过示范试点，建立符合我国国情的覆盖餐厨废弃物产生、收集、运输、处理全过程的管理制度，健全标准和规范，完善工艺技术路线，实现餐厨废弃物安全、高效利用和无害化处理。

生产过程协同资源化处理废弃物示范工程。发挥建材、钢铁、电力等行业消纳废弃物的功能，培育60家左右协同资源化处理废弃物示范企业，消纳铬渣、污泥、生活垃圾、危险废物等。通过示范，推动建立相关技术标准和规范，探索建立企业与政府在协同资源化处理废弃物方面的合作机制。

农业循环经济示范工程。在13个粮食主产区、棉秆等单一品种秸秆集中度高的地区以及交通干道、机场、高速公路沿线等重点地区，实施秸秆综合利用试点示范工程。支持建设一批农产品加工副产物资源化利用、稻田综合种植（养殖）、畜禽粪便能源化利用、工厂化循环水养殖节水示范工程。结合富营养化江河湖泊综合治理，支持建设水上经济植物规模化种植示范工程。实施以农村生活、生产废弃物处理利用和村级环境服务设施建设为重点的农村清洁工程。

循环型服务业示范工程。选择100家左右管理水平较高的餐饮住宿企业开展绿色化改造示范工程。培育1000家零售业节能环保示范企业。选择一批物流企业开展绿色物流示范试点。选择一批旅游景区实施旅游业循环经济示范工程。通过实施示范工程，推动服务行业实行清洁生产，推行绿色服务模式，引导消费者建立绿色消费方式。

资源循环利用技术产业化示范推广工程。选择基础较好、技术力量较强的科研单位或大型企业，支持建设一批循环经济重点工程实验室、技术中心、工程研究中心和质量检测中心。加强源头减量、循环利用、再制造、零排放、产业链接等循环经济关键共性技术研发。构建产学研对接平台和科研成果产业化机制，建设一批资源循环利用技术产业化示范基地和示范项目，加大先进适用技术的推广应用力度。

第二节　创建百个循环经济示范城市（县）

选择100个左右城市（县），创建国家循环经济示范城市（县）。示范城市（县）要全面推行循环型生产方式和绿色消费模式，率先构建起覆盖全社会的资源循环利用体系，资源产出率提高幅度超出全国平均水平，通过发展循环经济探索实现转型发展的道路。

第三节　培育千家循环经济示范企业（园区）

选择1000家骨干企业或园区，树立循环经济典型。示范企业（园区）的资源产出率、土地产出率、单位产值能耗、物耗、水耗、产业废弃物综合利用率、工业用水重复利用率等指标达到国内领先水平和国际先进水平。

实施循环经济“十百千”示范行动，以企业自主投资为主，国家和地方政府通过现有政策和资金渠道给予必要的资金支持。中央补助资金重点支持相关公益性基础设施、公共服务平台、重点项目、能力建设及关键共性技术产业化示范和推广应用。鼓励金融机构和社会主体将资金投向循环经济重大工程。鼓励企业通过自有资本、银行贷款、上市融资、发行债券等方式实施循环经济重大工程。

第八章　保障措施

第一节　完善经济政策

产业政策。落实《产业结构调整指导目录》、《外商投资产业指导目录》、《限制用地项目目录》和《禁止用地项目目录》。进一步提高高耗能、高耗水、高耗地、高排放行业准入门槛，严格节能、环保、土地、安全方面的约束。发布国家鼓励、限制和淘汰的技术、工艺、设备、材料和产品名录，再制造产品目录和限制生产、销售的一

次性产品名录及管理办法。鼓励煤矸石、余热余压、垃圾和沼气等发电上网。研究制定在脱硫石膏产生量大的地区限制开采天然石膏的政策。保障符合国家产业政策和投资管理规定的循环经济项目用地。

投资政策。各级政府要将循环经济项目列为重点投资领域。加强固定资产投资项目资源循环利用管理，项目申请报告和可行性研究报告应包含循环经济相关内容。发挥政府投资的引导作用，吸引社会各类资金投向循环经济。

价格和收费政策。深化资源性产品价格改革，进一步发挥市场机制在资源性产品价格形成中的作用。推行城市居民生活用水阶梯式价格和非居民用水超定额累进加价制度。试行居民用电阶梯电价制度，完善电力峰谷分时电价政策，加大差别电价、惩罚性电价实施力度，完善鼓励煤矸石、余热余压、垃圾和沼气等发电的价格政策，试行脱硝价格政策。对污泥处理处置费用，研究实行纳入污水处理收费和财政补贴共同承担的政策。研究减征实现废水"零排放"企业和园区污水处理费的政策，严格执行对实现废水"零排放"的企业免征排污费的政策。研究鼓励生产过程协同资源化处理废弃物的价格政策。研究建立建筑垃圾排放收费制度，改革生活垃圾处理收费方式，提高征收率。研究建立餐厨废弃物处理收费制度。

财政政策。中央和省级人民政府依法设立循环经济发展专项资金，支持循环经济重大工程、重点项目及能力建设。创新循环经济发展专项资金支持方式，扩大财政资金的杠杆效应。落实并完善废弃电器电子产品处理基金征收补贴政策。研究鼓励再制造产品推广应用和强制回收产品、包装物的专项政策。加大新型墙体材料专项基金对发展新型墙体材料的支持力度。研究制定激励流通企业采购节能环保产品的政策。对已报废老旧农机并取得回收拆解证明的农民，优先给予农机购置补贴。对属排污费资金支持范围的循环经济类项目给予优先支持。国有资本经营预算要支持企业发展循环经济项目。建立对国家认定再生产品的推广机制。加大政府采购支持力度，优先采购节能节水环保产品和再生利用产品。

税收政策。继续落实和完善资源综合利用税收优惠政策。研究制定并完善促进再生资源回收体系建设的税收政策。研究完善减少使用一次性消费品的税收政策。对国内不能生产、国家鼓励引进的循环经济技术装备，在规定范围内减免进口关税。研究完善鼓励资源性产品进口的关税政策。积极推进环境税费改革。

金融政策。鼓励银行业金融机构对循环经济重点项目和循环经济"十百千"示范工程给予包括信用贷款在内的多元化信贷支持，创新信贷产品，拓宽抵押担保范围，完善担保方式。支持循环经济示范试点企业发行企业（公司）债券、项目收益债券、可转换债券和短期融资券、中期票据等直接融资工具。探索循环经济示范试点园区内的中小企业发行集合债券、集合票据。支持符合条件的资源循环利用企业申请境内外上市和再融资。鼓励设立循环经济创业投资基金，研究设立循环经济产业投资基金。各地要根据国家有关政策制定支持循环经济发展的配套投融资政策和实施方案。

第二节　健全法规和标准

加快法规建设。完善循环经济促进法相关配套法规规章，研究制定限制商品过度包装条例、循环经济发展专项资金管理办法、汽车零部件再制造管理办法、再制造旧件和再制造产品进出口管理目录及管理办法、强制回收的产品和包装物名录及管理办法、餐厨废弃物管理及资源化利用条例、农业机械报废回收办法等法规规章。加快修订报废汽车回收管理办法、商品零售场所塑料袋有偿使用管理办法。

建立健全标准和计量体系。加快制定可降解产品、再生利用产品、餐厨废弃物资源化产品、利废建材等产品标准和农业机械禁用及报废标准，完善节能、节水、资源综合利用产品标准。健全过度包装商品标准。制定生产过程协同资源化处理废弃物，再生资源回收、拆解、利用和再制造质量控制等相关规范。深化循环经济标准化试点工作。建立完善循环经济计量检测体系。

第三节　加强管理监督

实行生产者责任延伸制度。完善相关法律法规，建立生产者责任延伸制度，推动生产者落实废弃产品回收、处理等责任。落实废弃电器电子产品处理基金管理办法。研究建立强制回收产品和包装物、汽车、轮胎、手机、充电器生产者责任制。

加强循环经济管理。继续开展资源综合利用企业（产品）和资源综合利用电厂认定。开展循环经济项目、企业、园区认定试点。强化再生资源回收企业备案管理。对报废汽车、废弃电器电子产品拆解企业依法实行严格的资质管理。对资源消耗量和废物排放量大的重点企业实施动态跟踪管理。继续巩固"限塑"成果，适时研究扩大"限塑"范围。深入推进禁止生产和使用实心黏土砖工作。建立低效用地评价机制，规范推进农村建设用地和工矿废弃土地复垦利用。研究制定管理措施，在有条件使用再生水的地区限制将城市自来水作为城市道路清扫、城市绿化和景观用水。鼓励建设静脉产业园，对生活垃圾、餐厨废弃物、建筑废弃物、“城市矿产”等资源化利用和无害化处理实行园区化管理。

探索市场化管理机制。研究建立强制回收产品和包装物、重点再生利用产品、汽车零部件等再制造产品的标识管理制度。研究建立循环经济认证认可体系。鼓励专业化服务公司采用市场化模式对企业和园区进行循环化改造。研究试行手机、充电器、饮料瓶等废旧产品押金回收制度。

加强监督检查。组织开展循环经济促进法、清洁生产促进法、节约能源法等法律法规的执法监督行动。加强对地方政府、各类产业园区、企业落实循环经济政策措施情况的监督检查。组织开展国家循环经济相关名录执行情况的监督检查。加大对生产、销售过度包装商品行为的查处力度。严厉查处资源综合利用、再生资源拆解处理造成二次污染的企业。加强对再制造产品标识使用的监督检查，强化产品质量监管。

第四节　强化技术和服务支撑

加快共性关键技术开发。制定循环经济科技发展规划，在国家、地方科技计划（专项）中，加大对循环经济共性关键技术研发的支持力度。支持建立各类循环经济技术支撑机构。推动组建重点领域循环经济产业联盟，加强产学研用结合，共同研究解决循环经济关键和共性技术问题。引进、消化、吸收和再创新循环经济关键技术和装备。

加强技术装备产业化示范。实施循环经济技术产业化示范工程，重点支持共伴生矿和尾矿综合开发和回收利用、废物资源化利用、可回收利用材料、有毒有害原材料替代、再制造、再生资源高值利用、延长产业链和相关产业链接、“零排放”等关键技术和装备产业化示范。

加快先进适用技术推广应用。加强循环经济技术推广体系建设。建立循环经济技术遴选、评定及推广机制。发布国家鼓励的循环经济技术、工艺、设备名录。探索通过政府买断的方式对先进适用技术进行推广应用。实施循环经济“走出去”战略，加快具有竞争力的循环经济关键技术装备的出口。

健全循环经济服务体系。培育和扶持一批为发展循环经济提供规划、设计、建设、改造、运营的专业化服务公司。鼓励发展循环经济信息服务业。鼓励科研院所、行业协会等为企业提供循环经济技术、管理等咨询服务。鼓励构建全国性、区域性、行业性的废弃物逆向物流交易平台、交易中心或交易市场。鼓励建立循环经济产品、技术、装备等的展示、展览、交易平台。

第五节　建立循环经济统计评价制度

完善循环经济统计制度。健全循环经济统计指标体系，完善统计核算方法，建立统计核算制度和数据发布制度。建立健全循环经济统计调查制度，做好数据采集和分析工作。开展区域层面资源产出率统计试点。发布国家层面资源产出率指标。

建立循环经济评价体系。制定循环经济评价指标体系，把资源产出率作为评价循环经济发展成效的综合性指标。研究制定循环经济示范城市（县）、园区、企业评价指标体系。研究建立区域循环经济发展成效评价机制，对发展循环经济成绩显著的单位和个人依法给予表彰和奖励。

加强统计能力建设。加强循环经济统计基础工作，各级统计部门要有人员负责循环经济统计，保障必要的工作经费。推动企业健全计量器具，完善统计台账，提高统计的准确性和及时性。

第六节　强化宣传教育和人才培养

加大宣传力度。组织开展形式多样的宣传培训活动，通过广播电视、报纸杂志、互联网、手机等多种途径普及循环经济知识，宣传典型案例，推广示范经验。新闻单位要加大循环经济公益宣传力度，在重要版面、重要频道、重要时段增加报道频次。鼓励开展各种形式的循环文化创意活动。在全国建设一批技术先进、管理规范、特征显著、教育示范作用强的循环经济教育示范基地。开展“反食品浪费行动”，推动餐饮企业、机关和企事业单位食堂、公务宴请、家庭等各方面节约粮食。

强化教育和人才培养。把循环经济理念和知识纳入基础教育、职业教育、高等教育相关课程，研究在高等学校、职业学校设置循环经济类专业。制定循环经济培训纲要，编制循环经济培训教材，实施循环经济培训计划。鼓励教材重复使用，降低循环利用成本。利用各级党校、行政学院和高等学校的培训力量，加强对各级领导干部、政府及企业管理人员的循环经济培训。

第七节　积极开展交流合作

积极开展国际交流与合作。加强与有关国际组织、政府在循环经济领域的交流与合作，研究和借鉴国际先进经验，鼓励从海外引进循环经济技术和管理等方面的高层次人才。将循环经济作为中国对外援助培训的重要内容，利

用各种国际交流平台，宣传循环经济理念和模式。建设中日韩循环经济示范基地。

积极开展两岸三地交流与合作。加强与香港、澳门、台湾在循环经济领域的交流，开展人才、技术、项目的深度合作，不断拓展合作内容，创新合作方式，共同推动绿色发展。

第八节　加强组织领导

国务院建立健全发展循环经济组织协调机制，研究有关重大问题，部署重大任务，把握实施进度和效果，进行定期监督检查。各级人民政府和有关部门要切实履行职责，扎实开展工作，确保完成各项目标任务。

地方各级人民政府对本地区发展循环经济工作负总责，切实加强组织领导和统筹协调，建立相应的工作机制，抓紧编制实施本地区循环经济发展规划和年度推进计划，出台配套政策，明确任务分工，做到层层有责任，逐级抓落实。

国务院有关部门要按照职责分工做好相关工作，出台配套政策措施，加强协调配合，形成工作合力。充分发挥发展循环经济部际联席会议的作用，发展改革委要会同有关部门加强对计划实施的指导、支持以及监督和评估，制定实施全国循环经济年度推进计划，针对计划实施中出现的新情况新问题，适时提出解决办法，重大问题及时向国务院报告。

“十二五”全国城镇污水处理及再生利用设施建设规划

（国办发〔2012〕24号　国务院办公厅二○一二年四月十九日印发）

根据《中华人民共和国国民经济和社会发展第十二个五年规划纲要》和《“十二五”节能减排综合性工作方案》，为加快建设全国城镇污水处理及再生利用设施，提升基本环境公共服务水平、促进主要污染物减排、改善水环境质量，发展改革委、住房城乡建设部、环境保护部编制了《“十二五”全国城镇污水处理及再生利用设施建设规划》（以下简称《规划》）。

《规划》以提升我国城镇生活污水处理及再生利用能力和水平为总体目标，明确了“十二五”期间的建设任务，提出了保障《规划》实施的具体措施，是指导各地加快城镇污水处理设施建设和安排政府投资的重要依据。

《规划》范围包括全国所有地区的设市城市、县城及建制镇（港澳台地区除外）。

党中央、国务院高度重视城镇生活污水处理设施等环境公共基础设施建设，将其作为提升基本环境公共服务、改善水环境质量的重大环保民生工程和建设资源节约型、环境友好型社会的重要工作任务。“十一五”期间，地方各级人民政府积极落实国家部署，不断加大污水处理设施建设力度。截至2010年底，我国城镇生活污水设施处理能力已达到1.25亿立方米/日，设市城市污水处理率已达77.5%，设施建设超额完成“十一五”专项规划的要求，化学需氧量（COD）污染减排贡献率占“十一五”期间全国COD新增削减总量的70%以上。

与此同时，我国仍存在污水配套管网建设相对滞后、设施建设不平衡、部分处理设施不能完全满足环保新要求、多数污泥尚未得到无害化处理处置、污水再生利用程度低、设施建设和运营资金不足、运营监管不到位等问题。为进一步做好城镇污水处理工作，应在“十一五”取得积极成效的基础上，紧紧抓住当前资金投入力度不断加大、激励约束机制日益完善、装备支撑显著增强、节能环保产业加快发展的有利时机，精心组织、科学谋划，加快推进处理设施建设，不断提高设施运营水平。

一、指导思想、基本原则与主要目标

（一）指导思想。

以邓小平理论和“三个代表”重要思想为指导，深入贯彻落实科学发展观，按照建设资源节约型、环境友好型社会的总体要求，顺应人民群众改善环境质量的期望，以提升基本环境公共服务能力为目标，以设施建设和运行保障为主线，统筹规划、合理布局、加大投入，加快形成“厂网并举、泥水并重、再生利用”的设施建设格局，强化政府责任，健全法规标准，完善政策措施，加强运营监管，全面提升设施运行管理水平。

（二）基本原则。

政府主导，社会参与。明确政府责任，加大公共财政投入力度。引入市场机制，出台和完善有效的支持政策，充分调动社会资金参与城镇生活污水处理及再生利用设施建设和运营的积极性。

统筹规划，合理布局。污水处理要与经济社会发展水平相协调，与城镇发展总体规划相衔接，与环境改善要求相适应，与环保产业发展相促进，合理确定建设规模、内容和布局。

突出重点，科学引导。重点建设和完善污水配套管网，提高管网覆盖率和污水收集率。通过加强技术指导和资金支持，加快污泥处理处置及污水再生利用设施建设。科学确定设施建设标准，因地制宜选用处理技术和工艺。

加强监管，促进运行。建立健全有效的监管和绩效考核制度，强化对城镇污水处理设施建设和运营全过程的监督管理，促进设施正常运行。

（三）主要目标。

——到2015年，全国所有设市城市和县城具有污水集中处理能力。

——到2015年，污水处理率进一步提高，城市污水处理率达到85%（直辖市、省会城市和计划单列市城区实现污水全部收集和处理，地级市85%，县级市70%），县城污水处理率平均达到70%，建制镇污水处理率平均达到30%。

——到2015年，直辖市、省会城市和计划单列市的污泥无害化处理处置率达到80%，其他设市城市达到70%，县城及重点镇达到30%。

——到2015年，城镇污水处理设施再生水利用率达到15%以上。

——全面提升污水处理设施运行效率。到2015年，城镇污水处理厂投入运行一年以上的，实际处理负荷不低于设计能力的60%，三年以上的不低于75%。

“十二五”期间各项建设任务目标为：新建污水管网15.9万公里，新增污水处理规模4569万立方米/日，升级改造污水处理规模2611万立方米/日，新建污泥处理处置规模518万吨（干泥）/年，新建污水再生利用设施规模2675万立方米/日。

规划实施后，将新增COD削减能力约280万吨/年，新增氨氮削减能力约30万吨/年。

二、主要任务

（一）加大城镇污水配套管网建设力度。

1.建设任务。综合考虑已建及新增污水处理设施能力和运行负荷率要求，科学确定新增污水配套管网规模，优先解决已建污水处理设施配套管网不足的问题，抓紧补建配套管网，重点是中西部地区设市城市以及东部发达地区的县城和建制镇。对在建处理设施，严格做到配套管网长度与处理能力要求相适应；对拟建处理设施，应对配套管网进行同步规划、同步设计、加快建设；对现有无法满足使用要求的雨污合流管网进行改造。

“十二五”期间，全国规划范围内的城镇建设污水管网15.9万公里，约三分之一为补充已建污水处理设施的管网。其中，设市城市7.3万公里，县城5.3万公里，建制镇3.3万公里；东部地区6.1万公里，中部地区4.9万公里，西部地区4.9万公里。全部建成后，全国城镇污水管网总长度达到32.7万公里，每万吨污水日处理能力配套污水管网达到15.6公里，大幅提高城镇污水收集能力和污水处理厂运行负荷率。

2.技术要求。在降雨量充沛地区，新建管网要采取雨污分流。对已建的合流制排水系统，要结合当地条件，加快实施雨污分流改造。难以实施分流制改造的，要采取截流、调蓄和处理措施。在有条件的地区，逐步推进初期雨水收集与处理。分流制雨水管道泵站或出口附近可设置初期雨水贮存池，合流制管网系统应合理确定截流倍数，将截流的初期雨水送入污水处理厂处理，或在污水处理厂内及附近设置贮存池。

（二）全面提升污水处理能力。

1.建设任务。从解决当前我国城镇污水处理设施建设发展不平衡问题着手，按照填平补齐的原则，合理安排各地污水处理设施新增能力。建设重点由东部城市和主要的大中城市逐步向中西部、东北地区等老工业基地、中小城市和县城倾斜，优先支持目前尚无污水集中处理设施的设市城市和县城加快建设。对发达地区、污染严重地区、环境容量较低地区以及环境影响较大的重点流域地区，可以提出高于本规划确定的全国平均污水处理率目标要求，适当增加污水处理设施建设规模。

“十二五”期间，全国规划范围内的城镇新增污水处理规模4569万立方米/日。其中，设市城市2608万立方米/日，县城1006万立方米/日，建制镇955万立方米/日；东部地区1898万立方米/日，中部地区1477万立方米/日，西部地区1194万立方米/日。全部建成后，所有设市城市均建有污水处理厂，县县具有污水处理能力，各省（区、市）污水处理率均达到规划确定的目标，全面提升全国污水处理服务水平。

2.技术要求。重点流域、重要水源地等敏感水域地区的城镇污水处理设施，应根据水质目标和排污总量控制要

求，选择具备除磷脱氮能力的工艺技术。污水处理应坚持集中与分散处理相结合的原则，在人口密度较低、水环境容量较大的地方，以及地处非环境敏感区的建制镇，在满足环保要求的前提下，可根据实际条件采用“分散式、低成本、易管理”的处理工艺，鼓励自然、生态的处理方式。

（三）加快污水处理厂升级改造。

对部分已建污水处理设施进行升级改造，进一步提高对主要污染物的削减能力。大力改造除磷脱氮功能欠缺、不具备生物处理能力的污水处理厂，重点改造设市城市和发达地区、重点流域以及重要水源地等敏感水域地区的污水处理厂。

“十二五”期间，全国规划范围内的城镇升级改造污水处理规模2611万立方米/日。其中，设市城市2038万立方米/日，县城527万立方米/日，建制镇46万立方米/日；东部地区794万立方米/日，中部地区1318万立方米/日，西部地区499万立方米/日。

（四）加强污泥处理处置设施建设。

1.建设任务。按照“安全环保、节能省地、循环利用、经济合理”的原则，加快污泥处理处置设施建设。优先解决产生量大、污染隐患严重地区的污泥处理处置问题，率先启动经济发达、建设条件较好区域的设施建设。对非正规污泥堆放点和不达标污泥处理处置设施进行排查和环境风险评估，制定治理方案和计划。既要通过设施建设着力解决当前城镇污水处理厂污泥处理处置中的突出矛盾，又要从污水处理厂运行管理和技术改造等方面积极探索污泥源头减量。

“十二五”期间，全国规划建设城镇污泥处理处置规模518万吨/年。其中，设市城市383万吨/年，县城98万吨/年，建制镇37万吨/年；东部地区288万吨/年，中部地区124万吨/年，西部地区106万吨/年。全部建成后，各省（区、市）污泥无害化处置率均达到规划确定的目标，城镇污水处理厂污泥产生的环境隐患得到有效遏制。

2.技术要求。按照城镇污水处理厂污泥处理处置技术有关要求和泥质标准选择适宜的污泥处理技术。采用多种技术处理处置污泥，尽可能回收和利用污泥中的能源和资源。鼓励将污泥经厌氧消化产沼气或好氧发酵处理后严格按国家标准进行土壤改良、园林绿化等土地利用，不具备土地利用条件的，可在污泥干化后与水泥厂、燃煤电厂等协同处置或焚烧。作为近期的过渡处理处置方式，可将污泥深度脱水和石灰稳定后进行填埋处置。

（五）积极推动再生水利用。

1.建设任务。按照“统一规划、分期实施、发展用户、分质供水”和“集中利用为主、分散利用为辅”的原则，积极稳妥地推进再生水利用设施建设。各地应因地制宜，根据再生水潜在用户分布、水质水量要求和输配水方式，合理确定各地污水再生利用设施的实际建设规模及布局，在人均水资源占有量低、单位国内生产总值用水量和水资源开发利用率高的地区要加快建设，促进节水减排。

“十二五”期间，全国规划建设污水再生利用设施规模2676万立方米/日。其中，设市城市2077万立方米/日，县城477万立方米/日，建制镇122万立方米/日；东部地区1258万立方米/日，中部地区706万立方米/日，西部地区712万立方米/日。全部建成后，我国城镇污水再生利用设施总规模接近4000万立方米/日，其中设市城市超过3000万立方米/日，有效缓解用水矛盾。

2.技术要求。污水集中处理达到基本水质要求后，应结合相关要求和当地实际，合理确定处理水质标准。确定再生水利用途径时，宜优先选择用水量大、水质要求相对不高、技术可行、综合成本低、经济和社会效益显著的用水途径。工程设计之前，需进行污水再生利用试验，或借鉴已建工程的运转经验，选择合理的再生处理工艺。再生水要根据其用途，达到相应的卫生安全等级要求。

（六）强化设施运营监管能力。

进一步加强设施运营监管，提高设施运行负荷率。加强排水监测能力建设，完善国家、省、市三级监测体系，为有关部门监管城镇污水处理设施运行提供支撑。“十二五”期间，建设国家级排水监测站1座、省级监测站14座、市级监测站200座，达到各省（区、市）均建有省级排水监测站的目标。国家和省级排水监测站具备全指标监测能力和主要指标的流动检测能力，市级监测站具备月检项目的分析能力。全部建成后，所有设市城市具备排水与污水监测能力。进一步完善已有统计制度，强化对城镇污水处理、配套管网、污泥处理处置、再生水设施建设和运行的信息统计。提升污水处理厂水质检测能力，满足日常检测和工艺运行管理的需要。

三、投资估算及资金筹措

（一）投资估算。

“十二五”期间，全国城镇污水处理及再生利用设施建设规划投资近4300亿元。其中，各类设施建设投资4271亿元，设施监管能力建设投资27亿元。设施建设投资中，包括完善和新建管网投资2443亿元，新增城镇污水处理能力投资1040亿元，升级改造城镇污水处理厂投资137亿元，污泥处理处置设施建设投资347亿元，以及再生水利用设施建设投资304亿元。

（二）资金筹措。

城镇生活污水处理设施建设的资金投入，以地方为主。地方各级人民政府要切实加大投入力度，确保完成规划确定的各项建设任务。同时，要大力促进产业化发展，因地制宜，努力创造条件，完善相关政策措施，积极吸收各类社会资本，促进投资主体与融资渠道的多元化。鼓励利用银行贷款、外国政府或金融组织优惠贷款和赠款。国家将根据规划任务和建设重点，继续加大资金扶持力度，对各类设施建设予以引导和适当支持。

四、保障措施

（一）健全法规标准。

研究出台城镇排水与污水处理条例，适时修订《城市排水监测管理规定》、《城市污水处理及污染防治技术政策》等规定，建立健全运行监管和绩效评估体系，规范城镇排水和污水处理管理工作，明确地方政府及其排水主管部门责任，保障城镇排水和污水处理工作有序进行。加快出台小城镇污水处理工程建设标准，加强对小城镇污水处理工程项目投资和建设的管理，提高小城镇污水处理工程项目决策和建设的科学管理水平。在污水处理、管网、污泥处理处置、再生水利用等方面制定相应的设计规范、技术指南、建设规程和运行维护规范。加强标准规范实施情况的后续评估，形成动态修编、先进适用的技术标准体系。研究完善市政公用事业特许经营管理办法，进一步明确资质许可、成本监审、招投标等方面的要求，各省（区、市）要根据实际运营管理情况，及时制定和完善省级市政公用事业特许经营管理办法。

（二）完善激励政策。

1.加大资金投入。落实政府责任，加大各级公共财政投入，稳定资金渠道，加强中央财力在地区间的统筹。

2.完善价格机制。进一步研究完善污水处理收费政策，按照保障污水处理运营单位保本微利的原则，逐步提高吨水平均收费标准。研究将污泥处理成本逐步纳入污水处理成本并纳入缴费范围，加强对自备水用户污水处理费的征收管理，为污水处理设施运行提供经费保证。

3.加强政策扶持。切实保障污水处理设施运行经费，污水处理收费不足以补偿运行成本时，地方政府要积极采取措施，提高财政补贴水平。逐步理顺再生水价格、水资源费、排污费等费价关系。

4.确保设施建设用地。市、县城市总体规划中要确保建设污水处理设施的用地需求，污水处理及再生利用设施建设用地应纳入土地利用年度计划。符合《划拨用地目录》的项目，以划拨方式供应建设用地。禁止以城市开发或其他理由侵占污水处理设施规划用地，禁止更改已运营污水处理设施的用地性质。

（三）加强科技支撑。

积极推动污水收集、处理及再生利用，污泥处理处置重大技术的研发、示范和推广，筛选技术先进、经济适用、环境友好的工艺流程和处理路线，加强技术指导。加大膜处理、新型生物脱氮等新技术研发力度，利用已有技术和研究成果进行集成创新，提高处理效果，降低处理成本。组织污泥能源化利用、土地利用及协同焚烧处置等技术示范。开展管网检漏、原位修复技术、在线控制技术研究，探索初期雨水蓄积及处理。将污水处理与再生利用的重大关键技术、运营与监管支撑技术等纳入国家相关科技计划。在重点城市逐步建设排水管网综合管理平台。加强规划、管理和专业技术人才培养，强化设施运行人员的培训。

（四）强化监督管理。

建立健全监管体系和责任追究制度，从设计、选址、施工、安装、调试、验收各个环节进行全过程监管，确保建设项目规划合理、选址适宜、施工严密、调试到位，加大项目招投标和资金使用监管力度。建立健全指标统计和监测体系，建立绩效考核评估制度，定期对运营成本、污水进出水水质、污泥处理处置情况、配套管网漏损等运营情况进行评估。加强污水处理厂出水水质监控平台建设，强化污染物削减评估考核，并将考核结果作为污水处理费拨付的参考依据之一。对城市污水处理设施建设严重滞后、收费政策不落实、污水处理厂建成后一年内实际处理水量达不到设计能力60%，以及已建成污水处理设施但无正当理由拒不运行的地区，暂缓该城市项目环评审批，暂缓下达有关项目的国家建设资金。

五、规划实施

（一）落实地方政府责任。

城镇污水处理及再生利用工作实行省级人民政府负总责，市、县级人民政府抓落实的工作责任制。省级人民政府要组织编制本地区设施建设规划或实施方案，将《规划》确定的建设目标和任务落实到具体建设项目，并将规划执行情况作为市、县级人民政府目标责任考核和领导干部综合评价的重要内容。

（二）加强部门协调配合。

发展改革委要加强综合性政策协调，会同有关部门继续加大中央资金支持力度。住房城乡建设部要强化设施建设及运营的指导、管理和监督。环境保护部要加强对设施污染物削减、排放情况的监督检查。国务院其他相关部门要加强协调，密切配合，共同推动规划实施。

发展改革委、住房城乡建设部、环境保护部要加强对《规划》实施情况的监督评估，中期评估结果和总体实施情况向国务院报告，并向社会公布。

“十二五”国家战略性新兴产业发展规划（节录）

（国发〔2012〕28号　国务院二〇一二年七月九日印发）

战略性新兴产业是以重大技术突破和重大发展需求为基础，对经济社会全局和长远发展具有重大引领带动作用，知识技术密集、物质资源消耗少、成长潜力大、综合效益好的产业。根据“十二五”规划纲要和《国务院关于加快培育和发展战略性新兴产业的决定》（国发〔2010〕32号）的部署和要求，为加快培育和发展节能环保、新一代信息技术、生物、高端装备制造、新能源、新材料、新能源汽车等战略性新兴产业，特制定本规划。

二、指导思想、基本原则和发展目标

（一）指导思想。

以邓小平理论和“三个代表”重要思想为指导，深入贯彻落实科学发展观，把握世界新科技革命和产业革命的历史机遇，面向经济社会发展的重大需求，以改革创新为动力，以营造良好的产业发展环境为重点，以企业为主体，以工程为依托，加强规划引导，加大政策扶持，着力提升自主创新能力，加速科技成果产业化，推动战略性新兴产业快速健康发展，抢占经济科技竞争制高点，促进产业结构升级、经济发展方式转变和经济社会可持续发展。

（二）基本原则。

市场主导、政府调控。充分发挥市场配置资源的基础性作用，以市场需求为导向，着力营造良好的市场竞争环境，激发各类市场主体的积极性。针对产业发展的薄弱环节和瓶颈制约，有效发挥政府的规划引导、政策激励和组织协调作用。

创新驱动、开放发展。坚持自主创新，加强原始创新、集成创新和引进消化吸收再创新；加强高素质人才队伍建设，掌握关键核心技术，健全标准体系，加速产业化，增强自主发展能力。充分利用全球创新资源，加强国际交流合作，探索国际合作发展新模式，走开放式创新和国际化发展道路。

重点突破、整体推进。坚持突出科技创新和新兴产业发展方向，选择最有基础、最有条件的重点方向作为切入点和突破口，明确阶段发展目标，集中优势资源，促进重点领域和优势区域率先发展。总体部署产业布局和相关领域发展，统筹规划，分类指导，适时动态调整，促进协调发展。

立足当前、着眼长远。围绕经济社会发展重大需求，着力发展市场潜力大、产业基础好、带动作用强的行业，加快形成支柱产业。着眼提升国民经济长远竞争力，促进可持续发展，对重要前沿性领域及早部署，培育先导产业。

（三）发展目标。

产业创新能力大幅提升。企业重大科技成果集成、转化能力大幅提高，掌握一批具有主导地位的关键核心技术，建成一批具有国际先进水平的创新平台，发明专利质量数量和技术标准水平大幅提升，战略性新兴产业重要骨干企业研发投入占销售收入的比重达到5%以上。一批关键核心技术达到国际先进水平。

创新创业环境更加完善。重点领域和关键环节的改革加快推进，有利于创新战略性新兴产业商业模式、发展新业态的市场准入条件，以及财税激励、投融资机制、技术标准、知识产权保护、人才队伍建设等政策环境显著改善。

国际分工地位稳步提高。涌现一批掌握核心关键技术、拥有自主品牌、开展高层次分工合作的国际化企业，具有自主知识产权的技术、产品和服务的国际市场份额大幅提高，在部分领域成为全球重要的研发制造基地。

引领带动作用显著增强。战略性新兴产业规模年均增长率保持在20%以上，形成一批具有较强自主创新能力和技术引领作用的骨干企业，一批特色鲜明的产业链和产业集聚区。到2015年，战略性新兴产业增加值占国内生产总值比重达到8%左右，对产业结构升级、节能减排、提高人民健康水平、增加就业等的带动作用明显提高。

到2020年，力争使战略性新兴产业成为国民经济和社会发展的重要推动力量，增加值占国内生产总值比重达到15%，部分产业和关键技术跻身国际先进水平，节能环保、新一代信息技术、生物、高端装备制造产业成为国民经济支柱产业，新能源、新材料、新能源汽车产业成为国民经济先导产业。

三、重点发展方向和主要任务

（一）节能环保产业

强化政策和标准的驱动作用，充分运用现代技术成果，突破能源高效与梯次利用、污染物防治与安全处置、资源回收与循环利用等关键核心技术，大力发展高效节能、先进环保和资源循环利用的新装备和产品；完善约束和激励机制，创新服务模式，优化能源管理、大力推行清洁生产和低碳技术、鼓励绿色消费，加快形成支柱产业，提高资源利用率，促进资源节约型和环境友好型社会建设。

1.高效节能产业。发展高效节能锅炉窑炉、电机及拖动设备、余热余压利用、高效储能、节能监测和能源计量等节能新技术和装备；鼓励开发和推广应用高效节能电器、高效照明等产品；提高新建建筑节能标准，开展既有建筑节能改造，大力发展绿色建筑，推广绿色建筑材料；加快发展节能交通工具；积极开发和推广用能系统优化技术，促进能源的梯次利用和高效利用；大力推行合同能源管理新业态。

专栏1 高效节能产业发展路线图

时间节点	2015年	2020年
发展目标	重大节能技术装备得到推广应用，主要终端用能产品能效接近国际先进水平，高效节能产品市场占有率大幅提升，采用合同能源管理机制的节能服务业销售额年均增长30%以上。	形成适合我国国情的节能技术装备和产品体系，主要节能装备、主要行业单位产出能耗指标达到国际先进水平。
重大行动	●关键技术开发：重点开发高效内燃机和混合动力汽车，高压变频调速、稀土永磁无铁芯电机等电机节能技术，蓄热式高温空气燃烧、等离子点火等高效锅炉窑炉技术，高效换热器及系统优化等能源梯次利用技术，中低品位余热余压回收利用技术，能源优化技术等。 ●产业化：大力推广重点节能技术和产品，开展重点节能技术示范、产品产业化及推广应用。实施节能产品惠民工程、重大节能技术与装备产业化工程，推进重点领域节能改造。 ●商业模式创新：推广合同能源管理，开展节能量交易。	
重大政策	●严格实施固定资产投资项目节能评估和审查制度。 ●制定重点用能产品能效标准和重点行业能耗限额标准，扩大能效标识实施范围，推行能效领跑者制度。 ●加大财政支持力度，完善能源价格机制。	

2.先进环保产业。以解决危害人民群众身体健康的突出环境问题为重点，加大技术创新和集成应用力度，推动水污染防治、大气污染防治、土壤污染防治、重金属污染防治、有毒有害污染物防控、垃圾和危险废物处理处置、减震降噪设备、环境监测仪器设备的开发和产业化；推进高效膜材料及组件、生物环保技术工艺、控制温室气体排放技术及相关新材料和药剂的创新发展，提高环保产业整体技术装备水平和成套能力，提升污染防治水平；大力推进环保服务业发展，促进环境保护设施建设运营专业化、市场化、社会化，探索新型环保服务模式。

专栏2 先进环保产业发展路线图

时间节点	2015年	2020年
发展目标	突破一批环保产业技术瓶颈，形成一批拥有自主核心技术的骨干企业和一批比较优势明显、产业配套完善、有序集聚发展的先进环保产业基地，城镇污水、垃圾和脱硫、脱硝处理设施运营基本实现专业化、市场化。	重点领域环保技术及装备达到国际领先水平，环保装备标准化、系列化、成套化水平显著提高，建立统一开放、竞争有序的环保产业市场和环保服务体系；污染治理设施建设和运营基本实现专业化、社会化。
重大行动	●关键技术开发：加快实施水体污染控制与治理科技重大专项，重点开发膜技术、生物脱氮、重金属废水污染防治、污泥处理处置等污水处理关键技术，焚烧烟气控制系统、渗滤液处理等垃圾处理技术，高效除尘、烟气脱硫脱硝等大气污染控制技术，有毒有害污染物防治和安全处置技术，电子电气产品有毒有害物质替代与减量化技术，重金属污染治理与土壤修复等成套技术及装备，新型高效环保材料、药剂等。 ●产业化：大力推广应用国家鼓励发展的环保产业设备和产品，推进先进环保产品和技术装备产业化；全面推行污泥处理处置、垃圾焚烧、燃煤电厂脱硝与钢铁行业烧结脱硫等；实施重大环保技术装备及产品产业化示范工程等。 ●环保服务业：大力推进污染治理设施专业化、市场化、社会化运营服务，发展提供系统解决方案的综合环保服务业。	
重大政策	●完善污染物排放标准体系和环保产品标准体系。 ●推进环保税费、价格改革。	

3.资源循环利用产业。大力发展源头减量、资源化、再制造、零排放和产业链接等新技术，推进产业化，提高资源产出率。重点发展共伴生矿产资源、大宗固体废物综合利用，汽车零部件及机电产品再制造、资源再生利用，以先进技术支撑的废旧商品回收体系，餐厨废弃物、农林废弃物、废旧纺织品和废旧塑料制品资源化利用。

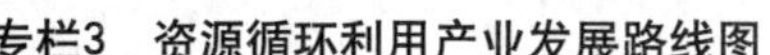

专栏3 资源循环利用产业发展路线图

时间节点	2015年	2020年
发展目标	减量化、再利用、资源化的先进资源循环利用技术得到推广应用。工业固体废物综合利用率达到72%以上，初步建立起现代废旧商品回收体系，以先进技术支撑的废旧商品回收率达到70%，重要资源回收和再生利用能力明显提高。	形成再利用、资源化产业技术创新体系，形成一批具有核心竞争力的资源循环利用技术装备和产品制造企业，建成技术先进、覆盖城乡的资源回收和循环利用产业体系。
重大行动	●关键技术开发：重点开发低品位共伴生矿产资源高效选冶、稀贵金属分离提取技术，大宗固体废物大掺量高附加值利用、废弃电器电子产品资源化利用、废旧材料分离与改性、废旧车用动力电池及蓄电池回收处理和利用、汽车零部件及机电产品再制造技术，城市及产业废弃物的生产过程协同资源化处理、餐厨废弃物资源化利用、农林废物高效利用技术，循环利用产业链接技术等。 ●产业化：实施再制造产业化行动、废弃物资源化利用示范行动，加快“城市矿产”示范基地建设。促进区域循环经济体系建设。加快海水淡化产业发展。	
重大政策	●推进资源税费改革。 ●建立生产者责任延伸制，建立强制回收的产品和包装物名录和管理制度。发布《国家鼓励的循环经济技术工艺和设备名录》。 ●建立资源循环利用产品认证体系和再制造产品标识管理制度。	

（五）新能源产业

加快发展技术成熟、市场竞争力强的核电、风电、太阳能光伏和热利用、页岩气、生物质发电、地热和地温能、沼气等新能源，积极推进技术基本成熟、开发潜力大的新型太阳能光伏和热发电、生物质气化、生物燃料、海洋能等可再生能源技术的产业化，实施新能源集成利用示范重大工程。到2015年，新能源占能源消费总量的比例提高到4.5%，减少二氧化碳年排放量4亿吨以上。

4.生物质能产业。统筹生物质能源发展，有序发展生物质直燃发电，积极推进生物质气化及发电、生物质成型燃料、沼气等分布式生物质能应用。加强下一代生物燃料技术开发，推进纤维素制乙醇、微藻生物柴油产业化。开展重点地区生物质资源详查评价，鼓励利用边际性土地和近海海洋种植能源作物和能源植物。

专栏18　生物质能产业发展路线图

时间节点	2015年	2020年
发展目标	生物质能发电装机达到1300万千瓦。生物燃气年利用量达到300亿立方米。固体成型生物质燃料年利用量达到1000万吨。生物液体燃料年利用量达到500万吨。突破下一代生物液体燃料技术，纤维素制乙醇技术取得重大进展。	生物质能发电装机达到3000万千瓦。生物燃气年利用量达到500亿立方米。固体成型燃料年利用量达到2000万吨。生物液体燃料年利用量达到1200万吨。实现新一代生物液体燃料的商业化推广。
重大行动	●关键技术开发与产业化：推进大型自动化秸秆收集机械、以有机废弃物为原料的小型可移动沼气提纯罐装设备研发与推广；支持高效生物质成型燃料加工设备和生物质气化设备研发及产业化；完成兆瓦级低热值燃气内燃发电机组和兆瓦级沼气发电机组的产业化；建成10万吨级甜高粱乙醇示范工程；加强生物能源植物原料的育种与产业化；实现低成本纤维素酶、微藻生物柴油技术突破。 ●市场应用：实施绿色能源示范县建设，推动生物质能源规模化、专业化、市场化开发建设，促进生物质能加快应用。	
重大政策	●制定完善生物质能利用技术标准和工程规范，健全检测认证体系。 ●完善生物燃料、能源化利用农林废弃物的激励政策及市场流通机制。	

四、重大工程

（三）重要资源循环利用工程。

实施“城市矿产”示范工程，建设一批“城市矿产”示范基地，提升废钢铁、废有色金属（稀贵金属）、废橡胶、废轮胎、废电池等再生资源利用技术和成套装备产业化水平。实施再制造产业化示范工程，建立一批再制造工程（技术）研究中心，形成若干再制造产业集聚区。实施产业废弃物资源化利用示范工程，推进大宗固体废物、共伴生矿、建筑废弃物的循环利用。加快建立先进技术支撑的废旧商品回收利用体系，建设一批示范城市。加快海水淡化产业发展。到2015年，建成我国重要资源循环利用技术体系，再制造产业初具规模，资源再生加工利用能力达每年2500万吨，煤矸石等大宗固体废弃物综合利用能力达每年4亿吨。

节能减排“十二五”规划

（国发〔2012〕40号　国务院2012年8月6日印发）

为确保实现“十二五”节能减排约束性目标，缓解资源环境约束，应对全球气候变化，促进经济发展方式转变，建设资源节约型、环境友好型社会，增强可持续发展能力，根据《中华人民共和国国民经济和社会发展第十二个五年规划纲要》，制定本规划。

一、现状与形势

（一）“十一五”节能减排取得显著成效。

“十一五”时期，国家把能源消耗强度降低和主要污染物排放总量减少确定为国民经济和社会发展的约束性指标，把节能减排作为调整经济结构、加快转变经济发展方式的重要抓手和突破口。各地区、各部门认真贯彻落实党中央、国务院的决策部署，采取有效措施，切实加大工作力度，基本实现了“十一五”规划纲要确定的节能减排约束性目标，节能减排工作取得了显著成效。

——为保持经济平稳较快发展提供了有力支撑。“十一五”期间，我国以能源消费年均6.6%的增速支撑了国民

经济年均11.2%的增长，能源消费弹性系数由“十五”时期的1.04下降到0.59，节约能源6.3亿吨标准煤。

——扭转了我国工业化、城镇化快速发展阶段能源消耗强度和主要污染物排放量上升的趋势。“十一五”期间，我国单位国内生产总值能耗由“十五”后三年上升9.8%转为下降19.1%；二氧化硫和化学需氧量排放总量分别由“十五”后三年上升32.3%、3.5%转为下降14.29%、12.45%。

——促进了产业结构优化升级。2010年与2005年相比，电力行业300兆瓦以上火电机组占火电装机容量比重由50%上升到73%，钢铁行业1000立方米以上大型高炉产能比重由48%上升到61%，建材行业新型干法水泥熟料产量比重由39%上升到81%。

——推动了技术进步。2010年与2005年相比，钢铁行业干熄焦技术普及率由不足30%提高到80%以上，水泥行业低温余热回收发电技术普及率由开始起步提高到55%，烧碱行业离子膜法烧碱技术普及率由29%提高到84%。

——节能减排能力明显增强。“十一五”时期，通过实施节能减排重点工程，形成节能能力3.4亿吨标准煤；新增城镇污水日处理能力6500万吨，城市污水处理率达到77%；燃煤电厂投产运行脱硫机组容量达5.78亿千瓦，占全部火电机组容量的82.6%。

——能效水平大幅度提高。2010年与2005年相比，火电供电煤耗由370克标准煤/千瓦时降到333克标准煤/千瓦时，下降10.0%；吨钢综合能耗由688千克标准煤降到605千克标准煤，下降12.1%；水泥综合能耗下降28.6%；乙烯综合能耗下降11.3%；合成氨综合能耗下降14.3%。

——环境质量有所改善。2010年与2005年相比，环保重点城市二氧化硫年均浓度下降26.3%，地表水国控断面劣五类水质比例由27.4%下降到20.8%，七大水系国控断面好于三类水质比例由41%上升到59.9%。

——为应对全球气候变化作出了重要贡献。“十一五”期间，我国通过节能降耗减少二氧化碳排放14.6亿吨，得到国际社会的广泛赞誉，展示了我负责任大国的良好形象。

“十一五”时期，我国节能法规标准体系、政策支持体系、技术支撑体系、监督管理体系初步形成，重点污染源在线监控与环保执法监察相结合的减排监督管理体系初步建立，全社会节能环保意识进一步增强。

（二）存在的主要问题。

一是一些地方对节能减排的紧迫性和艰巨性认识不足，片面追求经济增长，对调结构、转方式重视不够，不能正确处理经济发展与节能减排的关系，节能减排工作还存在思想认识不深入、政策措施不落实、监督检查不力、激励约束不强等问题。

二是产业结构调整进展缓慢。“十一五”期间，第三产业增加值占国内生产总值的比重低于预期目标，重工业占工业总产值比重由68.1%上升到70.9%，高耗能、高排放产业增长过快，结构节能目标没有实现。

三是能源利用效率总体偏低。我国国内生产总值约占世界的8.6%，但能源消耗占世界的19.3%，单位国内生产总值能耗仍是世界平均水平的2倍以上。2010年全国钢铁、建材、化工等行业单位产品能耗比国际先进水平高出10%-20%。

四是政策机制不完善。有利于节能减排的价格、财税、金融等经济政策还不完善，基于市场的激励和约束机制不健全，创新驱动不足，企业缺乏节能减排内生动力。

五是基础工作薄弱。节能减排标准不完善，能源消费和污染物排放计量、统计体系建设滞后，监测、监察能力亟待加强，节能减排管理能力还不能适应工作需要。

（三）面临的形势。

“十二五”时期如未能采取更加有效的应对措施，我国面临的资源环境约束将日益强化。从国内看，随着工业化、城镇化进程加快和消费结构升级，我国能源需求呈刚性增长，受国内资源保障能力和环境容量制约，我国经济社会发展面临的资源环境瓶颈约束更加突出，节能减排工作难度不断加大。从国际看，围绕能源安全和气候变化的博弈更加激烈。一方面，贸易保护主义抬头，部分发达国家凭借技术优势开征碳税并计划实施碳关税，绿色贸易壁垒日益突出。另一方面，全球范围内绿色经济、低碳技术正在兴起，不少发达国家大幅增加投入，支持节能环保、新能源和低碳技术等领域创新发展，抢占未来发展制高点的竞争日趋激烈。

虽然我国节能减排面临巨大挑战，但也面临难得的历史机遇。科学发展观深入人心，全民节能环保意识不断提高，各方面对节能减排的重视程度明显增强，产业结构调整力度不断加大，科技创新能力不断提升，节能减排激励约束机制不断完善，这些都为“十二五”推进节能减排创造了有利条件。要充分认识节能减排的极端重要性和紧迫性，增强忧患意识和危机意识，抓住机遇，大力推进节能减排，促进经济社会发展与资源环境相协调，切实增强可持续发展能力。

二、指导思想、基本原则和主要目标

（一）指导思想。

以邓小平理论和“三个代表”重要思想为指导，深入贯彻落实科学发展观，坚持大幅降低能源消耗强度、显著减少主要污染物排放总量、合理控制能源消费总量相结合，形成加快转变经济发展方式的倒逼机制；坚持强化责任、健全法制、完善政策、加强监管相结合，建立健全有效的激励和约束机制；坚持优化产业结构、推动技术进步、强化工程措施、加强管理引导相结合，大幅度提高能源利用效率，显著减少污染物排放；加快构建政府为主导、企业为主体、市场有效驱动、全社会共同参与的推进节能减排工作格局，确保实现“十二五”节能减排约束性目标，加快建设资源节约型、环境友好型社会。

（二）基本原则。

强化约束，推动转型。通过逐级分解目标任务，加强评价考核，强化节能减排目标的约束性作用，加快转变经济发展方式，调整优化产业结构，增强可持续发展能力。

控制增量，优化存量。进一步完善和落实相关产业政策，提高产业准入门槛，严格能评、环评审查，抑制高耗能、高排放行业过快增长，合理控制能源消费总量和污染物排放增量。加快淘汰落后产能，实施节能减排重点工程，改造提升传统产业。

完善机制，创新驱动。健全节能环保法律、法规和标准，完善有利于节能减排的价格、财税、金融等经济政策，充分发挥市场配置资源的基础性作用，形成有效的激励和约束机制，增强用能、排污单位和公民自觉节能减排的内生动力。加快节能减排技术创新、管理创新和制度创新，建立长效机制，实现节能减排效益最大化。

分类指导，突出重点。根据各地区、各有关行业特点，实施有针对性的政策措施。突出抓好工业、建筑、交通、公共机构等重点领域和重点用能单位节能，大幅提高能源利用效率。加强环境基础设施建设，推动重点行业、重点流域、农业源和机动车污染防治，有效减少主要污染物排放总量。

（三）总体目标。

到2015年，全国万元国内生产总值能耗下降到0.869吨标准煤（按2005年价格计算），比2010年的1.034吨标准煤下降16%（比2005年的1.276吨标准煤下降32%）。“十二五”期间，实现节约能源6.7亿吨标准煤。

2015年，全国化学需氧量和二氧化硫排放总量分别控制在2347.6万吨、2086.4万吨，比2010年的2551.7万吨、2267.8万吨各减少8%，分别新增削减能力601万吨、654万吨；全国氨氮和氮氧化物排放总量分别控制在238万吨、2046.2万吨，比2010年的264.4万吨、2273.6万吨各减少10%，分别新增削减能力69万吨、794万吨。

（四）具体目标。

到2015年，单位工业增加值（规模以上）能耗比2010年下降21%左右，建筑、交通运输、公共机构等重点领域能耗增幅得到有效控制，主要产品（工作量）单位能耗指标达到先进节能标准的比例大幅提高，部分行业和大中型企业节能指标达到世界先进水平（见表1）。风机、水泵、空压机、变压器等新增主要耗能设备能效指标达到国内或国际先进水平，空调、电冰箱、洗衣机等国产家用电器和一些类型的电动机能效指标达到国际领先水平。工业重点行业、农业主要污染物排放总量大幅降低（见表2）。

表1 “十二五”时期主要节能指标

指标	单位	2010年	2015年	变化幅度/变化率
工业				
单位工业增加值（规模以上）能耗	%			[-21%左右]
火电供电煤耗	克标准煤/千瓦时	333	325	-8
火电厂厂用电率	%	6.33	6.2	-0.13
电网综合线损率	%	6.53	6.3	-0.23
吨钢综合能耗	千克标准煤	605	580	-25
铝锭综合交流电耗	千瓦时/吨	14013	13300	-713

铜冶炼综合能耗	千克标准煤/吨	350	300	-50
原油加工综合能耗	千克标准煤/吨	99	86	-13
乙烯综合能耗	千克标准煤/吨	886	857	-29
合成氨综合能耗	千克标准煤/吨	1402	1350	-52
烧碱（离子膜）综合能耗	千克标准煤/吨	351	330	-21
水泥熟料综合能耗	千克标准煤/吨	115	112	-3
平板玻璃综合能耗	千克标准煤/重量箱	17	15	-2
纸及纸板综合能耗	千克标准煤/吨	680	530	-150
纸浆综合能耗	千克标准煤/吨	450	370	-80
日用陶瓷综合能耗	千克标准煤/吨	1190	1110	-80
建筑				
北方采暖地区既有居住建筑改造面积	亿平方米	1.8	5.8	4
城镇新建绿色建筑标准执行率	%	1	15	14
交通运输				
铁路单位运输工作量综合能耗	吨标准煤/百万换算吨公里	5.01	4.76	[-5%]
营运车辆单位运输周转量能耗	千克标准煤/百吨公里	7.9	7.5	[-5%]
营运船舶单位运输周转量能耗	千克标准煤/千吨公里	6.99	6.29	[-10%]
民航业单位运输周转量能耗	千克标准煤/吨公里	0.450	0.428	[-5%]
公共机构				
公共机构单位建筑面积能耗	千克标准煤/平方米	23.9	21	[-12%]
公共机构人均能耗	千克标准煤/人	447.4	380	[15%]
终端用能设备能效				
燃煤工业锅炉（运行）	%	65	70～75	5～10
三相异步电动机（设计）	%	90	92～94	2～4
容积式空气压缩机输入比功率	千瓦/（立方米·分$^{-1}$）	10.7	8.5～9.3	-1.4～-2.2
电力变压器损耗	千瓦	空载：43 负载：170	空载：30～33 负载：151～153	-10～-13 -17～-19
汽车（乘用车）平均油耗	升/百公里	8	6.9	-1.1
房间空调器（能效比）	-	3.3	3.5～4.5	0.2～1.2
电冰箱（能效指数）	%	49	40～46	-3～-9
家用燃气热水器（热效率）	%	87～90	93～97	3～10

注：[ ] 内为变化率。

表2 “十二五”时期主要减排指标

指 标	单 位	2010年	2015年	变化幅度/变化率
工业				
工业化学需氧量排放量	万吨	355	319	[-10%]
工业二氧化硫排放量	万吨	2073	1866	[-10%]
工业氨氮排放量	万吨	28.5	24.2	[-15%]
工业氮氧化物排放量	万吨	1637	1391	[-15%]
火电行业二氧化硫排放量	万吨	956	800	[-16%]
火电行业氮氧化物排放量	万吨	1055	750	[-29%]
钢铁行业二氧化硫排放量	万吨	248	180	[-27%]
水泥行业氮氧化物排放量	万吨	170	150	[-12%]
造纸行业化学需氧量排放量	万吨	72	64.8	[-10%]
造纸行业氨氮排放量	万吨	2.14	1.93	[-10%]
纺织印染行业化学需氧量排放量	万吨	29.9	26.9	[-10%]
纺织印染行业氨氮排放量	万吨	1.99	1.75	[-12%]
农业				
农业化学需氧量排放量	万吨	1204	1108	[-8%]
农业氨氮排放量	万吨	82.9	74.6	[-10%]
城市				
城市污水处理率	%	77	85	8

注：[ ] 内为变化率。

三、主要任务

（一）调整优化产业结构。

——抑制高耗能、高排放行业过快增长。合理控制固定资产投资增速和火电、钢铁、水泥、造纸、印染等重点行业发展规模，提高新建项目节能、环保、土地、安全等准入门槛，严格固定资产投资项目节能评估审查、环境影响评价和建设项目用地预审，完善新开工项目管理部门联动机制和项目审批问责制。对违规在建的高耗能、高排放项目，有关部门要责令停止建设，金融机构一律不得发放贷款。对违规建成的项目，要责令停止生产，金融机构一律不得发放流动资金贷款，有关部门要停止供电供水。严格控制高耗能、高排放和资源性产品出口。把能源消费总量、污染物排放总量作为能评和环评审批的重要依据，对电力、钢铁、造纸、印染行业实行主要污染物排放总量控制，对新建、扩建项目实施排污量等量或减量置换。优化电力、钢铁、水泥、玻璃、陶瓷、造纸等重点行业区域空间布局。中西部地区承接产业转移必须坚持高标准，严禁高污染产业和落后生产能力转入。

——淘汰落后产能。严格落实《产业结构调整指导目录（2011年本）》和《部分工业行业淘汰落后生产工艺装备和产品指导目录（2010年本）》，重点淘汰小火电2000万千瓦、炼铁产能4800万吨、炼钢产能4800万吨、水泥产能3.7亿吨、焦炭产能4200万吨、造纸产能1500万吨等（见表3）。制定年度淘汰计划，并逐级分解落实。对稀土行业实施更严格的节能环保准入标准，加快淘汰落后生产工艺和生产线，推进形成合理开发、有序生产、高效利用、技术先进、集约发展的稀土行业持续健康发展格局。完善落后产能退出机制，对未完成淘汰任务的地区和企业，依法落实惩罚措施。鼓励各地区制定更严格的能耗和排放标准，加大淘汰落后产能力度。

表3 "十二五"时期淘汰落后产能一览表

行　业	主要内容	单位	产能
电力	大电网覆盖范围内，单机容量在10万千瓦及以下的常规燃煤火电机组，单机容量在5万千瓦及以下的常规小火电机组，以发电为主的燃油锅炉及发电机组（5万千瓦及以下）；大电网覆盖范围内，设计寿命期满的单机容量在20万千瓦及以下的常规燃煤火电机组	万千瓦	2000
炼铁	400立方米及以下炼铁高炉等	万吨	4800
炼钢	30吨及以下转炉、电炉等	万吨	4800
铁合金	6300千伏安以下铁合金矿热电炉，3000千伏安以下铁合金半封闭直流电炉、铁合金精炼电炉等	万吨	740
电石	单台炉容量小于12500千伏安电石炉及开放式电石炉	万吨	380
铜（含再生铜）冶炼	鼓风炉、电炉、反射炉炼铜工艺及设备等	万吨	80
电解铝	100千安及以下预焙槽等	万吨	90
铅（含再生铅）冶炼	采用烧结锅、烧结盘、简易高炉等落后方式炼铅工艺及设备，未配套建设制酸及尾气吸收系统的烧结机炼铅工艺等	万吨	130
锌（含再生锌）冶炼	采用马弗炉、马槽炉、横罐、小竖罐等进行焙烧、简易冷凝设施进行收尘等落后方式炼锌或生产氧化锌工艺装备等	万吨	65
焦炭	土法炼焦（含改良焦炉），单炉产能7.5万吨/年以下的半焦（兰炭）生产装置，炭化室高度小于4.3米焦炉（3.8米及以上捣固焦炉除外）	万吨	4200
水泥（含熟料及磨机）	立窑，干法中空窑，直径3米以下水泥粉磨设备等	万吨	37000
平板玻璃	平拉工艺平板玻璃生产线（含格法）	万重量箱	9000
造纸	无碱回收的碱法（硫酸盐法）制浆生产线，单条产能小于3.4万吨的非木浆生产线，单条产能小于1万吨的废纸浆生产线，年生产能力5.1万吨以下的化学木浆生产线等	万吨	1500
化纤	2万吨/年及以下黏胶常规短纤维生产线，湿法氨纶工艺生产线，二甲基酰胺溶剂法氨纶及腈纶工艺生产线，硝酸法腈纶常规纤维生产线等	万吨	59
印染	未经改造的74型染整生产线，使用年限超过15年的国产和使用年限超过20年的进口前处理设备、拉幅和定形设备、圆网和平网印花机、连续染色机，使用年限超过15年的浴比大于1：10的棉及化纤间歇式染色设备等	亿米	55.8
制革	年加工生皮能力5万标张牛皮、年加工蓝湿皮能力3万标张牛皮以下的制革生产线	万标张	1100
酒精	3万吨/年以下酒精生产线（废糖蜜制酒精除外）	万吨	100
味精	3万吨/年以下味精生产线	万吨	18.2
柠檬酸	2万吨/年及以下柠檬酸生产线	万吨	4.75
铅蓄电池（含极板及组装）	开口式普通铅蓄电池生产线，含镉高于0.002%的铅蓄电池生产线，20万千伏安时/年规模以下的铅蓄电池生产线	万千伏安时	746
白炽灯	60瓦以上普通照明用白炽灯	亿只	6

——促进传统产业优化升级。运用高新技术和先进适用技术改造提升传统产业，促进信息化和工业化深度融合。加大企业技术改造力度，重点支持对产业升级带动作用大的重点项目和重污染企业搬迁改造。调整加工贸易禁止类商品目录，提高加工贸易准入门槛。提升产品节能环保性能，打造绿色低碳品牌。合理引导企业兼并重组，提高产业集中度，培育具有自主创新能力和核心竞争力的企业。

——加强工业节能。坚持走新型工业化道路，通过明确目标任务、加强行业指导、推动技术进步、强化监督管理，推进工业重点行业节能。

电力。鼓励建设高效燃气-蒸汽联合循环电站，加强示范整体煤气化联合循环技术（IGCC）和以煤气化为龙头的多联产技术。发展热电联产，加快智能电网建设。加快现役机组和电网技术改造，降低厂用电率和输配电线损。

煤炭。推广年产400万吨选煤系统成套技术与装备，到2015年原煤入洗率达到60%以上，鼓励高硫、高灰动力煤入洗，灰分大于25%的商品煤就近销售。积极发展动力配煤，合理选择具有区位和市场优势的矿区、港口等煤炭集散地建设煤炭储配基地。发展煤炭地下气化、脱硫、水煤浆、型煤等洁净煤技术。实施煤矿节能技术改造。加强煤矸石综合利用。

钢铁。优化高炉炼铁炉料结构，降低铁钢比。推广连铸坯热送热装和直接轧制技术。推动干熄焦、高炉煤气、转炉煤气和焦炉煤气等二次能源高效回收利用，鼓励烧结机余热发电，到2015年重点大中型企业余热余压利用率达到50%以上。支持大中型钢铁企业建设能源管理中心。

有色金属。重点推广新型阴极结构铝电解槽、低温高效铝电解等先进节能生产工艺技术。推进氧气底吹熔炼技术、闪速技术等广泛应用。加快短流程连续炼铅冶金技术、连续铸轧短流程有色金属深加工工艺、液态铅渣直接还原炼铅工艺与装备产业化技术开发和推广应用。加强有色金属资源回收利用。提高能源管理信息化水平。

石油石化。原油开采行业要全面实施抽油机驱动电机节能改造，推广不加热集油技术和油田采出水余热回收利用技术，提高油田伴生气回收水平。鼓励符合条件的新建炼油项目发展炼化一体化。原油加工行业重点推广高效换热器并优化换热流程、优化中段回流取热比例、降低汽化率、塔顶循环回流换热等节能技术。

化工。合成氨行业重点推广先进煤气化技术、节能高效脱硫脱碳、低位能余热吸收制冷等技术，实施综合节能改造。烧碱行业提高离子膜法烧碱比例，加快零极距、氧阴极等先进节能技术的开发应用。纯碱行业重点推广蒸汽多级利用、变换气制碱、新型盐析结晶器及高效节能循环泵等节能技术。电石行业加快采用密闭式电石炉，全面推行电石炉炉气综合利用，积极推进新型电石生产技术研发和应用。

建材。推广大型新型干法水泥生产线。普及纯低温余热发电技术，到2015年水泥纯低温余热发电比例提高到70%以上。推进水泥粉磨、熟料生产等节能改造。推进玻璃生产线余热发电，到2015年余热发电比例提高到30%以上。加快开发推广高效阻燃保温材料、低辐射节能玻璃等新型节能产品。推进墙体材料革新，城市城区限制使用黏土制品，县城禁止使用实心黏土砖。加快新型墙体材料发展，到2015年新型墙体材料比重达到65%以上。

——强化建筑节能。开展绿色建筑行动，从规划、法规、技术、标准、设计等方面全面推进建筑节能，提高建筑能效水平。

强化新建建筑节能。严把设计关口，加强施工图审查，城镇建筑设计阶段100%达到节能标准要求。加强施工阶段监管和稽查，施工阶段节能标准执行率达到95%以上。严格建筑节能专项验收，对达不到节能标准要求的不得通过竣工验收。鼓励有条件的地区适当提高建筑节能标准。加强新区绿色规划，重点推动各级机关、学校和医院建筑，以及影剧院、博物馆、科技馆、体育馆等执行绿色建筑标准；在商业房地产、工业厂房中推广绿色建筑。

加大既有建筑节能改造力度。以围护结构、供热计量、管网热平衡改造为重点，大力推进北方采暖地区既有居住建筑供热计量及节能改造，加快实施“节能暖房”工程。开展大型公共建筑采暖、空调、通风、照明等节能改造，推行用电分项计量。以建筑门窗、外遮阳、自然通风等为重点，在夏热冬冷地区和夏热冬暖地区开展居住建筑节能改造试点。在具备条件的情况下，鼓励在旧城区综合改造、城市市容整治、既有建筑抗震加固中，采用加层、扩容等方式开展节能改造。

——推进交通运输节能。加快构建便捷、安全、高效的综合交通运输体系，不断优化运输结构，推进科技和管理创新，进一步提升运输工具能源效率。

铁路运输。大力发展电气化铁路，进一步提高铁路运输能力。加强运输组织管理。加快淘汰老旧机车机型，推广铁路机车节油、节电技术，对铁路运输设备实施节能改造。积极推进货运重载化。推进客运站节能优化设计，加强大型客运站能耗综合管理。

公路运输。全面实施营运车辆燃料消耗量限值标准。建立物流公共信息平台，优化货运组织。推行高速公路不停车收费，继续开展公路甩挂运输试点。实施城乡道路客运一体化试点。推广节能驾驶和绿色维修。

水路运输。建设以国家高等级航道网为主体的内河航道网，推进航电枢纽建设，优化港口布局。推进船舶大型化、专业化，淘汰老旧船舶，加快实施内河船型标准化。发展大宗散货专业化运输和多式联运等现代运输组织方式。推进港口码头节能设计和改造。加快港口物流信息平台建设。

航空运输。优化航线网络和运力配备，改善机队结构，加强联盟合作，提高运输效率。优化空域结构，提高空域资源配置使用效率。开发应用航空器飞行及地面运行节油相关实用技术，推进航空生物燃油研发与应用。加强机

场建设和运营中的节能管理，推进高耗能设施、设备的节油节电改造。

城市交通。合理规划城市布局，优化配置交通资源，建立以公共交通为重点的城市交通发展模式。优先发展公共交通，有序推进轨道交通建设，加快发展快速公交。探索城市调控机动车保有总量。开展低碳交通运输体系建设城市试点。推行节能驾驶，倡导绿色出行。积极推广节能与新能源汽车，加快加气站、充电站等配套设施规划和建设。抓好城市步行、自行车交通系统建设。发展智能交通，建立公众出行信息服务系统，加大交通疏堵力度。

——推进农业和农村节能。完善农业机械节能标准体系。依法加强大型农机年检、年审，加快老旧农业机械和渔船淘汰更新。鼓励农民购买高效节能农业机械。推广节能新产品、新技术，加快农业机电设备节能改造，加强用能设备定期维修保养。推进节能型农宅建设，结合农村危房改造加大建筑节能示范力度。推动省柴节煤灶更新换代。开展农村水电增效扩容改造。推进农业节水增效，推广高效节水灌溉技术。因地制宜、多能互补发展小水电、风能、太阳能和秸秆综合利用。科学规划农村沼气建设布局，完善服务机制，加强沼气设施的运行管理和维护。

——强化商用和民用节能。开展零售业等流通领域节能减排行动。商业、旅游业、餐饮等行业建立并完善能源管理制度，开展能源审计，加快用能设施节能改造。宾馆、商厦、写字楼、机场、车站严格执行公共建筑空调温度控制标准，优化空调运行管理。鼓励消费者购买节能环保型汽车和节能型住宅，推广高效节能家用电器、办公设备和高效照明产品。减少待机能耗，减少使用一次性用品，严格执行限制商品过度包装和超薄塑料购物袋生产、销售和使用的相关规定。

——实施公共机构节能。新建公共建筑严格实施建筑节能标准。实施供热计量改造，国家机关率先实行按热量收费。推进公共机构办公区节能改造，推广应用可再生能源。全面推进公务用车制度改革，严格油耗定额管理，推广节能和新能源汽车。在各级机关和教科文卫体等系统开展节约型公共机构示范单位建设，创建2000家节约型公共机构。健全公共机构能源管理、统计监测考核和培训体系，建立完善公共机构能源审计、能效公示、能源计量和能耗定额管理制度，加强能耗监测平台和节能监管体系建设。

（三）强化主要污染物减排。

——加强城镇生活污水处理设施建设。加强城镇环境基础设施建设，以城镇污水处理设施及配套管网建设、现有设施升级改造、污泥处理处置设施建设为重点，提升脱氮除磷能力。到2015年，城市污水处理率和污泥无害化处置率分别达到85%和70%，县城污水处理率达到70%，基本实现每个县和重点建制镇建成污水集中处理设施，全国城镇污水处理厂再生水利用率达到15%以上。

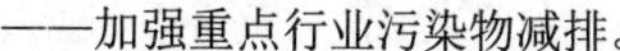

——加强重点行业污染物减排。

加强重点行业污染预防。以钢铁、水泥、氮肥、造纸、印染行业为重点，大力推行清洁生产，加快重大、共性技术的示范和推广，完善清洁生产评价指标体系，开展工业产品生态设计、农业和服务业清洁生产试点。以汞、铬、铅等重金属污染防治为重点，在重点行业实施技术改造。示范和推广一批无毒无害或低毒低害原料（产品），对高耗能、高排放企业及排放有毒有害废物的重点企业开展强制性清洁生产审核。

加大工业废水治理力度。以制浆造纸、印染、食品加工、农副产品加工等行业为重点，继续加大水污染深度治理和工艺技术改造。制浆造纸企业加快建设碱回收装置；纺织印染行业推行废水集中处理和实施综合治理，大中型造纸企业、有脱墨的废纸造纸企业和采用碱减量工艺的化纤布印染企业实施废水三级深度处理；发酵行业推广高浓度废液综合利用技术、废醪液制备生物有机肥及液态肥技术；制糖行业推广闭合循环用水技术；氮肥行业推广稀氨水浓缩回收利用技术、尿素工艺冷凝液深度水解技术，加大生化处理设施建设力度；农药行业推广清污分流和高浓度废水预处理技术。

推进电力行业脱硫脱硝。新建燃煤机组全面实施脱硫脱硝，实现达标排放。尚未安装脱硫设施的现役燃煤机组要配套建设烟气脱硫设施，不能稳定达标排放的燃煤机组要实施脱硫改造。加快燃煤机组低氮燃烧技术改造和烟气脱硝设施建设，对单机容量30万千瓦及以上的燃煤机组、东部地区和其他省会城市单机容量20万千瓦及以上的燃煤机组，均要实行脱硝改造，综合脱硝效率达到75%以上。

加强非电行业脱硫脱硝。实施钢铁烧结机烟气脱硫，到2015年，所有烧结机和位于城市建成区的球团生产设备烟气脱硫效率达到95%以上。有色金属行业冶炼烟气中二氧化硫含量大于3.5%的冶炼设施，要安装硫回收装置。石油炼制行业新建催化裂化装置要配套建设烟气脱硫设施，现有硫磺回收装置硫回收率达到99%。建材行业建筑陶瓷规模大于70万平方米/年且燃料含硫率大于0.5%的窑炉，应安装脱硫设施或改用清洁能源，浮法玻璃生产线要实施烟气脱硫或改用天然气。焦化行业炼焦炉荒煤气硫化氢脱除效率达到95%。水泥行业实施新型干法窑降氮脱硝，新建、改扩建水泥生产线综合脱硝效率不低于60%。燃煤锅炉蒸汽量大于35吨/小时且二氧化硫超标排放的，要实施烟气脱硫改造，改造后脱硫效率应达到70%以上。

——开展农业源污染防治。

加强农村污染治理。推进农村生态示范建设标准化、规范化、制度化。因地制宜建设农村生活污水处理设施，分散居住地区采用低能耗小型分散式污水处理方式，人口密集、污水排放相对集中地区采用集中处理方式。实施农村清洁工程，开展农村环境综合整治，推行农业清洁生产，鼓励生活垃圾分类收集和就地减量无害化处理。选择经济、适用、安全的处理处置技术，提高垃圾无害化处理水平，城镇周边和环境敏感区的农村逐步推广城乡一体化垃圾处理模式。推广测土配方施肥，发展有机肥采集利用技术，减少不合理的化肥施用。

推进畜禽清洁养殖。结合土地消纳能力，推进畜禽养殖适度规模化，合理优化养殖布局，鼓励采取种养结合养殖方式。以规模化养殖场和养殖小区为重点，因地制宜推行干清粪收集方法，养殖场区实施雨污分流，发展废物循环利用，鼓励粪污、沼渣等废弃物发酵生产有机肥料。在散养密集区推行粪污集中处理。

推行水产健康养殖。规范水产养殖行为，优化水产养殖区域布局，国家重点流域以及各地确定的重点保护水体要合理减少网箱、围网养殖规模。加快养殖池塘改造和循环水设施配套建设，推广水质调控技术与环保设备。鼓励发展人工生态环境、多品种立体、开放式流水或微流水、全封闭循环水工厂化、水产品与农作物共生互利等水产生态养殖方式。

——控制机动车污染物排放。提高机动车污染物排放准入门槛。加强机动车排放对环境影响的评估审查。加快淘汰老旧车辆，基本淘汰2005年以前注册的用于运营的“黄标车”。推进报废农用车换购载货汽车工作。全面推行机动车环保标志管理，严格实施机动车一致性检查制度，不符合国家机动车排放标准的车辆禁止生产、销售和注册登记。实施第四阶段机动车排放标准，在有条件的重点城市和地区逐步推动实施第五阶段排放标准。“十二五”末实现低速车与载货汽车实施同一排放标准。全面提升车用燃油品质。研究制定国家第四、第五阶段车用燃油标准，推动落实标准实施条件，强化车用燃油监管。全面供应符合国家第四阶段标准的车用燃油，部分重点城市供应国家第五阶段标准车用燃油。大型炼化项目应以国家第五阶段车用燃油标准作为设计目标，加快成品油生产技术改造。

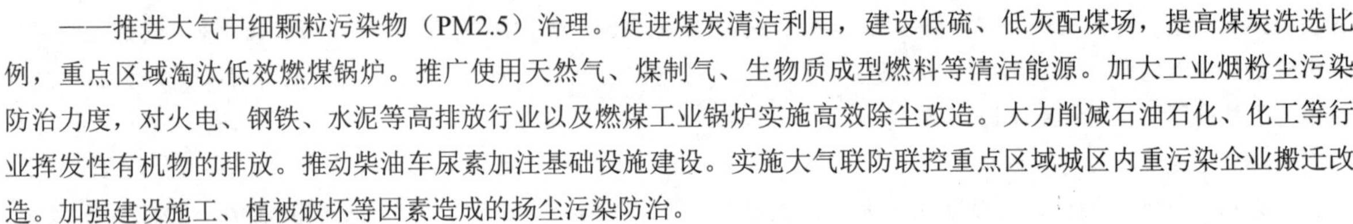
——推进大气中细颗粒污染物（PM2.5）治理。促进煤炭清洁利用，建设低硫、低灰配煤场，提高煤炭洗选比例，重点区域淘汰低效燃煤锅炉。推广使用天然气、煤制气、生物质成型燃料等清洁能源。加大工业烟粉尘污染防治力度，对火电、钢铁、水泥等高排放行业以及燃煤工业锅炉实施高效除尘改造。大力削减石油石化、化工等行业挥发性有机物的排放。推动柴油车尿素加注基础设施建设。实施大气联防联控重点区域城区内重污染企业搬迁改造。加强建设施工、植被破坏等因素造成的扬尘污染防治。

四、节能减排重点工程

（一）节能改造工程。

——锅炉（窑炉）改造和热电联产。实施燃煤锅炉和锅炉房系统节能改造，提高锅炉热效率和运行管理水平；在部分地区开展锅炉专用煤集中加工，提高锅炉燃煤质量；推动老旧供热管网、换热站改造。推广四通道喷煤燃烧、并流蓄热石灰窑煅烧等高效窑炉节能技术。到2015年工业锅炉、窑炉平均运行效率分别比2010年提高5个和2个百分点。东北、华北、西北地区大城市居民采暖除有条件采用可再生能源外基本实行集中供热，中小城市因地制宜发展背压式热电或集中供热改造，提高热电联产在集中供热中的比重。“十二五”时期形成7500万吨标准煤的节能能力。

——电机系统节能。采用高效节能电动机、风机、水泵、变压器等更新淘汰落后耗电设备。对电机系统实施变频调速、永磁调速、无功补偿等节能改造，优化系统运行和控制，提高系统整体运行效率。开展大型水利排灌设备、电机总容量10万千瓦以上电机系统示范改造。2015年电机系统运行效率比2010年提高2－3个百分点，“十二五”时期形成800亿千瓦时的节电能力。

——能量系统优化。加强电力、钢铁、有色金属、合成氨、炼油、乙烯等行业企业能量梯级利用和能源系统整体优化改造，开展发电机组通流改造、冷却塔循环水系统优化、冷凝水回收利用等，优化蒸汽、热水等载能介质的管网配置，实施输配电设备节能改造，深入挖掘系统节能潜力，大幅度提升系统能源效率。“十二五”时期形成4600万吨标准煤的节能能力。

——余热余压利用。能源行业实施煤矿低浓度瓦斯、油田伴生气回收利用；钢铁行业推广干熄焦、干式炉顶压差发电、高炉和转炉煤气回收发电、烧结机余热发电；有色金属行业推广冶金炉窑余热回收；建材行业推行新型干

法水泥纯低温余热发电、玻璃熔窑余热发电；化工行业推行炭黑余热利用、硫酸生产低品位热能利用；积极利用工业低品位余热作为城市供热热源。到2015年新增余热余压发电能力2000万千瓦，“十二五”时期形成5700万吨标准煤的节能能力。

——节约和替代石油。推广燃煤机组无油和微油点火、内燃机系统节能、玻璃窑炉全氧燃烧和富氧燃烧、炼油含氢尾气膜法回收等技术。开展交通运输节油技术改造，鼓励以洁净煤、石油焦、天然气替代燃料油。在有条件的城市公交客车、出租车、城际客货运输车辆等推广使用天然气和煤层气。因地制宜推广醇醚燃料、生物柴油等车用替代燃料。实施乘用车制造企业平均油耗管理制度。“十二五”时期节约和替代石油800万吨，相当于1120万吨标准煤。

——建筑节能。到2015年，累计完成北方采暖地区既有居住建筑供热计量和节能改造4亿平方米以上，夏热冬冷地区既有居住建筑节能改造5000万平方米，公共建筑节能改造6000万平方米，公共机构办公建筑节能改造6000万平方米。“十二五”时期形成600万吨标准煤的节能能力。

——交通运输节能。铁路运输实施内燃机车、电力机车和空调发电车节油节电、动态无功补偿以及谐波负序治理等技术改造；公路运输实施电子不停车收费技术改造；水运推广港口轮胎式集装箱门式起重机油改电、靠港船舶使用岸电、港区运输车辆和装卸机械节能改造、油码头油气回收等；民航实施机场和地面服务设备节能改造，推广地面电源系统代替辅助动力装置等措施；加快信息技术在城市交通中的应用。深入开展“车船路港”千家企业低碳交通运输专项行动。“十二五”时期形成100万吨标准煤的节能能力。

——绿色照明。实施“中国逐步淘汰白炽灯路线图”，分阶段淘汰普通照明用白炽灯等低效照明产品。推动白炽灯生产企业转型改造，支持荧光灯生产企业实施低汞、固汞技术改造。积极发展半导体照明节能产业，加快半导体照明关键设备、核心材料和共性关键技术研发，支持技术成熟的半导体通用照明产品在宾馆、商厦、道路、隧道、机场等领域的应用。推动标准检测平台建设。加快城市道路照明系统改造，控制过度装饰和亮化。“十二五”时期形成2100万吨标准煤的节能能力。

（二）节能产品惠民工程。

加大高效节能产品推广力度。民用领域重点推广高效照明产品、节能家用电器、节能与新能源汽车等，商用领域重点推广单元式空调器等，工业领域重点推广高效电动机等，产品能效水平提高10%以上，市场占有率提高到50%以上。完善节能产品惠民工程实施机制，扩大实施范围，健全组织管理体系，强化监督检查。“十二五”时期形成1000亿千瓦时的节电能力。

（四）节能技术产业化示范工程。

示范推广低品位余能利用、高效环保煤粉工业锅炉、稀土永磁电机、新能源汽车、半导体照明、太阳能光伏发电、零排放和产业链接等一批重大、关键节能技术。建立节能技术评价认定体系，形成节能技术分类遴选、示范和推广的动态管理机制。对节能效果好、应用前景广阔的关键产品或核心部件组织规模化生产，提高研发、制造、系统集成和产业化能力。“十二五”时期产业化推广30项以上重大节能技术，培育一批拥有自主知识产权和自主品牌、具有核心竞争力、世界领先的节能产品制造企业，形成1500万吨标准煤的节能能力。

（五）城镇生活污水处理设施建设工程。

加大城镇污水处理设施和配套管网建设力度。“十二五”时期新建配套管网16万公里，新增污水日处理能力4200万吨，升级改造污水日处理能力2600万吨，新增再生水利用能力2700万吨/日。加快城镇生活垃圾处理处置设施建设，强化垃圾渗滤液处置。“十二五”时期分别新增化学需氧量和氨氮削减能力280万吨、30万吨。

（六）重点流域水污染防治工程。

加强“三河三湖”、松花江、三峡库区及上游、丹江口库区及上游、黄河中上游等重点流域和城镇饮用水水源地的综合治理，加大长江中下游和珠江流域水污染防治力度，加强湖泊生态环境保护，推进渤海等重点海域综合治理。实施一批水污染综合治理项目。推动受污染场地、土壤及其周边地下水污染治理，重点推进湘江流域重金属污染治理。大力推进重点行业污水处理设施建设，“十二五”时期造纸、纺织、食品加工、农副产品加工、化工、石化等行业分别新增污水日处理能力300万吨、60万吨、60万吨、600万吨、200万吨、300万吨。

（七）脱硫脱硝工程。

完成5056万千瓦现役燃煤机组脱硫设施配套建设，对已安装脱硫设施但不能稳定达标的4267万千瓦燃煤机组实施脱硫改造；完成4亿千瓦现役燃煤机组脱硝设施建设，对7000万千瓦燃煤机组实施低氮燃烧技术改造。到2015年燃煤机组脱硫效率达到95%，脱硝效率达到75%以上。钢铁烧结机、有色金属窑炉、建材新型干法水泥窑、石化催化裂化装置、焦化炼焦炉配套实施低氮燃烧改造或安装脱硫脱硝设施，高速公路沿线逐步建设柴油车脱硝尿素加注站。“十二五”时期新增二氧化硫和氮氧化物削减能力277万吨、358万吨。

（八）规模化畜禽养殖污染防治工程。

以规模化养殖场和养殖小区为重点，鼓励废弃物统一收集，集中治理。建设雨污分离污水收集系统和厌氧发酵处理设施，配套建设分布式粪污贮存及处理设施。加强规模化养殖场沼气预处理设施、发酵装置、沼气和沼肥利用设施建设,实现畜禽养殖场废弃物的资源化利用。到2015年，50%以上规模化养殖场和养殖小区配套建设废弃物处理设施，分别新增化学需氧量和氨氮削减能力140万吨、10万吨。

（九）循环经济示范推广工程。

开展资源综合利用、废旧商品回收体系示范、“城市矿产”示范基地、再制造产业化、餐厨废弃物资源化、产业园区循环化改造、资源循环利用技术示范推广等循环经济重点工程建设，实现减量化、再利用、资源化。在农业、工业、建筑、商贸服务等重点领域，以及重点行业、重点流域、中西部产业承接园区实施清洁生产示范工程，加大清洁生产技术改造实施力度。加快共性、关键清洁生产技术示范和推广，培育一批清洁生产企业和工业园区。

（十）节能减排能力建设工程。

推进节能监测平台建设，建立能源消耗数据库和数据交换系统，强化数据收集、数据分类汇总、预测预警和信息交流能力。开展重点用能单位能源消耗在线监测体系建设试点和城市能源计量示范建设。建设县级污染源监控中心，加强污染源监督性监测，完善区域污染源在线监控网络，建立减排监测数据库并实现数据共享。加强氨氮、氮氧化物统计监测，提高农业源污染监测和机动车污染监控能力。推进节能减排监管机构标准化和执法能力建设，加强省、市、县节能减排监测取证设备、能耗和污染物排放测试分析仪器配备。

初步测算，“十二五”时期实施节能减排重点工程需投资约23660亿元，可形成节能能力3亿吨标准煤，新增化学需氧量、二氧化硫、氨氮、氮氧化物削减能力分别为420万吨、277万吨、40万吨、358万吨（见表4）。

表4　“十二五”节能减排规划投资需求

工程名称	投资需求（亿元）	节能减排能力（万吨）
节能重点工程	9820	30000（标准煤）
减排重点工程	8160	420（化学需氧量）、277（二氧化硫）、40（氨氮）、358（氮氧化物）
循环经济重点工程	5680	支撑实现上述节能减排能力
总计	23660	

五、保障措施

（一）坚持绿色低碳发展。

深入贯彻节约资源和保护环境基本国策，坚持绿色发展和低碳发展。坚持把节能减排作为落实科学发展观、加快转变经济发展方式的重要着力点，加快构建资源节约、环境友好的生产方式和消费模式，增强可持续发展能力。在制定实施国家有关发展战略、专项规划、产业政策以及财政、税收、金融、价格和土地等政策过程中，要体现节能减排要求，发展目标要与节能减排约束性指标衔接，政策措施要有利于推进节能减排。

（二）强化目标责任评价考核。

综合考虑经济发展水平、产业结构、节能潜力、环境容量及国家产业布局等因素，合理确定各地区、各行业节能减排目标。进一步完善节能减排统计、监测、考核体系，健全节能减排预警机制，建立健全行业节能减排工作评价制度。各地区要将国家下达的节能减排目标分解落实到下一级政府、有关部门和重点单位。国务院每年组织开展省级人民政府节能减排目标责任评价考核，考核结果作为领导班子和领导干部综合考核评价的重要内容，纳入政府绩效管理，实行问责制，并按照有关规定对作出突出成绩的地区、单位和个人给予表彰奖励。地方各级人民政府要切实抓好本地区节能减排目标责任评价考核。

（三）加强用能节能管理。

明确总量控制目标和分解落实机制，实行目标责任管理。建立能源消费总量预测预警机制，对能源消费总量增长过快的地区及时预警调控。在工业、建筑、交通运输、公共机构以及城乡建设和消费领域全面加强用能管理，切实改变敞开供应能源、无约束使用能源的现象。依法加强年耗能万吨标准煤以上用能单位节能管理，开展万家企业节能低碳行动，落实目标责任，实行能源审计，开展能效水平对标活动，建立能源管理师制度，提高企业能源管理水平。在大气联防联控重点区域开展煤炭消费总量控制试点，从严控制京津唐、长三角、珠三角地区新建燃煤火电机组。

（四）健全节能环保法律、法规和标准。

完善节能环保法律、法规和标准体系。推动加快制修订大气污染防治法、排污许可证管理条例、畜禽养殖污染防治条例、重点用能单位节能管理办法、节能产品认证管理办法等。加快节能环保标准体系建设，扩大标准覆盖面，提高准入门槛。组织制修订粗钢、铁合金、焦炭、多晶硅、纯碱等50余项高耗能产品强制性能耗限额标准，高压三相异步电动机、平板电视机等40余项终端用能产品强制性能效标准，制定钢铁、水泥等行业能源管理体系标准等。健全节能和环保产品及装备标准。完善环境质量标准。加快重点行业污染物排放标准的制修订工作，根据氨氮、氮氧化物控制目标要求制定实施排放标准，加强标准实施的后评估工作。

（五）完善节能减排投入机制。

加大中央预算内投资和中央节能减排专项资金对节能减排重点工程和能力建设的支持力度，继续安排国有资本经营预算支出支持企业实施节能减排项目。完善“以奖代补”、“以奖促治”以及采用财政补贴方式推广高效节能产品和合同能源管理等支持机制，强化财政资金的引导作用。支持军队重点用能设施设备节能改造。地方各级人民政府要进一步加大对节能减排的投入，创新投入机制，发挥多层次资本市场融资功能，多渠道引导企业、社会资金积极投入节能减排。完善财政补贴方式和资金管理办法，强化财政资金的安全性和有效性，提高财政资金使用效率。

（六）完善促进节能减排的经济政策。

深化资源性产品价格改革，理顺煤、电、油、气、水、矿产等资源类产品价格关系，建立充分反映市场供求、资源稀缺程度以及环境损害成本的价格形成机制。完善差别电价、峰谷电价、惩罚性电价，尽快出台鼓励余热余压发电和煤层气发电的上网政策，全面推行居民用电阶梯价格。严格落实脱硫电价，研究完善燃煤电厂烟气脱硝电价政策。完善矿业权有偿取得制度。加快供热体制改革，全面实施热计量收费制度。完善污水处理费政策。改革垃圾处理收费方式，提高收缴率，降低征收成本。完善节能产品政府采购制度。扩大环境标志产品政府采购范围，完善促进节能环保服务的政府采购政策。落实国家支持节能减排的税收优惠政策，改革资源税，加快推进环境保护税立法工作，调整进出口税收政策，合理调整消费税范围和税率结构。推进金融产品和服务方式创新，积极改进和完善节能环保领域的金融服务，建立企业节能环保水平与企业信用等级评定、贷款联动机制，探索建立绿色银行评级制度。推行重点区域涉重金属企业环境污染责任保险。

（七）推广节能减排市场化机制。

加大能效标识和节能环保产品认证实施力度，扩大能效标识和节能产品认证实施范围。建立高耗能产品（工序）和主要终端用能产品能效“领跑者”制度，明确实施时限。推进节能发电调度。强化电力需求侧管理，开展城市综合试点。加快建立电能管理服务平台，充分运用电力负荷管理系统，完善鼓励电网企业积极参与电力需求侧管理的考核与奖惩机制。加强政策落实和引导，鼓励采用合同能源管理实施节能改造，推动城镇污水、垃圾处理以及企业污染治理等环保设施社会化、专业化运营。深化排污权有偿使用和交易制度改革，建立完善排污权有偿使用和交易政策体系，研究制定排污权交易初始价格和交易价格政策。开展碳排放交易试点。推进资源型经济转型改革试验。健全污染者付费制度，完善矿产资源补偿制度，加快建立生态补偿机制。

（八）推动节能减排技术创新和推广应用。

深入实施节能减排科技专项行动，通过国家科技重大专项和国家科技计划（专项）等对节能减排相关科研工作给予支持。完善节能环保技术创新体系，加强基础性、前沿性和共性技术研发，在节能环保关键技术领域取得突破。加强政府指导，推动建立以企业为主体、市场为导向、多种形式的产学研战略联盟，鼓励企业加大研发投入。重点支持成熟的节能减排关键、共性技术与装备产业化示范和应用，加快产业化基地建设。发布节能环保技术推广目录，加快推广先进、成熟的新技术、新工艺、新设备和新材料。加强节能环保领域国际交流合作，加快国外先进适用节能减排技术的引进吸收和推广应用。

（九）强化节能减排监督检查和能力建设。

加强节能减排执法监督，依法从严惩处各类违反节能减排法律法规的行为，实行执法责任制。强化重点用能单位、重点污染源和治理设施运行监管，推动污染源自动监控数据联网共享。完善工业能源消费统计，建立建筑、交通运输、公共机构能源消费统计制度、地区单位生产总值能耗指标季度统计制度，强化统计核算与监测。健全节能管理、监察、服务“三位一体”节能管理体系，形成覆盖全国的省、市、县三级节能监察体系。突出抓好重点用能单位能源利用状况报告、能源计量管理、能耗限额标准执行情况等监督检查。

（十）开展节能减排全民行动。

深入开展节能减排全民行动，抓好家庭社区、青少年、企业、学校、军营、农村、政府机构、科技、科普和媒体等十个专项行动。把节能减排纳入社会主义核心价值观宣传教育以及基础教育、文化教育、职业教育体系，增强危机意识。充分发挥广播影视、文化教育等部门以及新闻媒体和相关社会团体的作用，组织好节能宣传周、世界环境日等主题宣传活动。加强日常宣传和舆论监督，宣传先进、曝光落后、普及知识，崇尚勤俭节约、反对奢侈浪费，推动节能、节水、节地、节材、节粮，倡导与我国国情相适应的文明、节约、绿色、低碳生产方式和消费模式，积极营造良好的节能减排社会氛围。

六、规划实施

节约资源和保护环境是我国的基本国策，推进节能减排工作，加快建设资源节约型、环境友好型社会是我国经济社会发展的重大战略任务。各级人民政府和有关部门要切实履行职责，扎实工作，进一步强化目标责任评价考核，加强监督检查，保障规划目标和任务的完成。地方各级人民政府要对本地区节能减排工作负总责，切实加强组织领导和统筹协调，做好本地区节能减排规划与本规划主要目标、重点任务的协调，特别要加强约束性指标的衔接，抓好各项目标任务的分解落实，强化政策统筹协调，做好相关规划实施的跟踪分析。发展改革委、环境保护部要会同有关部门加强对本规划执行的支持和指导，认真做好规划实施的监督评估，重视研究新情况，解决新问题，总结新经验，重大问题及时向国务院报告。

“十二五”节能环保产业发展规划（节录）

（国发〔2012〕19号　国务院二〇一二年六月十六日印发）

节能环保产业是指为节约能源资源、发展循环经济、保护生态环境提供物质基础和技术保障的产业，是国家加快培育和发展的7个战略性新兴产业之一。节能环保产业涉及节能环保技术装备、产品和服务等，产业链长，关联度大，吸纳就业能力强，对经济增长拉动作用明显。加快发展节能环保产业，是调整经济结构、转变经济发展方式的内在要求，是推动节能减排，发展绿色经济和循环经济，建设资源节约型环境友好型社会，积极应对气候变化，抢占未来竞争制高点的战略选择。 根据《国务院关于加快培育和发展战略性新兴产业的决定》（国发〔2010〕32号）和《国务院关于印发“十二五”节能减排综合性工作方案的通知》（国发〔2011〕26号）有关要求，为推动节能环保产业快速健康发展，特制定本规划。

一、节能环保产业发展现状及面临的形势（略）

二、指导思想、基本原则和总体目标

（一）指导思想。

以邓小平理论和“三个代表”重要思想为指导，深入贯彻落实科学发展观，坚持以市场为导向，以企业为主体，以重点工程为依托，以提高技术装备、产品、服务水平为重点，加强宏观指导，完善政策机制，加大资金投入，突出自主创新，培育规范市场，增强竞争能力，促进节能环保产业成为新兴支柱产业，推动资源节约型环境友好型社会建设，满足人民群众对改善生态环境的迫切需求。

（二）基本原则。

1. 政策机制驱动。健全节能环保法规和标准，完善价格、财税、金融、土地等政策，形成有效的激励和约束机制，引导和鼓励社会资本投向节能环保产业，拉动节能环保产业市场的有效需求。

2. 技术创新引领。完善以企业为主体的技术创新体系，立足原始创新、集成创新和引进消化吸收再创新，形成

更多拥有自主知识产权的核心技术和具有国际品牌的产品，提升装备制造能力和水平，促进产业升级，形成节能环保产业发展新优势。

3. 重点工程带动。围绕实现节能减排约束性目标，加快实施节能、循环经济和环境保护重点工程，形成对节能环保产业最直接、最有效的需求拉动，带动节能环保产业快速发展。

4. 市场秩序规范。打破地方保护，加强行业自律，强化执法监督，建立统一开放、公平竞争、规范有序的市场环境，促进节能环保产业健康发展。

5. 服务模式创新。大力推行合同能源管理、特许经营等节能环保服务新机制，推动节能环保设施建设和运营社会化、市场化、专业化服务体系建设。

（三）总体目标。

1. 产业规模快速增长。节能环保产业产值年均增长15%以上，到2015年，节能环保产业总产值达到4.5万亿元，增加值占国内生产总值的比重为2%左右，培育一批具有国际竞争力的节能环保大型企业集团，吸纳就业能力显著增强。

2. 技术装备水平大幅提升。到2015年，节能环保装备和产品质量、性能大幅度提高，形成一批拥有自主知识产权和国际品牌，具有核心竞争力的节能环保装备和产品，部分关键共性技术达到国际先进水平。

3. 节能环保产品市场份额逐步扩大。到2015年，高效节能产品市场占有率由目前的10%左右提高到30%以上，资源循环利用产品和环保产品市场占有率大幅提高。

4. 节能环保服务得到快速发展。采用合同能源管理机制的节能服务业销售额年均增速保持30%，到2015年，分别形成20个和50个左右年产值在10亿元以上的专业化合同能源管理公司和环保服务公司。城镇污水、垃圾和脱硫、脱硝处理设施运营基本实现专业化、市场化。

三、重点领域

（二）资源循环利用产业重点领域。

1. 矿产资源综合利用。

重点开发加压浸出、生物冶金、矿浆电解技术，提高从复杂难处理金属共生矿和有色金属尾矿中提取铜、镍等国家紧缺矿产资源的综合利用水平；加强中低品位铁矿、高磷铁矿、硼镁铁矿、锡铁矿等复杂共伴生黑色矿产资源开发利用和高效采选；推进煤系油母页岩等资源开发利用，提高页岩气和煤层气综合开发利用水平，发展油母页岩、油砂综合利用及高岭土、铝矾土等共伴生非金属矿产资源的综合利用和深加工。

2. 固体废物综合利用。加强煤矸石、粉煤灰、脱硫石膏、磷石膏、化工废渣、冶炼废渣等大宗工业固体废物的综合利用，研究完善高铝粉煤灰提取氧化铝技术，推广大掺量工业固体废物生产建材产品。研发和推广废旧沥青混合料、建筑废物混杂料再生利用技术装备。推广建筑废物分类设备及生产道路结构层材料、人行道透水材料、市政设施复合材料等技术。

3.再制造。重点推进汽车零部件、工程机械、机床等机电产品再制造，研发旧件无损检测与寿命评估技术、高效环保清洗设备，推广纳米颗粒复合电刷镀、高速电弧喷涂、等离子熔覆等关键技术和装备。

4.再生资源利用。废金属资源再生利用。开发易拉罐有效组分分离及去除表面涂层技术与装备，推广废铅蓄电池铅膏脱硫、废杂铜直接制杆、失效钴镍材料循环利用等技术，提升从废旧机电、电线电缆、易拉罐等产品中回收重金属及稀有金属水平。

废旧电器电子产品资源化利用。示范推广废旧电器电子产品和电路板自动拆解、破碎、分选技术与装备，推广封闭式箱体机械破碎、电视电脑锥屏机械分离等技术。研发废电器电子稀有金属提纯还原技术。

报废汽车资源化利用。完善报废汽车车身机械自动化粉碎分选技术及钢铁、塑料、橡胶等组分的分类富集回收技术，研发报废汽车主要零部件精细化无损拆解处理平台技术，提升报废汽车拆解回收利用的自动化、专业化水平。

废橡胶、废塑料资源再生利用。推广应用常温粉碎及低硫高附加值再生橡胶成套设备；研发各种废塑料混杂物分类技术或直接利用技术，推广应用深层清洗、再生造粒和改性技术。

5.餐厨废弃物资源化利用。建设餐厨废弃物密闭化、专业化收集运输体系；研发餐厨废弃物低能耗高效灭菌和废油高效回收利用技术装备；鼓励餐厨废油生产生物柴油、化工制品，餐厨废弃物厌氧发酵生产沼气及高效有机肥。

6.农林废物资源化利用。推广农作物秸秆还田、代木、制作生物培养基、生物质燃料等技术与装备，秸秆固化成型等能源化利用技术及装备；推进林业剩余物、次小薪材、蔗渣等综合利用技术和装备的应用；推动规模化畜禽养殖废物资源化利用，加快发酵制饲料、沼气、高效有机肥等技术集成应用。

7.水资源节约与利用。推进工业废水、生活污水和雨水资源化利用，扩大再生水的应用。大力推进矿井水资源化利用、海水循环利用技术与装备。示范推广膜法、热法和耦合法海水淡化技术以及电水联产海水淡化模式。

专栏2　资源循环利用产业关键技术

复杂铜铅锌金属矿高效分选技术 用于有色金属矿开采。研发重点是高效浮选药剂和大型高效破碎、浮选设备。

再制造表面工程技术 用于汽车零部件、工程机械等机电产品再制造。研发重点是旧件寿命评估技术、环保拆解清洗技术及激光熔覆喷涂技术。

含钴镍废弃物的循环再生和微粉化技术 用于废弃电池、含钴镍废渣资源化利用。重点是电池破壳分离、钴镍元素提纯、原生化超细粉末再制备和钴镍资源的深度资源化技术。　废旧家电和废印制电路板自动拆解和物料分离技术 用于废旧家电和废印制电路板资源化利用。重点是高效粉碎与旋风分离一体化技术，风选、电选组合提纯工艺和多种塑料混杂物直接综合利用技术。

材料分离、改性及合成技术 用于建材、包装废弃物、废塑料处理等领域。研发重点是纸塑铝分离技术、橡塑分离及合成技术、无机改性聚合物再生循环利用技术等。

建筑废物分选及资源化技术 用于建筑废物资源化利用。研发重点是建筑废物分选技术及装备，废旧砂灰粉的活化和综合利用技术，专用添加剂制备，轻质物料分选、除尘、降噪等设施。

餐厨废弃物制生物柴油、沼气等技术 用于餐厨废弃物资源化利用领域。重点是应用酸碱催化法及化学法制生物柴油和工业油脂技术，制肥和沼气化技术与装备以及酶法、超临界法制油技术。

膜法和热法海水淡化技术 用于海水淡化、苦咸水等非传统水资源处理。膜法重点完善膜组件、高压泵、能量回收装置等关键部件及系统集成技术。热法重点完善大型海水淡化装备制造技术、提升高真空状态下仪表控制元器件可靠性及压缩机性能等。

（三）环保产业重点领域。

1.环保技术和装备。

污水处理。重点攻克膜处理、新型生物脱氮、重金属废水污染防治、高浓度难降解有机工业废水深度处理技术；重点示范污泥生物法消减、移动式应急水处理设备、水生态修复技术与装备。推广污水处理厂高效节能曝气、升级改造，农村面源污染治理，污泥处理处置等技术与装备。

垃圾处理。研发渗滤液处理技术与装备，示范推广大型焚烧发电及烟气净化系统、中小型焚烧炉高效处理技术、大型填埋场沼气回收及发电技术和装备，大力推广生活垃圾预处理技术装备。

大气污染控制。研发推广重点行业烟气脱硝、汽车尾气高效催化转化及工业有机废气治理等技术与装备，示范推广非电行业烟气脱硫技术与装备，改造提升现有燃煤电厂、大中型工业锅炉窑炉烟气脱硫技术与装备，加快先进袋式除尘器、电袋复合式除尘技术及细微粉尘控制技术的示范应用。

3.环保服务。

以城镇污水垃圾处理、火电厂烟气脱硫脱硝、危险废物及医疗废物处理处置为重点，推进环境保护设施建设和运营的专业化、市场化、社会化进程。大力发展环境投融资、清洁生产审核、认证评估、环境保险、环境法律诉讼和教育培训等环保服务体系，探索新兴服务模式。

专栏3 环保产业关键技术

膜处理技术。用于污水资源化、高浓度有机废水处理、垃圾渗滤液处理等。研发重点是高性能膜材料及膜组件，降低成本、提升膜通量、延长膜材料使用寿命、提高抗污染性。污泥处理处置技术 用于生活污水处理厂污泥处理处置。重点是污泥厌氧消化或好氧发酵后用于农田、焚烧及生产建材产品等处理处置技术，研发适用于中小污水处理厂的生物消减等污泥减量工艺。

脱硫脱硝技术。用于电力、钢铁、有色等行业及工业锅炉窑炉烟气治理。研发重点是脱硝催化剂的制备及资源化脱硫技术装备。

布袋及电袋复合除尘技术。用于火电、钢铁、有色、建材等行业。重点是耐高温、耐腐蚀纤维及滤料的国产化，研发高效电袋复合除尘器、优质滤袋和设备配件。

挥发性有机污染物控制技术。用于各工业行业挥发性有机污染物排放源污染控制及回收利用。研发重点是新型功能性吸附材料及吸附回收工艺技术，新型催化材料，优化催化燃烧及热回收技术。

柴油机（车）排气净化技术。用于国IV以上排放标准的重型柴油机和轻型柴油车。研发重点是选择性催化还原技术（SCR）及其装备、SCR催化器及相应的尿素喷射系统，以及高效率、高容量、低阻力微粒过滤器。

固体废物焚烧处理技术。用于城市生活垃圾、危险废物、医疗废物处理。研发重点是大型垃圾焚烧设施炉排及其传动系统、循环流化床预处理工艺技术、焚烧烟气净化技术、二噁英控制技术、飞灰处置技术等。

水生态修复技术。用于受污染自然水体。重点研发赤潮、水华预报、预防和治理技术，生物控制技术和回收藻类、水生植物厌氧产沼气、发电及制肥的资源化技术，溢油污染水体修复技术等。

污染场地土壤修复技术。用于污染土壤修复。重点是受污染土壤原位解毒剂、异位稳定剂、用于路基材料的土壤固化剂以及受污染土壤固化体资源化技术及生物治理技术。

污染源在线监测技术。用于环境监测。研发重点是有机污染物自动监测系统、新型烟气连续自动检测技术、重金属在线监测系统、危险品运输载体实时监测系统等。

四、重点工程

（三）“城市矿产”示范工程。建设50个国家“城市矿产”示范基地，支持回收体系、资源再生利用产业化、污染治理设施和服务平台建设，推动废弃机电设备、电线电缆、家电、汽车、手机、铅酸电池、塑料、橡胶等再生资源的循环利用、规模利用和高值利用。到2015年，形成资源再生利用能力2500万吨，其中再生铜200万吨、再生铝250万吨、废钢1000多万吨、黄金10吨，实现产值4300亿元。

（四）再制造产业化工程。支持汽车零部件、工程机械、机床等再制造，完善可再制造旧件回收体系，重点支持建立5-10个国家级再制造产业集聚区和一批重大示范项目。到2015年，实现再制造发动机80万台，变速箱、起动机、发电机等800万件，工程机械、矿山机械、农用机械等20万台套，再制造产业产值达到500亿元。

（五）产业废物资源化利用工程。以共伴生矿产资源回收利用、尾矿稀有金属分选和回收、大宗固体废物大掺量高附加值利用为重点，推动资源综合利用基地建设，鼓励产业集聚，形成以示范基地和龙头企业为依托的发展格局。以铁矿、铜矿、金矿、钒矿、铅锌矿、钨矿为重点，推进共伴生矿产资源和尾矿综合利用；推进建筑废物和道路沥青再生利用。到2015年，新增固体废物综合利用能力约4亿吨，产值达1500亿元。

（六）重大环保技术装备及产品产业化示范工程。推动重金属污染防治、污泥处理处置、挥发性有机物治理、畜禽养殖清洁生产等核心技术产业化；重点示范膜生物反应器（MBR）、垃圾焚烧及烟气处理、烟气脱硫脱硝等先进技术装备及能源、农业等行业清洁生产重大技术装备；推广城镇生活污水脱氮除磷深度处理设备、300兆瓦及以上燃煤电厂烟气脱硝技术装备、600兆瓦及以上燃煤电厂烟气脱硫及布袋或电袋复合除尘设备和高效垃圾焚烧炉等重大装备。拥有高性能膜、脱硝催化剂纳米级二氧化钛载体、高效滤料等污染控制材料生产的相关知识产权。到2015年，环保装备产值超过5000亿元，环保材料产值超过1000亿元，环保关键材料基本实现产业化，形成5－10个环保产业集聚区、10－15个环保技术及装备产业化基地。

五、政策措施

（一）完善价格、收费和土地政策。加快推进资源性产品价格改革。研究制定鼓励余热余压发电及背压热电的上网和价格政策。完善电力峰谷分时电价政策。对能源消耗超过国家和地区规定的单位产品能耗（电耗）限额标准的企业和产品，实行惩罚性电价。严格落实脱硫电价，研究制定燃煤电厂脱硝电价政策。深化市政公用事业市场化改革，进一步完善污水处理费政策，研究将污泥处理费用逐步纳入污水处理成本，研究完善对自备水源用户征收污水处理费制度。改进垃圾处理收费方式，合理确定收费载体和标准，降低收取成本，提高收缴率。对于城镇污水垃圾处理设施、“城市矿产”示范基地、集中资源化处理中心等国家支持的项目用地，在土地利用年度计划安排中给予重点保障。

（二）加大财税政策支持力度。各级政府要安排财政资金支持和引导节能环保产业发展。安排中央财政节能减排和循环经济发展专项资金，采取补助、贴息、奖励等方式，支持节能减排重点工程和节能环保产业发展重点工程，加快推行合同能源管理。中央预算内投资和其他中央财政专项资金，要加大对节能环保产业的支持力度。国有资本经营预算优先安排企业实施节能环保项目。严格落实并不断完善现有节能、节水、环境保护、资源综合利用税收优惠政策。全面改革资源税。积极推进环境税费改革。落实节能服务公司实施合同能源管理项目税收优惠政策。

（三）拓宽投融资渠道。鼓励银行业金融机构在满足监管要求的前提下，积极开展金融创新，加大对节能环保产业的支持力度。按照政策规定，探索将特许经营权、收费权等纳入贷款抵押担保物范围。建立银行绿色评级制度，将绿色信贷成效作为对银行机构进行监管和绩效评价的要素。鼓励信用担保机构加大对资质好、管理规范的节能环保企业的融资担保支持力度。支持符合条件的节能环保企业发行企业债券、中小企业集合债券、短期融资券、中期票据等，重点用于环保设施和再生资源回收利用设施建设。选择若干资质条件较好的节能环保企业，开展非公开发行企业债券试点。支持符合条件的节能环保企业上市融资。研究设立节能环保产业投资基金。推动落实支持循环经济发展的投融资政策措施。鼓励和引导民间投资和外资进入节能环保产业领域，支持民间资本进入污水、垃圾处理等市政公用事业建设。

（四）完善进出口政策。通过完善出口卖方信贷和买方信贷政策，鼓励节能环保设备由以单机出口为主向以成套供货为主的设备总承包和工程总承包转变；安排对外援助时，根据对外工作需要和受援国要求，积极安排公共环境基础设施、工业污染防治设施建设等节能环保项目。建立进口再生资源加工区，强化联合监管，积极完善与国际规则、惯例相适应，且有利于我国获取国际再生资源、促进国内节能环保产业健康发展的进口管理体制机制。对用于制造大型节能环保设备确有必要进口的关键零部件及原材料，研究免征进口关税和进口增值税。

（五）强化技术支撑。发布国家鼓励的节能环保产业技术目录。在充分整合现有科技资源的基础上，在节能环保领域设立若干国家工程研究中心、国家工程实验室和国家产品质量监督检验中心，组建一批由骨干企业牵头组织、科研院所共同参与的节能环保产业技术创新平台，建立一批节能环保产业化科技创新示范园区，支持成套装备及配套设备研发、关键共性技术和先进制造技术研究。推进国产首台（套）重大节能环保装备的应用。

（六）完善法规标准。完善以环境保护法律、节约能源法、循环经济促进法、清洁生产促进法等为核心，配套法规相协调的节能环保法律法规体系。研究建立生产者责任延伸制度，逐步建立相关废弃产品回收处理基金，研究制定强制回收产品目录和包装物管理办法。通过制（修）订节能环保标准，充分发挥标准对产业发展的催生促进作用。逐步提高重点用能产品能效标准，修订提高重点行业能耗限额强制性标准，建立能效“领跑者”标准制度，强化总量控制和有毒有害污染物排放控制要求，完善污染物排放标准体系。

（七）强化监督管理。严格节能环保执法监督检查，严肃查处各类违法违规行为，加大惩处力度。落实节能减排目标责任，开展专项检查和督察行动。加强对重点耗能单位和污染源的日常监督检查，对污染治理设施实行在线自动监控。加强市场监督、产品质量监督，强化标准标识监督管理。落实招投标各项规定，充分发挥行业协会作用，加强行业自律。整顿和规范节能环保市场秩序，打破地方保护和行业垄断，打击低价竞争、恶性竞争等不正当竞争行为，促进公平竞争、有序竞争，为节能环保产业发展创造良好的市场环境。

六、组织实施

国务院有关部门要按照职能分工，制定完善相关政策措施，形成合力，确保本规划顺利实施。各地区要按照规划确定的目标、任务和政策措施，结合当地实际抓紧制定具体落实方案，确保取得实效。

发展改革委、环境保护部要加强对规划实施情况的跟踪分析和监督检查，及时开展后评估，针对规划实施中出现的新情况、新问题，适时提出解决办法，重大问题及时向国务院报告。

生物质能发展“十二五”规划（节录）

（国能新能[2012]216号　国家能源局二〇一二年七月二十四日印发）

前言

生物质能是重要的可再生能源，具有资源来源广泛、利用方式多样化、能源产品多元化、综合效益显著的特点。开发利用生物质能，是发展循环经济的重要内容，是促进农村发展和农民增收的重要措施，是培育和发展战略性新兴产业的重要任务。

“十一五”时期，我国生物质能产业快速发展，开发利用规模不断扩大，部分领域已初步产业化，在替代化石能源、促进环境保护、带动农民增收等方面发挥了积极作用。“十二五”时期是转变能源发展方式、加快能源结构调整的重要阶段，是完成2020年非化石能源发展目标、促进节能减排的关键时期，生物质能面临重要的发展机遇。根据《国家能源发展“十二五”规划》和《可再生能源发展“十二五”规划》，制定《生物质能发展“十二五”规划》。

《规划》分析了国内外生物质能发展现状和趋势，阐述了“十二五”时期我国生物质能发展的指导思想、基本原则、发展目标、规划布局和建设重点，提出了保障措施和实施机制，是“十二五”时期我国生物质能产业发展的基本依据。

一、规划基础和背景

（一）发展基础

1. 国外生物质能发展状况（略）

2. 我国生物质能发展现状

我国生物质资源丰富，能源利用潜力很大。在“十一五”时期，我国生物质能产业得到了较快发展，出现了一些专业化的技术装备企业和开发利用企业，部分领域已初步产业化。生物质能开发利用形成了一定规模，在替代化石能源、促进环境保护、带动农民增收等方面发挥了积极作用。

（1）资源潜力

我国生物质能资源广泛，主要有农作物秸秆及农产品加工剩余物、林木采伐及森林抚育剩余物、木材加工剩余物、畜禽养殖剩余物、城市生活垃圾和生活污水、工业有机废弃物和高浓度有机废水等。

农作物秸秆及农产品加工剩余物。包括玉米、水稻、小麦、棉花、油料作物秸秆在内的农作物秸秆理论资源量每年8.2亿吨，可收集资源量每年约6.9亿吨，主要分布在华北平原、长江中下游平原、东北平原等13个粮食主产省（区）。目前，作为肥料、饲料、食用菌基料以及造纸等用途共计每年约3.5亿吨，可供能源化利用的秸秆资源量每年约3.4亿吨。另外，稻谷壳、甘蔗渣等农产品加工剩余物每年约1.2亿吨，可供能源化利用的每年约6000万吨。

林业剩余物和能源植物。全国现有林地面积3.04亿公顷，可供能源化利用的主要是薪炭林、林业“三剩物”、木材加工剩余物等，每年约3.5亿吨。适合人工种植的能源作物（植物）有30多种，包括油棕、小桐子、光皮树、文冠果、黄连木、乌桕、甜高粱等，资源潜力可满足年产5000万吨生物液体燃料的原料需求。

生活垃圾与有机废弃物。目前每年城市生活有机垃圾清运量约1.5亿吨，其中50%可作为焚烧发电的燃料或垃圾填埋气发电的原料，可替代1200万吨标准煤。厨余垃圾还可作为生物柴油的原料，每年可获得量约300万吨。城镇污水处理厂污泥年产生量约3000万吨，其中约50％可能源化利用。酒精、制糖、酿酒等20多个行业每年排放有机废水43.5亿吨、废渣9.5亿吨，可转化为沼气约300亿立方米。规模化畜禽养殖场粪便资源每年约8.4亿吨，生产沼气的潜力约400亿立方米。

我国可作为能源利用的生物质资源总量每年约4.6亿吨标准煤，目前已利用量约2200万吨标准煤，还有约4.4亿吨可作为能源利用。随着我国经济社会发展、生态文明建设和农林业的进一步发展，生物质能源利用潜力将进一步增大。

专栏1 我国生物质能源利用潜力

资源来源	可利用资源量		已利用资源量		剩余可利用资源量	
	实物量（万吨）	折合标煤量（万吨）	实物量（万吨）	折合标煤量（万吨）	实物量（万吨）	折合标煤量（万吨）
农作物秸秆	34000	17000	800	400	33200	16600
农产品加工剩余物	6000	3000	200	100	5800	2900
林业木质剩余物	35000	20000	300	170	34700	19830
畜禽粪便	84000	2800	30000	1000	54000	1800
城市生活垃圾	7500	1200	2800	500	4700	700
有机废水	435000	1600	2700	10	432300	1590
有机废渣	95000	400	4800	20	90200	380
合　计		46000		2200		43800

注：加上生产燃料乙醇的陈化粮等，已利用资源量为2400万吨标准煤。

（2）发展现状

在“十一五”时期，我国生物质能多元化利用取得较大进展，生物质发电、液体燃料、燃气、成型燃料等多种利用方式并举，技术不断进步，已呈现出规模化发展的良好势头。2010年，生物质能利用量（不含直接燃烧薪柴等传统利用方式）约2400万吨标准煤。

生物质发电。到2010年底，我国生物质发电装机容量550万千瓦，其中农林生物质发电190万千瓦，垃圾发电170万千瓦，蔗渣发电170万千瓦，沼气等其他生物质发电20万千瓦。生物质发电已形成一定规模，年发电量超过200亿千瓦时，相应年消耗农林剩余物约1000万吨，总计增加农民年收入约30亿元。生物质发电技术和设备制造发展较快，已掌握了高温高压生物质发电技术。

生物液体燃料。到2010年底，以陈化粮和木薯为原料的燃料乙醇年产量超过180万吨，以废弃动植物油脂为原料的生物柴油年产量约50万吨。培育了一批抗逆性强、高产的能源作物新品种，木薯乙醇生产技术基本成熟，甜高粱乙醇技术取得初步突破，纤维素乙醇技术研发取得较大进展，建成了若干小规模试验装置。

生物质燃气。到2010年底，农村户用沼气保有量超过4000万户，年产沼气约130亿立方米。建成畜禽养殖场沼气工程5万多处，年产沼气约10亿立方米。农村沼气技术不断成熟，产业体系逐步健全，许多地方建立了物业化管理沼气服务体系。生物质气化集中供气技术和工艺不断改进，目前已建成使用的生物质集中供气项目约1000个。

生物质成型燃料。2010年，生物质成型燃料产量约300万吨，主要用于农村居民和城镇供热锅炉燃料及生物质木炭原料。成型燃料设备能耗显著降低，易损件寿命和可维护性明显提高，成型燃料已初步具备较大规模产业化发展条件。

专栏2 我国各类生物质能利用规模

利用方式	利用规模		年产能量		折标煤
	数量	单位	数量	单位	万吨/年
生物质发电	550	万千瓦	330	亿千瓦时	1020
户用沼气	4000	万户	130	亿立方米	930
大型沼气工程	50000	处	10	亿立方米	70
生物质成型燃料	300	万吨			150
生物燃料乙醇	180	万吨			160

生物柴油	50	万吨			70
总 计					2400

（二）发展形势

虽然在“十一五”时期生物质能有了长足发展，但由于生物质资源分散、加工转换技术难度大、市场化发展环境尚未建立，生物质能发展还存在以下主要问题：

一是缺乏准确的资源调查评价。生物质能资源的可持续供给是生物质能规模化发展的基础。我国生物质能源利用潜力较大，但在资源种类、数量、可利用量、潜在资源量及分布等方面，还需系统的调查和评价。

二是原料收集难度大。农林生物质原料具有分散性和季节性特点，目前原料收集主要依靠人工和小型机械，运输主要依靠通用运输工具，缺乏完整的专业化原料收集、运输、储存及供应体系，收储运效率低，难以满足生物质能规模化利用的需要。

三是技术水平有待提高。我国生物质能利用技术和装备处于起步阶段，仍未掌握循环流化床气化及配套内燃发电机组等关键设备技术，非粮燃料乙醇生产技术需要升级，生物降解催化酶等核心技术亟待突破，生物柴油生产技术应用水平还不高，航空生物燃油、生物质气化合成油等技术尚未产业化。生物质能综合利用水平低，转换效率有待提高。生物质热解技术需完善工程设计、设备制造等方面的技术水平。

四是产业化程度低。生物质能项目的专业化市场化建设管理经验不足，产品、设备、工程建设和项目运行等方面的标准不健全，检测认证体系建设滞后，缺乏市场监管和技术监督。成型燃料市场尚未完全开发，农村生物质能项目产业化程度较低，可持续发展能力不足。

二、指导方针和目标

（一）指导思想

高举中国特色社会主义伟大旗帜，以邓小平理论和“三个代表”重要思想为指导，深入贯彻落实科学发展观，将生物质能作为促进能源结构调整和可持续发展的重要途径、发展低碳经济和循环经济的重要环节、发展农村经济的重要措施、培育和发展战略性新兴产业的重要内容，加强政府引导和扶持，加快技术创新，发挥市场机制作用，完善政策体系，推进生物质能规模化、专业化、产业化和多元化发展，尽快形成具有较大规模和较高技术水平的新型产业。

（二）基本原则

统筹兼顾，综合利用。统筹生物质的能源利用与其他用途，充分合理利用生物质资源。积极推进生物质资源的梯级综合利用，发挥生物质能在生产液体燃料、电力、热力等方面的综合效益，实现能源、生态、经济和社会效益的统一。

因地制宜，多元发展。综合考虑生物质资源条件、气候差异、农林业生产特点和农村实际情况，以及生物质能利用技术成熟程度和市场发育程度等因素，因地制宜推动生物质气化、成型燃料、发电、液体燃料等多元化发展，加快新型利用方式的产业化进程。

自主创新，规模发展。大力推动生物质能利用新技术研究和产业化，以及关键设备的自主化，提高利用和转化效率，提高综合效益。积极推动生物质能规模化发展，建立健全专业化市场化产业化建设管理模式，形成生物质能新型产业。

政府扶持，市场推动。加强政策引导和扶持，健全完善政策体系，积极探索生物质能开发利用模式。充分发挥市场机制作用，培育壮大专业化生物质能企业，不断提升生物质能产业的市场竞争力。

（三）发展目标

在“十二五”时期，生物质能发展目标是：到2015年，生物质能产业形成较大规模，在电力、供热、农村生活用能领域初步实现商业化和规模化利用，在交通领域扩大替代石油燃料的规模。生物质能利用技术和重大装备技术能力显著提高，出现一批技术创新能力强、规模较大的新型生物质能企业。形成较为完整的生物质能产业体系。

专栏3 “十二五”时期生物质能发展主要指标

领域	利用规模		年产能量		折标煤
	数量	单位	数量	单位	万吨/年
1、生物质发电	1300	万千瓦	780	亿千瓦时	2430
农林生物质发电	800	万千瓦	480	亿千瓦时	1500
沼气发电	200	万千瓦	120	亿千瓦时	370
垃圾发电	300	万千瓦	180	亿千瓦时	560
2、生物质供气			220	亿立方米	1750
沼气用户	5000	万户	190	亿立方米	1500
大型农业剩余物燃气	6000	处	25	亿立方米	200
工业有机废水和污水处理厂污泥等沼气	1000	处	5	亿立方米	50
3、生物质成型燃料	1000	万吨			500
4、生物液体燃料					500
生物燃料乙醇	400	万吨			350
生物柴油和航空燃料	100	万吨			150
总计					5180

到2015年，生物质能年利用量超过5000万吨标准煤。其中，生物质发电装机容量1300万千瓦、年发电量约780亿千瓦时，生物质年供气220亿立方米，生物质成型燃料1000万吨，生物液体燃料500万吨。建成一批生物质能综合利用新技术产业化示范项目。

三、重点任务

（一）加快生物质能规模化开发利用

根据各地生物质资源条件和用能特点，加快推广应用技术已基本成熟、具备产业化发展条件或产业化有一定基础的生物质燃气、发电、成型燃料和液体燃料等多元化利用技术，推进生物质能规模化产业化发展，提高生物质能梯级综合利用水平。

1. 有序发展生物质发电

有序发展农林生物质发电。在秸秆剩余物资源较多、人均耕地面积较大的粮棉主产区，有序发展秸秆直燃发电，提高发电效率；在重点林区和林产品加工集中地区，结合林业生态建设，利用林业三剩物和林产品加工剩余物发展林业生物质直燃发电，结合能源林种植，建设林醇电综合利用工程；在“三北”地区，结合防沙治沙，建设灌木林种植基地，发展沙生灌木平茬剩余物直燃发电及综合利用工程；在甘蔗种植主产区和蔗糖加工集中区推进蔗渣直燃发电。鼓励将生物质发电与纤维素乙醇、生物柴油及生物化工相结合，实现生物质梯级利用。鼓励发展生物质热电联产，提高能源利用效率。到2015年，农林生物质发电装机容量达到800万千瓦。

合理发展垃圾发电。结合城市生态环境保护，选择适宜的生活垃圾、污水处理厂污泥处理及能源利用方式，推进垃圾处理减量化资源化无害化。在人口密集、土地资源紧张的中东部地区城市，合理布局生活垃圾焚烧发电项目。在西部地区采取垃圾填埋方式处理垃圾的城市建设填埋场沼气发电项目。大力推动垃圾发电关键设备和清洁燃烧技术进步。到2015年，城市生活垃圾发电装机容量达到300万千瓦。

积极发展生物质燃气发电。在农村生物质资源比较丰富、人口密集的乡镇，发展分布式生物质燃气发电；依托大型畜禽养殖场，结合污染治理，建设大型畜禽养殖废弃物沼气发电项目；积极推动造纸、酿酒、印染、皮革等工业有机废水和城市生活污水处理沼气发电。到2015年，沼气发电装机容量达到200万千瓦。

到2015年，生物质发电总装机容量达到1300万千瓦，年发电量780亿千瓦时，年替代化石能源2430万吨标准煤。

2. 加快发展非粮生物液体燃料

建设非粮能源原料基地。在盐碱地、荒草地、山坡地等未开发宜能荒地较多的地区，根据当地自然条件和作物植物特点，种植甜高粱、木薯、油棕、小桐子等能源作物植物，建设非粮生物液体燃料的原料供应基地。到“十二五”期末，建成油料能源林基地200万公顷。

建设非粮生物液体燃料示范工程。在“十二五”时期，建设一批产业化规模的纤维素乙醇示范工程，建成纤维素酶批量生产基地。突破关键设备和集成工艺，提高成套设备制造能力，降低纤维素乙醇生产成本，提高经济性。规范和引导以废弃油脂为原料的生物柴油的产业化，推进木本油料作物为原料的生物柴油和航空生物燃料示范工程及应用。

到2015年，生物燃料乙醇年产量达到400万吨，生物柴油和航空生物燃料年产量100万吨。年替代化石能源500万吨标准煤。

3. 积极推广生物质燃气

积极推进生物质燃气集中供气。“十二五”时期，在农林生物质资源丰富、地势易于铺设燃气管网、农民经济条件较好、居住较为集中的乡镇或较大的村庄，推广生物质气化集中供气。在居住区域附近有规模化畜禽养殖场的地区，优先发展沼气集中供气，建设大中型沼气集中供气工程。结合工业有机废水和城市污水处理，建设利用工业有机废水、城市生活污水和污泥中的有机物生产沼气的集中供气工程。“十二五”期末，生物质燃气集中供气达到30亿立方米/年，折合250万吨标准煤。

稳步推进户用沼气建设。在气候适宜、人口居住分散且有家庭养殖畜禽的农村地区，继续推广户用沼气，提供清洁生活燃气。将沼气作为连接种植业和养殖业的纽带，发展“三位一体”、“四位一体”生态农业模式，提高户用沼气的综合效益。到2015年，农村沼气用户5000万户，年产沼气190亿立方米，折合1500万吨标准煤。

4. 推进生物质成型燃料产业化

生物质成型燃料具有原料适应范围广、规模适应性强、易于运输储存等特点，作为供热燃料，是一种经济实用的方式。在“十二五”时期，重点在北方采暖地区推广生物质成型燃料集中供热，结合城市大气环境治理，大力推动城市燃煤锅炉改造为生物质成型燃料锅炉，减少城市燃煤量，扩大规模化的生物质成型燃料市场；在人口居住分散、不宜铺设燃气管网的农村地区，推广户用生物质成型燃料，解决户用炊事及采暖用能。到2015年，生物质成型燃料年利用量达到1000万吨，相应替代化石能源500万吨标准煤。

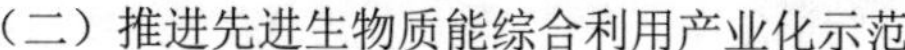

（二）推进先进生物质能综合利用产业化示范

建设一批梯级综合利用生物质能示范项目和若干个示范区，推动生物质能利用从单一原料和产品模式转向原料多元化、产品多样化的循环经济梯级综合利用模式，使生物质资源利用获得更好的综合效益。

1. 纤维素原料生物燃料多联产示范

积极推动农林剩余物（纤维素）生产生物乙醇为主产品的综合利用产业化示范。建设纤维素生物燃料综合利用示范区，利用当地丰富的农作物秸秆资源，建设产业化规模纤维素水解制备液体燃料和生物基化工产品及醇电联产综合利用示范工程。

依托示范项目，推进生物乙醇及其他替代石油基原料的化工产品的规模化生产，废水经厌氧发酵处理生产沼气及沼气发电，或者利用废水培养微藻能源作物，最终的生物质残渣用于燃烧发电和供热，整体实现生物质梯级综合利用。

到2015年底，形成若干以农林剩余物（纤维素）为原料的生物燃料多联产产业化示范区。

2. 微藻生物燃料多联产示范工程

鼓励微藻固碳生物燃料产业化示范。在条件适合地区，利用工业废水及富含二氧化碳废气，采用先进养殖技术，建设含油微藻规模化养殖场，开展微藻生物燃料多联产示范。

依托示范项目，推进商业化规模的微藻生物燃油生产，同时生产高附加值的营养藻粉和饲料藻渣等生物基产品。通过微藻生物燃料多联产，实现二氧化碳减排、工业污水处理与生物能源制备、生物基产品开发的有机结合，建设多产业组合的循环经济示范基地。

到2015年底，建成若干微藻生物燃料多联产循环经济产业化示范项目。

3. 生物质热化学转化制备液体燃料及多联产示范工程

加快生物质气化合成醇醚、生物质热解液化及直接催化转化制备烃类燃料技术进步，建设生物质热化学制备液体燃料产业化示范区，利用各类农林剩余物资源，开展万吨级生物质热化学制备液体燃料，以及燃气、热力、电力、生物质炭、多元醇生物基化学品等多联产系统示范工程，实现低成本规模化生物质资源梯级综合利用。

依托示范项目，突破大型生物质气化、先进高效净化与组分调变一体化、生物油炼制加工催化剂及相应的反应精馏分离等关键技术，降低生物燃料生产成本。结合化工项目工程和工业园区用热需求，整合生物化工技术开展综合精炼，生产生物柴油、石脑油和航空煤油等生物燃料，以及热力、电力、精细化工原料和产品、医药产品等系列化产品，拓展相关产品应用市场，全面推进各类农林生物质资源梯级综合利用，提升生物质能及综合利用的经济性和竞争力。

到2015年底，形成若干以农林剩余物为原料的生物质热化学转化制备液体燃料及多联产循环经济产业示范区。

4. 大型沼气综合利用示范工程

加快大型沼气工程技术进步，提高大型沼气生产成套设备、沼气净化设备、沼气管道供气和罐装成套设备制造水平。在具备资源、市场等条件的地区，建设大型混合原料沼气综合利用产业示范区，将沼气输入城市天然气管道网络。在乡镇布设沼气供应服务站点，以供应罐装沼气的方式为周边居民提供生活燃气；探索沼气作为城市公共交通车辆燃料的利用方式；推动大型沼气工程的沼液沼渣综合利用，拓展有机肥市场，支持有机蔬菜、水果种植产业发展，发展大型沼气综合利用循环经济生态园。

到2015年底，形成若干混合原料大型沼气多用途综合利用循环经济生态园。

专栏4　先进生物质能综合利用产业化示范

纤维素原料生物燃料多联产示范：在河南、吉林、黑龙江、山东等地建设示范工程，以农作物秸秆为主要原料，通过纤维素水解制备乙醇、丁醇等液体燃料，剩余物制取沼气或燃烧发电。通过示范，突破纤维素原料预处理、酶制取等技术瓶颈，具备产业化基础。

微藻生物燃料多联产示范：在水质适宜和光照充分地区，加快先进育繁技术进步，选取优质高含油微藻，提取生物油脂，通过脂化、重整生产生物燃油，同时生产营养藻粉等生物基产品。通过示范，形成生物油藻选育、繁殖、推广体系，推动生物油藻产业化。

生物质热化学转化制备液体燃料及多联产示范：在吉林、黑龙江、湖北、湖南、贵州等地建设示范工程，以农林剩余物为原料，以热化学法制取燃气，采用费托合成生产生物燃油。通过示范，形成一定规模的费托合成催化剂生产能力，加快热化学制备生物油产业化进程。

大型沼气综合利用示范工程：在河南、广西、四川等畜禽养殖规模较大、有机废渣废水资源丰富的地区，建设为城市、大型村镇集中供气的沼气及管网设施示范工程，进行沼气净化提纯装罐，作为分散民用燃气及车用燃料。通过建设专业化的大型沼气工程，探索沼气商业化应用的新模式。

（三）组织生物质能推广利用重点工程

1. 城市生物质供热工程

结合城市大气环境治理和新能源示范城市建设，在城市推广生物质成型燃料和专用锅炉，替代区域集中供热及分散锅炉燃煤。

在“十二五”时期，在生物质资源稳定供应、有采暖需求的北方城市建设生物质供热工程，利用农林剩余物、城市生活垃圾及有机污水、养殖场畜禽粪便等资源，采用生物质成型燃料采暖锅炉、生物质燃气供热锅炉等技术，综合发展各类生物质供热，减少城市中的煤炭直接燃烧，改善大气环境和城市面貌。

到2015年，年供热消耗生物质燃料10万吨以上的城市达到50个，平均每个城市生物质供热总供热面积达到100万平方米以上，相应每个城市平均每年替代化石能源5万吨标准煤。全国生物质供热总供热面积达到5000万平方米，相应年替代化石能源250万吨标准煤。

2. 农村生活燃料清洁化工程

将生物质能技术作为实现农村生活用能优质化、清洁化、现代化，促进城乡能源公共服务均等化的重要手段。“十二五”时期，结合绿色能源示范县建设，推广农村生活燃料清洁化工程，充分利用当地农作物秸秆、畜禽粪便、林业剩余物等生物质资源，推广生物质热解气化、生物质干馏、生物质成型燃料、大中型沼气工程和户用沼气池、省柴灶等技术，为当地居民提供清洁生活燃料。

在生物质资源比较丰富、农村居民集中的地区，建设生物质燃气集中供气工程，铺设生物质燃气管网，推进农村燃气物业化管理和服务。在具有采暖需求的北方农村，重点推广生物质成型燃料采暖技术。在林区及退耕还林地

区，结合生态保护工程，重点发展分布式生物质能技术，充分利用林业剩余物建设生物质气化和成型燃料项目，为林区提供清洁的生活燃料，减少林木质燃料消耗，巩固退耕还林成果。积极支持在农村学校、医院等公益设施和公用机构推广应用清洁生物质燃料。

到2015年，农村生活燃料清洁化工程惠及1000个乡镇、100万户农户，年替代化石能源100万吨标准煤。

3. 生物质能源作物和能源林基地建设

按照“不与民争粮，不与粮争地”的要求，根据我国土地资源和农林业生产特点，立足非粮原料，结合现代农林业发展和生态建设，在有条件地区实施生物质能源作物和能源林种植工程，合理选育和科学种植能源作物植物，因地制宜开发边际性土地，规模化种植各类非食用粮糖油类作物植物，建设生物质能原料供应基地。

重点在“三北”地区的半荒漠化区、沙区等边际性土地，结合生态建设，建设以灌木林为主的木质能源林基地；在东北、内蒙古、山东等地区开展甜高粱规模化种植；在广东、广西、海南、江西、四川、云南等地种植薯类作物以及芭蕉芋、葛根等植物；在海南、福建、四川、贵州、云南、河北等地建设油棕、小桐子、黄连木等油料植物种植基地；加强富油藻类培育技术研发，开展藻类原料培育工程。

到2015年，建成木质能源林基地520万公顷，甜高粱原料基地50万亩，木薯等薯类作物基地800万亩，油料能源林基地200万公顷，其他非粮原料（能源草等）基地30万亩。种植能源作物和能源林满足年产100万吨生物柴油的原料需求，年替代化石能源140万吨标准煤。

（四）加强生物质能技术装备和产业体系建设

1. 构建技术研发体系

整合现有生物质能研究的技术和能力建设资源，加强国家级生物质能技术研究机构建设，重点建设生物质能综合利用技术研发测试平台和先进非粮生物液体燃料技术研发平台，从事基础研究工作，组织开展联合研究，攻克产业发展的关键技术和共性技术难题。

依托骨干企业、研究院所和大学等，建立涵盖生物质发电、生物质燃气和生物液体燃料等技术的重点实验室，推动生物质能应用技术研究和相关技术创新平台建设。在大型企业建立生物质能创新中心或工程技术中心，开展应用研究和系统集成，促进科技成果的产业化。鼓励企业加强对引进的国外先进技术的消化吸收，逐步建立自主创新的技术体系。

2. 开发关键技术设备

在生物质燃气方面，开发生物质燃气高效制备及综合利用技术，重点突破高浓度、混合燃料的湿发酵、干发酵技术，以及燃气净化和高热值化转化技术，研发大功率生物质燃气发电机组；在生物液体燃料方面，重点突破木质纤维素生产乙醇等石油替代燃料、以多种原料生产生物柴油和航空生物燃料的关键技术，掌握清洁高效生产技术；在能源作物及能源林种植方面，重点突破良种选育及定向培育技术，培育多个新型生物质能源作物和能源林新品种。

在生物质能装备方面，重点研制非粮原料收储运和初加工、非粮燃料乙醇和微藻生物燃料加工转化、生物质热化学转化制备液体燃料及热、电、化工多联产农业剩余物制备生物质燃气及综合利用等成套装备，攻克生物质成型燃料高效、抗结渣燃烧技术，提高成型机易损件使用寿命到500小时以上。

3. 完善产业服务体系

加快制定完善生物质能技术及产品标准，形成统一、规范、符合我国国情的生物质能技术标准体系。建设生物质能设备及产品检测中心，建立关键设备和产品的认证体系。建立完善生物质能产品质量控制和监督体系，形成有效的质量监督机制，提高产品和服务质量。

开展生物质能技术培训，在全国组织开展多种形式多层次的生物质能技术、设备和产品应用培训。对从事生物质能利用的专业技术工种实行职业资格制度，组织各地开展生物质能职业技能鉴定和认证。健全生物质能的社会化行业组织，发挥行业协会等在行业自律、人才培训、技术咨询、信息交流、国际合作等方面的作用，建立企业、消费者、政府部门之间的沟通与联系，促进生物质能产业健康发展。

四、规划实施

（一）保障措施

1. 开展生物质能资源调查评价。制定生物质能资源调查评价规范，建立科学的资源评价体系，以县为单位进行生物质资源调查，明确资源量、种类、分布和现有用途，以及可作为能源化利用的资源潜力。

2. 加强生物质能开发利用管理。将生物质能纳入国家能源管理体系，建立部门协调机制，协同推进生物质能发展。完善政策体系，研究制定生物质能综合利用产业政策。各省（区、市）要将生物质能开发利用纳入本地区能源规划，编制生物质能发展规划及实施方案，指导本地区生物质能开发利用。加强生物质能项目建设管理，合理进行生物质能开发利用布局，保持生物质能开发利用有序协调进行。

3. 完善国家财税等支持政策。各级政府加大对生物质能开发利用的投入，支持农村生物质能项目建设，着力改善农村生活用能条件。完善支持生物质能利用的财税扶持政策，健全生物质能转化的热力、电力、液体燃料等产品的价格政策。完善金融支持政策，扶持中小型生物质能企业发展。建立健全支持分布式生物质能发电接入电网和并网运行的体制机制，以及生物质油品经营机制，为生物质能产品进入市场创造有利条件。

4. 建立健全生物质能技术管理体系。支持生物质能利用新型技术研发和试验示范。建立生物质能技术和产品标准体系及工程规范，健全生物质能技术和产品检测认证体系，加强技术监督以及工程和产品质量管理。建立健全生物质能信息统计体系，加强生物质能技术指导、工程咨询、信息服务等中介机构能力建设。

5. 完善市场机制和管理措施。积极培育壮大生物质能骨干企业。完善生物液体燃料强制使用的机制和措施，扩大生物液体燃料的市场规模。各级政府要结合各种生物质废弃物综合利用和环境污染治理，制定操作性强的农村秸秆禁烧、城区关停改造燃煤小锅炉的措施。在新能源示范城市和绿色能源示范县建设中，将生物质能利用作为重要选择，形成若干生物质能规模化开发利用的示范区。

6. 建立原料供应保障体系。因地制宜，结合生态建设和保护环境的要求，培育种植适宜的能源作物或能源植物，建设生物质能原料基地。适应各区域不同情况，支持企业探索建立合适的生物质能原料收集体系，提高生物质能资源保障程度，鼓励生物质原料收储运专业化发展。研究制定生物质原料物流支持政策。

（二）实施机制

1. 加强规划组织管理。强化国家有关规划对“十二五”生物质能发展的导向作用，引导各方面积极有序推进生物质能发展。各地区要根据本规划制定生物质能开发建设方案，做好与农业、林业、城乡建设等相关规划的衔接。国务院能源主管部门重点做好生物质能政策法规制定、重大问题研究论证等行业管理工作，会同财政、农业、林业等部门组织实施生物质能重大专项，保障生物质能发展规划的顺利实施。

2. 建立滚动调整机制。加强生物质能发展的调查统计评价工作，强化对规划实施情况的跟踪和监督，及时掌握规划执行情况，并根据执行情况适时对规划目标和重点任务进行动态调整，使规划更加科学，符合发展实际。在2013年进行规划实施中期评估，评估情况以适当方式向社会公布。

3. 加强目标监测考核。将生物质能利用纳入各地能源行业管理，将提供农村生活能源的生物质能利用纳入农村公用事业范围。将秸秆禁烧、养殖场污染治理作为环境监测的重要内容。将生物质能利用量计入各地的节能减排量，并且不计入对各地设定的能源消费总量限额，促使各地更加重视生物质能利用。

五、投资估算和环境社会影响分析

（一）投资估算

到“十二五”期末，生物质能产业将新增投资1400亿元。对于生物质发电项目，继续给予优惠电价支持。对于新型生物质能技术研发及产业化示范项目，以及涉及农村生活用能的生物质能项目建设，中央财政给予资金支持。

（二）环境和社会影响分析

发展生物质能，可有效替代化石能源、有利于节能减排和合理控制能源消费总量。预计2015年，农林剩余物年利用量达到7500万吨，年利用各类能源作物2500万吨，年处理畜禽粪便5.6亿吨、城市生活垃圾6400万吨、城镇污水处理厂污泥1500万吨、废弃油脂90万吨，合计年替代化石能源5000万吨标准煤，相应年减排二氧化碳9500万吨、二氧化硫65万吨。

生物质能利用要做好防止二次污染的工作。大中型沼气工程的沼气要充分利用，沼液沼渣要合理利用。生物液体燃料生产过程中的废水、废渣要合规处理和达标排放。垃圾焚烧发电要合理选址，采用先进的烟气处理技术，防止有害物质排放。生物质能项目措施不当可能造成环境污染，必须加强环保评价和监测管理，全面发挥好生物质能的环境效益。

发展生物质能源，将为改善农村居民用能状况、带动农村发展作出重要贡献。“十二五”时期，可改善约1000万户农村居民的生活用能条件，其中，户用沼气800万户，管道供应燃气50万户，生物质成型燃料150万户。农村生物质能利用有利于加快城乡能源公共服务均等化步伐。

“十二五”时期，生物质能产业将初具规模，成为带动农村经济发展的新型产业。预计到2015年，生物质能产业年销售收入可达到1000亿元，提供360万个就业岗位，农民年收入增加180亿元，取得良好的经济和社会效益。

综合编

发展循环经济 保护生态环境 促进绿色发展

环境保护部科技标准司

发展循环经济、转变增长方式是解决环境与发展问题的治本之策和重要抓手。发展循环经济立足于充分利用资源、保护环境，体现了经济增长方式的转变，解决了增长与资源环境的矛盾。环境保护部一贯高度重视并不断致力于发展循环经济的探索，保护环境，促进我国生态文明建设和社会经济的绿色循环低碳发展。

一、2012年主要污染物减排年度任务全面完成。

2012年，通过包括大力发展循环经济、清洁生产在内的一系列政策措施，全国主要污染物总量减排年度任务全面完成。2012年，全国化学需氧量、二氧化硫、氨氮、氮氧化物排放总量分别比上年减少3.05%、4.52%、2.62%、2.77%。

2012年，认真贯彻落实《“十二五”节能减排综合性工作方案》、《国家环境保护“十二五”规划》和《节能减排“十二五”规划》，严格主要污染物总量减排核查监管，以“六厂（场）一车”为重点强力推进减排措施落实，继续加大减排资金的投入力度，完善减排长效机制。化学需氧量和氨氮减排：新增城镇（含建制镇、工业园区）污水日处理能力1294万吨、城镇污水再生水日利用能力301万吨；315个造纸、印染企业新建化学氧化深度处理工艺和回用工程；分别淘汰造纸、印染落后产能735万吨、30亿米；完善8630个规模化畜禽养殖场（小区）的污水和固体废弃物处理设施，化学需氧量和氨氮去除效率分别提高9个百分点和28个百分点。二氧化硫减排：新投运脱硫机组装机容量4725万千瓦，脱硫机组总装机容量达到7.18亿千瓦，占火电装机容量的比例为92%；289台、1.27亿千瓦现役机组拆除烟气旁路，综合脱硫效率从85%提高到90%以上；新增钢铁烧结机烟气脱硫设施97台、烧结面积1.8万平方米。氮氧化物减排：250台、9670万千瓦火电机组建设脱硝设施，脱硝机组总装机容量达到2.26亿千瓦，占火电装机容量的比例从2011年的16.9%提高到27.6%；148条熟料产能52.3万吨/日的新型干法水泥生产线安装脱硝设施；淘汰黄标车132万辆；截至2012年底，全国脱硝机组平均脱硝效率48%，同比提高18个百分点；14个脱硝电价试点省份脱硝机组装机容量占全国的2/3，平均脱硝效率51.6%，较非试点省份高11个百分点；脱硝电价政策充分调动火电企业建设和运行脱硝设施的积极性，电力行业氮氧化物减排7.1%。

2012年，环境保护部会同统计局、发展改革委，对2012年度各省、自治区、直辖市和八家中央企业主要污染物总量减排情况进行了考核。结果显示：2012年，全国新增城镇（含建制镇、工业园区）污水日处理能力1294万吨、再生水日利用能力301万吨，315个造纸、印染企业新建化学氧化深度处理和回用工程。250台9670万千瓦火电机组建设脱硝设施，脱硝机组总装机容量达到2.26亿千瓦，占火电装机容量的比例从2011年的16.9%提高到27.6%；新投运脱硫机组装机容量4725万千瓦；289台1.27亿千瓦现役机组拆除脱硫设施烟气旁路,综合脱硫效率从85%提高到90%以上；新增钢铁烧结机烟气脱硫设施97台、烧结面积1.8万平方米；148条日熟料产能52.3万吨新型干法水泥生产线安装脱硝设施；8630个规模化畜禽养殖场完善污水和固体废弃物处理处置设施，化学需氧量和氨氮去除效率分别提高9个和28个百分点。淘汰黄标车132万辆，造纸、印染、电力、钢铁、水泥等落后产能淘汰工作持续推进。全国化学需氧量排放总量2423.7万吨，同比下降3.05%；氨氮排放总量253.6万吨，同比下降2.62%；二氧化硫排放总量2117.6万吨，同比下降4.52%；氮氧化物排放总量2337.8万吨，同比下降2.77%。

二、实行最严格水资源管理、水体污染控制与治理

2012年1月12日，国务院发布了《关于实行最严格水资源管理制度的意见》，从国家层面对实行最严格水资源管理制度进行了全面部署和具体安排。2012年，完成了所有省（区、市）用水总量、用水效率和水功能区限制纳污控制指标分解确认工作，扎实推进首批25条重要跨省江河流域水量分配工作，发布《节水型社会建设“十二五”规划》，强化水功能区监督管理，启动了国家水资源监控能力建设项目。

2012年，全国废水排放总量为684.6亿吨，化学需氧量排放总量为2423.7万吨，与上年相比下降3.05%；氨氮排放总量为253.6万吨，与上年相比下降2.62%。一是对重点流域水污染防治， 2012年4月，国务院批复了《重点水污染防治规划（2011-2015年）》。对长江中下游流域8省（区、市）2011年度规划实施情况进行了考核。召开全国环境保护部际联席会议暨松花江流域水污染防治专题会议。修订《重点流域水污染防治专项规划实施情况考核指标解

释》。二是建立了流域水污染防治会商制度，开展水环境综合管理平台初期建设；签订了《新安江流域水环境补偿协议》，正式提出跨界流域水环境补偿机制。

2012年，水体污染控制与治理科技重大专项精心部署专项"十二五"任务，全面开展验收工作，进一步创新管理体制机制，各项工作进展顺利。"十一五"验收和"十二五"立项工作有序推进，攻克了一批水污染控制与治理关键技术和流域及水体生态修复关键技术，构建环境基准体系和技术平台，实现了城市污水处理从一级B标准到一级A标准的技术突破，突破了微污染原水净化关键技术，创新了流域水环境监管模式，培育了新兴环保产业。

三、大气环境治理

节约能源和资源，减少二氧化硫等废气污染物的排放量，是进行大气环境治理的根本方法，也是发展循环经济的内在动力和重要任务。

2012年9月27日，国务院批复了《重点区域大气污染防治"十二五"规划》。《规划》确定了与循环经济紧密相关的"十二五"时期我国重点区域大气污染防治的指导思想、原则和目标、优化产业结构与布局、加强能源清洁利用、深化大气污染治理、重点工程项目、投资效益评估和保障措施。

《规划》提出的目标是：到2015年，重点区域二氧化硫、氮氧化物、工业烟粉尘排放量分别下降12%、13%、10%，挥发性有机物污染防治工作全面展开；环境空气质量有所改善，可吸入颗粒物、二氧化硫、二氧化氮、细颗粒物年均浓度分别下降10%、10%、7%、5%，臭氧污染得到初步控制，酸雨污染有所减轻；建立区域大气污染联防联控机制，区域大气环境管理能力明显提高。《重点区域大气污染防治"十二五"规划》范围包括京津冀、长三角、珠三角等13个重点区域，涉及19个省（区、市），117个地级及以上城市，规划面积132.56万平方公里，面积、人口、经济总量、煤炭消费分别占全国的14%、48%、71%、52%，二氧化硫、氮氧化物、烟粉尘、挥发性有机物排放量分别占全国的48%、51%、42%、50%。

2012年，环保部按照《环境空气质量标准》（GB3095—1996），对325个地级及以上城市（含部分地、州、盟所在地和省辖市，以下简称地级以上城市）和113个环境保护重点城市的二氧化硫、二氧化氮和可吸入颗粒物三项污染物进行评价。

2012年废气中主要污染物排放量二氧化硫排放总量为2117.6万吨，与上年相比下降4.52%；氮氧化物排放总量为2337.8万吨，与上年相比下降2.77%。全国城市环境空气质量总体保持稳定。全国酸雨污染总体稳定，但程度依然较重。地级以上城市环境空气质量达标（达到或优于二级标准）城市比例为91.4%，与上年相比上升2.4个百分点。

一是正式批复实施《重点区域大气污染防治"十二五"规划》。2012年9月，国务院正式批复《重点区域大气污染防治"十二五"规划》（以下简称《规划》），规划范围为京津冀、长三角、珠三角等13个重点区域，涉及19个省的117个地级及以上城市，明确提出"到2015年，空气中PM10、SO_2、NO_2、PM2.5年均浓度分别下降10%、10%、7%、5%"的目标；明确了防治PM2.5的工作思路和重点任务，增强了区域大气环境管理合力。这是中国第一部综合性大气污染防治规划，标志着中国大气污染防治工作逐步由污染物总量控制为目标导向向以改善环境质量为目标导向转变。二是通过环境监测，明确奖惩措施。通过加大禁烧秸秆工作的力度，推进秸秆综合与循环利用，促进空气环境质量改善。 三是发布相关环境保护标准。2012年相继发布了《环境空气质量标准》（GB3095—2012）及其配套标准；进一步强化重点行业、领域大气污染物控制要求，发布了《铁矿采选工业污染物排放标准》（GB28661—2012）、《钢铁烧结、球团工业大气污染物排放标准》（GB28662—2012）、《炼铁工业大气污染物排放标准》（GB28663—2012）、《炼钢工业大气污染物排放标准》（GB28664—2012）等8项钢铁和焦化工业污染物系列排放标准，以及一批配套环境监测和管理技术规范。四是深入开展燃煤锅炉综合整治工程。2012年，中央财政补助10.9亿元，支持《重点区域大气污染防治"十二五"规划》中15个重点城市实施燃煤锅炉综合整治工程。共改造燃煤锅炉28997蒸吨，其中除尘设施改造15406蒸吨，清洁能源替代13591蒸吨。工程实施以来，相关城市环境空气质量显著改善。

四、 固体废物处理和利用

2012年，全国工业固体废物产生量为329 046万吨，综合利用量（含利用往年贮存量）为202384万吨，综合利用率为60.9%。266个城市发布了上一年固体废物污染防治信息。发布信息的城市数量总和与上年持平。北京、天津、上海和重庆四个直辖市以及山西、内蒙古、辽宁、黑龙江、江苏、浙江、329046万吨，综合利用量（含利用往年贮存量）为202384万吨，综合利用率为60.9%。

2012年，共向2603家进口废物加工利用单位签发13566个固体废物进口许可证。全年实际进口废物5486.5万吨，

进口量最大的四类废物为废纸、废塑料、废五金（包括废五金电器、废电线电缆和废电机）和废钢铁。

电子废物管理。为贯彻落实《废弃电器电子产品回收处理管理条例》，经国务院批准，财政部会同环境保护部、发展改革委、工业和信息化部、海关总署、税务总局发布《废弃电器电子产品处理基金征收使用管理办法》，自2012年7月1日起执行。环境保护部、财政部联合发布《关于组织开展废弃电器电子产品拆解处理情况审核工作的通知》，要求从严审核废弃电器电子产品拆解处理情况，保障废弃电器电子产品处理基金使用安全。环境保护部、发展改革委、工业和信息化部、财政部、商务部、海关总署、税务总局、工商总局、质检总局等九部门联合发布《关于加强电子废物污染防治工作的意见》，提出到2015年，建立比较完善的电子废物污染防治体系和长效机制；废弃电器电子产品年规范化回收处理量超过5000万台的目标。全国31个省（区、市）环保部门会同同级资源综合利用、商务、工业信息产业主管部门制定并实施了本地区废弃电器电子产品处理发展规划，全国规划处理企业约120家，建成约80家，初步建立了废弃电器电子产品处理产业体系。督促广东省制定并实施了《汕头市贵屿地区电子废物污染综合整治方案》和《清远市电子废弃物污染环境整治规划》。

废塑料污染整治。环境保护部、发展改革委、商务部联合发布《关于开展废塑料加工利用行业污染专项整治工作的通知》和《废塑料加工利用污染防治管理规定》，对全国48个废塑料集散地开展污染专项整治行动，取缔了一批污染严重、群众反映强烈的废塑料非法加工利用窝点，较大改善了当地环境质量。

倡导绿色印刷。2012年4月，环保部与新闻出版总署和教育部联合印发《关于中小学教科书实施绿色印刷的通知》，自2012年秋季学期起，各地中小学使用的绿色印刷教科书数量应占到本地使用总量的30%，1-2年后，全面覆盖。据新闻总署统计，到2012年10月，全国秋季教科书共1000多种，2亿册采用了绿色印刷。据此估算，全国一半以上中小学生（超过9600万人）至少人手一本绿色印刷教科书。印刷纸张、油墨等超过60%采用环保型产品，印刷行业年减少挥发性有机化合物（VOC）的排放1.5%，年节约5亿元。绿色印刷战略的实施推动我国印刷业的绿色转型和升级。环保部组织制订发布了《环境标志产品技术要求 印刷第二部分:商务票据印刷》，为绿色印刷的推广提供了技术支持。2012年12月，环保部部与新闻出版总署继续举办了绿色印刷宣传周活动，环保部科技司与新闻出版总署印发司共同召开绿色印刷推进会，会上正式印发《绿色印刷手册》，通报了绿色印刷实施成果并对今后工作提出要求。

五、稳步推进生态文明建设试点

环保部持续稳步推进以循环经济为主要内容之一的生态省、生态县（市 、区）建设和生态文明建设试点，取得明显成效。

2008年，环保部制定发布《关于推进生态文明建设的指导意见》，到2012年，环保部批准了4批共53个全国生态文明建设试点。目前，全国范围内初步形成梯次推进的生态文明建设格局。东部沿海地区生态文明建设已全面展开，自北向南，山东、江苏、浙江、福建、广东已连成一片；中西部生态文明建设也开始有益的探索，广西、云南、湖北出台了文件，贵阳发布了促进生态文明建立的条例，把生态文明建设法治化；四川、陕西的生态县建设取得良好开局，并在省内发挥了示范作用。在生态文明建设的重点内容上，经济较发达的地区，针对如何提高生态环境质量，加快调整经济结构，转变经济发展方式，改变过度消费模式，在制度建设方面进行探索。一些欠发达地区，针对如何在经济基础尚不够雄厚的条件下实现经济发展方式转变，进行有益探索。

全国15个省（区、市）开展生态省建设，1000多个县（市、区）开展生态县建设，53个地区开展生态文明建设试点；中央财政安排55亿元农村环保专项资金，支持各地开展农村环境综合整治；完成全国土壤污染状况调查。

为规范生态建设示范区工作，2012年印发实施了《国家生态建设示范区管理规程》、《国家生态市、生态县（市、区）技术资料审核规范》，制订了《国家生态文明建设试点示范区指标》；举办了全国生态建设示范区工作培训班；组织开展对福建省南安市等25个地区生态建设示范区技术评估，对江苏省扬州市等29个地区生态建设示范区考核验收；组织召开了河南生态省建设规划纲要专家论证会。

生态补偿机制初步建立。积极配合财政部开展新安江流域等生态补偿试点，国家正在探索流域上下游之间、自然保护区内外和不同主体功能区之间生态补偿的有效办法。重点生态功能区生态补偿机制的建立与实施取得较好效果。自2008年起，中央财政对国家重点生态功能区范围内的部分县(市、区)实施资金转移支付，涉及20多个省(区、市)。5年支持资金总额达1100亿元，年度资金由2008年的60.5亿元，增加到2012年的371亿元，支持的县(市、区)由221个增加到466个。对其中452个县域生态环境质量全面监测与评估结果显示，2009-2011年58个县域生态环境质量得到改善，占比例12.8%；380个县域保持基本稳定，占84.1%。

2012年8月，环境保护部联合四川省人民政府在四川省成都市共同举办了“第七届全国生态省论坛暨生态文明建设工作会议”，来自全国15个开展生态省建设的地区、52个开展生态文明建设试点的地区以及环保系统等200多名代表出席会议。环境保护部部长周生贤发来贺信，四川省委副书记、省长蒋巨峰到会致辞，环境保护部副部长李干杰出席会议并作了题为“充分发挥环境保护的主阵地和根本措施作用，积极推动生态文明建设水平不断提升”的报告。会议交流了本省推进生态文明建设的相关工作经验，讨论了生态文明指标体系和生态文明考核办法。

六、继续推进生态工业园区创建

环保部发布了《关于在国家生态工业示范园区中加强发展低碳经济的通知》，要求在国家生态工业示范园区中按照循环经济和低碳经济理念、工业生态学原理，以低能耗、低排放、低污染为基础，通过产业优化、技术创新、管理升级等措施，提高能源利用效率和改善能源结构；根据各园区特点从低碳产业、低碳生产、低碳产品、低碳生活等方面着手通过国家生态工业示范园区试点工作，积极探索园区和工业集聚区减少碳排放的有效途径。同时，通过行业类和综合类的生态工业园区标准，提出了“单位工业增加值综合能耗”和“综合能耗弹性系数”的约束指标体系，间接控制工业园区的碳排放水平。

2012年，有5个园区通过了国家生态工业示范园区建设领导小组办公室组织的验收，被命名为国家生态工业示范园区；有9个园区的生态工业园区建设规划通过了国家生态工业示范园区建设领导小组办公室组织的专家论证。国家生态工业示范园区建设以“加强创新、夯实基础”为统领，发挥了该项工作对于发展生态经济、建设生态制度、培育生态文化、加快创新驱动、加强资源节约和环境保护，提升生态产品生产能力等方面的支撑作用。

截至2013年4月，已批准建设国家生态工业示范园区56个，其中有20个国家生态工业示范园区通过验收并正式命名。

七、深入开展清洁生产

2012年2月29日，第十一届全国人民代表大会常务委员会第二十五次会议通过了对《清洁生产促进法》的修订案，该法于2012年7月1日起正式实施。修改后的《中华人民共和国清洁生产促进法》包括总则、清洁生产的推行、清洁生产的实施、鼓励措施、法律责任等共6章39条。修改后的清洁生产促进法对遏制过度包装作出新的规定，不得进行过度包装。

2012年，环境保护部继续深入推进双超、双有企业强制性清洁生产审核工作，发布了第五批全国重点企业清洁生产公告，向社会公告了8776家通过清洁生产审核评估验收的重点企业名单。

工业系统全面贯彻落实《工业清洁生产推行“十二五”规划》，实现由重点抓技术推广应用向设计开发、工艺技术进步、有毒有害物质替代全过程全面推行清洁生产的转变，取得重大进展。工信部编制印发水泥、ADC发泡剂、荧光灯、电镀、制药、电石等6个行业清洁生产技术推行方案；安排财政资金支持实施清洁生产技术示范工程。印发了再生铅行业准入条件、电池行业清洁生产实施方案，推进铅蓄电池产业升级和铅污染防控。制订和印发《铬盐行业清洁生产实施计划》、荧光灯行业汞污染控制技术政策路线图和稀土行业清洁生产实施计划，从源头控制铬、汞等重金属污染。

2012年，环保和农业部门在西北、华北、华中、西南等地实施了以地膜回收利用、蔬菜清洁生产、畜禽生态养殖等为核心内容的农业清洁生产技术示范。组织24个省（区、市）在137个村继续实施农村清洁工程试点示范，全国已建成农村清洁工程示范村达到1500多个，开发出了较为成熟的生活垃圾、污水、人畜粪便处理工艺与配套设备，示范村的生活垃圾、污水、农作物秸秆、人畜粪便处理利用率均达到90%以上，化肥、农药减施20%以上。

2012年12月，环境保护部和农业部联合印发《全国畜禽养殖污染防治“十二五”规划》，《规划》践行生态文明理念，按照”发展中保护、保护中发展”的要求，以推动农牧结合、种养平衡、循环利用利用为根本手段，提高农业资源综合利用效益，减少污染物排放，保障区域环境质量和畜牧业健康持续发展。《规划》目标是，到2015年，全国畜禽养殖化学需氧量、氨氮排放量较2010年分别减少8%、10%以上，分别新增削减能力140万吨/年、10万吨/年。

（撰稿：刘婷，环境保护部科技标准司）

大力发展农业循环经济 促进农业可持续发展

农业部科技教育司

2012年，农业部遵循“减量化、资源化、再利用”的循环经济理念，按照建设资源节约型、环境友好型新农村的要求，以提高农业资源利用率为关键环节，大力发展节约型农业生产技术，深入推进农业清洁生产，不断降低能源消耗，减少农业环境污染排放，大力促进农业发展方式转变，推进农业生态文明建设。

一、推进农业清洁生产，减少农业源污染排放

（一）推广普及测土配方施肥

2012年，农业部继续将测土配方施肥列入为农民办理的实事之一，狠抓配方肥进村入户到田，全面深入推进测土配方施肥持续健康发展。中央财政投入7亿元，支持2463个项目县（场、单位）实施测土配方施肥补贴项目，项目覆盖到53.9万个村、1.8亿农户，技术推广面积13.5亿亩以上，深受广大农民欢迎，为全国粮食连续第九年增产、农民持续增收和农业节能减排做出了重要贡献。据统计，与农民习惯施肥相比，测土配方施肥示范区亩均增产幅度为小麦5.6%、水稻5.6%、玉米6.6%，减少不合理施肥量1-2公斤（折纯），亩均节本增收35元以上，全国减少不合理施肥150万吨，相当于节约燃煤400万吨、减少二氧化碳排放量约1000万吨，节能减排效果明显。实践证明，实施测土配方施肥是促进粮食增产、农业增效、农民增收的重要途径，是转变农业发展方式、促进节能减排、发展循环经济的重大举措。

（二）继续开展保护性耕作工程建设与技术推广

2012年，中央财政安排保护性耕作示范推广资金3000万元、保护性耕作工程示范基地建设资金3亿元，推进保护性耕作技术广泛应用，新增保护性耕作1103.6万亩，全国保护性耕作实施面积累计达近1亿亩。实施区域内保护性耕作与传统耕作相比，农田土壤含碳量增加20%，相当于减少CO_2排放400-800万吨，节省燃油11.3-22.6万吨，减少农田风蚀5000万吨，减少扬尘1200万吨以上，增加土壤有机质含量0.01-0.06个百分点。据统计，采用保护性耕作可降低作业成本30%以上。

（三）启动农业清洁生产示范建设

2012年初颁布的《中华人民共和国清洁生产促进法》，已正式将农业清洁生产纳入清洁生产范畴。2012年3月，农业部会同国家发改委、财政部联合印发了《关于开展农业清洁生产示范项目建设的通知》，正式启动了第一批示范建设，优先在新疆和甘肃地膜使用面广、残留量大的地区，四川、河南和湖南生猪规模养殖区以及河北、山东和广西蔬菜主产区，以县市为单位，试点开展地膜回收利用、生猪清洁养殖、蔬菜清洁生产示范项目建设，同时加强农业清洁生产能力建设，积极解决农业生产过程中农业废弃物不合理处置、利用所造成的环境污染等问题。

（四）实施渔船更新改造

渔船更新改造升级工作得到国家的重视与支持。2012年，国家启动海洋渔船更新改造项目，投资40.344亿元用于支持海洋渔船更新改造。项目的实施，将对拓展我国海洋渔业发展空间、推进渔业节能减排起到重要作用。农业部配合工信部开展了海洋渔业装备系列活动，提出要加快研发节能环保绿色海洋渔船，推广应用节能环保型渔船用柴油机，大力发展工厂化循环水养殖，提高水产养殖设施化水平的建议。此外，农业部还组织实施了渔业节能减排项目。在辽宁、山东、浙江、江苏等省开展渔船节能试点示范，研发设计13种玻璃钢及3种钢质标准化渔船新船型，分别建造21艘玻璃钢、24艘钢质标准化渔船，推广节能型柴油机等渔船节能装置346台套，节约燃油7500吨。同时，大力推进循环水养殖和生态养殖，在广东、山西两省分别开展了海水和淡水养殖节能减排试点示范，其中海水高位池循环水养殖模式节水和经济效益显著，养殖水循环利用率90%以上，养殖对虾平均亩产2000多斤，亩产最高达到2900斤；淡水池塘养殖节能技术集成示范项目，每亩池塘电费较传统养殖减少30%以上，每亩效益平均增加800多元，病害明显下降，成活率平均提高4%；稻田养鱼（虾、蟹、鳖等）以及池塘养殖底部微孔增氧替代叶轮式增氧技术、池塘鱼菜共生技术都取得了良好的节能减排效果。

二、推进农业废弃物资源化利用，提高资源利用效率

（一）大力发展农村清洁能源

2012年，全国农村能源建设成效显著，农村沼气发展迅速，沼气数量稳步增长、功能不断拓展、服务体系日益完善。目前，全国沼气用户已达4241.82万户，沼气工程9.2万处，年总产气量157.62亿立方米；农村太阳能热水器推广面积达到6801.8万平方米、太阳房2353.04万平方米，太阳灶220.72万台；推广省柴节煤炉灶炕1.77亿台，还开展了秸秆沼气集中供气、秸秆气化和秸秆固化成型示范。通过这些技术的推广，年节能能力相当于1亿吨标准煤，可减排二氧化碳2.3亿吨。农村能源建设取得了显著的经济、社会和生态环境效益，受到社会各界的广泛关注和农民群众的普遍欢迎，已经成为发展低碳农业、推动农村生态文明建设和创建“美丽乡村”的重要抓手。

（二）推进农作物秸秆饲料化利用

2012年，中央财政支持秸秆养畜项目资金1.44亿元，建设示范项目138个。全国饲用秸秆总量达到2.1亿吨，其中经青贮、氨化处理的秸秆9800万吨，秸秆处理利用率达到46.7%。秸秆养畜项目的实施，从两个方面直接促进碳减排。一方面，通过项目实施推动草食动物养殖业发展，每年可新增约100-150万吨秸秆饲用量，减少直接焚烧排放150-220万吨CO_2。另一方面，反刍动物排放的甲烷占人类活动总排放量的近30%，通过项目实施可以进一步提高秸秆处理利用率，与直接饲喂干秸秆相比，经过青贮、氨化处理后饲喂可使反刍动物甲烷排放量减少约10%。

（三）开展畜禽废弃物资源化利用

近年来，农业部不断加强畜禽养殖废弃物综合利用工作力度。2012年，中央继续实施生猪、奶牛、肉牛肉羊标准化规模养殖场（小区）建设项目，启动实施扶持“菜篮子”产品生产项目，投入资金38亿元，支持规模养殖场的标准化改造，重点加大畜禽贮粪池、排粪污管网等废弃物利用设施建设力度。继续开展畜禽养殖标准化示范创建活动，并把粪污无害化作为示范创建的重要内容来抓，组织验收了1069个畜禽标准化示范场，带动周边养殖场（户）开展标准化生产。针对畜禽养殖“粪污处理难”等突出问题，组织开展了专门调研，总结推广各地在畜禽养殖废弃物综合利用方面的有效模式和成功做法，促进畜禽养殖废弃物的无害化处理和资源化利用。

（四）实施农村清洁工程示范建设

2012年，农业部继续在北京、天津、河北、山西等24个省份开展137处农村清洁工程示范建设，截至目前，全国已建成农村清洁工程示范村1500多个。通过田园清洁、家园清洁和村级公共清洁等设施建设，将人畜粪便、生活垃圾和污水、作物秸秆进行无害化处理和资源化利用，提高了废弃物资源化利用水平，减少了化肥、农药的使用，美化了农村环境。示范村农田化肥、农药一般减施在20%以上，秸秆资源化利用率达80%以上，生活污水资源化处理利用率、农田废弃物收集率和人畜粪便处理利用率均达90%以上，清洁发展成效显著。

三、推进农业资源保护，促进农业可持续发展

（一）加强农业野生植物保护与利用

2012年，农业部稳步推进农业野生植物原生境保护区（点）建设与监测工作，新建原生境保护点14处，新增原生境保护面积10980亩，并对已建成的86个原生境保护点开展监督检查和动态监测。在全国25个省份对列入《国家重点保护野生植物名录》的野生植物开展深入调查，对重要农业野生植物分布点进行定位和信息采集，制作标本2900多份，采集图像信息10000余幅，查清了各类农业野生植物在各地的分布状况和生态环境特点。抢救性收集农业野生植物资源1257份，发现了3个野生稻新分布点、18份高耐重金属污染的野生苎麻等优异资源，利用国家种质资源库和种质资源圃进行安全保存。积极开展野生植物资源遗传多样性、耐盐、耐高温等优异性状的鉴定评价工作，筛选出一批耐盐、耐高温、抗病虫野生植物资源。

（二）深入开展水生生物资源保护

2012年，农业部与9个省份联合开展了10次放流活动，各地举办各类水生生物增殖放流活动达1500余次，投入增殖放流资金9.6亿元，放流重要水生生物苗种达306亿尾，对促进渔业资源恢复，实现渔业增效和渔民增收起到了积极作用。2012年，审查公布了第六批国家级水产种质资源保护区86个，截至2012年国家级水产种质资源保护区总数达到368个，形成覆盖范围更加广泛、保护效果更加明显的保护体系。2012年在统筹考虑渔业资源保护、渔民生计和渔政执法能力等多方因素的情况下，农业部对黄渤海区和东海区伏季休渔制度进一步调整，刺网渔船休渔时间调整为2个月。在沿海各级渔业部门的共同努力下，2012年海洋伏季休渔制度大局总体稳定，其中黄渤海区实现休渔渔船46680艘，东海区实现休渔渔船53726艘，南海区实现休渔渔船25820艘，涉及渔业劳动力136508人。2012年是珠江禁渔期制度实施的第二年，共禁渔船28571艘、渔民114896人。长江禁渔进入第11个年头，在沿江各级渔业管理机构的努力下，实现了民生保障有为、生态修复有序的良好禁渔管理秩序。

（三）大力推进草原保护建设

2012年，农业部继续组织实施草原生态保护补助奖励机制政策和退牧还草、京津风沙源草原治理等生态工程，着力改善草原生态环境，加快草原畜牧业发展方式转型升级，促进农牧民稳定增收，中央财政草原总投入超过220亿元，创历史新高。一是深入实施草原生态保护补助奖励机制政策。2011年，国家投入资金136亿元，在内蒙古等8个草原牧区省份启动实施草原生态保护补助奖励机制政策,对履行禁牧和草畜平衡制度的农牧民给予补助奖励，鼓励发展人工种草和现代畜牧业，通过生产资料综合补贴改善牧民生产生活条件。2012年，中央财政投入资金增加到150亿元，实施范围进一步扩大，将河北、山西、辽宁、吉林和黑龙江（含黑龙江农垦总局）等5省的牧区半牧区县纳入政策实施范围。二是继续实施草原保护建设工程。落实中央投资20亿元，在内蒙古、黑龙江、四川、贵州、云南、西藏、甘肃、青海、宁夏、新疆和新疆生产建设兵团实施退牧还草工程，建设草原围栏440.4万公顷，对严重退化草原实施补播146.1万公顷，建植人工饲草地5.5万公顷，建设舍饲棚圈6.5万户。落实中央投资6929万元，在北京、河北和山西实施京津风沙源草原治理工程，治理草原3.4万公顷，建设牲畜棚圈20万平方米，为农牧民配置饲草料加工机械4630台套。落实中央投资44亿元，在四川、西藏、甘肃、青海、新疆和新疆生产建设兵团实施游牧民定居工程， 12.7万户牧民实现定居。落实中央投资1.2亿元，在湖北、湖南、广西、重庆、四川、云南、贵州和广东实施岩溶地区石漠化综合治理试点工程草原建设项目，治理草原1.3万公顷，建设棚圈39.9万平方米，建设青贮窖7.5万立方米，配置饲草料机械4547台套。三是继续开展草原灾害防控防治。落实中央投资1900万元，在内蒙古、吉林、甘肃、新疆和新疆生产建设兵团建设边境草原防火隔离带2892公里。落实中央投资5100万元，在河北、山西、内蒙古、辽宁、吉林、黑龙江、山东、四川、西藏、陕西、甘肃、青海、宁夏、新疆和新疆生产建设兵团、黑龙江省农垦总局新建草原防火指挥中心7个、草原防火物资储备库3个、草原防火站16个，续建草原防火站3个。落实中央投资1亿元，在河北、山西、内蒙古、辽宁、吉林、黑龙江、四川、西藏、陕西、甘肃、青海、宁夏、新疆和新疆生产建设兵团防治草原虫害508万公顷。落实中央投资3000万元，在河北、山西、内蒙古、辽宁、吉林、黑龙江、四川、西藏、陕西、甘肃、青海、宁夏、新疆和新疆生产建设兵团防治草原鼠害720万公顷。

典型案例

海林农场积极发展循环经济

2012年2月8日中央电视台焦点访谈节目以“新春走基层——严寒中沼气站的师傅们”为题介绍了黑龙江省海林农场发展沼气的事迹。海林农场占地面积1.7万公顷，人口7300人，近年以建设沼气和保护生态为途径积极发展循环经济，取得显著效果，先后被黑龙江垦区授予“红旗单位”，被省委省政府授予“文明单位”，被国家环保总局授予“国家级生态示范区”、“国家级环境优美乡镇”等荣誉称号。

一、以沼气为纽带发展循环经济

农场用农作物产品来养奶牛，用奶牛的排泄物生产沼气，用沼气发电提供动力、照明和做燃料，工厂排泄出有机废水为沼气池提供热能与原料，而沼渣、沼液又用来做有机肥生产农作物产品。农场已建起的三座大型沼气站消化场内近1/3牛粪尿，每天产沼气3600立方米，发电4500度。所发电力除供给农场糖甙厂和榨奶站用外，还用于广场照明。沼气站附近的居民炊事用煤已为沼气取代，每户每年可节约能源支出近千元。用沼肥种植水稻6000多亩，大棚蔬菜900亩，大棚菜因其无化肥、无农药，所以口感好，受欢迎，每亩多增收几千元。农场通过发展沼气，实实在在地打造了低碳、绿色、环保的循环经济。

二、以生态保护为抓手发展循环农业

农场把生态环境视为发展循环农业的基础，十分重视林地、农地、植被、环境的保护与利用。天然林地得到很好的保护，郁闭度低的林地、裸露的山坡都很好地恢复了植被。对耕地实施了科学的耕作措施，至今仍然保持麦、豆、米的合理轮作，减少了农作物病虫害，保持了土壤养分的良好循环。实施了少耕、免耕耕作法、大面积地推广秸秆粉碎还田，增加农田里的有机质。为保护林地与草原，禁止了山羊的饲养和奶牛的散放。集中处理奶牛小区排泄粪便，用做沼气原料，消除了畜牧业生产对居住环境与农田、江河水源的污染。建设了污水处理厂，对生活垃圾实行分类处理，严格保护场内的水体。农场的自然生态系统保持着很高的生产力，小麦在旱作条件下，亩产超千斤，同等产量亩施化肥、农药要少。如今的海林农场，农田散落于林中，林木依偎于农田，绿树草地环绕农舍，颇具北欧乡村田园风光。

（撰稿：韩允垒，农业部科技教育司资源环境处）

2012年中国再生资源回收利用

中国物资再生协会

一、我国再生资源回收利用概况

2012年，我国再生资源回收利用总量、回收值较上年同期都有所减少。其中，废钢铁、废有色金属、废塑料、废轮胎、废纸、废弃电器电子产品以及报废汽车、报废船舶八大类别的主要再生资源回收总量、回收总值双下降。废钢铁、废有色金属、废塑料、废纸、报废船舶五个类别的再生资源进口增长。这八大类别回收总量达到1.6亿吨，同比减少394.8万吨，降幅2.4%。在这其中，由于受到家电以旧换新政策终止的影响，废弃电器电子产品回收利用量下降幅度最为明显，同比下降达48.5%。增幅最大的是废塑料，同比增长达18.5%。

2012年，八大品种再生资源回收总值为5413.4亿元，较2011年的5763.9亿元减少了350.5亿元，降幅为6.1%。其中废弃电器电子产品降幅最大为-52%，废有色金属增幅最大，增幅为15.5%。

二、主要做法和措施

自2006年以来，商务部按照建设两型社会的总体要求，积极推进再生资源回收体系建设。在中央财政资金的支持引导和各地商务部门的大力推动下，废旧商品回收体系建设成效显著，对减少环境污染、促进节能减排的作用逐步加强，对国民经济贡献度进一步提高。2012年，从转变工作观念、做好舆论宣传、突出重点任务、强化基础工作、加强项目监管、做好节能降耗示范等几方面入手，主要取得了以下几方面成效：

（一）建立联席工作机制

随着经济全球化、工业化、城镇化的发展，地球的资源和环境承载能力面临严峻的挑战，作为发展中国家的中国，这一问题更为突出。同时，基于信息能源和物联网的第三次工业革命对我国正在发生深刻的影响，未来社会向低碳、环保方向发展的趋势不可阻挡。在这种形势下，现代流通不仅仅是商品从生产向消费的运动过程，更应该是生产-流通-消费-回收-利用-再生产的闭合循环过程。流通管理的工作任务不仅仅是服务百姓、引导生产，更被赋予了节约资源、保护环境、发展循环经济的重要使命。

2011年，国家提出了在“十二五”建设完整的先进的废旧商品回收体系的目标任务，2012年5月，批准成立了由商务部牵头22个部门组成的废旧商品回收体系部际联席会议制度。同时国务院领导多次就做好废旧商品回收工作进行批示指示，充分表明了国家对这项工作的高度重视和关切。商务部将借助联席会议制度平台，推动各成员单位加强沟通协作，争取每年解决一到两个废旧商品回收体系建设中的重大问题，为行业的发展创造良好环境。2012年，将依托联席会议，做好宣传周活动、绿色回收进校园、建立公共机构废旧商品回收体系、开展财税调研、加强统计工作等几项重点工作。

地方商务主管部借助当前的有利时机，认真做好回收体系建设中的牵头和服务工作，做到“三个转变”。一是从部门单干向发挥各部门合力转变。改变过去一家单干或者政出多门，职能不清的局面，充分利用本地区的协调机制和联络机制的作用，特别是发挥发改、工信、环保、教育等部门的作用，共同做好各项工作；二是从单纯注重项目资金向抓基础工作转变。发挥地方商务部门紧密联系企业，了解行业动态的优势，扎扎实实开展规划、调研等基础工作。三是从只注重回收环节向注重全产业链协调发展转变。废旧商品回收利用是一个产业循环的过程，没有好的产销对接和技术配套，无论是生产、回收、再利用、再制造企业都难以获得好的发展。开展回收体系建设，绝对不能只把眼光放在回收这一个点上，而是要依靠相关部门形成合力，推动产业融合，从服务社会，以人为本，改善从业环境和人居环境的高度出发，推动整个循环经济的发展。

（二）稳步推进再生资源回收体系建设

2012年，商务部召开废旧商品回收体系电视电话会议，贯彻落实2011年11月国务院办公厅印发的《关于建立完整的先进的废旧商品回收体系的意见》，落实重点工作任务分工，研究部署下一步工作。姜增伟副部长强调，围绕重点领域和关键环节，全面提升废旧商品回收利用水平。争取到“十二五”期末，初步建立起完整先进的废旧商品回收体系，全国重点品种回收率达到70%以上。2月5日，商务部办公厅发出《关于确定第三批再生资源回收体系建设试点城市的通知》，确定河北承德等35个城市作为第三批再生资源回收体系建设试点城市。5月10日，全国供销总社出台《关于加快推进供销合作社废旧商品回收利用体系建设的意见》，提出发挥供销合作社在废旧商品回收利用领域的传统优势，统筹规划、合理布局、分类推进、加强联合、有效整合、改造和提升系统现有回收利用网络资源，进一步巩固回收基础、扩大加工能力、提升技术水平、做强龙头企业、完善行业管理、推进产业化进程，尽快形成村镇和城市社区有回收网点、重要集散地有分拣中心、资源富集区有产业园区的一体化网络体系，在建立我国完整的先进的废旧商品回收体系中发挥主导作用。6月8日，国家发改委副主任解振华在“中国再生资源产业发展高峰论坛”上强调，从建立起先进完整的再生资源回收体系、规模化利用、高值化利用、建立完善的环保设施四个方面推动再生资源产业发展，树立再生资源产业化发展新形象。8月16日，商务部、国务院机关事务管理局在石家庄举行部分省市公共机构废旧商品回收体系建设签约仪式，要求各级公共机构开展废旧商品回收体系建设工作。签约仪式上，河北、辽宁、吉林、安徽、江西、山东、湖北、重庆等8个省市分别与当地废旧商品回收企业签署合作协议，协议双方将在本地区合作推动公共机构废旧商品回收体系建设工作，开展废纸、废塑料、危险废弃物、废弃电器电子类资产等废旧商品的分类收集和科学处理。9月27日，商务部流通发展司在辽宁省大连市召开废旧商品回收利用宣传暨流通领域节能减排工作座谈会。会议就做好废旧商品回收利用宣传及流通领域节能减排工作进行了部署。12月27日,商务部流通发展司在北京召开废旧商品回收体系建设部际联席办公室会议。会议总结了2012年各部门开展废旧商品回收体系工作情况，并就2013年拟开展的重点工作安排进行了充分讨论。会议由商务部流通发展司王旭斌副司长主持。发展改革委、教育部、科技部等各成员单位办公室成员参加会议。

（三）开展“百城千店”示范工程

废旧商品回收体系建设和流通领域节能减排这两项工作联系紧密。商务部已经把这两项工作结合起来开展，特别在回收网点建设和舆论宣传等方面，可以起到事半功倍，一举两得的作用。商务部开展了“百城千店”示范工程，示范工程的主要内容是在“十二五”期间，在全国上百个城市培育形成上千家流通领域节能环保示范企业，推动流通企业广泛采用先进节能技术，强化和创新能耗管理，促进生产环节节能降耗，引导社会公众科学消费。

一是开展节能改造。引导企业对现有商用建筑进行耗能系统设施改造，运用市场机制促进节能新技术、新产品、新工艺、新材料的推广应用。二是强化零售企业回收功能。在企业推动自身节能改造的同时，利用流通企业特别是零售企业的网络和配送优势，发展逆向物流，开展零售企业回收废弃电器电子产品和废弃电池等商品活动，提升零售企业回收技术水平和回收能力。三是推广“合同能源管理”。推进节能服务公司与流通企业合作，签订能源管理合同、约定节能目标，为用户提供节能一揽子服务，并以节能效益分享方式回收投资和获得合理利润，从而降低流通企业节能改造的资金和技术风险，充分调动节能改造的积极性。

（四）加强项目和资金监管

自2009年以来，通过资金支持和重点项目带动，我国废旧商品回收体系建设工作取得了初步成效。但试点工作还存在一些不尽人意的地方，比如回收网点的建设推进较困难，资金支持同质化现象严重，多以取得效益较快的废钢项目为主；项目承建单位的资质能力和对资金的使用效率参差不齐等问题。各地在认真总结前几年项目经验的基础上，进一步加强项目引导和资金监管。

2012年4月19日，商务部办公厅发出《关于开展再生资源回收体系建设项目督查工作的通知》，为加强对再生资源回收体系建设项目监管，确保试点项目顺利推进并达到预期成效，决定自2012年4月中旬起，组织对再生资源回收体系建设项目进行督查。

一是资金支持方向要注重四个“倾斜”。即“向公益性品种倾斜”。对于靠市场机制难以发挥作用并带有公益性质的品种，如废玻璃、废轮胎等要加大项目资金支持的比重；“向龙头企业倾斜”。重点培育一批规模大、经济效益好、经营管理规范、技术装备先进，具备核心竞争力的大型龙头企业。鼓励采取特许经营等方式整合回收渠道，向上下游延伸，同时考虑将支持方向扩展到符合条件的工业制造企业和销售企业；“向产业集聚倾斜”。鼓励各地发展和整合形成一批分拣技术先进、环保处理设施完备、劳动保护措施健全的废旧商品回收分拣产业园，延伸产业链和服务链，推动废旧商品回收分拣集约化和规模化发展；“向技术升级创新倾斜”。利用项目资金支持，鼓励企业加快技术升级改造和信息化建设，推广应用新技术、新工艺、新设备，引进国外先进技术设备，提高废旧商品分拣加工水平；支持企业创新发展模式，加强环境保护和劳动人员保障。

二是加强项目资金使用的监督管理。商务部进一步完善了制度建设，强化绩效考评制度。各地的资金使用情况和项目绩效情况，与今后的资金支持挂钩。对于资金使用出现问题的或项目进度过于缓慢的，在整改完成以前，不再进行支持。各地明确了省级、市级商务主管部门和各试点城市的项目资金监管责任，建立了完善的项目监管制度，严格项目申报和验收程序，规范资金使用管理，主动进行自查、自纠，做到谁主管谁负责。

（五）夯实各项基础工作

基础工作是开展废旧商品回收体系建设的前提条件。一直以来，由于基础工作薄弱，导致了各项政策协调争取的过程中缺乏有力支撑，工作难度很大。“磨刀不误砍柴工”，2012年，商务部下大力气加强各项基础工作。一是加强立法。目前实施的《再生资源回收管理办法》法律效力较低，难以对企业经营资质、经营行为和经营秩序进行有效规范，商务部与相关部门进行协调，争取早日将其上升为《条例》。同时，还完成了《废弃电器电子产品回收管理办法》的起草工作。二是做好规划。完成《中长期废旧商品回收体系建设规划》的制定，规划对各地是指导性的，各地要根据实际，做好回收网点、分拣中心和区域性基地的规划布局，鼓励创新回收模式。三是完善统计制度。与统计局合作，对现有统计报表进行进一步修改完善，逐步形成分品种、分地区、全覆盖的统计报表，建立覆盖多品种、多环节、全口径的统计体系。四是健全行业标准体系。委托相关协会制定了《废玻璃分类》、《废电池分类》、《废电视回收技术规范》等多项行业标准。

（六）搭建工作和科研平台

废旧商品回收体系建设需要龙头企业的支撑，需要产业链条支撑，需要应用技术支撑。推进废旧商品回收体系建设工作，要充分发挥中介组织、科研单位及龙头企业的作用，鼓励社会各界参与。商务部与深圳格林美高新技术股份有限公司在武汉共建的“循环经济研究基地”已经成立，通过建设研究基地的形式，借助外脑，搭建官产学研一体、开放式、社会化和国际化的研究平台，广泛吸纳循环经济领域各方资源、人才，重点开展废旧商品回收体系建设、循环经济发展模式、流通领域节能减排等重要领域的战略研究，进行成果推广。围绕提高废旧商品回收率和企业经营管理水平的目标，积极引进国内外先进经验和适用技术，建立技术研发机构，尽快建立以技术进步为支撑、符合我国国情的行业发展模式。

（七）开展回收宣传工作

废旧商品回收行业是社会效益大于经济效益的行业，在促进资源节约、保护环境、吸纳就业等方面发挥了诸多积极作用。但是，当前社会上仍然存在一些歧视和偏见，甚至一些政府部门也对回收行业的重要性认识不够。为改变这种局面，推动全社会理解、支持和参与回收体系建设，形成推动资源循环利用的良好氛围。商务部在2012年11月，在全国范围内开展“废旧商品回收利用”主题宣传周活动，以提高全社会对回收工作重要性和贡献度的认识，做到以宣传促回收，以回收带宣传。

一是开展了公共机构废旧商品回收宣传活动。由商务部门和机关事务管理部门共同组织国家机关、事业单位等公共机构的废旧商品回收工作，各地商务部门遴选出龙头企业，与当地机关事务管理部门签约，开展定期定点回收，发挥公共机构作为社会行为和公共道德的示范标杆作用。二是开展高校废旧商品回收宣传活动。由商务部门与教育部门合作，选择北京、上海、武汉等高校较集中的城市，组织回收企业与高校对接，在接受能力强、具有环保热情的高校学生中倡导实践废旧商品回收利用。三是开展社区废旧商品回收宣传活动。选择部分废旧商品回收体系

试点城市，在社区内向广大居民群众普及回收利用知识，开展系列宣传。四是开展流通企业废旧商品回收宣传活动。结合商务部开展的流通领域节能减排工作和“百城千店示范工程”，通过在百货、超市、电器专卖店等零售场所内举办废电器电子产品、废电池等产品回收活动来加强宣传教育。五是对典型回收模式和先进回收企业进行宣传。比如对上海金桥的阿拉环保卡模式、格林美3R模式、燕龙基的自建体系模式、万绿达集团的产业共生模式等具有典型特点的回收模式进行宣传。

各地积极配合商务部开展上述宣传活动，结合实际，上下互动，充分利用地方新闻媒体的力量，加强对本地废旧商品回收先进企业和先进典型的宣传，加强勤俭节约的品德教育和合理利用废旧商品的普及教育，加强对健康科学的生活和消费方式的推广，发挥舆论正面导向作用，使废旧商品回收利用宣传成为常态化工作，做到深入人心、家喻户晓。

二、主要成效

再生资源回收是劳动密集型产业，是解决就业的重要渠道。据不完全统计，国内再生资源回收行业从业人员超过1800万人。试点城市和回收利用基地通过建设再生资源回收体系，大量吸纳下岗人员和农村富余劳动力。在试点城市回收体系建设中，通过回收网点、分拣中心、集散市场建设，新增就业岗位50万个左右，再生资源回收已经成为扩大人员就业、带动城乡发展的重要途径。

再生资源回收体系建设有效带动社会投资。2012年，中央财政投入7.5亿元支持再生资源回收体系建设，共支持23个试点城市建设10241个回收网点、115个分拣中心及26个集散市场，同时支持了32个区域性大型再生资源回收利用基地，带动社会投资近110亿元，新增交易额600万元，新增税收582万元。

2012年回收利用再生原料与利用原生材料的能耗、物耗和污染物排放相比，都有明显的节能、降耗、减排的效果，共节能16949.7万吨标准煤，占全国总能耗量34.8亿吨标准煤的4.7%，减少废水排放1126911.8万吨，减少二氧化硫排放374.6万吨，减少固体废弃物排放339025.4万吨。其中，废纸的节能减排贡献最大，节能7064.4万吨标准煤，减少废水排放523282.4万吨；废轮胎的节能减排贡献最小，节能83.3万吨标准煤，减少废水排放6937.3万吨。

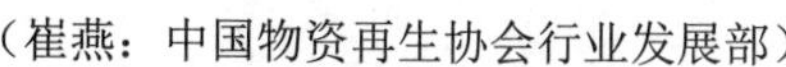

（崔燕：中国物资再生协会行业发展部）

2012年煤炭行业循环经济

中国煤炭工业协会

一、2012年煤炭行业发展概况

2012年，煤炭行业以科学发展观为统领，转变经济发展方式，加快结构调整，推进技术进步，努力实现节约发展、清洁发展、安全发展、健康发展。循环经济，节能减排、综合利用工作稳步开展，取得新成绩。

（一）产业结构调整步伐加快

2012年，全国规模以上煤炭企业数量6200家，同比减少1500家。神华集团等7家大型煤炭企业集团原煤产量超过亿吨，总产量占全国的28%。我国已建成年产120万吨以上的大型现代化煤矿850余处，先进生产力产量占全国的65%左右，年产30万吨以下小型煤矿的产量降至17%以下。

按照“综合开发、深度加工、高效利用、循环发展”的思路，煤炭行业打破了行业、地域界线，实行产业融合、多元化发展。大中型煤炭企业积极发展煤电、煤电铝、煤化工、煤建材、煤焦化、煤气化等以煤为基础的优势产业，走新型工业化道路，实现煤炭清洁生产和高效利用。非煤产业产值占行业总产值的比重超过30%，部分企业非煤产值已超过70%。

（二）大型煤炭基地建设稳步推进，大型煤炭企业集团不断发展壮大

全国有9个省区、7家大型企业煤炭产量超亿吨；煤电一体化、煤焦化一体化发展成效显著，煤炭企业参股、控股电厂权益装机容量占全国的1/10左右，占火电装机容量的1/7左右。

（三）煤炭市场化改革取得实质性进展，行业发展的外部环境不断改善

2012年12月，国务院办公厅发布了《关于深化电煤市场化改革的指导意见》（国办发[2012]57号），取消了延续几十年由政府主导的煤炭订货制度，实现了电煤价格并轨，基本建立了反映市场供求关系、资源稀缺程度、环境损害成本和煤矿安全的市场化价格形成机制，煤炭市场化改革取得了实质性进展。

（四）煤炭洗选加工取得突破

我国煤炭洗选突破了多年徘徊的局面。“十一五”末，原煤入洗量16.5亿吨，入洗率达到50.9%，分别比“十五”末提高9.5亿吨和19个百分点。2012年煤炭洗选能力21.5亿吨，原煤入洗量20.5亿吨，入洗率达到56.2%。

选煤技术和装备水平大大提高。我国采用先进选煤技术和装备建设了一大批现代化选煤厂，年入选能力超过1000万吨的选煤厂已超过40多个，选煤厂设计和建设水平已经进入世界先进行列，正在从选煤大国向选煤强国迈进。

（五）单位产品能源消耗逐年下降

通过技术进步、改善管理、调整产业和产品结构等措施，企业能源效率逐步提高，单位产品能源消耗降低。据不完全统计，“十一五”末吨原煤生产综合能耗13.85kgce/t，比“十五”末下降3.65kgce/t，年平均下降4.17%；2012年为13.1 kgce/t，比2010年下降0.75 kgce/t，下降5.4%。“十一五”末原煤生产电耗23.96kWh/t，比“十五”末下降5.24kWh/t，年平均下降3.59%，年节约电力169.78亿度；2012年为22.5 kWh/t，比2010年下降1.46 kWh/t，下降6%。

“十一五”期间，国家在全国九大重点耗能行业规模以上企业中开展了“千家企业节能行动”，参与该行动的64家煤炭企业，节能指标合计为639.26万吨标准煤，实际完成节能量1337.52万吨标准煤,是节能计划指标的2.1倍。

（六）综合利用水平不断提高

煤矸石、矿井水、矿井瓦斯等“三废”综合利用水平大幅提高。“十一五”末，全国煤矸石利用量3.65亿吨，利用率61.4%，分别比“十五”末提高1.7亿吨和8个百分点；2012年煤矸石产生量约7.2亿吨，利用量4.5亿吨，利用率62.7%。“十一五”末，矿井水年利用量增长至36亿立方米，较“十五”末增加16亿立方米，利用率达59%，较“十五”末增长15个百分点；2012年矿井水利用量约42亿立方米，利用率达到62%。2012年，全国煤矿抽采瓦斯114亿立方米，利用瓦斯37.5亿立方米，利用率32.9%。

截至2012年，全国煤矸石发电总装机达2900万千瓦，年消纳处理煤矸石、煤泥等低热值燃料超过1.4亿吨，煤

矸石发电机组最大单机容量33万千瓦，单机容量5万千瓦及以上机组已成为煤矸石发电主力机型。利用煤矸石、粉煤灰生产新型建材，“十一五”末利用煤矸石、粉煤灰量约4500万吨，较“十五”末增加3000万吨，2012年，利用的煤矸石、粉煤灰量近5500万吨。

（七）循环经济支撑技术不断发展

绿色煤矿建设成套技术、中低浓度瓦斯液化提浓和乏风瓦斯氧化成套技术，煤矿乏风源、矿井水水源热泵供暖成套技术等得到示范和应用。以资源损失减量化为主要特征的以矸换煤、充填开采技术在多个矿区推广，涌现出了冀中能源、山东能源新汶矿业、枣庄矿业等一批开展充填开采成效显著的企业。矿区环境保护从末端治理、以污染物达标排放为主，加快向过程控制、生态整治、资源综合利用方面转变。千万吨级选煤、褐煤干燥提质技术;煤基合成油多联产低碳化技术等一大批具有自主知识产权的新工艺、新技术、新装备得到开发与应用。

二、一批与煤炭循环经济相关的政策文件陆续出台

（一）2012年3月18日，国家发展改革委印发《煤炭工业发展“十二五”规划》（发改能源〔2012〕640号）。《规划》明确提出，“十二五”期间要坚持“科学布局、集约开发、安全生产、高效利用、保护环境的发展方针”，“坚持开发转化与水资源、环境承载力相协调，推进高效清洁利用”的原则，坚持“控制东部、稳定中部、发展西部”的煤炭资源开发理念。这是根据主要产煤省区、重点矿区生态环境容量提出的重要创新思想，核心就是以煤炭科学产能为依据，合理确定资源最大开发规模，促进煤炭资源开发与矿区环境协调发展，促进我国形成煤炭资源梯级开发、梯级利用的格局。

《煤炭工业发展“十二五”规划》提出的主要奋斗目标是：资源节约，节约能源9500万吨标准煤。其中：煤矸石发电节约8500万吨标准煤；煤矸石和粉煤灰制建材节约1000万吨标准煤；综合利用：煤矸石综合利用率75%，低热值煤炭资源综合利用发电装机容量达到7600万千瓦；矿井水利用率75%；煤层气(煤矿瓦斯)产量300亿立方米，其中地面开发160亿立方米，基本得到利用，井下抽采140亿立方米，利用率60%以上，煤层气(煤矿瓦斯)发电装机容量超过285万千瓦。生态环境保护：土地复垦率超过60%；煤田火区治理任务基本完成；主要污染物达标排放。

（二）2012年6月1日，国家发改委、环保部、科技部、工信部联合发布《国家鼓励的循环经济技术、工艺和设备名录（第一批）》，包括42项技术、工艺和设备。其中煤炭行业一项：煤矸石充填开采置换煤炭技术，主要针对煤矸石产生量大，堆存污染问题，利用废弃的煤矸石，通过干式、湿式（高水材料）、似膏体等充填方式，充填煤矿采空区或井下巷道，置换出“三下”（水体下、建筑物下、铁路下）压煤，提高煤炭资源回采率同时实现废弃资源的再利用。主要指标：提高煤炭回采率，工作面原煤回收率≥80%；减少煤矸石排放占用土地以及运输环节能耗，降低能耗15%以上。

(三)2012年9月20日，国土资源部颁布《关于煤炭资源合理开发利用“三率”指标要求（试行）》的公告，对煤矿采区回采率、原煤入选率、煤矸石与共伴生矿产资源综合利用率三项指标要求、监督管理、指标定义与计算方法作出规定。

（四）2012年12月9日，国家发改委第16号令发布《特殊和稀缺煤类开发利用管理暂行规定》，提出对特殊和稀缺煤类实行保护性开发利用，坚持统一规划、有序开发、总量控制、高效利用的原则，禁止乱采滥挖和浪费行为。

（五）2012年12月9日，国家发改委第17号令发布《生产煤矿回采率管理暂行规定》，该规定是对《生产矿井煤炭资源回采率暂行管理办法》（原煤炭工业部令〔1998〕第5号）进行修订后发布的，分别对井工煤矿和露天煤矿可采煤层标准、采区回采率标准作出规定。

（六）一些涉及煤炭行业节能、环保的标准陆续出台。如：《煤炭企业能源消费统计规范》（GB/T28398—2012）、《煤炭井工开采单位产品能源消耗限额》（GB29444—2012）、《煤炭露天开采单位产品能源消耗限额》（GB29445—2012）、《选煤电力消耗限额》（GB29446—2012）、《煤炭企业能源计量器具配备和管理要求》

（GB/T29453—2012）、《能源管理体系要求》（GB/T23331—2012/ISO50001:2012）、《能源管理体系实施指南》（GB/T29456—2012）等，对推动煤炭行业节能降耗和循环经济发展有了更多规范性的依据和指导。

三、循环经济主要工作开展情况

（一）编制规划

行业协会依据国家政策和法律法规，编制完成了《煤炭行业“十二五”循环经济发展规划研究》、《矿井水利用发展规划》、《煤炭洗选加工、综合利用与环境保护规划战略研究》，提出了煤炭行业“十二五”期间在循环经济、节能环保、洗选加工领域的发展思路、指导思想、目标任务、重点工作、保障措施等，主要成果纳入了国家相关规划，为政府部门决策和编制规划提供了重要参考。

（二）开展相关课题研究

先后完成了《大宗固体废物综合利用发展规划》（煤炭部分）、《煤炭科技“十二五”发展规划》（煤炭洗选加工、节能环保部分）的编制；制定出台了《煤炭企业能源计量器具配备和管理要求》（GB/T29453-2012）；组织开展了循环经济、节能环保课题研究工作，完成了《“十二五”期间煤炭行业低碳技术创新和产业化发展》、《清洁煤先进技术应用研究》、《中国原煤硫分分布和商品煤硫分流向研究》、《煤炭矿区生态环境保护与再造机制政策研究》、《煤炭开发与生态环境影响问题与对策研究》、《煤炭开采对环境影响评价体系研究》、《推动充填开采以矸换煤鼓励政策研究》、《煤炭企业推进绿色矿山建设、推行低碳运行模式研究》、《我国煤矸石发电现状及发展政策研究》等相关课题研究；提出了《关于推进煤炭行业发展循环经济促进节能减排工作指导意见》等。

（三）有关会议情况

1.2012年5月9-10日，中国煤炭工业协会在安徽省淮南市淮南矿业集团组织召开了煤炭工业和谐矿区建设现场会。淮南市人民政府以及淮南矿业集团、神华集团、中煤能源集团、徐州矿务集团、大同煤矿集团、抚顺矿业集团、盘江煤电集团、山东能源集团、内蒙古伊泰集团、铁法矿业集团等10家大型煤炭企业分别介绍了各自和谐矿区建设的经验和做法。全国人大常委、中国煤炭工业协会王显政会长作了《推进和谐矿区建设 提升煤炭工业发展的科学化水平》的主题报告，提出力争到2020年，基本实现矿区经济社会协调发展，煤炭生产和利用方式发生变革，矿区生态环境改善，企业发展实力增强，职工生活质量提高，行业文化得到较大发展，实现人与自然和谐发展。会议印发了《中国煤炭工业协会关于推进煤炭工业和谐矿区建设工作的指导意见》（征求意见稿）。

2.2012年4月26-27日，国家能源局在山东泰安市召开“全国煤矿充填开采现场会”。组织参会代表到山东新汶矿业集团翟镇、鄂庄、协庄、孙村、华恒煤矿现场参观，总结交流全国煤矿在开展充填开采、“以矸换煤”方面的经验，探讨扶持煤矿充填开采的政策措施。近年来，部分地区（特别是东部矿区）受制于资源逐步枯竭、“三下”压煤比例大幅度增加等状况，不断研究试验和创新发展，充填开采技术取得了重大进步。充填开采工艺技术日臻完善，充填装备、充填材料不断发展和创新，具备了全面推广应用的条件。通过充填开采，可以提高矿井安全保障程度，提高煤炭资源（特别是“三下一上”煤炭资源）回收率，保护矿区生态环境，彻底处置矿区固体废弃物、减少占地和减轻土地沉陷，实现矿区资源开发与矿区和谐统一。山东、河北、河南、安徽等省区的不少煤炭企业因地制宜，大胆推广应用这一技术，取得明显的环境、资源和经济效益。会后，国家能源局印发了《煤矿充填开采工作指导意见》。

3.2012年6月18—20日，“2012中国国际煤炭加工利用及煤化工展览会”在北京举行，共有216家国内外企业参展，其中国外企业13家。展会期间，中国煤炭加工利用协会召开了五届五次理事扩大会议。同期举办了”2012煤炭工业节能减排与循环经济发展论坛”、“ 2012中国选煤发展论坛”、”2012中国煤化工及石化产品市场发展论坛”。

在“2012煤炭工业节能减排与循环经济发展论坛”上，国务院发展研究中心、财政部财科所、国家发改委能源研究所等国内专家以及中煤集团、徐州矿业集团等企业管理者围绕“生态矿山、绿色发展”的主题，分别就可持续发展、节能减排、循环经济、生态矿山、绿

色发展、财税政策、“十二五”节能减排目标及实现途径等进行了主题演讲。

在“2012中国选煤发展论坛”上，国内的专家学者分别就大型煤炭筛分设备的开发研究、中国选煤技术的现状与主攻方向、大型无压给料二产品重介质旋流器分选动力煤的研究与应用、干法分选技术和设备的研究与应用等作了专题演讲，来自乌克兰和印度的专家在论坛介绍了各自国家煤炭生产及洗选发展情况。

在“2012中国煤化工及石化产品市场发展论坛”上，主要内容包括：大型煤电、煤化工项目技术与建设方案，国内煤化工发展动态及现代煤化工高效发展的途径、煤化工行业实施低碳发展的模式，国内主要石化产品市场及供求预测，煤制油、煤制烯烃、煤基乙二醇、甲醇制芳烃竞争力分析，我国低阶煤资源特征及其合理加工利用等，涉及我国煤化工产业发展中大量关键技术热点。以及我国煤化工产业发展所取得的最新成果。

4.2012年10月20-24日，“2012全国低阶煤提质加工转化技术与产业发展论坛”召开。论坛上交流了褐煤提质、干燥、干馏，低阶煤技术进展及项目应用，高效和洁净化发展现代煤化工等先进技术和经验，传递了业内相关产品和技术的最新动态，介绍了示范工程和产业的最新发展方向。

四、典型企业

（一）2012年10月9日国家发展改革委印发关于表彰全国循环经济工作先进单位的通报（发改环资[2012]3125号）。表彰“十一五”以来涌现出的一批发展循环经济的典型企业和园区，76个企业和园区确定为全国循环经济工作先进单位，其中煤炭行业为新汶矿业集团有限责任公司、神华准格尔能源有限责任公司、中煤平朔煤业有限责任公司及同煤塔山工业园。

（二）2012年3月，国土部公布第二批国家级绿色矿山试点单位名单共186家，其中煤炭企业64家。自从2011年以来，截至2013年，国土部先后公布三批国家级绿色矿山试点单位名单，共462家，其中煤炭行业161家。除2012年第二批外，2011年第一批37家企业中，煤炭企业１１家；2013年第三批239家中，煤炭企业86家。

（三）2012年11月26日，国家发展改革委办公厅关于印发资源综合利用“双百工程”示范基地和骨干企业名单（第一批）及有关事项的通知（发改办环资[2012]3309号）。确定了50家单位作为首批资源综合利用“双百工程”示范基地和骨干企业。在18个产业废物综合利用示范基地中，宁东能源化工基地等11个地区和单位涉及煤矸石、粉煤灰利用。在11家矿产资源综合利用骨干企业中，煤炭行业的抚顺矿业集团有限责任公司计划到2015年，年利用共伴生油页岩资源1190万吨，生产页岩油70万吨，实现资源综合利用产值5.5亿元。在15家产业废物综合利用骨干企业中，煤炭行业的窑街煤电集团有限公司涉及油页岩、煤矸石、粉煤灰综合利用，计划到2015年，年利用煤系共伴生油页岩130万吨、煤矸石150万吨、粉煤灰100万吨，实现资源综合利用年产值13.5亿元。

（四）在2012年4月22日国土资源部召开的矿产资源节约与综合利用经验交流会上，表彰了全国矿产资源节约与综合利用专项优秀矿山企业98家，其中包括煤炭企业23家。发布了矿产资源节约与综合利用技术（第一批）68项，其中煤炭行业18项。冀中能源股份有限公司代表矿山企业在会上宣读了《节约与综合利用矿产资源倡议书》。

（五）2012年2月16日，由中国煤炭加工利用协会和中华环保联合会共同组织的中华环境友好企业技术交流暨成果推广会在全国人大会议中心隆重举行。15家企业和单位被授予“中华环境友好企业（单位）”称号，其中：冀中能源峰峰集团获得“中华环境友好煤炭示范矿区”；山东华聚能源股份有限公司、冀中能源峰峰集团河北峰煤焦化有限公司获得“中华环境友好企业”；冀中能源峰峰集团有限公司九龙矿、冀中能源峰峰集团有限公司九龙矸石热电厂、冀中能源峰峰集团有限公司薛村矿获得“中华环境友好单位”；冀中能源峰峰集团有限公司邯郸洗选厂、冀中能源峰峰集团有限公司马头洗选厂、大同煤矿集团大地选煤工程有限责任公司塔山选煤厂、开滦能源化工股份有限公司范各庄矿业分公司选煤厂、开滦集团公司唐山矿业分公司选煤厂、唐山开滦林西矿业有限公司选煤厂、唐山开滦赵各庄矿业有限公司选煤厂、开滦能源化工股份有限公司吕家坨矿业分公司选煤厂、开滦集团公司钱家营矿业分公司选煤厂获得“中华环境友好选煤厂”称号。

（撰稿人：朱建荣，中国煤炭加工利用协会）

2012年中国石油和化工行业循环经济

中国石油和化学工业联合会

一、2012~2013年石油和化工行业概况

2012年以来，在国际经济复苏缓慢，国内经济增速放缓的形势下，我国石油和化学工业运行总体平稳，生产增长稳中加快，效益增长整体有所改善，化工效益整体有所改善，行业进出口稳中有增，投资结构继续优化，经济增长结构进一步改善，转型升级稳步推进。2003年全国石油和化学工业增加值累计同比增长8%，占全国工业增加值的13.23%。但石油和化工产业在快速发展的同时，也存在着许多严峻的问题。一是提高国际竞争力与自主创新能力不强的矛盾，二是快速发展与资源短缺的矛盾。主要能源资源人均占有量不到世界平均水平的一半，其中原油仅为8%,我国原油2013年对外依存度已经达到58.8%，加之高耗能产品的较快发展，加剧了资源与行业可持续发展的矛盾。三是是建立资源节约型社会的要求与行业技术和管理水平落后的矛盾。2013年，全国石油和化学工业综合能源消费量初步统计为4.85亿吨标煤，全行业能源消费量占全国总量的12.5%，占工业能源消费量的17.6%。整个石油和化工行业的单位产值的能耗与发达国家相比还有一定的差距。

二、2012年石油和化工行业循环经济发展情况

2012年石油和化工行业的企业和化工园区开展了大量的工作，将发展循环经济作为调整经济结构和转变发展方式的重要抓手，取得了明显的成效，涌现出了一批典型。

（一）2012年石油和化工大型集团公司循环经济发展情况

2012年，中国石油天然气集团公司通过实施分解落实污染减排目标指标，推进十大减排工程、加快建设污染减排体系、开展循环经济试点工作、加强污染减排效果评估等措施，全部实现达标排放，污染减排取得较大成效。集团公司全年实现节能量131万吨标准煤、节水量2435万立方米；主要污染物化学需氧量(COD)、二氧化硫（SO2）排放量比上年分别下降1.2%和1.4%。2012年，中国石油加强节能技术示范工程建设，强化能评管理和节能标准体系建设，全年投入17.08亿元专项资金实施111项重点节能工程。全面推进油气田企业加热炉提效工作，积极推广先进适用的工艺、技术和管理方法。设立的节能重大科技专项——炼化能量系统优化重大专项已经掌握创建了炼油离线模拟优化技术等38项国际先进模拟优化技术，有效填补了公司炼化能量系统优化技术体系研究等方面的空白。2012年，公司持续推进合同能源管理，建立和推广以合同能源管理为主要形式的市场化节能机制，将节能减排与加快项目建设紧密结合起来，大力实施技术改造，不断完善节能减排制度体系和标准体系。2012年，中国石油开展以“节能低碳，绿色发展”为主题的节能宣传周活动。中国石油集团东方地球物理勘探有限责任公司组织开展节能知识网络答题活动，让员工通过参与网络答题，了解掌握节能节水法律法规，提高全员节能意识。

中国石化积极推进资源高效利用和循环利用，推广副产物的综合利用，实现低消耗、低排放、高效率。一是化工板块火炬气回收利用。通过实施火炬技术改造和管网 技术改造，回收火炬气，将其送至裂解炉或热电锅炉作为燃料，或送至周边石化生产装置作原料，乙烯火炬于2012年实现正常工况下零排放。炼厂气综合利用。采用催化裂化干气提浓做乙烯原料，年产提浓乙烯气26万吨，增产烯烃约16万吨；利用催化裂化干气中稀乙烯气发展苯乙烯，利用稀乙烯资源11.9万吨。氢气资源优化利用。通过制氢原料气体化和富氢气体回收利用，顶替制氢原料石脑油约29.7万吨，回收氢气约13.7万标准立方米/小时。二是回收焦化装置液化气组分。相继完成10 套焦化吸收稳定配套改造，每年可回收液化气约20 万吨。三是液化气综合利用。2012年，利用169万吨饱和LPG做乙烯料；MTBE 装置消化LPG 52.8万吨；燕山、高桥、武汉等烷基化装置利用LPG17万吨。

中国海洋石油总公司公司围绕建设国际一流能源公司的战略目标，把节能减排和循环经济作为转变发展方式和提高核心竞争力的重要抓手，认真贯彻落实国家有关资源节约和环境保护的法律法规和方针政策，通过不断完善管理体系、强化目标责任考核、加强监督管理和大力实施技术改造等措施，把节能减排工作落到实处。2012年公司全面推进节能工作的体系化和精细化管理，建立较完善的节能组织体系和制度体系，稳步开展节能工作标准化和信息化建设。根据政府主管部门下达的“十二五”期间氨氮、氮氧化物减排要求，细化落实相关工作。公司上半年已经开展了相关的调研，汇编了氮氧化物与氨氮的消减技术，并考察了多个脱硝处理工程实例。为综合利用资源、减少生产水排放、

提高污水处理效果和减少污染物排放，公司继续推进上游生产水处理系统升级改造、生产污水回注、终端生化处理工艺升级以及生活污水处理设施的改造、升级等建设工作。在达标排放的基础上，采用污染物排放总量限额分配制度，合理分配排放指标，促使各作业单元节能减排目标的实现。目前在渤海地区已完成对渤中34-1生产污水处理系统改造、旅大10-1油田生活污水处理系统改造、绥中36-1油田A平台生活污水处理系统改造和秦皇岛32-6E平台生活污水处理系统改造。

2012年，中化集团坚持走绿色发展之路，有序开展环保核查工作，持续推进清洁生产，促进节能环保新技术转化，实现与自然、环境的和谐共存。公司坚持低消耗、高效益的发展之路，通过落实节能措施提升工业企业产值。2012年，节约标准煤7.14万吨，综合利用一般工业固体废物70.8吨。万元产值综合能耗降到0.75吨标准煤，超额完成国资委下达的第三任期节能考核指标。公司秉承“三废是放错位置的资源”的理念，积极推动三废资源利用。严格遵守国家、地方相关环境法律法规，推广和应用环保新技术，努力减少废弃物排放。公司倡导生态保护理念，追求经济效益、资源效益和环境效益的综合效益最优化。加强建设项目生态保护和水土保持工作，促进经济和周边生态环境有序发展。公司采取一系列绿色办公举措，加强绿色办公宣传与教育，鼓励员工践行低碳生活。2012年，中化涪陵获得“石油和化工行业能效领跑者标杆企业”称号，其中磷酸二铵的吨氧化磷综合能耗、硫磺制酸的吨硫酸综合能耗处于行业先进水平。中化长山投资1120万元对现有尿素装置的高压合成、中压分解吸收、低压分解吸收及蒸发系统进行生产工艺优化及节能降耗改造，每年可节约蒸汽7.74万吨、节电134.17万千瓦时，减少原料液氨1500吨，节约循环冷却水补充水7.20万吨，有效降低尿素装置的废水排放量。中化蓝天弘源化工投资10亿元新建年产8万吨氟化铝项目、年产20万吨硫酸及余热发电生产线，余热发电不但能满足企业自身能耗需求，还能为当地提供电力。

2012年，中国化工集团公司积极响应“节能减排”号召，并在业界勇开先河，采用“零排放”管理概念，打造零排放高标准目标，推进化工企业节能减排工作。先后完成了“PVC聚合离心母液回用”、“含油废水回用”等示范工程。开展“责任关怀”企业试点，加快“环境友好型企业”建设，一批企业通过了清洁生产审核，有多个节能和环保技术改造项目获得财政奖励资金。全年，集团公司节约能源近100万吨标准煤，万元产值综合能耗同比下降9.4%，万元产值耗新鲜水下降22.36%，工业用水重复利用率提高4%，废水排放下降8.36%，COD排放下降11.02%，SO2排放下降3.58%。

（二）2012年石油和化工园区循环经济发展情况

上海化学工业区是国内石油和化工园区的“领跑者”。上海化工区通过清洁生产上台阶，大力推动循环经济、低碳经济，取得了很好的效果。2012年11月，由国家生态工业示范园区建设领导小组办公室对上海化学工业区创建国家

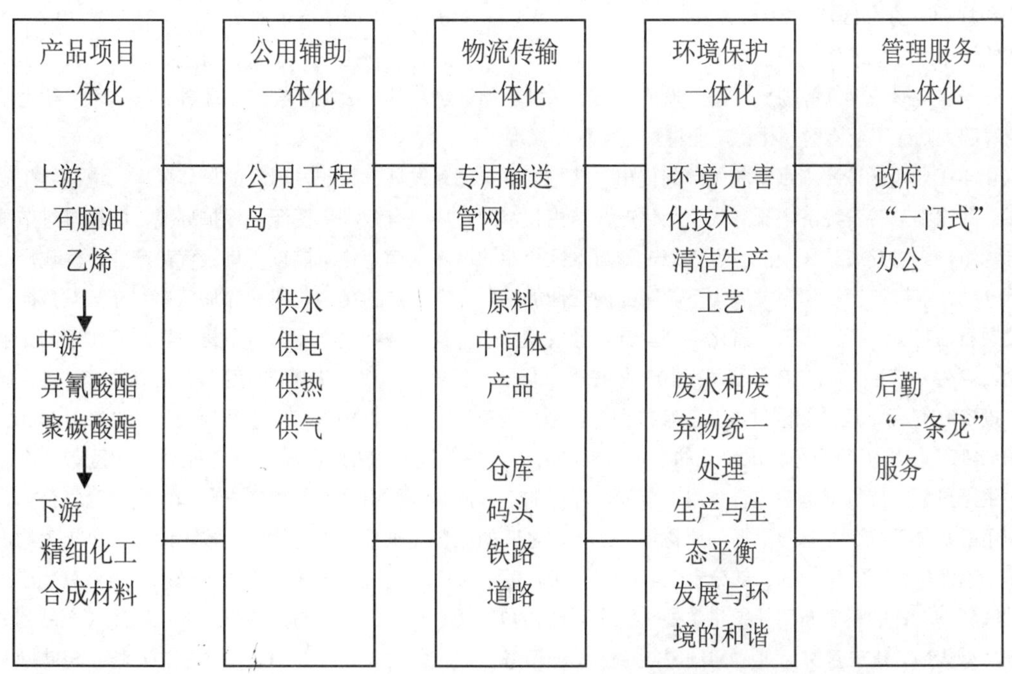

上海化工园区“一体化”理念联合生产模式发展循环经济概念示意图

生态工业示范园区进行技术考核和现场验收，验收组同意化工区创建工作通过现场验收，上海化工区成为全国首家获得国家三部委批准建设的化工专业类工业园区。2012年，园区循环经济试点工作进入了第7年，为持续推动园区现有循环经济模式的深入发展，同时积极响应中央“十二五”规划中提出的发展循环经济，应以提高资源产出效率、提高废弃物资源化利用率为目标的指导方针。园区一方面继续完善循环经济体系、产品、产业链建设，积极开展补链、建链工作；另一方面结合园区危险废物产生量大，资源化利用水平有待提高的特点，积极推动循环经济工作向提高危险废物综合利用率，减少污染排放方向发展，在水资源利用从水厂→企业→污水处理厂→湿地处理系统→水厂的循环系统初步建设完成的基础上，专门引入了危险废物的环保资源回收及综合利用集中处置项目，使园区的循环经济工作迈上了新台阶。2012年，管委会认真研究市政府鼓励发展循环经济和节能减排的相关政策，根据化工区的实际情况，贯彻本市在循环经济和资源节约方面的优惠措施，确实有效的将各项鼓励政策落实到位。组织和支持中法水务公司、巴斯夫聚氨酯公司、升达废料公司、集惠环保公司等企业申报国家及本市资源节约、环境保护预算内投资项目。其中，集惠公司环保资源回收及综合利用集中处置工程被国家发改委列入2012年资源节约和环境保护项目，并获得中央预算内投资600万元的资金支持。经过连续7年的循环经济建设，上海化工区40多家中外化工企业形成了“你的产品是我的原料，我的废物成为他的原料，他的余热成为大家的能源”的格局，所有物料都得到充分利用；即使是“吃干榨净”后的渣料，也经过专业焚烧公司处置，产生蒸汽送到生产系统用作热能。

宁波化学工业区坚持规划先导，基础先行，着力构建循环经济产业链，以科学发展理念指导园区的开发建设，正在全力打造成一个国家级石化产业基地。在产业布局上，园区着力构建石油化工产业链，发展循环经济。园区重点发展以炼油及乙烯为龙头的石化源头产业、合成材料产业、高分子产品产业和精细化工产业，为整个化工区的发展提供丰富的石油化工原料。目前，宁波化工区已构建纵、横二条循环经济产业链。在推广内部循环、清洁生产的过程中，宁波化工区通过研发和引新技术，采用新工艺、更新新设备，来达到降低生产中的物耗、能耗、水耗，减少了“三废”的排放量。如园区内的宁波大地环保有限公司已建成0.5吨/日危险固废焚烧装置和3000吨/年有机溶剂回收装置，可对园区范围内的各种固体废物(含危险固废)进行安全、环保的处置。

柴达木循环经济试验区于2005年10月被列为国家首批循环经济试点园区，成为我国13个国家级循环经济试验区中最大的一个。目前，一批突出循环经济理念的化工产业项目陆续落户柴达木盆地。总投资近300亿元盐湖集团综合利用项目将分三期实施，该项目以盐湖镁资源综合开发利用为引擎，规划建设世界级规模的金属镁基地，同时联产甲醇、电石、纯碱、焦炭等化工产品。届时，盐湖集团将在察尔汗盐湖上形成一个由数十套化工装置组成的、涵盖十多种化工和镁基新材料产品的循环经济产业链条。青海碱业在德令哈地区规划的年产270万吨纯碱项目，其原料是钾肥生产中产生的尾盐，而纯碱生产中产生的废炉渣料和废液还能分别转换成水泥原料和氯化钙产品。整个柴达木盆地建成、在建和规划中的约450万吨纯碱装置；所需工业盐将全部来自钾肥生产中产生的废盐，具有明显的成本优势。其他企业在柴达木木盆地投资建设的煤——焦——盐化工、煤化工——盐化工——建材、有色金属——天然气——盐化工和铁矿——焦炭——钢铁等项目，由此形成了柴达木盆地循环经济区五大循环经济产业链和格尔木、德令哈、大柴旦、乌兰等四大功能工业园区，化工产业集聚效应正在显现。

南京化学工业园区按照南京市相关部门提出“转型发展、创新发展、跨越发展”的总体要求，遵循“生态优先、协调发展”的原则，转变经济增长方式，优化产业结构和空间布局，有效利用资源和保护环境，积极推进节能减排和资源综合利用，大力发展循环经济。近年来，随着入区企业的增多，南京化工园以“集聚优势产业，优化产品结构”为主线，推动产业链建设，积极发展中下游产品的延伸加工，提高产品的精细化率和深加工率，充分发挥园区的集聚效应。发展石油化工、碳一化工、氯化工产业链，形成高分子材料、精细化学品、新型材料、医药化工的企业集群及产品组团。惠生（南京）化工有限公司于2007年在南京化工园投产，具备20万吨/年甲醇、29万吨/年一氧化碳的生产能力，总投资8.2亿元。这是园区发展节能减排和循环经济的典范企业，其中直接用于环保投资的金额为4400万元，占投资总额5.4%；用于资源循环利用单元的投资为5800万元，占总投资的7.1%。惠生是南京化工园区碳一产业链的龙头企业，生产过程坚持贯彻资源综合利用、节能、环保的宗旨，其主要生产原料氧气来自园区内的空气公司，产品一氧化碳和甲醇则是下游企业塞拉尼斯的原材料。上下游之间的原料往来都是通过管廊连接。此外，每年大约产生10万吨废渣作为水泥生产厂的添加剂，部分粗渣可用于铺路。每年回收1.5万吨的硫磺可直接以液态送至南京化学工业公司硫酸厂做原料。这样的科学布局使得惠生处于一个环环相扣的紧密产业链中，与同等规模的化肥厂（产品为尿素）相比，每年可减少CO_2排放量35万吨；与同等规模的单一甲醇厂比较，每年可减少CO_2排放量40万吨。与此同时，惠生公司的煤气化单元采用美国德士古水煤浆气化技术，碳转化率高达96%~98%；硫回收单元采用荷兰CoMPrimo公司超

级克劳斯硫回收工艺，可实现硫回收单元的零排放，整个系统硫的总回收率达99.4%以上。全厂蒸汽进行多级利用，每年副产的40万吨中压蒸汽和20万吨低压蒸汽可进行余热发电，每年发电量7200万度，年销售收入2700万元。

（三）2012年石油和化工行业发展循环经济的典型企业

2012年兴发集团先后投资超过1亿多元，对固废、废热、废水、废气等进行综合整治，固体废弃物的综合利用率已经达到100%，尾气综合利用率超过95%，工业水重复利用率达到90%，废热利用也取得明显成效。公司所属的宜昌精细化工园位于宜昌市猇亭开发区，建有一期工程15万吨/年离子膜烧碱、5万吨/年草甘膦、5万吨/年甘氨酸、4万吨/年特种磷酸盐、装机6万千瓦的热电联产项目、18万吨/年有机硅和10万吨/年电子级化学品装置。在这个工业园里，每一个产品的副产物都是下游产品的原材料，直至最后一个产品的副产物又是头一个产品的原材料，所有进场原材料在整个园区内循环往复，最终都形成产品。离子膜烧碱的主产品烧碱用来生产草甘膦和特种磷酸盐，而副产品氯气用于生产三氯化磷和甘氨酸，三氯化磷和甘氨酸变成草甘膦的原材料。副产的氯气和氢气又生产成氯化氢，氯化氢生产成氯甲烷，和草甘膦生产副产的氯甲烷一起又变成有机硅的原材料。生产草甘膦副产的还有母液，母液蒸发后生产成氯化钠和草甘膦水剂，氯化钠又返回用于生产离子膜烧碱，草甘膦水剂直接销售。正在建设的有机硅项目投产后，副产物盐酸解析成氯化氢生产氯甲烷，氯甲烷又用来生产有机硅。通过这种闭路的循环经济产业链，一方面省去了巨额环保治理费用，另一方面作为原材料为企业增收超过1亿元。目前，在兴发集团的每一条生产线上都形成了这种废弃物循环利用、“吃干榨尽”的态势。黄磷和磷酸是兴发集团的传统主导产品，生产黄磷每年副产磷渣60多万吨，磷泥3万多吨，生产湿法磷酸每年副产30万吨磷石青。近年来，兴发先后投资1500万元在国内率先建成利用次磷酸钠残渣生产万吨级饲料钙生产线，不仅年减少固体废弃物排放3500吨，而且年增效益450万元；在建成富磷泥烧制磷酸工业装置的基础上，投资600万元引进磷泥烧酸装置，利用磷泥烧酸的残渣生产柑橘专用肥，从根本上消除了多年来磷泥堆积的环境风险。此外，每年千余吨焦球亩接作为黄磷生产原料增效300多万元，亚砜废盐回收替代硝酸钠年减少采购成本200多万元，磷渣生产水泥解决了多年来的磷渣处理难题等。

新疆天业集团通过循环经济和不断创新，在每年工业产值保持40%增速的同时，年废水排放量却逐年降低，废渣利用率100%，吨产品的资源消耗、能源消耗、“三废”排放均达到了行业清洁生产的领先水平，对推动氯碱行业节能环保具有重要的示范作用。经过不断的发展和完善，天业集团在国内氯碱行业率先形成了煤-电-化一体化、资源高效利用的循环经济产业链。第一个是主导产品产业链，即矿产资源开发—电力—电石—聚氯乙烯—节水器材产业链。这个产业链以新疆丰富的煤炭、石灰石和盐资源为起点，以电为载体，以聚氯乙烯树脂及下游产业为终点，资源和能源转换效率大幅提高。第二个是废弃物综合利用产业链，即工业废渣—水泥建材和废旧滴灌带回收与再利用产业链。以循环经济为核心，两大产业链相互交织，形成了多产业共生的发展格局。自此，天业涉及的产业领域已横跨矿业、煤电、电石、化工、节水器材、食品、建材、物贸八大行业，实现了资源最有效的循环利用，也为能效的迅速提升提供了巨大的舞台。循环经济实现了能效最大化、排污最小化。天业电石炉气经除尘和深度净化后，除炭材干燥、气烧石灰窑自用外，通过产业链优势，分别送至自备电厂和片碱生产装置得以100%综合利用；电石装置回收的焦粉送至电厂、水泥厂替代燃煤使用，电石余热锅炉产生的蒸汽直接并入园区蒸汽网；化工装置产生的废水经生化处理后送至电厂用作循环水的补充水；通过循环经济产业链，使能源的利用呈现出梯级利用的特点，能量流更加趋于合理。据测算，依托公司日益完善的循环经济产业链，公司每年节约标煤已经达到30万吨以上。

青岛碱业地处沿海，作为基础型化工企业，面对资源短缺和环保压力越来越大的现实，发展循环经济、促进节能降耗是实现新型工业化道路的根本途径。废弃物是放错地方的资源，为变废为宝，实现资源综合利用，多年来，公司不断致力于发展循环经济，自主开发实施了一系列资源综合利用项目，使公司节能减排工作取得了显著成效。一是开发出了具有国际领先水平的高新技术产品“生态宝”。公司与中国科学院海洋研究所联合，利用氨碱法产生的白泥，成功开发了“化学工业固体废弃物资源化利用技术”，并实现了产业化，建成了以纯碱生产产生的固体废弃物为载体的2万吨/年的 “生态宝”生产装置。该产品主要用于海产品养殖业，可以使海产品的产量提高30%-50%，并减少抗生素的使用，提高了食品安全性。自投产以来，产品一直较好市场势头，被评为青岛市第一批“绿色采购环保产品”。二是研发并实施“纯碱厂白泥与二氧化硫双向治理工业化技术开发与应用”项目。白泥作为纯碱生产过程中产生的副产物，其处置问题一直是纯碱行业的世界性难题。为实现白泥的资源化利用，公司自主研发的白泥脱硫技术，将白泥用于锅炉烟道气脱硫，实现了资源综合利用。目前，我公司锅炉烟道气脱硫全部采用此技术，烟气脱硫率和排放液悬浮物、PH值等指标均优于国家标准要求，具有较好的推广应用价值，该项目的成功投用开创了世界氨碱法纯碱生产的废液治理新的里程碑，为促进白泥实现资源化利用起到了重要的示范作用。白泥脱硫技术被评为青岛市优秀节能成果奖；白泥与二氧化硫双向治理项目荣获中国纯碱工业协会2008-2009年度科学技术进步二等奖；白泥与二氧化硫双向治理工程被评为2009年度山东省循环经济十大示范工程。三是实施了海水淡化项目。该项目也是公司发展循环经济的典型。青岛碱业位于严重缺乏淡水的胶州湾之滨，实施海水淡化项目具有独特的优势。青岛碱业现在纯碱生产每天使用20万立方米经预处理的海水作冷却水用，当这些升温至40℃的温海水完成“使命”后，将被白白排入海中，其中的热资源没有得到有效利用，如果充分利用这些温海水作为海水淡化的水源，不但不需新建海水取水系统，同时也降低了海水淡化装置的能耗。实施海水淡化后，海水的45%将被淡化并处理为软水，供公司热电锅炉使用，另外55%将成为浓盐水，进入公司纯碱生产系统，节省了大量工业原盐，经济效益十分显著。该项目的实施在国内第一家实现了纯碱生产—海水淡化—热电三联产循环经济模式，实现了资源利用最大化。四是积极实施“碳回收利用升级改造” 项目。二氧化碳是生产纯碱、小苏打的重要原料，我公司锅炉产生的烟道气二氧化碳含量约15%左右，且经过了脱硫处理，除掉了二氧化硫和烟尘等杂质。二氧化碳气在水中的溶解度很小，但在氨存在的水溶液中有较快的吸收速率，为最大限度的回收该部分二氧化碳，减少对大气的污染，公司于2011年4月利用氨盐水吸收二氧化碳的专有技术，建设了一套碳回收装置，并与纯碱生产工艺有效结合，回收其中的二氧化碳用于生产纯碱，节余的窑气生产小苏打，达到二氧化碳变废为宝和“固碳”目的，降低二氧化碳排放量。该技术既节约了原材料，又减少了对大气的污染，属国内首创，每年消耗的烟道气13417万立方，减少二氧化碳排放1140万立方，降低了大气污染，每年可生产小苏打4.19万吨，使二氧化碳变废为宝，同时每年可为公司节约石灰石和白煤采购费用121.17万元，具有较好的经济效益和社会效益，为公司实施节能减排，发展循环经济产生了巨大的推动作用。近年来，在纯碱市场因金融危机、产能过剩等因素影响而较为低迷的情况下，该项目每年为企业创造经济效益4000余万元，对企业的经济运行产生了强大的拉动作用，使企业有效地抵御了诸多不利因素的侵袭，保持了健康持续发展的良好势头。目前，“吸碳塔”项目已经取得了使用新型认证、“锅炉烟道气回收工艺”获得国家发明专利。

近年来，山东金能煤炭气化有限公司在生产中打造具有金能特色的闭路循环产业链。在原煤炼焦过程中，产生的煤气进行化产，化产后的煤焦油作原料，煤气作燃料，进行煤焦油深加工，生产出炭黑焦油，再用炭黑焦油作原料，以煤气作燃料，生产炭黑，在炭黑生产过程中，释放出大量尾气，将尾气回收至焦炉重新炼焦，置换出新的焦炉煤气，进入美国卡特彼勒的燃气轮机发电、产汽、制冷，为整个公司提供平衡的电能、热能和冷能。在此过程中，除了焦炭、炭黑及其他产品外，其余的形成了一个封闭的回路。以煤气为主线，完成了二期年产80万吨城市煤气化、30万吨煤精细化工、21万吨炭黑及配套发电项目的首尾串连，实现了资源利用和资源利用价值最大化。在金能公司，主要原材料是煤炭。金能公司创新思路，以煤气为载体，串起了三个链条：炼焦——化产——煤焦油——炭黑链条；炼焦——化产——巴豆醛——山梨酸——山梨酸钾食品防腐剂链条；炼焦——化产——对甲酚——BHT医药中间体链条，这三大链条，实现了煤化工、精细化工的完美结合，走出了国内化工的一条创新之路。链条中，除了产品外，无废弃物产生，真正将煤吃干榨净，让煤的价值得以充分休现。同时，净化后的煤气进入燃气轮机发电，发电后的尾气进余热锅炉升温升压，然后进背压式汽轮机发电、产汽，用以精细化工生产，与单独产生同等数量的热能和电能相比，可节省约23%的燃料，年可减排二氧化碳36818吨。

三、今后一段时期内石油和化工产业循环经济发展前景展望

（一）石油和化学工业循环经济发展面临的问题

我国石油和化学工业循环经济发展面临的问题主要有两个，一是石油和化工行业整体工艺技术水平落后，发展循环经济的技术支撑体系还不完善。目前，在整个石油和化学工业体系中，高新技术产业所占比重偏低，传统产业仍居主导地位。目前，我国石油和化工经济总量位居世界前列，但拥有自主知识产权的先进成套技术很少，出口产品大多是低档的初级原料，而且以重污染、高耗能为代价。从化工行业的状况看，大批高能耗、高物耗、高污染的落后工艺和设备还在运行；环保投入少，设施落后，生产过程缺少控制；资源再生、能源回收利用技术较少，产品深度开发力度小。虽然有了一批比较成熟的能源节约、清洁生产和“三废”综合利用的新工艺和新技术，但总体上讲数量比较少，水平也比较低，特别是缺乏关键共性技术，难以形成发展循环经济的有力支撑。二是结构不合理，行业发展与资源、环境的矛盾十分突出。据统计，目前石油和化工行业炼油、乙烯、氮肥、纯碱、烧碱、电石、黄磷等高耗能产业的能耗，约占行业总能耗的60%。这些高耗能产业，单位产品能耗与国外平均水平比都有较大的差距，在消耗大量能源的同时，又产生大量的“三废”，给环境造成严重的危害。产业结构、产品结构和能源消耗结构的不合理造成的巨大浪费和环境压力，进一步加剧了行业发展与资源环境的矛盾。

（二）石油和化工产业循环经济的发展前景与政策建议

1. 促进清洁生产技术的开发和应用

在实施循环经济时最重要环节之一是推广清洁生产技术。我国还是一个发展中国家，整体工业技术水平比发达国家的水平相差数十年。我国目前最重要的任务是在保护生态环境的前提下，努力发展生产，增强国家的综合经济实力。而实现经济和环境双赢的唯一途径是清洁生产。在推行循环经济中一定要突出大力推行清洁生产，积极采用清洁生产技术，既高速度发展经济，又减小对生态环境的影响，遏制生态环境恶化的趋势。

对于氮肥行业，应采用先进的水煤浆气化、干粉煤气化、灰熔聚粉煤气化等技术替代固定层气化装置，或替代以油和天然气为原料的合成氨生产装置，调整原料结构，从根本上降低氮肥生产成本，减少环境污染；对于磷肥行业，要大力推广磷石膏渣综合利用技术，如磷石膏制硫酸联产水泥、磷石膏制建材等；对于氯碱行业，要继续鼓励离子膜法烧碱的发展，积极推广干法乙炔技术，电石渣废液治理要大力推广电石渣制水泥，电石渣上清夜回用于生产技术；对于纯碱行业，纯碱生产的蒸氨废渣要采用废清夜综合利用制氯化钙和再制盐，废液晒盐或掺兑晒盐，废渣制钙镁多元复合肥，废渣制工程土，蒸氨废渣制水泥或建筑胶凝材料，废渣制脱硫吸收剂，废渣制抹灰砂浆等技术进行处理；对于铬盐行业要推行无钙焙烧工艺，逐步淘汰有钙焙烧工艺；对于染料行业，一是用先进的化工机械来装备染料行业；二是采用清洁生产技术，如相转移催化技术、金属化合物催化技术、分子筛催化技术等；三是开发新的染料商品剂型，以满足用户在自动化和环保等方面的要求，如可发低粉尘的颗粒型染料和液体染料；对于农药行业，要开发低毒、可降解的新品种，开发生物杀虫剂、除草剂等；对于橡胶工业，要大力推广动态脱硫法再生胶生产技术和废旧轮胎的常温粉碎技术。

2. 继续建设以石油和化学工业为核心的大型工业园区

建议相关部门按照循环经济理念来建立化工园区。这是解决资源环境发展矛盾的理想模式。一是通过采取措施规范石油和化工园区管理，引导园区按照循环经济模式进行规划、建设和改造。石油和化工园区的建设要通过对区内产品项目、公用辅助、物流运输、环境保护和管理服务的整合，做到专业集成、投资集中、资源集约、效益集聚。二是积极探索总结园区循环经济实践模式，园区建设除要求入园企业物料、废物实现内部循环外，还要促进园区内上下游企业之间副产品或废产物的相互利用，通过企业间的物质集成、能量集成和信息集成，形成产业间的代谢和共生耦合关系，使一家工厂的废气、废水、废渣、废热、废弃物式副产品成为另一家化工厂的原料和能源。使园区内形成必要的生产循环，以减少浪费，有效提高企业和企业之间资源循环利用和污染综合防治的水平，大大提高经济效益。三是要组织经验交流，积极开展咨询服务，不断提高园区技术水平和管理水平，促成园区各个企业共享资源和互换副产品的产业组合形式，形成园区实现物质闭环循环、能量多级利用的模式，逐步实现公用辅助一体化、物流运输一体化、环境保护一体化和管理服务一体化。四是要制定严格的石油和化工园区环境保护政策。在石油和化工园区的发展过程中，有一部分石油和化工园区的环境治理工作没有跟上，园区内和园区周围地区的环境污染严重，甚至成为当地居民和有关部门冲突的导火索。有关部门需要制定严格的化工园区环境保护政策，采取切实可行的措施来促使石油和化工园区的负责部门改善园区的环境。五是要鼓励和支持吸引中小企业入驻的石油和化工园区。中小型石油和化工企业本身的资金限制，很难独自建立起一套生产的基础设施，如供气、供暖、“三废”处理等。

（撰稿：李永亮，中国和石油化学工业协会产业发展部）

废钢铁产业循环经济

中国废钢铁应用协会

2012年废钢铁产业循环经济坚持科学发展，经过艰辛的努力，为钢铁工业的发展和从源头上扭转生态环境恶化趋势做出了积极贡献。

一、2012年废钢铁产业循环经济运行概况

2012年废钢铁产业经受了严峻的考验，在全行业的积极奋斗下，抓住机遇，不断发展。废钢铁加工配送体系建设继续深化，废钢铁加工配送企业的数量继续增加，生产精品废钢的能力继续扩展。

(一)2012年废钢铁循环利用情况

1.2012年钢铁工业保持低速增长

2012年全国粗钢产量71654万吨，同比增长3.1%；生铁产量65791万吨，同比增长3.7%；钢材产量95186万吨，同比增长7.7%。钢铁工业进入低速增长期。

表1　2006—2012年我国粗钢产量统计表　　单位：万吨

类别＼年份	2006	2007	2008	2009	2010	2011	2012
产量	41915	48929	51234	57707	63874	69481	71654
增长量	6591	7014	2305	6473	6167	5607	3327
（%）	18.7	16.7	4.7	12.6	10.7	8.8	3.1

2.2012年全国炼钢废钢铁消耗出现负增长

根据协会统计资料，2012年全国炼钢消耗废钢铁8400万吨，比2011年的9100万吨减少700万吨，降幅7.7%。全国炼钢废钢铁综合单耗117KG/T，同比下降16KG/T。其中转炉废钢铁单耗69KG/T，同比下降11KG/T；电炉废钢铁单耗602KG/T，同比下降21KG/T。

表2　2006—2012年我国炼钢废钢铁平均消耗统计表　　单位：万吨

类别＼年份	2006	2007	2008	2009	2010	2011	2012
综合单耗（KG/T）	160	140	144	145	138	133	117
环比增减量（KG/T）	-18	-20	4	1	-7	-5	-16
炼钢废钢比（%）	16	14	14.4	14.5	13.8	13.3	11.7
转炉单耗（KG/T）	79	75	82	76	81	80	69
环比增减量（KG/T）	-12	-4	7	-6	5	-1	-11
电炉单耗（KG/T）	548	549	546	658	640	623	602
环比增减量（KG/T）	-108	1	-3	112	-18	-17	-21

2012年年炼钢废钢铁消耗总量比前一年下降，打破了从2000年以来逐年增长的走势，700万吨的大拐点是个不可轻视的数据，让我们反思的问题很多。在钢铁企业频临亏损的困境下，企业效益、社会效益、国家政策三者之间很难找到最佳的平衡点。

2012年国内大中型钢铁企业减少废钢铁的消耗，主要是废钢铁炼钢成本高于生铁炼钢成本。财税157号文件2011年取消优惠政策后，废钢铁价格持续攀升，虽然2012年有所回落，但钢厂面临市场钢材低价位和工厂高投入成

本压力，仍把少用废钢铁作为降低成本的一项重要措施。短流程的电炉企业采用热铁水代替废钢铁炼钢，发展势头有增无减。

表3　2006—2012年重点钢铁企业电炉热铁水消耗情况

类别 \ 年份	2006	2007	2008	2009	2010	2011	2012
热铁水（KG/T）	425	416	436	484	498	499	560
生铁块(KG/T)	120	107	90	105	72	62	76
合计（KG/T）	545	523	526	589	570	561	636

3.2012年废钢铁资源构成变化较大

2012年废钢铁资源三大构成部分，出现较大变数。企业自产废钢铁3650万吨，比同期增加90万吨，增长2.5%；社会采购废钢铁4420万吨，比同期减少660万吨，降幅13%；进口废钢铁补充370万吨，比同期减少140万吨，降幅27.5%。2012年废钢铁总资源量8440万吨，扣除调出废次材150万吨，剩余资源量8290万吨，消耗不足部分由减少库存110万吨补充。

表4　2006—2012年我国废钢铁资源平衡情况表　　单位：万吨

类别 \ 年份	废钢铁消耗量	废钢铁资源构成				
		企业自产量	社会采购量	进口补充量	废次材调出量	库存变化量
2006	6720	2750	3980	340	310	40
2007	6850	2780	4230	120	270	10
2008	7200	2860	4200	260	220	-100
2009	8310	3040	4580	1020	200	130
2010	8670	3300	5190	440	160	100
2011	9100	3560	5080	510	200	-150
2012	8400	3650	4420	370	150	-110

2012年废钢铁资源形成“一增两减”的格局。企业自产废钢铁有所增加，社会采购废钢铁和进口废钢补充量减幅较大。反映了钢铁企业在困境中经营运作的轨迹。

4.2012年我国进口废钢铁同比减少

2012年全国进口废钢497万吨，比同期减少179万吨，降幅26.6%。进口废钢铁主要来源于日本308万吨，美国107万吨，分别占进口总量的62%和21.5%。

表5　2006—2012年我国进口废钢统计表　　单位：万吨

主要国家和地区	2006	2007	2008	2009	2010	2011	2012
总量合计	539	339	359	1369	585	677	497
其中:美国	114.9	21.2	57.5	489.9	171.3	278	107
日本	110.7	50.6	72.6	446.4	268.2	233	308
哈萨克斯坦	61.9	37.9	30.5	17.6	10.9	8.7	4.5
俄罗斯	24.1	6.9	3.8	10.7	7.3	8.6	1.3
澳大利亚	47.9	27.9	5.8	66.8	19.1	40.5	19
吉尔吉斯斯坦	8.9	1.3	2.7	2.4	2.8	4.4	1,5
朝鲜	3.2	2.8	1.4	3.7	1.4	—	0.3

德国	9.9	3.8	1.3	10.4	3.5	1.9	2.1
加拿大	1.5	1.9	1.9	9.1	3	2.7	1.3
中国香港	42.5	53.4	131.7	154.5	37.2	30	16.8
中国台湾	7.4	4.1	2.3	6.5	2.8	1,4	2.0

表6　2006—2012年我国进口不绣废钢统计表

年份	2006	2007	2008	2009	2010	2011	2012
进口量（万吨）	21.8	40.6	30.8	37	9.4	12.8	8.7
价格（美元/T）	1233	1677	2780	2211	1565	2060	1770

我国进口废钢铁多在沿海地区，其中浙江省进口231万吨，江苏省进口198万吨，占全国进口总量的86.3%。

进口废钢铁的减少，一是由于国内钢铁企业废钢铁消耗量的缩减；二是国外废钢铁价格居高不下，2012年进口普通废钢铁平均价格高于同期，迫使进口企业减少国外废钢铁的采购。

5.2012年国内外废钢铁市场价格走向相悖

（1）2012年国内废钢铁价格基本处于下滑趋势

受钢材市场不景气的影响，2012年废钢铁价格呈现小幅下降运行态势。以重型废钢铁平均采购价为例，一季度平均价格为3350元/T，二季度平均价格3210元/T,环比下降140元/T,降幅4.2%；三季度平均价格2790元/T，环比下降420元/T,降幅13.1%；四季度平均价格2750元/T，环比下降40元/T,降幅1.4%。2012年全年平均价格3020元/T，比2011年下降530元/T,降幅15%。

炼钢生铁一季度平均价格3480元/T，二季度3420元/T,环比下降60元/T，降幅1.7%；三季度平均价格2910元/T，环比下降510元/T，降幅15%；四季度平均价格2800元/T，环比降低110元/T,降幅3.8%。2012年全年平均价格3130元/T，比2011年下降620元/T,降幅16.5%。

（2）进口废钢价格近几年一直呈上涨趋势。

2012年进口普通废钢平均到岸价598美元/T，比同期上涨18美元/T，涨幅3.1%。其中只有4月、8月、12月分别比同期下降49美元/T、40美元/T、17美元/T。其余月份基本呈涨势。

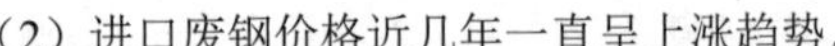

表7　2012年我国进口废钢统计表

月份	进口数量（万吨）			其中：普通废钢进口数量（万吨）			普通废钢价格（美元 / T）		
	2011	2012	比较	2011	2012	比较	2011	2012	比较
1	45.9	42.1	-3.8	45	39.8	-5.2	552	579	27
2	24.9	37.6	12.7	24.4	35.5	11.1	621	625	4
3	61.2	49.3	-11.9	59.6	47.6	12	575	576	-1
4	31.2	53.9	22.7	28.9	51.7	22.8	626	577	-49
5	62.8	50.8	-12	60.6	49	11.6	567	607	40
6	51.8	46.1	-5.7	50.5	44.9	-5.6	575	580	5
7	78.1	40.9	-37.2	76	39.5	-36.5	551	602	51
8	51.7	39.2	-12.5	50.1	37.8	-12.3	599	559	-40
9	69.8	29.8	-40	67.6	28.9	-38.7	608	635	27
10	56	27.1	-28.9	52.1	26.1	-26	592	678	86
11	63.1	31.2	-31.9	59.8	29.9	-29.9	582	686	104
12	80.2	49.4	-30.8	77.1	47.9	-29.2	563	546	-17
合计	676.7	497.4	-179.3	651.7	478.7	-173	580	598	18

全球经济的不景气，并未影响国际废钢铁市场的行情，与国内市场持续下滑的局面形成很大的反差，国内外价格的“倒挂”，企业只能减少进口废钢量。

（二）2012年废钢铁加工配送体系建设情况

1.国家出台新政，规范废钢铁加工行业健康发展

2012年国家工信部发布《废钢铁加工行业准入条件》和《废钢铁加工行业申请公告》，为废钢铁加工企业的建设和发展设定了规范的门槛。协会积极配合政府部门贯彻落实国家政策，推动废钢铁产业的发展。经地方政府审查上报，全国已有44家废钢铁加工企业获准入资质，对废钢铁产业的持续健康发展将产生重大影响。

在各级政府的支持和扶助下，废钢铁加工配送体系一定规模的专业化加工配送企业，在全国各地日益增加。2012年底，已有43家企业被协会授予废钢铁加工配送中心和示范基地称号，比2011年前增加25家。废钢铁加工配送企业数量的增加和规模的扩大，已形成超过3000万吨的加工配送能力,为钢铁工业多吃精品废钢提供了保障。

2.产业装备水平提高，设备制造业发展步伐加快

近年来，我国废钢铁产业装备水平提高较快。废钢铁破碎生产线和大型剪切机引领废钢铁产业装备的发展方向，世界最大功率10000马力的废钢铁破碎生产线中国已有4条，中小功率的破碎线分布在国内废钢铁加工企业。湖北力帝和江苏华宏在引进、消化、创新中发展壮大，成为国内废钢铁破碎机和各类型号剪切机、打包机的龙头企业，湖北力帝机床股份有限公司约50条废钢铁破碎生产线和40多台大型门式剪切机分布在废钢铁加工企业，江苏华宏科技股份有限公司也为废钢铁加工企业提供了破碎机、剪切机、打包机等上百台的加工设备。美国纽维尔、德国林德曼和台湾正合兴的设备在中国也有了立足之地。多种型号废钢铁破碎机和门式剪切机在市场的投入，将逐步取代鳄鱼式剪切机。

以门式辐射检测仪为代表的防辐射系统，已成为废钢铁加工企业必不可少的装备。废钢铁防辐射检测设备已从开始的一、二家涉入，发展到国内外多家企业参与中国市场的竞争，对提高废钢铁产品的安全性，保证现场员工的身心健康至关重要。

装卸等设备也形成多元化的发展格局。

3.废钢铁回收加工技术含量提升，生产环境改善状况

废钢铁产业规模化、产品化发展，该变了原始传统的加工技术，从以手工分拣、氧割为主，逐步被先进的加工设备所代替。废钢铁破碎生产线生产的产品，是电炉炼钢的优质原料，大型剪切机的技术功能，减轻了员工劳动负荷和安全风险，并降低了加工过程中的金属损耗。

机械加工技术，不仅是效率的提高，也提升了生产过程中的环保治理和再生资源的分类回收。废钢铁破碎生产线配置的除尘设备和非铁分选设备，降低了加工过程中粉尘的排放，把有色金属、废橡胶、废塑料等物资分类选出，提高了再生资源的综合利用水平。机械加工彻底解决了氧割加工气体污染问题，废钢铁加工企业现场环境得到很大改善。

（三）2012年外部因素对废钢铁产业循环经济的影响

1.税收政策的演变，影响了钢厂废钢铁的消耗

近年来，政府部门加大了对废钢铁的循环利用的关注，国家钢铁工业“十二五”发展规划，工信部废钢铁加工行业准入条件，商务部再生资源回收体系建设，发改委城市矿产示范基地建设等，为促进废钢铁产业的发展增加了正能量。

财政部、国家税务总局（2008）157号文件，通过2009年和2010年返税70%、返税50%的税收优惠政策，推动了废钢铁加工配送体系建设的发展。但2011年返税的优惠政策取消，加大了废钢铁回收企业的运营成本，拉动了市场价格的攀升，影响钢厂多吃废钢铁的积极性，造成社会废钢铁采购量的下降，炼钢的废钢铁消耗量明显减少，2012年比2011年废钢铁消耗减少700万吨。

减少700万吨废钢铁消耗付出的代价：

2012年废钢铁消耗量减少700万吨，由700万吨生铁替代废钢铁炼钢，增加了能源、资源的消耗，加大了“三废”排放增加700万吨生铁的消耗，需要1200万吨精矿粉的投入（1.7*700），需开采3010万吨原矿（4.3*700）；

增加280万吨焦炭（0.4*700）或700万吨原煤（1*700）的消耗；

增加1120万吨新水的消耗（1.6*700）；

多排放二氧化碳1120万吨（1.6*700）；

多排放废水1330万吨（1.9*700）；

多排放废渣2100万吨（3*700）

增加了铁矿石供应的负担，我国每年需进口大量铁矿石，2012年进口铁矿石7.4亿吨，创历史新高。

表8　2006—2012年进口铁矿石情况

类别＼年份	2006	2007	2008	2009	2010	2011	2012
数量（万吨）	32632	28309	44366	62778	61864	68608	74355
价格（美元/T）	61.4	88.2	136.2	79.9	128.4	163.8	128.6

2.废钢铁市场不对等的竞争，冲击废钢铁产业的健康发展

废钢铁市场另一种灰色的交易模式，即一批国家明令关闭淘汰的不规范钢厂与小回收企业以其不开发票的方式（买废钢卖钢材均不开票），以高于规范企业税前100-200元/吨的价格现金收购废钢铁，与规范的钢铁企业和废钢铁加工配送企业争夺优质废钢铁资源。

小回收、小钢铁、小包工队以不开票而形成的另一条“轨道”，在有的地方保护下，扰乱市场，造成国家税源的大量流失，并给国家经济建设和人民生命财产带来不可低估的隐患。据了解，东北、西南、河北、山东等地区小钢厂还在生产，全国数千万吨废钢资源流向了这类企业。

市场竞争的不对等、不公平，使规范的钢铁企业和废钢铁加工企业处于劣势，多重因素拖累颇具规模、规范经营的废钢铁加工企业处于困难的盘整期，经营规模缩减，市场价格持续下滑，多数企业陷入亏损状态，废钢铁产业的发展之路步履艰难。

（四）世界主要国家和地区废钢铁消耗和贸易情况

废钢铁再生循环的生态环保效益，得到世界的公认。根据国际回收据（BIR）的资料，2012年全球消耗废钢铁5.7亿吨，与2011年持平。其中美国、土耳其废钢铁消耗量呈增长态势，中国、日本、欧盟等国和地区废钢铁消耗量同比下滑。

2012年中国炼钢消耗废钢铁8400万吨，比同期降低7.7%；欧盟消耗废钢铁9410万吨，比同期降低6%；日本消耗废钢铁3550万吨，比同期降低4.6%；俄罗斯废钢铁消耗量2010万吨，比同期降低4.4%。

2012年美国消耗废钢铁6170万吨，比同期增长9.4%；土耳其消耗废钢铁3240万吨，比同期增长5.1%。

2012年全球废钢铁出口国前五名排序，分别为美国出口2140万吨，欧盟出口1924万吨，日本出口846万吨，俄罗斯出口435万吨，加拿大出口425万吨。

中国废钢铁资源尚不充足，进口国外废钢铁资源必不可少。废钢铁的消耗量虽然排在世界前列，但废钢铁单耗较低。2012年中国炼钢废钢比11,7%，低于世界平均水平。

表9　2011—2012年世界主要国家和地区进口废钢情况表　　单位：万吨

国家和地区	土耳其	韩国	中国	印度	中国台湾	美国	欧盟	马来西亚	印度尼西亚	加拿大	泰国
2011年	2146	863	677	618	533	400	368	205	216	191	188
2012年	2242	1013	497	818	496	371	341	182	194	234	170

(五)、冶金渣综合开发利用情况

我国钢铁工业每年产生约3亿吨的钢铁渣，是固废排放量较大的行业之一。“十一五”以来，钢铁企业积极贯彻落实国家节能减排，绿色生产的方针，加大钢铁渣综合开发利用的投入，并不断取得新成果，综合利用率明显提升。

1.2007—2012年钢铁渣的产生量

表10　2007年～2012年钢铁渣的产生量(万吨)

种类＼年份	2007年	2008年	2009年	2010年	2011年	2012年
高炉渣	15000	16000	18500	20067	21420	22134
；钢渣	6500	6510	7950	8147	9042	9300
合计	21500	22510	26450	28214	30462	31434

2.2007—2012年钢铁渣的利用率

表11　2007年～2012年钢铁渣的综合利用量

种类＼年份	2007年		2008年		2009年		2010年		2011年		2012年	
	利用量(万吨)	利用率(%)	利用量(万吨)	利用率(%)	利用量(万吨)	利用率(%)	利用量(万吨)	利用率(%)	利用量(万吨)	利用率(%)	利用量(万吨)	利用率(%)
高炉渣	10500	70	11200	70	14189	76.7	15251	76	16708	78	17265	78
钢渣	650	10	651	10	1749	22	1011	21	1989	22	2046	22
当年堆存量(万吨)	10419		10733		10594		11952		7053		12123	
累计堆存量(万吨)	59298		70031		80625		92577		99630		111753	

3.2012年钢铁渣主要利用途径及所占比例

表12　钢铁渣主要利用途径及所占利用量的比重

种类	主要利用途径	利用量(万吨)	占综合利用量的比例(%)
高炉渣	矿渣粉	12430.5	72
	水泥混合材	4143.5	23
	慢冷做碎石	690.6	5.0
钢渣	钢渣粉	400.40	19.6
	钢渣水泥	200.2	9.8
	钢渣返回烧结矿配料	440.4	21.5
	硅酸盐水泥熟料配料	240.2	11.7
	钢渣砖及道路材料	764.7	37.4

2012年钢铁渣综合利用率为61%，与国家发改委制定的综合利用率70%和国家工信部制定的综合利用率75%目标的差距，揭示出冶金渣开发利用工作的繁重和紧迫感。特别是“十二五”期间，每年产生的几千万吨钢渣尾渣的开发利用更应引起业内的高度重视。2012年钢渣利用率只有22%，大量的尾渣只能用于回填或堆弃，即占用土地资

源，又污染环境。加快钢渣尾渣的开发利用是“十二五”后三年的重大课题，企业、科研机构要加大投入的力度，也需要政府给予关注和政策的支持。

二、2012年废钢铁产业循环经济发展存在的主要问题和建议

废钢铁产业是新兴产业，回收体系建设，加工体系建设都需要国家的关注和支持。政府相关部门陆续出台的多项政策，推动了废钢铁产业的发展，但目前全行业还面临诸多困难，需要政府部门的支持和扶助。

由于钢厂减少废钢铁消耗，废钢铁回收加工企业的经营规模缩减，产能无法全部释放，经济效益下滑，总体废钢铁的回收加工量减少。

几点建议：

一、政府有关部门参照财税〔2011〕115号文有关条款，给符合废钢铁加工行业准入的企业实行即征即退70%增值税的优惠政策，扶助废钢铁产业的发展；

二、对利废企业多用废钢铁给予差别电价，减免环保费用、节能基金补贴等项政策，鼓励钢厂多用废钢铁，少用铁矿石；

三、对符合废钢铁加工行业准入条件的企业，给予进口废钢资质，增加废钢铁资源渠道，扩大废钢铁的应用量；

四、将钢渣综合利用产品纳入再生资源产品优惠政策目录，引导企业加快钢渣开发利用的力度，减少生态环境的压力。

（撰稿：刘树洲，中国废钢铁应用协会分会）

2012年轻工行业循环经济

中国轻工业联合会

2012年，轻工业发展呈现出稳中有进的良好态势，轻工行业循环经济发展得到挡箭牌一步推进。

一、以科技创新为动力，推动行业循环经济的发展

1.中国轻工业联合会召开了全国轻工业科技大会，全面总结了“十一五”轻工业科技工作，部署了“十二五”轻工业科技发展工作，表彰了一批“十一五”轻工业科技创新先进集体和先进个人。发布了《轻工业技术进步“十二五”发展指导意见》、《十二五轻工行业重点共性关键技术研发项目指南》和《十二五轻工行业重点推广技术目录》三份重要文件，节能环保、循环经济成为每个部分的重要内容。对引领指导行业、企业加快技术进步步伐，以科技创新为动力推动循环经济的发展具有重要的意义。

2.组织编制2013年度国家科技支撑计划项目申请指南，并向科技部推荐“功能化表面活性剂绿色制备与产业化示范”、“绿色制革关键材料及鞋用功能材料的开发与产业化”两个项目作为国家科技支撑计划2013年备选项目，目前已经科技部组织的项目论证和我会组织的课题论证。两个项目的实施成功将对相关行业的绿色、可持续发展起到重要的支撑作用。

3.推荐的由山东泉林纸业有限责任公司完成的“秸秆清洁制浆及其废液资源化利用技术”项目获国家科技发明二等奖。

二、进一步推进重点行业清洁生产、节能减排工作

1.2012年10月28日在浙江桐乡市崇福镇中国轻工业联合会与中国皮革协会共同组织召开了全国毛皮行业清洁生产技术现场推广会，总结浙江中辉皮草有限公司产学研合作取得的清洁生产技术成果，大力推动清洁生产先进技术、工艺和装备的推广。来自全国知名高校，各地皮草知名企业，业内外新闻媒体等单位的代表约80余人参加了本次活动。中国轻工业联合会钱桂敬副会长，中国皮革协会苏超英理事长，国家工业和信息化部节能司环保处慕颖副处长，浙江省皮革协会李伟娟理事长及桐乡市盛永军副书记出席并且为本次论坛致辞发言。中国工程院石碧院士，中国皮革协会陈占光副秘书长，浙江中辉皮草有限公司胡建中董事长，陕西科技大学王学川教授分别为本次活动做了主题报告。浙江中辉皮草有限公司董事长胡建中就企业所承担的国家工业和信息化部示范项目“年产300万张毛皮主要工序废水循环使用集成技术应用示范”的情况向大家做了详细的报告，企业采取清洁化生产后不仅可以减少用水和化工材料的浪费，还降低生产成本，减少资源的使用，实现了良好的经济效益和社会效益。

2.组织编制完成照明电器行业（荧光灯）清洁生产技术推行方案，并已由工信部发布。

3.组织发酵、制糖等相关行业协会完成了主要产品（甜菜糖、甘蔗汤和味精）能耗指标数据的采集、分析、核实和排序工作，并由工信部对排名前三的企业进行了发布。

4.受工信部委托组织对各省市上报的51个2012年轻工业清洁生产示范项目进行专家评审，向工信部推荐了其中18个重点示范项目，涉及造纸、发酵、酿酒、制糖、皮革、电池等行业。示范项目的实施将为相关行业树立典范，对推动行业清洁生产的深入开展将产生积极的影响，我们将及时跟踪项目实施情况，总结经验适时在行业中全面推广这些先进技术。

5.针对轻工行业缺少相关产品能源消耗限额标准的现状，组织有关单位向

工信部申请了涉及造纸、发酵、酿酒和电池等四个行业八个产品的能源消耗限额标准的制定，获得5个标准的立项。

6.组织塑料、日化等5个行业申报国家鼓励开发使用的有毒有害原料（产品）替代品的工作，列入2012年版目录有10个原料或产品。

7.组织向国家发改委环资司推荐9项重点节能技术（第五批）；其中3项技术列入国家重点节能技术目录。

8.中国造纸协会和中华全国总工会所属中国财贸轻纺烟草工会共同举办2012年全国造纸行业节能减排达标竞赛专项活动，努力把行业节能减排工作引向深入。

中国造纸协会、中国财贸轻纺烟草工会决定，授予无锡荣成纸业有限公司、金华盛纸业（苏州工业园区）有限公司、 金东纸业（江苏）股份有限公司、浙江永泰纸业集团有限公司、宁波中华纸业有限公司（宁波亚洲浆纸业有限公司）、民丰特种纸股份有限公司、吉安集团股份有限公司、浙江景兴纸业股份有限公司、福建省晋江优兰发纸业有限公司、山东晨鸣纸业集团股份有限公司、山东恒联投资有限公司、山东太阳纸业股份有限公司、山东博汇纸业股份有限公司、中冶纸业银河有限公司、山东冠军纸业有限公司、河南江河纸业股份有限公司、岳阳林纸股份有限公司、玖龙纸业（控股）有限公司、四川永丰浆纸股份有限公司、云南云景林纸股份有限公司等20个单位“全国造纸行业节能减排达标竞赛优胜企业”荣誉称号；授予金东纸业（江苏）股份有限公司整理部、无锡荣成纸业有限公司热电组、上海股泰纸业有限公司工务部、宁波亚洲浆纸业有限公司公用部水环处水务科运行班组、宁波亚洲浆纸业有限公司生产部造纸丙班、宁波中华纸业有限公司造纸二厂丁班、浙江荣成纸业有限公司生产制造部、浙江荣成纸业有限公司废水课、浙江荣成纸业有限公司配套动力车间热电厂、山东晨鸣纸业集团股份有限公司寿光本部铜版纸工厂抄纸丙组、华泰集团有限公司技术中心、山东太阳纸业股份有限公司环保节能处、山东泉林纸业有限责任公司环保总车间、中冶纸业银河有限公司环保分厂三车间丙班、山东恒联投资有限公司恒联浆纸碱回收部、山东天和纸业有限公司节能减排领导小组、河南江河纸业股份有限公司造纸二部、四川永丰浆纸股份有限公司生产技术部等18个班组（部门）“全国造纸行业节能减排达标竞赛优胜班组”荣誉称号；在2012年全国造纸行业节能减排达标竞赛专项活动中玖龙纸业（控股）有限公司、河南江河纸业股份有限公司、无锡荣成纸业有限公司、浙江永泰纸业集团股份有限公司等4个企业荣获“全国五一劳动奖状”， 山东太阳纸业股份有限公司环保节能处、山东泉林纸业有限责任公司环保总车间、华泰集团有限公司技术中心、山东晨鸣纸业集团股份有限公司寿光本部铜版纸工厂抄纸丙组、中冶纸业银河有限公司环保分厂三车间丙班、宁波亚洲浆纸业有限公司公用部水环处水务科运行班组、金东纸业江苏股份有限公司整理部、四川永丰浆纸股份有限公司生产技术部等8个企业的班组（部门）荣获“全国工人先锋号”集体。

9.中国饮料工业协会已连续六年开展节水达标和连续三年节能达标考核评价工作。通过节水节能优秀企业的考核评价、表彰、推广活动，使全行业各品类饮料的单位产品取水量和综合能耗逐年下降，部分企业的节水节能水平有了显著提高。2012年优秀节水企业59家，优秀节能企业43家。

10.中国生物发酵产业协会受国家环境保护部委托，对味精、柠檬酸生产企业开展环保核查工作。于2012年2月27日在北京召开了现场环保核查启动会，味精行业用半年时间完成对22家企业的材料审核及对19家企业的现场核查，柠檬酸行业用2个月时间组织专家对22家申请参加此次环保核查的生产企业进行了现场核查。

11.结合照明电器行业清洁生产和汞削减的问题，为了深入讨论低汞、微汞生产技术，中国照明电器工业协会在合肥召开了全国气体放电灯低汞(微汞)技术研讨会，围绕中国低汞节能灯的发展、紧凑型荧光灯汞含量认证情况、低汞、微汞节能灯的最新生产工艺和相关原材料等进行了集中的研讨与交流，为推动荧光灯行业低汞产品的设计制造以及清洁生产技术提供了重要的技术交流平台。

12.中国皮革协会通过生态皮革工作引导制革行业走绿色环保之路，同时积极配合国家环保部开展“达到环保要求的制革企业名单公告”工作；受国家环保部委托，由中国皮革协会组织专家对提交申请的企业开展现场核查工作。2012年2月24日，环保部发布了“符合环保规定的制革企业名单(第3批)”，共有14家企业被列入名单；2012年10月8日，环保部发布了“符合环保规定的制革企业名单(第4批)”，共有8家企业被列入名单；2012年11月，经过严格考核，有17家企业建议列入“第5批符合环保规定的制革企业名单”，并上报至环保部。

中国皮革协会与中国财贸轻纺烟草工会联合开展第三届全国皮革行业节能减排环保创新奖评选活动，9月3日，在中国皮革协会第七届理事会第二次扩大会议上,举行了隆重的颁奖仪式，包括辛集巨龙皮革机械有限公司、四川德赛尔化工实业有限公司、北京泛博化学股份有限公司、浙江奥康鞋业有限公司等在内的十家企业荣获殊荣。

与前两届相比，第三届全国皮革行业节能减排环保创新奖的申报企业数量和覆盖面都更加宽泛，除制革领域外，皮革和毛皮化工材料、皮革机械以及制鞋企业也都积极参与，这说明随着环保创新奖的开展，节能减排、环保创新的

理念已经渗透到产业链的各个环节。

13.中国酒业协会受国家发改委委托，制定了《啤酒行业节水规划》，编制了2012年各省市地区的单位产品取水量和生产用水重复利用率定额，以指导各地区产业结构调整时的水资源安排。《啤酒工业取水标准》于2012年发布，参与制定的《清洁生产标准—啤酒制造业》和《啤酒工业污染物排放标准》均于2012年上报，待批准发布。参与完成《酒精水污染物排放标准》修订，2012年6月8日获得原则通过，待批准发布。

三、积极开展节能减排相关课题的研究工作

1.完成由工信部组织的“重点行业节能减排技术评估与应用研究”“十一五”国家科技支撑计划项目中的“轻工行业节能减排技术筛选与评估”课题验收及成果的提交，涉及造纸、发酵、酿酒、制糖、皮革、电池、制盐等7个行业，最终由工信部发布了46项先进适用的节能减排技术指南等，在为行业工程设计、清洁生产审计、能源审计、政策制定等提供依据的同时，对推动轻工重点行业企业的节能减排、循环经济的发展有着重要的意义；

2.完成国家“973”计划“GDP二氧化碳排放强度下降40%-45%目标的分解与实施方案”课题轻工部分的研究工作。该课题的完成对工业和轻工业领域相关节能规划的制定和应对气候变化政策的制定提供了重要的依据；

4.完成环保部2011年“轻工行业综合名录及相关环境经济政策编制研究”工作。该课题的研究摸清了相关重点行业主要产品的产排污情况及减排潜力，并将为国家制定环保、绿色信贷、出口退税、税收、加工贸易等相关政策提供依据，并完成了2012年的课题合同书的签订；

5.组织开展“轻工重点行业资源综合利用研究”、“制糖和荧光灯行业清洁生产评价指标体系的编制”等课题研究。

四、受政府委托的其他工作

组织相关行业协会完成了工信部、发改委、环保部、科技部等转发的相关人大提案、政协提案等12项提出了意见和建议；对相关污染物排放标准、相关法律、法规等提出意见与修改建议。

（撰稿：于学军，中国轻工业联合会科技环保部）

2012年橡胶行业循环经济

中国橡胶工业协会

2012年，中国橡胶行业积极应对各种风险和挑战,加快产品结构调整,加快技术创新，总体保持了平稳的发展局势。经济运行特点，可以用以下几句话概括: 增长速度大幅放缓,生产经营实现企稳；对外贸易保持增长，出口创汇基本持平；产品结构有所优化，企业规模和产品集中度进一步提高效益指标温和上升，企业利润好于上年。全国橡胶工业总产值8365.8 亿元，同比增长15.5%，比上年回落11.7个百分点。

一、废橡胶综合利用行业基本情况

2012年，中国废橡胶综合利用行业按照中国橡胶工业“十二五”、废橡胶综合利用产业“十二五”发展规划；在国家探讨生产者责任延伸制、出台《废轮胎综合利用行业准入条件》，即将规范行业发展的关键时刻，行业发展进入转型，工艺向安全环保、装备向节能高效、产业向量化规模格局发展，在“绿色、安全、高效、环保、节能”的理念下，经济运行保持了总体平稳。

据不完全统计，2012年全行业完成再生胶、胶粉产量390万吨，其中再生胶完成350万吨、胶粉完成40万吨，见表1。

表1 2007-2012年中国废橡胶循环利用主要产品

年份 名称	2007年	2008年	2009年	2010年	2011年	2012年
再生橡胶/万吨	195	245	250	270	300	350
增长/%	14.7	25.6	2.0	8.0	11.1	16.6
硫化橡胶粉/万吨	25	25	25	30	36	40
增长/%	13.6	0	0	20.0	20.0	11.1
合计/万吨	220	270	275	300	336	390
增长/%	14.5	22.7	1.8			

从2012年对54家会员企业统计分析来看，全国再生胶、胶粉总产量比上年增长了11.37%；销售量比上年增长了11.13%；工业总产值比上年增长了12.87%；产品出口交货值比上年增长了9.84%；工业增加值比上年增长了16.34%；销售收入比上年增长了17.42%；实现利润比上年增长了21.60%；实现利税总额比上年增长了14.68%。2012年我国再生橡胶及硫化橡胶粉主要经济指标完成情况详见表2及表3；再生胶、胶粉作为处理废旧橡胶的主要途径，在天然胶由年初每吨3万多元降到目前不足1.9万元、通用型丁苯橡胶、顺丁橡胶价格每吨在1.3万—1.4万元左右徘徊的情况下，再生胶、胶粉销售形势依然看好；胶粉的直接应用也得到了较大的发展。全员劳动生产率（人）比上年增长了9.23%，显示了装备向节能高效型发展，产业向量化规模化发展的优势；但也应该看到企业应收账款比上年增长了11.87%；产成品库存比上年增长了2.97%，说明行业的竞争更加激烈，企业生存与发展依然面临新的挑战，提高新形势下的稳中求进认识已经成为关键。

表2　2012年我国再生橡胶主要经济技术指标完成情况

项 目	2012年	2011年	同比/%
工业总产值（按现行价）/万元	524353.00	464552.05	12.87
其中：再生胶产值//万元	353502.15	328887.26	7.48
工业销售产值（按现行价）/万元	790287.24	472915.24	67.11
产品出口交货值（现价）/万元	24607.89	22404.12	9.84
工业增加值/万元	130816.00	112439.83	16.34
再生胶产量（合计）/t	767546.53	723718.06	6.06

其中：通用型再生胶产量/t	533316.44	512249.11	4.11
特级再生胶产量/t	125405.42	104429.52	20.09
特种再生胶产量/t	108824.67	107039.43	1.67

表3 2012年我国硫化橡胶粉主要经济技术指标完成情况

项 目	2012年	2011年	同比/%
胶粉产量（合计）	288204.33	209670.05	37.46
产品销售率	95.92	96.14	-0.23
应收账款	58887.00	52638.21	11.87
产成品库存（按现行价）	15760.38	15305.42	2.97
产品销售收入	545168.57	464301.78	17.42
实现利润总额	38505.47	31666.03	21.60
实现利税总额	90196.15	78650.46	14.68
全员劳动生产率（人）	9.40	8.60	9.23

据对54家会员企业统计排列，南京金腾橡塑有限公司、南通回力橡胶有限公司、唐山兴宇橡塑工业有限公司等10家再生橡胶生产企业产量占全国总产量19.56%以上。

二、国家支持鼓励安全高效环保节能装备

2012年，在国家发改委、工信部、环保部、科技部等相关部委的关心支持，对行业转变胶粉、再生胶生产方式给予了政策鼓励支持。“新型再生胶生产技术”、“特级塑化橡胶技术”、“高强无味环保型再生胶技术”、“分解法生产无臭味再生胶技术”、“丁基橡胶高温连续再生工艺技术”、“双动力无轴输送废橡胶连续再生（脱硫）装置及技术”、“废旧钢丝子午轮胎再生循环利用自动化生产技术”、“LZ模块集成控制常温法废轮胎精细胶粉生产技术”、“废胎面胶粉在翻胎胎面胶中的应用技术”、“废轮胎常温助剂法生产精细橡胶粉技术”、“FXJ系列多功能复炼机”、“废轮胎胶粉改性沥青生产应用技术”、“全自动废轮胎裂解装备及技术”、“节能环保废旧橡胶循环利用技术”、“利用废轮胎橡胶生产活化改性非硫化橡胶技术”、“废橡胶再生罐”等多项废旧轮胎橡胶再生资源综合利用技术，被列入工信部2012年第1号公告的《国家再生资源综合利用先进适用技术目录（第一批）》。

“硫化橡胶粉常压连续脱硫成套设备”被列入国家发展改革委、环保部、科技部、工信部等四部委联合发布的《2012年第13号“国家鼓励的循环经济技术、工艺和设备名录（第一批）”公告》，确定为废旧轮胎橡胶生产再生胶关键脱硫技术生产方式的转变。

到2012年末，除了国内近百家企业应用外，还被引进到泰国、越南、韩国、加拿大等国家的再生胶和塑化胶粉生产应用中。同时，江西国燕高新材料科技有限公司、南通回力橡胶有限公司、江阴迈森金属制品有限公司等多家企业已展开对“硫化橡胶粉常压连续脱硫成套设备”的进一步完善，“硫化橡胶粉常压连续脱硫成套设备”在胶粉、再生胶企业的应用和设备厂家的广泛研究，其安全、环保和改变再生胶脱硫方式，在行业中已经得到普遍认知。

2012年9月2日，中日合作城市废弃物利用体系建设专家工作座谈会在京召开

三、发挥行业协会作用 积极开展工作

2月29日、9月2日，国家发改委、中国社会科学院和发改委聘请的日本专家就中国的废旧轮胎产生与回收内容，邀请协会专家参与“废

旧轮胎回收利用国家政策研讨”，就废旧轮胎回收利用政策提出了积极多项建议。在国家相关部委进行的废橡胶循环经济项目评审上，邀请行业专家分别参加了工信部《工业固废综合利用先进适用技术目录》、国家发改委“双百工程”、江苏发改委“城市矿产”示范试点工程、国家发改委“资源节约和环境保护2013年中央预算内投资备选项目”以及北京工业大学工程院“废弃高分子材料综合利用战略研究项目”等内容评审。

2月，在常州召开的八届二次理事会暨专家组工作会议上，根据欧盟REACH法规对多环芳烃的限量要求，再次强调在再生胶软化剂中淘汰煤焦油，选择符合欧盟指标要求的环保型软化剂作为再生胶的替换材料；强调行业发展“环保型再生胶”的重要性和必要性，坚持无害化回收、环保型利用，配合绿色橡胶工业发展。

3月，在青岛举办的“2012中国橡胶年会暨中国橡胶工业展”上，中国橡胶工业协会推出了11家再生胶生产企业的环保型再生胶和南通回力“南回”牌丁基再生胶入围协会推荐品牌，环保型再生胶的生产与应用已经成为趋势。8月23日，通过企业申报、专家审核等程序，中国橡胶工业协会推荐首批“环保型再生胶助剂”。

8月，山东省废旧橡胶产业技术创新战略联盟在莱芜市福泉橡胶有限公司牵头联合众多企业成立，对推动各地废旧橡胶产业技术创新战略联盟的组建起到示范作用。同月，在成都召开了全国常压连续脱硫技术交流研讨会暨专家组工作会议，通过会议交流和工厂参观，对产业转型、产品升级以及硫化橡胶粉常压连续脱硫工艺技术有了进一步认识；

9月4日，中国橡胶工业协会授予四川亚西橡塑机器有限公司“中国橡胶循环利用装备研发制造基地（四川•亚西）”称号。9月18日到28日，中国橡胶工业协会首次组织废橡胶综合利用企业前往欧洲，考察欧洲的废橡胶综合利用企业。

10月31日至11月8日，废橡胶综合利用行业结合国家颁布的《废轮胎综合利用行业准入条件》中开展企业在职人员的教育培训要求，与天津市橡胶工业研究所、天津工贸学校在蓟县成功举办了首期“废橡胶综合利用行业技术骨干培训班”。

11月份，协会对常压连续脱硫工艺与设备的应用现状进行了调研。11月13日，协会专家考察了吐鲁番国星工贸责任有限公司研发的“智能化环保型常压中温橡胶塑化机”。

废橡胶资源综合利用是我国经济和社会发展的一项长远的战略方针，目前废橡胶综合利用行业，一方面，随着橡胶工业的持续发展和轮胎、力车胎、管带、胶鞋、橡胶制品等橡胶行业对橡胶资源的强硬需求，为废橡胶综合利用行业创造了较大的发展空间；另一方面，废橡胶综合利用行业和企业又身处十分复杂的国内外环境，生产成本不断上升、经济效益不稳定、利废产品、工艺、装备均处在转型中，资金投入较大、技术创新能力较弱，还要应对国际上再生胶产品返销冲击国内市场等等，这些对废橡胶综合利用行业发展将是严峻的挑战和考验。

随着“十八大”精神贯彻，我国将由建设小康社会成为小康社会，城乡建设城市化的过程将加快，将推动汽车工业发展，在《废轮胎综合利用行业准入条件》、《废旧轮胎综合利用行业准入公告管理暂行办法》的贯彻落实中，废橡胶综合利用行业的利废产品环保质量将进一步得到提高。伴随中国橡胶工业做优做强的强硬发展趋势，橡胶工业对价廉物美的胶粉、再生胶强硬需求，预测2013年我国再生胶、胶粉产量将会得到进一步稳步发展。

不可忽视的是由于我国尚未建立生产者责任延伸制，废旧轮胎回收与利用的国家政策还没有与国际接轨，国家对废旧轮胎与废旧橡胶还没有建立一个完善的回收利用体系，从事废旧轮胎回收的从业者均处在政府监管之外，受利益驱动废旧轮胎橡胶走私和土炼油等有害化使用还非常猖獗，将直接影响到我国废橡胶综合利用行业的可持续健康发展。

目前，国外在华轮胎生产企业在全世界基本都要缴纳废旧轮胎回收处置费，唯独在中国不但不缴纳废旧轮胎回收处置费，还将废旧轮胎作为物资卖给回收个体，并且采用招标，价高者得的模式；同样我国轮胎产量的40%出口，这些轮胎出口企业将轮胎销售到世界各地，也需要向世界各地缴纳废旧轮胎回收处置费，而唯独在中国本土不缴纳废旧轮胎回收处置费，这种国内外废旧轮胎回收处置费的反差，随着国民生活水平的提高和社会保障体系的建立，将会直接影响到我国废橡胶综合利用行业的可持续健康发展。

随着我国汽车保有量的增加，我国每年的废旧橡胶、废旧轮胎的产生量都在1000万吨以上，因此，建设美丽中国，严禁废旧轮胎进口，推动我国生产者责任延伸制的建立是与国际接轨，是确保我国废旧轮胎回收与利用规范的保证，需要在国家政策的引导下，轮胎生产者、轮胎销售者、轮胎进口者、轮胎使用者应当共同担负起这种义不容辞的社会责任。

（撰 稿：曹庆鑫，中国橡胶工业协会废橡胶综合利用分会）

2012拆船业循环经济

中国拆船协会

一、2012年拆船业发展循环经济概况

2012年，全球经济复苏乏力，造船市场继续萎缩，航运市场持续低迷，运费不断下挫，加之燃料油价格、人工费用高企，船东经营持续恶化，报废船舶数量不断增加。我国拆船行业密切跟踪国际、国内经济发展的趋向，抓住老旧船舶加速淘汰的机遇，按照绿色拆船基本要求，积极为国家更多地循环利用国内外废钢船资源。

据统计，2012年会员拆船企业（下称：拆船企业）共计采买国内外各类废钢船340艘，计255万轻吨，采买吨位同比增长13.3%；成交进口和国内废钢船平均价分别为每轻吨399.8美元和2349.27元人民币，与去年同期相比分别下降10.3% 和18.8%；成交废钢船数量仅次于历史最高的2009年（429艘,310万轻吨），废钢船拆解量稳居世界拆船国前列；贸易额超过62亿元人民币；上交关税和进口环节增值税约12亿元人民币，贸易额和上交税款与上年基本持平，属历史较高水平。

2000-2012年采买并拆解国内外废钢船量走势图

（单位：万轻吨）

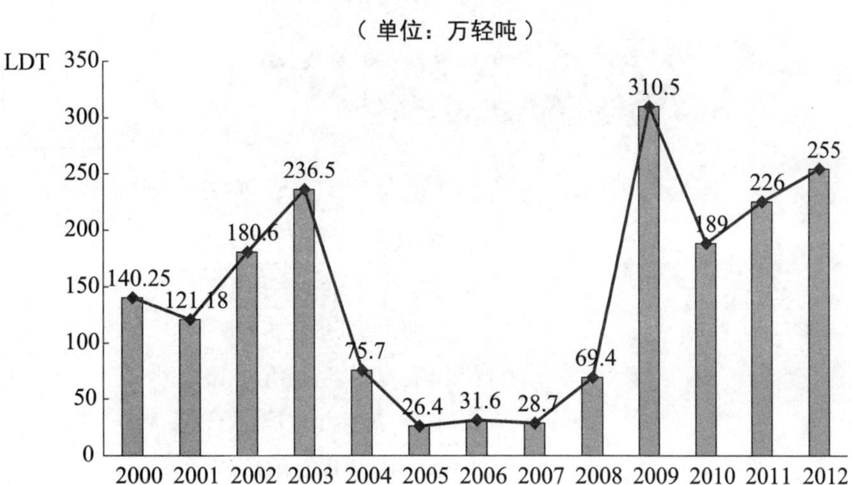

2012年进口废钢船平均价格走势图

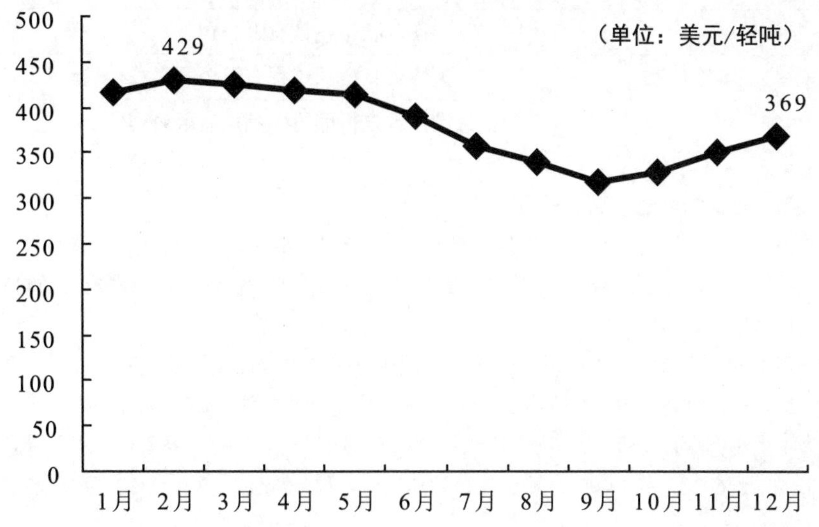

废钢船资源循环利用回收品种比例图

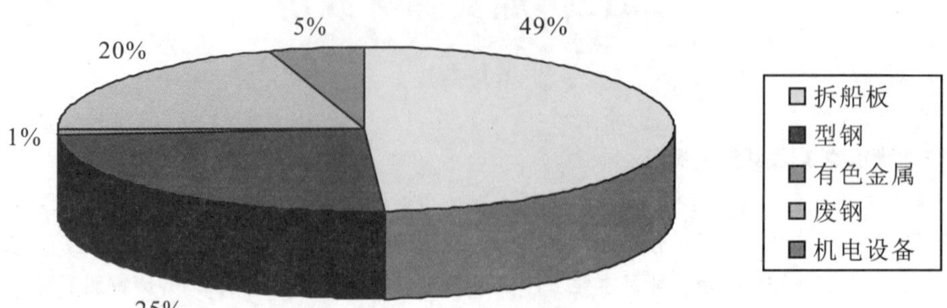

2012年国内相关省市拆船数量分布

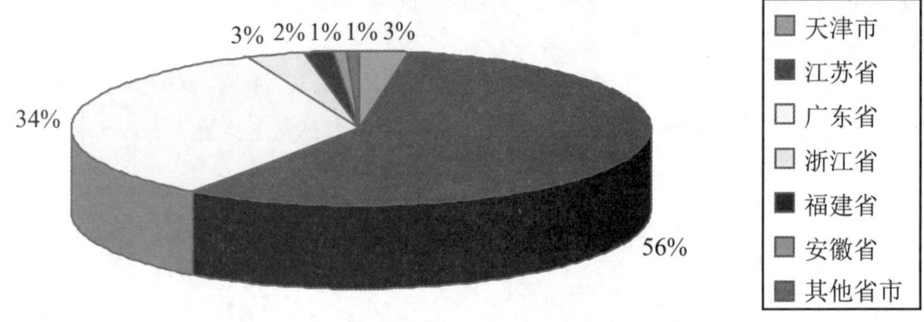

2012年采买循环利用废钢船数量前十名企业名单

排名	企业名称
1	江阴市夏港长江拆船厂
2	江门市新会双水拆船钢铁有限公司
3	江门市中新拆船钢铁有限公司
4	靖江市新民拆船有限公司
5	江门市银湖拆船有限公司
6	靖江市敦丰拆船有限公司
7	泰州市伟业拆船轧钢有限公司
8	江苏长荣钢铁有限公司
9	天津天马拆船工程有限公司
10	张家港市五友拆船再生利用有限公司

（一）循环利用大量废钢船再生资源

据测算，2012年拆船企业回收并循环利用金属资源预计230万吨，其中，回收利用拆船板材113万吨；型材及废钢103万吨；各类机电设备11万吨；有色金属2.3万吨。2012年是我国拆船业循环利用金属资源数量较多的年份。

（二）为节能减排做出贡献

拆解废钢船可获得大量规格整齐、少杂质、无放射物的废钢等资源，而废钢是铁矿石唯一可替代的优质钢铁原料。钢铁企业多用废钢，少用铁水，既有利于保护资源，又有利于节约能源、减少环境污染、促进资源的可持续发展。以转炉炼钢法为主的炼钢厂，提高炉料中的废钢比，是降低铁矿石消耗的有效途径。据测算，与使用铁矿石相比，用废钢炼钢可节约能源60%、节水40%，减少排放废水76%、废气86%、废渣72%。换算成实物量每用1吨废钢

可减少炼铁渣0.35吨，尾矿2.6吨，加上烧结焦化产生的粉尘，约减少3吨固体废物的排放。多“吃”废钢，具有巨大的节能减排效益。

2012年，我国拆船行业回收循环利用了大量废钢等资源，并为国家节能减排做出了贡献。据测算，2012年拆船业回收的各类废钢资源约216万吨。拆船废钢如全部用于钢厂回炉炼钢，预计可为国家节约铁矿石678万吨，节约226万吨焦炭，减少2626万吨废水排放，减少1285万吨固体废弃物排放和5.1万吨二氧化硫排放。我国拆船业发展对我国环境保护和资源循环再利用效果显著。

（三）重视环保投入，规范管理

2012年，拆船企业认真贯彻落实国务院《船舶工业调整和振兴规划》和商务部等八部委《关于规范发展拆船业的若干意见》，建立规范的管理体系，加强安全环保和职工健康工作。截至年底，通过ISO9001质量管理体系、ISO14001环境管理体系和OHSMS18001职业健康与安全管理体系三项认证有15家；通过ISO14001环境管理体系和OHSMS18001职业健康与安全管理体系两项认证有8家。

拆船企业对环保安全投入进一步加大，健全各项规章制度，完善安全环保设施，优化拆解技术和工艺，关注职业健康，保护职工合法权益。据统计，20全年拆船企业在环保安全方面投入的资金约1800万元人民币。

（四）倡导绿色拆船，扩大国际影响

1. 举办国际研讨会。2012年5月，中国拆船协会与国际海事组织（IMO）联合在北京共同举办了“尽早实施《香港拆船公约》技术标准研讨会”。来自欧盟委员会、欧盟议会及欧盟驻华代表处、国际海事组织和法国、丹麦、挪威、希腊、德国政府机构、船东协会以及波罗的海海事公会、国际独立油轮船东协会、国际航运商会和德国劳氏集团的官员、专家和代表专程莅会。通过会议和参观，介绍了中国政府对拆船业发展的管理情况，宣传展示了我国船舶安全环保拆解的水平和能力。欧盟官员也介绍了制定新拆船法案情况。研讨会期间，我国交通运输部、环境保护部和中国拆船协会与欧盟就有关香港拆船公约实施、开展欧盟绿色拆船和授权等事宜举行了双边会谈。

2. 开展技术交流与合作。经协商，中国拆船协会与德国劳氏集团（GL）签订合作谅解备忘录，旨在拆船技术交流、人员培训等方面开展合作和交流。

3. 访问欧盟委员会和议会，推介宣传，表达意见。2012年10月，中国拆船协会组团欧盟委员会、欧盟议会、德国交通部、非政府组织（NGO）和德国、挪威船东协会等机构。推介宣传中国拆船行业、企业，就香港拆船公约、欧盟新拆船法案批准与实施，法案中有关适用范围、拆船厂的必要条件和授权，以及船舶拆解监管、建立拆船补贴和基金等问题彼此交换了意见，表达了我方立场。也得到了有关方面的理解和支持，取得了良好效果。

4. 协办、参加国际论坛。2012年5月，中国拆船协会配合中国钢铁工业协会等，在北京举办了第五届中国金属循环应用国际研讨会。3月，参加新加坡TredeWinds拆船论坛。此外，协会还与ISRA、ClassNK以及美国、德国、挪威和中国香港的船经纪、现金买家和专业机构等加强信息和技术上的交流，寻求商贸技术等方面的合作意向。

二、循环经济试点企业的发展状况

江门市新会双水拆船钢铁有限公司成立于1984年8月，是拆船行业首批列入国家循环经济的试点单位，是国内拆解规模较大、拆解速度较快的一家重点拆船企业。经过30年的发展，公司从单一的拆船企业转变为集拆船、拆船废钢加工铸造箱角、轧制型钢、生产无缝钢管和管桩端板于一体的综合型企业。

该公司自2005年成为国家首批循环经济试点企业以来，按照国家发改委批准的《循环经济试点工作实施方案》，充分利用拆船废钢资源，大力推进企业内循环、地域小循环、社会大循环的“三大循环”体系，形成“拆解—加工—资源再利用”的合理产业链，取得了显著的经济效应和社会效益，并体现了“资源—产品—废弃物—再生资源”的循环经济发展模式。公司利用废钢生产箱角年均120万套（折合废钢11万吨/年）、集装箱内角柱及各类规格型材20万吨、各种规格的无缝钢管10万吨；年拆解加工各类再生资源能力100万吨左右，深加工利用率为35%左右，近五年来为国家提供钢铁资源500多万吨，铜、铝等有色金属材料3.5万吨。

2012年，该公司大力发展循环经济，累计拆解废船38艘，拆解废船轻吨位同比增长19.8%。获取可轧材钢板543913吨、管型材和废钢24046吨、有色金属15121吨。利用废钢生产集装箱箱角件达到744635套（折合吨钢68506吨）、轧制集装箱角内柱（型钢）46835吨，生产管桩端板22954吨和无缝钢管37895吨。公司充分利用拆船废钢大力发展循环经济，提高了废钢深加工率和附加值。

该公司还开展了多项重点建设项目：一是按照国家工信部的标准要求，建设年处理量30万吨的废钢配送加工基地；二是开发湖南株洲车辆厂的火车配件铸件产品市场，并开发电涡流缓速器的铸钢件，开发热轧法兰项目，提高产品附加值；三是与广东南粤集团、澳思实业公司合作成立广东南粤生态环境科技有限公司，将废旧汽车、摩托车、家用电器集中处理，开展拆解、深加工等循环利用业务，将形成拆解废旧汽车30万辆和拆废旧家电5万吨的能力；四是积极争取“城市矿产”立项审批，构建便利的“城市矿产”资源的综合利用网络，进而形成有效的“生态循环经济产业链”。

2003年，该公司通过ISO14001环境管理体系和OHS18001职业安全健康管理体系认证，成为我国拆船行业首家同时荣获两证的企业；2009年，公司获得中国拆船协会AAAA级绿色拆船企业称号；2011年，通过广东省清洁生产审核验收；2012年，被中国废钢铁协会授予“废钢铁加工配送中心示范基地”称号。2013年，被工业和信息化部批准为第一批符合《废钢铁加工行业准入条件》的企业。

2012年，该公司实现工业总产值29.5亿元，工业增加值7.7亿万元，上交利税近亿元。企业综合经济效益和对社会的贡献稳步增长。

三、拆船业发展循环经济的展望

“十二五”是拆船行业实现规范、稳健发展的关键时期。“十二五”期间拆船行业发展循环经济的任务艰巨，主要应做好以下几方面工作。

1.加强行业建设,实现规范发展。要认真贯彻落实国家八部委《关于规范发展拆船业的若干意见》，协助制订拆船业准入条件，实行定点拆解；规范废船拆解安全环保要求，制订行业标准和规范；抓好产业定位，提升产业进步。

2.强化行业自律，提高企业管理水平。倡导绿色拆船，开展清洁生产；提高拆船业节能减排能力；加大人员培训力度，提高队伍整体素质；引导拆船企业建立质量管理、环境管理和职业安全健康管理体系；落实新发布《拆船业行规公约》的要求，推进履行社会责任，逐步建立行业诚信信用体系；确立考核拆船企业发展循环经济的指标体系；继续推动创建“绿色拆船企业”活动，做好绿色拆船企业评审认定工作。

3.研究拆船业的可持续发展。坚持发展循环经济理念，研讨拆船业发展循环经济的基本模式；协助研究废钢船定点拆解政策，运用经济手段引导废钢船的绿色拆解；鼓励拆船企业加大对下游产品的开发力度。

4.积极推动拆船业发展循环经济。根据国家发改委《产业结构调整指导目录（2011年）》要求，研究开发拆船物资设备及零部件的深加工和再制造；建设有利于拆船业发展的平台和网络体系；加大国内外废船拆解物资的循环利用力度，提高废船资源的综合利用水平。

5.落实产业政策，淘汰落后拆船方式。这是实现绿色循环经济发展战略的必要措施。要彻底淘汰落后的“废旧船舶滩涂拆解工艺”，抓紧技术改造，杜绝环境污染，推广绿色拆船工艺和规范，进一步提升拆船业的环保安全水平。

总之，拆船行业只有按照国家发展循环经济的方针和绿色发展的要求，积极应对国内外经济形势的新变化、新特点，抓住机遇，自强不息，才能稳定、健康和可持续发展。

(撰稿：管建军，中国拆船协会)

2012年中国循环经济综述

《中国循环经济年鉴》编辑部

循环经济是实现资源节约、环境保护、经济增长有机统一的经济发展模式，其原则是减量化、再利用、资源化和减量化优先，实质是节约、低碳、生态、环保，核心是资源高效利用和循环利用，目标是建设资源节约型、环境友好型社会，增强可持续发展能力。大约在1998年，我国开始引进循环经济理念。从引入理念、开展理论研究到大规模宣传和实践，并上升到国家发展战略和立法，纳入“十一五”、“十二五”规划纲要，前后只有10多年时间。特别是党的十八大报告把循环发展与绿色发展、低碳发展共同确定为我国经济社会可持续发展的基本路径。这充分表明，全国上下对加快循环经济发展已形成全面共识，并使其成为中国经济发展的一个普适模式，已经在生产和生活的所有领域深入开展，并取得了巨大成就。“十五”、“十一五”以来，通过发展循环经济，我国单位国内生产总值能耗、物耗、水耗大幅度降低，资源循环利用产业规模不断扩大，资源产出率有所提高，初步扭转了工业化、城镇化加快发展阶段资源消耗强度大幅上升的势头，促进了结构优化升级和发展方式转变，为保持经济平稳较快发展提供了有力支撑，为改变“大量生产、大量消费、大量废弃”的传统增长方式和消费模式探索出了可行路径。2012年通过加强领导、编制和颁布专项规划、深入开展示范试点、建设和完善法规政策体系、强化技术标准支撑、加强宣传和国际合作，促使循环经济又取得了新的进展。

一、党和国家持续倡导和推进循环经济发展

2012年11月8日，中共中央总书记、国家主席胡锦涛在题为《坚定不移沿着中国特色社会主义道路前进 为全面建成小康社会而奋斗》的中国共产党第十八次全国代表大会上的报告中，把大力推进生态文明建设纳入社会主义现代化建设总体布局，与经济建设、政治建设、文化建设、社会建设统一起来，成为五位一体；着力推进绿色发展、循环发展、循环经济发展，建设美丽中国，实现中华民族永续发展。3月9日，中央政治局常委、全国人大委员会委员长吴邦国在向十一届全国人大五次会议作全国人大常委会工作报告中强调，坚持不懈地推进节能减排，强化法律规范、政策引导，加强重点领域节能减排和生态保护，坚决淘汰落后产能，严格控制高耗能高污染产业盲目扩张，促进清洁生产，发展绿色产业和循环经济，完善生态补偿机制，推动经济增长建立在可持续发展的基础上。国务院总理温家宝3月5日在全国“两会”所作的《政府工作报告》中，强调“深入贯彻节约资源和保护环境基本国策。开展节能认证和能效标识监督检查，鼓励节能、节水、节地、节材和资源综合利用，大力发展循环经济”。

按照中央部署和“十二五”规划纲要，国家各有关部委和各省市区加强领导，大力发展循环经济。

国家发展改革委2011年12月10日印发《“十二五”资源综合利用指导意见》和《大宗固体废物综合利用实施方案的通知》，提出了“十二五”资源综合利用工作的指导思想、基本原则、主要目标、重点领域以及政策措施，同时提出了在工业、建筑业和农林业等领域选择产生堆存量大、资源化利用潜力大、环境影响广泛的固体废物编制实施方案。2012年4月9日至10日，国家发展改革委在昆明召开全国发展改革系统资源节约和环境保护工作会议在昆明召开。国家发展改革委副主任解振华同志出席会议并做了题为《统一思想 狠抓落实 扎实推进资源节约和环境保护工作》的工作报告，把壮大循环经济，努力提高资源产出率作为重点工作进行部署。6月8-10日，首届“中国再生资源产业发展高峰论坛”在青岛举行。国家发改委解振华副主任发表了题为“加快建设城市矿产示范基地，促进再生资源产业化发展”的主旨讲话。资源再生利用是循环经济的重要组成部分。解振华提出从建立起先进完整的再生资源回收体系、规模化利用、高值化利用、建立完善的环保设施四个方面推动再生资源产业发展，树立再生资源产业化发展新形象。2013年4月17日国家发展改革委、教育部、工业和信息化部、环境保护部、商务部、工商总局、质检总局、国管局、全国妇联发出《关于深化限制生产销售使用塑料购物袋实施工作的通知》，要求加大宣传力度，大力营造绿色消费氛围；加强执法，开展全面监督检查；修订相关法规，完善政策保障体系，为巩固和扩大“限塑令”成果。

商务部姜增伟副部长2012年4月10~11日赴黑龙江省哈尔滨市调研再生资源回收体系建设情况。调研期间，姜增伟副部长组织召开座谈会，听取省、市商务主管关于相关工作情况的汇报，并实地考察了中顺汽车产业园、再生资源回收站点和黑龙江省中再生资源开发有限公司，流通发展司向欣司长陪同调研。

4月19日，商务部办公厅发出《关于开展再生资源回收体系建设项目督查工作的通知》，称：为加强对再生资源回收体系建设项目监管，确保试点项目顺利推进并达到预期成效，决定自2012年4月中旬起，组织对再生资源回收体系建设项目进行督查。8月16日，商务部、国务院机关事务管理局在石家庄举行部分省市公共机构废旧商品回收体系建设签约仪式，要求各级公共机构开展废旧商品回收体系建设工作。签约仪式上，河北、辽宁、吉林、安徽、江西、山东、湖北、重庆等8个省市分别与当地废旧商品回收企业签署合作协议，协议双方将在本地区合作推动公共机构废旧商品回收体系建设工作，开展废纸、废塑料、危险废弃物、废弃电器电子类资产等废旧商品的分类收集和科学处理。

12月27日 商务部流通发展司在北京召开废旧商品回收体系建设部际联席办公室会议。会议总结了2012年各部门开展废旧商品回收体系工作情况，并就2013年拟开展的重点工作安排进行了充分讨论。会议由商务部流通发展司王旭斌副司长主持。发展改革委、教育部、科技部等各成员单位办公室成员参加会议。

6月28日，商务部在北京召开废旧商品回收体系电视电话会议，贯彻落实《国务院办公厅关于建立完整的先进的废旧商品回收体系的意见》（国办发[2011]49号）精神，落实重点工作任务分工，研究部署下一步工作。商务部副部长姜增伟出席会议并讲话，发展改革委、工业和信息化部、财政部和环境保护部等部门出席会议。各省、自治区、直辖市、计划单列市及新疆生产建设兵团商务、发展改革、工业和信息化、环境保护、财政部门负责同志在各地分会场参加了会议。姜增伟强调，各部门应以贯彻落实废旧商品回收体系分工方案为契机，着重推动以下几个方面工作：加强组织领导，形成废旧商品回收体系建设工作的合力；认真落实49号文件的分工方案，营造良好的政策环境；围绕重点领域和关键环节，全面提升废旧商品回收利用水平。争取到“十二五”期末，初步建立起完整先进的废旧商品回收体系，全国重点品种回收率达到70%以上。

废旧商品回收利用是供销合作社的传统主业。进入21世纪，供销合作社系统通过深化改革、加快发展，特别是近年来大力推进“新网工程”建设，废旧商品回收利用行业重新焕发出生机，呈现出良好的发展态势。目前，全系统有县及县以上废旧商品回收利用企业2000多家，销售额1亿元以上企业200家；各类废旧商品交易市场613家，交易额1亿元以上的市场32家；专业回收网点15万多个，从业人员100多万人，年回收总额达1500亿元以上，占社会回收额的50%以上。

2012年5月10日，全国供销总社出台了《关于加快推进供销合作社废旧商品回收利用体系建设的意见》，提出按照国办49号文件要求，发挥供销合作社在废旧商品回收利用领域的传统优势，统筹规划、合理布局、分类推进、加强联合、有效整合、改造和提升系统现有回收利用网络资源，进一步巩固回收基础、扩大加工能力、提升技术水平、做强龙头企业、完善行业管理、推进产业化进程，尽快形成村镇和城市社区有回收网点、重要集散地有分拣中心、资源富集区有产业园区的一体化网络体系，在建立我国完整的先进的废旧商品回收体系中发挥主导作用。到“十二五”末，供销合作社全系统废旧商品回收总额占全社会回收总额的比重达到60%以上，在80%以上的城市社区设立规范化的回收站点，80%以上的废旧商品实现规范化的交易和集中处理，培育年收入超50亿元的大型龙头企业10家，建立功能齐备、设施先进的废旧商品集散市场1000个。基本构建起基础回收网络、分拣加工中心或集散市场与产业基地三级层次分明，回收、加工、利用三个环节有机链接，覆盖面广、功能完善、技术先进、高效利用、生态环保的供销合作社再生资源现代回收利用体系。

二、以规划引领，目标明确 ，措施得力

（一）《国家“十二五”规划纲要》专章规划“大力发展循环经济”，首次提出“提高资源产出效率提高15%”的目标

2011年3月14日，全国人大十一届四次会议通过的《中华人民共和国国民经济和社会发展第十二个五年规划纲要》单列“大力发展循环经济”一章。《纲要》提出，按照减量化、再利用、资源化的原则，减量化优先，以提高资源产出效率为目标，推进生产、流通、消费各环节循环经济发展，加快构建覆盖全社会的资源循环利用体系。推行循环型生产方式；健全资源循环利用回收体系；推广绿色消费模式；强化政策和技术支撑。“纲要”着重提出了循环经济七大重点工程，并首次提出将资源产出率作为循环经济重要评价指标，并明确到“十二五”末提高15%的目标。

（二）国务院印发《“十二五”节能减排综合性工作方案》，要求循环经济从六个方面突破

2011年8月31日，国务院印发《“十二五”节能减排综合性工作方案的通知》，要求加强对发展循环经济的宏观指导，全面推行清洁生产，推进资源综合利用，加快资源再生利用产业化，促进垃圾资源化利用，推进节水型社

会建设。“通知”提出了编制全国循环经济发展规划、清洁生产推行等规划，深化、实施各项示范试点等具体政策措施，并提出了两个数字目标：到2015年，工业固体废物综合利用率达到72%以上，实现单位工业增加值用水量下降30%。

（三）编制和出台我国第一部循环经济“十二五”规划

2011年1月28日，国家发展改革委印发《关于印发<循环经济“十二五”规划编制指南>的通知》，标志着我国第一部循环经济“十二五”规划编制工作也全面启动。此后，国家发改委组织全国各相关领域的专家学者，分42项专题，用了一年多的时间进行调查研究，形成了国家“十二五”循环经济发展规划初稿，又经过广泛征求意见，历经半年多的反复修改完善。

2012年12月12日，国务院总理温家宝主持召开国务院常务会议，研究部署发展循环经济。会议讨论通过《“十二五”循环经济发展规划》，明确了发展循环经济的主要目标、重点任务和保障措施。（一）构建循环型工业体系。（二）构建循环型农业体系。（三）构建循环型服务业体系，推进社会层面循环经济发展。（四）开展循环经济示范行动，实施示范工程，创建示范城市，培育示范企业和园区。2013年1月以《循环经济发展战略及近期行动计划》（以下简称《行动计划》）的形式正式颁布执行。

《行动计划》提出重要的抓手是实施“十百千”示范工程。“十”是十大工程，“百”是百个循环经济示范市县，“千”是千家循环经济示范企业和园区。其目的是在全国范围内推广循环经济典型模式，构建循环经济产业体系。“十”是指十大示范工程，包括：资源综合利用示范工程、产业园区循环化改造示范工程、再生资源回收体系示范工程、“城市矿产”基地建设示范工程、再制造产业化示范试点工程、餐厨废弃物资源化利用和无害处理示范试点工程、生产过程协同资源化处理废弃物示范工程、农业循环经济示范工程、循环型服务业示范工程、资源循环利用技术产业化示范和推广工程。

“百”是指百个循环经济示范城市（县），就是选择100个左右城市（县），示范在全部行政管辖范围内实现循环化发展，并与管辖区外实现物质流科学循环管理的模式与运行机制，示范城市（县）要全面推行循环型生产方式和绿色消费模式，率先构建起覆盖全社会的资源循环利用体系，资源产出率提高超出全国平均水平，探索实现经济发展模式向循环化转型发展经验。

“千”是指千家循环经济示范企业（园区），就是选择1000家不同行业不同类型的骨干企业或园区，在示范企业内部或园区范围内实现基于循环型基础设施建设的物质资源循环利用模式，使资源产出率、土地产出率、单位产值能耗、物耗、水耗、产业废弃物综合利用率、工业用水重复利用率等指标达到国内领先水平和国际先进水平。

循环经济“十百千”示范行动，将以试点示范主体自主投资为主，各级政府通过现有政策和资金渠道给予必要的资金支持，重点支持相关公益性基础设施、公共服务平台、重点项目、能力建设、关键共性技术产业化示范及推广应用等。引导金融和投资机构投向循环经济重大工程。鼓励企业通过自有资本、银行贷款、上市融资、发行债券等方式实施循环经济重大工程。

《行动计划》提出了8个方面的保障措施。一是要完善国家促进循环经济政策，具体包括产业、投资、价格和收费、财政、税收、金融等方面的支持政策。二是健全法规和标准，完善《循环经济促进法》相关配套法规规章，研究制定限制商品过度包装条例、循环经济发展专项资金管理办法、汽车零部件再制造管理办法等，建立健全循环经济相关标准和计量检测体系。三是加强循环经济管理和监督，实行生产者责任延伸制度，加强循环经济管理，探索市场化管理机制，加强监督检查。四是强化循环经济技术和服务支撑，加快共性关键技术开发，加大技术装备产业化示范，加快先进适用技术推广应用，健全循环经济服务体系。五是建立循环经济统计评价制度，建立统计核算制度和数据发布制度，制定循环经济评价指标体系，把资源产出率作为评价循环经济发展成效的综合性指标，加强统计能力建设。六是强化循环经济宣传教育和人才培养，普及循环经济知识，宣传典型案例，推广示范经验，在全国建设一批循环经济教育示范基地，把循环经济理念和知识纳入基础教育、职业教育和高等教育相关课程。七是加强循环经济交流与合作，利用各种国际交流平台，创新合作方式，宣传循环经济理念和模式，建设中日韩循环经济示范基地，共同推动绿色发展。八是加强循环经济组织领导，国务院建立健全发展循环经济组织协调机制，研究有关重大问题，部署重大任务，把握实施进度和效果，进行定期监督检查。

（四）部署园区循环化改造

2012年3月21日，国家发展改革委、财政部联合发布《关于推进园区循环化改造的意见》（下简称《意见》），就推进园区循环化改造进行部署。《意见》提出了“十二五”期间园区循环化改造的目标：一是50%以上的国家级园区和30%以上的省级园区实施循环化改造；二是培育百个国家循环化改造示范园区，示范、推广一批适合我国国情的园区循环化改造范式、管理模式；三是循环化改造后园区的主要资源产出率、土地产出率大幅度上升，固体废物资源利用率、水循环利用率、生活垃圾资源利用率显著提高，主要污染物排放量大幅度降低，基本实现“零排放”。

（五）推出城镇生活垃圾无害化处理规划

2012年4月19日，国家发改委、住建部、环保部联合印发的《“十二五”全国城镇生活垃圾无害化处理设施建设规划》（以下简称《规划》）出台，为我国城市生活垃圾无害化处理设施建设提出发展要求。《规划》提出将加大无害化处理能力建设列为首项任务。“十二五”期间，全国城镇将新增生活垃圾无害化处理设施能力58万吨/日。同时，《规划》安排投资1730亿元用于无害化处理设施建设，占总投资额的65.6%。

（六）固体废物综合利用“十二五”规划出台

2012年3月2日，为贯彻落实《中华人民共和国国民经济和社会发展第十二个五年规划纲要》和《工业转型升级规划(2011-2015年)》的总体部署，落实国务院发展节能环保等战略性新兴产业的具体要求，全面推进我国大宗工业固体废物综合利用工作，提高综合利用水平，工业和信息化部发布《大宗工业固体废物综合利用“十二五”规划》。

（七）制定废物资源化科技专项规划

2012年４月１３日，科技部、发展改革委、工业和信息化部、环境保护部、住房城乡建设部、商业部、中国科学院等联合制定的《废物资源化科技工程十二五专项规划》印发。

（八）颁布绿色建筑和绿色生态城区发展规划

2012年4月24日，住房和城乡建设部公布《“十二五”绿色建筑和绿色生态城区发展规划》。《规划》提出选择100个城市新建区域按照绿色生态城区标准规划、建设和运行；2014年起，政府投资的党政机关、学校、医院、博物馆、科技馆、体育馆，直辖市、计划单列市及省会城市建设的保障性住房，以及单体建筑面积超过两万平方米的机场、车站、宾馆、饭店、商场、写字楼等大型公共建筑，将率先执行绿色建筑标准。同时，引导商品房执行绿色建筑标准，鼓励房地产开发企业建设绿色住宅小区，2015年起直辖市及东部沿海省市城镇的新建房地产项目力争50%以上达到绿色建筑标准。绿色建筑不仅指节能，土地资源的节约、水资源节约与循环利用，还包括材料使用的节约，比如在办公室使用旧的家具，垃圾的分类收集等，都是绿色建筑的范畴。此外，绿色建筑还是一个全生命周期的概念，绿色建筑考虑范畴包含前期规划设计、建造、运营以及拆除后的材料、垃圾的循环利用等。

（九）生物质能发展“十二五”规划联袂颁发

2011年11月，《可再生能源“十二五”发展规划》中附有《生物质能源专项发展规划》。《规划》提出的“十二五”期间生物质能源发展目标是：到2015年年底，生物质发电装机容量将达1300万千瓦，到2020年将达3000万千瓦，在2010年年底550万千瓦的基础上分别增长1.36倍和4.45倍。其中“十二五”末，农林生物质发电将达800万千瓦，沼气发电将达200万千瓦，垃圾焚烧发电将达300万千瓦。生物质固体成型燃料利用量将达1000万吨，生物质乙醇利用量将达350万到400万吨，生物柴油利用量将达100万吨，航空生物燃料利用量将达10万吨。

2012年12月28日，国家能源局印发的《生物质能发展“十二五”规划》提出，到2015年，生物质能年利用量超过5000万吨标准煤。其中，生物质发电装机容量1300万千瓦、年发电量约780亿千瓦时，生物质年供气220亿立方米，生物质成型燃料1000万吨，生物液体燃料500万吨。分析人士认为在国家大力发展新能源背景下，生物质能市场前景越发明朗。《规划》指出，到2015年，促进生物质能产业形成较大规模，在电力、供热、农村生活用能领域初步实现商业化和规模化利用，在交通领域扩大替代石油燃料的规模，生物质能利用技术和重大装备技术能力显著提高，出现一批技术创新能力强、规模较大的新型生物质能企业，形成较为完整的生物质能产业体系。据预计，到“十二五”末，生物质能产业将新增投资1400亿元，生物质能产业年销售收入可达到1000亿元，生物质能产业将初具规模，成为带动农村经济发展的新型产业。《规划》还承诺，对于生物质发电项目，继续给予优惠电价支持。对于新型生物质能技术研发及产业化示范项目，以及涉及农村生活用能的生物质能项目建设，中央财政给予资金支持。12月29日 国务院发出《关于印发生物产业发展规划的通知》（国发〔2012〕65号）。

同时，科技部发布《“十二五”生物技术发展规划》明确“十二五”期间生物能源技术主攻方向：大力发展非粮生物乙醇、生物柴油等生物能源产品相关关键技术和专用设备，研究开发微藻生物固碳核心关键技术，建立年固定二氧化碳总量超过万吨的工业化示范系统，率先在国际上首次实现微藻固碳的产业化，在“十二五”期间获得突

破性进展，并促使相关技术形成在全球范围内的领先地位。《规划》还提出，要“研究开发非粮生物乙醇、生物柴油、生物燃气、生物制氢等生物能源产品制造过程的共性关键技术和专用设备，以工业和城市生活废弃物为原料，建立生物能源产品的规模化生产技术示范”。2012年，全国农村能源建设成效显著，农村沼气发展迅速，沼气数量稳步增长、功能不断拓展、服务体系日益完善。目前，全国沼气用户已达4241.82万户，沼气工程9.2万处，年总产气量157.62亿立方米；农村太阳能热水器推广面积达到6801.8万平方米、太阳房2353.04万平方米，太阳灶220.72万台；推广省柴节煤炉灶炕1.77亿台，还开展了秸秆沼气集中供气、秸秆气化和秸秆固化成型示范。2012年，中央财政支持秸秆养畜项目资金1.44亿元，建设示范项目138个。全国饲用秸秆总量达到2.1亿吨，其中经青贮、氨化处理的秸秆9800万吨，秸秆处理利用率达到46.7%。农业部召开的全国秸秆循环农业现场会上透露，全国已累计建设秸秆固体成型加工点超过100处、年产成型燃料30万吨以上，秸秆沼气集中供气工程150多处，秸秆热解气化站近900处，生物质直燃发电项目40多个、总装机容量约82万千瓦。据测算，秸秆新型能源化开发利用量约640万吨。

（十）各省市区制定和实施循环经济专门规划

2012年11月，河南省政府印发了《河南省循环经济发展“十二五”规划》，《规划》总结回顾了“十一五”期间全省循环经济工作取得的成效，分析了“十二五”循环经济工作面临的形势和挑战，提出了工作目标和重点任务。《规划》确定“十二五”循环经济发展总体思路：突出“四个着力”，即着力发展循环经济新兴产业，着力抓好重点领域和关键环节，着力深化试点示范，着力创新循环经济发展模式和体制机制，优化资源利用方式，促进发展方式转变和消费模式转变，促进新型城镇化、新型工业化和新型农业现代化“三化”协调科学发展，促进人与自然和谐和经济社会可持续发展。把握“四个坚持”基本原则，即坚持优化布局，促进规模化发展；坚持示范带动，促进产业化发展；坚持创新引领，促进高端化发展；坚持政策引导，促进市场化发展。

江苏省编制印发了《江苏省工业循环经济“十二五”发展规划》，以项目为抓手，推进工业循环经济重点工程实施，利用省级专项资金支持74个项目实施。

广西壮族自治区相继实施了《广西循环经济发展“十二五”规划》、《广西战略性新兴产业“十二五”规划》、《广西再制造产业发展“十二五”规划》、《广西“十二五”清洁生产推行规划》、《广西环境保护和生态建设“十二五”规划》、《广西资源综合利用规划》等一批重点规划。通过规划引领和全局统筹，明确全面推进生态文明建设和促进循环经济发展的指导思想、发展目标、重点领域、重大项目、主要措施和政策保障等。

内蒙古自治区积极推进《内蒙古自治区“十二五”循环经济发展规划》编制工作，努力构建资源节约型和环境友好型社会，促进内蒙古经济社会又好又快发展。争取到2015年，实现初步建立起循环经济发展法规政策体系、科技支撑体系；培育一批循环经济试点示范企业、园区和城市，逐步形成以循环经济模式为核心的农牧业、工业、服务业新型产业体系，基本形成公众广泛参与的循环型发展的社会氛围；能源和资源保障能力提高，生态环境得到改善，资源利用水平显著提高，可持续发展能力增强，主要资源产出率比“十一五”末提高15%。

三、展开多元化、多层面的试点示范

（一）实施循环经济示范行动，推广循环经济先进典型和模式

2005年和2007年，经国务院批准，国家发展改革委，原国家环保总局，科技部、财政部、商务部、统计局等六部委组织开展了两批国家循环经济示范试点工作，试点范围涉及重点行业（企业）产业园区、重点领域以及省市，共计178家单位。示范试点工作开展以来，各地及各试点单位高度重视，制定了发展循环经济的实施方案和规划，推动了技术进步和节能减排，促进了新兴产业发展，在各自领域探索循环经济发展路径和模式，取得了良好的经济社会环境效益，为建设资源节约型、环境友好型社会发挥了重要作用。目前两批试点工作的试点期均已结束，2013年7月30日国家发展改革委、环境保护部 、科学技术部、工业和信息化部、财政部、商务部、国家统计局发出了《关于组织开展国家循环经济示范试点单位验收工作的通知》。

经过各方面的共同努力，涌现了一大批先进单位和模式。2012年8月16日，国家发展和改委发布关于全国循环经济工作先进单位备选名单的公示 。10月9日 国家发展改革委发出《关于表彰全国循环经济工作先进单位的通报》（ 发改环资[2012]3125号），称：各有关单位开拓创新，践行循环经济理念，涌现出一批发展循环经济的典型企业和园区。为表扬先进，树立典型，进一步推进生产、流通、消费各环节循环经济发展，加快构建覆盖全社会的资源循环利用体系，国家发展改革委决定将北京水泥厂有限责任公司等76个企业和园区确定为全国循环经济工作先进单位，并予以表彰。

2012年，青海省柴达木循环经济试验区实现工业增加值425亿元，西宁经济技术开发区实现工业增加值227.5亿

元，两个国家级循环经济试点产业园区占规模以上工业增加值的比重72.7%，已成为循环经济主战场和全省转变经济发展方式的领头羊，发挥了重要的示范带动作用。柴达木循环经济试验区、西宁经济技术开发区内的青海洁神环境能源产业有限公司两个国家级循环经济试点产业园区都被国家发展改革委评为全国循环经济工作先进单位。

同时，国家发展改革委总结了60种循环发展模式，标志着我国循环经济从节约环保手段上升为经济发展模式，由试点探路向示范推广转变；实施循环经济十大示范工程、资源综合利用示范基地、废旧商品回收体系示范城市、城市餐厨废弃物资源化利用等。湖北省先后组织开展了两批循环经济试点，共确定了65家企业、12个园区和5个县市为试点单位。建设了一批循环经济关键链接项目，区域、园区和企业的循环经济发展模式逐步建立。已经形成了以宜化、兴发为代表的化工循环经济发展模式，以武钢为代表的钢铁循环经济发展模式，以华新、葛洲坝为代表的建材循环经济发展模式，以格林美为代表的再生资源回收利用模式，以东风康明斯、千里马为代表的再制造发展模式。

在试点推动和先进典型、模式带动下，我国循环经济出现了深入发展的新局面。

（二）“双百工程”试点、示范

2012年3月27日，国家发改委发出通知开展资源综合利用“双百工程”建设的通知，决定开展资源综合利用“双百工程”建设，“十二五”期间将在全国重点培育和扶持百个资源综合利用示范工程（基地）和百家资源综合利用骨干企业，发挥示范引领作用，带动整体水平提升。根据“通知”，到“十二五”末，“双百工程”形成资源综合利用能力将超过2亿吨/年，占全国新增利用能力的30%。示范工程（基地）内的矿产资源总回收率与共伴生矿产综合利用率分别达到40%和45%以上；实现资源综合利用产值超过1000亿元，吸纳就业人员超过200万人，培育一批资源综合利用上市企业和具有国际竞争力的大型集团公司。

“双百工程”包括三大建设领域：一是矿产资源综合利用，即共伴生矿产及尾矿资源综合利用（煤层气发电除外）。二是产业废物综合利用，即煤矸石、粉煤灰、工业副产石膏、冶炼渣、建筑废物综合利用（煤矸石发电除外）。三是废旧资源综合利用。

“通知”明确，此次试点工作是在2010年基础上进行的，从当时的5个省（区、市）扩展到17个省（区、市），并有6个省在全行政区范围内开展统计试点。计划通过此次试点工作，进一步完善区域层面主要资源消耗量的统计指标、报表制度和核算方式，为建立循环经济“可量化、可操作、可考核”的评价考核指标体系奠定基础。这项省域层面的资源产出率核算工作在我国刚刚起步，在世界范围内也属于一项创举。

11月26日，国家发展改革委办公厅发出《关于印发资源综合利用“双百工程”示范基地和骨干企业名单（第一批）及有关事项的通知》（发改办环资[2012]3309号），要求高度重视，加强领导；精心组织，认真实施；加强督导，及时总结。至此，“双百工程”试点、示范正式展开。

（三）推进“城市矿产”示范基地建设，开展城市餐厨废弃物资源化利用和无害化处理体系建设试点

“城市矿产”是对废弃资源再生利用的形象比喻，是指工业化和城镇化过程中产生和蕴藏于废旧机电设备、电线电缆、通讯工具、汽车、家电、电子产品、金属和塑料包装物以及废料中，可循环利用的钢铁、有色金属、贵金属、塑料、橡胶等资源，其利用量相当于原生矿产资源。

2010年7月，国家发展改革委、财政部联合发文，在全国组织开展“城市矿产”示范基地建设。同年，天津子牙循环经济产业区等7个示范基地已率先开始建设，成效比较显著。2011年10月，国家发展改革委、财政部将上海燕龙基再生资源利用示范基地等15个园区确定为第二批国家“城市矿产”示范基地，批复了其建设国家“城市矿产”示范基地实施方案。2012年国家发展改革委批复了第三批7个示范基地，截至目前，国家发改委和财政部已经累计确定了三批共29个国家“城市矿产”示范基地，整体进展顺利。

11月19日国家发展改革委环资司和财政部经建司在湖南省长沙市召开“国家‘城市矿产’示范基地建设现场会”，总结几年来国家“城市矿产”示范基地建设经验，进一步推进示范基地建设工作。国家“十二五”规划纲要提出，要在全国建设50个左右国家“城市矿产”示范基地。中央财政设立了循环经济发展专项资金，累计安排近30亿元资金支持示范基地建设。河南省政府对长葛大周示范基地采取一系列政策措施，把示范基地打造成技术先进、环保达标、管理规范、规模利用、辐射周边的国家“城市矿产”示范基地，成立了省发展改革委主管领导为组长、财政厅主管领导为副组长，科技、工信、环保、商务等相关部门为成员的示范基地建设领导小组，制订了示范基地建设管理办法，对项目管理程序、资金拨付使用等进行了规范。截至2012年年底，“城市矿产”示范基地内3个行政村搬迁合并工作已经顺利启动，道路、供排水、天然气、电力供应等各项基础设施稳步推进，示范基地建设规划

实施的15个重点项目有12个已经开工建设，累计完成投资12.9亿元，占总投资的51.6%。为加快国家“城市矿产”示范基地广西梧州再生资源循环利用园区建设，梧州市引进市场机制，与广西置高投资发展有限公司签订土地开发和项目引进协议，解决示范基地开发初期资金短缺、项目落户难等问题。截至2012年底，示范基地已有入园企业71家，20家企业建成投产，完成固定资产投资63亿元，实现工业产值210亿元。基础设施基本完善，海关、检验检疫、污水处理厂、固废堆场等配套设施投入运行，并顺利通过国家环保部、海关总署、质量监督检验检疫总局三部委联合验收，成为全国第四家通过“圈区管理”验收的再生资源加工园区。

经过几年的建设，国家“城市矿产”示范基地已成为国家重要的资源供应地，29个示范基地形成每年约3500万吨的再生资源聚集加工能力，其中宁波金田产业园年回收利用49万吨再生铜，界首田营循环经济工业区年回收利用40万吨再生铅，已成为国家重要的再生铜和再生铅供应地。此外，通过建设国家“城市矿产”示范基地，吸引大批再生资源经营户和企业入园发展，实行污染物的集中治理、统一监管，实现了基础设施共享，土地集约利用，大大促进了产业集聚发展，提高了再生资源利用的水平，有效解决了分散经营状态下行业二次污染严重的问题，改善了当地的环境状况。12月3日，第一届“城市矿产”博览会在北京开幕。博览会以“开发城市矿产，发展循环经济”为主题，展示我国“城市矿产”示范基地和再生资源回收利用企业在促进循环经济发展，建设资源节约型和环境友好型社会中取得的重要成果，着力搭建提高我国“城市矿产”开发利用水平的交流合作平台以及产、学、研互动研讨平台。

（四）工业和信息化部开展资源节约型环境友好型企业创建试点和工业固体废弃物综合利用基地建设试点、机电产品再制造等试点

2012年2月13日，工业和信息化部、财政部科学技术部批复资源节约型环境友好型企业创建试点方案（工信部联节〔2012〕78号），要求试点企业要按照科学发展观要求，结合地区和行业发展规划以及企业实际情况，认真抓好试点实施方案的组织实施，确保试点工作取得实效。要切实加强领导，健全试点工作组织管理体系。对方案提出的目标、任务、重点工程逐一分解落实到具体承办单位和人员，积极落实试点工作需要的科研和建设资金等建设条件。各试点企业应于每年6月底和12月底前分别将上半年和年度试点工作进展情况通过地方工业和信息化主管部门或中央企业集团报工业和信息化部。

3月22日，工业和信息化部发出《关于印发工业循环经济重大示范工程（第一批）的通知》（工信厅节[2012]62号），称：为推动工业领域循环经济发展，加快形成资源循环利用产业模式，我部于2011年组织开展了工业循环经济重大示范工程推荐申报工作。经对各地区报来的备选示范工程进行评审和论证，我部确定了第一批23项工业循环经济重大示范工程，现印发你们供参考借鉴，并请有关地方工业主管部门定期向我部报告相关示范工程建设进展情况。

（五）商务部开展再生资源回收体系建设试点

从2006年开始，我国建立由商务部和发展改革委、公安部、建设部、工商总局、环保总局等部门有关司局参加的协调机制，已先后启动了两批再生资源回收体系建设试点，共确定了55个试点城市和11个区域性回收基地，其中试点城市已初步形成了社区回收网点、分拣加工中心、集散市场三位一体的回收发展模式。

2011年4月7日，商务部在上海召开全国再生资源回收体系建设现场会议，会上，商务部与2011年10个获得资金支持的试点城市政府主管领导及20个获得资金支持的回收利用基地所在地省级商务主管部门主管领导签订了责任书。

2011年4月11日，为加强对再生资源回收体系建设项目监管，确保试点项目顺利推进并达到预期成效，商务部办公厅印发了《关于开展再生资源回收体系建设项目督查工作的通知》，决定自2012年4月中旬起，组织对再生资源回收体系建设项目进行督查。主要开展项目自查和组织第三方督查，建立定期督查制度，每半年报送一次督查报告。2011年4月11日，为加强对再生资源回收体系建设项目监管，确保试点项目顺利推进并达到预期成效，商务部办公厅印发了《关于开展再生资源回收体系建设项目督查工作的通知》，决定自2012年4月中旬起，组织对再生资源回收体系建设项目进行督查。主要开展项目自查和组织第三方督查，建立定期督查制度，每半年报送一次督查报告。

2012年2月5日，商务部办公厅发出《关于确定第三批再生资源回收体系建设试点城市的通知》，同意河北承德等35个城市作为第三批再生资源回收体系建设试点城市。商务部办公厅 2012年6月28日发出《关于开展第三批再生资源回收体系建设试点工作的通知 》，启动第三批再生资源回收体系建设试点工作。北京市按照“规范站点、物流

配送、专业分拣、厂商直挂”的工作思路，在全市建成了由22家主体回收企业、15个分拣中心、近4700个回收站点构成的再生资源回收网络和体系，在300多个社会单位设置了分类回收架，提高了我市再生资源回收的覆盖范围和接收能力。

与此同时，交通运输部持续开展了低碳交通试点；住建部开展了绿色低碳建筑和低碳小城镇建设的试点示范；全国15个省（区、市）开展生态省建设，1000多个县（市、区）开展生态县建设，53个地区开展生态文明建设试点。这些试点的目标、任务和主要路径同样是循环发展、低碳发展和绿色发展。2012年3月，农业部会同国家发改委、财政部联合印发了《关于开展农业清洁生产示范项目建设的通知》，正式启动了第一批示范建设，优先在新疆和甘肃地膜使用面广、残留量大的地区，四川、河南和湖南生猪规模养殖区以及河北、山东和广西蔬菜主产区，以县市为单位，试点开展地膜回收利用、生猪清洁养殖、蔬菜清洁生产示范项目建设，同时加强农业清洁生产能力建设，积极解决农业生产过程中农业废弃物不合理处置、利用所造成的环境污染等问题。

（六）各地着力推进多种试点、示范

河北省：实施3255循环经济示范工程，努力培育3个示范市、20个示范县（市、区）、50家示范园区和50家示范企业，探索循环经济发展模式。一是成立领导机构强化组织管理。成立了由省政府主管副秘书长任组长，省发展改革委、省财政厅、省环保厅等14个省直部门为成员单位的3255循环经济示范工程领导小组，推动落实国家及省关于发展循环经济的工作部署，协调解决3255循环经济示范工程中的重大问题，为开展试点示范工作提供了有力保障。

吉林省：探索循环型农业体系建设。结合我省实际，开展了“种植——食用菌——养殖业——种植”、“种植——食品加工——养殖——种植”等农业循环经济产业链示范试点。

北京市：市级循环经济试点单位经过几年建设，循环经济工作取得积极进展。其中北京水泥厂、盈创再生资源等五家企业列为国家循环经济试点企业，北水协同处置废弃物、德青源生态农业循环经济发展模式入选国家典型模式案例。延庆县康庄镇农业循环经济示范项目加快建设，通过完善基础设施建设，完成循环经济发展的物理连接，

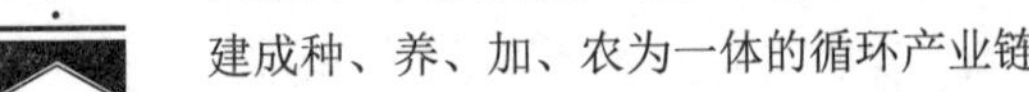

建成种、养、加、农为一体的循环产业链。

四川省：认真组织开展省级循环经济示范单位创建工作，确定了攀枝花市等2个循环经济示范市、成都市青白江区等9个循环经济示范县（市、区）、四川新津工业园区等22个循环经济示范园区、四川高宇集团有限公司等45家循环经济示范企业，充分发挥先进典型企业的示范引领作用。

山西省：在原有69个循环经济试点单位的基础上，增加循环经济试点企业数量，我委组织各市政府及省属企业积极申报，经过专家两次遴选，本着成熟一批、发展一批、动态调整的原则，选定并公布省级第二批52个试点企业和园区，第三批65个试点企业，基本形成“一市一园”、“一县一企”的循环经济试点局面。

（七）资源产出率统计试点

在全国六省市展开。北京作为国家6个开展资源产出率统计试点的省市之一，按照国家要求，在总结2010年循环经济试点调查经验的基础上，发布《关于开展资源产出率统计试点工作的通知》，制定《北京市资源产出率统计试点调查实施方案》，集中开展资源产出率统计试点调查，对全市3746家工业企业和3588家建筑业企业进行全领域的资源消耗量统计，在深入了解主要资源循环利用现状的基础上，科学评价资源消费与产出情况，完善指标统计方法，探索建立适合我市实际情况的资源产出率统计核算方法。甘肃省顺利完成了全国资源产出率统计试点工作，以资源产出率试点为契机，初步建立了市州、部门、园区三个层次的循环经济统计体系。山西省5月申请获得国家2012年全省域范围内资源产出率统计试点，并参加了国家试点工作培训，6月至9月组织省内各市、县培训，开展资源产出率统计调查，11月圆满完成循环经济试点统计数据的核算任务。

四、建立和完善法律法规政策保障体系

《循环经济促进法》于2009年1月1日起施行，标志着我国循环经济进入法制化管理轨道。在此前后，公布实施了《废弃电器电子产品回收处理管理条例》、《再生资源回收管理办法》等法规规章，发布了200多项循环经济相关国家标准。

2012年2月29日，十一届全国人大常委会第二十五次会议表决通过了《全国人民代表大会常务委员会关于修改〈中华人民共和国清洁生产促进法〉的决定》。国家主席胡锦涛签署第54号主席令予以公布，自2012年7月1日实施。

修改后的《清洁生产促进法》主要在以下方面做出了新的规定：一是强化了执法主体。规定由国务院清洁生

产综合协调部门负责组织、协调全国的清洁生产促进工作。国务院环境保护、工业、科学技术、财政部门和其他有关部门，按照各自的职责，负责有关的清洁生产促进工作。二是强化了推行措施。规定由国务院清洁生产综合协调部门会同国务院环境保护、工业、科学技术部门和其他有关部门，根据国民经济和社会发展规划及国家节约资源、降低能源消耗、减少重点污染物排放的要求，编制国家清洁生产推行规划，报经国务院批准后及时公布。国务院有关行业主管部门根据国家清洁生产推行规划确定本行业清洁生产的重点项目，制定行业专项清洁生产推行规划并组织实施。三是加强了中央预算投入。规定中央预算应当加强对清洁生产促进工作的资金投入，包括中央财政清洁生产专项资金和中央预算安排的其他清洁生产资金，用于支持国家清洁生产推行规划确定的重点领域、重点行业、重点工程实施清洁生产及其技术推广工作，以及生态脆弱地区实施清洁生产的项目。中央预算用于支持清洁生产促进工作的资金使用的具体办法，由国务院财政部门、清洁生产综合协调部门会同国务院有关部门制定。四是规范了清洁生产审核制度。新规定有下列情形之一的企业，应当实施强制性清洁生产审核：污染物排放超过国家或者地方规定的排放标准，或者虽未超过国家或者地方规定的排放标准，但超过重点污染物排放总量控制指标的；超过单位产品能源消耗限额标准构成高耗能的；使用有毒、有害原料进行生产或者在生产中排放有毒、有害物质的。新修改的《中华人民共和国清洁生产促进法》自2012年7月1日实施。

“十一五”国家各有关部委相继制定实施了一系列法规政策，深化资源性产品价格改革，实行了差别电价、惩罚性电价、阶梯水价和燃煤发电脱硫加价政策。实施成品油价格和税费改革，提高了成品油消费税单位税额，逐步理顺成品油价格。中央财政设立了专项资金支持实施循环经济重点项目和开展示范试点。开展资源税改革试点，制定了鼓励生产和购买使用节能节水专用设备、小排量汽车、资源综合利用产品和劳务等的税收优惠政策。完善了环保收费政策。出台了支持循环经济发展的投融资政策。2012年又出台了一批规章、政策。3月1日，环境保护部印发《关于做好2012年全国城市环境综合整治定量考核工作的通知》。3月6日 财政部、国家税务总局、工业和信息化部印发《节约能源 使用新能源车船车船税政策的通知 》，自2012年1月1日起，对节约能源的车船，减半征收车船税；对使用新能源的车船，免征车船税。5月1日，商务部发布的《旧电器电子产品流通管理办法》（以下简称《办法》）正式实施。届时,经营者收购旧电器电子产品时须对所收购产品进行登记，向购买者出具销售凭证或发票，并提供不少于3个月的免费保修服务。财政部、国家发改委规范循环经济发展专项资金管理，印发了《循环经济发展专项资金管理暂行办法》，自2012年9月1日施行。《办法》要求，财政部会同国务院循环经济发展综合管理等有关主管部门按照职责分工对专项资金使用情况实施监督检查、追踪问效，对专项资金使用管理情况实施专项核查。对达不到要求的，责令限期整改，经整改仍达不到要求的，扣回已拨付资金；专项资金应当坚持专款专用，任何单位和个人不得以任何形式、任何理由截留、挤占和挪用。违反本办法规定的，国务院财政部门会同循环经济发展综合管理等有关主管部门将视情节分别给予通报批评、取消申报资格、停止资金拨付或收回已拨付补助资金，并按照《财政违法行为处罚处分条例》（国务院令第427号）规定对有关单位和个人予以处罚。

一些地方加大了循环经济法规的制定。2006年7月1日，《深圳特区循环经济促进条例》实施，成为我国第一个关于专门循环经济的条例。之后，2010年10月1日，《大连市循环经济促进条例》实施。2011年12月1日陕西省颁布实施了全国第一部省级循环经济地方性法规《陕西省循环经济促进条例》。该“条例”于2011年7月22日陕西省省人大常委会审议通过，标志着陕西省循环经济工作步入新的发展阶段。“条例”明确要求各级循环经济行政主管部门严格实行总量控制制度，废弃物排放限额制度和节能总量交易制度等，运用严格的奖惩机制，从源头上控制资源消耗，从总体上消减污染物排放，调动社会各界节能减排的积极性。

2012年3月28日，甘肃省十一届人大常委会第二十六次会议审议通过了《甘肃省循环经济促进条例》，于2012年6月1日起正式施行。该《条例》结合甘肃省情，创新管理制度，明确主体责任，完善了重点能耗监管、循环经济评价和考核体系、淘汰名录管理、产业结构调整等规定；细化了绿色交通、现代物流、禁止使用一次性用品、抑制过度包装、餐厨废弃物无害化处理等规定，体现了地方特色。另一方面，《条例》注重与上位法的衔接，细化和完善了《中华人民共和国循环经济促进法》的主要制度，明确规定了支持循环经济发展的财税、价格、信贷等优惠政策。

2012年10月1日，《山西省循环经济促进条例》实施。青岛市作为国家首批资源综合利用“双百工程”唯一的建筑废物综合利用示范基地，制定了《青岛市建筑废弃物资源化利用条例》，自2013年1月1日起施行。

12月26日，厦门制定《厦门市再生资源回收体系建设专项资金管理暂行办法》，设专项资金用于扶持再生资源的回收利用，建成一个城市再生资源回收体系。专项资金采用直接补贴方式，用于支持厦门市列入试点的龙头企业，建设标准化回收站点、回收分拣中心和集散市场等项目。试点企业在工矿企业、机关团体、高等院校、居民集中区专门设立的进行再生资源回收、分类、存储、中转的回收场所。每个回收站点中央资金扶持0.5万元。回收分拣中心，最高补贴400万元。集散市场方面，最高补贴700万元（不得超过项目总投资的30%）。

江西省出台了《江西省资源综合利用条例》、《关于全面落实科学发展观加强资源节约的若干意见》、《江西省实施<中华人民共和国节约能源法>办法》等。

此外，有关部门还出台了一系列贯彻落实节约资源和保护环境的产业政策，绿色信贷、绿色保险、绿色电价、生态补偿、排污收费、绿色贸易、排污权交易等也开展了尝试。总体上来看，循环经济的法律、政策框架已经基本形成，正在逐步完善。

五、技术支撑体系不断增强

技术进步是发展循环经济关键，一直得到了高度重视。循环经济技术列入国家中长期科技发展规划，支持研发了一批关键共性技术。实施了一批循环经济技术产业化示范项目，推广应用了一大批先进适用的循环经济技术。汽车零部件再制造技术已达到国际领先水平，废旧家电和报废汽车回收拆解、废电池资源化利用、共伴生矿和尾矿资源回收利用等一大批技术和装备取得突破。

2012年6月7日，国家发改委、环保部、科技部、工信部共同公布了第一批《国家鼓励的循环经济技术、工艺和设备名录》，本名录涉及减量化、再利用和再制造、资源化、产业共生与链接四个方面、共42项重点循环经济技术、工艺和设备。这42项技术、工艺和设备是发改委历时4年，组织近百位专家，从各地推荐的600多个技术和设备中经多次论证筛选出来的。名录》共分四个方面，其中，减量化类9项、再利用与再制造类7项、资源化类23项、产业共生与链接类3项。《名录》体现了循环经济的科技含量和技术水平，也为我国循环经济创新发展指明了方向。《名录》的发布，将对提升循环经济发展的科技支撑能力，促进循环经济形成较大规模产生积极作用。

1月，科技部社发司组织专家对“十一五”国家科技支撑计划“生活垃圾综合处理与资源化利用技术研究示范”项目进行了验收。验收组专家一致同意通过验收。该项目针对城市生活垃圾处理过程中的关键技术瓶颈问题，突破了混合生活垃圾综合分选技术、多列料层可调型二段往复式垃圾焚烧炉技术、带独立调湿减温塔的半干法烟气净化技术与设备、焚烧前生活垃圾预处理技术、垃圾焚烧发电厂二噁英达标排放的控制技术等一批关键技术；开发了大型生活垃圾焚烧处理装备、城市生活垃圾收运等关键技术装备；建立了深圳市区生活垃圾直接收运、上海市区生活垃圾内河集装化转运、北京市区生活垃圾分类收运等一批示范工程；完成了20多项生活垃圾处理标准规范的编制；解决了我国垃圾焚烧炉排炉国产化等一系列重大问题，首次实现我国大型的、拥有自主知识产权的炉排式垃圾焚烧技术和设备的出口，实现我国的垃圾焚烧技术和设备从引进国向输出国转变。累计增加合同总额超过8.0亿元，累计实现销售收入6.18亿元，实现利税6269万元。相关研究成果已在在北京、上海、秦皇岛等地垃圾处理和利用中得到广泛应用。

2月24日，工业和信息化部节能与综合利用司组织召开再生资源综合利用先进适用技术交流会。工业和信息化部组织编制再生资源技术目录旨在促进产业技术创新及产业化进程，提高再生资源综合利用技术水平，增强企业市场竞争力。再生资源综合利用先进适用技术目录涵盖废弃电器电子产品、废旧轮胎橡胶、废旧金属和废玻璃、废塑料和废纺织品、建筑和农林废弃物、废纸张及其他等六大类产品综合利用产业领域的95项技术。实施再制造产品认定，3月12日工业和信息化部节能与综合利用司发出《关于再制造产品认定申请受理结果的通报》，认定重庆机床（集团）有限责任公司等11家单位申报材料基本符合认定受理要求，予以受理。

在循环经济标准制定方面，2012年国家发展改革委和国家标准化委员会启动实施“百项能效标准推进工程”，两年内制修订100项重要节能标准，促进节能减排，推动产业结构调整。截至2012年底，“百项能效标准推进工程”组织有关单位编制、发布了54项国家标准，包括水泥、煤炭开采、轮胎、稀土、化工产品等高耗能行业能耗限额标准28项，电动机、鼓风机、计算机、无极灯等终端用能产品能效标准8项，能源计量器具配备、能源管理体系、企业能源统计等节能基础标准18项；1项技术性规范文件；2项LED联盟标准。以上57项标准对提高新建项目能效准入门槛，淘汰落后产能、推广高效节能产品、促进节能技术进步、提升能源管理水平具有重要意义。截至2013年初，我国已发布了高耗能行业强制性能耗标准和终端用能产品强制性能效标准共109项。

在循环经济技术进步和制定标准方面，各地也作出积极努力。2012年7月31日，全国首个国家级循环经济研究基地，在武汉市光谷金融港正式成立。该基地将由湖北省商务厅引导，商务部流通发展司与深圳格林美高新技术股份有限公司共建，旨在集聚循环经济领域专家人才，推动社会各界、各部门研究资源整合；聚焦与废旧商品回收相

关的重点领域、重点环节，促进技术研发与应用；创新回收利用模式，推动产业链各环节融合发展；组织开展宣传教育与国际交流，形成官产学研一体化、社会化和国际化的循环经济研究平台，为我国建立完整的、先进的废旧商品回收体系提供参考与决策依据。北京市发布《北京市2012年节能低碳技术产品推荐目录》，向社会推荐15类65项技术产品，编制形成《重点领域节能低碳技术解决方案和典型案例集》。8月16日，在北京昌平中国商用飞机有限责任公司与美国波音公司正式启动双方在技术领域的首个合作项目，一个总投资为25亿元的航空节能减排技术中心。其首个研究项目为探索使用废弃食用油（国内俗称为地沟油）提炼航空生物燃料。12月，山西省太原通过了国家级循环经济标准化试点城市中期评估。 作为全国首个以省会城市为单位开展综合性循环经济标准化试点工作的城市，太原通过典型引路、示范推广，将企业层面的“小循环”、园区层面的“中循环”和社会层面的“大循环”有机结合，形成了政府推动、部门联动、企业主动、社会参与的良好氛围，具有太原特色的循环经济标准化试点市发展模式已初步形成。河南省制订了《资源节约与综合利用审核方法》、《建材产品中固体废弃物掺加量的测定方法》等地方标准，规范了综合利用技术审核机构的审核行为。青海省推动创新型盐湖化工循环经济特色产业集群建设，依托重点企业，与中科院、清华大学、华东理工大学等高校开展合作，积极推进循环经济重点领域科技攻关，研究开发出了一批拥有自主知识产权、达到国内乃至世界先进水平、具有市场竞争力的项目和产品，培养和锻炼了科技人才队伍，提高了企业技术创新能力。

由于循环经济技术支撑体系不断增强，推动循环经济产业发展。产业废物综合利用已形成较大规模，产业循环链接不断深化，再生资源回收体系逐步完善，垃圾分类回收制度逐步建立，“城市矿产”资源利用水平得到提升，再制造产业化稳步推进，餐厨废弃物资源化利用开始起步。

总体上看，通过发展循环经济，我国单位国内生产总值能耗、物耗、水耗大幅度降低，资源循环利用产业规模不断扩大，资源产出率有所提高，初步扭转了工业化、城镇化加快发展阶段资源消耗强度大幅上升的势头，促进了结构优化升级和发展方式转变，为保持经济平稳较快发展提供了有力支撑，为改变“大量生产、大量消费、大量废弃”的传统增长方式和消费模式探索出了可行路径。

同时，必须清醒地看到，我国循环经济发展面临严峻形势。我国目前仍具有重化工产业和城镇化加速发展的明显特征，资源约束强化，而我国主要资源人均占有量远低于世界平均水平，加上增长方式仍较粗放，国内资源供给难以保障经济社会发展需要，能源、重要矿产、水、土地等资源短缺矛盾将进一步加剧，重要资源对外依存度将进一步攀升，可持续发展面临能源资源瓶颈约束的严峻挑战。从环境的角度看，总体恶化的趋势尚未得到根本遏制，重点流域水污染严重，一些地区大气污染问题突出，“垃圾围城”现象较为普遍，农业面源污染、重金属和土壤污染问题严重，重大环境事件时有发生，给人民群众身体健康带来危害。如果要使2020年环境质量保持2000年的水平，资源生产率必须提高4~5倍，如果要是环境质量在现有基础上有明显改善，则资源生产率必须提高8~10倍。要让人民“喝上干净的水、呼吸清洁的空气、吃上放心的食物，在良好的环境中生产生活”，必然对循环经济发展提出了更高要求。在这样情景下，循环经济“规划”首次提出资源产出率提高15%的目标，不言而喻实现这一目标无疑是艰巨的。

就我国循环经济发展进程，也存在着一些亟待解决的问题。主要是：

（一）必须进一步牢固树立和践行循环经济理念

循环经济发展关联生产、生活、消费各个领域，需要全社会大普及，全民参加。多年来，通过政府倡导，各种媒体、研讨会、论坛、博览会以及节能周、环境日等进行了大力宣传，但是目前循环经济理念尚未在全社会深入人心，一些地方和企业对发展循环经济的认识还不到位。不少人对循环经济的内涵和外延模糊，对“城市矿山”陌生，甚至不知所云。举个例子，“限塑令”已实施五周年，取得了可观成绩，但除了大型超市，在城乡数以万计的摊贩和广大民众买卖中，塑料袋仍可以说是满天飞。由此可见，在全社会、各企业、行政机构牢固树立和践行循环经济理念，还有大量事要做，还很长的路要走。

（二）产业化、规模化亟待提高

我们应该看到，循环经济整体上产业依然不成熟，规模还小。

发展循环经济，尤其是在初始阶段，政府倡导和推动无疑是重要的。但是，循环经济既然是经济，就必须遵循市场经济规律，取向市场，主要依靠市场配置资源，企业成为发展循环经济的主体。如果总是“政府热”、“专家热”，靠政府这只“有形的手”扶植，批项目，资金支持，是很难“长大的”，搞得不当，还可能像光伏产业那样，弄出同水平、低水平的落后产能。因此，必须确定和实行政府、市场和企业的各自定位和职能。这当中，政府转型，分清市场、企业和政府的界限，明确政府职能又是关键。政府必须更加尊重市场规律，市场机制能够解决问题，政府应当退出；在当前机制、制度无法解决，但是通过完善市场机制能够解决问题的领域，政府也应当逐渐退出；政府的主要职能，是为市场和企业这个主体，提供公平的游戏规则，弥补市场机制配置资源时的不足。鉴于此，目前政府应当扮演的角色，一是逐步完善促进循环经济的发展法律法规体系，制定和实施《循环经济促进法》的配套的法规规章细则，又是当务之急；二是强化政策支撑体系，通过行政体制、财税、金融、投融资、价格等创新体系和有效地激励制约机制，完善有利于循环经济的发展体制、机制和政策环境，形成政府推动、企业实施、全社会共同参与的长效机制和政策体系；三是制定和实施资源产出率、资源化再利用等的硬约束指标，提高企业必须承担的环保、节能减排的社会责任在考绩考核中的权重，强化企业主体责任，确实形成企业成为循环经济主体的倒逼机制。北京市发展改革委与北京市财政局联合制定印发了《北京市用能单位能源审计推广实施方案(2012－2014年)》。根据方案，3年内，北京市将按照用能单位和公共机构的年综合能耗，分阶段、分批次地对全市年综合能耗5000吨标准煤以上的559家重点用能单位、年综合能耗2000吨标准煤以上的公共机构开展能源审计工作，并对上年未完成节能考核目标、能源利用状况报告审核不合格的重点用能单位实施强制能源审计。北京市的这项举措，值得仿效。

（三）技术创新能力亟须加强

循环经济是经济，要真正形成气候，就必须具有经济性质和特征，经营者的投入低于产出，“有利可图”。目前循环经济技术创新体系和先进适用技术推广机制不健全， 技术水平参差不齐、技术瓶颈等并存，致使资源循环利用成本过高，严重制约循环经济发展，发展循环经济技术已成为发展循环经济的重大战略需求。首先，要尽快建立健全推动循环经济技术发展应用的市场化机制，引导企业、私人资本投向循环经济技术的研发。

其次，发挥政府行政手段的作用，对新上项目严格把关并督促循环经济技术的推广应用，采用财政税收政策促进循环经济技术的研发和应用；对于大中型国有企业或政府投资的新建重点项目，采用后补贴制度鼓励充分应用具有世界先进水平的技术或先进适用技术。

第三，注重对循环经济消费模式的引导，促进其技术和产业的发展。一方面可通过建立和完善技术标准，从而鼓励消费者接受和使用循环经济技术和产品；另一方面应着眼于主动对消费模式和行为进行“循环经济”的引导，从而推动相关技术和产业的发展。

第四，强化企业主体责任，调动企业自主创新的积极性。政府应当引导而不是规定企业的投资领域和范围，应当建立一个有利于企业自主创新的市场环境，尊重市场规律和企业自身发展规律，使企业真正成为自主创新的主体，突破一批关键或共性技术，加快推广应用，促进循环经济产业发展。

（撰稿：孟赤兵、芶在坪、侯静， 北京现代循环经济研究院）

科技支撑

绿色制造科技发展“十二五”专项规划

（科学技术部2012年4月1日印发）

“十二五”时期是全面建设创新型国家的关键时期，也是我国经济结构战略性调整的重要机遇期。制定《绿色制造科技发展“十二五”专项规划》(以下简称《专项规划》)，是全面贯彻落实《国家中长期科学和技术发展规划纲要(2006-2020年)》、《国民经济和社会发展第十二个五年规划》以及《国家“十二五”科学和技术发展规划》提出的重点任务，加快促进产业技术进步的重要措施，也是加强自主创新工作的重要组成部分。

《专项规划》以“十二五”时期的需求为重点，兼顾我国中长期制造业可持续发展的需求，明确突破绿色设计、节能减排工艺、绿色回收资源化与再制造、绿色制造技术标准等关键共性技术，推动技术、标准、产业协同发展。选择典型示范意义的行业或区域，开展绿色制造技术、工艺装备和产品的推广应用，推动传统制造业绿色化改造，发展资源节约和节能环保的战略性新兴产业，提高我国制造企业竞争力。《专项规划》明确了组织实施发展绿色制造的指导思想和发展目标，确定了重点内容和实施方案，提出了保障措施和技术路线图。《专项规划》是“十二五”时期开展绿色制造工作的重要依据。

一、形势与需求

以“高投入、高消耗、高污染、低水平、低效益”为特征的经济增长方式仍占我国经济发展的主导地位，其中制造业及其产品的能耗约占全国能耗的2/3。高消耗将导致对资源的高依赖，将成为制约中国制造业发展的瓶颈，也给国家的能源和资源安全带来严峻挑战。

绿色制造一种在保证产品的功能、质量、成本的前提下，综合考虑环境影响和资源效率的现代制造模式,通过开展技术创新及系统优化,使产品在设计、制造、物流、使用、回收、拆解与再利用等全生命周期过程中，对环境影响最小、资源能源利用率最高、人体健康与社会危害最小，并使企业经济效益与社会效益协调优化。

《国家中长期科学和技术发展规划纲要(2006-2020年)》明确提出“积极发展绿色制造，加快相关技术在材料与产品开发设计、加工制造、销售服务及回收利用等产品全生命周期中的应用，形成高效、节能、环保和可循环的新型制造工艺，使我国制造业资源消耗、环境负荷水平进入国际先进行列”;《国民经济和社会发展第十二个五年规划》提出建设资源节约型、环境友好型社会作为加快转变经济发展方式的重要着力点;《国家“十二五”科学和技术发展规划》将“绿色制造”列为“高端装备制造业”领域六大科技产业化工程之一，提出“重点发展先进绿色制造技术与产品，突破制造业绿色产品设计、环保材料、节能环保工艺、绿色回收处理等关键技术。开展绿色制造技术和绿色制造装备的推广应用和产业示范，培育装备再制造、绿色制造咨询与服务、绿色制造软件等新兴产业。”这些都对我国发展绿色制造解决当前能源紧缺和环境污染的现状提出迫切要求，为先进制造领域布局和实施绿色制造专项规划提供了指导和依据。

(一)现状与形势

我国制造业资源消耗大、环境污染严重。我国是装备制造业增加值占全国GDP的1/4左右，产值居世界第一，但资源效率与国际先进水平相比尚有较大差距，如单位产品能耗高出国际先进水平 20-30%。有限的资源已难以支撑传统工业粗放型增长方式，这要求装备制造业必须改变经济增长方式和发展模式，体现循环经济的可持续发展理念，走一条科技含量高、经济效益好、资源消耗低、环境污染少的新型工业化道路。

我国面临日益严峻贸易技术壁垒的挑战。在经济全球化的进程中，技术性贸易壁垒(Technical Barriers to Trade，TBT)从早期的安全、标志、性能等方面延伸到资源和能源节约、再生利用、保护环境等领域。例如：欧盟相继制定了机床环境评价与能效检测标准 (ISO/TC39/WG12)、非道路用柴油机排放标准 EU StageⅢA及 ⅢB、家电产品有毒有害物质(ROHS)、回收(WEEE)、能效(EuP)等指令;日本制定了环境保护法规及相应的标准，以及美国的电机、空调能效标准等，对我国机电产品出口贸易带来了严峻的挑战。

世界主要经济体积极推进绿色计划，促进社会的可持续发展。

例如，美国政府提出了可持续制造促进计划(Sustainable Manufacturing Initiative，SMI)，并出台了可持续制造度量标准。欧盟第 7框架计划设立了“未来工厂(The Factories of the Future)”重大项目，开展新型生态工厂模型(

NewEco-Factory Model)和绿色产品研发是其中的重要内容。日本公布《绿色革命与社会变革》的政策草案，提出至2015年将环境产业打造成日本重要的支柱产业和经济增长核心驱动力量。绿色制造成为各国重振传统制造业、培育和发展新兴产业的发力点。

全球消费市场绿色环保意识日益增强。绿色消费成了一种全球性的现代消费浪潮。在欧盟和美国购买过绿色产品的消费者中，认为绿色产品比普通产品质量要好的消费者分别占 41%和 43%。德国大众汽车集团提出了“ThinkBlue Factory”的生产理念，其目标是提高生产能效，同时显著减少排放、提高资源利用率。美国卡特彼勒公司已在全球建立了 18家再制造工厂。我国也开展了机电产品再制造试点工作。未来 10年后，绝大多数产品将可回收、易拆卸，部件或整机可翻新和循环利用，绿色产品可能成为世界商品市场的主导。

(二)差距与不足

“九五”以来，科技部围绕绿色制造布署了相关研究方向和课题。并在“十一五”期间组织实施了科技支撑计划“绿色制造关键技术与装备”重大项目，针对绿色制造关键共性技术开展研究并在汽车、机床、家电等行业开展了应用示范工作，进行了有益探索并积累了初步经验。但总体而言，我国绿色制造的技术水平和应用与发达国家相比，还存在很大差距，一些亟待解决的主要问题依然突出，主要体现在：

机械装备及产品的绿色设计能力及其软件支持工具薄弱。近几年国内汽车、工程机械、机床虽然在轻量化设计方面已经开展了相关的研究，但在企业的具体应用比较少。以我国自主品牌汽车为例，轿车的自质量比发达国家同类轿车平均重 8%～10%，商用车平均重 10%～15%;载质量为 40吨的牵引车，Volvo FE的整备质量为 7.69吨，而我国同类车型整备质量为 9.95吨，质量超过 20%，差距更加明显。又如同等起重吨位的国产起重设备的总重量比德国同类产品高出 40%以上。我国在汽车轻量化设计和研究工作刚刚起步。

制造过程中的物耗、能耗和废弃物排放严重，机电产品制造工艺与装备水平不高。制造业生产车间粉尘、油烟、水雾、噪声及废弃物排放等对生产人员身体健康和自然环境危害严重。通用性机电产品通常表现为设备效率低、物耗、材耗普遍偏高，在节能产品开发和产品无害化方面差距很大。虽然在近几年在无模铸造、铸型数控加工、近净型锻造工艺、三价铬热处理工艺、干式切削与低温冷却润滑、废弃物排放及回收技术等方面取一定成果，并进行了推广应用，但在热加工工艺方面，单位产品综合能耗、物耗、污染物排放等指标比工业发达国家仍高出许多。

废旧家电、汽车、工程机械等产品和机械装备资源再利用率较低、附加值低二次污染问题严重，难以满足日益快速增加的报废处理和资源循环再利用需求。例如，欧盟、日本等对废旧汽车 100%回收，美国回收 95%以上，并采用自动化装备进行处理和再利用。对废旧电子产品的回收利用，很早就以法律形式规定生产商必须回收。我国废旧机电产品的回收利用率较低，回收与利用工艺与设备落后，再制造还处于起步阶段。

缺乏绿色制造技术规范、标准、法规体系，难以满足制造业绿色制造发展和出口需求。绿色制造基础技术研究不够，基础数据缺乏，标准制定时绿色属性指标难以定量。缺少统一的标准数据及信息，使得绿色设计、绿色评价工作的开展受到制约。

(三)发展需求

我国要成为制造业强国，必须依靠科技创新，从源头上解决资源环境可持续发展的瓶颈问题，摆脱粗放式的增长方式，实现产业结构调整和技术升级。绿色制造是一种社会经济效益显著的生产模式。积极采用和发展绿色制造技术和产品，以产品的全生命周期为主线，从源头开始采用可实现减量化的绿色设计、制造过程的绿色工艺，使用过程的节能降耗、回收过程的绿色拆解、再利用环节的再制造及资源再利用等相关技术与装备，在全球制造业低碳化竞争中赢得主动和优势。为推动我国绿色制造的发展，需在以下方面取得技术突破，以支撑产业的健康发展。

推进绿色设计和全生命周期评价方法研究与应用。产品绿色设计是绿色制造的核心，是形成“从摇篮到再生”过程的基础。产品全生命周期评价技术是实施绿色设计和绿色制造的重要工具，也是实施绿色设计和制造的关键和共性基础技术。产品的设计费用仅占产品全部成本的 5%～10%，却决定了产品生产周期 80%～90%的消耗。将环境因素、节能减排和预防污染的措施纳入产品设计中，力求产品对环境资源的影响最小。

改进制造工艺和实施清洁生产。一方面需要开发高效、节能、环保和可循环的新工艺和新技术，如净成形工艺、切削加工优化技术、干式切削技术等。另一方面需要提高制造过程中资源和能源利用率、原材料转化率，减少废弃物和污染物的产生，实施清洁生产，最大限度实现少废或无废生产。

推动传统设备节能化改造，研发节能减排产品及设备。推进传统设备以节能降耗为重点的技术创新和改造，开发先进节能、节材产品推广使用环保、节能新型设备。如采用高效电机、系统节能技术造传统设备等。

开发废旧产品回收资源化与再制造技术，推进产业化。开发废旧产品资源化与再处理技术，提高资源利用率，降低环境污染，节约了自然资源。随着我国进入装备、汽车和家用电器报废的高峰期，将促进废旧产品资源化与再制造产业的形成。

加强绿色制造基础数据积累，建立绿色技术规范与标准体系。引导、支撑和规范绿色制造技术的发展和应用，加速绿色制造技术科技成果的转化和推广。

完善绿色制造的相关政策，加强基地和队伍建设。在科研院所、大学和企业大力推广绿色工程教育，加速绿色设计、绿色工艺和再制造等专门化人才的培养。积极推进以企业为主体、产学研相结合的自主创新体系的建立。加快技术升级和产品换代，推进生态工厂建设。发挥政府在政策导向、税收等方面的引导和支持作用。

二、发展思路与原则

(一)发展思路

按照科学发展观和建设创新型国家的要求，“十二五”期间以具有带动性、示范性的典型产品与行业为对象，以推动产业链整体解决方案为主线，坚持“产品导向、重点突破、示范应用、产业提升 ”的总体思路，重点突破绿色设计、绿色工艺、绿色回收资源化与再制造、绿色制造技术规范与标准等绿色制造关键共性技术，推动绿色技术、标准、装备、产品服务和产业协同发展。选择典型示范意义的行业或区域，开展绿色制造技术和绿色制造装备的推广应用，推动制造业绿色化改造，培育和发展资源节约和节能环保的新兴产业。加强科技引领和政策引导，协调部门、行业与地方相结合共同推进，促进产业结构优化升级。

(二)基本原则

重点突破与示范应用相结合。面向具有广泛带动作用的典型产品、行业与区域，通过产、学、研相结合，集中攻克一批制约产业发展的关键核心技术，突破技术瓶颈，通过应用工程实施与产业示范，提高企业核心竞争力。

机制创新与行业提升相结合。大力开展绿色工程教育和专业培训，开展绿色制造咨询与服务，推进相关产业技术创新战略联盟建设，构建绿色制造应用技术体系、产业创新体系和普及推广体系。以产业结构优化升级的技术需求为导向，加快行业的技术与产品的升级换代，培育和发展废旧产品拆解与资源化、装备再制造等新兴产业，提升重点行业绿色化水平。

三、发展目标

面向汽车、机械、家电、流程工业等国民经济支柱产业以及废旧家电与电子产品拆解与资源化、装备再制造等循环经济新兴产业需求，以制造业绿色化为目标，开展绿色制造基础理论和共性技术研究、典型绿色新产品、新工艺、新装备研制，形成绿色制造理论、技术和标准体系，开发出一批具有典型创新性和示范性的产品、工艺和重点装备，实施应用工程和产业示范，带动传统产业资源节约和环境友好提升，支撑节能环保战略性新兴产业的发展，增强量大面广出口产品跨越绿色贸易壁垒的基础能力。

(一)攻克一批绿色制造关键共性技术

重点突破绿色产品设计、绿色工艺与装备、废旧产品回收资源化与再制造等的关键共性技术，完善绿色制造基础数据研发与积累、技术规范与标准制订以及信息平台建设，为实现节能减排、提高资源的综合利用率提供技术支撑。

预期指标：重点突破一批绿色制造的关键共性技术，取的一批专有技术和发明专利，建立和完善绿色制造技术规范与标准体系。培养造就一支高水平、高素质的科技创新队伍，建设一批高水平的国家重点实验室、工程技术研究中心和示范基地。

(二)提升传统产业能效与资源利用率

围绕具有广泛带动作用的产品与行业，提升我国制造业的绿色产品设计、绿色工艺等技术水平，提高设备与产品的绿色化性能，研发节能减排核心技术，推进清洁生产和精细化能效管理，实现我国制造业绿色化改造。通过应用工程实施与产业示范，推动我国制造业节能、减排以及实现循环经济发展目标。

预期指标：重点突破一批高效、节能、低碳、环保的绿色制造核心技术和工艺，取得发明专利，在 100家企业以上实施应用工程和产业示范，原材料损失减少 15%以上，单位工业增加值能耗和二氧化碳排放量均降低25%以上。在解决制约重大产业发展的瓶颈问题上取得突破，促进相关行业资源消耗、环境负荷与国际先进水平的差距进一步缩小，部分行业的技术水平进入国际先进行列。

(三)发展和培育绿色化新兴产业

积极发展和培育废旧产品回收拆解、资源化与再制造、新能源应用、绿色制造咨询与服务和绿色制造服务等新兴绿色产业，研发先进的绿色制造技术、工艺与产品，推动我国制造业产业升级和结构调整，形成新的绿色经济与循环经济增长点。

预期指标：突破一批绿色制造新兴产业的核心技术和关键技术，发展和培育 50家以上企业实施新兴产业应用和示范，原材料损失减少 10-20%，单位工业增加值能耗和二氧化碳排放量均降低 25%以上，废旧产品再生利用率达到 80%以上，依托骨干企业、科研机构等建设一批国家工程实验室，培育一批具有自主知识产权、自主品牌和国际竞争力的重点企业。

四、重点任务

围绕专项规划发展目标，结合我国绿色制造技术及产业发展需求，“十二五”期间，拟实施的重点任务框架如图 1所示，包括绿色制造基础理论与共性技术、提升传统产业能效与资源利用率的技术与装备、发展和培育绿色化新兴产业的支撑技术与装备、面向产业链集群的行业与区域绿色制造产业示范工程、绿色制造人才、基地、联盟建设等方面。

(一)基础理论与共性技术

深入研究绿色制造面临的基础理论和关键共性技术问题，取得源头创新成果，为突破绿色制造基础理论和关键技术瓶颈、提高绿色制造技术水平、推动绿色制造产业发展提供强有力的基础理论与关键共性技术支持。重点突破绿色设计、绿色工艺、绿色回收资源化、再制造、绿色制造技术标准等关键共性技术，推动技术、标准、产品、产业协同发展。

绿色设计与生命周期评价方法及技术。面向节能减排要求，重点研究产品轻量化设计、节能降噪设计、资源节约性设计等面向产品全生命周期的绿色设计方法，建立绿色设计基础数据库和知识库，开发支持生命周期评价技术的绿色设计工具平台，促进绿色产品设计的推广和应用，推动产品资源性能和节能性能的大幅提升。

洁净切削加工理论与技术。针对切削加工过程中切削液的大量使用与排放对环境、人身健康等造成的危害问题，开展干切削、新型绿色切削介质、准干切削等相关切削机理、刀具技术与工艺实现方法研究，实现加工方式从传统的大量使用切削液向绿色少、无切削液使用转变，达到高效切削、节能减排、绿色环保的目标。

绿色制造过程碳效优化理论与关键技术。研究制造过程碳效分析模型及评估，能耗产需预测、测量、监控与评估，以及制造过程资源和能量利用率优化、废弃物排放最小、制造过程碳效协同平衡与综合优化、管网模拟、机电系统能耗测量、节能减排监控及其支持系统等技术。研究成果有助于丰富和发展制造系统高效低碳运行的基础理论和技术，提升我国制造企业竞争和可持续发展能力。

退役产品逆向回收物流与再资源化技术。开展退役产品回收、拆解、分选、回收利用、再制造、废弃物处理在内的逆向物流设施布局、自动分拣与跟踪技术、废旧物资库存控制等逆向回收物流技术研究;对退役产品破碎、材料分选以及破碎残余物的资源化和能源化关键技术进行研究，提高退役产品回收利用率，实现破碎残余物的无污染、低排放、高附加值资源化。

再制造基础理论及关键技术。针对制约再制造技术应用中的关键基础科学和技术瓶颈问题，重点突破再制造对象剩余寿命演变规律，可再制造性评价理论;再制造毛坯绿色清洗技术;再制造成形过程的高效控形、控性理论;再制造产品寿命预测及其可靠服役。构建再制造基础理论方法和关键技术体系，促进我国再制造产业的快速和健康发展。

再制造产品寿命预测与安全服役关键技术。针对再制造产品寿命的不确定性问题，对再制造毛坯的损伤检测技术、再制造零件初始质量评价和控制技术、再制造零件动态健康监测的传感技术、再制造产品在强耦合条件下的服役安全与综合验证技术，开发相关应用装置，在重载车辆及关键部件发动机等典型再制造产品和零部件上进行试验验证。

绿色制造技术标准及信息平台。构建绿色制造技术标准体系，开展绿色制造技术标准研究以及标准协调、标准化服务活动，制订与国际接轨的绿色制造技术规范和标准，针对制造企业产品的设计、制造、使用、回收及再制造等全生命周期的绿色化，建立统一的标准基础数据及信息平台，在汽车、家电等具有代表性的企业开展标准研究。

(二)提升传统产业能效与资源利用率

针对汽车、工程机械、电子电器、机床、印刷机械、矿山机械、石化设备等产业对节能减排要求，突破产品绿色设计、清洁生产工艺、节能环保产品开发等关键技术，支撑制造业节能、减排以及循环经济发展。

面向石油天然气炼制、石油化工、煤化工等流程行业，发展流程工业生产过程绿色化技术、生产绿色化产品及成套设备，通过科技成果转化和产业化示范，促进推广应用以及产业技术升级。

典型产品绿色创新与优化设计。围绕起重设备、工程机械、机床、汽车、电子电器产品等典型产品，突破轻量化设计、节能降噪技术、可拆解与回收技术等核心技术，形成我国机械装备及机电产品的绿色自主创新设计能力，提升产品能效和资源利用率，以及应对国际绿色贸易壁垒能力。

传统产业制造工艺绿色化新技术与装备。面向铸造、锻造、压力成形、焊接、切削加工、表面处理等传统工艺，突破和掌握一批绿色化生产工艺新技术与装备，建立示范线或生产基地，推动我国传统产业制造工艺绿色化进程。

3.新型绿色制造工艺与装备。选取并突破齿轮高速干切削、无油墨印刷、微细通道平行流换热器、高效零排放智能型自动清洗装备等一批创新示范性好、具有显著节能、节材、环境友好特征的新型绿色技术及其制造工艺与装备，并形成示范应用。

节能产品开发与技术。针对电机系统、内燃机、流体机械等开发出一批节能、节油、环保使能产品及技术。面向车间污染物治理、工业废弃物无害化处理、以及环境检测等领域，研发出一批环境治理和无害化使能技术与装备;在机械工业推进节能环保评估与使能提升工程，支持节能环保使能新产品与新技术的推广应用，促进节能环保产品与技术的应用发展。

流程工业传统工艺绿色化新技术与设备。形成天然产物和生物制造业精密智能化单元装备和全流程集成化系统，建立产业化示范线，使我国在微生物大规模培养制造、天然活性物分离技术达到国际先进水平，实现绿色制造目标。

流程工业环保设备、技术及工业示范。改变我国烟气脱硝、脱硫核心技术受制于日本、欧美跨国公司的局面，装备设计和运行控制接近国际先进水平。通过示范应用，推动我国相关产业的可持续发展。

(三)发展和培育循环经济新兴产业的技术领域

以工程机械、汽车、机床、矿山设备、电子及家电产品等典型机电产品为重点，研发绿色回收处理与再制造装备，开发流程行业绿色化新技术、工艺与装备，形成产业发展支撑能力。

面向流程工业典型产品，利用绿色合成、过程强化与集成、工业资源与能源利用的能效分析等技术，构建绿色化新技术、新工艺与新装备，在资源替代工程技术方面取得突破。通过科技成果转化和产业化示范，促进先进成果和技术的推广应用以及新兴产业的发展。

工程机械零部件再制造关键技术与装备。面向工程机械开发成套的再制造工艺及装备，建立行业和部门的拆解及零部件再制造技术规范。通过应用工程与产业示范，为工程机械再制造产业化发展提供技术支撑及工艺与装备保证。

机床再制造性能提升成套技术及产业化。研究大型铸锻基础件的剩余寿命检测及其可再制造性评价技术、床身导轨等关键零部件再制造工艺技术、数控及信息化再制造性能综合提升技术、整机再制造全过程质量控制技术、再制造服役安全可靠性技术等关键技术,制定重型机床再制造技术及质量保证体系与规范，建成重、超重型机床再制造产业化生产基地。

煤矿机械关键零部件的再制造技术与装备。研究煤矿机械零部件接触磨损分析及磨损寿命模型、涂层材料设计与制备技术及工艺优化、剩余寿命评估技术;开发采煤机行走轮与齿轨传动副、刮板输送机链轮链窝与刮板、大功率矿用减速器箱体轴承座孔、传动齿轮类零件、液压支架控制阀与支架立柱等关键零部件高效再制造技术与装备;制定相关技术规范;通过推广应用，建成煤炭机械再制造示范生产线。

汽车回收拆解、高附加值再利用与资源化关键技术与装备。究开发出汽车高效绿色深度拆解流水线装备系统，拆解纲领不低于 10万辆/年，并形成乘用车高附加值再利用、再制造与资源化成套关键技术与装备，通过应用示范，推动我国汽车业回收再利用新兴产业的发展。

家电及电子产品回收、拆解与资源化处理技术与装备。研发家电及电子产品回收、拆解与资源化处理技术与装备，形成废弃电器电子产品回收再利用生产示范基地，通过工艺验证和生产考核，形成相关技术规范和示范应用，促进绿色制造技术在资源再利用领域的应用。

流程工业中新型绿色制造工艺与设备开发。针对流程工业中典型产品的制造，开展创新性强、节能效果显著、环境友好的相关新型绿色制造工艺与设备研究，并形成产业化示范应用。

典型行业的能效、碳效分析。针对离散工业与流程工业的典型行业，开展过程强化与集成、资源与能源利用的能效分析技术等研究，通过技术创新与优化，构建绿色化新工艺与新装备，并提升产品能效和资源利用率。

(四)行业及区域绿色制造产业示范应用工程通过行业及区域绿色制造产业示范工程的实施，带动绿色制造技术成套能力和产业化推广。

1.结合行业需求和区域优势，开展绿色制造示范工程。包括：

装备制造业传统工艺绿色化行业示范、工业装备再制造行业示范、工程机械产业链绿色技术行业示范、汽车回收拆解与再制造区域示范、家用电器与电子产品回收处理与资源化区域示范、煤矿机械再制造区域示范，以及流程工业绿色工艺行业示范等示范应用工程。

2.开发量大面广的节能产品与技术。包括节油型非道路柴油机、高效节能电机及系统节能、轻量化起重设备、发动机再制造、工程机械整机及零部件再制造、家电绿色回收与资源化、机床再制造成套技术等。

(五)绿色制造人才、基地与联盟建设

以项目为依托，培养青年骨干人才，建设绿色制造研发及推广应用基地和创新平台。支持若干绿色制造研发团队、国家级基础技术研究与行业级应用技术开发创新机构的建设，完善“绿色制造产业技术创新战略联盟”运行机制，建立绿色制造咨询服务推广平台。

五、保障措施

(一)完善政产学研用相结合的体制机制

发挥企业作为技术创新主体的积极作用，加强企业绿色制造技术创新能力，支持研发和应用新技术和新工艺，开发与企业结合的绿色制造实用化成套技术和工具平台，为企业提供完善的绿色制造技术解决方案;依托骨干企业、科研机构等建设一批国家工程实验室，形成稳定的人才团队;鼓励建立以企业为主体、高等院校与科研院所参加的多种形式的技术联盟，注重产业链垂直整合，面向设计、制造、销售、维护等环节，通过 “项目-人才-基地”的长期支持，形成产学研相结合的有效机制。

(二)加大对绿色制造理念的宣传

推广工业生态学和绿色制造方面的教育，推进绿色设计、绿色工艺和废旧产品资源化和再制造等技术培训，培养和引进专业人才。在大专院校及其他工程技术教育单位建立绿色制造工程实验室和创新设计机构。鼓励企业建立绿色制造工程教育基地，为学生提供工程实践场所。资助建立公益性平台，广泛开展绿色制造咨询服务和环境保护宣传，提高全民的环境意识。

(三)完善绿色制造技术规范和标准

积极开展绿色制造标准的研究和制定工作，建立和完善我国绿色制造标准体系，加速绿色制造技术科技成果的转化和推广，提升绿色制造技术在制造业企业中的普及、应用及产业化。加快国外先进标准向国内标准的转化，形成应对国际贸易壁垒能力;鼓励开发并掌握核心技术，加强对知识产权的保护力度，提高国际竞争能力。

(四)加强与其他专项的衔接

与“智能制造”和“服务机器人”等紧密衔接，互为目标和支撑，即在推进绿色制造过程中注重智能化技术和制造服务模式的应用，而“智能制造”和“服务机器人”专项实施过程中，始终贯彻绿色的理念和原则。可以在基础、研发、应用等层次设立跨专项项目或课题。

(五)发展产业集群促进成果转化

充分发挥国家高新技术产业开发区、国家级高新技术产业化基地的作用，推进绿色制造重点专项的落实，加快成果产业化，着力培育核心竞争力。实施创新型产业集群建设工程，围绕重点专项确定的主要目标，科学确定集群建设的重点方向，合理选择技术路径和产业路线，采取有效措施，促进产业集群的形成和创新发展。

废物资源化科技工程“十二五”专项规划

（科技部 发展改革委 工业和信息化部 环境保护部 住房城乡建设部 商务部 中科院2012年4月13日印发）

一、面临的形势与需求

废物资源化通常指退出生产环节或消费领域的固体物质，通过技术、经济手段与管理措施，在实现无害化处置和减少污染物排放的同时，回收大量有价物质，提高废物综合利用率，具有公益性和经济性双重特性。加强废物资源化科技创新，是深入实施节能减排，加快发展循环经济、绿色产业、低碳技术的要求，对生态文明建设和可持续发展具有重要意义。

（一）废物资源化是深入实施节能减排的要求

改革开放以来，我国经济快速发展，取得显著成就，但也付出了资源和环境的代价。“十一五”期间，我国二氧化硫(SO_2)、化学需氧量(COD)等主要污染物排放虽呈下降趋势，但固体废物产生量居高不下，以年均10%速度增长。其中，废旧金属与电子电器、工业固体废物、建筑垃圾、生活垃圾与污泥、农林剩余物等大宗废物年产生量超过40亿吨，综合利用率平均不到40%，且堆存量巨大。长期堆存的废物不仅对周边大气、水体、土壤及生态系统带来了一定程度的破坏，甚至还将对堆放地区的地下水源形成潜在危害，废物的环境问题已经引起社会的广泛关注。

加快废物资源化可有效降低废物堆存引发的环境污染问题，并将显著降低对原生矿产资源开发的需求，对实现节能减排目标贡献巨大。如，2010年我国回收废旧金属、废塑料、废旧电子电器等八类社会消费品废物，总量达到了1.49亿吨，与直接利用原生矿产资源相比，相当于节能1.79亿吨标准煤（占当年全国能源消耗的5%以上），减排二氧化硫393.1万吨（占当年全国排放总量的17.9%）、废水102.5亿吨、固体废物10亿吨以上。“十二五”时期，是我国加快转变经济发展方式、全面建设小康社会的关键时期，节能减排的任务仍十分艰巨，迫切需要加快废物资源化科技创新，提高废物清洁化处置能力与消纳规模。

（二）废物资源化是缓解资源短缺瓶颈的要求

大力发展循环经济是转变经济发展方式的有效途径。《国民经济和社会发展第十二个五年规划纲要》提出了资源产出率提高15%的预期性要求，《全国循环经济发展总体规划》将在“十二五”期间颁布实施。废物资源化作为发展循环经济的三大原则之一，也是参与国际资源大循环的基本要求，将为保障国家战略资源安全提供新的选择。

当前，我国优质资源短缺，重要战略资源对外依存度日益加大。据测算未来5-10年，我国45种主要矿产中，有19种矿产将出现不同程度的短缺，铁、铜、钾等战略金属资源仍将保持较高的对外依存度。废物资源化已经成为有效缓解战略资源短缺矛盾的重要途径。2010年，我国铜、铝、铅等主要金属再生利用量占到有色金属总产量的24.8%，相当于降低矿产资源对外依存度的20-30%，发达国家主要金属再生产量已占到总消费量的50%以上。据预测到2015年，我国主要金属再生产量将突破1200万吨，相当于进一步降低对外依存度10-15%。但与世界主要发达国家相比，我国废物资源化仍处于国际资源大循环产业链的低端，且再利用产品附加值低，利用规模与水平仍有很大的提升空间，迫切需要通过技术创新大幅度提升废物综合利用率与资源产出水平，支撑循环经济较大规模发展战略目标的实现，保障国家战略资源供给安全。

（三）废物资源化是发展节能环保战略性新兴产业的要求

废物资源化是节能环保战略性新兴产业的重要组成部分。加快提高废物资源化的规模与水平，积极培育和发展节能环保产业，已成为世界各国推动绿色发展的战略选择之一。近年来，我国废物资源化产值以每年10-20%的速度增长，2010年实现产值超过1万亿元，约占节能环保产业总产值的60%以上，预计到2015年我国废物资源化产值将达到2万亿元。与国际先进水平比较，我国废物资源化的效率还有很大的提升空间，如美国每年回收利用社会废物再生资源达到1.25亿吨，规模与我国基本相同，但单位废物资源化产值是我国的4倍。

2009年，国务院颁布了《关于加快培育和发展战略性新兴产业的决定》，提出到2020年节能环保产业成为支柱性产业之一，废物资源化将进入更快速和更高效的发展阶段，迫切需要提高废物资源化技术水平，提升循环利用产品品质，推动废物资源化又好又快发展。

（四）支撑废物资源化是“十二五”科技发展的重要任务

提高废物资源化水平的关键是依靠科技进步与创新。“十一五”期间，我国废物资源化技术创新取得了较好的成绩，在废旧金属再生利用、生活垃圾资源化等核心技术与装备研发方面取得了一批具有重要影响的成果，如，研制的500吨/日大型垃圾炉排焚烧炉成套装备已实现国产化，市场占有率接近20%。但我国废物资源化总体技术水平仍滞后于产业发展与资源供给的需求，普遍存在废物资源化产品附加值低、消纳量有限、再生产品市场效益小、专业人才与创新型企业缺乏等问题。

《国家中长期科学和技术发展规划纲要（2006-2020年）》指明了环境科技发展思路，提出了“综合治污与废物循环利用”优先主题。《国民经济和社会发展第十二个五年规划纲要》明确了推进典型废物资源化利用与构筑链接循环产业体系的任务要求。《国家“十二五”科学和技术发展规划》要求实施“废物资源化科技工程”。按照各种规划部署及相关要求，以科技进步与创新为支撑，完善废物资源化产业创新链，推进废物资源化利用，已成为“十二五”科技发展的重要任务。

二、国内外科技发展状况

（一）再生资源利用技术现状与趋势

——废旧金属再生利用技术。加快废旧金属预处理和利用专用技术研发，支撑废旧金属保级或升级利用，是国内外开展废旧金属再生科学研究的主要方向。目前，废旧金属低能耗清洁工艺已在发达国家普遍应用。意大利开发的COS-MELT倾动炉火法技术，可直接利用废杂铜精炼生产高品质的低氧光亮铜杆，显著提高再生铜利用水平和质量。“十一五”期间，我国在消费领域累积的废旧金属资源超过2亿吨，但废旧金属再生利用技术研究仅处于起步阶段，在消化、吸收国外引进先进技术的基础上，再生铜低能耗精炼除杂、再生铝反射炉低烧损熔炼、再生铅低温连续熔炼等技术和装备实现了产业化。随着再生金属所占比例在我国有色金属消费结构中的大幅提升，迫切需要突破废旧金属低能耗清洁生产技术与配套装备，开发高品质再生金属产品及二次污染控制技术，提高废旧金属再生利用品质与利用效率。

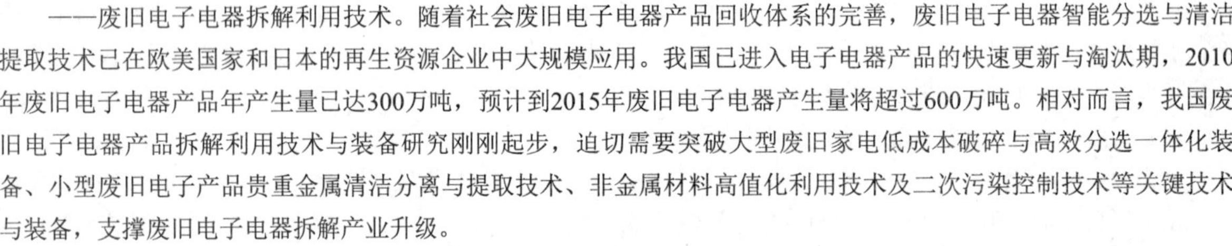

——废旧电子电器拆解利用技术。随着社会废旧电子电器产品回收体系的完善，废旧电子电器智能分选与清洁提取技术已在欧美国家和日本的再生资源企业中大规模应用。我国已进入电子电器产品的快速更新与淘汰期，2010年废旧电子电器产品年产生量已达300万吨，预计到2015年废旧电子电器产生量将超过600万吨。相对而言，我国废旧电子电器产品拆解利用技术与装备研究刚刚起步，迫切需要突破大型废旧家电低成本破碎与高效分选一体化装备、小型废旧电子产品贵重金属清洁分离与提取技术、非金属材料高值化利用技术及二次污染控制技术等关键技术与装备，支撑废旧电子电器拆解产业升级。

——废旧机电产品再制造技术。通过实施生产者责任延伸制度，欧美国家正在积极推动将淘汰或达到使用寿命的零部件使用到新产品上去，高温喷射清洗、堆焊、热喷涂、激光等技术已广泛用于汽车、工程机械等废旧机电产品主要零部件再制造。美国卡特彼勒公司利用这些技术，已大规模开展军用坦克、工程机械、重型汽车等废旧机电零部件的再制造，形成年再制造零部件220万件、回收利用废旧材料6.1万吨。目前，我国汽车、工程机械、大型机电设备等进入报废高峰期，2010年报废汽车超过300万辆，工程机械报废量达43万台。近年来，我国一些科研单位在汽车零部件、工程机械、机床等再制造技术研发方面取得了显著进展，汽车发动机、变速箱、电机等再制造技术已经初步满足产业化需求。“十二五”期间，发展改革委、工业信息化部等门将进一步推进再制造试点工作，对工程机械、大型机床、工业机电设备、矿采机械、办公信息设备等主要零部件再制造技术研发和转化应用，提出了更高的要求。

——废旧高分子材料高值利用技术。废旧高分子材料一般指塑料、橡胶、纺织品等废旧物品，开发清洁高效的梯级利用技术和高附加值产品，实现废旧高分子材料全生命周期利用是国内外废物资源化技术的研究热点。2010年，我国废橡胶、废塑料、废纤维等废旧高分子材料年产生量达3000多万吨，预计到2015年我国废旧高分子材料产生量超过4000万吨，对废旧高分子材料高值利用技术提出了迫切的需求。目前，我国废橡胶粉碎改性、废塑料回收利用等技术研发取得了一定进展，在广东、山东、河北等地形成了一批废旧高分子材料回收加工集聚区，利用废旧轮胎生产的精细胶粉已推广应用到北京奥运会、上海世博会、天津滨海新区等标志性工程建设，巨型工程机械轮胎翻新技术在上海、新加坡等20余个港口推广应用。“十二五”期间，加快废旧橡胶超细胶粉制备与改性利用、废旧塑料制备高端材料、废旧纺织品分离与综合利用等技术和装备的研发及产业化，将是提高我国废旧高分子材料处理水平的重要保障。

（二）工业固废资源化技术现状与趋势

——粉煤灰和煤矸石资源化利用技术。粉煤灰和煤矸石是煤炭资源开发利用产生的主要废物，2010年我国粉煤灰和煤矸石产生量约10.7亿吨，预计到2015年将达13亿吨。近年来，我国资源化利用技术研发得到了高度重视，已在建材建工、矿井充填、低热值发电等技术研发与应用方面取得了一定成效，高铝粉煤灰提取氧化铝和铝硅合金技术已在局部地区实现产业化生产。但总体上，我国粉煤灰和煤矸石资源化技术仍以低端建工建材利用为主，市场效益不显著，迫切需要加快粉煤灰和煤矸石资源化基础理论和技术研发，推动利用方式由传统建工建材利用为主向多组分协同提取、制备复合材料、控制污染与生态利用等技术方向发展。

——金属废渣综合处置技术。国外主要矿产资源品位较高，清洁选冶工艺得到普遍应用，所产生的选冶废渣有害成分含量较低，其资源化方式主要是瞄准有价成分的高值利用。我国金属废渣主要来源于有色金属选冶、黑色金属冶炼过程，因原生资源品位较低和选冶工艺落后，废渣排放量大、成分复杂、有害成分含量高，主要以解毒堆存和生产建筑材料等处置方式为主。2010年，我国仅钢铁和有色冶炼废渣产生量就达到3.15亿吨，综合利用率仅为55%。由于现有处理方式规模效益不佳、二次污染严重、产品附加值低，产业化推广不理想，选冶废渣规模化处置已成为制约资源可持续开发利用的瓶颈。“十二五”期间，围绕赤泥、钢渣、铅锌渣等大宗金属矿产资源选冶废渣，开发经济可行、规模消纳的无害化与资源化技术，将是推进金属废渣资源化科技创新的首要任务。

——工业副产石膏综合利用技术。工业副产石膏主要包括磷石膏、脱硫石膏、盐石膏、氟石膏等副产石膏。发达国家工业副产石膏产生量较小，且天然石膏价格较高，资源化方式主要是替代天然石膏生产建材，基本已经形成成熟、稳定的综合利用技术体系。目前，我国利用工业副产石膏生产建材的技术水平与国外先进水平差距不大，已突破脱硫石膏和磷石膏制备水泥缓凝剂、纸面石膏板等核心技术，实现了工业化应用。由于我国天然石膏价格低，工业副产石膏年产生量高达1.37亿吨。现有工业副产石膏利用技术模式仍以生产低端建筑材料为主，受市场容量和产品销售半径的限制，很难实现大规模消纳，工业副产石膏综合利用率仅为42%（以2010年计）。强化政策调控，加快发展低成本、高附加值资源化技术，提高资源化产品市场效益，将是进一步提高工业副产石膏综合利用效率的重要途径。

——工业生物质废物资源化利用技术。我国工业生物质废物占整个工业固废的11%，食品加工、酿造、纺织等行业是主要来源。工业生物质废物资源化方式主要以生产饲料和肥料为主，综合利用率不到10%。近年来，我国对工业生物质废物提取高蛋白、热解燃气利用等技术开发给予了支持，特别是在酿造和中医药生物质废物集中式燃气利用技术研发与工程示范方面加大了支持力度，养殖园区生物质废物生产燃气技术已经规模化推广应用。“十二五”期间，加快集中式工业生物质废物燃气利用技术开发，发展标准化、系列化和成套化装备，已成为提高工业生物质废物综合利用率、发展生物质能源的重点任务。

（三）垃圾与污泥资源化技术现状与趋势

——城市生活垃圾资源化利用技术。城市生活垃圾主要包括生活垃圾、餐厨垃圾和果蔬垃圾等，潜含着大量生物质，可以被有效地转化成多种能源形式。近年来，城市生活垃圾制备燃气技术已成为第二代生物质能源发展的重点，在欧洲得到快速推广。德国已建有55个城市生活垃圾处理与生物质燃气利用工程，不仅满足工程自身能源供给，而且正逐步形成对交通车辆和居民小区燃气利用的供给能力。2010年，我国城市生活垃圾年产生量近1.6亿吨，垃圾处理以焚烧、卫生填埋等技术为主，分别占垃圾处理总量的3%和60%左右。随着我国清洁能源战略的实施，城市生活垃圾制备燃气技术开发与工程示范得到了高度重视，但在混合垃圾分选技术、生活垃圾湿式和干法厌氧消化技术、沼气提纯和高值利用技术等方面仍缺乏系统化研究，标准化和系列化的成套装备主要依赖进口，亟需研制符合我国实际情况的标准化、系列化、智能化的城市生活垃圾处理与能源化装备及安全控制系统。

——建筑垃圾资源化利用技术。我国正处于高速城镇化时期，每年新建和拆迁改造等产生大量建筑垃圾。2010年，我国建筑垃圾产生量（含渣土）约为15.5亿吨，占到城市垃圾总量的30-40%，且有逐年增加的趋势。建筑垃圾可制成再生骨料，生产建筑制品，或直接用于道路基层和底基层等。目前，我国建筑垃圾大多以填埋或堆放处置为主，资源化利用率尚不足10%，欧盟国家每年的建筑垃圾资源化利用率达到50%，韩国、日本已经达到了97%左右。根据我国建筑垃圾和建筑形式的特点，研发资源化利用技术，实现科学规划、管理，有95%以上的建筑垃圾可回收再利用。

——污泥处置与资源化利用技术。城镇污水处理厂污泥及工业污泥中含有大量的有机质及氮、磷、钾等营养成分，以及重金属、病原微生物等有毒有害物质。2010年，我国城镇污水处理厂污泥产生量约3000万吨，主要处理方式为堆肥、干化焚烧、生产建材等。欧美国家污泥厌氧消化制生物质燃气技术及成套设备已相当成熟，并大规模应用。近年来，我国开展了一些污泥厌氧发酵生产生物质燃气、水泥窑和电厂协同处置污泥等技术研发与工程示范，亟需突破污泥低成本干化预处理、多产业协同处理、二次污染控制等技术与设备，强化技术集成，建立完整的污泥处置与能源化技术创新链。

（四）废物资源化全过程控制支撑技术现状与趋势

——废物资源化标准标识。建立废物资源化标准及标识是实现废物资源化技术推广应用的重要保障。自上世纪80年代以来，国际标准化组织从全生命周期角度开展了生态设计、环境管理、废物回收、废物再利用和再制造等共性技术标准和产品标识的研究，制定了一批废物资源化国际标准，基本形成了较完善的环境管理体系和废物资源化标准体系，对推动国际废物大循环及废物资源化利用产生了重要影响。目前，我国已发布废物资源化标准90余项，制定了再制造产品通用标识和汽车零部件再制造标识，但废物资源化技术标准与再生产品标识体系尚不完善，废物资源化标准覆盖率不足10%，迫切需要加强废物资源化技术标准研究，制订资源化产品和再制造产品的标识认证标准及管理办法。

——废物资源化全过程监控技术。废物资源化全过程监测是指在废物产生、分类、回收、运输、处置和利用等过程进行废物自动识别、实时监控和风险控制，是建立废物收运体系的重要手段。德国利用射频识别（RFID）技术，建立了区域层面垃圾清运及计量系统，显著提高了垃圾回收、运输与处置效率。“十一五”期间，我国已开始探索RFID技术在垃圾计量监测的应用，但废物回收网络尚未形成有利于资源化的体系，环境风险控制薄弱，需要通过智能监测和管理控制等进行完善升级，亟需研发基于物联网的废物收运系统监测技术和传感识别装备，推动区域性废物交换平台的建设，实现废物回收、加工、再利用各环节的控制和监督，提高废物回收、监测、交易的效率和环境风险控制能力。

三、发展思路、基本原则及目标

（一）发展思路

深入贯彻落实科学发展观，努力提升生态文明水平，围绕资源节约型和环境友好型社会建设，以创新发展为主线，以实现废物资源化综合效益为目标，统筹技术开发、设备研制、应用示范、基地建设、人才培养、市场培育等关键环节，协调和指导全国相关领域科技力量集中攻关，建立废物资源化科技创新体系，完善废物资源化技术创新链，推动废物利用的全过程清洁化，提高废物资源化利用效率，为大力发展循环经济、加快转变经济发展方式提供有效支撑。

（二）基本原则

——立足节能减排、着眼产业发展。要将节能减排与培育战略性新兴产业有机结合，最大限度利用废物中的有价资源，加快废物无害化和规模化消纳，实现废物处置环境效益与经济效益的双赢，培育发展新产业。

——着力自主创新、完善创新链条。要以打造产业技术创新链为着力点，促进多学科交叉融合，加快高新技术原始创新和集成创新，增强自主创新能力，解决制约废物资源化产业化的技术瓶颈，提高高端产品比例与技术竞争力。

——依托示范工程、培育市场需求。要以示范工程为依托，带动废物资源化技术创新，优化设备工艺，验证工程成效，加快成果快速转化，形成对新技术、新设备的直接市场需求，带动产业快速发展。

——优化创新环境、推动持续发展。要以实施科技项目为牵引，推进创新基地、创新人才与中介服务体系建设，优化自主创新环境，提高技术服务水平，增强废物资源化技术的持续创新能力。

（三）总体目标

“十二五”期间，重点选择再生资源、工业固废、垃圾与污泥等量大面广和污染严重的废物，以废物资源化全过程清洁控制为基本前提，加强废物循环利用理论研究，大力推进废物资源化全过程污染控制技术研发，发展废物预处理专用技术，加快废物资源化利用技术研发，形成100项左右重大核心技术，开发100项左右市场前景好、附加值高的废物资源化产品。选择特色鲜明的城市（区域），推进100项左右示范工程建设；统筹技术研发、创新基地、创新团队、中介服务、公共平台等建设，完善技术标准规范与产品认证体系，健全有利于废物资源化技术研发、成果转化和产业发展的创新环境，加快先进适用技术的推广普及，提高科技进步对废物资源化的贡献。

四、优先领域与重点任务

（一）再生资源利用技术

1. 废旧金属再利用技术

（1）发展目标

针对铜铅锌等大宗废旧金属及废稀贵金属再生利用，重点突破废旧金属专业化分选拆解、保（升）级利用、清洁冶炼、二次污染控制等重大技术与装备，提高废旧金属回收率与再生产品质量，支撑再生金属产业转型升级。

（2）技术重点

——废铜废铝保级再生利用技术：重点研发废旧金属高效分选拆解等预处理技术与装备，低能耗冶炼与产品保级（升级）利用技术与装备，低品位废旧金属清洁冶炼与二次污染控制技术，开发再生铜导体、泡沫铝合金和汽车航空用铝合金等再生金属产品。

——废旧铅锌清洁生产技术：重点研发废铅酸蓄电池专用运输车辆，废铅酸蓄电池机械化破碎分选技术与装备，低温强化熔炼及提取技术与装备，余热梯级利用与二次污染控制技术及装备，开发高纯铅锭、铅基合金等再生铅锌系列产品。

——稀贵金属再生利用技术：重点研发废旧硬质合金、废催化剂、废旧磁性材料等废物中金属与基体拆解分离技术，钯、铂、镓、锂等稀贵金属低成本清洁提取技术与装备。

——稀土资源再生利用技术：重点针对稀土永磁材料、稀土储氢材料、稀土催化剂、稀土发光材料等废旧稀土功能材料，研发镧、铈、镨等稀土元素的选择性浸出与高效萃取分离技术，以及伴生元素的综合利用与污染控制技术。

2．废旧电子电器产品综合利用技术

（1）发展目标

针对废旧电视、冰箱、电脑等大型废旧家电，以及小型消费类废旧电子电器产品的综合利用，重点突破低成本和成套化拆解分选、分离提纯和产品高值利用关键技术和设备，支撑废旧电子电器综合利用率达90%以上。

（2）技术重点

——大型废旧家电高效拆解装备：重点研发大型废旧家电专用成套化复合式拆解装备，超细超微粉碎机和干式分选筛分设备，烟气和粉尘捕集污染控制技术等。

——消费类废旧电子产品金属提取技术：针对报废手机、锂电池、荧光灯管、数码产品等小型消费类废旧电子产品，重点研发精细拆分和改性预处理技术与设备，高值金属分离和提取技术，铅镉汞等重金属和有机污染物的分离与去除技术及设备等。

——非金属拆解产物高值利用技术：重点研发废阴极射线管（CRT）显示器玻璃铅的提取及全组份利用技术，非金属材料和发泡塑料共混改性与生产新型功能材料工艺及技术等。

3. 废旧机电产品再制造技术

（1）发展目标

针对大型装备、汽车与工程机械等废旧机电产品及零部件的再制造，将重点突破废旧机电产品核心零部件再制造技术和设备，支撑核心零部件再制造率提高到80%以上，关键技术达到国际先进水平。

（2）技术重点

——大功率废旧发动机再制造技术：重点研发废旧发动机解体技术，绿色清洗技术，先进表面预处理技术，缺陷和应力无损测评技术，自动化纳米电刷镀、等离子熔覆和热喷涂等再制造关键技术，研制企业生产者责任延伸制度。

——大型机械贵重核心部件再制造技术：重点研发特殊大型轴、传动和液压系统核心零部件的表面清洗与预处理一体化技术，疲劳和损伤部件的测定与评估技术，损伤磨损部件的激光、等离子熔覆等先进表面工程技术及后加工技术。

4. 废旧高分子材料资源化利用技术

（1）发展目标

针对废旧塑料、废旧橡胶、废旧纤维等废旧高分子材料资源化利用，将重点突破废旧高分子材料高效分离、复合改性、高端材料制备关键技术与装备，提高清洁利用水平与再生产品品质，支撑综合利用率超过95%，再生产品附加值同比提升30%以上。

（2）技术重点

——废旧橡胶复合改性利用技术：重点研发废旧橡胶常温全封闭超细粉碎技术，胶粉改性高掺和比沥青利用技术，胶粉与塑料共混制备高性能热塑性弹性体技术等。

——废塑料制备高端材料技术：重点研发废旧塑料自动化分选分离技术与装备，废塑料瓶智能化自动回收装

备，废旧塑料超净化处理改性再生技术与装备，废旧塑料催化裂解技术，再生塑料生产聚丙烯腈工业碳纤维技术，工程塑料回收再利用整体设计技术等。

——废旧纤维识别分选与深加工技术：重点研发废旧纺织品纤维智能识别与连续分拣技术及装备，废旧化学纤维再熔融纺丝生产高品质纤维技术及装备，废旧纤维素纤维制备浆粕及高档造纸用浆技术，再生纺织纤维制增强复合材料技术，废旧碳纤维复合材料制品的拆解、回收与再利用技术等。

（二）工业固废资源化技术

1. 粉煤灰和煤矸石综合利用技术

（1）发展目标

针对粉煤灰、煤矸石等煤炭大宗废物综合利用，将重点突破废物中铝硅镓等多种组分梯级提取与高值利用以及建材中规模化消纳关键技术，废物多产业循环利用技术模式，支撑大型煤炭基地粉煤灰、煤矸石资源化利用率提高到50%以上。

（2）技术重点

——粉煤灰综合利用技术：重点研发粉煤灰空心微珠分级提取技术，高铝粉煤灰/煤矸石低能耗提取氧化铝技术，硅镓伴生组份协同提取产业链接技术，粉煤灰性能综合优化及大掺量粉煤灰制备建材关键技术等。

——煤矸石综合利用技术：重点研发煤矸石低温活化矿井填充技术，煤矸石/粉煤灰生态治理技术，煤矸石/粉煤灰制造岩面保温材料及提取超细纤维造纸技术，煤矸石制备环保材料技术及尾渣资源化利用技术等。

——大型煤炭基地废物多产业循环利用技术：针对大型煤炭基地，开展煤炭采掘废物原位利用、废水/废气梯级利用、废物用于生态修复等多产业衔接技术，形成园区废物多产业循环利用技术模式。

2. 冶炼废渣规模化消纳技术

（1）发展目标

针对钢铁冶金废渣、有色冶金废渣等典型金属冶炼废渣，将重点突破有价组分清洁提取、毒害性物质控制等共性技术与装备，形成规模化消纳与资源化利用集成技术体系，支撑典型选冶废渣综合利用率提高30%以上。

（2）技术重点

——赤泥低成本脱碱与规模消纳技术：重点研发氧化铝赤泥低成本脱碱技术与装备，高铁赤泥及赤泥铁精矿深度选铁技术，综合回收赤泥多种有价组份技术，有害组分污染控制技术，脱碱赤泥制环保建材及环境修复材料技术，脱碱赤泥规模化处置技术等。

——钢铁废渣与尘泥升值利用技术：重点研发废渣熔态在线改质与余热回收技术，钢渣高效细磨与深度选铁装备，钢铁废渣制备环保建材升值利用技术，冶金尘泥多金属协同提取技术，铁合金废渣锰铬硅资源梯级利用技术等。

——典型重金属废渣清洁利用技术：重点研发典型重金属废渣中有价金属清洁分离提取与高值利用技术，利用尾渣制备铁精矿技术，重金属无害化处理技术，贫化渣多产业协同消纳技术等。

——铁、铜选矿尾矿利用技术：重点研发尾矿金属梯级提取技术，伴生非金属资源制备高强度结构材料技术，新型尾矿充填胶结材料制备及采空区充填技术，尾矿制备耐火和保温材料技术等。

——大型资源基地废物多产业循环利用技术与示范：针对大型钢铁联合企业、有色金属资源基地、稀土加工基地等大型资源基地，开展特色废物资源原位协同利用技术、多产业链接共生利用技术等研发，形成大型资源基地废物多产业循环利用技术集成示范与模式。

3. 工业副产石膏综合利用技术

（1）发展目标

针对磷石膏、脱硫石膏、氟石膏、钛白石膏等工业副产石膏，重点突破副产石膏规模化制备高端建材、硫钙元素循环利用等关键技术，开发具有较好市场前景的产品，为工业副产石膏大规模消纳提供新途径。

（2）技术重点

——脱硫石膏制备高端建材技术：重点研发脱硫石膏免煅烧制干混砂浆技术，大比例掺和制备新型建材技术，低能耗煅烧制备高强型半水石膏技术等。

——磷石膏资源化利用技术：重点研发利用磷石膏大规模化生产石膏板技术、磷石膏杂质预分离与低能耗煅烧技术，连续分解制酸及尾渣利用技术，磷石膏制硫酸钾、硫铵、碳酸钙等化工原料多联产技术等。

——氟石膏无害化处置与资源化利用技术：重点研发氟石膏脱碱与有害杂质分离处置技术，专用含氟新型改性剂制备与固化技术，制备环境功能材料技术，大比例掺和制备新型建材技术等。

4. 工业生物质废物转化及燃气化利用技术

（1）发展目标

针对食品、纺织、中医药残渣等典型工业生物质废物资源化利用，重点突破生物质废物燃气化利用、化学生物转化利用等关键技术与设备，支撑工业生物质废物综合利用率达到90%以上。

（2）技术重点

——工业生物质废物燃气利用技术：重点研发集中式工业生物质废物和工农复合生物质废物热解气化技术，干法生物发酵技术，热解气化与生物发酵联合燃气化技术，燃气净化与存储技术，燃气分离和协同利用技术，沼液浓缩和腐植酸制备技术等。

——工业生物质废物化学生物转化利用技术：重点研发工业生物质废物生物化学水解与胶原蛋白提取及衍生利用技术，酿造废渣分级分离与微生物定向转化利用技术等。

——食品加工废物多元转化技术：重点研发食品加工废物蛋白提取和再利用技术，制取高活性生物制剂等高值产品技术，以及基于资源化产品生产、流通和利用全过程的健康风险控制技术等。

——工农复合基地废物循环利用技术：重点针对典型工农复合基地，研发农业秸秆便捷处理配套设施，耗能低、寿命长的秸秆固化和炭化生产装备，林业采伐、造材和加工剩余物制备高端材料技术与装备。

（三）垃圾与污泥能源化资源化技术

1. 城市生活垃圾能源化资源化利用技术

（1）发展目标

针对城市生活垃圾（包括餐厨垃圾），重点突破城市垃圾分类回收、均质预处理、有机垃圾厌氧消化、填埋气体提纯与燃气利用、垃圾高效能源转化及二次污染控制等关键技术与装备，形成适合我国城市垃圾特点的能源化资源化利用技术体系。

（2）技术重点

——垃圾生产生物质燃气技术：重点研究城市生活垃圾分类、回收和再利用管理体系，分选与均质预处理技术与装备，复杂物料联合消化及热化学转化技术与装备，粗燃气净化提纯与储存技术，在线监测与自动化控制仪器，发酵废渣废水无害化处理与资源化利用技术等。

——垃圾填埋气体回收利用技术：重点研发垃圾填埋气集中回收与低成本提纯利用技术，垃圾填埋气燃烧热能利用技术，垃圾填埋气高效燃烧发电优化运行技术，垃圾渗透液膜处理与浓缩液处理处置技术等。

——餐厨垃圾资源化技术：重点研发餐厨垃圾源头油水分离与在线监控技术、垃圾杂质分离技术，高效制沼气与提纯净化技术及装备，利用餐厨垃圾生产饲料无害化处理技术与装备，餐厨废油催化制备生物柴油深加工技术与装备。

2. 建筑垃圾资源化利用技术

（1）发展目标

针对废混凝土、废砖瓦、建筑渣土等建筑垃圾，重点突破建筑废物分类与再生、资源化利用、以及再生混凝土高性能化等关键技术，形成适合我国国情的建筑垃圾资源化利用技术体系和产业化平台。

（2）技术重点

——建筑垃圾资源化再生技术：重点研究建（构）筑物的拆除技术、建筑废物的分类与再生骨料处理技术、建筑废物资源化再生关键装备、建筑垃圾资源化再生产品高品质化技术，形成建筑废物资源化再生成套工艺与设备，建立和完善先进的建筑废物回收、再生和利用管理体系。

——建筑垃圾资源化利用技术：重点研究再生混凝土及其制品制备关键技术、再生混凝土及其制品施工关键技术、再生无机料在道路工程中的应用关键技术、以及新型再生建筑材料应用技术，形成有关产品标准、设计及施工规范等。

——再生混凝土高性能化与利用技术：重点研究再生混凝土高性能化制备技术、高性能再生混凝土应用技术；再生混凝土耐久性控制技术、再生混凝土的长期性能等。

3. 污泥处置与资源化技术

（1）发展目标

针对城镇污水处理厂污泥和工业污泥无害化处置与资源化利用，将重点突破污泥低成本干化脱水、高效厌氧消化、生物质能回收、有机质资源化利用、热解能源回收、污泥协同处置等关键技术与装备，形成适合我国国情的污泥资源化技术路线，大幅度提高污泥资源化利用率，合理降低建设运行成本。

（2）技术重点

——污水厂污泥厌氧消化技术：重点研发城镇污泥厌氧消化强化产甲烷定向调控技术，城镇有机废物与污泥协同厌氧消化调控技术与装备，高含固量高效厌氧消化技术与配套设备等。

——污水厂污泥好氧发酵技术：重点研发污泥好氧发酵制肥过程调控技术及工艺优化控制技术，研发污泥高低温热解技术、热解产物高值化控制与资源化利用技术及装备。

——污水厂污泥协同处置技术：重点研发节能高效污泥干化技术与设备，干化污泥高效焚烧技术与装备，干化污泥水泥窑协同处置技术，污泥制陶粒技术及装备，处置过程毒害气体及重金属等污染控制技术等。

——工业污泥资源化技术：重点研发工业污泥制备生物碳、高性能吸附材料等高值利用技术，污泥有毒重金属脱除技术，污泥制备复合轻质建筑材料技术与装备等。

（四）废物资源化全过程控制技术

（1）发展目标

重点突破废物资源化标准和再生产品标识构建技术，城市废旧物资再生资源物联网监测与信息化集成技术，支撑标准覆盖率提高到30-50%，显著提升废物资源化管理和技术服务能力，实现全过程控制，支撑废物回收网络的完善与优化升级。

（2）技术重点

——废物资源化标准与标识构建技术：重点研发废物资源化标准与再生产品标识分类方法及体系构建技术，资源化技术与装备标准转化技术，资源化产品与再制造产品的质量安全控制与评估技术，资源化技术标准应用效果综合评价技术。

——废物资源化过程监控技术：重点研发废物追溯标识构建技术，废物传感识别技术与设备，基于物联网的城市废物收运系统构建技术，区域废物或副产品交换（交易）信息化技术，废物资源化环境安全评估和风险控制技术。

（五）废物清洁循环利用理论研究

（1）发展目标

重点研究废旧金属再生利用过程理论，废旧机电产品再制造的寿命评价与性能控制理论，工业固废多金属清洁提取与协同利用理论，可燃固体废物能源化高效清洁利用机理，形成废物清洁利用的重大基础理论体系，引领废物资源化重大技术与产品创新。

（2）研发重点

——废旧金属清洁熔炼理论：重点研发废旧金属多组份快速识别原理与分选电磁特性，多金属再生提取定向调控机理，冶炼过程杂质元素影响规律与二次污染控制机理。

——工业固废多金属协同利用理论：重点研究粉煤灰、冶金废渣等固废物相构效关系及调控规律，多金属短流程清洁提取新介质设计和分离原理，重金属及污染元素全过程迁移规律与控制理论。

——可燃固体废物能源化利用机理：重点研究可燃固体废物高值化预处理调质和源头控污机理，热转化过程中二恶英与重金属的全过程排放控制及关键污染物的协同脱除，可燃固体废物高效能源化、产物高值利用机制，以及近零排放系统集成与优化理论。

——废物资源化污染控制理论：重点研究矿物开采－转化加工－消费使用－废物再生的生命周期全过程物质流分析方法，废物资源化全过程经济效益与节能减排效益评价理论，国际废物大循环稳定运行风险识别与污染转移控制理论，废物资源化产品的生态化设计与标准化方法。

（六）创新能力与人才队伍建设

——产业技术创新战略联盟：创新产学研合作机制，统筹推进废物资源化领域产业技术创新联盟建设，完善再生资源产业技术创新战略联盟、城市生物质燃气产业技术创新战略联盟等运行机制，加快重大技术联合攻关，提升废物资源化企业创新发展能力。

——创新团队与领军人才：推动废物资源化领域创新型人才培养基地建设，大力培养青年创新人才和工程技术人员，培养一批废物资源化技术创新团队。

——技术创新服务平台：以废物资源化技术转化和成果应用为重点，建立开放式、多层面、网络化、综合性的废物资源化技术创新服务平台，为推动企业废物资源化的技术创新与产业发展提供技术服务。

——公共检测平台：以产业化技术前期研发与再生产品质量检测及评估服务为重点，推进废物资源化开放式的公共检测平台建设。

五、废物资源化技术示范工程

（一）发展目标

落实专项规划各优先领域的重点任务，充分利用现有支持渠道，优化国家科技资源配置，创新组织管理机制，发挥大型骨干企业优势，联合高校与科研院所，实施100项左右废物资源化技术示范工程，重点突破废旧电子电器产品再制造技术、废旧高分子材料能源化利用技术、冶金固废有价元素协同提取技术、生物质废物制备生物质燃气技术等重大技术，推动技术、装备、产品、人才、基地、市场和管理等融合发展，完善废物资源化技术创新链，有效提高技术创新对废物资源化的支撑引领作用。

（二）重点任务与布局

针对再生资源、工业固废、垃圾与污泥等大宗废物，以科技项目为牵引，开展废物资源化技术研发与产业化集成示范，建立和完善产业技术创新链，形成一批技术创新基地。

——再生资源回收利用技术示范工程：围绕废旧稀贵金属及稀土产品、废旧电子电器与机电产品、废旧高分子材料等大宗社会消费类废弃物，充分利用市场配置作用，发挥专业化企业和园区技术创新的主体作用，重点突破废旧稀土和贵重金属分离提纯利用、废旧特种装备零部件表面检测与尺寸修复等核心技术，开发一批高品质资源化产品。

——大宗工业固废资源化技术示范工程：围绕粉煤灰、工业副产石膏、选冶废渣、工业生物质废物等大宗工业废物，以大型骨干企业为主体，强化产学研结合与多学科融合，注重多产业协同链接，形成工业固废多金属选择性强化分离、工业生物质热解气化等核心技术，推进工业固废清洁化与规模化消纳。

——垃圾与污泥能源化资源化技术示范工程：围绕城市生活垃圾、餐厨垃圾、建筑垃圾、城市污泥等城市固废，发挥政府主导作用，推进废物资源化第三方技术与运营服务，重点突破生物质厌氧消化、生物质燃气利用、残渣无害化处置等核心技术，开发成套设备，推进城市垃圾与污泥处置及能源化利用。

六、实施保障

（一）加强组织领导与协调

落实《循环经济促进法》，组织实施废物资源化科技工程“十二五”专项规划。建立由国家科技主管部门会同联合发布部门组成的废物资源化科技工作协调小组，推进技术创新与产业政策、管理措施的协调，共同推进规划实施。组建由多学科、多领域高层专家参与的国家废物资源化科技创新专家委员会，为规划实施提供战略决策与技术咨询。推动区域废物资源化创新体系建设，鼓励各省（直辖市、自治区）将废物资源化研究纳入省级科技发展规划，将废物资源化列入科技部与有关地方、部门的工作会商议题，协调推进废物资源化技术研发、示范、推广与能力建设。

（二）拓展和创新科技投入机制

实施废物资源化技术示范工程，建立国家废物资源化科技项目库，充分利用现有渠道支持废物资源化相关基础研究、技术研发、工程示范与技改推广等技术创新链的关键环节，提高废物资源化技术支撑水平。加强科技和金融结合，建立企业贷款风险补偿机制，推进知识产权与高新技术企业股权抵押融资工作，充分利用保险工具和科技风险投资支持废物资源化高新技术企业，鼓励支持废物资源化高新技术企业进入多层次资本市场融资。完善废物资源化技术创新产品认定体系，纳入相关鼓励政策范围。

（三）充分发挥企业创新主体作用

转变政府科技服务功能，加快以企业为主体、市场为导向、产学研相结合的技术创新体系建设。支持大型骨干企业牵头承担国家及地方科技项目，引导资金、人才、技术等创新要素向企业聚集，加大鼓励自主创新政策的落实力度，重点扶持专业化企业创新发展。实施“百千科研人员进企业”鼓励科技人才在企业、科研单位之间交流，引导科技人才向企业聚集，推动研发平台、技术转化平台、科技公共服务机构为企业技术创新服务，促进国家重点实验室、工程技术研究中心、检测平台向企业开放，提升企业持续创新能力。

（四）强化管理，提高效率

建立科技项目研究任务和经费使用的第三方监理机制，加强对计划任务目标、时间节点、成果产出的管理和考核，加强对科技项目实施环境效应监测评估，提高管理效率。建立专项规划中期评估与实施成效评估机制，建立科技项目、技术转化与扶持产业化的综合绩效评估机制，推动废物资源化技术创新产业化基地与创新团队建设，统筹项目、人才、基地建设。

（五）健全技术创新服务体系

加强废物资源化重点领域的产业技术创新战略联盟、技术创新服务平台等建设，发挥政府引导作用。支持废物排放控制标准、废物回收机制及废物资源化标准体系研究，编制废物资源化先进技术目录与技术标准目录，推动社会化废物资源化技术评估与转化服务体系建设，加快先进技术推广与产业化应用。

（六）加强国际合作与宣传

广泛开展废物资源化科技合作与交流，将废物资源化科技创新纳入多边、双边国际合作渠道，加大国际科技合作计划等对废物资源化的支持；营造良好的废物资源化国际合作氛围，积极引进、消化和再创新国际先进技术，鼓励和支持国内废物资源化先进技术在国外推广应用，积极稳妥地参与国际废物资源大循环体系建设，促进废物资源化创新跨越发展。

（七）加强科技宣传普及

加强废物资源化科技宣传普及工作，大力宣传废物资源化科技创新先进人物与实践，将国家推动低碳、绿色发展的目标要求，转变为每个公民自觉行动，积极参与废物资源化活动，树立可持续生产与可持续消费的社会风气。

专业名词与术语解释

再生资源：主要指可从中回收钢铁、有色金属、稀贵金属、稀土、塑料、橡胶等再生资源的废旧机电、报废汽车、废旧电子电器产品、报废铅锌电池、废旧高分子产品等社会消费领域废物。

工业固废：主要指排放量大、环境污染重、资源化潜力突出的粉煤灰、煤矸石、氧化铝赤泥、脱硫石膏、钢铁废渣、重金属冶炼废渣、工业生物质废物等工业固体废物。

垃圾与污泥：主要指城市生活垃圾、市政污泥等有机质含量丰富、能源化资源化潜力大的量大面广的生物质废物；同时也包括产生量巨大的建筑垃圾。

再制造技术：废旧机电与电子电器产品再制造是指将淘汰或达到使用寿命的产品零部件利用高新表面工程技术、快速成形技术等先进制造技术改造，使其应用到新产品上去，实现再制造产品质量达到或超过新品。与原生产品制造相比，再制造技术可大幅度节约资源、能源，降低环境污染。

烟化挥发法：属金属火法冶金领域，指将固体冷料连续地投入将熔炼挥发区和烟化挥发区连为一体的烟化炉，空气和煤粉连续进入烟化炉，炉内的物料经烟化炉的熔炼挥发区和烟化挥发区后连续完成熔炼、吹炼、挥发工艺过程。

缺陷和应力无损测评技术：主要指发动机曲轴等关键部件表面和亚表面在长期使用后会出现缺陷、应力集中等，再制造过程需要对缺陷点、应力集中点进行检测与评价，同时不能损坏部件表面，即无损检测技术。

关于印发《机电产品再制造技术及装备目录》的通知

工信部联节〔2012〕198号

各省、自治区、直辖市及计划单列市、新疆生产建设兵团工业和信息化、科技主管部门：

为引导再制造技术装备研发，推动先进适用工艺技术及装备的示范应用和推广，加快提升再制造产业技术水平，在各地推荐、专家评审基础上，我们组织编制了《机电产品再制造技术及装备目录》（以下简称《目录》）。现印发你们，请据此指导和支持有关企业、科研院所等加强研发攻关，推进示范应用和推广。有关要求如下：

一、加强组织领导。各级工业和信息化、科技主管部门要密切协调配合，切实加强对机电产品再制造技术及装备研究开发和应用推广工作的组织领导，积极支持搭建产学研用合作机制和平台，充分发挥行业协会及科研院所等单位支撑作用，进一步促进再制造技术进步，提升再制造装备水平，为再制造产业发展奠定坚实的技术基础。

二、强化分类指导。对研究开发类，要紧紧围绕企业再制造工艺装备需求，强化供需对接，引导各方面科技资源加大投入；对产业化示范类，要积极组织实施产业化示范项目，加强技术验证和评估；对应用推广类，要进一步加大推广力度，扩大应用范围和领域。

三、加大支持力度。优先支持再制造相关科技创新项目及企业技术中心等建设。支持和鼓励建设再制造技术开发平台和产业创新战略联盟，联合攻克关键共性再制造技术。各级工业和信息化主管部门要积极引导企业实施再制造技术装备产业化示范和应用推广技术改造项目，优先纳入技术改造等资金渠道予以支持。各级科技主管部门要大力支持再制造领域重大关键共性技术装备研发，择优列入相关科技专项予以支持。支持再制造领域相关企业、单位积极研究起草相关标准，完善再制造标准体系。

四、加强技术交流。结合再制造产业发展及技术装备应用情况，搭建技术交流平台，推进再制造技术交流。组织召开重点再制造技术现场交流会、推介会，鼓励再制造企业及科研院所举办或参与展览展示活动，推动广泛应用先进适用再制造技术装备。

附件：机电产品再制造技术及装备目录 另文件

工业和信息化部　科学技术部

二〇一二年四月二十八日

附件：

机电产品再制造技术与装备目录

一、再制造成形与加工技术

序号	名 称	适用领域	主要内容	解决的主要问题	类别
1	激光熔覆成形技术	汽车工业、机械工业、石化工业、冶金工业等领域铁基零部件裂纹、掉块、腐蚀、磨损、变形等部位	在被涂覆基体表面上，以不同的填料方式放置选择的涂层材料，经激光辐照使之和基体表面薄层同时熔化，快速凝固后形成稀释度极低、与基体金属成冶金结合的涂层，从而显著改善基体材料表面的耐磨、耐蚀、耐热、抗氧化等性能，实现金属零部件表面或三维损伤的再制造成形。	解决激光三维成形的尺寸精度控制以及性能提升技术问题。对比换件维修而言，三维损伤激光熔覆再制造成形只需消耗可以弥补三维损伤部位等体积的材料，节材效果显著，成本较低，具有良好的经济、资源和环境效益。	产业化示范
2	等离子熔覆成形技术	汽车工业、机械工业、石化工业、冶金工业等领域金属零部件裂纹、掉块、腐蚀、磨损、变形等部位	利用高温等离子体电弧作为热源，熔化由送粉器输送的合金粉末，在被修复工件表面重新制备一层高质量、低稀释率、具有优异耐高温、耐磨、耐腐蚀的强化层，实现金属零部件表面或三维损伤的再制造成形。	通过等离子熔覆成形技术制备的工作层，在恢复零件尺寸的同时进一步提升零件的表面服役性能，实现产品的再制造。设备简单可靠，成形效率高。	产业化示范
3	堆焊熔覆成形技术	工业机械重载装备的中型、大型金属结构件	堆焊熔敷再制造成形技术的关键是根据零部件的失效特征设计合适的堆焊材料和自动化成形工艺，并且结合工业机器人的高精度、高灵活性，以及优质高效的数字化脉冲焊接设备，有效地保证了再制造产品的质量。	堆焊熔覆再制造成形技术制备的高性能堆焊层，在恢复零件尺寸的同时进一步提升零件的表面服役性能，使再制造后零部件服役寿命不低于新品。再制造的成本仅为新品的1/10左右，且节能、节材效果明显。	产业化示范
4	高速电弧喷涂技术	汽车工业、机械工业、石化工业、冶金工业等领域金属零部件腐蚀、磨损、变形等部位	通过机器人夹持高速电弧喷涂枪，控制喷枪在空间进行各种运动，使得喷枪能够按照设定的程序自动实现喷涂作业，采用高压空气流作雾化气流，获得性能优异的喷涂涂层。	采用机器人自动化高速电弧喷涂技术对报废的零部件实施再制造，根据零件表面的失效特征设计合适的喷涂材料及工艺，在零件表面制备的高性能涂层，恢复了零件尺寸的同时进一步提升零件的表面服役性能，使再制造后零部件服役寿命不低于新品。	产业化示范
5	高效能超音速等离子喷涂技术	汽车工业、机械工业、石化工业、冶金工业等领域金属零部件腐蚀、磨损、变形等部位	以高温的超音速等离子射流为热源，借助等离子射流来加热、加速喷涂材料，使喷涂材料达到熔融或半熔融状态，并高速撞击经预处理的零件表面，经扁平凝固后形成性能优异的喷涂涂层。	根据零件表面的失效特征设计合适的喷涂材料及工艺，使零部件表面得到强化，恢复零件尺寸并提高零件表面的耐磨损、耐腐蚀、耐高温氧化等性能，提高零件的使用寿命。	产业化示范
6	超音速火焰喷涂技术	冶金工业、石化工业、造纸等领域需耐磨、耐腐蚀、耐高温设备	经过高温、高速将金属及其合金、金属陶瓷粉末熔化成熔融状冲击经预处理的零件表面，使其表面能致密、均匀地附着一层喷涂涂层，且涂层与基体结合强度高。	超音速火焰喷涂制备涂层厚度、耐磨性、耐蚀性方面均优于电镀硬铬层，而且性价比也高于电镀硬铬层，是替代电镀硬铬技术的优先技术。	应用推广

7	纳米复合电刷镀技术	坦克、舰船、飞机、汽车、机床等军用装备和民用装备重要零部件	金属离子在电场力的作用下扩散到工件表面，形成复合镀层的金属基质相；纳米金属颗粒沉积到工件表面，成为复合镀层的颗粒增强相，纳米颗粒与金属发生共沉积，形成复合刷镀层。	将纳米技术与传统的电刷镀技术结合起来，在金属基镀液中加入纳米陶瓷颗粒，制备了纳米颗粒复合电刷镀液及镀层，研究其使用性能发现，该技术在耐磨损、耐腐蚀、耐高温、抗疲劳性能等方面相对于传统电刷镀技术都有大幅提升，可用于装备损伤零部件的再制造及产业化应用。	应用推广
8	铁基合金镀铁再制造技术	各种类型的柴油机及相关机械的曲轴、直轴等贵重零部件	在无刻蚀镀铁技术的基础上，在单金属镀铁液中加入适量的镍、钴等合金元素，获得Fe、Ni、Co合金镀层，使其比单金属镀铁层具有更好的力学性能。并在镀铁前后采取有效的处理方法，保证修复后工件的使用寿命，达到再制造标准要求。	可实现铁、镍、钴三元合金共沉积，得到铁基合金镀层。一次镀厚能力强，并能反复施镀，解决了大型零部件一次镀厚能力的难题，提高生产效率，大大降低了生产成本，首次在国内外实现了舰船、机车大型曲轴等关键零部件的铁基合金镀铁的批量再制造，使用安全可靠，且工期短，费用低。	应用推广
9	金属表面强化减摩自修复技术	各类机械设备的发动机、减速器、轴承及使用润滑油的机械摩擦磨损部位，适用处于边界润滑条件下的齿轮传动装置	主要是以润滑油、脂为载体，将自主开发的微纳米减摩自修复材料输送到摩擦副表面，利用摩擦过程中产生的瞬间高温、高压作用，使自修复材料表面的不饱和键与摩擦表面的金属离子形成化学键结合，形成一层类金属陶瓷表面改性强化修复层，实现金属磨损表面的原位修复，并可显著降低摩擦表面的粗糙度，改善设备的润滑状态。	主要解决机械设备运行中的磨损自修复问题，以及我国机械设备精度不高、噪声较大、渗漏油等问题，提高和保持机械设备的使用精度，延长其使用寿命，降低维修费用，节约资源和能源，提高机械设备的可靠性。该技术可广泛用于机械摩擦磨损部位，实现金属零部件运行中的不解体修复，减少机械设备运行能耗5%～15%。	产业化示范
10	类激光高能脉冲精密冷补技术	机械零部件划伤、点蚀等表面微区损伤，沟槽、薄壁等特型表面以及裂纹、缺损等部位	该技术利用瞬时高能量集中的电脉冲在电极和工件之间形成电弧,在氩气保护下，使焊补材料和工件迅速熔结在一起，实现热影响区相对较小的冶金结合。	用以实现机械零部件表面微区损伤、特型表面以及特种失效的再制造难题，是一种高精度、高结合强度、热影响区较小的新型焊补技术，其焊补质量可达到激光焊的效果。特别适用于划伤点蚀、沟槽薄壁、裂纹缺损，以及形状复杂、位置特殊的表面失效再制造。	产业化示范
11	金属零部件表面黏涂修复技术	各类金属零部件内外沟槽、内孔磨损，以及难以焊补的诸多零部件各种缺陷	表面黏涂技术是将添加特殊材料的黏胶剂涂敷于零件表面，以赋予表面特殊功能（如耐磨损、耐腐蚀、绝缘、导电、保湿、防辐射）的一项表面新技术。表面黏涂是在零件表面形成功能涂层，达到并超越原技术性能指标。	对设备零部件出现的磨损，沟槽，不良划痕等进行黏涂修复，可以恢复零部件精度，还使其性能大大提高，使用寿命增加2-3倍。	应用推广
12	再制造零部件表面喷丸强化技术	承受交变载荷，主要以疲劳失效或腐蚀疲劳失效的再制造零部件表面	喷丸强化就是高速运动的弹丸流连续向零件表面喷射过程。弹丸流的喷射如同无数小锤向金属表面捶击，使金属表面产生极为强烈的塑性形变，形成表面硬化层。	具有强化效果显著,成本低、能源消耗少,适应性好、用途广泛等特点。此技术已被公认为最经济、有效的防治金属零部件过早疲劳失效的技术。	产业化示范

二、再制造拆解与清洗技术

序号	名称	适用领域	主要内容	解决的主要问题	类别
1	拆解信息管理系统	工程机械	通过先进的信息化手段，解决拆解过程中物流信息难于管理的问题，从而提高生产效率。	解决拆解过程中物流信息难于管理的问题，实现拆解物料的信息化管理及跟踪。	研究开发
2	工程机械结构件销轴与轴套无损拆解技术	工程机械结构件	通过使用专用接头连接销轴注油孔和油泵油管，采用油泵产生压力并形成油膜，实现拆卸工作，并使用托架支撑被拆工件，避免被拆件掉落发生危险或工件损坏。	可避免因人工用钢管或拉马冲击拆解而导致轴套及销轴表面拉伤或端面尺寸变形，降低劳动强度、并可保证零件尺寸不发生变化。	研究开发
3	液压油缸活塞杆无损拆解技术	液压油缸	通过研究拆卸时无冲击、拆卸后不损伤螺纹的拆卸技术与装备，实现保护活塞杆螺纹的无损拆解。	避免因手工拆解造成的活塞杆螺纹损伤。	研究开发
4	泵车支腿、转塔无损拆解技术	混凝土泵车	可实现泵车支腿和转塔连接轴的拆解，泵车臂架系统中各连接轴的拆解，支腿油缸与支腿连接轴的拆解。	解决泵车支腿和转塔连接处因锈蚀、变形等原因无法正常拆解的难题，并提高拆解效率。	研究开发
5	电机轴承拆解技术	电机轴承	采用专业的拆解设备，将轴上的轴承完好拆解，防止轴承的损坏。	可避免因电机轴承拆解不当等原因而造成的轴承报废，实现电机轴承无损拆解。	研究开发
6	高效喷砂绿色清洗与表面预处理技术	工程机械	基于传统喷砂技术原理，通过机器人或变位机夹持（或手持）喷枪按照设定路径行走，在压缩空气的作用下，磨料（或磨料与水的混合物）通过喷枪以高速喷射到待处理表面，通过改变磨料成分、组成、粒径、配比和喷砂工艺，可分别或同时实现待处理表面的污染物去除、表面粗糙度控制、残余应力优化、润湿性改善和表面适当强化等预处理过程。	实现废旧零部件表面清洗、预处理和强化过程的一体化，提高再制造的质量和效率，降低再制造成本。同时减少预处理过程对环境、人员和清洗表面的负面作用，具有显著的经济和环境效益。	产业化示范
7	废旧工程机械零部件高温高压清洗技术	工程机械	高温高压清洗技术利用电机带动的柱塞泵经加压至高压后，最后由高压喷枪喷出。在整个清洗过程中能够将零部件表面的水泥垢、油垢等脏污通过冲蚀、剥蚀、切除、打击进行去除。	高温高压清洗技术为物理清洗技术，采用了半自动化清洗设备，减轻了工人的劳动强度。	研究开发

8	废旧工程机械零部件超声清洗技术	工程机械	超声清洗技术是将高频电能转换成机械能之后，产生振幅极小的高频震动并传播到清洗槽内的溶液中，在换能器的作用下，清洗液的内部将不断地产生大量微小的气泡并瞬间破裂，每个气泡的破裂都会产生数百度的高温和近千个大气压的冲击波，从而清理零件表面以及狭缝中存在的污垢，达到零件所需要的清洁度要求。	超声清洗技术采用水基溶液清洗，循环利用清洗液，减轻了工人的劳动强度，消除了煤油清洗作业过程中易燃易爆的安全隐患。	研究开发
9	废旧工程机械零部件表面油漆清除技术	工程机械	研究废旧工程机械零部件再制造适用的物理清除油漆的工艺，让再制造毛坯达到再制造加工需求的表面状态，以利于后续零件的检测、修复或再制造加工，研究适合废旧工程机械零部件的油漆清洗工艺和设备，实现油漆的高效去除。	根据再制造产品生产流程，旧件回收、拆解以后需要对零件表面有油漆的零件进行油漆清除工作，让零件回归毛坯原本状态，以利于后续零件的检测、修复和重新涂装，防止由于表面油漆存在而引起检测不准确，妨碍修复工序及影响再制造零件的外观质量。	研究开发

三、再制造无损检测与寿命评估技术

序号	名称	适用领域	主要内容	解决的主要问题	类别
1	再制造毛坯缺陷综合无损检测技术	装备机械零部件表层和内部缺陷	基于材料与声、电等能场的作用原理，利用涡流和超声无损检测理论和方法，实现零件材料的表层及内部缺陷检测。涡流检测零件表层缺陷，零件无需前处理，操作工艺简单，可实现自动化作业。超声检测借助表面耦合剂或水浸方式检测零件内部缺陷，可实现自动化作业。	涡流/超声波综合无损检测技术关键是在零部件失效分析基础上设计合适的检测探头及检测方法，并结合检测信号的分析处理，有效保证再制造毛坯质量性能的评价，最终为毛坯能否再制造提供确切的参考依据。	产业化示范
2	再制造零件表面涂层结合强度评价技术	装备机械零部件表面涂层	实现在复杂的工厂现场对外形各异的再制造零件表面涂层进行便捷的、高可靠度的结合强度检测。	解决压入过程中声发射信号随机性和易受干扰性的难题，在大样本空间下，探索涂层界面开裂与声发射信号反馈的特征关系。	研究开发
3	再制造零件服役寿命模拟仿真综合验证技术	装备机械再制造零部件	基于有限元分析和热力学理论耦合建立高仿真、高普适度的有效模型，实现通过模型对再制造零件服役安全寿命的估算和控制；结合已有条件建立具有针对性的典型零件实车验证平台。	解决不同材料性质和载荷条件下再制造零件服役平台的仿真能力问题，解决不同性质再制造零件的融合和耦联所带来的材料学、动力学和热力学相关问题。	研究开发

4	再制造零件动态健康监测技术	装备机械再制造零部件	针对不同的再制造零件的本体结构和服役工况，解决合理布置传感器和信号接收装置的问题，同时保证实时信号在传输过程中最大程度的减小衰减和散射，确保断裂信号可以实时准确地反馈出再制造零件的服役状态和损伤水平。	实现对再制造零件服役过程的在线健康监测，捕捉再制造零件的临界失效状态，并给出实时的预警信息，有效避免再制造零件突然失效的发生。	研究开发
5	发动机曲轴疲劳剩余寿命评估技术	中重型车辆发动机曲轴	通过特型专用探头均速采集曲轴R角部位金属磁记忆信号，并提取特征参量，经专用软件处理，获得评价结果。	可检测出无裂纹但存在过度疲劳损伤的曲轴，避免该类曲轴作为再制造毛坯件而造成再制造质量的安全隐患。	产业化示范

附录：典型机电产品再制造技术及装备

序号	名称	适用领域	主要内容	解决的主要问题	类别
1	发动机缸体等离子熔覆技术	汽车发动机缸体	发动机缸体经过长里程数的运行之后，缸壁的行磨纹支撑率等参数会过度磨损，使得发动机性能和机油消耗等无法达到正常指标。在此，我们可以通过等离子涂覆技术，修复发动机缸体表面，使其恢复原始的设计尺寸，再进行镗缸、行磨，使缸体得到重复的利用。	等离子涂层表面物理性能稳定，耐磨性能好，完全可以满足工艺的原始设计要求。采用等离子喷涂技术，还可以避免在再制造过程中，采购昂贵的非批量的特殊尺寸的活塞和活塞环，从而节省再制造的成本。	研究开发
2	发动机曲轴激光再制造技术	汽车发动机曲轴	常规修复工艺如堆焊、电刷镀、热喷涂等工艺方法存在变形量大或结合强度不理想等缺陷，采用激光熔覆从理论上可以弥补上述工艺方法的不足，达到熔覆层与机体的冶金结合，并通过新材料的优选实现曲轴使用性能和寿命的提高,恢复曲轴轴颈原标准尺寸，以实现曲轴再制造。	主要解决曲轴轴颈修理尺寸达到极限或局部超过极限尺寸造成曲轴报废的问题，.满足曲轴使用要求的激光熔覆材料的选择和研发，确定激光熔覆最佳工艺参数，控制激光熔覆时曲轴变形和熔覆层裂纹，制定了激光熔覆后的精加工工艺。	研究开发
3	发动机内孔电刷镀技术	汽车发动机内孔零部件	通过数字控制器将电镀刷伸入到发动机孔内，然后在发动机孔内上下运动，电镀刷喷出电镀液，在电镀刷盒发动机加载正负极电压，就可以均匀将镀液刷在缸孔内。	通过数控方法，在发动机内孔表面制造出纳米晶镀层，使废旧的发动机或其他零件在综合性能上达到原型新品件。	研究开发
4	CVT无级变速器再制造技术	汽车CVT无级变速器	开发针对CVT无级变速器再制造的拆解，清洗，装备及检测的专用工具及设备，制定了一套完善的再制造作业指导书和相关的企业标准。	针对故障及废旧CVT无级变速器进行再制造。整个工艺主要分为拆解，零件性能检测，清洗，损坏零件修复，装配，测试这六大环节。再制造产品的质量和性能可达到新品的质量要求。	应用推广
5	汽车转向器再制造技术	汽车电液转向助力泵	通过对国外转向助力泵技术的消化吸收、自主研发，对废旧转向泵进行拆解、清理、整形、部件测试或自产ECU替换方式，使废旧转向器性能提升。	汽车电液转向助力泵主要原材料为铝材、铜材、钢材、永磁材料、塑料件等材料构成，每年可直接重新利用有色金属材料约50吨，填补了国内电控液压转向助力泵的空白。	应用推广

6	柴油机典型零部件再制造技术	柴油机零部件	采用电焊、电镀、配轴瓦、金属扣合等方法，使修理后的零部件性能恢复，尺寸满足图纸的技术要求，保持整机良好的工作状态。	主要用于船用设备的修理，经过多年生产实际证明，同时也适用于在民用设备及其他大型设备部件的再制造方面推广，并可以在用户现场进行维修，使用户可以缩短维修周期、降低成本、最大程度的提高设备紧急修理价值。	应用推广
7	汽车起动机和发电机再制造技术	汽车起动机和发电机	主要是通过对偶发故障期的废旧的汽车起动机和发电机部件进行拆解后，运用先进的表面处理、修复以及过程的检测匹配等技术，使其达到甚至超过新产品的性能。在售后市场进行销售，减少新配件的制造量。	废旧汽车起动机和发电机的回收再利用，减少浪费、减少环境污染，有效降低资源能源消耗、减少废弃物排放。发电机循环再利用的配件比例约72%，起动机循环再利用的配件比例约68%，资源综合利用量在70%以上。	应用推广
8	大型发电机再制造技术	大型发电机	通过对已损坏发电机进行检测，制定合理的修复方案，运用先进的维修设备及工艺工装技术，将损坏的绕组及零部件进行更换或修复，使其产品性能和质量达到甚至超过新产品。主要工艺有绕组修复、机械零部件修复，加强绕组绝缘工艺以及性能检测。	使用大型发电机再制造技术修复的发电机的性能质量可达到或超过新品，但其生产周期较短，节约原材料，并可在原有基础上通过加强绝缘和提高机械强度等工艺增强发电机的安全性和使用寿命。	应用推广
9	废旧油管再制造技术	油田油管	把报废油管预处理后，利用自主知识产权的发明专利技术，用金属冶金结合填充腐蚀、磨损的油管内壁，内衬陶瓷层防腐、耐磨，提高油管使用寿命5倍以上。	将80%的报废油管再制造，解决油管在油田生产中的腐蚀、磨损问题。	应用推广
10	轮式通井机再制造技术	油田轮式通井机	研究石油通井机再制造总体方案、车架、井架、分动箱、绞车再制造工艺技术。	主要解决产品正常使用过程中，出现的机械磨损、密封件老化和电路系统老化等障碍。可以实现废旧轮式通井机的性能恢复。	研究开发
11	重型支承辊堆焊再制造技术	冶金工业	利用埋弧堆焊工艺，将已使用后失效的轧辊工作层进行恢复，并通过选择适当的堆焊工艺及材料，恢复工作层的性能，使轧辊恢复原有的工作性能。	轧辊通过堆焊修复，可以重复堆焊5次左右，大大节省了新备件的制造工作，节省大量金属资源及备件制造过程中的能源消耗，社会效益和环境效益明显。	应用推广
12	板坯连铸扇形段辊子明弧焊复合工艺技术	冶金工业	将工作表面已失效的辊子采用明弧焊工艺进行堆焊重新制作新的工作层，使其恢复到新产品的性能，可以实现通过选择合适的焊接材料使辊子工作层的性能大大提高，使之更加符合工作要求，既延长辊子使用寿命，又节省了制造新辊所需的材料和能耗。	由于实现了废旧辊子的再生利用，大大节省了新备件的制造工作，节省大量金属资源及备件制造过程中的能源消耗，社会效益和环境效益明显。	应用推广
13	冷轧辊类热喷涂再制造技术	冶金工业	采用超音速火焰喷涂或者等离子喷涂技术，将满足于工况需求的粉体材料加热至熔融或半熔融状态，以极高的速度冲击到经过预处理的表面，形成保护层，实现辊子的再制造。	热镀锌锌锅沉没辊涂层突破了涂层结合强度、抗锌渣黏附能力、耐磨性能等关键技术瓶颈，使得带钢质量大大提高。涂层具有良好的抗Mn积瘤、抗Fe积瘤性能和高温耐磨性能。冷轧工艺辊涂层具有良好的耐磨性能以及粗糙度保持性能，解决了辊面黏附异物的难题，且使用寿命长。	产业化示范

14	连铸结晶器再制造技术	冶金工业	采用电镀、热喷涂等方法对结晶器表面进行改性处理，经过表面处理再制造的结晶器不仅是对结晶器尺寸上的修复，使之重复使用，而且赋予了结晶器表面高强度、高韧性、优越耐腐蚀性能、抗磨损性能和抗热疲劳性能，大大提高结晶器表面性能，使得结晶器的寿命大大延长。	该技术自主创新开发了连铸结晶器电镀Co-Ni镀层技术、电镀Ni-Co镀层技术、热喷涂涂层技术、涂层高结合力表面前处理技术。再制造连铸结晶器的使用寿命提高了3~5倍，大大提高了连铸作业率和连铸坯质量、降低炼钢运营成本。	产业化示范
15	冶金轴承再制造技术	冶金工业	冶金轴承，预定的时间周期结束后，部分零件已达到寿命，虽然仍有大部分零件可继续使用，但可能导致轴承的精度降低、游隙将变大，甚至超出规定的指标，轴承的性能已经不能满足装备的要求，因此必须进行轴承更换，换下的轴承可返厂修复，进行再制造。	利用磨削磨损零件进行修复加工，使原产品60%的零件得到了再利用，节约了大量的原材料，并降低了能源消耗，减少了污染物的排放。	产业化示范
16	冶金装备备件热喷涂再制造技术	冶金工业	利用热源将喷涂材料加热至溶化或半溶化状态，并以一定的速度喷射沉积到经过预处理的基体表面形成涂层。具备防腐、耐磨、抗高温、抗氧化等一系列特殊功能，使其达到延长使用寿命，节约材料、能源的目的。	是实现备件长寿化的一项重要工艺技术，大大节约了备件用量。同时使得废旧备件可再生利用，其经济效益和社会效益较为明显。	应用推广
17	液压支架立柱再制造技术	矿山采煤机械设备	主要是修复矿用液压支架双伸缩立柱外缸、中缸和活柱表面。采用激光熔覆技术或高温旋压的工艺对矿用液压支架双伸缩立柱缸筒内覆不锈钢的方法对立柱进行全面修复。	激光熔覆再制造技术、工艺及配套装备已趋于成熟，可实现支架立柱的批量化再制造。精选覆合材料，在缸筒的两端找平、缸口附近倒角、高温旋压等操作工艺已基本成熟，产品修复试验获得了初步的成功，使用该工艺修复液压油缸成本大约可节约2/3，油缸寿命比原油缸可延长2~3倍。	产业化示范
18	煤机重载元件再制造技术	矿山采煤机械设备	以锚杆钻车重载元件-链轮和钻箱输出轴为研究对象，采用理论计算与试验相结合的方式；并应用先进表面工程技术，实现重载元件再制造，同时也为后续其他元件的再制造积累宝贵的实践经验。	元件表面处理、表面修复等先进表面工程技术的应用研究。.表面覆层裂纹控制技术的研究，必须保证再制造后的元件没有裂纹出现。元件缺陷检测技术的研究。根据缺陷的形成原因、位置、尺寸等实际情况,建立不同的修补方法。	研究开发
19	矿用链轮再制造技术	矿山采煤机械设备	研究制造废旧、磨损链轮修复的堆焊焊丝，试验堆焊焊丝的各项性能直至符合要求。使用专用设备对使用过的废旧、磨损链轮的疲劳情况进行评估，确定最终的修理方案，改进并进行工业性试验。	以恢复尺寸、提升性能的堆焊技术为依托，产学研相结合，引入堆焊新材料，对影响使用可靠性和使用寿命等因素进行了综合分析，实验及改进。	研究开发
20	矿用刮板输送机再制造技术	矿山采煤机械设备	通过对煤矿刮板输送机刮板、链轮、中部槽等零部件磨损失效分析，选择一系列耐磨堆焊焊条，对磨损失效部位提供硬度HRC20～62的耐磨层，修复部件使用寿命达到或超过原部件使用寿命。	修复成本为新部件的三分之一，价格为新部件的二分之一，解决了煤矿机电设备部件更换成本高，新部件供货不及时的矛盾，为检修单位增加就业机会和经济效益，为国家节约了钢铁资源，减少了环境污染。	应用推广

21	工程机械齿轮再制造技术	工程机械混凝土机械	泵车回转支承长期使用后外齿轮部分局部断齿，无法与主动轮齿轮正常配合，泵车整车再制造时，如果将齿轮报废，回转支承整件无法使用，通过研究与试验，采取合适的工艺修复断齿。	恢复齿轮的断齿的尺寸及性能，实现废旧齿轮再制造，节约了大量的原材料，并降低了能源消耗，减少了污染物的排放。	研究开发
22	混凝土泵车油缸、销轴等零部件再制造技术	工程机械混凝土机械	采用电刷镀技术、冷焊技术、堆焊技术及退铬并重新镀铬技术实现油缸、销轴等轴类零部件的再制造，探索油缸和轴类零件再制造工艺路线，完成油缸及轴类零件再制造工艺规范。	恢复油缸、销轴等的尺寸及性能，实现油缸、销轴等轴类零部件的再制造，节约了大量的原材料，并降低了能源消耗，减少了污染物的排放。	研究开发
23	混凝土泵车传动件激光熔覆再制造技术	工程机械混凝土机械	利用高能激光束辐照到待加工材料（涂层材料和基材）表面使之迅速熔化、扩展及快速凝固，在基材表面形成具有特殊性能（如耐磨、耐腐蚀、耐疲劳、抗氧化等）的冶金结合层的工艺，它可形成与常规性能不同的优质合金熔覆层。	运用该技术对失效齿轮进行再制造后，可挽救分动箱、回转支承、回转减速机的整体使用寿命，经激光再制造的齿轮在耐磨性和强度等指标方面均不低于同类新品。	研究开发
24	混凝土泵车关键耐磨件高速电弧喷涂再制造技术	工程机械混凝土机械	是在原始电弧喷涂技术的基础上通过改进喷涂设备和材料而形成的。该技术以电弧为热源，将熔化的金属丝用高速气流雾化，熔滴以高速的飞行速度喷射到零件表面形成高质量的涂层。涂层组织结构致密，在耐磨、防腐等方面表现优越。	研制一种具有高耐磨性能的材料，用于混凝土泵车混凝土缸内表面修复。运用该技术，在修复受损混凝土缸内表面镀铬层的基础上，可大幅提高其耐磨、防腐性能。	研究开发
25	大型机床滑动导轨再制造技术	大型机床	机床导轨通常与床身一体，通过实际试验证明，可将磨损导轨面机加工去除，镶嵌机械性能较好的铸锡锌铅青铜板，加工恢复至原先导轨高度，可恢复机床使用性能。	采用镶嵌铸锡锌铅青铜板代替原铸铁导轨，可以大大降低修复及生产的成本，并可达到与原机床产品相同的机械使用性能。	产业化示范
26	大型镗杆副再制造技术	大型落地镗床	在保证镗杆副硬度的前提下，通过重磨镗轴或铣轴，并更换与其配合的静压轴承套，恢复镗杆副的精度。	对于落地镗床因为磨损、研伤造成镗杆副精度下降，无需更换新的镗杆副，只要对原有镗杆副修复加工，便可恢复其精度，节约成本和时间。	产业化示范
27	铁路重载货车轴承再制造技术	铁路重载货车轴承	按照再制造理念，初步建成了重载轴承大修磨装线和配套的磷化线，按照相关文件和产品图样的要求编制了相关技术文件和管理规章，已完成首批再制造产品并通过铁道部台架试验。	铁路重载货车轴承再制造利用磨削、超精工艺对磨损零件进行修复加工，使原产品85%的零件得到了再利用，节约了大量的原材料，并降低了能源消耗，减少了污染物的排放。	应用推广
28	打印机硒鼓再制造技术	打印机硒鼓	通过修复技术对其塑胶件、感光鼓、充电辊、磁辊、显影辊等部件进行物理性能恢复后，确定配件间及与碳粉的兼容影响关系，制定合理匹配后所生产的产品完全能够达到并在某些性能指标上超过原有水平。硒鼓再制造过程是指通过对用毕硒鼓拆解、清洗、喷涂、装配、检测，对磁辊、充电辊、感光鼓等核心部件进行再生修复达到新品性能，从而实现再利用的过程。	硒鼓再制造过程的管理严格按照再制造产品的生产要求及技术要求进行，从工艺流程及操作规范入手进行科学管理，每一道工序都形成了完整可靠的制度管理文件或标准手册，以保证再制造产品的质量及成本控制合理化。	产业化示范

29	大型水压机模具的再制造技术	大型铸造材料模具	通过合理改制淘汰模具，以达到用于新规格产品的压制。修复和加固报废模具，恢复其功能，重新投入使用，延长其使用寿命。主要采取焊接方式修复裂纹，并对模具进行适当加固，提高其强度。	通过合理改制淘汰模具，以达到用于新规格产品的压制，满足生产要求。修复和加固报废模具，恢复其功能，重新投入使用，延长其使用寿命。采用对铸铁模具用镍基焊材冷焊形式进行修复，而对铸钢模具进行预热采用高韧性超低氢的碳钢焊条补焊修复，由于该焊接材料韧性好，扩散[H]含量低，成功解决了以前铸钢件补焊只能采用镍基或不锈钢焊材难以用碳钢补焊的难题。	应用推广
30	压缩机转子再制造技术	轴流压缩机，离心压缩TRT，汽轮机，增压机，往复式压缩机曲轴及离心泵的转子	综合采用等离子表面喷焊、微弧等离子、冷金属过渡及激光技术等多种表面工程领域的新技术，使制备的熔覆层与母材达到完全冶金结合，实现转子尺寸恢复和性能提升，可以抵抗冲击载荷和交变载荷的苛刻作用。	对失效和报废的压缩机转子进行再制造，使其恢复或超过原技术性能和应用价值的工艺技术。	研究开发
31	胶辊再制造技术	印刷、皮革、印染、造纸、钢铁、纺织等领域胶辊	再制造技术采用重复利用旧胶辊轴芯，通过更换或部分更换胶辊表面橡胶层。	采用适用不同环境的胶辊配方及旧胶层的黏合技术，解决胶辊表面修复问题，实现系列胶辊再制造。	应用推广
32	电站高温高压阀门等离子喷焊再制造技术	机械、电力、石油化工等行业	利用高温等离子体电弧作为热源，在损坏的高温高压电站阀门密封面上重新制备一层高质量、低稀释率、具有优异耐高温性能、耐冲刷的强化层，使报废的阀门重新恢复到可用状态的再制造工艺方法。	和常规的手工堆焊方法相比，等离子喷焊再制造技术得到的焊层质量优异，可以用较少的粉末消耗得到满足质量要求的密封面，节省大量贵重的钴基合金。全机械化操作，生产效率高，工人劳动强度低。	应用推广

国家鼓励的循环经济技术、工艺和设备名录（第一批）

（国家发展改革委公告 2012年 第13号）

为贯彻落实《循环经济促进法》，推广先进技术、工艺和设备，提升循环经济发展技术支撑能力和装备水平，提高资源产出率，我们组织编制了《国家鼓励的循环经济技术、工艺和设备名录（第一批）》，现予公布。

本名录涉及减量化、再利用和再制造、资源化、产业共生与链接四个方面、共42项重点循环经济技术、工艺和设备。

附件：《国家鼓励的循环经济技术、工艺和设备名录（第一批）》

国家发展改革委 环境保护部

科技部 工业和信息化部

二〇一二年六月一日

关于发布《2012年国家先进污染防治示范技术名录》和《2012年国家鼓励发展的环境保护技术目录》的公告

（环境保护部公告 2012年 第39号）

为贯彻落实《国务院关于加强环境保护重点工作的意见》（国发〔2011〕35号），加快环保先进技术示范、应用和推广，我部组织编制了《2012年国家先进污染防治示范技术名录》和《2012年国家鼓励发展的环境保护技术目录》,现予发布。

《国家先进污染防治示范技术名录》所列的新技术、新工艺在技术方法上具有创新性，技术指标具有先进性，已基本达到实际工程应用水平。《国家鼓励发展的环境保护技术目录》所列的技术是已经工程实践证明的成熟技术。

2010年发布的《国家先进污染防治示范技术名录》和《国家鼓励发展的环境保护技术目录》同时废止。

附件：1.2012年国家先进污染防治示范技术名录（略）

2.2012年国家鼓励发展的环境保护技术目录（略）

二〇一二年七月五日

《再生资源综合利用先进适用技术目录（第一批）》公告

工业和信息化部 2012年 第1号

为贯彻落实《循环经济促进法》，推广再生资源综合利用技术，提高再生资源综合利用水平，促进再生资源技术产业化发展进程，工业和信息化部组织编制了《再生资源综合利用先进适用技术目录（第一批）》，现予以公告。

附件：再生资源综合利用先进适用技术目录（第一批）

二〇一二年一月四日

附件：

再生资源综合利用先进适用技术目录（第一批）

1. 废电路板非金属粉末改性设备及技术
2. 废电路板粉碎分离回收设备及技术
3. 废弃钴镍材料的综合利用关键技术
4. 废旧空调换热器回收处理设备及技术
5. 废碳粉回收再生关键技术
6. 铅酸蓄电池在线维护与离线修复技术
7. 废旧阴极射线管含铅玻璃综合利用技术
8. 废旧CRT含铅玻璃的铅提取技术
9. 废旧线路板资源化回收设备及技术
10. 废弃热插元器件线路板的可重用性拆解设备及技术
11. 废弃电子产品回收锡、铅、金银、铟技术
12. 废旧冰箱无害化处理及资源回收设备及技术
13. 失效锂离子电池直接制备电池级钴酸锂技术
14. 预硫化翻新轮胎装备与技术
15. 高值化旧轮胎环形预硫化翻新成套装备及关键技术

16. 预硫化胎面胶与翻新轮胎技术
17. 工程机械巨型轮胎翻新技术
18. 轮胎翻新无模硫化新工艺和胎面新型材料技术
19. 新型再生胶生产技术
20. 特级塑化橡胶技术
21. 高强无味环保型再生胶技术
22. 分解法生产无臭味再生胶技术
23. 丁基橡胶高温连续再生工艺技术
24. 双动力无轴输送废橡胶连续再生（脱硫）装置及技术
25. 废旧钢丝子午轮胎再生循环利用自动化生产技术
26. LZ模块集成控制常温法废轮胎精细胶粉生产技术
27. 废胎面胶粉在翻胎胎面胶中的应用技术
28. 废轮胎常温助剂法生产精细橡胶粉技术
29. FXJ系列多功能复炼机
30. 废轮胎胶粉改性沥青生产应用技术
31. 全自动废轮胎裂解装备及技术
32. 节能环保废旧橡胶循环利用技术
33. 集装箱轮胎吊（RTG）橡胶轮胎翻新技术
34. 废旧硅橡胶综合利用技术
35. 利用废轮胎橡胶生产活化改性非硫化橡胶技术
36. 废橡胶再生罐
37. 废钢（汽车拆解）破碎生产线及技术
38. 大型门式废钢剪断机
39. 氧化铁皮生产还原铁粉技术
40. 废旧铅酸蓄电池自动分离—底吹熔炼再生铅技术
41. 废旧铅酸电池及电子产品无害化处理技术
42. 再生铝合金加工技术
43. 废旧金属（铜铝）资源综合利用技术
44. 废黄杂铜水平连铸直接生产空心异型材技术
45. 大吨位电炉熔炼—潜流转流—多流多头水平连铸技术
46. 钨二次资源综合回收利用技术
47. 废弃镍网、片资源回收与开发再利用技术
48. 钛、锆、铪废料回收利用技术
49. 大型废钢打包机
50. 氧化铁制造铁氧体磁性材料技术
51. 利用废旧金属铸造铝合金锭技术
52. 利用废玻璃生产U型玻璃新型墙体材料技术
53. 废玻璃再生资源综合利用技术
54. 废玻璃渣循环利用技术
55. 废弃塑料常压裂解燃油设备及技术
56. 废塑料低温裂解油化成套装备及技术
57. 利用焦化工艺规模化处理城市垃圾废塑料技术
58. 纤维—塑料复合板及深加工生产工艺技术
59. 利用废旧塑料制备环保型塑木建材技术
60. EPS泡沫塑料回收生产仿木线材技术
61. 再生塑料颗粒综合利用技术
62. 废塑料生产薄钢板防护材料技术
63. 废弃聚酯资源的回收利用技术
64. 涤纶废丝循环再生技术
65. 再生热塑性树脂复合材料制品技术

66. 利用废旧聚酯瓶片生产再生涤纶工业丝技术
67. 利用聚酯瓶片纺涤纶预取向丝生产技术
68.再生聚酯全牵丝制作技术
69. 再生聚酯长丝级瓶片料制作检验技术
70. 高强玻璃纤维布涂胶防水卷材技术
71. 新型木塑复合材料技术
72. 废旧纺织品综合利用技术
73. 建筑垃圾资源化技术与工程应用
74. 建筑固废再生建材利用成套技术
75. 利用建筑废弃物制造高强度烧结砖硬塑挤出技术
76. 废旧沥青改性技术
77. 废陶瓷回收利用技术
78. 秸秆清洁制浆及其废液资源化利用技术
79. 秸秆气化高温燃烧工业锅炉应用技术
80. 生物质秸秆压块一体化提炼装备技术
81. PPDM提取秸秆纤维生产新型建材技术
82. 废蚕丝提取柞蚕丝素肽技术
83. 生物质废弃物致密成型技术
84. 再生办公用纸技术
85. 纸塑铝复合包装废弃物分离技术
86. 制浆系统纸塑分离技术
87. 废弃动植物油制备生物柴油技术
88. 制革废渣制备蛋白填料综合利用技术
89. 热塑基纤维增强复合材料型材生产技术
90. 铸造废砂循环再生利用技术
91. 餐厨垃圾综合处理制备沼气（发电）技术
92. 固体有机废弃物微生物发酵技术
93. 地沟油用于散装乳化炸药材料技术
94. 禽畜粪便资源化处理设备及技术
95 管式炉加热净化废矿物油技术

工业和信息化部关于荧光灯等6个行业清洁生产技术推行方案的通知

工信部节[2012]586号

各省、自治区、直辖市及计划单列市、新疆生产建设兵团工业和信息化主管部门，有关中央企业，有关行业协会：

为贯彻落实《工业清洁生产推行“十二五”规划》，加快重点行业先进清洁生产技术的应用和推广，提高行业清洁生产水平，我部组织编制了荧光灯、水泥、电镀、电石、ADC发泡剂、化学原料药（抗生素/维生素）等6个行业的清洁生产技术推行方案（以下简称“方案”），现印发给你们，并就做好方案实施工作提出如下要求：

一、地方工业主管部门要将清洁生产技术推广工作作为推动节能减排的重要措施，加大力度，加快实施推行方案。一是加强调查研究，结合本地区清洁生产技术推行现状、推行潜力，制定有针对性的清洁生产技术推行计划。二是方案中载明的清洁生产技术是国家清洁生产专项资金优先支持领域，地方工业主管部门要将其列为节能减排、技术改造、清洁生产、循环经济等财政引导资金支持的重点。三是加大宣传培训力度，加强有关信息交流，引导企业应用清洁生产技术。

二、行业协会要充分发挥企业和政府之间的桥梁和纽带作用，做好信息咨询、技术服务、交流研讨等工作，推动行业清洁生产技术升级，促进行业可持续发展。

三、企业作为应用清洁生产技术的主体，要把应用先进适用的技术实施清洁生产技术改造，作为提升企业技术水平和核心竞争力，从源头预防和减少污染物产生，实现清洁发展的根本途径。中央企业集团要积极支持所属企业应用推广方案中的清洁生产技术，对相关示范推广项目要优先列入集团项目实施计划并提供资金支持。

附件：荧光灯、水泥、电镀、电石、ADC发泡剂、化学原料药（抗生素/维生素）行业清洁生产技术推行方案（略）

工业和信息化部

2012年12月13日

住房城乡建设部关于印发城镇污水再生利用技术指南（试行）的通知

建城[2012]197号

各省、自治区住房城乡建设厅，海南省水务厅，北京、天津、上海市水务局，重庆市市政管委，新疆生产建设兵团建设局：

城镇污水再生利用是《“十二五”全国城镇污水处理及再生利用设施建设规划》（国办发[2012]24号）任务之一，是推动城镇节水减排、改善人居环境的重要途径。为指导各地落实“十二五”规划，推动城镇污水再生利用工作，我部组织编制了《城镇污水再生利用技术指南》（试行），现印发给你们，请结合本地区实际参照执行。执行过程中的有关情况和意见请及时函告我部城市建设司。

中华人民共和国住房和城乡建设部

2012年12月28日

附件：

城镇污水再生利用技术指南（试行）（节录）

前言

城镇污水再生利用不仅是缓解区域水资源短缺的有效途径，也能有效减轻污水排放对生态环境的压力。为进一步规范城镇污水再生利用，推动城镇节水减排，依据《中华人民共和国城乡规划法》、《中华人民共和国水法》、《中华人民共和国循环经济促进法》、《中华人民共和国水污染防治法》和《城市节约用水管理规定》等法律法规和规章，根据原建设部、科学技术部发布的《城市污水处理再生利用技术政策》，编制本指南。

本指南提出我国城镇污水再生利用的原则框架，用于指导我国城镇污水处理再生利用的规划，设施建设、运行、维护及管理。在编制过程中，借鉴了国外的先进经验，广泛征求了有关方面的意见，对主要问题开展了专题论证，对具体内容进行了反复讨论和修改，总体上反映了近年来我国城镇污水再生利用的实践经验和研究成果。

本指南的主要内容包括总则、城镇污水再生利用技术路线、城镇污水再生处理技术、城镇污水再生处理工艺方案、城镇污水再生利用工程建设与设施运行维护、城镇污水再生利用风险管理，共六章。

本指南由中华人民共和国住房和城乡建设部组织编制。

本指南主要起草单位：中国科学院生态环境研究中心、住房和城乡建设部城镇水务管理办公室、清华大学、天津中水有限公司、北京城市排水集团有限责任公司、天津大学、天津工业大学、天津城市建设学院。

本指南由住房和城乡建设部城市建设司负责管理，中国科学院生态环境研究中心负责技术解释。请各单位在使用过程中，总结实践经验，提出意见和建议。

第一章 总则

1.适用范围

本指南适用于城镇集中型污水处理再生利用技术方案选择，涵盖城镇污水从收集、处理到再生利用全过程的管理，指导城镇污水再生利用的规划以及设施的建设、运行、维护及管理。

再生水的主要用途包括工业、景观环境、绿地灌溉、农田灌溉、城市杂用和地下水回灌等。

2.总体目标

城镇污水再生利用的总体目标是充分利用城镇污水资源、削减水污染负荷、促进水的循环利用，缓解区域水资源短缺，推动城镇节水减排，提升我国城镇水资源综合利用效率和水平，推动资源节约型和环境友好型社会的建设。

3.指导思想

本指南的指导思想是针对我国城镇污水再生利用的实际需求，结合相关政策的要求和现有城镇污水再生利用设施的运行实践，借鉴国际相关成果和经验，体现系统性、整体性、合理性、前瞻性和水质安全性，科学确定城镇污水再生利用规划以及设施建设、运行、维护及管理的技术要求。

系统性：城镇污水再生利用应涵盖从污水收集、处理到利用的全过程，城镇污水处理厂的建设和改造应统筹考虑污水再生利用。

整体性：城镇污水再生利用应纳入城镇排水与污水处理的整体规划。

合理性：城镇污水处理、再生及输配等设施的布局，应充分考虑再生利用的便利性，根据再生水用户的需求进行合理布局。

前瞻性：城镇污水再生利用的规划和建设应具有一定的前瞻性，充分借鉴国内外取得的科研和实践成果。

水质安全性：城镇污水再生利用的核心问题是水质安全。应加强源头管理，确保排入下水道的污水达到污水排入城镇下水道水质标准，同时要提高再生处理工艺及输配过程的可靠性，从系统上保障再生水水质安全。

第二章 城镇污水再生利用技术路线

第一节 城镇污水再生利用基本原则

为保障城镇污水再生利用工作的顺利开展，集中型城镇污水再生利用应遵循以下基本原则：

（1）城镇污水再生利用规划应以系统的调研和现状分析为基础，包括污水水源、城镇污水排放和处理情况、城镇再生水生产与使用现状等，并对制约城镇污水再生利用的各种因素进行分析，明确需要重点解决的问题。

（2）城镇污水再生利用规模与布局应根据城镇的自身特点和客观需求确定。资源型缺水城镇应以增加水源为主要目标，水质型缺水城镇应以削减水污染负荷、提高城镇水环境质量和改善人居环境为主要目标。

（3）再生水应优先用于需水量大、水质要求相对较低、综合成本低、经济和社会效益显著的用水途径。选择处理工艺时应考虑不同再生水利用途径水质需求的差异，以及从常规处理到深度处理和后续消毒工艺流程的整体性，同时需兼顾远期发展的需要。

第二节 再生水利用需求分析

城镇污水再生利用需求分析包括现状分析和水质水量需求分析。其中现状分析包括：

（1）污水水源分析：包括产业结构、主要排水大户的水质特性及水量变化特点等。

（2）城镇污水排放和处理情况分析：包括污水排放量及变化趋势、污水处理设施的工艺特点、处理能力、运行状况和出水水质等。

（3）城镇再生水生产现状分析：包括城镇污水再生处理设施的工艺类型、生产规模、运行状况和再生水水质，以及再生水输配方式、输配设施布局和运行状况等。

（4）城镇再生水使用现状分析：包括主要用户分布、再生水主要利用途径及再生水使用量变化等。

（5）问题分析：对制约城镇污水再生利用的各种因素进行分析，明确需要重点解决的问题。

需求分析应依据城市水资源供需现状及变化趋势、潜在用户分布，确定不同用途的再生水水质水量需求。具体包括：

（1）工业：宜在对当地产业结构以及工业用水大户的用水特点与现状进行充分调研的基础上确定工业用再生水的水质水量需求。

（2）景观环境：宜根据水体功能、环境及质量标准、容量、蒸发耗散量、换水周期、地下渗透量、水体流动性（流速）、封闭或开放性等因素确定景观环境用再生水的水质水量需求。

（3）绿地灌溉：宜根据当地的气候条件、土壤特征、绿地类型以及灌溉面积和灌溉周期等确定绿地灌溉用再生水的水质水量需求。

（4）农田灌溉：宜统筹考虑气候条件、地理位置、土壤性质、农作物类型以及灌溉面积和灌溉周期等因素确定农业灌溉用再生水的水质水量需求。

（5）城市杂用：宜在对现有城市杂用水量调查的基础上，根据不同利用途径的特征和季节变化确定城市杂用再生水的水质水量需求，其中冲厕等用水量宜根据可接管用户数量进行确定。

（6）地下水回灌：宜根据水文地质条件、地下水资源现状、回灌方式等确定地下回灌用再生水的水质水量需求。

第三节 规划布局

城镇污水再生利用规划是城镇排水与污水处理规划的重要内容，其制定应依据城镇总体规划，与城镇供水、排水、节水、市容环卫、园林绿化、暴雨内涝防治等有关规划相协调，并遵循国家及地方现有的法律、法规、规范及标准。规划应遵循因地制宜、经济合理的原则，根据城镇的自身特点和客观需求，统一规划、合理布局。再生处理设施规模和技术的选择应依据水源和用户需求确定，以满足近期再生利用需求为主，同时兼顾远期发展需要。应确保再生水水源水质水量满足再生水生产与供给的可靠性、稳定性和安全性要求，符合现行的相关标准，并对后续再生利用过程不产生危害。

城镇污水处理厂的建设应考虑再生利用的需求，统一规划、统筹建设，对于暂时没有再生水需求的地方可以在污水处理厂规划过程中预留深度处理设施位置和接口。污水处理工艺的选择应考虑与再生利用途径相匹配。城镇污水再生处理水质目标和处理工艺的确定应考虑不同用户的需求。在不能同时满足不同用户需求时，应进行技术经济比选，确定优先利用方向。

污水再生处理、储存和输配设施的布局应综合考虑水源和再生水用户的分布，统筹规划。再生水可通过压力管网、河道或供水车等方式输送至用户，管网的布置形式可选择环状或枝状管网，枝状管网末端需设置泄水设施；应考虑输配过程的加压、消毒及维护抢修站点用地等。再生水的储存和输配可充分利用城市景观水系。

第四节 利用途径及单元技术选择

城镇污水再生利用主要途径包括工业、景观环境、绿地灌溉、农田灌溉、城市杂用和地下水回灌。水质要求分别详见有关国家标准GB/T 19923-2005、GB/T18921-2002、GB/T 25499-2010、GB 20922-2007、GB/T 18920-2002、GB/T 19772-2005。

为了达到不同用途的水质要求，需要将各种污水再生处理单元技术进行有机组合。主要单元技术功能和特点见表2－2。具体单元技术要求及特点等详见第三章。

城镇污水再生处理工艺方案应根据再生水的用途选择不同的单元技术进行组合，并考虑工艺的可行性、整体流程的合理性、工程投资与运行成本以及运行管理方便程度等多方面因素，同时宜具有一定的前瞻性。对于向服务区域内多用户供水的城镇污水再生处理设施，供水水质应符合用水量最大的用户的水质要求；个别水质要求更高的用户，可自行增加处理措施，直至达到其水质要求。具体工艺方案建议详见第四章。

第三章 城镇污水再生处理技术

城镇污水再生处理技术主要包括常规处理、深度处理和消毒。

常规处理包括一级处理、二级处理和二级强化处理。主要功能为去除SS、溶解性有机物和营养盐（氮、磷）。深度处理包括混凝沉淀、介质过滤（含生物过滤）、膜处理、氧化等单元处理技术及其组合技术，主要功能为进一步去除二级（强化）处理未能完全去除的水中有机污染物、SS、色度、嗅味和矿化物等。消毒是再生水生产环节的必备单元，可采用液氯、氯气、次氯酸盐、二氧化氯、紫外线、臭氧等技术或其组合技术。

城市污水再生处理系统应优先发挥常规处理在氮磷去除方面的功能，一般情况下应避免在深度处理中专门脱氮。

第四章 城镇污水再生处理工艺方案

在污水再生处理工程中单独使用某项单元技术很难满足用户对水质的要求，应针对不同的水质要求采用相应的组合工艺进行处理。根据国内外城镇污水再生处理与利用研究成果和实践经验，本章针对不同再生水利用途径推荐相应的主要组合工艺方案，以供参考。

本章建议采用的工艺流程中括号内单元技术表示为可选，“／”表示应从两个或多个技术中选择一种技术。

第一节 工业利用

城镇污水再生后作为工业用水有如下用途：冷却用水、洗涤用水、锅炉补给水、工艺与产品用水，水质应满足《城市污水再生利用工业用水水质》（GB／T19923－2005）要求。用户可根据需要采取进一步的处理措施。

第二节 景观环境利用

城镇污水再生作为景观环境水体补水可分为：观赏性景观环境用水和娱乐性景观环境用水，水质应满足《城市污水再生利用景观环境用水水质》（GB／T 18921－2002）要求。

第三节 绿地灌溉利用

城镇污水再生利用于绿地灌溉，根据与公众接触程度不同分为非限制性绿地和限制性绿地，水质应满足《城市污水再生利用绿地灌溉水质》（GB／T25499－2010）要求。

第四节 农田灌溉利用

再生水用于农田灌溉可按照作物直接食用、间接食用和非食用等不同情况进行工艺选择，水质应满足《城市污水再生利用农田灌溉用水水质》（GB／T20922－2007）要求。

第五节 城市杂用

再生水作为城市杂用有以下用途：冲厕、道路清扫、车辆冲洗等。应满足《城市污水再生利用城市杂用水水质》（GB／T 18920－2002）要求。

第六节 地下水回灌

城镇污水处理再生后回灌到地下含水层，主要目的是补充地下水，防止因过量开采地下水而造成的地面沉降和海水入侵。地下水回灌包括地表回灌和井灌两种方式。水质应满足《城市污水再生利用地下水回灌水质》（GB／T 19772－2005）要求。

第五章 城镇污水再生利用工程建设与设施运行维护

第一节 城镇污水再生利用工程建设

城镇污水再生利用工程建设包括再生处理设施、再生水储存设施及再生水输配管网的建设。有关工程的设计和建设应符合《城市污水再生利用技术政策》（建科〔2006〕100号）要求，并遵循《污水再生利用工程设计规范》（GB50335－2002）

第六章 城镇污水再生利用风险管理

城镇污水再生利用风险管理主要包括生产风险管理和终端用户风险管理，应加强科学研究和宣传，降低再生水生产和使用风险。

地方循环经济

2012年北京市循环经济

北京市发展和改革委员会

2012年，在国家发展和改革委员会等中央部委的指导支持下，在北京市市委、市政府的正确领导下，北京市积极探索转变经济发展方式，以提高资源利用效率和减少污染物排放为核心，通过创新体制机制、健全保障体系、培育试点示范等手段，着力发挥工程支撑、技术引领、管理促进、行为规范与市场机制的协同作用，全面推进循环经济试点城市建设，在保持经济稳定增长的同时，实现主要污染物化学需氧量和二氧化硫排放总量、单位能耗持续下降，北京市循环经济工作取得了显著成效。

一、循环经济各项指标走在全国前列

能效水平居全国省级地区首位。2012年，北京市万元GDP能耗降至0.437吨标准煤（不变价），同比下降4.67%，超出年度目标86.8%。万元地区生产总值能耗累计降低率已完成国家下达"十二五"节能目标任务的64.3%，超额完成国家规定的40%进度目标。是全国唯一一个连续7年完成年度目标的省级地区，万元GDP能耗绝对值全国最低。

节能环保产业得以快速发展。全市新能源和节能环保产业技工贸收入规模达到1800亿元，累计增长80%。大力推广节能产品，全市二级及以上能效产品市场占有率达到70%左右，累计提高30个百分点。启动推广LED灯及高效照明产品50余万只，在全国率先实现居民家庭及公共机构绿色照明全覆盖。

资源综合利用规模持续提升。据初步统计，2012年我市认定企业资源综合利用产值280亿元，减免税额18亿元，消纳各类废石、废渣等固体废弃物约4500万吨。生活垃圾产生量连续三年下降，资源化率提高到45%。全市再生水利用量达到7.5亿立方米，成为重要水源之一，再生水利用率达到61％。

环境污染防治取得明显进展。2012年，我市二氧化硫、氮氧化物、化学需氧量和氨氮排放量同比分别下降4.12％、5.75％、3.46％和3.95％，超额完成了2％、3％、2％和2％的年度任务。年度新增公共绿地1300万平方米，完成25.5万亩平原造林，全市林木覆盖率和森林覆盖率分别达到55.5％和38.6%，人均公共绿地面积达到15.5平方米，绿色空间更加亲民。

二、多措并举推进我市循环经济发展

（一）加强政策计划引导

出台《北京市贯彻落实〈国家鼓励的资源综合利用认定管理办法〉实施细则》、《关于加强建筑垃圾再生产品应用的意见》，研究制定《北京市清洁生产管理办法》，印发"绿色北京"行动计划2012年度任务分解方案、清洁空气行动、节能减排全民行动等多个计划方案。不断强化循环经济政策支撑，加强循环经济工作的计划性、指导性。

（二）加强技术创新引领

充分发挥节能低碳创新服务平台的作用，发布《北京市2012年节能低碳技术产品推荐目录》，向社会推荐15类65项技术产品，编制形成《重点领域节能低碳技术解决方案和典型案例集》。设立特定短信平台，编制"北京节能低碳技术电子时讯"，为扩大节能技术应用规模营造氛围、创造条件。拓宽节能环保企业融资渠道，协调北京银行向节能低碳创新服务平台提供贷款授信额度3年150亿元，加快推动设立节能环保产业股权投资基金，积极支持节能环保企业培育发展。

（三）试点工程顺利推进

1.国家试点积极推进。积极申报国家循环经济示范试点工程。北京经济技术开发区被列为国家园区循环化改造示范试点，开展企业内部的清洁生产、企业间的产业链共生、区域内的废弃物回收利用等循环化建设。北京市绿盟再生资源产业获批国家城市矿产示范基地，基地内北京盈创再生资源有限公司、华新绿源环保产业发展有限公司等五家企业重点建设废饮料瓶分拣中心、废旧家电回收体系等五个项目，全年回收处理各类"城市矿产"约60万吨。北京奥宇可鑫表面工程技术有限公司和首特钢报废汽车解体厂成为国家再制造试点单位，德青源农业科技股份有限公司、朝阳循环经济产业园入选国家循环经济教育示范基地。各试点单位按照试点工程的相关要求，深入挖掘企业潜力，加快节能、节水、节材、资源综合利用等相关项目建设，各项工作有序推进。

2.市级试点初见成效。我市市级循环经济试点单位经过几年建设，循环经济工作取得积极进展。其中北京水泥厂、盈创再生资源等五家企业列为国家循环经济试点企业，北水协同处置废弃物、德青源生态农业循环经济发展模式入选国家典型模式案例。延庆县康庄镇农业循环经济示范项目加快建设，通过完善基础设施建设，完成循环经济发展的物理连接，建成种、养、加、农为一体的循环产业链。

3.资源产出率统计试点初步探索。作为国家6个开展资源产出率统计试点的省市之一，我市按照国家要求，在总结2010年循环经济试点调查经验的基础上，发布《关于开展资源产出率统计试点工作的通知》，制定《北京市资源产出率统计试点调查实施方案》，集中开展资源产出率统计试点调查，对全市3746家工业企业和3588家建筑业企业进行全领域的资源消耗量统计，在深入了解主要资源循环利用现状的基础上，科学评价资源消费与产出情况，完善指标统计方法，探索建立适合我市实际情况的资源产出率统计核算方法。

4.服务业清洁生产试点城市建设稳步推进。随着产业结构深度调整，我市清洁生产的重点由工业领域向服务业领域拓展。通过前期服务业清洁生产探索实践和积极申请，我市2012年获批成为全国首家服务业清洁生产试点城市。按照试点建设实施方案，我市通过"构建六个体系、实施十大领域工程、完善八项配套机制"的建设，探索形成满足首都服务业资源节约与污染防治要求的可推广的工作机制、评价标准和系统实施方法，初步把首都建设成为以现代服务业为主导、以物质高效循环利用为核心、以全社会共同参与为特点的服务业清洁生产发展示范区。我市积极加强政策、标准等基础能力建设，深入实施服务业十大领域清洁生产工程，服务业清洁生产试点城市建设各项工作稳步推进。

（四）再生资源回收利用体系不断完善

1.完善再生资源回收体系建设。我市按照"规范站点、物流配送、专业分拣、厂商直挂"的工作思路，在全市建成了由22家主体回收企业、15个分拣中心、近4700个回收站点构成的再生资源回收网络和体系，在300多个社会单位设置了分类回收架，提高了我市再生资源回收的覆盖范围和接收能力。

2.提升资源综合利用水平。2010年以来，我市累计开展6批次资源综合利用认定，402家（批）企业通过审核认定，全市共利用各种矿山开采固体废弃物约1.8亿吨，年综合利用固体废弃物约4500万吨，实现资源综合利用相关产值约840亿元。同时我市定期开展资源综合利用认定企业专项检查，督促企业按照国家及我市相关要求整改完善，促进资源综合利用产业健康发展。

3.促进垃圾资源化利用。我市选取100个单位开展垃圾"零废弃"管理试点建设，实施全市600个垃圾分类试点社区建设，2012年全市居住小区生活垃圾分类资源化率达到50%，生活垃圾产生量下降5%。建成高安屯焚烧一期、阿苏卫综合处理厂等17座垃圾处理设施，处理能力提高到16680吨/日，焚烧、生化和填埋处理的结构比例由2:8:90优化为15:15:70。焚烧处理能力3000吨/日的鲁家山垃圾焚烧发电厂年内可投入运行。

（五）改善环境能力不断提升

1.强化城乡绿化美化建设。实施百万亩平原造林工程，平原人工造林29.1万亩。完成京津风沙源项目一期工程，累计完成封山育林116.8万亩，低效林改造和林木抚育180.6万亩。建成20个城市休闲森林公园和11座新城滨河森林公园，新增公共绿地4.7万亩。坚持工程治理和强化管理相结合，实施永定河、北运河、潮白河三大流域生态治理，完成310平方公里水土流失治理和1240平方公里生态清洁小流域治理，重点流域水环境逐步改善。

2.重点推进大气污染防治。制定实施清洁空气行动计划，竣工投产东南、西南燃气热电中心，建成30个新城集中供热中心，完成4100蒸吨燃煤锅炉清洁能源改造，全部消除城市核心区燃煤锅炉；累计淘汰黄标车5万辆、老旧机动车55万辆，公共领域新能源汽车应用规模达到5000辆，组建3.1万辆规模的"绿色车队"。基本完成二氧化硫脱硫工程，在全国率先启动水泥厂烟气脱硝治理，完成6500吨挥发性有机污染物治理。全面开展绿色施工工地创建，开展施工现场扬尘治理专项行动，启动扬尘污染控制区试点建设，大气主要污染物浓度稳步下降。

3.着力推进节能节水工作。大力实施重点领域节能工程，开展老旧小区综合整治，累计完成6425万平方米既有建筑节能改造，新增抗震节能型农宅27.9万户，新增绿色建筑推广面积201万平方米，节能建筑占既有民用建筑比例达到61%。大力实施可再生能源替代，新能源与可再生能源占能源消费总量的比重达到4.5%左右。完成北小河、酒仙桥等12座污水处理厂升级改造，新建卢沟桥等再生水厂，完成清河、吴家村再生水厂升级扩产，全市污水处理率达到83%；实施农业节水灌溉21.5万亩，家庭节水器具普及率达到92%。

（六）绿色消费氛围逐步形成

政府机构率先积极推广使用绿色产品，2012年政府采购节能产品、环境标志产品比重分别超过78%和67%。实施节能超市推广工程、绿色照明推广工程，2012年我市主要家电节能产品市场占有率达到70%左右，在全国率先实现居民家庭、公共机构绿色照明全覆盖。在全市深入开展"限塑"、"限制过度包装"活动，共减少使用12.2亿个塑料袋，减少塑料消耗3.1万吨。德青源循环经济教育示范基地对外开放，共接待参观人员31000人。连续举办7届节能环保展览会，开展"畅通北京绿色出行月"、"垃圾减量日"、"节能减排进社区""再生资源回收日"等系列主题活动。全市营造了良好的绿色消费氛围。

（撰稿：徐淼，北京市发展和改革委员会资源节约和环境保护处（应对气候变化处））

2012年天津市循环经济

天津市发展和改革委员会

2012年，我市在市委、市政府的领导和各区县、各部门的共同努力下，按照国家发展改革委的统一部署和要求，把发展循环经济作为推进生态文明建设、实现可持续发展的重要途径，推动循环型农业、循环型工业、循环型服务业互动发展，动脉产业与静脉产业协同发展，全市循环经济示范试点规模进一步扩大，循环型产业体系逐步完善，资源循环利用水平不断提高，经济、社会和环境效益进一步显现，为全面完成国家循环经济示范试点城市建设任务、顺利实施“十二五”规划目标奠定了坚实基础。

一、推进两个循环经济重点区域建设，加快形成动静结合的产业布局

（一）加快滨海新区现代制造业循环经济发展聚集区建设

滨海新区以企业、园区和产业链为载体，加快发展循环经济。培育产业优势突出、循环经济发展潜力大、带动力强的企业，列入“滨海新区50家循环经济骨干企业”。滨城龙达、泰鼎、南港工业区、泰丰社区、福瑞社区等十余家企业、园区和社区列入全市百家循环经济示范试点。深化完善已形成的石油化工、冶金、电子信息、汽车等多条循环经济产业链，积极培育航空航天、装备制造、生物医药、新能源新材料等领域的循环经济产业链。完善泰达、临港等循环经济示范试点园区建设，推进南港、空港等新兴产业集聚区的生态化布局，推进循环经济向纵深发展。

天津经济技术开发区入选全国首批循环化改造示范试点园区，成立了天津经济技术开发区国家循环化改造示范试点园区建设领导小组，制定出台了任务分解表和实施细则，并在中央财政资金的支持下，积极实施能源梯级利用、水资源循环利用、产业链接，污染集中防治、技术服务平台建设等循环化改造项目。临港经济区推动港口与工业一体化循环经济产业体系建设，实施“水电汽气污多联产”公用工程项目，促进高技术船舶造修、海洋工程装备、交通运输装备、工程机械设备、新能源装备、节能环保装备六大装备制造产业集聚发展。北疆发电厂继续实施“发电——海水淡化——浓海水制盐——盐化工——新型建材”节地型“五位一体”循环经济产业链。滨海新区、北疆发电厂分别成为国家海水淡化产业发展试点园区、淡化水供水试点。中国和新加坡政府合作建设的中新天津生态城被国务院批准为国家绿色发展示范区。

（二）加快天津子牙循环经济产业区建设

天津子牙循环经济产业区按照“厂在林下、林在厂中”的核心理念，基本建成了工业区、林下经济带、科研居住区联动发展、循环互补的总体格局，“循环、生态、便捷、智慧、宜居”的子牙模式逐步显现。产业发展上，围绕废旧机电产品拆解加工、废弃电器电子产品处理、报废汽车拆解加工、废旧橡塑再生利用、精深加工再制造、节能环保新能源六大主导产业板块，累计吸引177家企业入驻。国联报废机动车回收拆解项目、同和绿天使以及TCL奥博废旧家电项目等重点项目竣工投产并产生效益。钱塘飞跃拆解深加工项目、新能有色金属深加工项目、华鑫达投资有限公司塑料加工园等在建项目正积极推进。基础设施上，园区的服务大厦、社区文化体育中心、中小学、幼儿园、公交场站等公建项目建设基本完工。管理服务上，2012年2月，中央编办批复同意设立静海海关，进一步完善了海关、检验检疫、环保、园区“四位一体”联合监管体制。试点示范上，2012年园区被国务院批准为国家级经济技术开发区，是我国目前唯一以循环经济为主导产业的国家级经济技术开发区，还被国家发展改革委批准为国家循环经济教育示范基地，被国家工信部批准为国家新型工业化产业示范基地。其中，天津子牙循环经济产业区“国家循环经济教育示范基地”以加强国际间青少年循环经济、绿色能源教育和交流为出发点，建设工业循环经济企业观光基地、农业循环产业基地、国际青少年活动中心（循环经济展馆、培训驻地）、军训基地等现代化服务设施，开辟一个集循环经济展览、工业观光、农业实践、兴趣培养、清洁生产教育、军训、团队合作和科技创新于一体的教育示范基地。

二、推进企业、园区的循环经济产业链建设，加快建立三次产业互动的循环型产业体系

（一）培育循环经济示范企业和园区

按照统筹兼顾、注重实效、特色鲜明、典型示范的原则，我市完成了第四批市级循环经济示范试点筛选工作。到2012年末，全市的市级循环经济示范试点达到105个，其中服务业、农业和小城镇及社区类型的试点数量占三分之一。通过培育循环经济示范试点，构建和壮大企业之间、园区之间、区域之间的循环经济产业，一批资源循环利用水平有较大提高、污染物排放大幅降低的循环经济示范试点逐步建成，在发挥聚集效应的同时，促进了减量化、再利用和资源化，取得了良好的经济社会效益。2012年，天津子牙循环经济产业区、天津经济技术开发区、天津北疆发电厂被国家发展改革委授予“全国循环经济工作先进单位”称号。

（二）优化完善循环经济产业链条

结合国家产业政策和全市产业布局，通过试点培育、资金支持、引入补链企业等措施，积极优化完善循环经济产业链。再生资源产业方面，以天津子牙循环经济产业区国家“城市矿产”示范基地为载体，依托全市再生资源回收利用体系，构建废旧家电、报废汽车、废金属、废旧橡塑等废旧物品资源化等循环经济产业链。冶金行业方面，以天铁集团等钢铁企业为依托，充分利用余热、余压、废渣、废水等，建立冶炼-产品-废物回收循环经济产业链。建材行业方面，以天津市裕川置业集团有限公司等建材企业为依托，利用建筑垃圾生产建材骨料、砌块、砂浆等建材产品，形成建筑垃圾资源化循环经济产业链。生活垃圾处理方面，以青光、双港、汉沽、大港等垃圾焚烧发电厂依托，利用生活垃圾焚烧发电，搭建生活垃圾资源化循环经济产业链。农业方面，以区县生态农业园为依托，探索形成“稻蟹立体种养——食用菌——畜禽养殖——有机肥”、“林——菌——禽——肥”、“猪——沼——鱼——果”、“农——牧——沼——蟹——肥”、“农——牧——沼——鱼——菌——肥”等多种循环经济发展模式。

三、推进循环型社会建设，加快形成绿色消费模式和生活方式

（一）大力推进再生资源回收网络建设

作为商务部确定的首批再生资源回收体系试点城市，我市积极推动绿色回收进社区、进商场、进校园、进机关、进园区五项重点工作，打造回收网络升级版。一是着力建设社区再生资源回收网络，以天津市绿天使再生资源回收利用有限公司等骨干企业为依托，大力推进社区回收网络建设，拥有回收网点5000余个。二是着力抓好初级分拣加工中心建设。在全市涉农区县及滨海新区，建设标准化的再生资源回收初级分拣加工中心12个，成为辐射周边地区重要的加工集散地，并实现了社区回收网络与分拣加工中心的有效对接。三是引导鼓励回收企业与天津子牙循环经济产业区资源综合利用企业对接，延伸产业链，将园区的规模效益向更广阔空间延伸。四是探索建立与实际相适应的回收经营模式。在海河教育园重点推广与校园风格一致的固定回收亭；推广机关废旧商品定时定点回收机制；在滨海新区重点推广绿色回收便利店，通过废品回收积分换购商品的形式，实现回收网络与社区商业网点的有机融合；在开发区重点推广工业废弃物集中回收利用，形成园区内资源闭合循环模式。

（二）积极推进餐厨废弃物资源化利用

我市津南区是国家首批餐厨废弃物资源化利用和无害化处理试点城区。2012年，我市建立试点工作推动机制，成立试点工作协调组，津南区成立了试点工作领导小组和办公室，形成市、区两级共同推动的工作机制。经市政府同意，市发展改革委印发了《关于津南区餐厨废弃物资源化利用和无害化处理试点工作分工方案的通知》，明确有关单位职责分工。规范项目审批手续，加快收运、处理设施项目建设进度。市、区有关部门开展联合执法，依法取缔炼制地沟油和饲养垃圾猪的黑窝点。试点工作取得积极进展，初步形成了收运150吨/日、处理300吨/日餐厨废弃物能力。

四、加大规划资金的支持引导力度，强化循环经济发展的保障体系。

在推进循环经济发展过程中，我市高度重视规划、资金等方面的重要推动作用，进一步完善促进循环型城市建设的有效支撑体系。

一是加强规划引导。我市按照市政府批准实施的《天津市循环经济发展“十二五”规划》，推动全市循环经济产业进一步聚集，空间格局进一步优化。企业层面，推动示范试点单位深挖潜力，开展循环型项目建设；园区层面，对各类开发区实施循环化改造，完善公用工程设施建设，延伸循环经济产业链条；区域层面，推动滨海新区动脉产业区和天津子牙循环经济产业区静脉产业区的高效对接；社会层面，推动发展绿色物流、生态旅游，创建绿色社区，从生产、流通、消费各环节探索培育新的循环经济发展模式。

二是加强资金支持。我市继续发挥市级发展循环经济专项资金的支持引导作用，对技术、工艺先进，利用各类废弃物延伸循环经济产业链，具有显著经济社会效益的循环经济项目，给予资金支持。2012年共支持有色金属、废塑料深加工项目，印刷机械再制造、汽车发电机回收项目等12个项目。我市安排的循环经济专项资金，已累计带动社会投资56亿元，推动形成了显著的经济社会和环境效益。2012年我市的钱塘飞跃公司废旧五金拆解及深加工项目、新能公司废旧金属拆解及深加工项目、天津经济技术开发区循环化改造项目，以及张贵庄污泥处理处置工程、

滨海新区大港垃圾焚烧发电工程等城镇污水垃圾处理设施建设项目，获得了中央财政资金支持，对项目加快建设、发挥效益起到了积极推动作用。

三是加强生态支撑。我市按照《2011-2013年天津生态市建设行动计划》（第二轮三年行动计划），加快推进节能降耗，污染减排，水环境治理，绿化，固废和噪声治理，农村环境防治，循环经济等七个方面重点工程项目。推动燃煤锅炉改燃并网，陈热迁建工程全面展开。细颗粒物（PM2.5）数据按期发布。城镇污水处理率、垃圾无害化处理率分别达到88%和95.2%，主要工业固体废物综合利用率为99%以上。全市累计创建国家级生态镇21个、市级生态镇3个。西青区涉农街镇全部创建成为国家级生态镇，被命名为国家生态区，成为第三批全国生态文明建设试点。津南区涉农乡镇全部创建成为市级生态镇。

五、加强国际间交流合作，提高循环经济发展水平

我市与日本北九州市从2008年起的两年间，围绕天津子牙循环经济产业区开展了循环型城市合作。按照2011年签署的“天津市与北九州市关于建设低碳社会合作备忘录”及“天津市发展改革委及环保局与北九州市环境局关于循环经济及建设低碳社会合作备忘录”，为进一步推动交流合作，双方于2012年在天津子牙循环经济产业区成功举办了“天津市与北九州市关于推动循环经济合作论坛”，并召开了多次中日循环经济合作项目工作会。中新天津生态城清净湖可再生能源综合示范项目在第七届中日节能环保综合论坛上签约。我市组团参加了第二届中国国际循环经济成果交易博览会，获得优秀展示组织奖。

（撰稿：唐弢，天津市发展和改革委员会环资气候处）

2012年河北省循环经济

河北省发展和改革委员会

河北省委、省政府高度重视循环经济工作，从产业结构偏重、经济发展方式粗放、人均资源占有量低、人口资源环境矛盾突出的省情出发，把发展循环经济作为建设生态文明的重要内容，作为改善生态环境的重要任务，作为转变发展方式的主攻方向，明确思路、完善制度、强化抓手，循环经济发展取得明显成效。2012年，全省能源产出率为0.82万元/吨标准煤，同比提高6.49%；农业灌溉水有效利用系数达0.658，同比提高6.1%；万元工业增加值用水量达28立方米，同比下降6.7%。

一、制定发展规划，强化宏观指导

一方面，明确循环发展链条，优化区域总体布局。以冀政办函[2012]120号文印发了《河北省循环经济发展“十二五”规划》，明确了工业、农业、服务业和社会层面等循环经济发展重点，确定了钢铁、建材、石化等14个行业循环经济发展模式和产业链条。按照全省经济社会发展总体布局，分别确立了沿海地区建设临港重化工产业基地、海水淡化及综合利用基地、“城市矿产”示范基地，环首都地区建成绿色低碳产业聚集区和农业、生态、旅游复合共生循环发展示范区，冀中南地区建成资源型产业循环发展示范区、老工业基地生态化转型示范区、矿产综合开发和修复示范区的发展导向，推动全省产业合理布局和循环发展。

另一方面，加强规划衔接，推动各重点领域政策落实。为推动落实规划纲要和循环经济规划，在节能减排、环境保护、污水处理及再生利用、垃圾无害化处理、节水型社会等循环经济相关领域规划中，对发展循环经济提出明确要求，做出具体安排，注重做好总体规划、专项规划与相关专业规划的相互衔接、相互支撑。制定了《河北省重点行业能效对标指南》、《河北省主要工业行业循环经济评价指标体系》、《河北省关于加快发展节能环保产业的实施意见》、《河北省实施最严格的水资源管理制度实施方案》等政策文件，进一步强化工作抓手、细化推进措施，初步形成了推动循环经济发展的政策体系。

二、推动产业升级，促进资源减量化利用

一是严把准入关口。实行能耗增量控制，对拟建的没有能耗增量来源的高耗能项目，各级投资主管部门一律不得审批、核准和备案，所有新上工业项目必须采用国内最先进的技术工艺，必须按照循环经济理念考虑产业链延伸，必须达到同行业能耗先进水平，必须将能耗增量控制在核定范围内。二是培育新兴产业。制定《河北省人民政府关于加快培育和发展战略性新兴产业的意见》，组织实施新能源及应用示范工程、信息产业升级工程等八大重点工程，省财政设立10亿元战略性新兴产业培育资金，着力提高战略性新兴产业对全省经济的支撑引领作用。2012年，全省规上高新技术产业增加值增速达15.6%，高于规模以上工业2.2个百分点，高新技术产业增加值达1301亿元，是2008年的2.5倍。三是淘汰落后产能。分解下达了淘汰落后产能计划，出台了《河北省淘汰落后产能考核实施方案》，确保完成各项淘汰任务。2012年，全省淘汰落后炼铁115万吨、焦炭65万吨、水泥4632.2万吨、平板玻璃1521万重量箱、造纸200万吨、制革301万标张，均圆满完成国家下达目标任务。

三、突出重点领域，力促循环经济突破发展

一方面，培育区域发展引擎，提升示范带动作用。着力培育曹妃甸新区和渤海新区两大循环经济增长极，在新区建设中注重把循环经济理念贯穿到规划编制、产业布局、项目建设等各个环节，努力构建产业内部、产业之间、产业与社会之间的循环经济体系，注重构建钢铁、石化、电力及海水淡化等循环经济产业链，最大限度实现土地集约利用，水资源循环使用，能源梯级利用和废弃物综合利用。截至目前，曹妃甸已按循环经济理念布局了首钢京唐钢铁一期、华电重工一期、冶金矿山装备制造基地、华润电力2×300MW等44家生产性企业，谋划实施了34个园区循环化改造项目，形成了钢铁、电力及装备制造三大产业集群，以及精品钢铁和海水淡化火电两大循环经济产业链。

另一方面，加快重点工程建设，打造循环经济发展亮点。唐山市、石家庄市列入国家餐厨垃圾资源化利用和无害化处理试点城市。唐山市餐厨废弃物资源化利用和无害化处理工程由唐山环洁能源有限公司承担，工程设计、监理、地质勘察等前期工作已经完成，累计完成投资约3000万元，正在进行设备招投标及筹备建设收运体系，工程完工后日处理餐厨废弃物可达240吨。石家庄市政府与合作企业签订了《石家庄市餐厨垃圾处置中心项目建设框架

协议》，制定了《餐厨垃圾执法队伍的组建和餐厨垃圾执法检查工作方案》，在市内五区、高新区等区（县）初步建立了餐厨管理处置专职执法队伍。沧州临港经济技术开发区列入国家园区循环化改造试点，积极开展循环经济、环境监测、科技创新等平台建设的研究，支持循环化改造关键补链项目和公共服务设施项目建设，加快项目节能评估、环境影响、水土保持等手续的审批进度。截至2012年底，园区15个循环化改造项目，已完成立项14个，环评批复有9个,开工建设8个。承德市列为国家资源综合利用示范基地，成立了由市政府主要领导任组长，政府有关部门主要负责人为成员的工作领导小组，谋划了96个资源综合利用重点项目。唐山市列为国家产业废物资源综合利用示范基地，截至2012年底，实施了37个资源综合利用重点项目，尾矿年综合利用量3600万吨，工业固体废弃物利用总量为8500万吨，主要大宗工业固体废弃物综合利用率达66%。

四、实施节能降耗，提高能源利用效率

一是强化目标责任。结合各设区市“十二五”节能目标和2011年目标完成情况，按照均衡推进的原则分解下达了各设区市2012年万元GDP能耗降低率、万元GDP能耗累计降低率、能源消费增量控制指标，实行“三重控制”。研究制定了《2012年全省节能减排工作要点》，确定了节能减排重点工作、时间要求。二是实施“双三十”、千家企业节能工程。组织“双三十”单位制定年度工作实施计划，谋划节能和淘汰落后产能项目710项，坚持季度调度，督导其狠抓各项措施的落实。2012年，新老“双三十”单位均完成或超额完成年度目标任务。制定《“千家”企业节能低碳行动实施方案》，组织“千家”企业节能目标考核，开展能源审计，制定节能规划。编制了《河北省部分用能行业能效对标指南（2012版）》，明确重点用能企业主要产品（工序）能耗国际、国内、省内先进值，引导企业对照标杆值进行追赶。出台《“能效领跑企业”创建活动实施方案》，在钢铁、水泥、电力、玻璃、焦化、合成氨、烧碱7个行业开展能效领跑企业创建活动。三是推进建筑、交通领域节能。强力推进既有居住建筑供热计量及节能改造工作，共完成“既改”项目1376.8万平方米，超额完成国家下达的任务。有序推进可再生能源建筑应用一体化工作，完成可再生能源建筑应用1258.3万平方米，可再生能源建筑应用比率达38%。组织大型交通运输企业开展“车、船、路、港”低碳交通专项行动及行业内千家企业开展科技专项行动，积极争取国家试点，保定市被列为低碳交通运输体系区域性项目建设试点城市，京港澳高速改扩建工程被列为主题性项目建设试点项目。

五、开展试点示范，探索循环经济发展模式

谋划实施“3255”循环经济示范工程，努力培育3个示范市、20个示范县（市、区）、50家示范园区和50家示范企业，探索循环经济发展模式。一是成立领导机构强化组织管理。成立了由省政府主管副秘书长任组长，省发展改革委、省财政厅、省环保厅等14个省直部门为成员单位的“3255”循环经济示范工程领导小组，推动落实国家及省关于发展循环经济的工作部署，协调解决“3255”循环经济示范工程中的重大问题，为开展试点示范工作提供了有力保障。二是结合产业基础突出发展特色。指导示范单位编制循环经济发展规划或实施方案，依托各地优势产业确定发展导向，着力推进钢铁、电力、石化、建材多产业关联发展，工农业复合发展，多元化工一体化发展和再生资源产业化发展，初步构建了动脉产业与静脉产业协调发展的唐山模式，经济与环境相协调、人与生态相和谐的承德模式，“种——养——加“一体化、工农业复合发展的邱县模式，上下游纵向成链、多产业关联共生的磁县模式，以静脉产业为主的玉田模式等。三是集中多种资源壮大发展规模。对列为“3255”循环经济示范工程的单位，有关部门在项目审批、环评批复、土地供应方面加快办理、保障供应，在申报中央预算内和省级专项资金上重点倾斜，在发行债券、申请贷款方面优先安排，支持循环经济示范单位实施了一批园区循环化改造、农业循环经济、大宗固废综合利用、废旧资源综合利用等关键节点项目，有效推动了生产要素向示范工程集聚。截至2012年，省级节能和综合利用专项资金共支持循环经济项目67项，补助资金5720万元，其中支持省“3255”循环经济示范工程资金占70%以上。

（撰稿：黄建梅、袁业，河北省发展和改革委员会环资处）

2012年山西省循环经济

山西省发展和改革委员会

2012年，按照山西省委省政府关于循环经济工作的总体部署，围绕制定循环经济地方性法律法规和“十二五”专项规划，把全省循环经济工作引向深化发展，以煤炭、焦化、冶金、电力、化工、建材等产业为重点，加快推进重大项目建设，循环经济工作取得良好进展。

一、2012年主要工作情况

（一）出台循环经济地方性法规，将发展循环经济纳入法制化轨道

《山西省循环经济促进条例（草案）》是省人大常委会2011年立法计划项目，由省发展和改革委代省人民政府起草。经过省内外调研、广泛征求了40多个省直有关部门和11个市人民政府以及部分企业的意见，召开了论证会和协调会。《山西省循环经济促进条例（草案）》已经省人民政府[2011]96次常务会议审议通过、省人大常委会第26次会议初审，于2012年5月31日山西省第十一届人民代表大会常务委员会第二十九次会议通过并颁布，于10月1日起施行。

（二）注重顶层设计，修编《山西省循环经济“十二五”发展规划》

2012年2月至7月，根据省委省政府对我省循环经济发展的指示精神，对《山西省循环经济总体规划（2008～2012）》进行再认识、再设计、再规划，要求修订编制《山西省循环经济“十二五”发展规划》。把原来以资源综合利用和项目设计为主的循环经济规划，进一步提升到以资源型产业转型发展、循环经济路径设计、模式设定和品种选择等重大发展战略上，以技术创新为动力、以园区承载为平台，将循环经济发展放到主体功能区规划中去，把循环经济项目做好、落地、产生实效，形成四大循环经济板块。目前，《规划》已经省政府印发。

（三）加强试点示范引领作用，进一步扩大循环经济试点范围

在原有69个循环经济试点单位的基础上，增加循环经济试点企业数量，我委组织各市政府及省属企业积极申报，经过专家两次遴选，本着成熟一批、发展一批、动态调整的原则，选定并公布省级第二批52个试点企业和园区，第三批65个试点企业，基本形成“一市一园”、“一县一企”的循环经济试点局面。

（四）组织开展调研，研究解决发展循环经济中出现的新问题

3月，由省人大财经委负责组织协调，省发改委配合，工作人员由省人大财经委、省发改委及省社科院相关人员组成，到吕梁市、长治市、运城市选择有代表性的循环经济试点县、企业、工业园区和社区进行实地调研，对各地市循环经济推进情况及循环经济促进法贯彻实施情况进行了认真总结，并形成了贯彻落实情况调研报告。

（五）开展国际交流，积极组团参加第二届中国国际循环经济成果交易博览会

6月，组织二十余家企业和园区，参加了由国家发改委、环境保护部等九部委和青岛市人民政府共同主办的“2012第二届中国国际循环经济成果交易博览会”，我省以整体形象搭建山西省馆，集中展示了山西省作为国家级循环经济试点省，特别是“十二五”以来，循环经济工作取得的经验和成果，突出了我省将循环经济作为既是转型发展的基本路径，又是资源型经济转型综合配套改革试验区的重要抓手的理念。

（六）积极开展资源产出率统计调查，圆满完成数据核算

5月申请获得国家2012年全省域范围内资源产出率统计试点，并参加了国家试点工作培训，6月至9月组织省内各市、县培训，开展资源产出率统计调查，11月圆满完成循环经济试点统计数据的核算任务，为今后探索建立考核评价机制奠定了数据基础。

二、存在的主要问题

客观上看，我省循环经济的实践仍处于探索阶段，与转型跨越发展的目标尚有一定距离，还存在一些普遍的共性问题，制约着全省循环经济工作的全面推进。一是缺乏高效的运作机制，尚未形成齐抓共管的推进机制和工作合力；二是区域循环发展不均衡，企业、行业和地区间存在较大差异；三是关键技术亟待突破，科技创新能力有待提升；四是政策保障仍有待完善，利于循环经济发展的制度建设缺位。特别是未来三年，随着全省工业化和城镇化的加速推进，经济社会发展与生态环境保护之间的矛盾将日渐突出，能源、资源和环境压力也会越来越大，全省循环

经济发展仍然任重道远。

三、2013年循环经济工作重点和思路

2013年是贯彻落实“十八大”精神的开局之年，全省循环经济工作要贯穿《山西省循环经济促进条例》这根主线，继续推进循环经济试点省建设，以体制机制创新为动力，以循环经济项目为载体，有组织、有重点、有秩序地推进循环经济在全省形成较大规模。

（一）持续不断宣传，形成贯彻落实《条例》的良好氛围

《山西省循环经济促进条例》已于2012年10月1日起实施，为此，2013年要通过多措并举，大张旗鼓地宣传《条例》，包括采用“两报两台”开辟专栏、三晋循环经济记者行、《条例》有奖问答、《条例》专家解读巡讲、循环经济摄影大赛等多种形式，保证循环经济宣传常态化。

（二）体制机制创新，制定完善的政策保障体系

要在目前已有的政策基础上，按照《条例》的要求，加大调研力度，建立相应的配套政策和细化办法，建立由支持循环经济发展的政府资金投入政策、信贷政策、税费政策、价格政策，电力、运力、环保政策、土地政策等政策组成的综合保障体系，切实为企业发展循环经济扫除制度障碍，引导并鼓励企业对传统产业进行循环化改造。发挥政府投资对社会投资的带动作用，引导各类金融机构对煤焦冶电企业循环发展的重点项目给予信贷支持，鼓励境内外资本以参股、控股、独资、合作、联营、项目融资等方式参与循环项目的建设。对市场前景好、经济效益显著的循环经济项目，优先推荐申报国家发改委国债资金、财政部专项资金项目，积极支持符合条件的企业发行企业债券或上市融资。

（三）强化准入门槛，探索建立健全考核评价指标体系

将循环经济作为项目准入的门槛，一是存量改造，对存量的高排放、高污染、高能耗的重点行业和园区逐步进行循环化改造，对于不进行改造或改造后不符合要求的园区和企业坚决予以淘汰；二是严控增量，对新改扩建项目要求企业自身或通过与其他企业协作，同步推出循环经济方案，对不符合产业政策且未能体现延长产业链的项目不予核准，不符合产业上下游衔接的项目不得进入园区。

（四）开展试点评估，扎实推动试点转向示范

要加大监督检查和指导力度，推进“每县一企”省级循环经济试点工作，要求各试点企业按照其编制的循环经济试点实施方案的内容，推进完成相关项目建设和制度建设。针对2007年确定的首批循环经济试点单位，试点期已于2012年底结束，下一步要在2013年考核并评估首批试点发展经验，重点培育和发展太钢集团、西山煤电和同煤塔山循环经济园区、中煤金海洋循环经济园区等国家及省试点单位的建设，充分发挥这些企业园区的示范、辐射和带动作用。推进不同试点企业、园区根据资源环境条件，结合自身情况、因地制宜地总结各具特色的循环经济发展模式，命名并推动形成一批循环经济示范企业、园区和城市，初步构建全社会资源循环利用体系。

（五）找准项目储备，继续发挥政府资金扶持引导作用

用好用足省煤炭可持续发展基金，对重大工程和技术开发、产业化示范项目，给予直接投资或资金补助、贷款贴息等支持。支持重点放在：一是共、伴生矿产综合利用、工业“三废”资源化和再生资源高效加工利用等方面，特别应大力支持煤炭、电力、冶金工业产生的煤矸石、粉煤灰、脱硫石膏、赤泥和冶炼废渣等工业固体废弃物，以及煤层气、高炉煤气、焦炉煤气发电和化工应用等废气的综合利用技术研发及推广应用类项目的支持力度，重点围绕煤矸石、粉煤灰等工业固体废弃物集中区域，支持建设4-5个各具特色的资源综合利用基地。二是重在“静脉产业”的循环发展，重点扶持国家确定的餐厨废弃物资源化试点、“城市矿产”示范基地和资源综合利用“双百”基地、园区循环化改造等项目建设。

（撰稿：侯秉让、魏巍，山西省发展和改革委员会资环处）

2012年内蒙古自治区循环经济

内蒙古自治区发展和改革委员会

2012年内蒙古自治区党委、政府牢牢抓住“科学发展、富民强区”的中心任务，围绕“调结构、转方式、惠民生、促和谐”的主线，坚持循环绿色低碳的发展战略，推进“沿黄沿线产业带”建设，努力打造国家重要的能源、新型化工、有色金属生产加工和绿色农畜产品生产加工基地，建设我国北方重要的生态安全屏障，促进产业“集中、集约、集聚、集群”发展，加快发展循环经济，形成了一大批依托产业集聚群、优势产业链的“企业发展、园区建设、整体经济”的循环经济发展模式。

一、加强规划政策措施出台，引导推动循环经济发展

认真落实国家发展循环经济的各项政策措施，以贯彻实施《中华人民共和国循环经济促进法》、《中华人民共和国清洁生产促进法》、《中华人民共和国节约能源法》和《国务院关于加快发展循环经济的若干意见》等法律、法规和文件为出发点，出台了《内蒙古自治区实施〈中华人民共和国节约能源法〉办法》、《内蒙古自治区主要污染物排放权有偿使用和交易管理办法》（试行），编制了《内蒙古自治区“十二五”循环经济发展规划》；开展了二氧化碳排放清单编制工作;编制完成了《内蒙古自治区主体功能区规划》、《内蒙古自治区“十二五”节能减排规划》、《内蒙古自治区环境保护产业“十二五”发展规划》、《内蒙古自治区环境保护“十二五”规划》、《内蒙古自治区“十二五”水资源合理利用与保护规划》、《内蒙古开发区“十二五”总体发展规划》，为发展循环经济提供了良好的政策环境和保障条件。成立以自治区主席为组长的应对气候变化、节能减排工作领导小组，办公室设在发展改革委，建立了联席会议制度，统筹协调推进全社会各层面的循环经济工作。

二、加快调整经济结构，以发展循环经济推进产业转型

内蒙古自治区煤炭、风能、太阳能、矿产资源富集，注重发挥区位、土地、环境容量、电价、劳动力、政策、服务等综合优势，坚持以科学发展观为指导，妥善处理好产业转型与生态保护的关系，牢固树立环保优先的理念，严把准入关，大力推行绿色清洁式、循环集约式发展，积极引进绿色清洁、节能环保的项目。第一、第二、第三产业比例由“十一五”末的9.4：54.5：36.1演进为9.1：55.4：35.5，产业结构进一步优化。

认真贯彻落实国家循环经济和“十二五”节能减排各项政策措施，以“循环发展、绿色发展、低碳发展”为主线，加快研究探索绿色循环低碳发展路径及由高碳向低碳发展思路，加快转变经济发展方式；加大产业结构调整力度，以重点行业和领域为突破口，抓好存量的改造升级和增量的示范带动作用；加快培育新兴产业，努力提高第三产业和高新技术产业的比重。立足资源禀赋、产业特点，加快推进“煤—电（火、风、光伏）—用”战略，构建七条“煤电（火、风、光伏）用”循环经济特色产业群，即煤—电—粉煤灰—氧化铝—电解铝—铝深加工、煤—电—冶炼—稀土钢—钢深加工、煤—电—有色金属冶炼—深加工、煤—电—盐碱化工（PVC）和氟化工、煤—电—多晶硅—光伏制造、煤—电—建筑陶瓷、煤—电—云计算，配套建设研究中心、工程中心、大型物流和现代服务业，强力发展减量化、再利用循环经济，实现更高层次、更大规模的节能减排，加快自治区构建多元化的现代产业体系，实现工业化、城镇化、服务业良性互动。

三、提高资源利用效率，以发展循环经济促进节能减排

严格落实产业转型升级和节能减排政策，严格按国家产业政策淘汰落后产能，以提升煤炭、电力、钢铁、水泥、建材等资源型产业发展水平，进一步完善循环经济体系。按照“减量化、再利用和资源化”的原则，以优化资源利用方式为核心，以加大节能降耗力度、提高资源综合利用效率、推进清洁生产和循环经济试点、扶持再生资源和节能环保产业为重点任务，形成政府大力推进、市场有效驱动、企业主体作用充分发挥、产业结构更趋合理、经济增长方式明显转变的循环经济发展新格局。

内蒙古自治区高铝煤炭资源已探明总储量为270亿吨，燃烧后会产生大量高铝粉煤灰。不仅占用土地，而且污染环境。经过多年的科技攻关和产业化试验，研制开发出具有自主知识产权的高铝粉煤灰提取氧化铝的核心工艺技术路线，2012年8月，内蒙古自治区的“高铝粉煤灰提取氧化铝”项目正式投产，构建了一条煤—电—灰—铝—水泥独特的循环经济产业链。内蒙古自治区是全国的奶业大区，奶牛粪便产生量较大，运用科技废中淘宝，实现了从

工业废水到农业灌溉用水、奶牛粪便到清洁沼气、废沼液到有机肥料的循环利用，成为我国大型畜禽养殖场产业链发展的先行者。煤化工项目通过将煤转化为天然气、甲醇、烯烃等，实现了立足煤、发展煤、延伸煤的高效利用。提高了资源利用效率。

坚持固定资产节能评估审查，狠抓工业、交通、建筑、公共机构等重点领域节能工作，强化节能目标责任考核。按照国家万家企业节能低碳行动要求，将全区年综合能源消费量1万吨标煤以上的697家企业列入了国家万家企业节能低碳行动监管范围，分解落实了目标责任并完成了节能目标考核工作。2012年单位GDP能耗下降5.34%，超额完成年度节能目标任务。

四、深化试点示范创建，推进循环经济发展

一是循环经济试点范围逐步扩大。截至2012年底，全区共有62个工业循环经济试点示范园区，涵盖煤炭、电力、钢铁等多个资源型产业。二是垃圾资源化利用稳步推进。目前，鄂尔多斯市、呼和浩特市列入国家餐厨垃圾资源化利用和无害化处理示范城市。三是园区循环化改造有序开展。2012年，赤峰红山经济开发区列入国家园区循环化改造试点。四是循环经济先进经验深入推广。2012年，内蒙古自治区庆华集团有限公司被国家确定为“全国循环经济工作先进单位”。五是低碳社区、低碳产业试验园区试点示范工作逐步推进。呼和浩特市“呼和佳地”住宅区被内蒙古自治区科技厅、内蒙古自治区建设厅和呼和浩特市房管局评为内蒙古自治区低碳住宅示范区和呼和浩特市推广成品房的试点单位,获得了自治区科技创新引导奖励资金，并被内蒙古自治区建设厅评为“绿色住宅”，同时获得国家光伏发电资金补助的支持。2012年2月，经自治区政府批准建设乌海经济开发区低碳产业园。通过试点示范工作，发挥典型示范带动作用，进一步推进生产、流通、消费各环节绿色循环经济发展，加快构建覆盖全社会的资源循环低碳利用体系。

五、加强基础能力建设，促进循环经济发展

一是研究建立以资源生产率、资源消耗降低率、资源回收率、资源循环利用率、废气废水废渣等废弃物最终处置降低率为基本框架的循环经济评价指标体系。二是国家发展改革委和国家统计局确定我区为2012年全国开展资源产出率统计试点工作的6个省（区、市）之一，通过人员培训、材料收集、数据上报、数据审核、基本完成了资源产出率统计调查工作。为完善循环经济统计指标体系，评价循环经济发展水平，落实“十二五”规划纲要提出的“资源产出率提高15%”目标提供了基础条件。三是强化人才队伍建设。通过专业会、专题培训班、经验交流会、远程网络授课等多种形式，组织全区环资系统人员进行了集中学习培训，不断提高管理和工作人员的业务水平。

六、加强宣传引导，提高发展循环经济意识

内蒙古自治区按照能源、资本、技术密集，高转化率、高附加值、长产业链、节能环保、绿色循环低碳经济的发展理念，围绕“五大基地”建设，着力构建工业、农业、服务业循环经济体系，加强各层面循环经济理念宣传引导，在企业、园区和社会各层面积极开展循环经济实践，推动社会层面循环经济发展。

在国家“节能宣传周”和 “全国低碳日”活动中，通过新闻、广播、平面媒体等广泛宣传绿色、低碳、循环发展理念。2012年，参加了青岛举办的 “第二届中国国际循环经济博览会”，被评为“优秀组织奖”。内蒙古自治区代表团围绕“循环低碳，内蒙古自治区腾飞”主题，着眼循环经济发展新成果和新要求，组建了特装展馆，分设“煤基多联新模式、生态农业新发展、再生资源新突破、稀土产业新提升、矿业开发新跨跃”五个展区。布设了61块展板、3个模型和若干实物，同步制做了宣传画册及音像光盘。内蒙古自治区共有7个园区、19家企业参展，集中展示我区依托煤、发展煤、延伸煤的煤基多元发展新战略、发展绿色矿山采选冶炼加工典型模式、推进农牧业现代化进程中工农牧产业链条耦合循环取得的新成果、开展再生资源综合利用取得的新突破，重点展示了稀土这一战略性稀缺资源开发应用的新产品、新技术。国家发展改革委副主任解振华莅临内蒙古自治区展馆，德国驻华大使施明德、中国中小企业家协会会长李子彬等参观了内蒙古自治区展馆及模型演示，详细了解了内蒙古自治区循环经济发展情况。赢得了大家一致好评。通过多种形式宣传了内蒙古自治区循环经济发展理念、典型模式与案例、发展新成果，并进行了循环经济项目与资金对接，产品技术推广和交流合作，加强了与各部委、兄弟省区的循环经济经验交流和推广。通过展示宣传，践行自治区“走出去，引进来”发展战略，调动了企业、园区、社会各界发展循环经济主动性，提升了全社会对发展循环经济的认识水平。

（撰稿：迟瑞平、马国爱、陈大岭，内蒙古自治区发展和改革委员会环资处）

2012年吉林省循环经济

吉林省发展和改革委员会

党的十八大提出“要坚持资源节约和保护环境的基本国策，着力推进绿色发展、循环发展、低碳发展，形成节约资源和保护环境的空间格局、产业结构、生产方式、生活方式”。我省按照构建“五位一体”总体布局，将推进循环经济发展作为提升生态文明水平的重要着力点和有效途径，围绕促进“城市、园区、产业、领域”循环经济发展的总体思路，从战略和全局的高度，建立健全政策措施，深化试点示范，全面推进“生态吉林”、“美丽吉林”建设进程。

一、2012年循环经济工作进展

“十一五”以来，在省委、省政府的正确领导下，我省以提高资源产出率为目标，将循环经济的发展理念贯穿到经济发展的整个过程，着力构建循环型工业体系，探索循环型农业模式，延伸循环经济产业链，建设资源回收利用网络，构建循环型社会体系，以尽可能少的资源消耗和环境代价，取得最大的经济产出和最少的废物排放，有力地促进了全省经济、社会、环境的协调发展，使吉林经济步入又好又快的发展轨道。2012年，我省单位GDP能耗同比下降7.36%，相比2010年累计下降10.80%；主要污染物化学需氧量、二氧化硫、氨氮、氮氧化物排放量同比分别下降4.51%、3.35%、3.22%、4.77%，工业固体废弃物综合利用率达到67%，秸秆综合利用率达到75%，城市生活垃圾无害化处理率达到70%，污水集中处理率达到80%，为全面完成“十二五”节能减排目标任务奠定了坚实基础。循环经济工作取得的成效主要表现在几个方面：

（一）促进产业结构调整升级，加快循环经济发展进程

一是加快战略新兴产业和现代服务业发展。大力发展汽车、食品、医药、光电子等低耗能、低排放的产业，积极发展现代物流、电子商务、文化旅游等现代服务业，战略性新兴产业每年以20%以上的速度增长，服务业对经济增长的贡献率达到30%以上，六大高耗能行业增加值占工业增加值的比重逐年下降，工业内部结构进一步优化。二是严格控制“两高”行业发展。认真执行项目能评、环评审查制度，2012年共对884个固定资产投资项目进行了节能评估审查，审核能源消费总量342.07万吨标煤，核减能源消费量29.67万吨。坚决淘汰落后产能，2012年预计可淘汰炼钢产能30.28万吨、焦化30万吨、铁合金3.35万吨、水泥455万吨、造纸40.56万吨。三是大力发展清洁能源。积极在我省风力资源、太阳能资源和农业废弃物资源丰富的地区，建设以大安海坨49.5兆瓦、洮南50兆瓦、镇赉30兆瓦为主的一批风力发电、太阳能光伏发电和生物质发电项目，非化石能源占一次能源消费总量的比重达到6%左右。

（二）推进试点建设，引导循环经济产业发展

一是开展循环经济统计试点，逐步探索地区层面资源产出率指标体系。对吉林市1103户规模以上工业企业和215户建筑企业的资源消耗情况进行了调查，完成了10种金属资源、10种非金属资源、13种再生资源消耗汇总表。二是推进吉林高新循环经济产业园区国家“城市矿产”示范基地建设，完成了报废汽车机械化拆解、废弃电器电子清洁化拆解等项目的前期工作，截至2012年底，实现废钢铁29.3万吨，废塑料4.5万吨，废电器电子产品80万台，报废汽车1万辆的资源聚集量。三是加快餐厨废弃物资源化利用和无害化处理试点城市建设。组织有关部门编制了餐厨废弃物试点实施方案，加大力度推进白山市、延吉市垃圾餐厨无害化处理工程的前期工作，完善回收体系建设。四是实施吉林市化工园区循环化改造示范项目。组织有关部门编制完成了《吉林化学工业循环经济示范园区循环化改造实施方案（初稿）》。初步谋划了一批关键补链、废物交换利用和能源梯级利用等示范项目，完成了部分项目的可研批复等前期工作。五是探索循环型农业体系建设。结合我省实际，开展了“种植——食用菌——养殖业——种植”、“种植——食品加工——养殖——种植”等农业循环经济产业链示范试点。六是完善废旧物资回收体系建设。组织建立了不同层次、不同类型、不同规模的废旧物资回收集散地和规范化的废旧物资交易市场，有力推动了循环经济的发展。

（三）促进清洁生产，提升企业循环经济水平

全面贯彻落实新修订的《清洁生产促进法》、《吉林省关于加快推行清洁生产的意见》，引导鼓励企业采用先进的工艺、技术和设备，改善生产和管理，减少或避免废弃物的产生。对超标准、超总量和使用及排放有毒有害物

质的企业强制进行了清洁生产审核，有效地降低了能源消耗，减少了污染物排放。同时，建立奖励激励制度，安排专项资金，对开展清洁生产审核的重点企业予以支持，调动了企业积极性。截至2012年底，我省共有107家企业进行了清洁生产审核，通过审核，累计实现了减排化学需氧量148.1吨，二氧化硫2242.3吨，减少固废3217.2吨，节煤30.0万吨，节电10732.42万度，节水568.69万吨的资源环境效益。

（四）加大宣传力度，营造良好舆论氛围

加强了循环经济工作的宣传力度。结合全国节能减排宣传周、世界节水日等契机，加大了循环经济理念的宣传力度。节能宣传周期间，省直有关部门分别组织开展了循环经济知识宣传、低碳体验日等主题宣传活动。同时，利用省内主流媒体，对我省发展循环经济等工作进行了广泛的宣传。2010年以来，《吉林日报》出刊51版，《吉林省节能减排工作动态》出刊55期，营造了全民参与节能减排和循环经济工作的良好氛围。

二、2013年工作思路

2013年，我省将按照党的十八大报告提出的将发展循环经济，促进生产、流通、消费过程的减量化、再利用、资源化作为全面促进资源节约，着力推进绿色发展、循环发展、低碳发展的重要着力点。进一步落实目标责任、优化产业结构、推进技术进步、加强监督管理、实施重工程、加大宣传，逐步形成有效的激励和约束机制，提高资源利用效率，努力实现全省循环、绿色、低碳发展。

（一）2013年目标安排

2013年，计划安排单位GDP能耗同比下降3%；主要污染物化学需氧量、二氧化硫、氨氮、氮氧化物排放量同比下降2%、0.3%、1.8%、1.8%。工业固体废弃物综合利用率达到68%，秸秆综合利用率达到80%。

（二）循环经济重点工作

1.深入开展资源产出率统计体系建设。继续推进吉林市统计试点工作，加强数据审核，完成10种金属材料、10种非金属材料和13种回收资源的统计分析。在吉林市试点的基础上，将资源产出率统计工作辐射到循环经济示范城市、示范县，在县级以上城市逐步探索完善统计体系建设，建立循环经济统计评价考核制度。

2.实施循环经济示范城市、示范县行动。选择省内循环经济工作基础好，循环经济产业链条清晰，已初步形成了循环经济产业体系的市（县），开展循环经济示范城市、示范县行动，结合资源禀赋、产业结构和区域特点，把循环经济理念融入工业、农业和服务业发展以及城市基础设施建设，重点推进生产系统与社会生活系统的循环链接。通过发展循环经济，探索产业结构转型升级，统筹推进新型城镇化和生态文明建设的发展模式。

3.推进餐厨垃圾资源化利用。探索建立适合我省城市特点的餐厨废弃物资源化利用和无害化处理的法规、政策标准和监管体系，形成合理的餐厨废弃物资源化利用和无害化处理的产业链，建设餐厨废弃物资源化利用和无害化处理处理项目，提高餐厨废弃物资源化和无害化水平。重点推进长春、延吉、白山等国家级试点建设，开展范项目建设，建立餐厨废弃物产生登记、回收运输、集中处理、资源化产品评估以及监督检查等方面的管理体系，建立促进餐厨废弃物资源化利用的收费、财政、投资等方面的激励机制，完善中温厌氧发酵、高温蒸煮等工艺技术路线，实现餐厨废弃物安全、高效利用和无害化利用。

4.开展“城市矿产”示范工程。推进报废机电设备、电线电缆、家电、汽车、手机、铅酸电池、塑料、橡胶等重点“城市矿产”资源的循环利用、规模利用和高值利用。规范“城市矿产”的收运、处置市场，解决在处置过程中造成的严重环境污染问题。加快吉林高新循环经济产业园区国家“城市矿产”示范基地建设，推进利用废旧低效电机生产稀土永磁节能电机项目建设进度，争取报废汽车机械化拆解、废弃电器电子产品清洁化拆解、废钢铁残次材综合利用、废钢铁加工配送和城市矿产工程技术研发中心等重点项目今年开工建设，同时推进报废汽车、废旧电器、废旧塑料等再生资源向示范基地聚集。

5.实施工业园区循环化改造。推进工业园区内废弃物循环利用，支持工业园区开展再生水利用项目建设，支持企业间水的循环利用项目。推进工业园区开展企业间余热，余压利用项目。推进工业园区内污染集中防治设施建设及升级改造。选择长春汽车经济技术开发区、吉林化学工业园区、四平红嘴经济技术开发区、延吉高新区、辽源经济开发区、白山经济开发区等基础条件好、具有一定产业集群、主导产业集聚度较高的产业园区实施循环化改造，重点抓好吉林化学工业循环经济示范园区循环化改造试点建设，积极争取列为国家试点，推进循环化改造重点项目建设进度。

三、保障措施

（一）加强组织领导

循环经济发展是一个庞大的系统工程，需要各有关部门根据职责范围，落实各项政策措施，切实推进循环经济发展，形成各级人民政府负总责、各部门齐抓共管、联合推动的工作机制。全省各级政府负责协调、管理本行政区的循环经济试点工作，总结试点经验，完善循环经济综合评价指标体系，树立先进典型，为全面发展循环经济提供示范和借鉴。

（二）完善经济政策

认真落实国家节能、节水、资源综合利用产品和再生资源回收利用的税收政策，大力支持废旧物资交易行业发展。对资源消耗小、循环利用率高、污染排放少的绿色产品和可再生能源等依法给予税收优惠。对国家明令淘汰和限制类项目及高耗能企业实行差别电价，限制高耗能高污染企业盲目发展，引导全社会节约资源。贯彻落实国家四部委《关于支持循环经济发展的投融资政策意见》精神，对列入国家、省级循环经济示范试点的园区、企业和项目，金融机构要积极给予信贷支持，并做好金融服务。发挥财政资金的引导作用，鼓励社会投资、引进外资，支持循环经济重点项目和重点工程。

（三）强化监督管理

依法加强对循环经济工作的监督管理。充分发挥人大、政协、基层组织以及社会团体、公众在发展循环经济过程中的监督作用。加强对循环经济主要指标的监测分析和目标考核。依法加强对节能、节水、资源综合利用的监督管理工作。加强资源能源消耗定额管理、生产成本管理和全面质量管理，建立岗位责任制，完善计量、统计核算制度，实现物料平衡。对高耗能、高污染企业实行强制清洁生产审核。

（四）加强科技支撑

支持循环经济共性和关键技术的研究开发，推进循环经济公共技术研发平台、技术检测中心、技术咨询服务体系建设。加大政府对循环经济技术开发推广的支持力度，鼓励企业、高校和科研机构加大对循环经济技术研究的投入。推动交流合作，积极引进和消化、吸收国内外先进的循环经济技术，重点组织研发共伴生矿产资源和尾矿综合利用技术、能源节约和替代技术、新能源和可再生能源利用技术、废物综合利用技术、企业清洁生产技术、再制造技术和生态农业技术等，提高循环经济技术支撑能力和创新能力。

（五）加大宣传力度

组织开展形式多样的宣传培训活动。通过广播电视、报刊、互联网、手机等多种途径普及循环经济知识，宣传典型案例，推广示范经验。开展杜绝食品浪费行动，推动餐饮企业、机关和企事业单位食堂、公务宴请、家庭等各方面节约粮食，提高全社会的参与节能减排、循环经济、低碳经济的意识。

（撰稿：吕继辉、许亮，吉林省发展和改革委员会资源节约和环境保护处）

2012年黑龙江省循环经济

黑龙江省发展和改革委员会

2013年，黑龙江省继续深入贯彻落实科学发展观，把发展循环经济作为加快转变经济发展方式、实现全省经济社会可持续发展的重点工作来抓，综合运用法规约束、政策推动、技术支撑、市场引导等多种手段，全面推进循环经济发展，取得明显成效。

一、推进循环经济工作主要做法及成效

（一）加强规划指导与落实，加快立法步伐

强化规划的指导作用。将发展循环经济作为全省“十二五”经济社会发展总体规划的重要内容，组织编制印发了《黑龙江省循环经济“十二五”规划》，在制定全省“十二五”节能减排综合性工作实施方案和编制全省“十二五”城镇污水处理及再利用设施建设规划、“十二五”城镇生活垃圾无害化处理设施建设规划等专项规划中将发展循环经济作为提高资源利用效率、改善环境的重点，全省发展循环经济的规划体系已初步建立，工作总体思路、主要任务和具体措施更为明确。

加快发展循环经济地方立法进程。《黑龙江省循环经济促进条例》已列入省人大2013年立法计划，条例初稿已提交省政府法制办公室，省内外立法调研工作目前已完成，正在抓紧修改，有望在2014年出台。

（二）以实施项目为重点，大力推行清洁生产

按照政府指导推动与企业自主实施相结合的原则，大力推广应用清洁生产技术，定期发布清洁生产审核方案，对全省重点污染企业全面开展强制清洁生产审核，公布强制清洁生产审核企业名单。全面推进农业、工业、建筑、商贸服务等领域清洁生产示范，推进黑龙江兴和生物科技有限公司、黑龙江飞鹤原生态牧业股份有限公司等企业清洁生产审核工作，全省实行强制性清洁生产审核企业达140家，自愿清洁生产审核企业达28家。组织实施嘉荫县保兴乡30万亩农业示范区、东宁县天施恩现代生态农业发展有限责任公司畜禽养殖等农业清洁生产示范项目。通过示范有计划、有步骤地带动重点行业和企业实施清洁生产，企业和行业的能耗、水耗、物耗和污染物排放得到了有效的控制，生产方式和环境得到极大改善。

（三）开展资源综合利用，变污染源为新资源

结合资源型城市转型，以煤矸石、粉煤灰、工业副产石膏、冶炼和化工废渣以及农林废弃物等为重点，大力开展资源综合利用，努力提高资源利用率，把污染源变成了新资源。积极落实国家税收优惠政策，每年为400余家企业进行国家鼓励的资源综合利用产品的认定，使资源综合利用企业每年享受增值税和所得税减免近5亿元，有力促进了资源循环利用产业的发展壮大。结合我省农业经济发展特点，加快对农作物秸秆等废弃物资源化综合利用。加快建设哈尔滨、伊春等市生活垃圾发电综合利用项目，实现生活垃圾资源化利用。

（四）以试点为先机，探索形成循环经济先进模式

省发改委、科技厅、财政厅、商务厅、环保厅、统计局组织实施了两批共30家省级循环经济试点，结合各地发展实际，积极培育发展循环经济重点园区、企业，试点示范带动作用得到有效发挥，也探索形成了一批各具特色的循环经济发展模式。

稳步推进五个国家级循环经济试点建设。望奎县望奎镇以粮食种植、生猪养殖、生猪副产品加工、沼气利用、秸秆发电、生物质燃料灰渣综合利用等项目为节点，全力推进生态农业示范区、循环经济工业示范区和绿色社区建设，探索了一条工农结合型循环经济发展模式。牡丹江市循环经济试点园区引导企业向“资源－产品－废弃物－再生资源”循环式生产转变，加强企业间耦合联动、资源共享和相互吃配，探索了园区循环经济发展模式。七台河市依托煤炭资源，积极构建煤－焦－化工、煤－电－建材两大工业循环经济产业链，探索了资源转型城市循环经济发展模式。龙煤矿业集团鸡西分公司把提高煤炭资源利用率和废物资源化利用作为工作的着力点，实现资源循环利用最大化、废物排放最小化，加快瓦斯发电、矸石电厂、矿井水利用等重点工程建设，逐步形成采煤－选煤－矸石发电一体化与“三废一沉”上下游资源综合利用的循环产业链，探索了企业循环经济发展模式。伊春市朗乡林业局作为全国唯一一家林业循环经济试点，在加快原料林基地建设基础上，开展林下资源多种经营全面发展、生态旅游相

互促进，探索了林业循环经济发展模式。

（五）积极推进循环经济重点示范工程建设，切实提高资源能源利用效率

一是鹤岗、鸡西、双鸭山、七台河等地利用煤矸石发电和利用煤矸石、粉煤灰生产新型节能墙体材料，已形成较大规模，仅墙体材料产能就已超过20亿标砖。鹤岗、鸡西等地利用煤矿瓦斯发电项目陆续已投入运行。国家支持的牡丹江中远实业集团工业废渣生产节能建材、大庆路通科技有限公司利用废旧玻璃综合利用等项目已投产达效。

二是哈尔滨市餐厨废弃物资源化利用和无害化处理项目进展顺利，预计今年8月份投入运行。牡丹江市列入国家第二批餐厨废弃物资源化利用和无害化处理试点城市，力争上半年开工建设。七台河市黑龙江省东部再生资源回收利用产业园区列入国家“城市矿产”示范基地，宾西经济技术开发区列入国家产业园区循环化改造试点，哈飞工业集团汽车转向器有限责任公司汽车转向器零部件再制造产业化示范项目列为国家再制造示范工程，这些示范工程对推动全省循环经济发展起到积极的示范带动作用。

三是“十二五”农作物秸秆综合利用工作全面启动，推进和实施秸秆循环型农业、清洁能源入农户、秸秆代木、固化成型燃料等秸秆综合利用示范项目。

四是与省统计局等相关部门在牡丹江市开展对我省循环经济指标的测算工作。

五是稳步推进全省获得国家资金支持的21个重点循环经济示范项目建设，在国家支持下，21个循环经济示范项目已累计投资15亿元。

（六）加快循环经济技术研发推广和宣传

在技术研发方面，引导东北林业大学、东北农业大学与重点企业，建立以企业为主体、科研院所和高等院校协同参与的技术开发推广机制。组织相关单位加大对我省循环经济的政策研究、信息咨询、技术服务和宣传培训力度。向国家推荐了一批循环经济先进技术和产品装备。

二、循环经济发展存在的问题

我省循环经济发展虽然取得一定成绩，但总体上仍处于探索阶段，还存在以下问题。

一是对发展循环经济的认识需进一步提高。我省企业规模小、产业集中度低、工艺和技术装备落后、经营管理粗放、节能减排技术研发投入不足，对节能减排新工艺、技术、装备的推广应用程度不够。加之我省资源相对丰富，企业的资源压力较小，长期以来受短期利益的驱动，企业还远未成为发展循环经济的行为主体。

二是体制不适应，机制不完善。我省虽开展了国家级和省级循环经济试点，推动了循环经济重点项目建设，但发展仍不平衡，管理体制还不适应循环经济发展要求，缺乏发展循环经济的有效动力机制。

三是政策不配套，法制不健全。发展循环经济需要有政策的支持和法制的约束。我国《循环经济促进法》公布并实施，但配套政策措施不够完善，金融、信贷、税收等政策对资源循环利用产业的支持尚不够明显。国家对循环经济引导资金比例过低也是影响企业投资的一个重要因素。同时按照《循环经济促进法》的要求，我省尚未设立发展循环经济的专项资金，制约了我省循环经济快速发展。

四是科技支撑体系尚未完全形成，技术供给严重不足。从循环经济发展需求分析，目前的技术供给明显不足，技术队伍尚未形成。清洁生产所需的先进技术设备和生产工艺短缺；产业链接所需的物质循环等产业共生技术薄弱；再生资源回收利用所需的精确分类、科学鉴别、深度加工等技术匮乏，难以支撑循环经济的持续发展。因此，造成了产业链条伸不长，链不紧，后劲不足，产品科技含量不高，低档次循环的局面。

三、下步工作打算

按照国家发展循环经济的统一部署，结合省情实际，努力推动循环经济发展与国民经济平稳较快发展有机结合，以提高能源资源利用效率和环境质量为核心，通过结构优化、技术进步、机制创新、项目推进等综合措施，加快转变经济发展方式，确保完成“十二五”节能减排目标和各项任务。

（一）认真总结推广国家级循环经济试点经验

继续抓好现有5个国家级循环经济试点和省级循环经济试点建设，按照国家要求做好试点单位验收工作。同时，按照我省循环经济“十二五”规划的要求，加快培育出具有典型经验的循环经济试点，在园区、企业、社会树立典范，使其成为建设全省发展循环经济的带动力量。

（二）加快建立先进技术体系，强化循环经济支撑手段

依靠科研院所，加快发展节能、节水和节材新技术；开发能源开采和综合利用技术、研发产业链延伸和耦合技术、探索系统化技术模式；加快我省循环经济技术专家队伍的建设，开展循环经济发展的学术交流、研讨与成果展

示活动。

（三）实施循环经济四大重点工程建设

园区循环化改造工程。把园区循环化改造作为转变发展方式方法、实现绿色低碳循环发展的重要抓手，按照空间布局合理化、产业结构最优化、产业链接循环化、资源利用高效化、污染治理集中化、基础设施绿色化、运行管理规范化的原则，加快改造全省各类园区，提高资源能源利用率，到2015年，力争改造国家级园区8个以上。

“城市矿产”示范基地建设工程。坚决落实省政府向国家发展改革委财政部做出的承诺，推进我省七台河市黑龙江省东部再生资源回收利用产业园区建设，按国家循环经济项目和资金管理相关要求，严格园区内项目管理，努力实现示范基地新增再生资源能力达到67万吨的目标。

餐厨废弃物资源化利用和无害化处理工程。加快推进哈尔滨市餐厨项目的建设，按照目前工程进度，该项目力争在今年10月份投入运营；积极推进牡丹江市确定项目主体，早日开工，早日见效；向国家申报大庆市作为第三批餐厨废弃物资源化利用和无害化处理试点。谋划一批中心城市项目，“十二五”期间争取实现全省50%大中城市实现餐厨废弃物资源化利用和无害化处理的目标。

秸秆综合利用工程。落实我省《秸秆综合利用规划》，加快全省的秸秆综合利用，利用燃料、饲料和工业原料相结合技术手段，加快推进秸秆和稻壳发电、秸秆气化集中供气、秸秆压块燃料和饲料、食用菌培养基以及生产乙醇、秸秆代木等重点项目，到2015年全省秸秆综合利用率达80%以上的目标。

（四）推进立法步伐，落实国家政策

加快循环经济立法进程，按照省人大的立法计划，力争2014年年初出台《黑龙江省循环经济促进条例》，在法制保障上促进全省经济发展方式的转变。严格落实资源综合利用税收政策，促进静脉产业发展。在国家支持下，向省政府争取设立循环经济专项基金，为发展循环经济提供资金的支持。抓紧出台实施《黑龙江省国家循环经济示范工程项目实施及资金管理办法》。

（五）加强宣传教育，转变观念，形成社会循环经济共识

组织开展形式多样的宣传教育与培训活动，通过举办专题讲座、研讨会、经验交流、成果展示会和印发宣传品等形式，运用广播、电视、互联网等各种媒体手段进行广泛宣传、普及教育循环经济知识。宣传典型案例，引导全社会树立正确的消费观，把循环经济理念的知识教育纳入基础教育内容。增强全民的资源忧患意识和节约资源、保护环境的责任感。把节约资源、回收利用废弃物等活动变为全体公民自觉行为。逐步形成节约资源和保护环境的生产、生活方式和消费方式，真正的形成发展循环经济，建设循环型社会的广泛共识。

（撰稿：尹中华，黑龙江省发展和改革委员会环资处）

2012年上海市循环经济

上海市发展和改革委员会

发展循环经济是建设美丽中国、促进经济社会可持续发展的重大战略性举措。2012年，上海市把循环经济作为调整经济结构、转变发展方式、建设生态文明、推动科学发展的重要抓手，采取了强化目标责任、调整产业结构、实施重点工程、推广示范教育等一系列政策措施，取得了显著成效。

一、上海市2012年循环经济工作进展情况

（一）发布实施《上海市循环经济发展“十二五”规划》

2012年6月，正式发布实施了《上海市循环经济发展“十二五”规划》（以下简称《规划》）。《规划》以科学发展观为指导思想，紧紧围绕实现“四个率先”、建设“四个中心”和现代化国际大都市的总体目标，按照减量化、再利用、资源化的国际通行原则，确立上海市“十二五”期间循环经济发展的具体目标，并建立了循环经济指标体系（详见表1），部署工业固体废弃物、电子废弃物、农业废弃物、生活垃圾、建筑废弃物和再制造领域的主要任务和重点项目，并根据上海市循环经济的总体布局合理安排了循环经济的重点示范区县和园区。

“十二五”上海循环经济发展主要指标

	指标	单位	2015	指标属性
一、资源节约	单位生产总值能源消耗降低率	%	18	约束性
	单位生产总值用水量下降率	%	20以上	约束性
	人均生活垃圾处理量减少率	%	20以上	预期性
二、资源综合利用	脱硫石膏综合利用率	%	96以上	预期性
	工业固体废物综合利用率	%	96以上	预期性
	工业用水重复利用率	%	83.4	预期性
	建筑废弃物资源化利用率	%	30	预期性
	秸秆综合利用率	%	90	预期性
	废玻璃资源化利用率	%	80	预期性
	餐厨垃圾资源化利用率	%	80以上	预期性
	电子废弃物回收利用率	%	70	预期性
三、无害化处置	城镇污水处理率	%	85	约束性
	危险废物无害化处置率	%	100	约束性
	城镇污水处理厂污泥处理率	%	85	预期性
	生活垃圾无害化处理率	%	95以上	约束性

（二）积极推进节能减排和应对气候变化各项工作开展

2012年，全市单位生产总值综合能耗为0.57吨标准煤/万元，同比下降6.18%，超额完成年初确定的目标；全市化学需氧量、氨氮、二氧化硫和氮氧化物排放量在2011年基础上分别削减了2.57%、5.86%、4.94%和7.75%，超额完成年度减排目标。同时，全市能源消费总量得到有效控制，能源结构持续优化。全市能源消费总量增速比上年下降1.6个百分点，全市天然气供应量比上年增长17.2%。主要体现在以下几个方面：

一是节能降耗工作不断深化，总量控制迈出重要步伐。2012年，上海工业、交通、大型公共建筑等行业和领域都实施了大量的节能管理工作。市政府出台了“十二五”能源消耗总量控制实施方案，将五年和当年的总量目标分解落实到相关行业领域、区县政府；各相关部门、区县政府又进一步细化分解到重点用能和排放单位。上海已初步

形成了能耗总量和强度的“双控”机制。

二是结构调整取得新的成绩，石化、钢铁布局调整取得重大进展。2012年，上海实施产业结构调整项目897项，实现减少能耗190万吨标准煤，减少COD728吨、氨氮43万吨、二氧化硫2184万吨、氮氧化物1270万吨，核定减少危化品当量39万吨。特别是关停了铅蓄电池企业的涉铅工艺，实现宝山地区钢铁产业结构调整实质性启动，宝钢罗泾区域正式停产，不锈钢3号烧结机关停。高桥石化地区结构调整也取得阶段性进展。这些企业不仅长期以来为上海的发展提供了重要支撑，也为上海转变发展方式，减少能源和碳排放，尤其是环境质量改善做出了重大贡献。

三是各项减排任务全面完成，控制分散燃煤方面迈出新的步伐。2012年，上海全面启动第五轮环保三年行动计划，电厂脱硝等20个重点减排项目以及373个其他减排项目全面完成。此外，上海出台了一系列政策措施，落实国家减排指标，努力改善大气环境质量，包括控制分散燃煤和对燃煤（重油）锅炉实施清洁能源替代以及扩大无燃煤区的方案，农业源减排工程建设和黄标车淘汰等扶持政策等。

四是控制碳排放工作稳步推进，碳排放交易试点取得实质性突破。2012年，上海编制完成了全市温室气体清单，摸清了家底；积极推进全市8个低碳时间去的建设推进。出台了《碳排放交易试点实施意见》和碳排放核算与报告方法，全市197家企业参加了试点并开展了大量工作。

此外，各项基础工作也得到了进一步夯实。制定或修订了一大批节能减排方面的标准和支持政策，全年共安排15.8亿元市级专项扶持资金。能源计量和节能检查工作得到了进一步加强，建成了全国首家在线温度监控平台。节能宣传周、无车日的宣传工作和各领域节能培训工作不断深化。

（三）继续推进循环经济试点示范工作

2012年，上海加快协调推进国家“城市矿产”示范基地项目建设，扎实推进闵行区国家餐厨废弃物无害化处置和资源化利用试点工作。同时，有序推进伟翔环保科技发展（上海）有限公司建设国家循环经济教育示范基地，加快上海建材集团资源综合利用示范基地国家“双百工程”项目建设，深化沃尔沃等3家第二批国家汽车零部件再制造试点项目。此外，上海还积极组织参加了国家有关部门举办的以“循环经济新成就，绿色发展新动力”为主题的2012年第二届中国国际循环经济成果交易博览会，并获得广泛关注。

（四）不断强化循环经济管理能力

一是深化研究循环经济政策。出台实施生活垃圾分类支持政策。为进一步推进本市循环经济发展，结合市政府实事项目，解决重点领域难点问题，我们结合生活垃圾分类工作，深入调研，制定出台了《上海市推进生活垃圾分类促进源头减量支持政策实施方案》，对全市生活垃圾分类工作的投入给予补贴，用于居住区内公共分类容器、分类收运车辆和机具和从事生活垃圾分类工作的保洁员、志愿者的工作补助等。2012年共新增1050个试点场所，完成了人均生活垃圾处置量减少5%的减量指标。研究制订农业源污染减排工程建设实施方案。为贯彻落实国务院“十二五”节能减排综合性工作方案，改善郊区农村水环境质量，推动本市农业循环经济发展，我们会同相关部门对规模化畜禽养殖场开展污染减排工作开展研究，形成了初步推进方案，并拟安排一定的资金支持工程项目的建设运行。

二是加大专项资金扶持力度。2012年，上海继续推进循环经济发展和资源综合利用专项政策实施，支持农业、城建、生活等领域项目，下拨市级补贴资金逾1600万元；秸秆综合利用补贴政策得到了广大农户及综合利用企业的认可，已下达市区二级共1.15亿元补贴资金，秸秆还田面积达到213万亩还田比例达到86%。

（五）推进环保三年行动计划实施

2012年，上海市全面启动第五轮环保三年行动计划。围绕本市“创新驱动，转型发展”主线，坚持生态文明引领和以环境保护优化发展理念，以“削减总量、改善质量、防范风险、优化发展”为重点任务，更加注重环境质量和环境安全，更加注重解决市民关心的环境问题，更加注重科技进步和结构优化，更加注重长效机制和创新管理。总体目标是基本完成污染减排等“十二五”规划明确的目标与任务，环保工作继续走在全国前列，为建设资源节约型、环境友好型城市奠定扎实基础。主要包括推进污染减排、强化环境风险防控、解决市民关心的环境问题，促进结构调整等四方面任务，分水环境保护、大气环境保护、固体废物处置和噪声污染控制、工业污染防治与产业机构调整、农业与农村环境保护、生态环境保护、循环经济和清洁生产等七大领域，共安排项目268个。其中，在循环经济和清洁生产专项中，共安排4大类15个项目，覆盖循环经济示范、工业园区生态化改造、废弃物资源回收网络和综合利用以及清洁生产等领域。

（撰稿：沈洁，上海市发展和改革委员会资源节约和环境保护处）

2012年江苏省循环经济

江苏省经济和信息化委员会

一、主要概况

2012年，我省工业和信息化系统认真贯彻落实党中央、国务院和省委、省政府的决策部署，将节能减排和发展循环经济作为落实科学发展观，推动工业转型升级的一项重要措施，切实推进，取得了显著成效。

节能降耗。2012年，全省能源消费总量2.89亿吨标准煤，全省万元地区生产总值能耗为0.57吨标准煤/万元，同比下降4.98%，超额完成3.8%的年度目标，完成“十二五”节能目标进度达43.8%；全省规模以上工业单位增加值能耗为0.832吨标准煤/万元，比上年下降8.31%。

工业节水。2012年，全省工业用水总量约为195.2亿立方米，与2011年比较略有减少。万元地区生产总值用水量为102立方米，较上年下降10.5%，单位工业增加值用水量为19立方米，较上年下降13.6%，主要节水指标位居全国先进水平。

污染减排。2012年，全省废水排放总量约58.84亿吨，其中工业废水排放量 23.52亿吨，占39.97%。废水中化学需氧量排放总量为119.70万吨，其中：工业源排放化学需氧量23.14万吨，占19.33%；废水中氨氮排放总量为15.31万吨，其中：工业源排放氨氮1.63万吨，占10.65%。2012年，全省废气中二氧化硫排放总量99.2万吨，其中：工业源排放二氧化硫95.75万吨，占96.52%；全省氮氧化物排放总量147.96万吨，其中：工业源排放氮氧化物113.36万吨，占76.62%。2012年，全省主要污染物化学需氧量、二氧化硫、氨氮和氮氧化物排放量分别比2011年削减3.94%、5.86%、2.56%和3.66%，超额完成年度减排任务，削减比例高于全国平均水平。

清洁生产。2012年，全省有2项拥有自主知识产权技术入选国家级清洁生产示范推广项目，并获得中央财政资金补助。全省951家企业完成自愿性清洁生产审核，截至2012年底已有超过10%以上的规模工业企业完成了清洁生产审核，企业主要污染物平均削减20%以上。以提高“节能、降耗、减污、增效”绩效为目标，启动清洁生产先进企业创建活动。

综合利用。2012年，新认定资源综合利用企业600多家。全省共有1200多家企业被认定为资源综合利用企业，全省工业固体废弃物综合利用率约96%，远高于全国69%的平均水平。

墙体革新。2012年，墙体材料革新和发展散装水泥工作深入推进。新型墙材产量占墙材总产量的比例达85%，比上年提高5个百分点；黏土实心砖产量7亿块，比上年减少3亿块，全省关闭拆除砖窑225座，南京、无锡、苏州、淮安、盐城、连云港等市实现全区域禁产实心黏土砖；有17个列入“禁黏”创建的城区通过考核验收。2012年，全省累计完成散装量1.327亿吨，连续四年位居全国第一，是保持超亿吨水平的唯一省份；全省平均散装率达78.12%，居全国省区第一，基本实现水泥散装化；生产使用预拌混凝土2.5亿立方米，预拌砂浆实际使用量320万吨，均居国内领先水平；农村发散工作有序推进，18个乡镇通过了散装水泥示范乡镇创建考核验收。

二、主要做法和举措

（一）严格落实节能目标责任。印发实施《江苏省“十二五”节能规划》。分解下达全省各市2012年度节能目标，并由省政府与各市政府签订节能目标责任书。制定出台《“十二五”市级人民政府节能目标评价考核办法》，组织对全省13个市开展2011年节能目标责任评价考核，对节能工作进行督查，经省政府审定同意，向社会公告考核结果。制定实施《省级节能专项引导资金分配与各市节能目标完成情况挂钩办法》，进一步强化激励和约束机制。对完成2011年节能目标任务好的市级政府和节能先进单位（共36个单位）进行表彰。

（二）组织实施重点节能工程。突出冶金、化工、建材、纺织、电力等主要耗能行业，大力组织实施锅炉（窑炉）、电机系统、余热余压利用、能量系统优化等节能改造，列入国家和省级支持的310多个节能改造项目建成投入运营，形成节能能力200多万吨标准煤。推进企业能源管理中心建设，列入国家示范的中天钢铁、兴澄特钢、永钢集团能源中心项目建成投产，全省大中型骨干钢铁企业实现了对能源生产、输配和消耗环节的集中扁平化的动态监控和数字化管理。加大对合同能源管理项目支持力度，列入中央财政奖励的合同能源管理项目共22项，超前两年总和，运用省级节能专项资金支持14项合同能源管理项目实施。

（三）扎实推进节能环保新产品新技术推广应用。发布《江苏省节能环保产业“十二五”规划》，按照省政府统一部署，制定《江苏省节能环保产业专项推进方案》和《江苏省节能环保产业新技术新产品推广应用计划》。跟踪国家“节能产品惠民工程”实施进度，做好我省有关高效节能产品推荐上报工作，已有45家企业列入国家“节能惠民工程”推广目录。

（四）全面推进重点领域节能。加强综合协调，研究制定并报请省政府印发《2012年部门节能目标任务》，进一步明确工业、建筑、交通、公共机构等重点领域的目标任务和部门责任。按照国家发展改革委等12部门印发的《万家企业节能低碳行动实施方案》要求，提出包括工业、交通运输、宾馆、饭店、商贸企业和学校共1221家用能单位，分解“十二五”节能目标，会同省有关部门印发推进我省“万家企业”开展节能低碳行动意见，推动“万家企业”开展能源审计，节能开展节能规划，组织开展万家企业节能低碳行动培训，落实能源利用状况网上填报工作，开展2011年度万家企业节能目标责任考核。

（五）加大执法监督力度。制订实施严于国家的地方能耗限额标准，在发布钢铁、水泥、烧碱、合成氨等能耗限额标准的基础上，完成平板玻璃、建筑陶瓷、印染等30项产品能耗限额标准的制订，倒逼用能企业不断提高能效。组织全省节能监察机构开展节能专项执法行动，对列入国家“万家企业节能低碳行动”的企业（单位）、年综合能源消费量2000吨标准煤以上的2700多家企业主要产品能源消耗情况进行能源监察审计，对用能设备和工艺进行拉网式排查，对耗能量较大的公共机构、宾馆、饭店、商贸、交通运输等非工业用能单位执行节能法律法规情况进行监督检查。

（六）加强循环经济规划引导。编制印发《江苏省工业循环经济“十二五”发展规划》，以项目为抓手，推进工业循环经济重点工程实施，利用省级专项资金支持74个项目实施。以资源减量化、废弃物资源化、再制造产业化等为重点深入推进循环经济标准化试点工作，在已完成2011年试点项目评估考核的基础上，审定下达2012年循环经济标准化试点年度计划。深入推进再制造试点，截至2012年底，南京田中机电再制造有限公司已形成再制造高速数码复印件4万台的生产能力；富士施乐爱科制造（苏州）有限公司已累计回收处理废旧办公用品耗材3147吨，资源循环利用总产值达到1000万人民币。大力推进机电产品包装节材代木试点工作，无锡前程木业节材代木试点工作已通过国家阶段性评估考核。

三、2013年思路、目标和工作重点

坚持以科学发展观为指导，贯彻党的“十八大”精神，以提升能效及资源利用效率为目标，以技术创新和制度创新为动力，大力推进资源节约和综合利用，全面推行清洁生产，加快构建资源节约、环境友好的工业体系，促进全省工业经济绿色循环低碳发展。单位GDP能耗比2012年下降3.9%，单位工业增加值能耗下降4.4%；单位工业增加值用水量下降6.9%；工业固体废弃物综合利用率稳定在95%以上。

（一）严格落实节能目标责任。会同省有关部门组织对13个省辖市政府2012年度节能目标责任评价考核，向社会公告考核结果，落实奖惩措施。分解落实13个省辖市2013年节能目标及省有关部门节能工作任务，指导和督促各地将逐级分解工作目标任务，强化各领域节能工作。

（二）更大力度实施节能重点工程。突出冶金、化工、建材、纺织、电力等主要耗能行业和重点耗能企业，利用省级节能专项资金并积极争取中央财政资金支持，引导企业加大节能改造投入，大力组织实施节能改造，2013年新增节能能力200万吨标准煤。采取综合性措施，淘汰低效用能设备，扩大高效节能产品应用。2013年，全省力争推广节能家电100万台，推广高效节能电机100万千瓦、压缩机23.5万千瓦、通风机1.9万台、水泵42.8万千瓦、变压器251万千伏安。以重点耗能企业能源管理中心和区域能效监测与管理平台为重点，推进数字化能源管理体系建设。推进实施合同能源管理，积极搭建重点耗能企业与节能服务公司衔接合作平台，推进金融机构创新信贷产品，拓宽担保产品范围，简化申请和审批手续，努力缓解节能服务公司项目融资难题。

（三）深入推进重点耗能企业能效提升。组织对1100多家年耗能1万吨标准煤以上的重点耗能企业，开展2012年节能目标责任自查和考核。制定实施千企能源管理体系建设推进计划，组织《能源管理体系要求》（GB/T 23331）培训，开展企业能源管理体系评价，力争年内有150家企业通过能源管理体系评价（或认证）。通过采取综合性措施，确保千企当年实现400万吨标准煤节能量。

（四）进一步完善节能标准体系。加快制定省级产品能耗限额和产品能效地方标准，年内制订出台铸铁件单位产品能耗限额、蓄电池单位产品能耗限额及计算方法、涤纶（长、短）纤维单位产品能耗限额及计算方法等15项产品能耗限额地方标准。加强标准宣贯，使重点用能行业企业全面了解国家和省节能标准的内容和实施要点，提高节能标准执行能力，提升工业企业节能管理水平，及时淘汰达不到能耗限额标准要求的落后产能。

（五）加强节能监督管理。组织对重点行业企业2012年度及2013年上半年主要产品能源消耗状况实施能源监察审计，对重点耗能企业用能设备和工艺使用情况进行排查，对执行法律、法规情况进行监督检查，对超国家或省产品能耗限额标准（已颁布实施16项主要产品能耗限额省地方标准）和违规使用国家明令淘汰的用能设备的企业，责令限期整改，对逾期未能整改的实施处罚。

（六）深入推进清洁生产达标创先。在全省工业行业全面开展“清洁生产对标排找差距”活动。围绕重点行业，组织开展新一轮自愿性清洁生产审核，在造纸、电镀、纺织印染等28个行业强化审核验收，督促企业不断加强管理，采用先进适用技术，实施改造方案，确保500家以上企业通过清洁生产审核验收，树立20-50家清洁生产先进企业。

（七）更大力度推进资源循环利用。以建设“两型”工业体系为目标，强化示范带动，深入开展循环经济示范企业（园区）创建活动。进一步推进循环经济标准化试点工作，不断扩大成果应用范围。加快实施废弃物资源化、再制造产业化、产业园区循环化改造等工业循环经济重点工程。2013年工业固体废弃物综合利用率达到95%以上，再制造复印机4.5万台，汽车发电机、启动机15万台。

（八）扎实推进节能环保产业发展。落实国家《战略性新兴产业分类》（2012），完善产业季报统计体系，扩大对重点企业的统计范围，加强分析监测。根据国家《当前鼓励发展的环保设备（产品）目录》（修编版），制定发布江苏省节能环保产业技术导向目录。以省内自主研发的高效节能换热设备、等离子无油点火、膜及其组件、脱硫脱硝、有机废气治理等新技术、新产品为重点，组织实施一批产业化规模化示范项目及应用示范工程。

（撰稿：韩兵祥，江苏省经济和信息化委员会节能与综合利用处）

2012年山东省循环经济

山东省经济和信息化委员会

2012年，山东省深入贯彻落实科学发展观，把发展循环经济、推行清洁生产作为转方式调结构，全面完成节能减排目标任务的重要抓手，精心组织，扎实推进，各项工作都取得了新成效，开创了新局面。万元GDP能耗降低4.55%，超额完成了年度目标任务，累计完成“十二五”节能进度的45.6%，超额完成进度5.6个百分点；全省工业固体废物综合利用率达到83.35%，超额完成年初制定的83%目标；全省共有1341家单位通过了清洁生产审核验收，超额完成清洁生产审核任务，为完成“十二五”目标奠定了良好基础。

一、坚持政策引导，树立典型示范，加快发展循环经济

（一）加强规划指导。印发了《山东省循环经济发展“十二五”规划主要工作任务目标分解方案》，将资源产出、资源消耗和资源综合利用等三大类14项“十二五”发展目标和47项工作任务分解下达给相关责任单位，确保完成“十二五”发展目标。淄博、潍坊、济宁、泰安、日照、德州、聊城、临沂等多个市印发了本市的循环经济规划并根据规划抓好实施，促进了区域循环经济的快速发展。

（二）积极推进园区循环化改造。按照国家发改委、财政部的要求，省经济和信息化委会同省财政厅印发了《山东省园区循环化改造推进工作方案》，明确了园区改造的方法和步骤。下达了《山东省园区循环化改造目标三年计划》，到2015年，全省50%以上的国家级园区和30%以上的省级园区实施循环化改造。淄博、潍坊、日照等市制定了加快园区循环化改造的实施意见，督促园区抓紧落实建设的基础性工作，确保示范试点园区各种工作顺利进行。

（三）大力推动重点行业循环经济发展。省经济和信息化委会同省发展改革委等7个部门制定了《关于加快建设钢铁产业循环经济示范区的意见》，重点培育济南、莱芜、日照三个特色循环经济示范区，推动全省钢铁产业结构调整试点工作。会同省科技厅等11个部门制定了《关于加快海洋循环经济发展的意见》，提出2015年海洋循环经济发展目标任务和保障措施，指导全省海洋循环经济持续健康发展。

（四）精心培育循环经济先进模式。确定了山东滨州波涛化纤制品有限公司等15个废物利用量大，技术先进，示范推广作用明显的循环经济示范工程。优选推广了十大关键链接技术，进一步提升了山东省循环经济发展技术支撑能力和装备水平。同时，青岛新天地静脉产业园区等7家单位的发展模式入选国家循环经济典型模式案例（全国共60个），临沂市编印了本市循环经济典型材料，青岛、淄博、东营、烟台、威海、济宁等市也安排专项资金支持循环经济示范项目建设，有力地带动了山东省循环经济的发展。

（五）扎实推进再制造和“城市矿产”基地建设工作。再制造产业快速发展。全省5家国家再制造试点企业实现销售收入10.2亿元，利润1.4亿元，再制造发动机1.8万台，防腐油管6700吨，硒鼓303万支，废旧矿山机械核心零部件5.6万吨。积极推进国家“城市矿产”示范基地建设。成立了山东省国家“城市矿产”示范基地建设工作领导小组，制定《山东临沂金升有色金属产业基地国家“城市矿产”示范基地建设管理办法》。2012年，临沂金升城市矿产示范基地建成投产项目2个，完成计划投资9.3亿元，占整个“城市矿产”示范基地计划总投资的51.9%。

再制造产业发展调研座谈会

（六）积极开展国家示范试点申报建设工作。会同省质量技术监督局开展了国家级循环经济标准化试点工作，全国11家试点单位中，山东省占6家。推荐临沂市经济技术开发区、东营方圆有色金属有限公司分别为国家2013年园区

循环化改造示范试点和第四批“城市矿产”示范基地备选园区。扎实做好济南复强动力有限公司国家循环经济教育示范基地的建设工作。精心组织推选全国先进，新汶矿业集团有限责任公司等6家企业被评为全国循环经济工作先进单位。

国家发改委副主任解振华参观第二届中国国际循环经济成果交易博览会山东展区

（七）认真组织承办循环经济博览会。按照国家发改委等部门的要求，在青岛成功举办了第二届中国国际循环经济成果交易博览会，山东展区参展企业52家，现场签订交易合作协议21个，合同金额10亿多元，现场交易300多万元。组展工作得到国家和省有关领导的充分肯定，山东省被授予博览会优秀组织奖。国家发改委副主任解振华一行先后2次参加山东展馆，对山东展区给予高度评价。

（八）圆满完成国家资源产出率统计试点工作。经积极争取，山东省被列为全国资源产出率统计试点省，并确定淄博、滨州两市为试点城市。制定印发了《关于开展资源产出率统计试点工作的通知》，召开了山东省资源产出率统计试点调查工作会议，动员部署统计调查试点任务。配合省统计局调查两市4700家规模以上工业、建筑业企业，协调解决试点工作中出现的问题，提供必要的保障措施，落实相应的工作经费，顺利完成数据审核、上报工作。

二、坚持源头削减，强化过程控制，大力推进清洁生产

（一）深入开展清洁生产审核。全省各市紧紧围绕节能减排目标任务的完成，着力抓好辖区内规模以上工业企业、万吨能耗企业、非工业企业等清洁生产审核，及时组织评估验收，并督促有关企业，加大投入，落实好中、高费方案的实施。2012年，全省共有1341家单位通过了清洁生产审核，其中自愿912家，强制429家。自愿实施清洁生产审核单位共投资57.27亿元，实施清洁生产方案22301个（其中：中/高费方案3211个），年可实现经济效益55.27亿元。年削减化学需氧量7083吨、氨氮376吨、二氧化硫3.28万吨、废水816万吨、固废24万吨，节约新鲜水2.4亿吨，节标煤65.09万吨。

（二）加大政策支持力度。组织各市申报工业清洁生产示范项目，优先支持已自愿实施清洁生产审核并通过评估验收的企业。经专家评审论证，筛选推荐上报了18个工业清洁生产示范项目上报工信部、财政部。2012年，我省济宁、滨州、德州、聊城等4个市共7个项目获得了4450万元国家清洁生产专项资金支持。印发了《关于加强对2012年工业清洁生产示范项目管理工作的通知》，要求各市加强项目督促检查，及时掌握项目进展情况，确保财政补助资金专款专用。编制了《山东省清洁生产技术指南（一）》，遴选58项对行业清洁生产水平带动性强、示范作用明显的新技术新工艺，引导企业采用先进的清洁生产工艺和技术推进技术创新体系建设。

（三）大力培训骨干力量。围绕完成全年1000人次的培训任务，我们研究制定了培训计划，组织修订《清洁生产培训教程》、《山东省清洁生产法律法规汇编（Ⅲ）》等教材，分别在济南、滨州、潍坊、烟台、日照等地开展了清洁生产培训，共培训了包括行政管理、咨询服务机构、审核单位等有关人员1435人（次），广泛宣传了清洁生产法律法规、政策文件和理论知识，为全面推行清洁生产奠定了坚实基础。

（四）强化咨询服务机构管理。按照《山东省清洁生产咨询服务机构管理办法》的规定，我们对清洁生产咨询服务机构进行了重新申报与评审。在各市筛选推荐、专家评审、网上公示的基础上，备案公布了55家清洁生产咨询服务机构，确定各机构开展清洁生产咨询服务的优势行业范围，确保清洁生产咨询服务水平和质量。同时，针对咨询服务机构从业人员，专门制定了机构培训方案，集中进行学习培训，相互交流工作经验，解决存在的问题，健全清洁生产咨询服务体系。

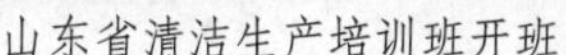
山东省清洁生产培训班开班

山东省抵制商品过度包装专项检查

（五）扎实开展取消一次性日用品和过度包装治理工作。2012年，联合山东省节能监察总队共检查宾馆、酒店、招待所1036家（其中宾馆433家、酒店540家、招待所63家），深入开展过度包装治理工作。组织相关部门在中秋、国庆节前夕，开展了抵制商品过度包装专项检查，印发了《关于组织推选抵制商品过度包装先进企业的通知》，表彰了济南华联超市有限公司等26家企业为抵制商品过度包装先进单位。

三、坚持政策引导，加强认定管理，积极开展资源综合利用

（一）加快发展资源综合利用产业。认真落实《国家发改委关于印发“十二五”资源综合利用指导意见和大宗固体废物综合利用实施方案的通知》，并结合我省实际，研究制定了《关于加快资源综合利用产业发展的意见》，确定“十二五”期间，形成一批具有一定规模、较高技术装备水平、资源利用率高、废物排放量少的综合利用企业。组织实施“456”工程，抓好工业“三废”综合利用、矿产资源综合利用、再生资源综合利用和农林废弃物综合利用等“四大领域”，大宗工业固体废物综合利用技术、共伴生矿和尾矿综合利用技术、“城市矿产”回收利用技术、垃圾回收利用技术和农林废弃物综合利用技术等“五大技术”，大宗工业固体废物综合利用项目、尾矿综合利用项目、垃圾回收利用项目、废液综合利用项目、主要再生资源综合利用项目、农业废弃物和木材综合利用项目等“六大项目”。争取到2015年，全省资源综合利用企业达到1000家，工业固体废物综合利用率达到85%。

（二）突出抓好大宗固体废物综合利用。围绕尾矿、煤矸石、粉煤灰、工业副产石膏、冶炼渣、建筑废物和农作物秸秆的利用，搞好资源综合利用企业的认定。同时，协调财税部门及时落实税收减免政策，调动企业开展资源综合利用的积极性，并加强日常监督和管理，确保企业废物综合利用量，达到国家规定和要求同时不造成二次污染，确保产品的质量。组织推荐上报东营市凯亚再生资源有限公司等9家企业列入工信部准入公告。招远市被工信部列为全国工业固体废物综合利用基地。2012年度，全省资源综合利用企业共利用工业固体废物8862.25万吨，同比增长3.32%；资源综合利用产业实现销售收入439.87亿元，同比增长2.28%。

（三）推进餐厨废弃物资源化利用和无害化处理。抓好国家第一批试点市和省级试点济南市餐厨废弃物资源化利用和无害化处理工作，确保按时建成达产。青岛市印发了餐厨废弃物管理办法，餐厨垃圾处理厂一期工程目前已投入试运行，可日处理市内四区餐厨废弃物200吨。泰安市被列为第二批试点城市，带动了全省餐厨废弃物资源化、无害化利用工作深入开展。

（四）加大对资源综合利用企业的日常监管。委托检测机构对已认定的部分建材类资源综合利用企业产品废渣掺加量进行了抽检，要求各市经信委、节能办加强对认定企业的监督管理，尤其要加强对大宗综合利用资源来源的动态管理，对综合利用资源无法稳定供应的要及时清理。

（撰稿：卢玥，山东省经济和信息化委员会 循环经济与清洁生产处）

2012年安徽省循环经济

安徽省发展和改革委员会

循环经济是物质循环利用、高效利用的经济发展模式。2012年，安徽省把发展循环经济作为调整经济结构、转变经济发展方式、推动科学发展的重要抓手和突破口，努力推进绿色发展、循环发展、低碳发展，全省在经济社会保持平稳较快发展良好态势的同时，节能减排目标顺利实现，资源循环利用水平有较大提高，经济发展的稳定性、协调性、可持续性显著增强，循环经济发展取得积极成效。一是资源能源综合利用效率逐步提高。全省单位GDP能耗下降到0.72吨标煤，单位GDP、工业增加值用水量分别下降到169.4立方米和122.4立方米，大型灌区灌溉水有效利用系数提高到0.502。二是资源化利用水平显著提升。工业固体废弃物综合利用率达到85.4%，工业用水重复利用率达到91.5%，城市污水再生利用率达到42.7%，农作物秸秆综合利用率达到71%。三是生态环境质量明显改善。全省COD、氨氮、二氧化硫、氮氧化物排放总量分别比2011年下降3.04%、3.33%、1.87%和3.95%。城市集中式饮用水源水质达标率为98.4%。全省平均空气质量优良率96.5%，15个地级市环境空气质量达到国家二级标准。全省森林覆盖率27.53%，建成市级以上自然保护区38处，总面积43.2万公顷，占全省国土面积的3.11%。

一、加强规划宏观指导，健全政策体系

开展制定《安徽省循环经济条例》前期调研工作，建立循环经济地方性配套法规政策和标准体系。编制《节能环保产业发展规划》，积极发展节能环保、资源循环利用关键技术装备和产品，加快把节能环保产业培育成新的支柱产业。制定《关于加快推进循环经济示范工作有关问题的通知》，综合运用规划、投资、产业、价格、财税、金融等政策措施，加大对发展循环经济的政策扶持。严格执行固定资产投资节能评估和审查制度，制定《安徽省固定资产投资项目节能审查工作规范》。

二、加大政策扶持力度，深化试点示范

2010年起，设立省级循环经济专项资金1000万元，支持循环经济“百千万”示范工程建设。全省在111个单位开展了循环经济试点，积极探索不同类型、不同层次的循环经济实践形式，初步形成了推进循环经济发展的工作机制、发展模式和资源循环利用体系。铜陵市、淮北市、马钢集团等10个城市、企业列入国家循环经济试点，江汽集团、奇瑞公司列入国家汽车零部件再制造试点，界首田营再生铅工业园、滁州报废汽车循环经济产业园列入国家“城市矿产”示范基地，合肥市、芜湖市列入国家餐厨废弃物资源化利用和无害化处理试点城市，铜陵经济技术开发区列为国家园区循环化改造示范试点园区，淮南市、铜陵有色列入国家首批资源综合利用“双百工程”示范基地和骨干企业，安徽省、铜陵市、宁国市列为国家循环经济统计试点地区。在深化试点工作的基础上，开展了循环经济示范工作，确定了270家省级循环经济示范单位，推动循环经济发展由试点向示范升级。积极落实国家对企业实施资源综合利用的政策，105家企业（产品）通过资源综合利用认定，减免税约4亿元，有效促进企业可持续发展。

三、推进节能减排，加快产业转型升级

根据各市能源消费、经济发展水平、节能潜力等因素及皖江示范区承接转移、加快皖北崛起等重大发展战略需要，分五档制定节能目标，加强对各市节能形势的预测分析。开展100家省级节能示范单位创建活动，引导用能单位科学、合理、高效的使用能源。深化推广高效节能技术和产品的激励机制，1946个节能产品列入国家“节能产品惠民工程”目录，促进全省扩大内需和产业结构调整，带动新兴产业发展。严格执行固定资产投资节能评估和审查制度，25个重大项目节能审查通过国家发展改革委批复，完成省级节能评估审查项目128个，抑制了高耗能产业的过快增长。加强工业、建筑、交通运输、教育、卫生、商业、旅游等行业940家重点用能单位节能管理，建立了一级抓一级、层层抓落实的高效联动工作机制。省政府与16个市政府签订《“十二五”主要污染物总量减排目标责任书》，将重点减排工程项目和保障措施落实到“六厂（场）一车”（城镇污水处理厂、火电厂、钢铁厂、水泥厂、造纸厂、畜禽养殖场和机动车）。

积极发展节能环保型的先进制造业、高新技术产业和现代服务业，提升产业增量结构。三次产业结构调整为12.7:54.6:32.7。2012年，我省积极实施“上大压小”项目，关停国电宿州热电厂3号机组、皖维高新4号机组，装机容量13.7万千瓦；淘汰落后产能钢铁26.5万吨、焦化20万吨、水泥260万吨、制革53万标张、电石4.5万吨、酒精3万吨、印染5760万米、造纸48.34万吨、柠檬酸3万吨。

（四）加大保护力度，改善生态环境质量

编制《全省水质良好湖泊生态环境保护规划》，建成项目30个，完成投资2.53亿元。制定《关于重点流域水污染防治规划（2011—2015年）的实施意见》，建立水污染防治联席会议制度。“十二五”以来，淮河流域投入29.96亿元，完成116个治污项目建设；巢湖流域投入29.8亿元，完成25个治污项目建设。将淮南、滁州、铜陵、池州等酸雨污染地区作为重点区域，实施多种大气污染物联合控制。全面启动新安江流域生态补偿机制试点工作，编制《新安江流域水资源与生态环境保护综合规划纲要》，重点实施113个资源保护、水污染防治、生态环境保护与建设等项目。巢湖流域综合治理、新安江流域水资源与生态环境综合治理列入《共同推进安徽省“五大领域”重点项目建设合作备忘录》，国家开发银行安排融资300亿元。这批项目的实施对促进重点流域水环境改善，推进生态强省建设发挥积极作用。

（五）强化科技创新，构建支撑体系

支持循环经济共性和关键技术的研究开发，加快循环经济适用技术推广应用，积极发展高效节能技术、先进环保技术装备和产品，加快把节能环保产业培育成新的支柱产业，力争形成千亿元产值规模。建立循环经济技术服务体系，开展30多个国家和省级循环经济课题研究，建设奇瑞汽车节能环保国家工程实验室等一批创新和产业化平台，形成合肥、芜湖和蚌埠等循环经济科技研发、推广和服务产业基地，为发展循环经济提供人才和技术支撑。

（撰稿：李兵，安徽省发展和改革委员会环资处）

2012年江西省循环经济

江西省发展和改革委员会

2012年是实施“十二五”规划承上启下的重要之年，也是推进鄱阳湖生态经济区建设与赣南等原中央苏区振兴、实现节能减排目标的关键之年。按照党中央、国务院的决策部署，江西省委、省政府高度重视，以加强生态保护、污染治理为抓手，大力推进生态文明建设，把发展循环经济作为调整经济结构、转变发展方式的重要抓手，开展了许多富有开创性的探索，挖掘了一批循环经济的示范典型，积累了较为丰富的循环经济实践经验，有力推动了绿色崛起、实干兴赣进程。

一、发展循环经济的主要措施

（一）加强组织领导，落实目标责任

一是在省市县三层面建立健全循环经济组织机构，做好规划、指导、协调、评估、考核工作，明确分工及其责任，逐级抓好落实，形成合力强势推进。二是按照已经分解下达的“十二五”节能减排目标任务，将“十二五”节能减排综合性工作方案任务分解落实到每个设区市、每个重点企业和重点工程。健全了节能统计、监测和考核体系，定期发布全省及各设区市单位地区生产总值（GDP）能耗公报。三是组织开展了2011年度各设区市节能目标责任评价考核，并将考核结果向社会公告。同时，制订了万家企业节能目标责任考核方案，并组织开展了2011年目标责任考核。

（二）严格控制“两高”增长

一是强化节能评估审查。提高“两高”行业准入门槛，严控新上“两高”项目和产能过剩项目，严肃查处违规乱上项目问题。将项目能耗水平、地方能源消费增长水平、能源保障能力等作为新上项目的重要考核条件。二是加快淘汰落后生产能力。为未按期完成淘汰落后产能任务的地区和企业，实行项目“限批”。三是加快产业结构优化升级。加快改造提升传统产业，重点推进钢铁、有色、陶瓷、水泥等高耗能行业的节能技术改造，重点推进主要耗能设备的能源利用效率提升，储备节能技改项目100多个，可形成年节能能力50多万吨标准煤。加快发展第三产业，依托江西资源优势，大力发展旅游、商贸、物流等服务业，构建服务业发展平台。大力发展十大战略性新兴产业，着力通过产业结构调整来降低经济发展对能源的依赖程度。

（三）充分发挥国家级循环经济示范试点效应

一是继续推进江西铜业集团、萍乡市、江西永修云山经济开发区等国家级循环经济试点单位发挥示范作用，加快推进重点项目建设。二是推进新余钢铁再生资源产业基地建设国家“城市矿产”示范基地、鹰潭高新技术产业园区建设国家循环化改造示范试点园区，组织鹰潭（贵溪）铜产业循环经济基地申报国家“城市矿产”示范基地、赣州经济技术开发区申报国家循环化改造示范试点园区。三是推进国家首批城市餐厨废弃物资源化利用和无害化处理试点城市南昌市加快建设，组织赣州开展餐厨垃圾废弃物资源化利用和无害化处理试点创建工作。四是充分发挥鹰潭（贵溪）铜产业循环经济基地作为全国循环经济工作先进单位的示范作用。

（四）大力推进省级循环经济示范试点工作

一是切实抓好省级循环经济试点，大力支持南昌市、新余市等全省104家省级循环经济试点单位推进项目建设。二是启动省级园区循环化改造试点工作，加快推进全省各类园区的循环化改造，优化空间布局，调整产业结构，突破循环经济关键链接技术，合理延伸产业链并循环链接，实现园区资源高效、循环利用和废物“零排放”。三是积极探索生态发展新模式。启动了19个生态工业园区试点建设，累计82个工业园区列入试点范围，其中，鄱阳湖生态经济区内有36个，占该区域内工业园区总数的95%。

（五）推进重点循环经济类工程建设

一是推进重点项目建设。重点加快实施十大重点节能工程、火电行业烟气脱硫工程、节能环保能力建设工程。同时，推进新钢股份公司烧结机烟气脱硫工程等非电行业脱硫示范项目建设。二是大力推进污水处理设施建设与运行。加快南昌市、九江市等设区市大型城镇污水处理厂收集管网建设，尽快实现达产达标；加紧推进县级污水处理厂及其配套管网建设运行；继续推进工业园区污水处理设施的建设。三是抓好节能惠民工程。按照国家统一部署，推进中央财政补贴节能家电、节能汽车、高效照明产品、节能工业产品、节能电机等系列节能产品推广工作在全省

全面铺开，促进昌河铃木节能汽车、东元电机和江特电机高效电机、索普信节能灯、晶和照明LED照明产品等入围国家“节能产品惠民工程”推广目录，全省用户获得中央财政补贴资金6亿多元。

（六）加强重点监督检查

结合中央和省委关于加快转变经济发展方式监督检查工作的要求，对高耗能行业实行专项督查，重点针对短流程炼钢、陶瓷、水泥、玻璃、高纯硅料等高耗能行业企业，监督优惠电价是否取消、差别电价是否落实、惩罚性电价是否执行、建设用地是否符合规定、环评措施是否落实、落后生产能力是否列入淘汰计划等系列政策执行情况，发现问题及时整改，力求各项政策措施落实到位。

二、循环经济发展的主要成效

（一）能源消耗明显降低

通过实施一批重大项目，推广使用节能降耗新工艺、新技术、新设备，全省产值能耗、产品能耗和建筑能耗明显降低，主要设备能源利用效率不断提高。经初步核算，2012年全省万元GDP能耗为0.613吨标准煤，比上年下降5.92%，超额完成3%年度节能计划目标。

（二）污染物减排取得积极进展

2012年，全省二氧化硫、化学需氧量、氨氮、氮氧化物排放总量分别较上年同期下降2.80%、2.54%、2.52%和5.75%。“十二五”以来，四大减排指标首次全面超额完成省政府年初确定的目标任务，其中氮氧化物排放首次实现下降。造林绿化“一大四小”工程完成235万亩，森林覆盖率达63.1%。全省主要河流及湖库Ⅰ～Ⅲ类水质断面（点位）比例达80.7%，城市集中式饮用水源地水质达标率100%；11个设区城市环境空气质量全部达到国家二级标准，且全省SO_2、NO_2和PM10浓度均值较上年有不同程度下降。

三、2013年工作打算

2013年，围绕鄱阳湖生态经济区建设和赣南等原中央苏区振兴战略部署,以节能减排目标任务为指引，大力发展循环经济，加快构建覆盖全社会的资源循环利用体系。重点抓好以下四个方面工作，具体如下：

（一）大力实施六大节能工程

重点实施节能改造工程、节能产品惠民工程、节能技术产业化示范工程、节能市场化工程、绿色照明工程、淘汰落后产能工程。具体包括深入推进298家重点企业开展节能低碳行动、组织实施200个节能技改项目、推广10万盏LED灯、实施100个节能技术产业化示范项目、淘汰100万千瓦电机，推进新型城镇节能示范工程建设，形成年节能200万吨标准煤的能力。

（二）努力推进五大综合利用

一是共伴生矿及尾矿综合利用。推进江西铜业集团有限公司资源综合利用“双百工程”骨干企业示范建设，对5亿吨可盘活深边部资源和可利用低品位资源开展资源综合利用，实现综合利用回收价值超百亿元，提升资源综合利用水平。二是农林废弃物综合利用。积极推广以竹代木和林业剩余物综合利用，发展秸秆综合利用，如饲料化、工业原料、燃料等，以资源综合利用理念发展森工和农业废弃物产业，实现资源持续发展和森林覆盖率持续提升。三是煤矸石综合利用。大力推进煤矸石资源的综合开发利用，规划并实施一批煤矸石资源开发利用重点项目，对煤矸石资源进行发电、制砖、制造水泥、建材生产、金属提炼等方面的加工延伸，形成每年消耗煤矸石约800万吨以上能力。四是粉煤灰综合利用。大力推进粉煤灰综合利用工作，引进一批粉煤灰资源综合利用项目，减少粉煤灰污染物排放。五是废旧物资综合利用。依托鹰潭、丰城、宜黄等一批废旧物资综合利用基地，引进了中再生、格林美等一批拆解加工龙头企业，形成年拆解回收废钢200吨、废铝50万吨、废铜30万吨、废旧轮胎30万吨，废塑料45万吨的规模。

（三）实施循环经济示范试点工程

实施好新余市国家节能减排财政政策综合示范市建设，推进南昌、赣州、新余等城市开展餐厨垃圾资源化利用和无害化处理试点。鼓励工业园区进行循环化、清洁化改造，列入省级以上循环化改造和省级清洁化改造的园区，符合条件的项目优先申报国家资源节约和环境保护专项资金扶持，在实施好鹰潭高新技术开发区、赣州经济开发区国家循环化改造示范试点的同时，推进省级园区循环化改造，2013年重点推进23个循环化基础条件较好、改造潜力大的园区进行省级园区循环化改造试点，到2015年全省50%以上的国家级园区和30%以上的省级园区实施循环化改造。重点打造好新余钢铁再生资源产业基地、鹰潭（贵溪）铜产业循环经济基地2个国家级“城市矿产”示范基地，使之成为具有全国影响力、辐射力、聚集力的示范基地，着力推进丰城资源循环利用产业基地、萍乡经济技术开发区、宜黄塑料资源再生利用产业基地、赣州铜铝循环经济产业基地、广丰中利再生资源循环利用基地、南康市有色金属资源综合利用产业示范基地等省级“城市矿产”、再生资源综合利用示范基地建设，实施好南昌、景德镇、上饶等国家级再生资源回收利用体系建设试点城市项目。培育壮大20个以上产值超5亿元的资源循环利用龙头企业，到2015年全省再生资源加工处理能力达到600万吨。

（四）倡导节能环保低碳生产生活方式

2013年起在循环经济等领域开展国家级、省级教育示范基地创建工作，面向中小学生、社会公众定期免费开放。引导营业性宾馆、酒店有偿提供一次性洗刷用品，降低一次性筷子使用量，力争2013至2015年全省宾馆、酒店一次性洗刷用品、筷子使用量每年下降30%。

（撰稿：洪小波、杨巍、张南娇、刘建军、方欣、王锐、胡晓，江西省发展和改革委员会资源节约和环境保护处）

2012年河南省循环经济

河南省发展和改革委员会

2012年，河南省委、省政府把大力发展循环经济作为促进经济发展方式转变、破解资源环境约束瓶颈、调整产业结构的重要抓手，加快构建农业、有色、煤炭、非金属矿和再生资源等五大循环产业链，推广有色金属、食品、化工、电力、建材、造纸、医药等八个重点工业行业循环经济发展模式，在部分中心城市和重点园区初步建立起比较完善的循环经济产业体系，农业节水、节药、节肥、节能、节地和废弃物综合利用工作取得新的突破，公众的资源节约意识和循环经济理念进一步增强。2012年，全省能源产出率达到1.15万元/吨标准煤，水资源产出率达到196元/吨，工业固体废物综合利用率达到73%，规模以上工业用水重复利用率达到74%，农业灌溉水平均有效利用系数提高到0.573，畜禽粪便资源化利用率达到90%，农业秸秆综合利用率达到78%，为保持经济平稳较快发展、加快推进中原经济区建设提供了有力支撑。

一、加强规划引导，印发实施《河南省循环经济发展“十二五”规划》

2012年11月，河南省政府印发了《河南省循环经济发展“十二五”规划》，《规划》总结回顾了“十一五”期间全省循环经济工作取得的成效，分析了“十二五”循环经济工作面临的形势和挑战，提出了工作目标和重点任务。《规划》确定“十二五”循环经济发展总体思路：突出“四个着力”，即着力发展循环经济新兴产业，着力抓好重点领域和关键环节，着力深化试点示范，着力创新循环经济发展模式和体制机制，优化资源利用方式，促进发展方式转变和消费模式转变，促进新型城镇化、新型工业化和新型农业现代化“三化”协调科学发展，促进人与自然和谐和经济社会可持续发展。把握“四个坚持”基本原则，即坚持优化布局，促进规模化发展；坚持示范带动，促进产业化发展；坚持创新引领，促进高端化发展；坚持政策引导，促进市场化发展。到2015年，地区资源产出率提高15%，全省单位GDP能耗下降16%，其中万元工业增加值能耗下降24%，基本建立较为完善的发展循环经济法规标准体系、政策支持体系、科技创新体系、统计评价指标体系和有效的激励约束机制，初步形成富有河南特色的工农业复合型循环经济发展模式，资源循环利用水平明显提高。

《规划》提出“十二五”期间循环经济发展主要任务有三个方面：一是结合河南农业大省、粮食核心区建设，依托丰富的农产品资源，延伸产业链条，积极发展农产品加工业，促进工农业耦合发展，创建全国工农业复合型循环经济示范区。二是依托我省煤炭、铝土矿、非金属矿、再生资源和农业等资源优势，着力构建五大循环产业链，发展循环经济新兴产业，加快促进循环经济形成较大规模。三是以提高资源产出率为目标，在资源开发、资源消耗、废物产生、再生资源利用和社会消费等五个环节，加强资源综合利用和废物循环利用，提升我省循环经济整体发展水平。重点抓好循环型农业、循环型工业、循环型服务业、循环型城镇、资源循环利用产业等五个领域。

二、深化试点示范，带动全省各领域、各行业循环经济发展

一是积极推进国家“城市矿产”示范基地建设。2011年9月国家批复长葛大周示范基地以来，省政府承诺采取一系列政策措施把示范基地打造成技术先进、环保达标、管理规范、规模利用、辐射周边的国家“城市矿产”示范基地，成立了省发展改革委主管领导为组长、财政厅主管领导为副组长，科技、工信、环保、商务等相关部门为成员的示范基地建设领导小组，制订了示范基地建设管理办法，对项目管理程序、资金拨付使用等进行了规范。许昌市发展改革委、财政局等部门多次到示范基地实地调研，指导推进示范基地建设。长葛市专门成立了示范基地建设管委会，积极推动各项工作。截至2012年年底，“城市矿产”示范基地内3个行政村搬迁合并工作已经顺利启动，道路、供排水、天然气、电力供应等各项基础设施稳步推进，示范基地建设规划实施的15个重点项目有12个已经开工建设，累计完成投资12.9亿元，占总投资的51.6%。同时，积极推进洛阳循环经济园区申报国家第四批城市矿产示范基地。

二是推进国家餐厨废弃物资源化利用和无害化处理试点。郑州市是国家确定的第一批餐厨垃圾资源化利用和无害化处理试点城市，结合郑州市实际情况，餐厨废弃物集中处置项目分两期进行，一期建设西区餐厨废弃物集中处理厂，占地75亩，总投资约1.6亿元，前期各项工作正在积极推进，截至2012年年底，项目可行性研究报告已通过专家评审，一期工程选址意见书已经规划部门批复，土地使用指标已调整到位，环保报告已编制完成；项目采取BOT

建设模式，完成了特许经营权招标工作；郑州市研究制订了《郑州市餐厨垃圾管理办法》（草案），正在征求各有关部门及辖区政府意见，已列入2013年立法计划；郑州市初步确定餐厨垃圾处理费用按每吨补助225元执行。积极推进洛阳市申报国家第三批餐厨废弃物资源化利用和无害化处理试点。

三是推进汽车零部件再制造试点。围绕生产及生活领域产生的报废机动车、废旧机电、废电子电器等可再生资源，稳步推进再制造产业发展。南阳六四五六军工厂顺利通过国家评估验收，形成年再制造25000台汽车发动机能力。积极推进河南飞孟激光再制造有限公司、洛阳一拖集团争取国家第二批再制造试点。

四是加强循环经济试点管理。河南是全国较早开展循环经济试点的省份之一，先后开展了三批循环经济试点。我们按照循环经济试点工作“实施动态管理、有进有出”的要求，组织对第三批78个试点单位进行了评估考核，对试点工作先进单位予以通报表扬，对试点不合格的及时予以调整，有力促进了试点工作深入开展。洛阳市，紧紧围绕优势矿产资源、丰富的农产品资源和再生资源，积极打造钼钨绿色开采、铝精深加工、农产品高值深加工、废旧资源再生利用等4条循环产业链，初步构建了资源循环型产业体系，循环经济发展初见成效，完成循环经济试点实施方案既定的阶段性目标。安西循环经济试验区，从产业结构重、产品能耗高等实际出发，按照“生产规模化、装备现代化、产业链条化、园区循环化、管理信息化”的发展方向，以机制创新和科技创新为动力，以重点项目为抓手，大力推进园区循环化改造，积极构建产业互动、产品关联循环经济产业体系，能源资源利用效率明显提高，废弃物排放量大幅度减少，有力促进经济发展方式由“资源依赖型”向“资源效益型”转变。河南大用实业有限公司，紧紧围绕肉鸡精深加工、屠宰副产品综合利用“主副两链”，坚持科技创新，积极开发应用家禽骨血加工技术、活性蛋白酶羽毛角质蛋白技术、养殖场水帘应用等循环经济关键技术，实现了养殖、屠宰加工环节中畜禽废弃物、生产副产物高附加值利用，废弃物近零排放，达到了经济效益、社会效益和生态效益和谐统一。

三、推进大宗固废综合利用，促进资源循环利用产业发展

河南产业结构偏重，人均资源匮乏，资源环境约束矛盾突出。我省选择排放量多、利用价值高、环境影响大的产业固废，从规划引导、重点工程建设、综合利用认定管理等方面，积极推进固体废物规模化利用。一是加强规划引导。省发展改革委印发了“十二五”固体废物综合利用实施方案，坚持以工业、农业、城镇生活废弃物的综合利用为重点，依托各地产业基础和资源禀赋，规划建设洛阳、三门峡尾矿综合利用示范基地，焦作、鹤壁、济源产业废物综合利用示范基地建设，郑州、许昌、平顶山等100万吨级建筑废物资源化利用示范基地，推动大宗固废综合利用向规模化、集约化、产业化发展。二是加快“双百”工程示范基地建设。洛阳市、焦作市是国家第一批资源综合利用“双百工程”示范基地。两市成立了市政府领导为组长、相关部门为成员的示范基地建设工作领导小组，督促有关部门加快项目土地、环保、能评等审批手续，帮助企业落实项目建设资金，推进项目建设进度。截至目前，两市示范基地规划建设的31个重点项目均已开工，焦作市钜龙科技赤泥综合利用等15个项目进展顺利，完成投资15亿元，占两市示范基地建设总投资的49%。

三是落实税收优惠政策。严格资源综合利用认定程序，制订了《资源节约与综合利用审核方法》、《建材产品中固体废弃物掺加量的测定方法》等地方标准，规范了综合利用技术审核机构的审核行为。加强对综合利用企业日常监督，完善了综合利用电厂（机组）在线监测系统，着手对水泥行业综合利用企业实行在线监控。截至2012年底，全省共认定资源综合利用企业607家，其中2012年当年认定公布了353家资源综合利用企业，全年可利用各类废渣5617万吨，减免税费21亿元。

四、推进农业秸秆资源化利用，提升农业循环经济发展水平

河南是农业大省，粮食产量占全国十分之一，同时年产生农作物秸秆约8000万吨。为解决农作物秸秆季节性、结构性过剩问题，我省确定了秸秆综合利用“先饲后肥、先农后工”的总体思路，努力提高秸秆转化效率和综合利用价值。据统计，2012年全省农作物秸秆综合利用量超过6000万吨，综合利用率达到78%。一是制定激励政策措施。经省政府同意，省发展改革委会同省农业厅印发了“十二五”农作物秸秆综合利用规划，明确了秸秆综合利用目标任务和财政、税收、价格、土地等配套政策。省人大在修订《河南省固体废物污染环境防治条例》时，增加“企业建立秸秆储存基地用地纳入农业用地管理”条款，从法规上解决了秸秆储存设施用地性质问题。漯河、驻马店等省辖市对秸秆综合利用用地、用电等方面予以支持，对于建设秸秆收储基地的企业或农村经济合作社，给予每亩土地400元补助，并将秸秆加工企业生产用电改为农业用电，为企业降低生产成本35%以上。二是加强收储体系建设。我省依托骨干企业和农村专业合作经济组织，探索建立以需求为引导、市场化运作、利益共享的秸秆收集储运管理体系。驻马店白云纸业公司购置了多套收割、捡拾打捆大型联合收获机，与周边乡镇签订免费收割协议，为

农户免费收割小麦，秸秆无偿归企业，年回收小麦秸秆20万吨，农户节支1000万元，企业和农户各取所需、互惠互利；濮阳宏业生化公司采取“公司+农户”模式，由公司出资、农业经纪人管理，在周边150公里范围内布局收购网点，年回收玉米芯20万吨，支出费用1.2亿元，既保证了企业生产原料，又为农民增加了收入。同时，我省一批企业加快了秸秆田间机械化处理技术装备研发和生产，河南力神集团年产3000套玉米摘穗秸秆粉碎打捆联合收获机生产线今年5月份将竣工投产。三是提高秸秆利用附加值。秸秆是支撑河南成为全国第一畜牧大省和第一食用菌大省的重要资源。在秸秆饲料化方面，我省大力发展秸秆青贮、氨化、微贮，2012年，全省牛饲养量超过1500万头，羊饲养量超过4000万只，秸秆饲料化利用1925万吨，占秸秆综合利用量的32%，节约饲料粮350万吨，增加农民收入11亿元。在秸秆基料化利用方面，积极引导食用菌工厂化生产，洛阳、新乡、鹤壁、濮阳、商丘等地利用秸秆生产白灵茹、杏鲍菇、双孢菇等已形成较大产业规模，全省年生产各类食用菌约250万吨，产值超过300亿元。同时，我省还积极探索秸秆生产高效清洁能源，南阳天冠集团纤维乙醇工艺技术通过了国家验收，年产5万吨纤维乙醇生产装置已投入运行，预计到2015年，全省纤维乙醇量将达到58万吨。四是加快秸秆综合利用先进技术推广应用。以秸秆利用相关大型企业、科研院所为依托，实施秸秆综合利用科技攻关，突破秸秆乙醇、秸秆多糖单糖、秸秆淀粉生产等深层次利用技术障碍，提高秸杆利用附加值，降低生产成本，增强市场竞争力。充分利用国家支持秸秆综合利用政策，建设一批秸秆综合利用产业化示范项目。五是落实秸秆禁烧工作责任制。完善秸秆禁烧目标管理责任制，将秸秆禁烧工作纳入各级环保目标进考核，对开展不力的地区予以通报批评。在夏收和秋收季节，利用卫星遥感监测技术，加强对机场周边、主要交通道路两侧、城乡结合部等重点区域和信阳、南阳、驻马店、邓州等焚烧秸秆重点地区实时监测。

五、加大节能环保宣传，营造绿色发展、循环发展、低碳发展良好氛围

积极推进南阳天冠循环经济教育示范基地建设，2012年，省大专院校、中小学生3800多人次到天冠集团参观学习。在全省范围内组织开展了节能宣传月活动，印制并免费发放节能宣传画5万套。举办了重点行业能耗限额标准、合同能源管理项目、能源计量和统计等系列培训。组织省内相关单位和重点企业参加了第二届青岛循环经济博览会。开展了“依靠科技创新促进节能减排”主题征文活动，组织开展了全省“低碳体验日”、“限塑令”宣传周活动。全省工会、团委等系统分别组织开展了“双比双降”竞赛、节能减排青少年攻坚等活动。绿色低碳发展和节约型消费理念正逐步深入人心。

（撰稿：张志祥，河南省发展和改革委员会资源节约与环境保护处）

2012年湖北省循环经济

湖北省发展和改革委员会

2012年，湖北省各地区、各部门认真贯彻落实科学发展观，把节能减排和发展循环经济作为转变发展方式的重要抓手，进一步加大工作力度和政策措施落实力度，把积极推动重点区域和重点行业循环经济的加快发展作为一个重要突破口，不断深化循环经济示范试点，努力探索并推广循环经济典型发展模式，全省循环经济工作取得积极成效。

一、2012年主要指标完成情况

到2012年底，全省单位生产总值能耗为1.089吨标准煤/万元，"十二五"累计下降7.93％，完成"十二五"节能目标的47.4%，超进度目标7.4个百分点，超额完成了年均下降3.5%的目标任务，2012年国家对我省节能目标责任评价考核结果为超额完成等级；全年全省化学需氧量、氨氮、二氧化硫、氮氧化物排放量较去年分别下降1.64%、1.74%、6.49%和4.43%，均超额完成年初确定的减排目标。

二、推进循环经济发展的主要做法

（一）进一步加强宏观指导

2012年，我委提请省政府常务会议研究制定并印发了《湖北省节能"十二五"规划》、《湖北省"十二五"节能环保产业发展规划》、《湖北省"十二五"节能减排综合性工作方案》、《湖北省城镇生活污水处理及再生利用设施建设"十二五"规划》和《湖北省城镇生活垃圾处理设施建设"十二五"规划》等，这些规划的出台对我省相关行业和产业的发展起到重要的指导意义。省节能减排工作领导小组办公室多次召开会议，督促各项节能减排政策措施得到有效落实。

（二）积极推进国家级循环经济示范试点建设

1.全力推进国家"城市矿产"示范基地建设。2011年8月，我省谷城再生资源园区正式被国家发改委、财政部确定为全国第二批国家"城市矿产"示范基地。该园区以发展再生铅、再生铝、再生钢铁等三大主导产业为重点，力争在5年内，建成一个辐射中西部地区的再生资源交易市场，构建具有地区特色的再生资源回收体系、再生资源利用体系和集成服务保障体系。目前，示范基地19个重点项目已全部开工，目前已完成总投资的57.06%。国家示范基地的建设为谷城县带来了前所未有的发展机遇，2012年，谷城县实现生产总值204.7亿元，比上年增长13.6%，谷城再生资源园区实现工业产值281亿元，占全县工业总产值的62%。在全省县域经济综合考核中，谷城县由2006年的第48位上升到第26位。

2.积极推动餐厨废弃物资源化利用和无害化处理国家试点建设。2011年7月，武汉市被批准为第一批餐厨废弃物资源化利用和无害化处理国家试点城。"十二五"期间，武汉市将分别在汉口、武昌、汉阳地区和东西湖区、江夏区或武汉化工区等区域城区建成5座餐厨废弃物集中处理厂，并配套建成相应餐厨废弃物收运系统和管理体系，主城区餐厨废弃物集中处理率在"十二五"末达到60%以上。目前，武汉市已由市政府令的形式印发了《武汉市餐厨废弃物管理办法》，首批汉口西部、汉口东部、武昌地区3个处理厂已于2012年8月完成了招投标，分别确定了武汉百信环保科技有限公司、武汉天基生态技术有限公司、杭州锦江集团等3家公司及其联合体为建设单位。2012年12月30日，汉口西部、武昌地区两个项目正式开工，将于2013年底建成，2014年4月前完成联调。汉口东部项目将于5月正式开工、2014年5月建成。三个项目的处理规模均为200吨/日。另外两个项目将择机进行特许经营权招标，年内开工建设，届时武汉市主城区餐厨废弃物集中收集率达到75%、餐厨废弃物资源化利用率达到60%。

2012年10月，宜昌市被批准为国家第二批餐厨废弃物资源化利用和无害化处理试点城市，试点期内将基本构建完整的餐厨废弃物收集、运输、资源化利用和无害化处理体系，新增处理能力达到170吨/日。2012年4月，宜昌市成立了由市政府副市长为组长的宜昌市餐厨垃圾管理工作领导小组（宜府办文[2012]11号），加强部门间协调配合，形成工作合力。宜昌市人民政府办公室印发了《宜昌市餐厨垃圾管理办法》（宜府办发[2012]21号）。2012年12月，市政府组织发改委、财政、城管局等部门就试点工作和项目建设召开专题会议，进一步明确了项目建设、运营方式、国家资金使用以及管理体制等方面问题。

3.大力推进宜昌经济开发区猇亭园区国家园区循环化改造示范试点建设。2012年10月，宜昌经济开发区猇亭园区被国家发改委、财政部批准为国家园区循环化改造示范试点。园区内拥有化工、装备制造、电子及新能源等四大支柱产业，其磷石膏产出量巨大，每年约300多万吨，环境压力日益增加。通过实施园区循环化改造，建设高标准化工产业基地，实现磷矿石的"采、选、加"一体化发展，大力发展以园区工业固体废弃物综合利用为主的新型建材产业，有效利用粉煤灰、磷石膏、电石渣等废弃物，整合园区电力、蒸汽、除盐水和氢气供应体系，实现资源共享，把园区打造成"经济快速发展、资源高效利用、环境优美清洁、生态良性循环"的循环经济示范试点园区。2015年之前，园区将投资25.63亿元建设一批循环经济核心链接项目，磷石膏综合利用率提高到67.64%，工业总产值突破1200亿元。

4.继续推进再制造试点工作。一是组织东风康明斯发动机有限公司国家再制造试点评估验收。按照试点工作要求，2012年2月，国家发改委组织有关专家对东风康明斯发动机有限公司再制造试点工作进行了评估验收，经过整改，东风康明斯发动机有限公司达到国家验收标准，该公司及该公司4BTA3.9-C130等10个系列的再制造发动机列入了《通过验收的汽车零部件再制造试点单位和产品公告（第二批）》。二是积极争创第二批国家再制造试点工作。武汉法利莱切割系统工程有限责任公司国家再制造试点实施方案通过国家审查，已初步列入国家第二批再制造试点名单（再制造专业设备生产类）。

（三）积极组织省内企业加强循环经济相关技术、设备和产品的交易和推广

2012年6月8日-10日，国家发改委等相关部委组织在青岛举办了第二届中国国际循环经济成果交易博览会。经精心筹备，我省在青岛国际会展中心二号馆252平方米的特装展区内，分循环型产业、循环型园区和循环型社会三大板块集中展示了我省循环经济发展的特色和成果，并组织全省大部分市州相关政府主管部门、重点行业和领域的企业以及科研院所有关人员共约200人赴青岛参观、考察和学习，积极参加了展会同期举办的中德循环经济论坛、中日合作城市典型废弃物循环利用研讨会、循环经济产业投融资座谈会、中国再生资源产业发展高峰论坛、绿色领导力年会等专项活动。通过展览、论坛、研讨、项目对接等多种形式，成功宣传了我省循环经济发展典型模式案例，为进一步普及推动循环经济发展、促进省内有关企业加强循环经济相关技术、设备和产品交易提供了很好的平台。

（四）大力推进资源综合利用

一是根据国家发展改革委办公厅《关于开展资源综合利用"双百工程"建设通知》要求，环资处结合各地资源综合利用建设的实际情况，经调研指导、精心组织、认真筛选和积极争取，我省黄冈市产业废物综合利用基地、宜昌市磷石膏综合利用基地2个基地和华新水泥、黄石大江集团2家企业获得国家发展改革委首批"双百工程"示范基地和骨干企业，占首批全国"双百工程"总数的近1/10。二是认真开展了资源综合利用认定工作。为使各资源综合利用相关企业充分享受各项税收优惠政策，我们加大了宣传力度，鼓励各类企业申报资源综合利用认定。今年，全省共有216家企业的231个产品（工艺）被认定为资源综合利用产品（工艺），其中：新增资源综合利用企业83家，这些企业累计年综合利用粉煤灰、转炉渣、黄磷渣、脱硫石膏、建筑垃圾等大宗固体废弃物2021.9万吨，湖北松源矸石发电有限公司和创冠环保（黄石）有限公司的相关机组通过国家资源综合利用发电机组的认定，预计可申请享受税收优惠近3.9亿元。

（五）重点建设了一批循环经济关键链接项目

按照全省"重大项目建设年"专项活动的总体要求，始终把项目建设作为推进循环经济工作的重要手段，积极争取国家投资并安排省预算内投资，组织策划并着力推动了一批低能耗、低污染、高附加值和高技术含量的重点循环经济项目或循环经济核心链接项目建设，不断构建完善的循环经济产业链，节能减排成效显著。同时加强对项目进行跟踪，及时发现和帮助解决项目建设中存在的困难和问题，确保重点项目的顺利实施。

（六）积极开展重大问题调研

结合节能工作实际和大力发展循环经济、加快推进资源综合利用进程的要求，会同有关研究机构着重开展了《湖北省"十二五"重点领域节能形势与对策研究》和《湖北省"十二五"资源综合利用现状与发展对策研究》等两个课题的研究，通过这两个课题的研究，进一步明确了"十二五"时期开展节能工作的重点、难点，明确提出了具体措施，进一步了解和基本掌握了全省资源综合利用的现状、特点、区域分布特性以及发展方向和潜力等，为"十二五"时期加快推进我省资源综合利用进程，也为争创国家部署的"双百工程"建设提供了详实的基础资料。

三、2013年发展循环经济重点工作

（一）大力推进循环经济重点区域或领域的发展

加大协调督办力度，加快推进谷城再生资源园区国家“城市矿产”示范基地、宜昌经济开发区猇亭园区循环化改造示范试点、武汉及宜昌市餐厨废弃物资源化利用和无害化处理试点等国家已批准的重大循环经济示范试点项目的建设进程，确保在实施期内圆满完成示范试点建设任务。同时，会同有关市州抓紧推进我省列入国家“双百工程”的2个示范基地和2个骨干企业相关建设的组织实施工作；此外，继续按照国家部署，在“城市矿产”开发利用、餐厨废弃物资源化利用和无害化处理试点城市、园区循环化改造示范试点等领域，积极做好新一轮申报和争取工作，着力推动循环经济在重点区域或领域取得加快发展。

（二）全面开展循环经济示范创建活动

着重在企业、园区层面开展循环经济示范创建活动，积极引导园区和企业通过编制循环经济示范创建方案，着力推动循环经济在园区、产业、企业等不同层面加快发展。同时，充分利用省预算内循环经济资金，支持一批示范基地和示范区的重点项目建设，对示范基地和示范区的重点项目优先争取国家资金支持。

（三）组织实施一批重点节能减排工程

根据国家“十二五”时期资金安排的重点投向和我省实际，组织实施重点节能技术改造工程、节能环保技术产业化示范推广工程、合同能源管理推广工程、节能产品惠民工程、资源循环利用工程、“城市矿产”示范基地建设工程、再制造产业化工程、餐厨废弃物资源化利用工程、产业园区循环化改造工程、农业循环经济示范工程等。通过节能减排重点工程的实施，形成对全省循环型产业发展直接或间接的需求拉动，推动全省经济结构调整和发展方式的转变。

（四）着力推进循环型产业的发展和壮大

研究出台加快发展全省循环型产业的行动方案，通过积极争取中央投资，组织实施一批循环经济重点工程，开展循环经济示范、建立健全激励约束机制等手段，依托“十一五”以来全省各地循环经济发展的基础和比较优势，有差异化地打造一批循环经济产业发展核心集聚区，着力推动循环型农业产业、循环型装备制造产业、废旧汽车循环利用产业、废旧家电及电子电器循环利用产业、循环型钢铁、石化等产业加快发展。

（撰稿：李彩红，湖北省发展和改革委员会环资处）

2012年湖南省循环经济

湖南省发展和改革委员会

2012年，湖南省委、省政府认真贯彻落实节约资源和保护环境基本国策，把发展循环经济作为调整经济结构、转变发展方式的重要抓手，大力推动“两型社会”建设，采取一系列强有力的政策措施，取得显著成效。

一、主要成效

以“城市矿产”为主的再生资源产业已经形成较大规模，稀贵金属、有色金属、电子废弃物、生活废弃物等再生利用产业发展迅速，以工程机械、汽车、轨道交通装备等为主的再制造产业蓬勃发展，以农作物秸秆利用、林业“三剩物”和畜禽粪便综合利用为主的农业循环经济快速发展，垃圾分类回收、餐厨废弃物资源化利用和水泥窑协同处理废弃物等循环经济产业发展势头良好。

通过大力发展循环经济，促进了全省节能减排。2012年，全省万元GDP能耗达到0.832吨标准煤，同比下降6.87%，超额完成年度目标。全省超过80%的重点耗能企业主要单位产品能耗指标显著下降，其中高耗能行业中的吨钢综合能耗609.5千克标准煤，下降13.33%，吨水泥综合能耗92.3千克标准煤，下降34.9%。全省主要资源能源产出率稳步提高，主要污染物排放逐步减少，环境总体质量明显改善。

二、主要工作

（一）突出重点行业，积极推进企业循环发展

在资源能源消耗高、污染排放量大的钢铁、化工、有色、煤炭、电力、建材、电器和汽车制造等行业，以泰格林纸集团、智成化工、株冶集团3家国家循环经济试点单位为重点，大力推进企业内部循环发展。

泰格林纸集团建设废纸脱墨浆生产线、粉煤灰综合利用工程、生物质发电供热系统、碱回收装置等，年利用20万吨废纸、12万吨制浆造纸过程中所产生的粉煤灰和20万吨树皮、芦苇渣、锯木屑和生物污泥等固体废弃物，对化学制浆黑液中的碱回收率达83％以上。

智成化工采用中成碱法建设了国内首套烟气二氧化硫回收装置，每年可减少9130吨二氧化硫排放，节约硫资源4108吨，利用本地高硫含量劣质煤16.7万吨，实现了尾气、废水和废渣的资源化和再利用。

株冶集团创建了“铅锌联合冶炼循环经济产业模式”，实现了铅、锌两大系统废水零排放、废渣零堆放和二氧化硫烟气全部制酸。通过节约降耗、开展综合利用、构筑产业链，企业污染物大幅削减，工艺技术不断提升，产品结构逐步优化，市场竞争力明显加强，实现了经济发展与环境保护的“双赢”，全省涌现出一批由试点到示范的循环型企业。

（二）注重发展基础，着力打造循环型产业园区

按照循环经济理念，根据企业集群、产业集聚、物质循环、园区管理的要求，引导园区建立循环机制和进行生态化改造。

一是着力推进“城市矿产”示范基地建设。随着汨罗、永兴循环经济工业园先后被列入国家循环经济试点单位，两地的再生资源产业得到了迅猛发展。目前，两家园区内集聚了湖南万容科技有限公司等200多家回收网络健全、资源再生技术成熟的企业，废铜、铝、不锈钢、塑料、橡胶以及电子废弃物、稀贵金属等废旧物资年回收量达255万吨、年加工量达88万吨，实现年产值270多亿元，再生资源能源利用体系初步成型。

二是着力推进再制造产业示范基地建设。按“一体两翼”、资源互补、差异化发展的模式在长沙浏阳、宁乡探索开展再制造产业基地和集聚区建设，大力发展工程机械、汽车、机床和医药设备零部件等的再制造产业。2011年6月，长沙（浏阳•宁乡）再制造示范基地获得国家发改委原则同意开展前期工作，2012年列入国家首批园区循环化

改造示范试点。目前基地聚集了28家在行业具有影响力的再制造骨干企业，11项再制造技术进入国家推荐目录，2012年再制造产业实现总产值近22亿元。园区内的再制造回收物流中心、信息服务中心、表面处理中心、技术研发中心、产业创业孵化中心、热电联产等公共平台建设逐步推进。

三是着力推进园区循环化改造。衡阳松木经开区按照循环化发展的要求，先后引进骏杰化工、锦轩化工、达利化工等企业，以建滔化工的伴生副产品废氯气为原料生产氯化石蜡、ADC发泡剂、三氯乙烯和四氯乙烯等化工产品，建滔化工又以这些企业的副产品氯化氢为原料生产聚氯乙烯，实现了管网互通，上下游精细链接、物量平衡、变“废”为宝，园区循环经济产业链关联度不断提升。恒光化工每年通过公共蒸汽管廊向其他企业提供生产硫酸产生的45万吨余热蒸汽，金山水泥年消耗区内企业产生的电石渣、硫酸渣、氧化铝赤泥等废渣废料100万吨以上，彻底解决了区内废渣废料的污染问题。2012年经开区实现工业总产值50亿元。

（三）注重湖南特色，着力发展现代循环农业

湖南省是农业大省，全省大力推进种植业废物和养殖业废弃物的资源化综合利用，积极发展现代循环农业。

以常德、长沙、湘西等地区为重点，在1000个乡、村开展了循环农业试点，大力推广了稻草还田、稻鸭共生等一批农业循环生产技术，重点实施了无公害农产品基地建设等10大生态农业工程，基本形成了丘陵区粮—猪—沼—果—渔，平湖区湿地—粮—牧—渔等不同类型的循环农业发展模式。

创建国家级无公害农产品示范基地县8个，省级重点示范基地75个，全省无公害农产品基地建设面积达到980多万亩。

2008年，常德市被列入全国10个循环农业试点市之一。

湖南金健米业股份有限公司积极利用环洞庭湖优质稻米及副产物资源，构建了一条“草—牧—稻—粮油加工—副产物综合利用”的循环链条，年可减少畜禽排泄物30万吨、产生沼气300万立方米，年循环利用水稻、青草粗纤维、菜粕或豆粕等30万吨，综合利用节碎米资源2万吨、米糠资源10万吨，稻米资源产业化废弃物真正实现了零排放。

湖南果秀食品有限公司公司利用玉米芯、木屑等农林废弃物生产杏鲍菇，年利用废弃物2万吨，年生产杏鲍菇1.3万吨。对柑桔加工过程中产生的皮渣副产品加工成饲料，每年减少柑桔皮渣排放1.6万吨。

（四）注重体系建设，着力推进社会层面循环

近年来，湖南省各地级城市,大力推进餐厨废弃物资源化利用和工业固体废弃物综合利用，加快建立循环经济发展体系，努力推进社会层面循环经济发展。

衡阳市、长沙市、湘潭市先后被列入国家餐厨废弃物资源化利用和无害化处理试点城市，娄底市被列入国家资源综合利用“双百工程”建设示范基地。

目前，长沙市政府加大对餐厨废弃物处理的管理工作，出台了餐厨垃圾管理办法，加大了对非法利用地沟油的打击力度，并建立了餐厨垃圾处理中心。共投放餐厨垃圾专用桶近万个,共有65台餐厨垃圾收集车，日收运处理量320吨，覆盖了长沙市2800余家大中型餐饮单位。通过对全市餐厨垃圾的治理，抑制了地沟油回流餐桌，推动餐厨废弃物资源化利用。

娄底市立足本地区重工业占比较高、固体废弃物产生量较大现实，努力探索建立“资源—产品—废弃物—综合利用”发展模式，积极延伸、拓宽产业链条，促进产业间的共生耦合，推进产业固体废物减量化、资源化、无害化。目前全市锡矿山闪星锑业、涟钢环保科技、泰基建材、巨星建材、高盛建材、三泰新材料等150多家企业从事资源综合利用生产，砷碱渣综合回收利用工艺、锑锌冶炼废渣技术等一系列有自主知识产权的新工艺、新技术位于世界领先水平。2012年，娄底市产业废物资源综合利用率达到78%以上。

三、2013年工作打算

2013年，将按照十八大关于加快生态文明建设的重大战略部署,结合发展现状和形势，围绕绿色发展、循环发展、低碳发展的主题，以提高能源资源利用效率，改善生态环境质量为目标，强力推进循环经济发展，着力加快全

省生态文明建设步伐。

一是逐步完善支持政策。制定《湖南省循环经济资金项目管理办法》和《湖南省餐厨垃圾无害化和资源化处置试点管理办法》。设立湖南省再生资源产业发展联席会议制度，研究出台再生资源产业发展支持政策,引导金融和社会资本投入，加强政策性金融机构和商业银行对循环经济试点企业和园区的支持。强化宣传培训，以加快建设汨罗循环经济教育示范基地为重点，提高社会各界对发展循环经济重要性的认识。积极开展循环经济业务培训，进一步提升全省循环经济发展工作水平。

二是继续深化试点示范。抓好汨罗工业园、永兴循环经济工业园2个城市矿产示范基地建设，狠抓重点项目建设，完善再生资源产业链条。抓好衡阳松木工业园、长沙再制造示范基地2个园区的循环化改造，积极建设10个循环经济试点示范市（县）、20个循环化改造试点示范园区、100家循环经济试点示范企业。因地制宜推进农林废弃物综合利用、养殖废物综合利用、种养结合等重点工程，积极开展农业循环经济示范区建设，扶持壮大一批骨干企业，努力构建循环经济产业链，探索发展具有区域特色的农业循环经济模式。

三是大力建设重点工程。重点抓好娄底市和湘潭高新区2个产业废物综合利用示范基地建设，努力推进衡阳、长沙、湘潭餐厨垃圾试点城市建设，启动“3+5”城市群的8个餐厨垃圾处理示范项目，进一步提升餐厨垃圾处理能力，逐步提高餐厨垃圾集中收集处理率。

（撰稿：王昆，湖南省发展和改革委员会环资处）

2012年广东省循环经济

广东省经济和信息化委员会

进入21世纪以来，广东经济正处于由轻型化向适度重型化转型的发展阶段，适度重型化将进一步加大资源环境的压力。大力发展循环经济体现了科学发展观的本质要求，对于实现未来一个时期广东科学发展的战略目标，成为提升我国国际竞争力的主力省，探索科学发展模式的试验区，发展中国特色社会主义的先行地，具有十分重要的战略意义和作用。

一、广东省循环经济发展概述

（一）循环经济试点示范体系不断完善

循环经济示范试点示范建设是我省循环经济建设的主要内容。截至2012年底，广东省循环经济试点示范建设取得初步成效，初步建立起“省循环经济工业园-省市共建循环经济产业基地-省循环经济试点单位”的试点示范体系，循环经济示范工作在全省全面铺开。截至2012年底，共计一批11家工业园被授予“广东省循环经济工业园”称号和两批15家产业基地被授予“省市共建循环经济产业基地”称号，102家单位被认定为广东省循环经济试点单位。

（二）清洁生产工作循序推进

一是清洁生产企业数量不断增加。截止2012年底，全省自愿实施清洁生产审核的企业3000多家，共十三批942家企业被认定为广东省清洁生产企业。企业覆盖了包括非金属矿物制品业、通信电子设备制造业、纺织业、金属制品业等37个行业。同时，我省清洁生产审核相继工业领域和商贸服务领域取得重大进展基础上，又在农业领域再次实现新的突破。

（三）资源综合利用进展明显

我省积极探索开展资源综合利用的道路，涌现出一批专业化、集约化、规模化的资源综合利用企业，形成从废物利用发展到集初加工利用和深加工于一体的行业门类比较齐全的产业体系。据统计，2008-2012年，我省共认定15批共559户（次）611个（次）资源综合利用产品（工艺）、14批电厂101户（次）187台（次）机组，综合利用固体废弃物10826.94万吨、工业废液6870.61万吨、废气3625.43亿立方米、余热9816.69万GJ。

二、广东省循环经济发展主要措施

一是部省共建，促进广东工业绿色发展。以共建模式推进循环经济园区建设。推进工业和信息化部和广东省人民政府签署《工业和信息化部广东省人民政府加快推进广东省工业绿色发展战略合作框架协议》。

二是示范先行，完善试点示范体系建设。循环经济工业园区认定工作有序推进，组织开展广东省循环经济工业园、省市共建循环经济产业基地和第二批广东省资源综合利用龙头企业的申报认定工作。

三是推进立法，完善循环经济相关政策法规。推进我省循环经济立法进程，起草《广东省实施〈中华人民共和国循环经济促进法〉办法》列入2012年省人大立法计划，即将发布实施。

四是规划引导，推进我省清洁生产发展。经省政府批准，我委会同省清洁生产联席会议单位联合印发了《广东省“十二五”清洁生产规划》，提出“十二五”期间我省将以实施“十百千万工程”为重点，研究出台《清洁生产示范园区认定办法》和《清洁生产技术中心认定办法》。

五是委局共建，探索农业循环经济发展思路。研究探索共建农业循环经济示范区合作模式，我委与省农垦总局《广东省经济和信息化委员会与广东省农垦总局关于共建农业循环经济示范区合作协议》。

六是龙头带动，促进资源综合利用行业发展。我省落实国家资源综合利用鼓励政策，推动扶持资源综合利用产业的发展，组织开展广东省资源综合利用龙头企业的申报认定工作，充分发挥龙头企业在资源综合利用利用产业中的支柱和带动作用。

七是技术支撑，完善循环经济技术服务体系。完善清洁生产技术服务，截至2012年全省共认定130家省清洁生产技术服务单位，涉及造纸、电力、陶瓷、化工、电镀、纺织印染、环保等19个行业。健全资源综合利用认定技术保障体系，2012年组织推荐第二批广东省资源综合利用产品工艺质量检验检测机构，进一步提高我省资源综合利用产品（工艺）技术水平。

八是粤港联动，清洁生产合作日渐紧密。持续推进粤港两地政府“粤港清洁生产伙伴计划”，支持珠三角地区港资企业实施清洁生产，截至2012年底，双方共认定了四批441家“粤港清洁生产伙伴”标志企业。

九是合作交流，参加青岛循环经济博览会。2012年6月，我省组织省内循环经济试点示范单位赴青岛参加第二届国际循环经济成果交易博览会，获“优秀组织展示奖”。

三、广东省循环经济发展典型经验

目前，我省认定的一批循环经济工业园和两批省市共建循环经济产业基地涌现出一些典型的循环经济建设单位及其典型模式和项目。

惠州大亚湾石化循环经济工业园的主体惠州大亚湾石油化学工业区，是我省五个重点发展的石化工业基地之一，是惠州大亚湾（国家级）经济技术开发区的支柱产业基地。形成炼油、乙烯为龙头的“炼化一体化”新格局，通过产业链逐步扩展，初步形成石化产业、精细化工和新材料产业、公用工程与仓储物流产业三大产业集群，在产业规模、工艺技术、环保水平、园区管理、经济效益、生态环境等方面都取得了显著进展。

石化区将按照产业链设计一体化的模式，构建和完善五条主要的产业链，包括乙烯下游系列产业链、丙烯下游系列产业链、C4下游系列产业链、C5下游系列产业链和芳烃下游系列产业链。产业链的形成使石化区基本形成上下游一体化、资源合理配置、多种系列产品并重的石化下游深加工产业集群，为高端精细化工和化工新材料产业集群提供原料和中间体。石化区主要循环经济产业链见下图。

云浮循环经济工业园初步形成了特色明显、竞争力强的以循环模式发展的水泥、硫化工、石材等三大循环经济产业链及港口物流配套产业。一是以中材集团、香港青洲英坭（集团）为支撑的水泥循环经济产业链条。二是以硫化工循环经济产业链以丰富的硫铁矿资源为依托，培育广业云浮硫铁矿集团公司、惠沄钛白有限公司等国家循环经济试点单位。三是创建先进的石材循环经济产业链，已建成百里通新型建筑材料有限公司、金瑞石材等大型企业。园区的循环经济建设围绕推动产业集聚、延伸产业链条、加大节能减排、完善基础配套等为主要任务，加强资源节约与循环利用、建设生态化产业体系、绿色工业体系等重点工作，实现了企业内部“小循环”、产业内部的“中循环”、产业之间以及产业与社会之间的“大循环”，构建了多产业联动的循环经济产业体系。实现产业间良好契合。

云浮循环经济工业园各循环经济产业链条如下所示：

1、水泥、油母页岩、电生态产业链子链条：

①石灰石/煤—水泥熟料—余热发电；②粉煤灰—水泥成品—混凝土、非耐火涂面。

2、硫化工生态产业链分为主链条和两个辅链条：

主链条：①硫铁矿—硫酸—余热发电—钛白粉/涂料—磷肥/复合肥—硫酸渣—水泥填充料—废硫酸—工业石膏—水泥；辅链条：②硫酸—松香—聚合树脂；辅链条：③硫酸—钛白粉—过硫酸钠/过硫酸铵。

3、新型石材生态产业链：石材荒料—工艺品/板材—边角料/碎料—马赛克/人造大理石—废水—清洁水—生产用水。

广东银洲湖纸业基地位于江门市新会区双水镇银洲湖畔，是以造纸产业为主，热电、水处理、环保和物流等配套产业为辅的大型专业化工业园区。基地于2008年被评为国家第二批循环经济试点园区、2011年被评为广东省循环经济工业园。截至2013年底，纸业基地落户造纸项目达10个，其中境内外上市公司有5个，总产能达163万吨，累计完成投资达155亿元，总产值达72亿元，税收5.6亿元。在建、拟建项目包括年产30万吨涂布白卡项目等，预计至2015底造纸总产能超300万吨/年。

广东银洲湖纸业基地以资源节约、环境保护为方向，在生产过程中坚持“减量化、再利用、再循环”的原则，全面发展“七个集中”和“三个一体化”，即集中供热、集中供电、集中供冷、集中供水、集中治污、集中物流、集中废弃物综合利用和公用工程一体化、管理服务一体化、环境保护一体化，大力推进节能降耗、污染减排。

基地发展循环经济的产业链条主要通过基地内的大规模热电冷多联产构建。双水电厂的发电机组选用大型高效环保热电机组替代落后中小锅炉，将发电后产生的低品位蒸汽集中供应给各造纸生产线；并利用一部分低品位蒸汽用于集中制冷和交换热水，供各造纸生产企业及基地的空调、生活系统使用。该产业链条将电力与造纸两大传统企业有机的结合在一起，实现最大限度的节能减排，能源利用率提高22%，大气污染物减排70%。

基地水资源的梯级循环利用。纸业基地的生产用水集中由双水电厂从潭江抽取，先用于发电机组冷却，再进入集中给水处理厂进行集中处理，然后集中供给造纸企业作为生产用水，首先供给以一次纤维（原木浆）为原料的纸品生产线，产生的废水经过轻度处理后回用于以二次纤维（废纸）为原料的纸品生产线，再产生的废水经集中污水处理厂进行集中处理，达标后大部分回用于发电机组循环冷却水，部分回用于集中给水处理厂。这种模式能提高水资源利用率50%，减少水污染物排放70%。

固体废弃物的资源化利用，主要体现在：首先是基地大量使用废纸等二次纤维作为原料，用于生产中高档纸或纸板，高档纸品生产线产生的浆渣用于生产中低档纸和纸板，成品纸和纸板供社会使用，使用后再回收用于造纸，大大节省了资源，废纸的循环再用使纸业基地与社会形成了大循环，此外造纸废渣、电厂灰渣可送到水泥厂作为建材原料综合利用。

（撰稿：郑威、苏然，广东省经济和信息化委员会节能和循环经济处）

2012年广西壮族自治区循环经济

广西壮族自治区发展和改革委员会

2012年，广西深入贯彻落实科学发展观，把发展循环经济作为推动经济转型、加快发展方式转变的重要抓手，坚持不懈抓好循环经济发展，加快打造美丽广西，努力走出一条后发展欠发达地区可持续发展的新路子。

一、发展循环经济的主要成效

（一）糖业循环经济全国领先。广西是我国最大的制糖基地，产糖量占全国三分之二，生产规模连续20年居全国第一位。制糖业是广西经济的支柱产业，也是广西在全国最具影响力的优势产业之一，全区共有63个县种植甘蔗，涉农人口近2000万。2011～2012年榨季，全区共榨蔗5764万吨，产混合糖694.2万吨，蔗农种蔗收入达到290亿元。广西已建成了“甘蔗——制糖——酒精——生物有机肥”、“甘蔗——制糖——酵母及其抽提物”、“甘蔗——制糖——蔗渣——浆纸——废液碱回收”三大循环经济产业链。目前，广西103家糖厂全部实现循环发展，全区糖业综合利用率由“十五”末的13%提高到43%，蔗渣利用率、糖蜜利用率、水循环利用厂家均为100%，水循环利用率达95%，优于国家清洁生产一级水平，蔗渣制浆造纸产量和技术均居世界第一位，蔗渣发电量居全国生物质发电首位。广西制糖业循环经济模式成为全国糖业循环经济综合利用示范典型，目前正在创建国家糖业循环经济示范省区。

（二）农业循环经济独具特色。一是生态综合型农业企业快速成长。广西合浦东园家酒厂以酿酒业和水奶牛养殖业为龙头，综合利用农产品加工废弃物，形成了“酿酒——饲料——养殖——制沼——肥料——种植——加工——餐饮——旅游”产业链。通过产业链纵向延伸和横向耦合，构建了高度集成的工农业复合型循环经济产业体系，实现了农业发展的规模化、设施化和循环化。2012年10月，合浦东园家酒厂获国家发展改革委表彰，被确定为全国67个循环经济典型案例和全国76循环经济先进单位之一。二是桑蚕循环产业发展势头迅猛。广西桑园面积、蚕茧产量连续四年位居全国第一。广西积极发展桑蚕产业循环经济，已初步形成“养蚕——加工食用菌、造纸、板材”、“蚕沙——沼气、有机肥、提取叶绿素”、“食品、果桑——综合开发利用”桑蚕资源多级循环利用的新型产业链，推进广西茧丝绸加工纵深发展，提高茧丝绸产业综合竞争力。三是农村户用沼气发展迅速。广西大力推广“养殖——沼气——种植”三位一体能源生态发展模式，完成了以沼气为重点的100个能源生态村、50个能源生态乡和20个能源生态县项目建设。目前广西农村户用沼气池入户率约50%，入户率居全国第一位，每年可为300万农户提供优质可燃气体燃料约12亿立方米，折合标煤约84万吨，可节约薪柴约590万吨，保护森林面积约49万公顷。

（三）林业循环经济产业链形成。广西利用丰富的林木资源，以地造林、以林蓄水、以水发电、以纸养林、以林促纸，将林、浆、纸三个环节整合，大力发展林产品精深加工产业，形成“资源——产品——废弃物资源化——再利用——产品——资源”的林浆纸一体化产业链，培育了多个林浆纸一体化发展示范基地。

（四）废弃物综合利用水平迈上新台阶。一是柳州市和柳州钢铁（集团）公司被国家列为首批产业废物综合利用示范基地、产业废物综合利用骨干企业。二是协调加快南宁市餐厨废弃物资源化利用和无害化处理项目的建设，组织推荐梧州市申报第二批“城市餐厨废弃物资源化利用和无害化处理”试点单位并获得成功，获得国家补助资金468万元。三是加强农林废弃物综合利用，甘蔗秸秆综合利用成为全国典范，其他农作物秸秆还田、秸秆栽培食用菌、秸秆能源化、秸秆饲料化、秸秆造纸工程、秸秆工业品生产等综合利用稳步推进，2012年广西综合利用秸秆3800万吨；逐步开展木浆造纸、人造板、生物质发电、加工固体成型燃料等林业废弃物的资源综合利用，涌现了一批林业废弃物资源综合利用龙头企业。

（五）重点循环经济示范园区建设取得阶段性成果。一是成立广西梧州再生资源循环利用园区国家城市矿产示范基地建设工作领导小组，加强对园区建设工作的领导，推动“城市矿产”资源利用规模化、产业化发展，至2012年底，园区共引进61家企业，签约79个项目，建成投产项目18个，进口废五金22.02万吨，拆解再生资源50万吨，完成工业产值210亿元，同比增长244.26%。二是加快培育省（区）级循环经济示范园区，贺州华润循环经济示范园区和广西田东石化工业园区取得自治区政府批复确认为自治区级循环经济示范园区，其中华润循环经济示范园区初步建成以电力、水泥、啤酒为核心的循环经济产业链，主要固体废物综合利用率达到100%；田东石化工业园区建成

以石油化工、氯碱化工和化学品氧化铝为主导产业的石化产业新基地，资源产出率和废弃物综合利用率明显提高，2012年实现工业总产值118.26亿元，建成广西28个百亿元产值园区之一。三是广西钦州港经济技术开发区被国家发展改革委、财政部列为首批园区循环化改造示范试点园区，并获得2000万元补助（启动）资金，重点循环化改造项目有序推进。四是广西壮族自治区人民政府印发了《建设百色生态型铝产业示范基地行动方案》，加快百色生态型铝产业示范基地建设，2012年示范基地实现产能氧化铝672万吨、电解铝 42万吨、铝深加工105万吨，铝工业总产值482亿元。

（六）有色金属循环经济成效显著。大力推进尾矿、废石综合利用，加强共生、伴生矿的开发利用，进一步推广赤泥磁选铁精矿、锌冶炼渣综合利用、固体废弃物机压成球等循环经济技术应用，使有色金属企业发展成为集探、采、选、冶、深加工为一体的综合型企业，全区工业固体废弃物综合利用量4200万吨，综合利用率68%。涌现出一批循环经济骨干龙头企业。

（七）工业循环经济评价体系已经建立。广西目前已完成了冶金、有色、建材、制糖、化工、电力、轻工等26个行业及工业园区的评价考核指标编制工作，初步建立由资源产出指标、资源消耗指标、资源综合利用指标、废物处置指标构成的循环经济评价考核体系，并发布了《广西主要工业行业循环经济评价指标体系》地方标准。

二、推进循环经济发展的主要措施

（一）抓地方法规体系建设。自治区党委、政府先后制定出台了《关于推进生态文明示范区建设的决定》、《关于加快经济发展方式转变的决定》、《关于开展以环境倒逼机制推动产业转型升级攻坚战的决定》、《关于加快发展循环经济的意见》、《关于支持循环经济发展的投融资政策措施意见》、《国家“城市矿产”示范基地广西梧州再生资源循环利用园区建设管理办法》和《广西制糖工业发展循环经济工作意见》等一系列法规、规章，正在研究制定《广西钦州港经济技术开发区国家园区循环化改造示范试点管理办法》、《加快广西国家“城市矿产”示范基地建设实施意见》等一批实施细则，将发展循环经济纳入经济社会发展全局统筹谋划，周密部署，强力推进。

（二）抓规划引导。广西相继实施了《广西循环经济发展“十二五”规划》、《广西战略性新兴产业“十二五”规划》、《广西再制造产业发展“十二五”规划》、《广西“十二五”清洁生产推行规划》、《广西环境保护和生态建设“十二五”规划》、《广西资源综合利用规划》等一批重点规划。通过规划引领和全局统筹，明确全面推进生态文明建设和促进循环经济发展的指导思想、发展目标、重点领域、重大项目、主要措施和政策保障等。

（三）抓模式创新。通过大型央企与地方政府合作，联手打造循环经济园区。广西和华润集团合作建设贺州华润循环经济示范区，以电力、水泥、啤酒三大产业为核心，科学设计循环经济产业链，实现资源综合利用，带动形成电子、再生资源、现代农业、物流等循环产业链，进而整体构建贺州市循环体系，推动贺州市循环经济发展。现园区三大核心产业已基本建成，产业链延伸项目正在加快推进。

（四）抓机制创新。为加快国家“城市矿产”示范基地广西梧州再生资源循环利用园区建设，梧州市引进市场机制，与广西置高投资发展有限公司签订土地开发和项目引进协议，解决示范基地开发初期资金短缺、项目落户难等问题。截至2012年底，示范基地已有入园企业71家，20家企业建成投产，完成固定资产投资63亿元，实现工业产值210亿元。基础设施基本完善，海关、检验检疫、污水处理厂、固废堆场等配套设施投入运行，并顺利通过国家环保部、海关总署、质量监督检验检疫总局三部委联合验收，成为全国第四家通过“圈区管理”验收的再生资源加工园区。

三、下一步重点工作思路

（一）完善政策法律法规。一是抓紧出台《广西实施〈循环经济促进法〉条例》，修订完善《广西循环经济发展若干意见》、《广西再生资源回收管理办法》、《广西工业废物排放回收管理办法》等法律法规；二是制定有关节能、节水、节地、节材和资源综合利用，以及废旧家电、轮胎、电子产品、包装材料、建筑垃圾、废旧金属、农业废弃物等资源化利用配套实施细则。

（二）突出抓好规划实施。成立循环经济工作领导小组，将规划确定的各项目标任务和重点项目逐项分解到区直各有关部门和各市，并通过建立动态管理制度和考核机制切实推动规划实施。区直各有关部门、各市政府和相关园区也要明确分管领导、牵头部门（处室）及具体责任人，分层次制定地区、行业、园区的循环经济专项实施方案，逐级抓好贯彻落实。

（三）加强技术研发和推广先进技术。加快建立与广西实际相适应的循环经济技术支撑体系，重点研究开发源头减量、再制造、资源节约和替代、清洁生产、节能减排和废旧物资资源化利用的技术研究，为循环经济发展提供技术支撑。

（四）重点抓好示范基地和示范项目建设。重点推进再制造、“城市矿产”、餐厨废弃物资源化利用、农业秸秆综合利用、林业三剩物综合利用、工业大宗固体废弃物利用等重点循环经济工程建设。总结经验做法，推广循环经济典型模式，加强循环经济产业园区管理，建立完善循环经济产业园区统计评价体系，以点带面，推进循环经济快速发展。

（五）实施循环化改造，目前一批园区循环化改造实施方案已经完成。通过循环化改造，实现园区的主要资源产出率、土地产出率大幅度上升，固体废物资源化利用率、水循环利用率、生活垃圾资源化利用率显著提高，主要污染物排放量大幅度降低，基本实现“零排放”，打造一批城市（城镇）生态工业走廊。

（六）努力打造全国循环经济发展示范省区。以循环经济示范工程为抓手，推进循环型企业、循环型行业、循环型园区和循环型社会为核心的绿色发展、循环发展、低碳发展。构建多产业立体化集成、园区间跨产业耦合、产业间资源共享、矿产资源和“三废”综合利用、静脉工程等循环经济发展模式，形成优势集中、特色鲜明的循环经济发展区、发展带和发展通道，把广西建设成为全国循环经济发展示范省区。

（撰稿：银星宇，广西壮族自治区发展和改革委员会环资处）

2012年海南省循环经济

海南省工业和信息化厅

2012年是“十二五”承上启下的重要一年，海南省按照省委第六次党代会提出“科学发展、绿色崛起”的战略部署，积极推进循环经济发展，在节能减排、园区循环化建设、资源综合利用、清洁生产推行及生态文明建设等方面不断取得新成效，为转变经济发展方式和促进国际旅游岛建设奠定了基础。

一、主要成效

节能降耗取得新进展。2012年全省完成国内生产总值2855.26亿元，同比增长9.1%。在经济快速发展的同时，全省万元GDP能耗同比下降3.36%，扭转了“十二五”以来万元GDP能耗较快上升的势头。

污染物排放得到控制。2012年全省化学需氧量、氨氮、二氧化硫、氮氧化物分别为19.74万吨、2.25万吨、3.41万吨和10.33万吨，主要污染物排放控制在年度计划之内，危险废物保持零排放。

园区循环化不断推进。昌江循环经济工业区、洋浦经济开发区、海南老城经济开发区、东方工业园区等主要工业园区组织编制园区循环化改造方案，加大投资力度，推进补链项目建设，完善园区基础设施，工业园区循环化改造步入新的阶段。

资源综合利用逐步深化。2012年全省主要工业固体废物综合利用量达697万，工业固体废物综合利用率达86%。城市(镇)生活垃圾无害化处理率达88.1%，同比增加1.3个百分点。

清洁生产持续推行。在化工、制药、污水处理等重点行业积极推行清洁生产，年内共有26家企业通过实施清洁生产审核，共产生清洁生产方案429项，其中无低费方案376项，中高费方案53项，产生直接经济效益约2757万元。

沼气化利用水平不断提升。年内投入农业养殖治理项目资金1.37亿元，共建设户用沼气池6000多户，大型沼气工程22处，养殖小区沼气工程76处，新增沼气用户1.2万户。

再生资源行业加快发展。成立海南省物资再生协会，再生资源产业快速发展。全省供销合作社废品销售额达1.8亿元，带动7000多农民实现就地就近就业。海口市秀英区有各类再生资源回收网点160余家，再生资源集经营商户有52家，年回收再生资源5万吨，从事再生资源初加工的企业有13家，年处理再生资源3万吨。

生态文明建设成效显现。全省新建文明生态村631个，巩固和提高600个，全省累计建成文明生态村13660个占全省自然村的58.6%。截至2012年底，全省累计建成1个环保模范城市、3个国家级生态乡镇、1个国家级生态村、19个省级生态文明乡镇和150个省级小康环保示范村，城乡人居环境得到改善。全省森林覆盖率达到61.5%

2012年海南在实现经济持续快速发展的同时，生态文明建设得到进一步强化，全省生态环境继续保持全国领先水平。

二、主要措施

（一）加强管理，完善政策措施

进一步加强发展循环经济的管理，完善相关政策措施，相继出台了《海南省环境保护条例》（修订版）、《海南省“十二五”节能减排总体实施方案》、《海南省农村垃圾无害化处理试点项目和资金管理暂行办法》、《海南省污染减排专项资金使用管理办法》、《海南省节能专项资金管理办法》（2012年版）等若干政策文件；开展《海南省饮用水水源保护条例》、《海南省海洋生态损害补偿赔偿管理办法》等一批法规规章起草工作；组织编制省循环经济发展规划和清洁生产推行规划，积极引导和推动循环经济发展。

为有序地推进循环经济工作，组织制订橡胶和蔗糖能耗技术标准和绿色建筑评价标准；组织实施《在用点燃式发动机汽车排气污染物排放限值(稳态工况法)》(DB46/231—2012)、《在用压燃式发动机汽车排气烟度排放限值(加载减速工况法)》(DB46/230—2012)、《海洋生态损害赔偿与生态补偿评估方法》(DB46/T238—2013)、《海南省生活垃圾卫生填埋场运行监管标准》(DBJ19—2011)、《生活垃圾收集转运设施运行监管标准》(DBJ21—2012)和《生活垃圾焚烧厂运行监管标准》(DBJ22—2012)等一系列地方标准。继续实施大力度差别电价政策，在国家发改委指导下，将水泥、造纸、实心黏土砖3个行业的全部落后产能纳入差别电价实施范围，对落后产能和重点用能行业单位产品能耗超限额企业实施了高于国家标准的差别电价和超限额加价政策。

（二）调整产业结构，转变经济发展方式

2012年，把调整和优化产业结构作为降低单位GDP能耗的重要措施，大力推进产业结构调整。

一是加快发展以旅游业为龙头的现代服务业。2012年，海南高起点规划、高水平建设了海棠湾、观澜湖等旅游休闲精品度假区和景区，成功举办了车博会、体博会、森博会、高尔夫世界杯赛、邮轮游艇峰会、环岛自行车赛等一系列会展赛事活动，海南旅游业开始呈现出以休闲度假为主，观光旅游、会展旅游、生态旅游、体育赛事等多种旅游产品竞相发展的特色。从三次产业结构看，第三产业占比重提高到46.9%，同比上升了1.3个百分点。

二是优先发展高新技术产业。2012年，省政府出台了《关于进一步鼓励软件产业和电子信息制造业发展的实施意见》等优惠政策，以引进英利、汉能、三星、惠普、IBM、中软、神州数码、浪潮等一批国内外高新技术企业为依托，加快建设海南生态软件园、海南国际创意港、三亚创意产业园、清水湾国际信息产业园。2012年，全省战略性新兴产业、高新技术产业产值分别同比增长约20%、33.5%。

三是积极发展海洋经济和园区经济。利用三沙设市带来的开发开放重大机遇，谋划海洋经济发展大计，推动一批重点项目进入实质性建设阶段。按照“全省一盘棋”的统筹布局，推动形成了“两个石化工业基地、两个高新技术产业园区、三个信息产业园区”，为下一步我省产业结构调整和优化升级打下坚实的基础。

四是加快淘汰落后产能。2012年，我省继续实施大力度的差别电价政策，实际完成淘汰水泥粉磨能力61万吨、立窑水泥能力8万吨。对照国家淘汰落后产能政策和有关技术标准，至2012年我省已基本淘汰了全部落后产能。

（三）推进技术进步，挖掘节能减排潜力

2012年，我省围绕“十二五”节能减排总体实施方案，从不同的用能、排污环节入手，组织实施了一系列节能减排专项行动。

1.推进绿色照明示范省建设。按照《海南省建设绿色照明示范省总体方案》的要求，积极推进市政路灯、乡镇路灯和农垦系统路灯节能改造。截至2012年底，全省累计改造市政路灯9万余盏，基本完成年度改造任务。省财政配套补贴1600万元，在国家财政补贴的基础上实行再补贴政策，在全国范围内率先完成300万只节能灯推广任务，并落实追加了100万只节能灯推广计划。

2.推进可再生能源利用示范省建设。组织实施了50MW的太阳能光伏发电工程，其中临高20MW、海口综合保税区15MW、海南橡胶集团加工厂10MW光伏发电示范工程已实现并网发电，施工报建新增省级太阳能热水系统建筑应用示范面积约1400万平方米。2012年全省统调电源结构中，可再生能源装机容量达到89.90万千瓦。

3.推进蓄能型集中供冷示范省建设。完成了4个蓄能型集中供冷项目的可研报告和节能评估和审查，基本完成了《海南省推广蓄能型集中供冷可行性研究报告》和《海南省蓄能型供冷项目建设管理办法》的编制和制订，同时启动亚龙湾国家推广冰蓄冷技术宣传示范基地建设，从省节能专项资金中安排500万元支持示范基地建设，积极推动集中供冷工程的建设。

4. 实施节能技术改造工程。分两批次安排节能专项资金1372.33万元和6798.63万元，分别支持12个节能改造、综合利用续建项目和17个节能改造、综合利用新建项目的实施；争取国家资金663万元，支持中航特玻公司12MW玻璃熔窑烟气余热发电站和华润水泥公司能量系统优化项目实施；同时争取国家资金支持449万元，加强我省3个节能监察机构能力建设。

5. 组织实施能量系统优化等节能专项工程。专项安排1000万元支持园区能量系统优化项目建设，项目形成年节能量2.5万吨标准煤。全省累计投放LNG公交车766辆，电动、气电和油电混合公交533辆，纯电动出租车达280辆，其中海口市出租车的清洁汽车比率已达到100%。海口市作为国家节能与新能源汽车推广试点城市，在公交、出租领域推广新能源汽车1050辆，超额完成推广目标任务。

（四）加强污染治理，减少污染物排放

按照“调结构、控新增、减存量”工作思路，狠抓“工程治理、结构调整、监督管理”三大减排措施的落实，大力推进生活源、工业源、农业源、交通源等废水废气工程治理，保障总量减排取得成效。

1.推进污水处理设施及配套管网建设。全省19个市县(区)共开展25个污水处理及配套管网项目建设，铺设污水管网道208公里，其中已有2个项目完成建设任务，分别是万宁污水配套管网工程和海口长流污水处理设施二期工程。

2.提升农业源污染减排能力。全省2012年共完成农业源减排项目184个，建设户用沼气池6000多户，大型沼气工程22处，养殖小区沼气工程76处，乡村服务网点41个，新增沼气用户1.2万户。

3.开展机动车环保定期检验。截至2012年底，全省共建成机动车环保检验机构26家，年检机动车25万辆，设立34个环保合格标志核发点，核发环保检验合格标志310427份，核发率55.0%。海口市、三亚市率先实施了“黄标车”区域限行管理。严格执行报废机动车告知和注销登记制度，全年共对37883辆到期报废机动车下达预先告知书，办理注销登记21216辆，注销淘汰率为56%。同时积极开展国IV标准车用汽柴油推广使用工作。

（五）深化资源综合利用，提高资源利用水平

2012年，资源综合利用企业认定工作取得积极成效，组织完成了中国石化海南炼油化工有限公司等25家企业（项目）认定，涉及行业有化工、建材、水泥、造纸等行业，共综合利用粉煤灰32.8万吨、脱硫石膏64万吨、尾矿101.9万吨、贫矿103.7万吨、废石粉295.9万吨、废气1579万立方米、余热余压279亿立方米，实现综合利用产值51.5亿元，享受综合利用税收优惠1.5亿元。

2012年8月，海南省全面启动农村垃圾无害化处理试点工作，组织编制《海南省农村生活垃圾收运处理试点项目规划》，确定海口市等11个市县的23个乡镇(墟)的276个行政村纳入规划范围，并从中选定149个行政村首批试点。试点工作包括在每个村庄设置收运基础设施，如挨家挨户挂上垃圾筐，建起全村统一的垃圾池。农村生活垃圾收运处理的模式为先将各村落的垃圾集中运送至乡镇一级的垃圾转运点做分类等初步处理，再统一送往市县一级的垃圾处理终端进行处理。加强农村垃圾无害化处理，将促进垃圾及各种废弃资源的利用，提高资源的综合利用水平。

（六）推行清洁生产，从源头上减少污染。

制定第四批实施清洁生产审核计划，包括海南云海民爆有限责任公司、三星（海南）光通信技术有限公司等31家企业，涉及化学品原料及制造、通信等电子器材制造、汽车制造、水污染治理、水泥制造、火力发电等多个行业，明确审核评估和评审验收节点。

为引导企业实施清洁生产，我省制定了清洁生产审核“以奖促治”制度，鼓励企业走科技含量高、资源消耗低、环境污染少、经济效益好的新型工业化道路。

（七）强化宣传教育，提高全民意识。

组织开展2012年节能宣传周、“6.5世界环境日”和“6.25全国土地日”以及应对气候变化等主题宣传活动，积极宣传循环经济政策措施和取得的成效，宣传先进典型，普及科普知识，倡导绿色生产、循环发展，为循环经济发展营造良好的社会氛围。开展市县节能主管部门和重点用能单位培训工作，提高组织实施节能减排、循环经济的业务能力，推进循环经济发展。

（撰稿：唐俏瑜，海南省工业和信息化厅节能与资源综合利用处）

2012年重庆市循环经济

重庆市经济和信息化委员会

2012年，重庆市将发展循环经济作为转变经济增长方式、推动节能减排的重要抓手，强化措施，狠抓落实。在全市地区生产总值达11459亿元，同比增长13.6%的情况下，万元GDP能耗降至0.886吨标准煤，较2011年下降7.06%，完成“十二五”总体目标的64.27%，万元工业增加值能耗1.28吨标准煤，同比下降13%，为“十二五”节能工作奠定了坚实基础。

一、新型工业化道路为循环经济发展注入新动力

针对重庆工业结构偏“重”，能耗偏高，资源环境约束比较突出的现实问题，2012年，重庆市委、市政府决定加快推进新型工业化进程，出台《关于推进新型工业化的若干意见》以及配套出台7个行业的振兴规划。时任国务院副总理、重庆市委书记张德江同志主持召开全市推进新型工业化大会并作重要讲话，要求全市牢固树立绿色发展理念，正确处理经济发展与资源节约、环境友好的关系，大力推进绿色发展，增强可持续发展能力，促进经济社会又好又快发展。一是加快淘汰落后产能，大力推进化工、有色、冶金、煤炭、电力、建材等重点行业和重点企业的节能降耗技术改造，努力建成低碳经济、循环经济示范区。二是按照不同区域的主体功能定位和发展方向，突出差别发展、分类指导、优势互补、协作联动。三是加强低碳技术研发和推广，全面推广清洁生产工艺技术，支持企业采用节能环保新材料、新设备，构建资源再生和回收利用体系。同时，搞好能源建设，保障工业用电、用气。四是坚决落实国家产业政策，严格执行环境保护、节约能源资源、节约土地、清洁安全生产等方面的法律法规和技术标准，建立绿色产品认证制度，综合运用经济、法律、行政手段奖优罚劣，加快形成绿色发展的长效机制。

二、循环经济工作基础进一步夯实

（一）宣传教育不断强化

把节能宣传周等集中宣传活动与日常宣传活动结合起来，通过组织大型主题宣传活动、印发宣传资料、创建“节约型校园”、制作节能宣传视频、发送节能宣传短信、开展节电节水示范、能源紧缺体验等方式，把学校、机关单位、园区、企业等重点部位的宣传教育活动常态化，以此带动全社会节能意识的增强。全年印发各类宣传资料100余万张（册），发送节能低碳公益宣传短信1000万余条。

（二）科技支撑得到提升

整合重点高校、科研院所、骨干企业科技资源，强化产学研用合作，建立重庆市环保工程技术中心、污染防治与废物资源化重点实验室、能源资源开发及三峡库区环境损伤及工程灾害重点实验室等超过30家技术研发平台，开发出具有国际国内先进水平的烟气脱硫脱硝技术、节能环保安全的农村家用秸秆制气炉、垃圾焚烧发电系列装备及焚烧烟气处理系统、废旧汽车轮胎再制造关键技术、新型船舶污水处理装置和船舶油水分离器、具有完全自主知识产权的5MW海上风电机组等循环经济技术和装备。全市示范运行的新能源汽车达1645辆。

（三）产业结构进一步优化

加快产业结构调整和发展方式转变，积极引进了惠普、富士康、京东方等全球电子知名制造商，以电子设备制造业为代表的低能耗产业迅速崛起，2012年生产电脑4160万台，同比增长63%。重庆工业由以往的汽摩产业（产值占比40%）“一枝独秀”转变成电子（20%）、汽车（17.4%）“双轮驱动”和装备（9.5%）、化医（8%）、材料（14.5%）、能源（8%）、轻纺（14.5%）等“五轮支撑”的多样性产业结构。

（四）节能环保产业长足发展

长安公司节能汽车产销量超过50万辆，销售收入超过400亿元。恒通公司天然气电喷技术达到世界先进水平，生产的天然气客车在全国的市场占有率超过了80%。赛力盟公司高效高压电机、惠普公司台式电脑、雷士公司节能灯等产品进入国家推广节能产品目录。全市节能环保产业年产值达到1300亿元左右，从业人员超过10万人。

（五）财政支持不断加大

市级节能和循环经济发展专项资金每年按15%速度增长，对节能和循环经济重点项目进行奖励和补助。近三年在科学研究专项资金中安排专项经费累计达7000余万元，用于先进节能技术、清洁生产技术和资源综合利用技术的

研究及示范应用。落实农村沼气地方配套专项资金近2亿元，提高农村沼气补助标准，激发广大群众建设积极性。在商业发展资金中安排了800万元，对重点再生资源回收体系建设项目给予了扶持。“十二五”以来，市财政安排总量减排专项资金16亿元，重点用于电厂脱硫脱硝、水泥厂脱硝、集镇污水处理厂建设、畜禽养殖污染防治和工业污染设施改造，保障总量减排工作的顺利开展。

（六）节能监察监测进一步加强

根据有关能耗限额标准，对涉及28项能耗限额标准的企业的能耗限额执行情况进行监察，达标率79.03%。开展重点用能设备的节能监测工作，组织市能源利用监测中心、市轻工能源监测站对104家企业的137台工业锅炉（窑炉）、32台空压机、39台风机水泵能效水平进行了监测，80%以上的耗能设备达到了能效要求。

三、循环经济重点工作扎实推进

（一）大力淘汰落后产能

2012年，全市淘汰落后水泥1000万吨，平板玻璃230万重量箱，焦炭20万吨，铅冶炼14万吨，锌冶炼3万吨，铁合金4.2万吨，铅蓄电池15万千伏安时，印染2200万米，造纸6万吨，小火电5.7万千瓦，超额完成了工信部下达的淘汰落后产能任务。

（二）组织实施重点节能工程

以万家企业为重点，加强节能技术改造，建立起严格的节能管理体系，把节能任务落实到分厂、车间和班组。2012年，全市投资5.6亿，组织实施节能技术改造项目70个，实现年节能量17.38万吨标准煤。

（三）试点开展统计评价

在统计体系建设方面，按照国家发改委、国家统计局工作安排，2012年5月选取万州区、北碚区、江津区三个区开展了资源产出率统计试点工作。同时，进一步扩大能源消费统计指标调查范围，实现了全部规模以上工业企业能耗数据网上直报。在考核体系建设方面，印发了《重庆市节能目标责任评价考核办法》和《重庆市减排目标责任评价考核办法》，节能减排指标纳入了党政一把手实绩考核内容。

（四）加快发展农村循环经济

狠抓以沼气为纽带的农村循环经济链建设，2010年以来，全市发展农村户用沼气47.6万户，累计达到154.1万户，较2009年增长36.5%，占全市适宜农户328.3万户的46.9%，形成了年产沼气近6亿立方米的产气规模，年可替代标煤92万吨，可减少二氧化碳排放385万吨。实施沼气工程648处，累计达到2382处，较2009年增长30.5%，推广应用了沼气发电、沼气保温、沼气锅炉、沼气集中供气等新技术，沼渣沼液用于农田灌溉，形成了特色循环效益农业。

（五）资源综合利用进一步加强

全市拥有再生资源回收企业550余家，回收网点4400余个，全年再生资源回收总量447万吨。认定资源综合利用增值税减免企业240户、所得税优惠企业29户，煤矸石综合利用率达77%（利用量283万吨）、粉煤灰90.5%（513万吨）、炉渣98%（218万吨）、脱硫石膏92%（168万吨）、煤层气74.6%（3.36亿立方米）。余热余压装机达到95.3万千瓦。

（六）推进社会节能减排工作

开展绿色建筑行动，丰富建筑节能技术体系，强化新建建筑节能监管。深入推进既有建筑节能改造，全面推进墙材革新，大力发展绿色低碳建筑，扩大可再生能源建筑应用规模。加强节能型现代综合交通运输体系建设，优先发展城市公共交通，加快轨道交通建设，加大疏堵力度，引导居民绿色出行。加大公共机构办公楼及相关用能设备节能改造，全面淘汰低效照明产品，积极推进半导体照明。

（七）加强万家企业节能管理

全市共221家纳入万家企业节能活动。开展万家企业高耗能落后机电设备淘汰情况检查，查出属于淘汰类的在用机电设备5126台，并逐步淘汰。开展万家企业培训工作，对企业节能量审核、能耗限额标准执行、能源利用状况填报等内容进行培训。督促、指导重点用能单位建立严格的节能管理体系，按要求报送能源利用状况报告，把节能任务落实到分厂、车间和班组，加强考核监督，落实奖惩措施。

四、示范试点成效显著

截至2012年底，全市23家循环经济试点单位以节能减排、减少废物排放、提高废弃物循环利用为主要目标，以企业为重点、产业为主线、园区为载体，实施各类循环经济项目共279个，完成投资达55亿元，在园区上中下游产业链一体化、农业和农产品加工业循环、工业领域资源综合循环利用、城市垃圾资源化利用四个方面初步形成了一批具有重庆地方特色的循环经济示范试点典型。试点单位年均产值增长率达23.52%，单位产值能耗平均下降18.29%，水重复利用率平均81.52%，工业固体废弃物利用率平均为92.76%。

（一）探索园区上中下游产业链一体化模式

重庆永川港桥工业园区按照“上中下游产业链一体化、水电气热联供一体化、基础设施配套一体化、物流配送服务一体化、生产生活环保生态管理一体化”的要求，以循环经济发展规划为指导，充分发挥西部大开发政策优势和沿江岸线资源优势，重点发展再生金属、造纸及纸制品制造、基础化学原料制造、节能环保建材和热电联产等循环经济产业集群。目前，初步形成了三大特色循环经济产业链。一是以新格再生铝为龙头，初步形成了“回收——拆解——冶炼——压铸——制造”循环的有色金属冶炼及压延加工产业。10万吨再生铝能力已正式投产，再生资源综合交易市场、再生资源科技创新孵化园、云海压铸、渝江压铸等项目正在加快建设。二是以理文造纸为龙头，基本建成“林（竹）——浆——纸”一体化的造纸及纸制品产业。理文35万吨牛皮箱板纸等项目建成投产， 10万吨差别化化学纤维项目正加快推进。三是以紫光化工为龙头，打造“能源——精细化工——化工成套设备制造”的能源化工产业。紫光化工整体迁建及化工设备制造、紫光一期、重庆鼎南石墨制品等项目正在建设实施。

（二）探索农业和农产品加工业循环发展

将发展循环经济作为城乡统筹的重要内容，已初步形成了农工循环经济产业链和产品链。实现农产品生产、加工、流通的专业化和规模化，推进农业资源的循环利用，给农民带来经济利益的同时，减少废弃物产生排放。

重庆市涪陵榨菜集团股份有限公司榨菜植物资源循环利用模式。该公司按照“减量化、再利用、资源化”确定生产技术和生产工艺，构建了榨菜产品、榨菜叶产品和榨菜酱油产品共三个产品链，使榨菜植物资源得以充分利用。万元工业增加值能耗降低28.25%、水耗降低48.71%以上，年回收利用榨菜脱盐水24万吨，榨菜脱盐水回收利用率提高到80%以上。年利用榨菜腌制液9万吨，榨菜腌制液综合利用率提高到85%以上。年利用榨菜叶6万吨，使榨菜叶综合利用率提高到50%以上（按可利用榨菜嫩叶计算）。年处理榨菜生产废水110万吨，全部实现达标排放。

重庆桂楼实业公司“猪——沼——菜”种养循环经济发展模式。养猪场的粪肥经沼气池进行无害化处理（可有效削减污染物总量，保护生态环境），产生的沼气作为生产生活能源（可取代煤和柴草，既开辟了新能源，又有效减少了烟尘、废渣等污染），沼液、沼渣用于种植有机蔬菜、果树（可减少化肥和农药用量，改良土壤），蔬菜的非商品部分作生猪的青饲料（可降低成本，提高经济效益）。这种模式实现生猪养殖业与种植业的有效结合，养猪场废弃物得到综合治理，生猪产业各环节资源得到良性循环利用，从根本上解决了生猪规模化养殖与环境保护的矛盾，同时带动公司附近1000余户农户增收。

铜梁县沙心生态食品有限公司面粉加工、挂面生产、生猪养殖、池塘养鱼、药材、花椒、优质水果和蔬菜种植一体化模式。利用面粉加工的麦麸和挂面生产的下脚料养猪，利用猪粪污水通过沼气池产生沼气燃烧烘干挂面，利用生猪粪便与污水通过沼气池进行厌氧生物发酵无公害处理的沼渣生产有机肥，用于药材、花椒、优质水果和蔬菜种植的施肥，沼液用于养鱼。每年出栏猪10000头、生产挂面7000吨，可带动项目区农民人均增收800元。

（三）探索工业领域资源综合利用循环经济模式

以工业产业链和产品为基础，以综合利用为抓手，注重各生产环节的相互依存和相互作用，充分考虑工业企业的内部资源、能源的合理利用。大力发展工业领域产品深加工、精加工，延伸产业链，促进资源的有效利用及循环利用。

中化重庆涪陵化工有限公司是世界500强之一的中国中化集团公司（SINOCHEM）控股的生产高浓度磷复肥为主的大型国有企业。该公司实施循环经济试点主要是围绕公司产生的附产物——磷石膏和余热综合利用为主线、磷酸深加工延伸产业链，充分利用现有资源、能源，进行公司内循环大链接，构建循环经济产业链，同时展开各项技术的研究工作，形成资源、产品等大循环，实现循环经济的良性发展。吨磷矿石的产值由2007年的950元提高到2010年的1250元，提高31.5％。万元产值能耗由2007年的590kg标煤下降到548kg，下降7.1％。生产废水实现多级循环复用，生产和生活废水经废水终端处理装置处理后全部达标排放。固体废物的综合利用率达到30％，包装物等再生资源的回收利用率由2007年的65％提高到100％。引进、消化吸收世界先进的硫酸热回收（HRS）技术，回收硫磺制酸装置的低温位废热，提高硫磺制酸装置热回收率。运用自主研发的矿制酸转、净化低温热回收技术，提高矿制酸装置的热回收率。公司余热回收利用率由2007年的71％提高到91.3％。

重庆松藻煤电有限责任公司建立以煤炭开采加工为核心的产业链，延伸出“煤矸石——发电厂——电力”，“煤层气——发电厂——电力”，“煤层气——民用燃气”、“粉煤灰、煤矸石——建材厂、水泥厂——砖、水

泥”，“烟气——氨法脱硫——氮肥”，“矿井水——污水处理——供水”等多条产业链。通过各条产业链的循环运行，形成煤炭矿区共生的产业族群，各种废弃物资源得到再利用，解决单纯末端污染治理的被动性，有效地提高企业的经济效益和环境效益。同时，实现了瓦斯多渠道利用、矿井水利用、生产过程能源消耗降低、煤矸石综合利用等的循环经济发展体系，矿区的社会环境、经济环境均有较大的改善和提高。

重庆超科实业公司以自主研发的“超低温复新轮胎新工艺”与“超高压耐磨橡胶配方”技术为支撑，引进美国最先进的轮胎翻新生产线，建设了年再制造50万条轮胎的重庆国际轮胎复新基地示范工程，为建立适合我国国情的废旧轮胎综合利用技术体系以及轮胎翻新行业发展循环经济的提供了范本。该项目每年综合利用废旧轮胎300万条（其中复新轮胎50万条）、橡胶制品100万件，回收钢材、尼龙及其他高分材质约9000吨，减少有毒有害气体16000吨，

（四）探索餐厨垃圾处理及资源化利用

重庆主城区餐厨垃圾综合处置工程被列入全国第一批试点，“城市生活垃圾单相湿式厌氧生物制气设备研发与示范工程”列入国家科技部“科技支撑计划”。引进的“厌氧消化、热电联产”工艺技术，将餐厨垃圾进行油水分离，经过酯化和酯交换，蒸馏加工成生物柴油，“潲水”经高温厌氧消化后产生沼气，沼气经过净化处理后发电或生产CNG。项目设计日处理餐厨垃圾1000吨，年产沼气2800万立方米，生产生物柴油8000吨，生产有机肥料2.4万吨，减排二氧化碳22万吨。截至2012年底，主城区全密闭餐厨垃圾专用收集车已达94辆，配发专用收集桶近2万个，1.4万余家餐饮企业签订了餐厨垃圾收运协议，全年累计收运处理餐厨垃圾37万吨。

（撰稿：沈翱，重庆市经济信息委员会环资处）

2012年四川省循环经济

四川省发展和改革委员会

2012年是“十二五”承上启下的重要一年，在四川省委、省政府的正确领导下，全面贯彻科学发展观，把发展循环经济作为实现转方式、调结构的重要抓手，进一步加大工作力度和政策措施落实，重点推进循环型工业、循环型农业、循环型服务业建设，不断深化循环经济示范试点，努力探索循环经济不同层次的发展模式，全省循环经济工作取得了明显成效。

一、循环经济指标完成情况

2012年，四川省节能减排和循环经济发展取得重要成效：

节能目标超额完成。据国家统计局初步核定，2012年我省单位地区生产总值能耗下降7.18%，超年度目标3.68个百分点；据初步测算，单位地区生产总值二氧化碳排放下降11.21%，超年度目标6.51个百分点。

减排目标全面实现。2012年我省化学需氧量、氨氮、二氧化硫和氮氧化物分别同比下降2.58%、2.08%、4.16%、2.34%，超额完成年初确定的1.4%、1.7%、2.5%和不增长的目标。

循环发展成果显著。2012年单位工业增加值能耗下降12.28%，工业固体废弃物综合利用率达到59%；农业灌溉水有效利用系数达0.43，秸秆综合利用率达60%，集约化畜禽粪便处理率达80%；设市城市污水处理率和生活垃圾无害化处理率分别达到80%和89%。

二、循环经济工作开展情况

（一）积极开展循环经济试点示范

积极开展全国循环经济工作先进单位推荐工作，我省宜宾丝丽雅集团有限公司、四川西南再生资源产业园区被确定为全国循环经济工作先进单位。认真组织开展省级循环经济示范单位创建工作，确定了攀枝花市等2个循环经济示范市、成都市青白江区等9个循环经济示范县（市、区）、四川新津工业园区等22个循环经济示范园区、四川高宇集团有限公司等45户循环经济示范企业，充分发挥先进典型企业的示范引领作用。

（二）实施园区循环化改造

组织开展了全国园区循环化改造示范试点工作，广安经济技术开发区被纳入国家2012年园区循环化改造示范试点园区，获得启动资金2000万元。在德阳经济技术开发区、达州经济开发区等五个园区开展省级园区循环化改造试点，鼓励和支持园区实施循环经济关键补链项目，建设共享基础设施，提高资源综合利用水平。

（三） 建设“城市矿产”示范基地

积极推进“城市矿产”资源综合利用，内江西南再生产业园区获得国家首批 “城市矿产”示范基地国家后续补助资金2000万元，项目二期工程正在加快建设。目前，园区已有入园企业12家，个体经营户120户，回收各类再生资源约100万吨，其中废塑料65万吨、废钢铁20万吨、废纸15万吨、废家电160万台，产值达40亿元。我省确定的四川昊华再生资源有限公司、四川万家福投资管理有限公司、德阳什邡大爱感恩环保科技有限公司、四川长虹格润再生资源有限责任公司四家省级“城市矿产”示范基地建设进展顺利。

（四）推进餐厨废弃物资源化利用和无害化处理

成都市国家首批餐厨废弃物资源化利用和无害化处理试点城市建设工作稳步推进，管理立法工作全面完成，处置设施建设进展顺利，收运体系加快完善。积极推进各市州开展餐厨废弃物资源化利用和无害化处理，推动建立完善餐厨废弃物收集、运输和处理体系，推广应用资源化技术，建立健全管理制度，提高资源化利用率。在去年基础上，进一步扩大省级试点范围，在南充、达州等地开展餐厨废弃物资源化利用和无害化处理试点工作，推动餐厨废弃物资源化利用和无害化处理。

（五）积极开展再制造试点工作

加快推进再制造产业发展，德阳深捷、自贡长征机床、南充三鑫南蕾气门座制造、绵阳联锋机械橡胶制造等4个省级再制造产业化项目加快建设。德阳深捷科技有限公司年修复3万支（套）连铸连轧结晶器再制造产业化示范项目获得国家2012年资源节约和环境保护中央预算内资金支持。

（六）建设资源综合利用“双百工程”

组织开展国家资源综合利用“双百工程”示范基地和骨干企业的组织推荐工作，国家发展改革委来我省就钒钛资源综合利用开展情况进行了实地调研，攀枝花市被确定为国家资源综合利用示范基地，攀钢集团、川威集团被确定为资源综合利用骨干企业。

（七）广泛开展循环经济宣传教育

抓好循环经济重要意义的宣传普及工作，通过网站、杂志及主流媒体抓宣传、抓认识，加强循环经济的宣传力度，不断提升全社会对循环经济的认识。利用开展节能宣传周、环境保护日、世界水日、世界地球日等活动，加大资源节约和环境保护宣传力度，动员全社会广泛参与。

三、循环经济发展典型单位和项目

（一）宜宾市五粮液产业园区

宜宾市五粮液产业园区企业立足自身产业结构特点和资源优势，以科技创新为动力，将环境保护、节能减排、资源循环利用等工作融入生产经营全过程，通过不断加快产业结构调整和优化，加快循环经济先进技术的推广应用，逐步形成了白酒产品为主导的资源深度链式开发的循环经济模式。2012年，园区水循环利用率达88.85%，节省资源、能流、物流、水流循环利用量较大，规模效益约7.4亿元。节约标煤约7.6万吨，间接减排二氧化硫2715吨、二氧化碳21.3万吨、化学需氧量（COD）3.16万吨及固体废物42.63万吨，经济效益、环境效益和社会效益十分显著。

（二）德阳深捷科技有限公司“年产3万支（套）高效低耗零排多重循环连铸连轧结晶器再制造产业化项目”

德阳深捷科技有限公司主要从事高性能金属表面新材料制造技术研究、开发应用和高性能机械设备及部件的再制造。公司拥有天津大学“脉冲镀镍基纳米复合镀层的方法及设备”发明专利独占使用权。在专利技术的基础上，成功将专利技术转化为产品，掌握了在黑色金属、有色金属、陶瓷、硅基等基体上通过电化学方法进行镍、钨、铜、钛、铷、铌等表面工程材料合成制造技术，并自主研究二次开发了镍合金复合镀层材料的配方和生产工艺。2010—2012年先后获“国家高新技术企业”、“四川省再制造示范企业”称号，国家科技部“科技型中小企业创新基金立项”，省、市科技进步奖，省市知识产权工作先进单位。

公司“年产3万支（套）高效低耗零排多重循环连铸连轧结晶器再制造产业化项目”达产后可满足国内六分之一（1亿吨）重点钢铁企业的高铁轨道、核电特钢、汽车用钢等所需高性能连铸连轧钢水结晶器。修复与新造比较，年节约金属材料价值52633.20万元，节材率53%（按照材料价值计算）；按单支修复结晶器的使用寿命是普通新制结晶器2倍（一般是2至5倍）计算，节材率为79.5%；年节约银铜约6000余吨；年节能量15090吨标煤，节能率达到80%；并且可替代硬铬电镀，表面处理无环境污染，避免废品回收重复熔炼，减少环境污染。

四、2013年循环经济工作要点

（一）加快构建循环型产业体系

1.发展循环型工业

宜宾市五粮液产业园区——五粮液生态园区

全面推行清洁生产，发展循环型产业园区和产业集群，实现资源能源循环利用和梯级利用，加快构建循环型工业体系。在煤炭行业，构建煤（煤矸石）——电——化、煤——焦——化、煤——油——化等循环产业链，鼓励和支持开采共伴生矿产资源和矿井水综合利用。在电力行业，加快构建发电——粉煤灰——建材、发电——脱硫石膏——建材等相关产业的循环经济链，开展燃煤电厂粉煤灰、脱硫石膏综合利用。在冶金行业，加快构建冶炼——废渣——有色金属等循环经济产业链，提高钒、钛、稀土及磁铁矿开采利用效率。在油气化工行业，延伸产业链，加强天然气脱硫、硫黄回收及尾气处理，提高石油、天然气等资源综合利用水平。在建材行业，推进利用矿渣、钢渣等大宗固体废弃物生产建材，大力发展绿色建材产品。推动造纸、纺织、食品等工业领域废弃物资源综合利用。

2.发展循环型农业

大力发展循环型农业，推动形成农林牧渔多业共生的循环型农业生产方式。在种植业，推广节水、节地型种植技术和种植方式，推广高效节能农机具，促进秸秆资源化利用，推进微生物全降解农用薄膜应用。在林业，加速推进竹浆纸一体化工程建设，推动采伐、造材、加工等“三剩物”和次小薪柴等废弃物资源化利用。在畜牧业，推进适度规模养殖，加快畜禽粪便综合利用，推广养殖场沼气工程，推广生态养殖——沼气——有机肥料——高效种植等农牧业循环经济产业链。

3.发展循环型服务业

推进服务主体绿色化、服务过程清洁化，加快构建循环型服务业。在旅游业，推动生态旅游示范区建设，支持景区使用节能环保交通工具，推进景区垃圾分类收集、运输和资源化利用。在通信服务业，推进绿色基站和绿色数据中心建设，建立废旧手机、电池、充电器等通信产品回收体系。在零售批发业，推进废弃包装物、废旧商品的回收和资源化利用，严格执行“限塑令”，鼓励绿色消费。在餐饮住宿业，推动大型宾馆实施空调、照明系统和锅炉节能改造，倡导减少使用一次性用品，杜绝食物浪费现象。在物流业，积极发展绿色仓储和现代流通方式，推广可多次利用的周转包装，支持建设绿色生态型物流园区。

4.推进三次产业融合循环发展

积极探索三次产业融合发展的循环经济模式，促进工业、农业和服务业产业间循环链接、共生耦合，实现资源跨企业、跨行业、跨产业、跨区域循环利用。

（二）推动重点领域循环经济发展

1.加快钒钛稀土资源综合利用

以攀枝花市、攀钢集团、川威集团等国家资源综合利用“双百工程”示范基地和骨干企业为重点，以攀枝花钒钛产业园区等为依托，加快钒钛钢铁及稀土资源综合利用，提高钒钛稀土资源综合利用水平，加快建设中国攀西战略资源创新开发试验区。

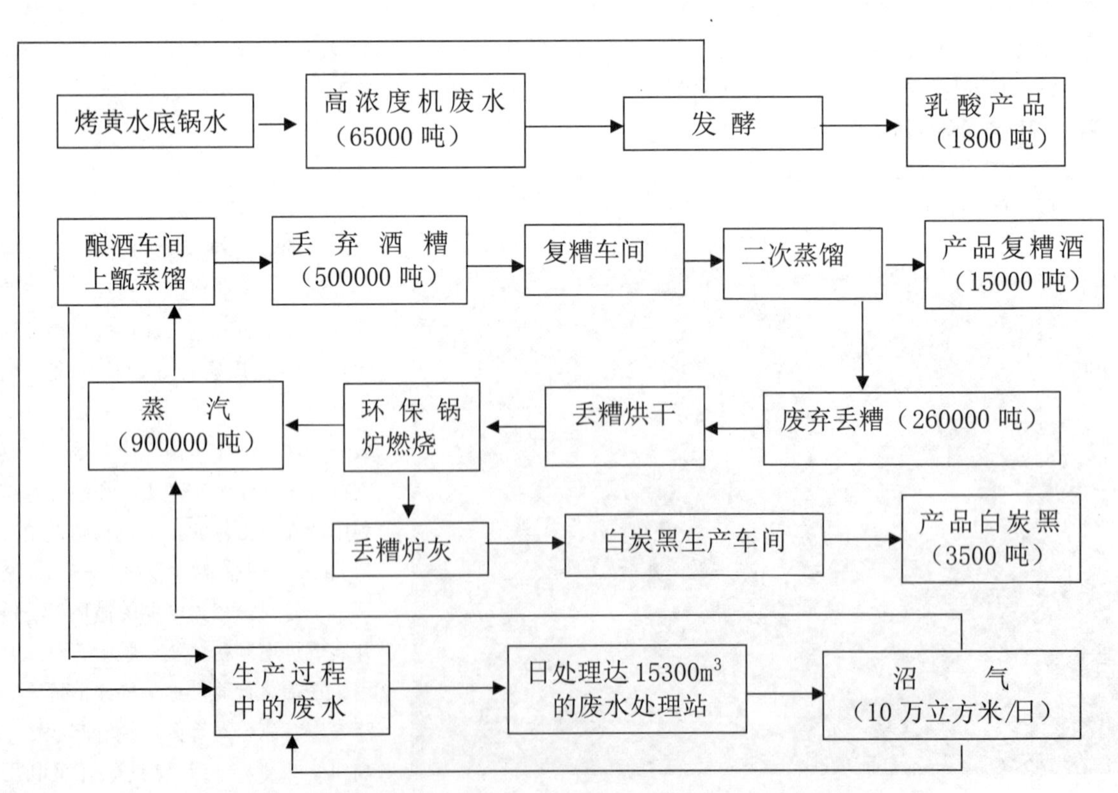

宜宾市五粮液产业园区——五粮液公司循环经济流程示意图

2、推动废旧资源综合循环化利用

加快内江西南再生资源产业园区、绵阳保和富山再生资源产业园区“城市矿产”示范基地建设，推动废旧金属、废弃电器电子产品、报废汽车、废塑料、废橡胶、废纸等废旧资源再生利用、规模利用和高值利用。

3、推动再制造产业化发展

继续在汽车零部件、工程机械、机床、航天航空部件、高效电机等领域开展再制造产业试点，建立再制造旧件逆向回收体系，规范建立专业化再制造旧件回收企业和区域性回收物流中心，扩大再制造旧件回收规模，实现再制造规模化、产业化发展。

4、推进城镇生活垃圾资源化利用和无害化处理

继续开展城镇生活垃圾分类回收试点，建立分类回收、密闭运输、集中处理体系，在社区及家庭推行垃圾分类回收、厨余垃圾单独回收，推行分时段收运不同类型垃圾，在资源量集中地规划建设垃圾焚烧发电厂。

5、提升农林废弃物综合利用水平

严格落实秸秆禁烧制度，完善秸秆收集、运输、储存物流体系，实施秸秆还田土壤有机质提升、食用菌菌渣转化利用、秸秆发电示范、秸秆生产新型墙体材料示范等重点工程，积极推动秸秆肥料化、饲料化、基料化、原料化、燃料化利用。

6、推动建筑废弃物综合利用

落实建筑废弃物处理责任制，积极推广建筑废弃物作建筑物或道路的基础材料、加工成骨料再制成各种建筑用砖等利用方式。严格落实新建建筑强制性节能标准，大力推动既有建筑实施节能改造，推进可再生能源建筑规模化应用，全面实施绿色建筑行动。

7、构建绿色交通运输体系

推动机场、车站等公共建筑开展合同能源管理，实施节能、节水改造。大力推广甩挂运输、不停车收费系统（ETC），提高运营服务环节能源资源利用效率。完善城市交通功能，引导居民出行使用公共交通等绿色出行方式。

（三）深入开展循环经济示范

1.建设循环经济示范城市

加快内江市、成都市青白江区等循环经济示范市（县）建设，推动建设国家循环经济示范城市（县），全面推行循环型生产方式和绿色消费模式，率先构建资源循环利用体系，提高资源产出率。

2.建设循环经济示范园区

支持广安经济技术开发区、攀枝花钒钛产业园区、达州经济开发区等园区循环化改造示范试点，完善循环经济产业链条，加快共享基础设施建设，提高园区循环化发展水平。

3.建设循环经济示范企业

在钢铁、有色金属、煤炭、电力、化工、建材等重点行业，培育一批循环经济示范企业，全面推行循环经济和清洁生产示范，大力开展节能、节水、节材和废弃物综合利用，努力实现废物“零排放”。

(撰稿：吴兰、姚聪德，四川省发展和改革委员会资源节约和环境保护处)

德阳深捷科技有限公司“年产3万支（套）高效低耗零排多重循环连铸连轧结晶器再制造产业化项目”——3万吨通钢量新型表面材料连铸结晶器修复前后对比照

2012年贵州省循环经济

贵州省发展和改革委员会

2012年，在省委、省政府的正确领导和国家发展改革委等国家部委的大力支持下，我省以党的十八大精神为指引，以生态文明建设为统领，认真贯彻落实党中央、国务院关于资源节约和环境保护工作的决策和部署，始终把发展循环经济作为经济社会发展的一项重大战略任务，作为推进生态文明建设的重要途径和基本方式，作为加快转变经济发展方式和建设资源节约型、环境友好型社会，实现可持续发展的重要抓手，综合运用经济、法律和必要的行政手段，加强组织领导、完善工作机制、强化工作责任、狠抓工作落实，通过进一步健全政策法规和激励约束机制，积极构建循环型产业体系，推动资源再生利用产业化，推行绿色消费，加强循环经济试点城市、园区（基地）、企业建设，大力实施循环经济和资源综合利用重大示范项目，大力推进生态文明和"两型"社会建设，发展循环经济各项工作取得积极进展。

一、2012年循环经济主要目标完成情况

2012年我省节能目标任务为单位地区生产总值能耗下降3.12%以上，实际下降4.06%，累计完成"十二五"节能目标进度任务的47.5%，超额完成了年度节能目标任务和"十二五"节能目标进度任务。化学需氧量、氨氮、二氧化硫排放总量比2011年分别下降2.69%、2.64%和5.72%，氮氧化物排放总量控制在增长1.87%以内。工业固体废物综合利用量为4838.8万吨，综合利用率为61.7%，比2011年提高17.1%；生活垃圾无害化处理率为50.5%，城市污水处理率为83.8%，分别比2011年提高6.3%和2.2%。

二、开展的重点工作

（一）进一步健全政策法规，做好宏观指导。

一是启动了《贵州省循环经济促进条例》立法调研工作。二是编制印发了《贵州省"十二五"资源综合利用实施方案》等一系列规划，进一步加强了规划的指导作用。三是成立了省发展循环经济领导小组，为更好贯彻落实国家和省有关循环经济工作的方针政策，加强全省发展循环经济工作的组织领导，研究审议重大政策措施，协调解决循环经济发展中的重大问题提供了保障。

（二）抓示范试点建设，着力形成示范先导效应。

一是促进再生资源回收体系建设。安顺市被批准为全国第三批再生资源回收体系建设试点城市，目前正按国家批复的实施方案开展工作。二是积极组织贵阳市、贵州瓮福（集团）有限责任公司、贵州开磷（集团）有限责任公司、贵州赤天化纸业股份有限公司、贵州茅台酒厂有限责任公司等五个国家循环经济试点单位（城市）开展示范试点。通过大力开展资源综合利用工作，提高"三废"资源综合利用率，加强产业链延伸和耦合，实现废弃物的循环利用，各试点城市（单位）实现了以尽可能少的资源消耗和环境成本获得尽可能大的经济效益和社会效益的目标，探索出了各具特色的新型工业化道路。贵州赤天化纸业股份有限公司被评为国家循环经济先进单位。三是积极争取我省贵阳经济技术开发区被列为国家第一批园区循环化改造示范试点园区。四是积极推进餐厨废弃物资源化利用和无害化处理试点工作。积极争取遵义市列为了国家第二批餐厨废弃物资源化和无害化处理试点城市。五是争取黔南州被列为国家资源综合利用"双百工程"示范基地。六是组织开展资源产出率统计试点工作。贵阳市被列为国家资源产出率统计试点地区，相关工作正有序开展。七是大力创新循环经济发展模式，加快推进全省循环经济基地建设。我省以发展电力、煤及煤化工、磷及磷化工、铝及铝加工等优势产业为重点，遵循循环经济理念编制了一批循环经济基地规划。目前，贵阳市开阳磷煤化工循环经济工业基地、桐梓煤化工循环经济工业基地等一批循环经济基地项目建设进展顺利。同时，审批了一批省级循环经济基地发展规划，为进一步促进我省循环经济形成较大规模奠定了基础。八是组织我省循环经济试点示范城市、产业园区（基地）和企业参加第二届中国国际循环经济成果交易博览会，展示我省循环经济发展成果，并荣获博览会优秀展示组织奖。九是推动建筑节能，发展绿色建筑，绿色建筑示范工作积极推进。仁怀市茅台镇、西秀区旧州镇、大方县六龙镇、印江县木黄镇、兴仁县雨樟镇、黎平县肇兴乡六个镇（乡）经省人民政府同意后认定为"贵州省绿色小城镇（第一批）"。

（三）规模不断壮大，资源综合利用水平进一步提高

我省以提高资源产出率为目标，按照突出重点、持续实施、分阶段推进、分层次示范和一体化安排的要求，推进生产、流通、消费各环节循环经济发展，不断壮大循环经济规模。

一是资源综合利用技术取得较大突破。一方面在磷石膏制耐水墙材、磷肥生产中对伴生氟、碘回收、烟气资源化脱硫等综合利用技术开发应用方面取得重大进展。积极利用黄磷尾气和燃煤锅炉烟气制甲酸、硫酸等化工产品，并利用瓦斯发电。大力开展生物质综合利用。积极推动农村沼气、燃料乙醇、生物柴油、秸秆成型燃料等资源发掘及技术研发工作。相关部门先后在以农村废弃物生产沼气，以芭蕉芋、马铃薯、甘薯、甘蔗、木薯制备燃料乙醇，以小油桐、光皮树、续随子、蓖麻、乌桕制备生物柴油等方面进行了有益的探索和尝试。2012年底全省农作物秸秆利用量约780万吨，综合利用率约为57%。二是废弃物资源化利用取得明显成效。组织实施了一批具有规模效应、技术装备水平较高的资源综合利用示范工程。大力发展节能利废的新型墙材，2012年全省新型墙体材料产量为250亿块标砖，利用工业废渣量为1092万吨。大力发展农村沼气，推进农业废弃物循环利用，到2012年底，全省农村沼气项目的中央和省级财政总投入达30.4亿元，其中省级财政投入10.7亿元，成为目前全国省级财政安排专项资金最多的省份之一。累计建成户用沼气200.5万户、养殖小区和联户沼气工程1190个、大型沼气工程172个、养殖场小型沼气工程602个。建成的沼气工程形成年节约薪柴消耗折合标煤约140万吨，相当于封育约800万亩薪炭林，减少二氧化碳排放约400万吨。探索出多种适应不同地方的“猪——沼——果（菜）”循环模式，对保护生态人居环境、开展节能减排、推进农村经济社会进步等发挥了重要作用。

三、发展循环经济好的模式和经验

（一）贵阳市发展循环经济经验

1、制定科学规划，明确发展方向。编制完成了《贵阳市循环经济生态城市建设总体规划》，明确了贵阳市发展循环经济的方向。

2、制定地方法规、构建保障体系。印发了《贵阳市建设循环经济生态城市条例》，该条例为我国第一部循环经济领域的法规，对循环经济生态城市建设中的生态农业、生态工业、绿色消费等方面，都作了相应的规范，明确了政府在建设循环经济生态城市中的主导地位和职责，条例的实施接受权力机关的监督。

3、启动实施项目、构建支撑体系。通过分批启动、滚动实施，构建起循环经济生态城市的支撑体系。

4、坚持政府引导、创新投资机制。注重项目之间的耦合和关联度，以企业为主，利用建立循环经济项目库招商引资，吸引国内外投资者和企业家参与循环经济生态城市建设。

（二）开磷集团发展循环经济经验

1、以循环经济推动企业结构调整和转型，推进化工生产逐步走向生态化、清洁化，初步实现发展绿色化工的要求，提高了能源和资源的利用效率。

2、结合企业生产经营实际，通过转型发展，提高资源产出率。加强能源、资源管理和企业技术创新，实施循环经济和节能减排技术改造，采取各种有效措施，合理利用能源和资源，通过实施循环经济项目，用高新技术和先进适用技术改造传统产业，淘汰落后的生产工艺技术和装备，建设循环经济和节能示范工程。

3、根据生产系统各相关装备的运行状态，对工艺技术和能源消耗关键环节进行全面的统计分析和能源消耗实测跟踪，寻找循环经济项目和节能改造的切入点，分析生产系统实现能源、资源梯级利用的可行性，将工业生产尾气、余压余热等可梯级利用资源与相关联的工艺系统进行有效整合，以尽可能低的能源消耗取得最大的经济效益。

4、建立以企业为主体，高等院校和科研院所为依托的技术创新体系，结合企业循环经济工作、节能技改工作与产业发展的需要，开发和应用节能环保新工艺，通过系统集成、建设先进的控制系统、优化工艺参数与操作，实现对生产过程的有效控制。

四、2013年工作重点

（一）推动产业园区循环化改造和循环经济示范园区（企业）建设，充分发挥示范带动作用

构建“煤——电——化——建材”、“煤——磷——电——化——建材”、“煤——电——冶金——建材”等一体化产业循环模式，推动钢铁、有色、煤炭、电力、化工、建材等重点行业循环型产业园区建设，延伸产业链。培育一批国家级和省级循环经济示范园区（基地）。

（二）切实提高资源综合利用，重点实施大宗固体废弃物、建筑废弃物、餐厨废弃物资源化利用等工程

1、加强对粉煤灰、煤矸石、脱硫石膏、磷石膏、冶炼废渣等大宗工业固体废物的综合利用，在大宗工业固体废物富集地区、工业园区和城市周边，大力支持煤矸石发电和大掺量工业固体废弃物生产建材产品等综合利用。

2、积极推进国家和省级资源综合利用示范基地建设，充分发挥示范试点带动作用。着力推进黔南州国家资源综合利用“双百工程”示范基地建设；积极支持一批资源循环利用企业创建国家资源综合利用“双百工程”骨干企业和省级骨干企业；积极推进贵阳市国家工业固体废弃物综合利用试点基地建设。

3、积极推动六盘水市创建国家循环经济示范城市。加快推进贵阳经济技术开发区国家园区循环化改造示范试点园区建设，力争遵义经济技术开发区列为国家第二批园区循环化改造示范试点园区。加强黔南州国家资源综合利用“双百工程”示范基地建设。大力推进贵阳市和遵义市国家餐厨废弃物资源化利用和无害化处理试点城市建设工作。积极争取贵阳市白云经济技术开发区再生资源产业园区列为国家“城市矿产”示范基地。鼓励各市（州）符合条件的中心城市开展餐厨废弃物资源化利用和无害化处理工作和“城市矿产”示范试点工作。

（三）组织开展国家循环经济示范试点单位验收

对第一、二批国家级循环经济试点进行验收评估。通过验收，全面了解我省循环经济工作推进情况，总结发展循环经济的成功经验，探索发展循环经济的途径，找出发展循环经济的瓶颈难点并提出解决思路，总结凝炼一批循环经济发展的典型模式。

（四）加强循环经济项目的储备和前期工作

加强循环经济项目的调研，做好循环经济示范项目的收集、筛选工作，加强项目审核，选择技术先进、经济环境效益明显、条件成熟的项目进行储备并积极向国家申报，多渠道筹集资金，以项目建设推进我省循环经济发展。

（五）加强宣传教育和培训

动员社会各方面力量，大力开展形式多样的节约资源和保护环境的宣传活动，组织相关法律法规的宣传培训，大力宣传先进企业的经验。在重点企业中开展清洁生产、循环经济等技术、管理、审核等相关培训，提倡有利于保护环境的生活方式，引导社会团体和企业积极参与绿色消费活动，把节约资源、保护环境变成全体公民的自觉行为，提高全社会对发展循环经济重大意义的认识。

（撰稿：何秋艺，贵州省发展和改革委员会环境和资源保护处）

2012年西藏自治区循环经济

西藏自治区发展和改革委员会

中央第五次西藏工作座谈会指出："实现西藏跨越式发展，必须坚持生态环境保护优先，积极构建高原生态安全屏障，这是建设国家生态安全的需要，也是促进西藏可持续发展的需要，"党的十八大报告把生态文明建设列入中国特色社会主义总布局，提出了建设美丽中国的新要求，这是深入贯彻落实科学发展观的战略抉择，是发展理念和实践的重大创新，也是加快转变经济发展方式的重大而紧要的任务，给资源节约、环境保护和循环经济工作注入了强大的发展动力。2012年西藏自治区坚持把"确保生态环境良好"作为新时期西藏生态环境建设的指导思想和重要任务，认真贯彻落实党中央、国务院关于循环经济工作的部署，始终以节能降耗作为调整经济结构、转变发展方式的重要抓手，把生态文明建设放在更加突出的地位，着力推进绿色、循环、低碳发展，循环经济工作取得新进展。

一、2012年循环经济发展概况

（一）大力开展节能减排工作，提高能源资源利用效率

一是顺利完成2012年节能减排目标。2012年，我区万元GDP能耗已完成年度节能目标和"十二五"节能目标进度。主要污染物排放量与2010年基数相比，化学需氧量减少6.6%；氨氮减少1.6%；二氧化硫持平；氮氧化物增长15.5%。

二是加强政策指导性。围绕国家下达的"十二五"时期下降10%的节能目标，制定并由政府印发了《西藏自治区"十二五"时期节能规划》，提出了全区节能主要目标，明确了节能主要任务、六大节能工程和采取的保障措施。根据《国务院关于印发"十二五"节能减排综合性工作方案的通知》精神，编制并由政府印发了《西藏自治区"十二五"节能减排综合性工作实施方案》。同时，制定了《西藏自治区"十二五"节能减排综合性工作实施方案部门分工》，确保目标任务落到实处。

三是提高节能评估和审查能力。2012年组建成立自治区节能监察中心，安排自治区及七地（市）节能监察机构能力项目资金1489万元，落实工作场所，配备工作人员，购置仪器设备和执法车辆。严格执行《固定资产投资项目节能评估和审查暂行办法》和《西藏自治区固定资产投资项目节能评估和审查暂行办法》，对新上项目开展固定资产投资项目节能评估和审查工作，对高耗能项目严格把关，谨慎放行。截至2012年年底，全区累计完成各类节能审批项目445个，能评执行率达100%，固定资产投资项目节能评估审查工作取得了新的进展。

四是加强重点耗能企业考核和管理。2012年7月，根据《国家发展改革委办公厅关于印发2012年节能减排政策措施实施情况监督检查计划的通知》要求，对全区8家"万家企业"2011年度节能目标责任完成情况进行了现场评价考核，严格实行重点耗能企业能源利用状况报告制度，建成能源计量监控管理系统，实现了能耗数据在线采集、实时监测。

五是加大循环经济资金支持力度。为确保重点节能工程顺利实施，2012年共安排资金近2000万元，其中，落实1000万元节能减排专项资金，专项用于公共机构节能示范系统工程等11个节能项目建设；落实322万元，实施了西藏高争建材股份有限公司水泥生产线纯低温余热发电项目；自治区政府补贴600多万元，用于全区125万只高效照明产品推广。

六是优化能源供应消费结构。截至2012年底，从西北电网累计购入电量6.34亿千瓦时，使区内火电耗用标准煤量由2011年的16.14万吨标准煤下降至2012年的15.51万吨标准煤。全年完成农村户用沼气工程21万户，建设乡村沼气服务网点538个，使105万群众用上了安全清洁的沼气，减少了电力、煤炭、石油的消耗。2012年冬季，拉萨城区近40%的家庭用上了天然气。组织实施的金太阳工程和无电地区电力建设工程，工程总投资近17亿元，新建及改扩建光伏电站171座，惠及74个县，解决和改善约20万户、95万人的用电问题，大幅降低能耗。太阳能热水器、太阳灶、被动式太阳房、太阳能供暖等产品和技术也被广泛利用。

七是加大产业结构调整。根据自治区党委、政府的决策和部署，各地市和有关部门按照西藏自治区工业和信息化厅《关于转发<水泥行业准入条件>的通知》要求，严格水泥（熟料）建设项目核准、备案管理、土地审批、环境

影响评价、信贷融资、生产许可、产品质量认证、工商注册登记等规定，促进水泥行业节能减排、淘汰落后产能设备和结构调整，有效控制落后产能扩大化。通过督促相关水泥企业加快整合淘汰落后产能等途径，进一步增强了现有水泥企业淘汰落后产能的自觉性和积极性。

八是稳步推进环境基础设施建设。全力抓好涉及我区资源节约和环境保护规划建设项目前期工作，加快环境基础设施项目建设，逐步提高农户秸秆综合利用、城镇垃圾资源化利用和城镇污水处理设施再生水利用水平，有效促进循环经济有序发展。截至2012年，农户秸秆综合利用项目各项前期工作已完成，城镇污水处理设施项目已完成“十二五”规划投资75%，城镇生活垃圾收集与处理设施项目完成“十二五”规划投资50%。

九是推动重点领域循环经济技术应用。建筑领域，贯彻执行《关于进一步加快推进墙体材料革新和推广节能建筑的通知》，禁止实心黏土砖使用率为100%，确保新建建筑施工阶段节能强制性标准执行率达到95%以上。结合实际建立建筑供暖计量机制，自治区相继制定了《居住建筑节能设计标准》、《民用建筑采暖设计标准》，确保新建建筑施工阶段节能强制性标准执行率达到95%以上。对建材企业配套建设纯低温余热发电项目，对水泥粉磨系统进行挤压粉磨技术改造。《西藏自治区“十二五”建筑节能规划》通过专家初步论证。交通运输领域，启动高寒地区沥青路面养护冷施工技术节能减排示范项目，组织全区27家交通运输企业开展“车、船、路、港”千家企业低碳交通运输专项行动。截至2012年年底，拉萨市全线启用城市公交车，全区出租车“油改气”工程完成80%以上。公共机构领域，完成2011年公共机构能耗统计调查，组织开展全区2013年节约型公共机构示范单位创建活动，加强公共机构节能节水宣传。商业和民用领域，修订完善《商务厅系统节能减排实施方案》，促进和引导企业自主开展节能降耗行动，餐饮业内开展绿色节约活动，住宿业重点发展绿色经济型饭店。积极组织实施报废汽车回收拆解企业升级改造工作。积极贯彻落实家具家电下乡政策，向农牧民销售电脑、冰箱、电视、洗衣机、空调等新家电家具342046件，有效鼓励和支持了农牧区节能、环保产品的消费。

十是积极开展生态补偿研究、试点和碳汇经济发展研究。为建立保护生态环境的长效机制，开展了森林、草地、水资源保障、自然保护区、湿地和矿产资源开发等6个领域的生态补偿研究，形成了《西藏生态补偿研究报告》。完成了国家重点公益林和地方公益林的区划界定工作，制定了《西藏自治区森林生态效益补偿基金管理办法（暂行）》，全区65个县1.5亿多亩公益林全部纳入补偿范围。2012年底已完成林业碳汇、草地碳汇，水能、太阳能利用和农牧区传统能源替代工程增汇效益评估工作。目前正在进行碳交易、碳补偿的可行性与方式的研究。

十一是加大节能宣传、培训力度。我区围绕“节能低碳，绿色发展”和“珍惜生命之源，人人节水护水”的主题，制定了《西藏自治区2012年节能宣传周活动方案》，顺利完成了2012年节能宣传周活动，为我区“十二五”节能减排工作营造良好的社会氛围。在全区范围内举办了第二期固定资产投资项目节能评估和审查培训班，进一步规范项目审批、核准和备案等前置审批程序，提高各地（市）、县和区（中）直各单位对固定资产投资项目节能管理工作必要性和重要性的认识，提高节能工作人员的业务能力和服务意识，促进我区固定资产投资项目能评工作顺利开展。开展了全区万家企业能源管理负责人、能源利用状况报告填报人员能源利用状况报告填报工作培训会，提高了各企业能源利用状况报告填报人员业务水平，为我区加强和规范万家企业能源利用状况报告工作的开展奠定了坚实基础。

二、2013年工作重点

2013年是我区全面实现“十二五”节能各项目标任务承上启下的一年，为认真落实自治区“十二五”节能减排综合性工作方案和节能专项规划确定的循环经济各项目标任务，进一步加大循环经济工作力度，努力完成“十二五”节能指标，2013年应着力做好以下工作。

（一）进一步提高发展循环经济的思想认识

党中央、国务院要求构筑稳固的西藏高原国家生态安全屏障，建设生态西藏，广大人民群众也期盼良好的生态环境。我区生态环境保护责任重大。一定要从战略和全局的高度，把思想和行动统一到中央和自治区关于资源节约与环境保护的决策和部署上来，正确处理好经济增长和节能减排的关系，使经济增长建立在节约能源资源和保护环境的基础上。

（二）建立健全相关政策、法规

认真贯彻执行《西藏自治区“十二五”时期节能规划》、《西藏自治区节能目标责任评价考核暂行办法》、《西藏自治区公共机构节能办法》、《西藏自治区固定资产投资项目节能评估和审查暂行办法》、《西藏自治区人民政府关于加强矿产资源开发环境保护工作的意见》，逐步建立节能监察、合同能源管理、节能改造等政策法规，

健全固定资产投资项目节能评估和审查、公共机构节能、节能目标责任评价考核等办法，积极落实财政、税收和金融等扶持政策。

（三）全面启动我区循环经济发展规划编制工作

按照国务院《关于印发循环经济发展战略及近期行动计划的通知》（国发〔2013〕5号）和国家发展改革委办公厅《关于印发<循环经济发展规划编制指南>的通知》（发改办环资[2010]3311号）要求，全面启动我区循环经济发展规划（2013—2020年）编制工作，推动我区循环经济发展。

（四）继续做好节能目标责任考核工作

根据《国务院关于印发"十二五"节能减排综合性工作方案的通知》（国发〔2011〕26号）要求，我们将提前组织相关单位做好考核各项前期工作，继续配合国家开展好对自治区人民政府2012年度节能目标责任现场评价考核工作。

（五）继续加强固定资产投资项目节能评估审查工作

实行固定资产投资项目节能评估审查，进一步规范项目节能评估审查工作程序，确保我区"十二五"固定资产投资项目规划方案顺利实施。继续做好节能评估文件的技术咨询和审查，严格把好评估文件的各项技术指标及能耗限额标准，提升节能评估文件和节能专篇的水平和质量，积极推广和使用先进的节能技术，严格执行国家节能产品、技术推广目录，确保项目的节能技术先进性。严格控制高能耗、高污染、高排放项目，确保西藏生态良好。

（六）加强资源节约环境保护和循环经济类项目建设

加快项目前期工作进度，积极落实项目建设资金，确保完成"十二五"时期各项投资目标。根据国家要求，抓紧落实《"十二五"全国城镇生活垃圾无害化处理设施建设规划的通知》（国办发〔2012〕23号）和《"十二五"全国城镇污水处理及再生利用设施建设规划的通知》（国办发〔2012〕24号），会同自治区住房城乡建设厅完善全区垃圾、污水处理设施项目建设规划。落实节能减排专项资金，组织实施好节能减排项目，使有限投资发挥最大节能效益。

（七）开展项目竣工节能专项验收工作

建立健全固定资产投资项目竣工节能专项验收相关办法，组建节能专项验收专家资源库，开展项目竣工节能专项验收工作，确保项目节能评估报告的节能措施、指标能够落到实处。

（八）广泛持久开展节能宣传、培训

组织开展好每年一度的全国节能宣传周、低碳日宣传。能源紧缺体验、全国城市节水宣传周及世界环境日、地球日、水日宣传活动，充分利用新闻媒体广泛宣传节能减排的重要性、紧迫性以及国家、自治区采取的政策措施，宣传节能减排取得的阶段性成效，以及节能减排先进典型等，提高全社会节约环保意识，为美丽西藏建设营造良好的社会氛围。与国家相关部门沟通协调，组织全区各地（市）、各部门、各企事业单位以及社会团体，积极参与每年一期的节能培训活动，切实增强各项节能任务措施的实施力度，强化节能管理能力建设。

（撰稿：索朗卓嘎、江小乐，西藏自治区发展和改革委员会资源节约和环境保护处）

2012年陕西省循环经济

陕西省发展和改革委员会

2012年，按照绿色发展、循环发展、低碳发展的总目标，认真贯彻落实省委、省政府科学发展的总体部署和要求，紧紧围绕年度节能指标，强化目标责任，完善政策措施，加强节能调控，积极推进循环经济和资源综合利用，实施污染防治工程，资源节约和环境保护工作取得新的成绩。在全省GDP增长12.9%，能源消费增长9.04%、总量10625万吨标准煤的情况下，万元GDP能耗下降3.54%，有力地促进了全省经济科学发展、可持续发展。

一、大力开展循环经济试点示范

以示范试点为切入点，积极推进循环经济发展。2012年，铜川市董家河等7个园区和企业列入省级循环经济试点示范。加大循环经济重点项目支持力度，财政列支8720万元，扶持实施尾矿库渣、兰炭尾气、粉煤灰、煤矸石等资源循环利用项目26个。积极挖掘废旧物资、废旧家电等“城市矿产”资源，大力发展可再生资源产业。神木县锦界工业园区荣获国家循环经济工作先进单位。

二、狠抓能耗大市和重点企业节能

突出抓好榆林、渭南、汉中、咸阳、西安等能耗大市，对列入省200户重点用能企业和国家万家企业的516户企业实行分级管理，开展能效水平对标，实施能源审计，加大淘汰落后产能力度，大力推进节能技改。2012年，淘汰水泥、造纸、电石、铁合金等落后产能282万吨，印染、纺织13535万米，实现节能量113.6万吨标准煤；争取和安排中的省节能资金11902万元，支持节能项目建设，形成节能能力68.74万吨标准煤。完成全省重点用能企业能耗在线监测平台建设任务。

三、再制造工作稳步推进

陕西法士特汽车传动集团有限责任公司汽车零部件再制造试点实施工作通过国家发展改革委评估验收。陕西北方动力有限责任公司发动机再制造列入国家第二批试点名单。

四、城市餐厨废弃物资源化利用试点取得了新成果

推进餐厨资源化利用，从源头解决食品安全、生态安全、环境卫生，在省市各方面的共同努力下，继宝鸡市之后，咸阳市也列入国家餐厨废弃物资源利用和无害化处理试点城市。

五、全面推进资源综合利用

制定省“十二五”农作物秸秆综合利用实施方案、资源综合利用指导意见和大宗固体废物综合利用实施方案，全面推进资源综合利用，取得明显成效。2012年商洛市被国家列入尾矿资源综合利示范基地，已开工的30余个项目建成后年利用废渣600万吨。杨凌诺菲博尔板业公司年产6万立方米麦秆定向结构板走向高端化利用，得到国家部委的充分肯定。落实资源综合利用税收优惠政策，全年认定企业100家，减免税收2亿多元。

六、加强了新闻宣传工作

在注重面上宣传的同时，抓住机遇，扩大宣传。“十八大”召开前，我们积极推荐杨凌诺菲博尔板业公司农作物秸秆利用，参加中宣部、国家发改委等部门组织的“科学发展、成就辉煌”大型图片展览，得到了领导的好评。

七、积极实施国家“双百工程”

2012年3月国家发展改革委开展资源综合利用“双百工程 ”建设，“十二五”期间将在全国重点培育和扶持百个资源综合利用示范工程（基地）和百家资源综合利用骨干企业，发挥示范引领作用。2012年11月，商洛市被列为国家第一批矿产资源综合利用示范基地。建设目标到2015年，年利用尾矿1700万吨，实现资源综合利用年产值102亿元。

八、推动重点领域污染防治，加快环保工程建设

贯彻落实清洁生产促进法，实施清洁生产示范工程，抓好历史遗留重金属污染治理项目，落实重点流域规划内工业污染防治项目，推动环境保护工作持续发展。

（撰稿：姜志祥、肖青，陕西省发展和改革委员会资源节约和环境保护处）

2012年甘肃省循环经济

甘肃省发展和改革委员会

2012年，在省委省政府的领导下，全省上下把发展循环经济作为推进生态文明建设、实现转型跨越发展的战略平台，以2015年按期建成国家循环经济示范区为目标，认真贯彻落实《甘肃省循环经济总体规划》各项目标任务，加快园区循环化改造和循环经济项目建设，着力构建循环型产业体系，继续完善法规政策等支持保障体系，推动各项工作取得了较大进展。

一、主要做法和措施

（一）完善工作体系，明确目标任务

省委、省政府成立了甘肃省国家循环经济示范区协调推进领导小组，进一步加强了对全省循环经济发展的统筹协调力度。各市州也都相应成立了循环经济领导小组，各部门明确了具体负责处室和分管领导，建立了循环经济联络员制度，畅通了联络渠道，提高了工作效率。省委省政府印发了《甘肃省循环经济总体规划实施方案》和《甘肃省循环经济总体规划实施考核办法》，下达了省直有关部门和试点园区2012年度工作目标任务，逐年分解了发展目标，明确了年度重点任务及分工。

（二）全面推进循环经济三大体系建设的重点任务

1.以实施农业和农村领域5大工程为重点，循环型农业体系初步形成。一是积极开展农村沼气、太阳能综合开发、生物质能综合利用、省柴节煤技术等农村能源建设工程的示范推广。全年共新建“一池三改”户用沼气池6万户，推广太阳灶7.5万台、太阳能热水器6.32万平方米，新建户用太阳能采暖房2.98万平方米；通过推广高效省柴节煤灶、节能炕等，形成了年开发和节约农村用能260万吨标煤的能力。二是大力实施农业节水节肥节药节地等节约型农业示范工程。全年推广测土配方施肥技术面积4500万亩，节约化肥4.5万吨；推广以膜下滴灌、垄膜沟灌、垄作沟灌为主的高效农田节水技术700万亩，节水6亿立方米以上；推广旱作农业1256.54万亩，玉米、马铃薯平均增产30%以上；推广小麦全膜覆土穴播技术100.51万亩，较露地小麦亩增产50%以上。实施绿色防控面积200万亩、专业化统防统治面积450万亩，农药有效利用率提高了3个百分点。通过实施保护性耕作项目，组织全省34个示范县建立了15个高标准保护性耕作示范区，推广以秸秆覆盖和少免耕播种技术为主要内容的保护性耕作技术200万亩。三是加大废旧农用地膜和塑料回收工程投入。省级财政拨付2000万元废旧农膜污染防治专项资金扶持了154家废旧农膜回收加工企业。目前，全省从事废旧农膜回收加工利用的相关企业超过180家，设立废旧农膜回收网点超过1000处。全省废旧地膜回收利用率达到66.9%，塑料棚膜基本全部回收。四是积极推进种植养殖废弃物资源化利用。省级财政投入1000万元秸秆饲料化开发专项资金，大力推广以青贮、氨化为主的秸秆饲料化利用技术，全省秸秆综合利用率达65%，其中秸秆饲料化利用占总利用量的89.5%。省级财政安排1000万元专项资金扶持开展尾菜处理利用，全年尾菜处理利用率达24.8%。五是积极推进农村环境整治工程。在全省选择了具有代表性的20个示范点实施清洁工程建设，通过“以奖代补”的形式深化农村生态示范乡（镇）、村创建工作。目前全省有国家级生态乡镇5个、生态村6个；省级生态乡镇51个、生态村102个。开展我省土壤污染状况调查，完成了《土壤污染状况调查工作报告》，印发了《甘肃省“十二五”农业源减排工作实施方案》。全年共完成109个规模化畜禽养殖场和养殖小区污染减排项目。

2.以打造5大工业循环经济基地为重点，循环型工业体系逐步完善。一是以重点区域的重点产业、重点企业、重点产品为依托，打造特色鲜明的工业循环经济基地。依托金川公司、白银公司、酒钢公司、兰州石化、窑街煤电等重点企业，通过提高资源综合利用率，不断延伸拓展钢铁、有色、石油化工、煤电化工、清洁能源和建材产业等循环产业链。二是积极推进工业清洁生产和“三废”综合利用。充分利用石油化工、有色冶金、煤电化工等行业“三废”资源，大力发展以新型墙材生产为主的废弃物资源化项目，重点推动冶金、电力行业冶炼废渣、粉煤灰等工业废弃物综合利用。全年全省通过资源综合利用认定的企业综合利用固体废渣1220万吨、工业废气69万吨，生产主要资源综合利用产品水泥2476万吨、墙材313万立方米、电力87791万千瓦时，实现资源综合利用产品产值65亿元。三是以大、中型矿山为重点，通过实施贫矿开采、尾矿和矿渣再选等综合利用等项目，不断推进矿产资源综合利用工

程。金川公司贫矿开采、110万吨/年铜炉渣选矿、黑铜渣生产电积铜等尾矿提取有价元素示范工程相继投产，煤矸石、煤层气等低热值电厂装机容量达到10万千瓦。大、中型矿山的回采率、回收率基本达到或接近全国平均水平，有色行业矿石回采率达到96%，采矿损失率和贫化率达到5%以下。四是积极推行清洁生产和节能降耗。全省有58家重点企业通过审核评估，共产生清洁生产方案1137项，投入资金4.9亿元，取得经济效益3.7亿元。通过在重点行业开展节能降耗工程，每吨原油加工综合能耗达到71千克标煤，每吨乙烯综合能耗达到720千克标煤，吨镍能耗降至3.59吨标煤，吨钢水耗降至4.15立方米。五是加快新能源和可再生能源工程建设。酒泉“陆上三峡”千万千瓦风电基地进展顺利，启动了金武地区大型百万千瓦级风电基地建设工作。截至2012年底，全省风电已建成装机容量达到650万千瓦，光电已建成装机容量达到110万千瓦。

3.以再生资源回收体系建设和循环型社会实践为重点，循环型社会体系稳步推进。一是逐步完善全省再生资源回收体系。以我省被列为大型区域性再生资源回收基地试点省为契机，全力推进再生资源回收体系建设。全省已经完成和正在建设改造的标准化回收站点831个，兰州市、武威市再生资源回收体系建设试点城市项目和酒泉、敦煌两个区域性大型再生资源回收利用基地项目稳步推进。在白银、陇南、临夏3个市（州）开展省级再生资源回收体系建设试点工作。目前已形成年回收拆解处理报废汽车1万辆和废旧电子产品10万余台的能力，废钢铁、废有色金属回收利用率全部达到100%，废纸、废塑料、废橡胶等回收利用率均达到国家平均水平。二是积极开展循环型社会实践。全省已建和在建的城镇生活污水和垃圾处理设施已覆盖全省约80%以上县区。兰州市餐厨垃圾无害化处理资源化利用项目已投产，日处理餐厨垃圾180吨，兰州市80%以上的餐厨垃圾得到处理。严格执行居住建筑节能65%的标准，全省城镇新建建筑施工阶段执行节能强制性标准的比例达到了97%。严格实施机动车环保合格标志管理。全省取得环保检测资质的有45个机动车环检机构，共有机动车排气监测线54条。实施了机动车合格标志统一配发，全省已核发机动车环保标志34万份。积极推进循环型绿色旅游示范基地创建工作，分别在武威神州荒漠野生动物园、崆峒山景区和黄河三峡景区开展循环型绿色旅游示范基地创建试点工作。三是积极推进可持续消费。利用“节能宣传周”、“世界环境日”等宣传活动，引导全社会从日常生活做起，从一点一滴做起，自觉做到节能、节水、节粮、节材、垃圾分类回收，鼓励社会广泛使用节电、节水器具和产品，促进公众消费观念转变。选择了部分学校、社区作为循环型社会建设试点，开展绿色社区、绿色学校创建活动，对表现突出的绿色社区和40所绿色学校进行了命名表彰。四是加快构建节约型政府。启动了省级节约型公共机构示范单位创建活动，印发了《省级节约型公共机构示范单位评价标准》和公共机构领域《关于落实甘肃省循环经济总体规划实施方案的意见》。将省直27家年耗能在500吨标准煤以上的部门纳入重点监控范围，启动了全省公共机构能耗统计网上报送系统建设工作。将节约型公共机构示范单位创建工作纳入市州和省直有关部门年度公共机构节能工作考核评价内容。全省公共机构人均能耗较2010年下降9.45%，单位建筑面积能耗较2010年下降9.3%。

（三）以园区循环化改造和项目建设为纽带，逐步构建循环产业链

以园区循环化改造为平台，积极谋划和建设关键补链、延链项目，创新招商方式，积极引入新企业，改造提升传统优势产业，培育壮大新兴产业。加快推进金昌、白银、陇西、华亭、武威黄羊等5个率先列入国家试点示范的园区循环化改造，启动了其他30个省级以上开发区的循环化改造工作。按照开放征集、动态更新的模式建立了全省循环经济项目库，向全省各市州和各企业征集循环经济项目，分批组织实施了节能技术改造、资源综合利用、再生资源回收利用、城镇污水垃圾处理、餐厨垃圾无害化资源化利用、尾矿库隐患综合治理等示范项目400余项。以园区循环化改造和项目建设为纽带，基本构建形成了有色——精细化工——废弃物再利用、采矿——选矿——冶炼——有色金属深加工、冶炼——废渣——建材、余热余压——发电、煤——电——建材、养殖——沼气——生态种植业、畜产品——特色农副产品——农业废弃物利用等循环产业链。

（四）进一步加强节能减排工作

采取强化目标责任、抓好重点领域节能监管、实施节能项目、落实能评制度、加强能力建设等多种措施，全省节能形势较2011年明显好转，顺利完成了年度节能减排目标任务，并赶上了“十二五”节能目标进度。一是强化节能减排目标责任管理。在明确节能减排目标责任的基础上，不断强化监督检查和指导，执行严格的逐级考核制度，对市州和重点企业完成节能目标责任书情况和节能措施落实情况进行综合考核评价，并向社会公布考核结果，以落实目标责任制和工作责任制。二是做好六大领域节能工作，强化重点用能单位管理。对年耗能3000吨标准煤以上的约600户重点用能企业（单位）按市州、行业、能源消费量进行了分类统计。积极推动我省245家万家企业节能工作，组织开展了能源利用状况报送、能源在线监测、节能项目组织、能源审计和能源管理体系建设工作。三是加大

节能技术推广和认定。在全省范围内征集了我省在全国具有较强推广价值的节能减排重大技术19项，并上报国家发展改革委。积极开展了节能产品惠民工程。制定了2012年度全省绿色照明推广计划，全年完成约185万只节能灯推广。四是加强节能监察能力建设。积极组织我省节能监察机构申报争取2012年中央预算内投资。对51家节能监察机构配备了执法车辆和办公设备，推进我省节能监察机构执法能力和水平得到了切实提升，覆盖省、市、县三级的节能监察体系基本形成。

（五）不断完善政策措施和支撑体系

出台了《甘肃省循环经济促进条例》，制定了“鼓励非公有制经济积极参与国家循环经济示范区建设的实施意见”、“关于进一步推进全省清洁生产工作的意见”。顺利完成了全国资源产出率统计试点工作，以资源产出率试点为契机，初步建立了市州、部门、园区三个层次的循环经济统计体系。甘肃省循环经济产业投资基金一期设立5亿元已设立并投入运营。制定修订循环经济地方标准95项。

（六）加大宣传力度，营造良好氛围

利用广播、电视、报纸、书刊、杂志、网络等宣传媒体进行广泛宣传，营造“节约光荣、浪费可耻”的社会风尚，为发展循环经济营造良好的社会氛围。中央电视台新闻联播于6月25日、8月26日分别播发了“发展循环经济、提升传统产业”、“大项目助推经济转型发展”为主题的新闻报道；《经济日报》、《新华网》、《人民日报》等中央媒体分别刊发题为《甘肃循环经济建设成效显著》、《甘肃循环经济取得成效，成为全省发展“绿色引擎”》等十多篇（次）报道，对我省大力发展循环经济取得的阶段性成效给予关注和好评。在金昌召开了第二次全省循环经济现场会，总结经验，查找不足，推广典型，安排部署了下一阶段重点工作。组织参加了第二届中国国际循环经济博览会和2012年第十八届兰洽会等省内外循环经济专题展览会，展示成果，推介项目，取得了较好的交流和宣传效果。

二、取得的成效

（一）循环经济发展指标持续改善

能源产出率达到0.745亿元/万吨，比2011年提高4.49%；水资源产出率达到42.40元/立方米，比2011年提高12.44%；万元地区生产总值能耗下降至1.343吨标煤，比2011年下降4.2%；万元地区生产总值取水量下降至235.85立方米，比2011年下降11.06%；单位工业增加值用水量下降至76.1立方米，比2011年下降11.51%；农田灌溉水有效利用系数达到0.52。

（二）不断探索总结新的特色发展模式

除了已经探索形成的金昌区域发展模式、白银公司企业发展模式、天水高新农业模式、定西节水型工农业复合模式、窑街煤电煤炭资源综合利用模式、兰州城市餐厨垃圾资源再生利用模式等特色发展模式，新探索出了张掖有年立体农业模式。该模式以马铃薯为原料，生产马铃薯颗粒全粉、雪花全粉和精淀粉，利用“三粉”生产线产生的废物和边角料、浓缩果汁生产线排出的皮渣和果园内的残次果发酵生产酒精，酒精生产线排出的酒糟用于畜禽养殖和鱼池养鱼，鱼池排出的废水又用于浇灌园林。养殖场畜禽粪便经马铃薯生产废水稀释后和秸秆等废弃物混合用于生产沼气，沼液沼渣等废弃物制有机肥料。通过梯次开发，首尾相连，吃干榨尽，实现了无浪费和“零”排放，构建了“种植——优质全粉——精淀粉——废渣——食用酒精——饲料——养殖——处理后废水——养鱼——粪便——有机肥”循环产业链。

（三）关键支撑技术研发和产业化取得突破

在有色、钢铁、电力以及生态农业和清洁能源、环境保护、城市垃圾资源化利用等领域，推广应用了一批共性和适用性技术，大量粉煤灰、煤矸石、冶炼废渣等工业固体废弃物实现了再利用。截至目前，全省循环经济领域共获得发明专利48项、实用新型专利180项，组织实施了43项循环经济技术模式资源化利用研究与示范等重大科技专项。金川公司新的选矿工艺使贫矿选矿回收率达到96%，处于国际先进水平；针对铬渣污染问题，酒钢公司研发出高炉解毒铬渣技术，实现了铬渣的无害化处理；白银公司研发的铜冶炼渣资源化综合利用技术，从铜冶炼渣中经浮选回收铜、金、银，尾砂用于矿山充填的胶结材料和水泥生产配料，实现了铜冶炼废渣的综合利用。

三、存在的问题和建议

目前，我省在发展循环经济方面还存在以下几个方面的困难和问题。

（一）政府财政性资金投入不足，关键补链和资源综合利用项目推进缓慢。由于我省经济总量小，省级财政资金十分有限，企业融资能力低下，循环经济项目建设资金短缺问题突出，建设进度普遍较慢。

（二）政策激励引导机制不健全，不能很好发挥市场机制作用。在推动资源高效利用和循环利用、再生资源分类回收、建立生产者责任延伸制度、废旧物资回收处理等方面，还没有建立完善有效的政策激励机制，市场机制未得到充分发挥，企业主动参与循环经济的积极性不高。

（三）关键技术创新突破和推广应用不够，科技支撑体系尚未形成。目前我省在提高资源利用效率的某些技术上取得了一些进展，但总体上看，我省大部分工业企业科技基础薄弱，创新能力不足，循环经济科技研发和产业化应用推广不够。技术水平和装备落后，拥有自主知识产权的核心技术和创新产品不多。资源节约和环境保护重大技术的研发能力薄弱，先进适用的成熟技术推广应用不足。

建议国家加大对我省发展循环经济的指导和培训力度，对我省符合国家循环经济示范区建设产业布局的重点项目给予支持，同时加大发展循环经济资金和技术支持力度，大力支持我省创建“十百千”示范工程。

（撰稿：陈军、魏成金，甘肃省发展和改革委员会资源节约和环境保护处）

2012年青海省循环经济

青海省发展和改革委员会

党的十八大把生态文明建设放到更加突出的位置，要求加快转变经济发展方式，着力循环发展、低碳发展、绿色发展。青海省贯彻落实十八大精神，更加重视提高质量和效益，将循环经济作为全省发展重大战略，不断强化政策、资金支持，创新发展模式，推进特色产业融合发展，循环经济工作取得了一定进展。

一、循环经济发展概况

2012年，面对复杂多变的宏观经济环境，在国务院各部委的积极支持下，在省委、省政府的坚强领导下，青海省牢牢把握科学发展主题和加快转变经济发展方式的主线，大力推进农业、工业、服务业循环经济全面发展，不断增强园区的发展动力。农牧业方面，一批农业科技园区兴起，农村新型合作组织蓬勃发展，纯牧业村都建立了生态畜牧业专业合作社，农牧业技术装备和产业化水平不断提高，油菜、马铃薯、蚕豆、蔬菜、中藏药、特色果品、牛羊肉、奶牛、毛绒、饲草料等十大农牧特色产业体系不断壮大，农牧业综合生产能力显著提升。工业方面，以循环经济理念推动工业转型升级，盐湖化工、装备制造、有色金属等传统产业改造升级力度加大，新能源、新材料等战略性新兴产业迅速崛起，新建成全球最大规模的光伏电站和全国最大的锂材料生产基地，全省新能源、新材料、盐湖化工、有色金属、油气化工、煤化工、装备制造业、钢铁、轻工纺织业、生物产业等工业十大产业体系初具规模，新型工业化进程明显加快。服务业方面，着力发展现代服务业和社会层面循环经济，基本形成了金融、现代物流、科技服务、信息与中介、商贸餐饮、房地产、旅游、文化体育、社区服务和商务会展等十大重点产业。

全省重点产业园区水、电、路等配套基础设施不断完善，产业聚集度及资源综合利用效率不断提高。2012年，柴达木循环经济试验区实现工业增加值425亿元，西宁经济技术开发区实现工业增加值227.5亿元，两个国家级循环经济试点产业园区占规模以上工业增加值的比重72.7%，已成为循环经济主战场和全省转变经济发展方式的领头羊，发挥了重要的示范带动作用。2012年，柴达木循环经济试验区、西宁经济技术开发区内的青海洁神环境能源产业有限公司两个国家级循环经济试点产业园区被国家发展改革委评为全国循环经济工作先进单位。

二、循环经济领域主要做法、措施

（一）科学谋划循环经济产业发展

为贯彻落实国务院批复的《柴达木循环经济试验区总体规划》及省委、省政府提出的“加强顶层设计、完善总体规划”的总体要求，进一步细化和延伸《总体规划》，组织编制完成《柴达木循环经济试验区主导产业体系规划》，2012年7月获省政府批复实施。《主导产业体系规划》包括总则及盐湖化工、油气化工、金属冶金、煤炭综合利用、新能源、新材料、特色生物分册。在《总体规划》基础上，进一步明确了到2015年、2020年试验区主导产业体系发展思路和目标、总体布局和发展路径、产业链延伸与融合、项目与投资规模、效益及配套支撑体系建设等内容。

《主导产业体系规划》重点突出产业链设计，强调产业链之间的融合发展，重视重大项目的带动作用。在《总体规划》的基础上，进一步健全了产业体系，不仅增加了新材料产业，更重要的是对新能源、煤炭综合利用、钢铁等产业有了进一步深化，尤其在煤炭综合利用方面，既考虑了与盐湖化工的结合，还对发展煤基多联产、进而发展精细化工有了较深体现。延伸了产业链条、加强了产业间融合。可以说，《主导产业体系规划》是落实《总体规划》的具体措施和行动。

此外，组织编制完成《青海省低碳经济发展规划》、《加快推进西宁工业循环经济发展的实施意见》等，对全省循环经济发展提供了有效保障。

（二）积极组织开展园区循环化改造工程

在争取国家批准实施柴达木循环经济试验区内格尔木、德令哈、大柴旦3个工业园区循环化改造示范试点实施方案的基础上，及时分解下达了园区循环化改造中央补助资金3.66亿元，实施了一批产业发展、基础设施和服务平台建设项目。截至2012年底，3个园区41个项目中，10个项目已建成，19个项目已开工。已使用中央补助资金1.44亿元，资金使用率39.21%。按照《关于组织推荐2013年园区循环化改造示范试点备选园区的通知》要求，积极组织我省符合条件的产业园区开展国家第三批循环化改造示范试点备选园区的推荐工作。组织编制《柴达木循环经济试验区乌兰工业园循环化改造示范试点实施方案》并及时上报国家发展改革委。

（三）继续加大循环经济资金支持

经过努力，2012年争取国家资源节约和环境保护项目9项，下达中央资金4930万元，实施了一批节能、节水、循环经济、资源综合利用、污染防治等项目，为推进企业清洁生产，大力发展循环经济发挥了重要作用。省级循环经济专项资金安排下达12.16亿元，重点支持柴达木循环经济试验区、西宁经济技术开发区、海东工业园等我省重点工业园区融资平台、基础设施建设、产业项目升级改造等工作。通过资金的引导支持，有力推动了全省循环经济的快速发展。

（四）努力加强科技创新能力建设

在全省大力实施科技支撑和振兴重点产业的"123"工程、生态农牧业重大科技支撑工程、"十二五"节能减排科技行动等，推动青海创新型盐湖化工循环经济特色产业集群建设，循环经济领域科学研究、成果转化和推广能力不断增强。依托重点企业，与中科院、清华大学、华东理工大学等高校开展合作，积极推进循环经济重点领域科技攻关，研究开发出了一批拥有自主知识产权、达到国内乃至世界先进水平、具有市场竞争力的项目和产品，培养和锻炼了科技人才队伍，提高了企业技术创新能力。

（五）充分发挥重大项目的示范带动作用

以特色优势产业和工业园区建设为重点，充分依托循环经济重大项目的支撑和带动作用，全力推进项目建设。金属镁一体化、盐湖资源综合利用二期、高纯氢氧化镁及镁砂、乌兰焦化二期等重点项目进展顺利；一里坪盐湖资源综合利用、20万吨结构板材、氯碱化工及热电联产等项目正式启动。加大了基础设施建设，蓄积峡水利枢纽工程、花土沟民用机场、750千伏格尔木变电站二期扩建工程等项目开工建设，全省重点园区水、电、路等配套基础设施建设工程加快推进。通过项目实施，在做强做精产业、做实做大园区上迈出了坚实步伐，促进了循环经济产业的协同、有序、高效发展。

（六）着力开展招商引资工作

围绕循环经济发展，有针对性地制定招商引资方案，重点面向产业互补性强、关联度高的地区，面向国内外大企业、大集团，利用各种节会平台开展招商引资工作。2012年，通过举办柴达木循环经济试验区项目推介会，累计签约项目57项，签约金额402.14亿元。全力做好签约项目的跟踪落实工作，积极协助项目业主做好公司注册、方案比选、资源配置、项目融资等建前工作，全力推进签约项目落实建设条件，力争项目早日开工建设。

（七）深入推进餐厨废弃物处理和利用工程

在西宁市现有餐厨废弃物收运和处理体系基础上，通过收运和处理设施扩能、扩大收运和处理体系区域覆盖面、处理设施的技术工艺提升改造、积极开展居民区餐厨废弃物收运处理等工作，进一步提高了餐厨废弃物的收运和集中处理能力。截至2012年年底，西宁餐厨废弃物收运率及处理率达90%以上，有效改善了城市卫生环境，保障了广大人民群众的身体健康。

（八）广泛开展宣传

通过电视、广播、报纸、网站等媒体，大力宣传循环经济科普知识，引导全省人民群众深入了解循环经济的内涵，激发和调动各类企业、社会各阶层参与循环经济工作的积极性、主动性和自觉性，不断树立综合开发、有效配置、循环利用、永续发展的思想意识。通过积极努力，"减量化、再利用、资源化"的循环经济发展理念逐步深入人心，全省各级部门、各单位及广大人民群众发展循环经济及低碳生产、低碳消费的意识不断增强。

三、存在的不足及下一步工作计划

青海省经济基础条件薄弱，循环经济发展在一定程度上存在基础设施仍滞后于发展要求、科技支撑能力不强、高层次人才缺乏、企业融资困难等问题。随着经济社会快速发展，面临的资源约束性矛盾日渐突出，为走出一条欠发达地区实践科学发展观的成功之路，2012年5月，省第十二次党代会在总结近年来发展经验基础上，提出建设国家循环经济发展先行区的战略目标，把发展循环经济确定为全省发展的重大战略。对于我省在壮大经济总量中加快转变发展方式，不断增强全省经济综合竞争力，促进资源节约和环境友好型社会建设具有重要现实意义。今后一段时期，循环经济工作要力争在调整经济结构、转变发展方式上取得新突破，着力推动跨越发展、绿色发展、和谐发展、统筹发展。

（一）制定并落实《青海省建设国家循环经济发展先行区行动方案》

按照省十二次党代会精神及省委、省政府工作部署，积极组织编制《青海省建设国家循环经济发展先行区行动方案》，重点围绕构建资源节约型、环境友好型社会，遵循循环经济理念，以加快转变经济发展方式为主线，以产业转型升级为路径，以体制机制创新为动力，以科技创新为支撑，全力从工业、农牧业、服务业和社会四大领域构建循环经济体系。同时，做好与《国家循环经济发展战略及近期行动计划》等相关规划衔接,突出循环经济主题和主要内容,努力建设国家循环经济发展先行区。

（二）加快编制《盐湖资源综合开发利用专项规划》

推动盐湖资源综合开发利用，结合国务院批复的《青海省柴达木循环经济试验区总体规划》、省政府批复的《柴达木循环经济试验区主导产业体系规划》及中科院、工程院关于盐湖资源综合利用的研究成果，进一步梳理盐湖资源综合开发利用发展思路，研究提出盐湖资源综合开发规划路线图，编制完成《盐湖资源综合开发利用专项规划》，将盐湖资源综合开发利用上升为国家战略。

（三）强化循环经济专项资金统筹安排

进一步加强管理，做好省级循环经济发展专项资金安排，重点支持园区融资平台、基础设施、重大产业项目升级改造及有关前期项目，切实发挥好资金的引导和带动作用。通过积极努力，多方争取国家在循环经济产业发展、基础设施建设、科技研发和成果转化等方面的资金支持力度，引导全省循环经济加快发展。

（四）全力抓好园区循环化改造工程

积极推动柴达木循环经济试验区内格尔木、德令哈、大柴旦工业园区循环化改造工程实施，强化资金管理，抓好项目建设，切实发挥中央补助资金的引导作用。做好与国家发展改革委的汇报衔接，努力争取将柴达木循环经济试验区内的乌兰工业园纳入园区循环化改造示范试点范围，进一步提高试验区的资源产出率。

（五）大力推动重大项目建设

建设好一批重大产业及基础设施项目，充分发挥项目的支撑和带动作用。深入实施盐湖资源综合利用二期、金属镁一体化、20万吨结构板材、青藏高原特色生物资源深加工等循环经济重大产业项目建设。抓好格尔木至敦煌铁路、茶卡至格尔木高速公路、德令哈机场、蓄积峡水利枢纽工程等重大基础设施项目建设，推进全省工业园区水、电、路、管网等配套基础设施建设，为循环经济产业发展提供有力基础支撑。

（六）加大循环经济宣传力度

依托节能宣传周（全国低碳日）、科技活动周、环境保护日等重大活动，通过悬挂横幅、制作展板、发放宣传册等方式，依托广播、电视、网络等媒体，大力开展循环经济宣传教育和科普活动，使“减量化、再利用、资源化”的循环经济发展理念逐步深入人心，引导全社会共同推动绿色、循环、低碳发展。

（撰稿：杨鑫光，青海省发展和改革委员会资源节约和环境保护处）

2012年宁夏回族自治区循环经济

宁夏回族自治区经济和信息化委员会

2012年，在自治区党委政府的正确领导和国家相关部委的大力支持下，宁夏全面贯彻落实科学发展观，把节能降耗、发展循环经济作为调整经济结构、转变增长方式的突破口，以减量化、再利用、再循环为主要目标，以产业结构、产品结构和能源消费结构为主攻方向，进一步强化目标责任，完善循环经济发展机制，加强监督管理，增强舆论引导，强化全民参与，形成政府为主导、企业为主体、市场有效驱动、全社会共同参与的循环经济发展局面。

一、政府主导，全面规划

2012年自治区政府工作报告强调，要大力发展循环经济，推进园区内、企业中和产业间循环，延长产业链，力促清洁生产、减量排放。严格执行“十大铁律”，办好环保实事，实现绿色循环发展。

2012年6月政府发布《宁夏回族自治区“十二五”规划纲要》，将大力发展循环经济作为重要内容，提出：大力发展循环经济，坚持减量化、再利用和资源化，全面推进循环经济发展，从生产、流通、消费各环节入手，构建资源循环利用体系，大幅度提高资源产出效率。以沿黄经济区为重点，全面推进清洁生产，打造煤炭、化工、冶金、造纸等高效循环工业产业链，着力发展循环型农业，推进城市生活垃圾与废弃物资源化利用，提高工矿企业水资源循环利用率和城市再生水利用率。继续推进宁东基地国家级循环经济示范区、石嘴山市国家级循环经济示范城市、灵武市可再生资源利用循环经济示范园、大地循环经济产业园等建设，为创建全国循环经济示范省区打下坚实基础。

2012年1月，《宁夏回族自治区循环经济发展“十二五” 规划》出台。《规划》提出了“十二五”期间循环经济发展思路和目标、基本原则、主要任务、重点工作与保障措施。到2015年，基本形成促进循环经济发展的法律法规体系、政策支撑体系和比较有效的激励约束机制，产业结构趋向合理，资源利用效率大幅度提高，环境质量明显改善。初步建立城市再生资源回收利用体系，全社会资源节约意识进一步增强，发展循环经济和建设资源节约型社会的自觉性普遍提高。循环经济发展主要指标达到国内先进水平，建成一批符合循环经济要求的试点示范城镇、园区、企业，基本形成以循环经济发展模式为核心的农业、工业、服务业等现代产业体系;基本形成资源节约和环境友好的发展方式和消费模式。到2015年，单位国内生产总值综合能耗比2010年下降15%，建设2-3个循环经济示范城市、15个开发区或产业园区，在现有42户国家和自治区级试点单位基础上，把试点提升为示范，并使示范单位增加到100个；在全区重点领域、重点行业、重点企业建立多条循环经济主导产业链。新建、改建、扩建的居住建筑普遍达到节能65%，公共建筑节能达到50%，新建节能建筑占新建民用建筑总量的比例提高到80%，既有住宅的建筑节能改造完成50%，城镇新型墙体材料替代实心黏土砖替代率达到100%。

二、2012年主要指标完成情况

2012年，全区实现地区生产总值2341亿元，同比增长11.5%，能源消费总量4560.24万吨标准煤，同比增长5.65%，能耗增速低于GDP增速5.85个百分点，全社会用电量741.8亿千瓦时，同比增长2.38%。按可比价计算，单位GDP能耗为2.16吨标准煤/万元，同比下降5.2%，单位工业增加值能耗4.75吨标准煤/万元，同比下降6.92%，超额完成年度单位GDP下降2%的节能目标。

三、循环经济工作进展及成效

（一）发展循环经济，推动节能降耗

组织自治区相关部门对地市和重点耗能企业年度节能目标完成情况及节能措施落实情况进行了考核。根据考核结果，组织召开了全区节能工作会议，分解下达了2012年节能目标。认真落实国家发改委“万家企业节能低碳行动”方案，将节能量任务分解到年综合能耗1万吨标准煤以上的重点用能企业，进一步强化节能目标责任。2012年，全区淘汰焦炭产能235万吨，铁合金0.65万吨，电石24.1万吨，水泥124万吨，造纸20.2万吨，超额完成国家下达我区的淘汰落后产能目标任务。

积极实施重大循环经济、节能工程。根据国家要求，积极申报项目，全年共组织实施了30多个循环经济、环境保护、节能技术改造和能源管理中心等重大项目，预计实现节能量35万吨标准煤，带动投资14.3亿元。根据地市工

业能耗增长情况进行预警通报，要求能耗增长较快的地区切实采取措施遏制能耗增长。利用经济利益调节机制，促进高耗能企业实施节能改造，降低单位产品能耗。对铁合金、电石、水泥、焦炭、造纸等产品的单位产品能耗较高的企业实施了惩罚性电价政策，在发电行业建立了火电企业差别电量的奖惩机制。

（二）促进循环经济多领域、规模化发展

1. 紧紧抓住结构调整这条主线，以沿黄经济区为重点，全面推进清洁生产，打造煤炭、化工、冶金、造纸等高效循环生态产业链，大力发展资源节约型工业，突出抓好节煤、节电、节油、节水和降低重要原材料消耗工作，加快发展煤炭资源深加工产业。

通过发展循环经济，全区初步形成了节能降耗、资源综合利用的循环经济发展模式。建立了“热电——烧碱——电石——PVC树脂——水泥联产”、“煤——电——电解铝——铝材深加工”、“煤——甲醇——醋酸——聚甲醛——烯烃”等一批循环经济产业链。大地化工有限公司按照循环经济“减量化，再利用，资源化”的理念，公司充分利用周边地区煤炭资源优势，提高资源综合利用率，实现了“煤矸石发电——大型密闭电石炉——尾气生产合成氨甲醇——电石生产PVA——电石渣生产水泥”闭路循环的清洁生产过程。

2. 坚持减量化、再利用和资源化，循环经济试点示范取得新进展。石嘴山市、宁东能源化工基地和金昱元化工集团有限公司三个国家循环经济试点工作继续有序推进，取得新进展。

石嘴山市以创新驱动发展，推进民生、产业、生态转型发展，先后成立钢铁集团、冶金集团，氰胺行业协会等，促进企业抱团发展、集群发展；大力发展循环经济，完成66项传统产业的循环化改造。硅铁从单型号产品已延伸到硅锰铁合金、镍锰铁合金等多品种，特别是随着金属镁、镁及镁合金、碳基材料、纤维活性炭等新材料产业方兴未艾，石嘴山市的高载能产品效益附加值已呈几倍、十几倍、几十倍地增长。

该市以建设承接东部产业转移示范区为统领，坚持政府主导、市场运作、理顺体制、创新驱动，着力推进循环化改造，开发区的承载能力、孵化能力、服务能力不断提升。三个省级开发区——石嘴山高新技术产业园区、石嘴山生态经济开发区、宁夏精细化工基地的辐射带动作用进一步凸显，一批投资规模大、科技含量高、市场前景好的大项目落户开发区，有力地促进了全市经济平稳较快发展。2012年，宁夏全区工业园区入园工业企业的主要经济指标均实现了年均30%以上的增长，对全区工业经济的持续快速发展起到了支撑作用。被列为全国22个循环化改造试点之一的石嘴山经济技术开发区，通过园区循环化改造，对园区资源循环利用和废物减排水平得到进一步的提高。

宁东能源化工基地从生产、流通、消费各环节入手，构建资源循环利用体系，大幅度提高资源产出效率。按照产业发展规律和新型工业化要求，积极发展循环型工业，“煤——电——化工”为核心的“资源——产品——再生资源”的发展模式进一步加强。煤——焦炭——煤气——甲醇——烯烃——环氧乙烷——乙二醇——聚酯纤维产业链得到完善。基地所属宁夏宝丰能源集团有限公司形成煤、电、化、油、气煤基多联产循环产业链，生产冶金焦、甲醇、焦油、硫酸铵、苯、酚、工业萘、蒽油、改质沥青、炭黑油等100多种煤基化工原料。

（三）建立城乡废旧物资和再生资源回收利用体系，强化资源综合利用

加快建设“城市矿产”示范基地建设，大力发展再生资源产业，形成资源开发、加工与废弃物回收利用的良性循环，不断提高工矿企业水资源循环利用率和城市再生水利用率。2012年，全区工业固体废物综合利用率为61.5%，工业废水处理率65.2%，比“十一五”时间均有不同程度的提高。

加强再生资源的回收利用，加快发展循环经济，初步形成了以国有企业为龙头，地、市、县再生资源市场、回收站点为基础的再生资源利用网络，每年回收资源160万吨，废品回收年交易额达30亿元。目前，宁夏从事再生资源回收的企业已达1400家，从业人员1万余人。作为宁夏再生资源回收利用的“领军”企业，自治区供销社再生资源有限公司在全区建起10个废旧物资回收交易市场、12个分拣中心、300个市、县、乡镇级回收站点;在银川市建起18个绿色回收亭，200个社区回收站，以再生资源回收集散市场为骨干、基层回收站点为基础，“点面结合、三位一体”的再生资源回收利用网络初具规模。在其带动下，宁夏每年废旧物资回收率从“十五”末的53.1%，提高到70%，效益接近1亿元。被列为全国第一批餐厨废弃物资源化利用和无害化处理试点城市的银川市制订实施了《银川市餐厨垃圾管理条例》，目前，银川市有餐饮企业日均收运的餐厨垃圾量达到150吨左右。已有4700多家餐饮单位签订了集中收运协议，日均收运的餐厨垃圾量达到120吨左右，集中处理达到85%。投资上亿的银川市新的餐厨废弃物处理厂将于年底建成投运，将日处理餐厨废弃物200吨，届时银川餐厨垃圾将得到及时收运和全面处理。

进一步规范资源综合利用认定工作，充分发挥税收优惠政策的引导作用，对符合资源综合利用认定条件的企业及时给予办理资源综合利用认定。2012年，通过认定的资源综合利用的企业超过50家，资源综合利用产品包括水

泥、预拌混凝土、新型墙体材料、固体新型燃料等，预计综合利用“三废”达600万吨左右。

（四）深入推进节水工作

在工业节水方面，按照自治区创建节水型社会目标要求，将2012年工业节水各项指标分解落实到地市，并指导地市工业节水管理部门认真落实各项节水目标责任，狠抓企业节水制度落实。与自治区水利厅联合开展了节水型企业创建工作，推动节水工作深入开展。

（五）大力推进秸秆等资源综合利用，积极发展农村沼气

我区探索出的猪牛——沼——果“三位一体”“四位一体”的能源生态模式，受到国家主管部门的高度重视与充分肯定。不仅改变了农村生活方式，农民的生活质量也得到了提高。这种模式将种植业和养殖业有机结合起来，把养殖业所产生的废弃物转换成可再生能源沼气和有机肥料，既解决了农村燃料问题，又减少了化肥农药的使用量，同时，还增加了农民的收入。近年来，全区共有22个县（市）推广了以农村沼气为重点，以太阳能利用为补充，大力推广农村节能炕灶技术。截至目前，我区共争取国家投资6.6亿元，建成户用沼气24万户，联户沼气240处，大中型沼气工程90处，建立乡村服务网点3056处和2个县级服务站；投放太阳灶35万台；推广太阳能热水器32万平方米，建设节能炕灶60万台（铺）。

（六）完善各项规章制度

会同环保等部门起草了《自治区“十二五”节能减排综合性工作方案》，组织财政、国税、地税等部门联合修订了自治区实施《国家鼓励的资源综合利用认定管理办法》细则，开展了《宁夏回族自治区资源综合利用管理办法》调研，加快推进立法修订进程。

（七）加大宣传力度。

成功组团参加了国家发改委等12个部委联合举办的2012第二届中国国际循环经济成果交易博览会，并在博览会上进行了宁夏循环经济成就特装展，开展了相关技术产品的展示、交流，获得优秀展示组织奖。成功组织了2012年节能宣传周，制定下发了2012年节能宣传周活动方案，制作了节能宣传画等，开展了形式多样，内容丰富的宣传活动，形成了更加浓厚的节能社会氛围。组织参加了第二届陕西低碳产业与循环经济博览会，就我区光伏产业召开项目推介会和进行产品展示。

（撰稿：姚鑫，宁夏回族自治区经济和信息化委员会节能与综合利用处）

2012年新疆维吾尔自治区循环经济

新疆维吾尔自治区发展和改革委员会

发展循环经济，是我区牢固树立环保优先、生态立区理念，坚持资源开发可持续、生态环境可持续战略的重要体现，是推进生态文明建设的重要抓手。同时，有利于促进新疆节能减排，缓解资源、环境约束，有利于推进新疆新型工业化进程和增强产品的市场竞争力，对新疆实现科学跨越后发赶超具有重要的战略意义。自治区党委、人民政府高度重视发展循环经济，认真落实国家发展循环经济、开展资源节约、节能减排的工作部署，积极采取政策、法律、技术、宣传等手段措施，加快推进循环经济发展，并取得了一定成效。但总体看来，循环经济发展仍处于局部试点和探索阶段，循环经济总体发展水平较低。

一、循环经济主要成效

（一）资源节约与利用水平不断提高。

2012年，初步预计，我区万元GDP能耗1.736吨标准煤（以2010年可比价计算），万元GDP电耗1600.65千瓦时。万元地区生产总值用水量752立方米，比上年下降5%，万元工业增加值用水量46立方米，比上年下降2%。

（二）资源综合利用水平提高。

2012年，全区工业固体废物综合利用率50.62%，比上年增加1.38个百分点； 全区城市污水处理率76%，增加0.96个百分点；城市生活垃圾无害化处理率82%，增加2.52个百分点。

（三）主要污染物控制成效显著。

2012年，全区化学需氧量排放总量57.9万吨，增长0.98%；氨氮排放总量4.19万吨，增长0.7%；二氧化硫排放总量66.3万吨，增长0.73%；氮氧化物排放总量70.47万吨，增长7.45%。四项减排指标均完成了年度控制目标任务。

二、2012年新疆发展循环经济的主要工作

（一）加强循环经济协调领导机制的宏观管理。

加强宏观调控，充分发挥自治区循环经济工作领导小组作用。加强循环经济工作领导小组各成员单位的协调与沟通，各成员单位根据责任分工，各司其职，形成统一认识，明确任务，强化措施，加强协作，狠抓落实，形成协调配合、齐抓共管的局面，推进我区循环经济各项工作顺利开展。

（二）拓展循环经济试点，提升可持续发展能力。

循环经济是调整经济结构、转变经济发展方式、促进节能减排的重要抓手。自治区按照规划先行、加强指导的原则，编制了《自治区“十二五”循环经济发展规划》。强化自治区第一批和第二批共36家循环经济试点管理，在化工、电力、有色、冶炼、建材、轻工、资源综合利用等行业领域选择并批复实施了自治区第三批21家循环经济试点实施方案，组织试点单位实施资源高效利用和环境保护的发展模式，努力做到物尽其用。通过试点单位对发展各具特色的循环经济模式的实践探索，新疆天业公司、宝钢集团八一钢铁公司、中泰化学公司等企业循环经济模式已基本形成，并在节能降耗、减排增效、实现资源高效转化利用方面取得明显成效，起到了较好的示范带动作用。

（三）强化国家级循环经济试点工作。

积极推进乌鲁木齐市餐厨废弃物资源化利用和无害化处理工程建设，一期日处理100吨餐厨废弃物工程已开工建设，二期日处理200吨餐厨废弃物工程开展前期工程。积极争取乌鲁木齐经济技术开发区循环化改造、南疆再生资源综合开发园区建设国家城市矿产示范基地及克拉玛依市餐厨废弃物资源化利用和无害化处理列入国家示范试点，争取国家启动资金6300万元，支持试点单位资源回收体系、废旧资源加工处理、公共基础服务项目建设，项目实施后，资源回收利用水平将大幅提升。

（四）组织实施资源节约与综合利用及循环经济工程。

大力组织节能、节水、资源综合利用、循环化改造等重点工程，2012年，共争取中央预算内及国家财政奖励项目资金12.66亿元，支持了全区260多个节能技术改造、节能能力、节水、废旧资源综合利用、循环经济、农业清洁生产、垃圾污水处理等重点项目建设。项目实施后，年实现节能量47.79万吨标准煤。推广节能新机制，我区有19家节能服务公司获得国家备案，累计实施了29个合同能源管理项目，实现节能量14.6万吨标准煤。

（五）强化重点领域节能减排工作，提升循环经济发展水平。

突出加强工业、建筑、交通、公共机构、农村农业等重点领域节能工作。2012年，淘汰钢铁、冶炼等重点行业落后产能493.3万吨，涉及14个行业共计49家企业，我区自行安排淘汰落后石灰产能30万吨，乌鲁木齐“蓝天工程”中的4家企业关停落后生产线。全区278家万家企业（不含兵团）完成节能量92.3万吨标准煤，完成年度节能量进度目标的172.71%；2011-2012年累计完成节能量252.2万吨标准煤，完成“十二五”节能量目标的94.39%。新增绿色建筑面积150万平方米，新建节能建筑约3000万平方米，年实现节能66.3万吨标准煤，减排二氧化碳176.49万吨；完成既有建筑供热计量及节能改造2367万平方米，年实现节能28.16万吨标准煤，减排二氧化碳74.96万吨。推广节能新技术，拓展LNG和CNG技术的运用领域，鼓励和引导客运、货运使用新能源环保型车辆。开展甩挂运输、集装箱运输体系建设试点工作。印发了《自治区实施〈公共机构节能条例〉办法》，加强公务用车节油和公共机构节电、节水，实施了约20万平方米的机关办公楼热计量改造，累计更换节能灯43万支。新增3万户农村户用沼气，推广省柴节煤灶4000户、太阳能灶3517户。

严格执行节能评估审查制度、国家单位产品能耗限额标准、产品能效标准、重点行业污染物排放标准，严把新建项目能源消费准入关。2012年，审查批复了100个固定资产投资项目节能报告书（表），审批1740个项目节能登记表。开展了《清洁生产标准 油气集输》、《番茄酱企业单位产品能源消耗限额》等18项自治区地方标准制修订工作，制定了《节能减排标准体系总则》等8项自治区地方标准。

（六）建立健全循环经济规章制度。

我区从规范节能评估、支持循环经济发展、促进清洁生产、加强万家企业节能管理、规范重点用能单位能源审计、强化节能评估机构管理、完善节能减排资金管理等多领域制定并出台10余项制度和办法，初步形成了科学规范的管理制度体系。修订了《自治区实施中华人民共和国节约能源法》办法，印发了《自治区推进园区循环化改造工作方案》、《自治区建立健全投融资政策措施体系支持循环经济发展的实施意见》，《国家“城市矿产”新疆示范基地建设管理暂行办法》、《国家园区循环化改造管理暂行办法》、《关于规范和加强项目能评工作的通知》、《关于重点用能单位规范开展能源审计工作的通知》、《关于规范和加强合同能源管理项目有关事宜的通知》，为加快推进循环经济发展提供了有力保障。

（七）积极鼓励和推进资源再生利用。

一是整合矿产资源，提高资源回采率。煤矿数从2005年的561个减少到2012年底的300多个，建成了阿舍勒铜矿、罗布泊钾盐等矿业开发基地，固体矿石产量增加96 %。二是加强尾矿、共伴生矿产资源的综合回收利用。对开展矿产资源综合利用的企业，在投资、价格、税收、信贷等方面给予大力支持。三是积极回收利用可再生资源，提高资源利用水平。开展利用粉煤灰、炉渣生产黏土多孔砖、陶粒砌块，利用煤矸石、石灰石尾矿、硫酸渣等陶瓷地砖生产水泥等，减少污染物的排放，节约和替代其他资源。四是加强城市污水集中处理设施建设，对处理达标后的污水用于绿化和企业回用，提高水资源利用效率，节约新鲜水。五是积极开展农作物秸秆再利用，提高农作物秸秆综合利用水平。

（八）加大循环经济的宣传力度。

我区继续围绕“大力发展循环经济，加快建设节约型社会”这一主题，结合节能宣传周、世界水日、地球日、天山环保世纪等活动，采取新闻媒体采访、悬挂横幅、展板等多种形式，加大节能减排、循环经济宣传力度，全社会对发展循环经济重要意义的认识进一步提高，节约资源、保护环境正在变成全体公民的自觉行为，发展循环经济的良好社会氛围也正在形成。同时，绿色服务业，环境标志认证体系、绿色学校、绿色社区、政府绿色采购等发展循环经济的有效方式逐渐深入人心。

（撰稿：李安全、黄宗亮，新疆维吾尔自治区发展和改革委员会环资处）

2012年新疆生产建设兵团循环经济

新疆生产建设兵团发展和改革委员会

2012年，兵团各级认真贯彻落实中央和自治区、兵团党委的决策部署，按照“稳中求进、进中求快、又好又快”的工作要求，坚持改革开放，全力推进“三化”建设，在实施优势资源转换战略，加快新型工业化、农业现代化和城镇化的进程中，把节能减排工作始终作为调整经济结构、转变经济发展方式、推动科学发展的重要抓手和突破口，大力发展循环经济和清洁生产，提高资源综合利用率，资源节约和环境保护工作取得一定成效。

一、制定出台兵团节能减排综合性工作方案

为认真贯彻落实国务院“十二五”节能减排目标任务，新疆兵团制定印发了《新疆生产建设兵团“十二五”节能减排综合性工作方案》，提出到2015年，兵团万元GDP能耗比2010年下降10%，力争有所突破。化学需氧量、氨氮、二氧化硫和氮氧化物排放量控制与2010年持平的节能减排总目标。

为进一步加强组织领导，密切协作，形成合力，齐抓共管，制定出台了《新疆生产建设兵团“十二五”节能减排综合性工作分工方案》，将节能减排目标责任分解落实到各师、重点行业、兵团机关有关部门。同时，兵团各级层层签订目标责任书，分解任务，落实责任，从强化目标责任、优化产业结构、实施重点工程、加强管理、发展循环经济、强化监督检查等方面提出具体工作措施。

二、完成2012年度节能减排目标任务年度考核

2012年5－6月，兵团发改委联合监察局、工信委、建设局、质监局、交通局、统计局、机关事务管理局等部门，分成三个工作组对各师2011年节能目标完成情况和2012年节能措施落实情况进行了现场核查和评价考核，下发了《关于对各师2011年节能目标责任评价考核情况的通报》（新兵办发〔2012〕130号），将考核结果在全兵团进行了通报。同时，积极配合，做好国家节能目标考核组赴新疆和兵团进行年度节能目标评价考核工作，完成对六师鸿基焦化公司的节能考核抽查工作，并做好了向中央转变经济发展方式检查组关于节能减排目标完成情况、中央关于节能减排和环境保护政策措施贯彻落实情况检查的自查、汇报工作，通过检查考核，进一步促进了重点能耗单位做好节能减排工作。

三、加大实施节能减排工程力度

2012年兵团发改委积极争取国家资金，支持兵团资源综合利用和环境保护项目建设，共下达计划投资34423万元，争取中央预算内资金3720万元，申请银行贷款5000万元，企业自筹资金25703万元，对五师电力公司师部城区集中供热管网节能改造项目、新疆西部牧业股份有限公司农产品加工废弃物深度资源化项目、四师71团双新环保新型建材有限责任公司年产1亿块粉煤灰蒸压砖建设项目、新疆石河子天筑建设（集团）有限责任公司年产40万立方米商品混凝土和20万立方米商品砂浆搅拌站建设项目、八师152团年产1.8亿块粉煤灰及煤矸石烧结砖项目、五师电力公司年产1亿块粉煤灰蒸压砖项目进行了建设。项目建成投资产后，综合利用煤矸石、粉煤灰、炉渣等工业废物84.14万吨，葡萄籽皮渣、番茄渣4.7万吨。同时，通过争取国家节能技术改造财政奖励资金176万元，对新疆大黄山鸿基焦化有限责任公司焦炉烟道气余热回收项目进行了建设。2012年兵团通过争取中央预算内资金项目，安排城镇污水垃圾处理设施建设项目9个，其中污水处理设施项目4个，垃圾处理设施项目5个，计划总投资14776万元，其中中央预算内资金8050万元，单位自筹资金6726万元。主要对六师芳草湖农场、九师168团、十四师224团生活垃圾无害化处理设施，九师师部、十三师师部生活垃圾收运设施进行了建设。同时，对石河子污水处理厂二期工程、北屯市城市污水管网、十二师西山农场排水管网、三师图木舒克喀拉拜勒镇生活污水处理厂等设施进行了建设，主要建设内容为新建污水处理厂2座，新增污水处理能力10.1万立方米/日，配套建设污水管网60公里，进一步提升了兵团城镇污水垃圾处理能力。

四、积极开展循环经济发展工作

为进一步加强新疆天业集团循环经济教育示范基地建设， 2012年8月30日，由国家发改委环资司会同教育部、国家旅游局、中国国际工程咨询有限公司等部门一行5人，赴石河子市对列入国家第一批循环经济教育示范基地的新疆天业（集团）有限公司循环经济教育示范基地建设进展及运行情况进行了检查指导，对天业（集团）有限公司

密闭电石炉尾气综合利用、电石渣水泥生产线、废水处理、节水滴灌水稻、废旧滴灌带回收等循环经济资源综合利用项目进行了考察。

按照国家“十二五”时期循环经济发展新要求，围绕博览会关于绿色、低碳发展，集中展示重点行业和领域循环经济试点成果，重点推广“减量化、再利用、资源化”典型模式和解决方案，进一步普及循环经济理念的目标要求，兵团发改委周平副主任带队，六师、八师、十二师有关部门和单位参加了中国青岛循环经济博览会，全国循环经济试点城市和企业石河子市、新疆天业集团公司设立展位，对近年来城市和企业循环经济发展成果进行了展示宣传。

根据《国家发展改革委关于表彰全国循环经济工作先进单位的通报》精神，国家发展改革委对“十一五”以来全国范围内涌现出的76家发展循环经济典型企业和园区进行了表彰，新疆天业集团被确定为全国循环经济工作先进单位。同时，为建设一批资源综合利用示范项目，培育一批资源综合利用技术研发中心，攻克一批关键共性技术，形成一批具有自主知识产权和核心竞争力的资源综合利用技术产品，研究完善资源综合利用成为示范基地转变经济发展方式的重要内容和骨干企业发展的内生动力，国家发改委从矿产资源综合利用和产业废物综合利用两个重点领域，确定了天业集团公司等首批24个示范基地和26家骨干企业，进入国家首批资源综合利用“双百工程”示范基地和骨干企业。

根据“国家发展改革委办公厅、财政部办公厅关于组织推荐2013年园区循环化改造示范试点备选园区的通知”（发改办环资〔2012〕3002号）精神，2012年底，兵团积极组织开展了园区循环化改造工作，兵团发改委、财务局组织专家对一师阿拉尔市工业园区、八师石河子市化工新材料产业园区拟申报国家园区循环化改造示范试点园区的实施方案进行了初步审查，为进一步做好新疆兵团园区循环化改造示范试点工作打下了坚实基础。

五、进一步加强固定资产投资项目节能评估

为进一步促进兵团产业优化升级，积极引导企业推广使用节能技术、设备，2012根据《新疆生产建设兵团固定资产投资项目节能评估和审查暂行办法》，兵团发改委环资处继续加强固定资产投资项目的节能评估审查工作，按照同级审批要求，共审查固定资产投资项目节能评估报告书33个，备案节能评估登记表90个，上报由国家发改委审评的节能评估报告书（表）9个，通过对新建项目的节能评估审查，严把项目准入关，严防落后产能、落后工艺技术、高能耗项目落户兵团，从源头上杜绝能源浪费，提高能源利用效率。

六、开展了资源节约和环境保护项目建设情况检查

为积极推进兵团城镇污水垃圾处理设施、资源节约和环境保护等项目建设，加快项目建设进度，确保项目早开工、早建设、早日形成固定资产，进一步促进兵团固定资产投资增长。同时，为扎实做好2013年中央预算内资金资源节约和环境保护设施项目前期工作，兵团发改委环资处于2012年7月中旬，分别对六、七、八、十二师在建的城镇污水垃圾建设项目、资源节约和环境保护项目建设情况进行了检查，对拟申请2013年中央预算内资金的项目前期工作进行了调研，本次检查的已建和在建项目共9个，涉及两个方面，一是2012年兵团下达六、七、八、十二师城镇污水垃圾、环资项目共6个，其中六师1个，八师4个，十二师1个，项目计划总投资49054万元，其中2012年计划投资32078万元，中央预算内投资6270万元，银行贷款1500万元，单位自筹24308万元。主要是芳草湖农场生活垃圾处理设施建设项目、石河子城市污水处理厂二期工程、十二师西山农场排水工程、新疆西部牧业公司农产品加工废弃物资源化利用项目、石河子天筑集团年产40万立方米混凝土和20万立方米商品砂浆搅拌站项目、农八师一五二团年产1.8亿块粉煤灰、煤矸石烧结砖项目。二是2012年以前年度下达的在建项目3个，项目计划总投资20604万元，其中中央预算内投资6587万元，单位自筹资金14017万元，主要是五家渠城市生活污水处理设施项目、大黄山煤矿瓦斯发电项目、农七师128团污水处理设施等项目。同时，对拟申报2013年中央预算内投资城镇污水垃圾、资源节约和综合利用的14个项目前期工作进行了调研。

为做好国家财政奖励资金项目管理工作，2012年7月份，兵团发改委配合兵团财务局、天津节能中心，完成了对兵团2011年节能财政奖励项目的抽查工作，2011年～2012年财政奖励合同能源管理项目清算工作。

七、高效照明产品推广工作

继续做好高效节能产品推广工作，完成了2011年高效照明产品推广工作总结及2012年度财政补贴高效照明产品推广任务和推广企业的确认上报工作，会同兵团财务局下发了《关于做好兵团2012年财政补贴高效照明产品推广工作的通知》（兵发改环资发〔2012〕817号），对2012年国家下达兵团的50万只高效照明产品推广任务进行了安排部署。

为加对大节能产品惠民政策宣传力度，让节能产品切实应用到老百姓的生活中，兵团发改委积极开展高效节能产品政策的宣传及节能产品的推广工作，组织协调节能产品生产企业和有关单位开展节能灯现场活动，2012年兵团计划推广50万只高效照明产品，通过兵团、师两级发展改革委、财务、科技、机关事务管理等部门的积极合作，与中标企业广东佛山照明有限公司共同努力，圆满完成计划任务。

八、认真开展了资源综合利用项目产品认证工作

继续做好资源综合利用项目(产品)的认证、换证审查工作，办理了乌苏青松建材责任公司的通用硅酸盐水泥熟料、石河子开发区恒基建材有限公司商品混凝土、哈密南岗建材有限公司复合硅酸盐水泥等企业产品的资源综合利用换证工作，为有关企业较好落实了增值税、所得税减免等政策。2012年累计为兵团37家资源综合利用企业减免税收2.5亿元以上，资源综合利用废弃物890万吨。

九、开展了节能减排宣传活动

根据人力资源和社会保障部、国家发展改革委、环境保护部、财政部《关于组织做好推荐评选“十一五”时期全国节能减排先进集体和先进个人工作的通知》，做好兵团1个节能先进集体和1个先进个人的初选、上报、公示等工作。组织了2012年全国节能宣传周等宣传活动，通过中国移动集团新疆分公司发布了“本周是第22个全国节能宣传周，让我们节约资源、爱护环境、简约生活，共建绿色低碳家园”节能公益短信，倡导节能低碳、绿色生活，同时，充分利用节能宣传周，组织开展了兵团高效照明产品节能灯现场推广活动，实现了生活方式的绿色转换。围绕节能宣传周、“六·五”世界环境日，协调兵团机关事务管理局、环保局举办了节能减排专题展览，使节能、环保、绿色、低碳、循环发展的理念深入人心。

（撰稿：杨安民，新疆生产建设兵团资源节约和环境保护处）

2012年大连市循环经济

大连市发展和改革委员会

2012年，是完成资源节约与环境保护各项指标任务关键一年。大连市资源节约与环境保护工作以邓小平理论和“三个代表”重要思想为指导，全面贯彻落实科学发展观，紧紧围绕资源节约与环境保护基本国策，全面推进生态文明建设，在加强宏观引导、推进节能减排、实施产业结构调整、加快发展循环经济、提高资源综合利用效率、加强生态环境保护等方面开展了一系列扎实有效的工作，取得较好成绩。

一、全面完成各项节能减排工作目标

据初步核算，预计2012年全市万元GDP能耗同比降低3.85%，万元工业增加值能耗下降6%；化学需氧量削减2.71%，氨氮削减0.67%，二氧化硫削减1%，氮氧化物削减0%,能全面完成省政府下达的各项节能减排任务指标。城市污水集中处理率为95%，再生水回用率为42%，城市生活垃圾无害化处理率为100%。

二、强力推进节能减排，加快建设资源节约型、环境友好型社会

（一）强化节能减排目标考核责任制

分解落实年度节能减排指标任务。为更好地推进2012年度节能减排工作，市政府和市节能减排领导小组办公室分别印发了《大连市2012年节能工作实施方案》和《大连市人民政府办公厅关于下达大连市2012年度主要污染物总量减排任务的通知》，将年度节能减排目标任务分解下达到各区市县政府、先导区管委会、市政府各有关委办局、重点耗能和排污企业。并将节能减排目标完成情况作为对领导班子和领导干部综合考核评价的重要依据，实行问责制和“一票否决”制。

组织节能减排年度目标责任考核。根据国家和省相关要求，市发展改革委和市环保局分别以《大连市“十二五”单位GDP能耗考核体系实施方案》和《区市县“十二五”主要污染物总量减排考核办法》为指导，牵头组织市政府相关部门对全市各区市县、先导区2011年度节能目标责任完成情况进行了评价考核。

（二）加强节能减排管理

一是建立并严格实施固定资产投资项目节能评估和审查制度，从源头控制高耗能项目建设，将固定资产投资项目节能评估和审查制度作为控制地区能源消费增量和总量的重要措施。2012年，全市通过节能评估和审查的固定资产投资项目已达643个，项目年综合能源消费量共计88.83万吨标煤,经过审查，项目能源消费量核减3.84万吨标煤。

二是创新污染源在线监测设施监管机制。做好在线监测设施的比对监测和有效性审核工作，为减排提供技术支撑。在市环境监测中心设立自动监控中心，负责开展在线监测设施的比对监测和数据有效性审核。对所有国家重点监控企业及部分市控重点污染源企业自动监控系统实施以政府为主导的社会化运行方式。强化对第三方运营企业监督管理，依据对运营商运行情况考核结果拨付运行费用。

三是认真落实排污许可证制度。继续完善排污许可证制度。扩大排污许可证发证范围，将所有收费企业纳入排污许可证管辖范围。突出排污许可证许可总量的作用，将排污许可总量与排污收费相关联，实施多申请总量指标多缴费制度。出台超总量处罚罚则，加大超总量处罚力度，督促企业依法排污。

（三）加快调整产业结构

积极推进传统产业绿色化，加大产业结构调整力度。推进工业企业向园区集聚，推动支柱行业进行产业升级和产品升级，大力发展现代服务业和新兴产业。市发展改革委分别编制完成了《大连市绿色经济发展规划》和《大连市战略性新兴产业规划》，指导我市经济向绿色、低碳转型发展。

积极淘汰落后产能。根据省淘汰落后产能工作协调小组《关于下达2012年全省淘汰落后产能目标任务及企业名单的通知》要求，我市涉及建材行业的大连金格玻璃有限公司平板玻璃（格法）生产线、造纸行业的大连宝发纸业有限公司草浆生产线、印染行业的大连普淇针织有限公司印染生产线已全部关停；按照国家产业政策，我市今年又自主组织了水泥粉磨设备的淘汰工作，年内共拆除6户企业18台磨机。

（四）大力推进万家企业节能低碳行动

根据国家发展改革委等12部门联合印发的《万家企业节能低碳行动实施方案》和国家发展改革委办公厅印发的

《万家企业节能目标责任考核实施方案》要求，我市印发了《万家企业2011年节能目标责任考核工作实施计划》，对列入国家万家企业名单的86家重点耗能企业实施了2011年节能目标责任考核。86家企业“十二五”期间节能目标量为144万吨标煤，2011年共实现节能量59万吨标煤，完成“十二五”期间万家企业节能任务的41.89%，比年度节能进度目标多节约31万吨标煤，超额完成2011年度节能目标任务。

（五）深入推进重点领域节能工作

加强工业领域节能工作。2012年，对列入国家万家企业名单的我市74家工业企业之中的71家企业实施了能源审计，其中已完成了31家企业的能源审计工作;组织全市水泥企业开展能效对标达标活动，有效地促进了水泥企业能效水平的提高；在对200余家年耗能5000吨标准煤以上的重点耗能企业全面实施节能监察工作的基础上，组织对100余家工业企业进行了能耗限额专项大检查。

认真抓好建筑领域节能降耗。2012年，全市居住建筑和公共建筑节能65%标准执行率已达100%，新增节能建筑300万平方米，累计建成节能建筑面积达7800万平方米。开展建筑节能示范工程16项，总建筑面积约455万平方米；《大连市民用建筑节能管理办法》已进入立法程序，拟定于2013年发布实施；积极推进既有建筑供热计量及节能改造，实际完成改造面积为30.18万平方米，超额完成国家下达给我市的30万平方米指标任务。

大力推进交通领域节能减排。大连辽鲁甩挂物流有限责任公司、大连交运集团有限公司开展的陆海甩挂运输经评审已列入交通运输部公路甩挂运输第二批试点项目；积极淘汰高能耗、高污染的老旧营运车辆。全年更新老旧公交车和营运客货车辆4570辆；新增节能和新能源汽车390辆，其中混合动力公交车30辆，纯电动公交车10辆，混合动力出租车350辆。开展港口企业能源管理体系建设，逐步完善能耗定额标准体系、港口节能考核体系。建立了能源指标预算管理和投资项目能源评价机制，实现了能耗指标的预控和可控管理。

深化公共机构领域节能降耗。按照省政府要求，组织对部分公共机构开展了用能设施和用能情况的普查工作，并对全市各区市县和先导区公共机构节能工作情况进行了全面的检查考核；组织全市公共机构节能工作兼职人员进行了相关业务知识学习和培训，提高了兼职人员的节能管理工作能力；组织多家企业参加了省政府机关事务管理局在沈阳举办的公共机构节能产品展示会；积极开展公共机构节能技术改造，市政府安排资金1474万元用于支持市直公共机构节能改造项目建设。

（六）积极推进节能能力建设

为加强全市节能目标完成情况的统计与监测，市政府办公厅印发了《关于进一步加强能源统计工作的通知》，要求各区市县政府和先导区管理委员会在综合统计部门内要增设能源统计机构，配备专职统计人员，保障必要的工作经费，确保能源统计工作的顺利开展，目前，各区市县和先导区全社会能源消费总量核算制度正在完善之中；大连市节能监察支队能力建设项目获中央预算内资金支持，新增设备86台（套），我市节能监察能力在硬件建设上又得到了进一步加强。

（七）加大财政支持力度

2012年，国家发展改革委共下达给我市6个资源节约和环境保护领域中央预算内投资项目。其中：中央预算内资金1.36亿元，市投资配套1.26亿元。

为积极推进全市节能减排工作，市政府在市投资中设立3亿元市节能减排资金，用于支持全市节能减排和循环经济项目建设。2012年，共安排2.5亿元支持57个节能减排和循环经济项目建设，项目建成后预计年节约标煤8万吨、减排化学需氧量4104吨、氨氮410吨、二氧化硫7104吨、氮氧化物3500吨，综合利用各种废弃物100万吨。节能减排资金的设立较好地调动了社会各界参与节能减排和循环经济工作的积极性，在全社会具有较强的引导作用。

三、深入推进循环经济发展，着力提高资源利用效率

（一）规划指导,全面推进循环经济发展。

2012年8月，市政府办公厅印发了《大连市“十二五”循环经济发展规划》（以下简称《规划》）。《规划》以加快转变经济发展方式为主线，以构建循环型产业体系、培育循环经济新兴产业和循环型社会建设为重点，以产业聚集区循环化发展和循环化改造为抓手，着力构建了循环型工业、农业、服务业和社会体系，确定了促进循环经济发展的“925” 工程，即实施9大循环经济示范工程；建设20个循环经济示范园区和50个循环经济示范企业。通过实施“925”工程，全面引领大连市“十二五”循环经济发展。

（二）加快推进再生资源利用产业集聚发展

一是加快推进大连国家生态工业示范园区（静脉产业类）国家“城市矿产”示范基地开发建设。目前，园区建

设已初具规模，已完成4平方公里的动迁和填海工程，3平方公里的道路等配套基础设施建设；商务中心办公楼，海关、检验检疫办公楼及附属设施，等公共服务平台及信息和监管系统已建设完成。已有32家国内外知名企业签约入驻园区。

二是积极推进再生资源回收体系建设。市再生资源回收体系建设领导小组印发《大连市再生资源回收体系建设的实施方案》，编制完成了《大连市再生资源回收体系建设规划》。

（三）全力推进国家循环经济试点示范工程建设

积极申报中日韩循环经济示范基地。根据国家发展改革委办公厅、外交部办公厅、财政部办公厅联合下发的《关于组织推荐中日韩循环经济示范基地备选园区的通知》要求，我市积极组织申报工作，大连循环产业经济区顺利通过了国家发展改革委等三部委联合组织的三轮预选，成为全国三个备选园区之一。

着力推进城市餐厨废弃物资源化利用和无害化处理试点工程建设。作为国家餐厨废弃物资源化利用与无害化处理试点城市，大连市积极推进餐厨废弃物资源化利用与无害化处理末端处理设施及回收和监管体系试点项目建设。目前，末端处理设施建设项目土建已开工，并进行设备购置；回收和监管体系试点项目已完成10台收运车辆的购置。预计到2013年底项目全部建成。市城建局起草的《大连市餐厨垃圾收运管理办法》已进入立法程序。

积极推进再制造试点项目建设。一是配合国家发展改革委组织完成了对大众一汽发动机（大连）有限公司发动机再制造项目的验收工作。目前该项目已竣工达产，年可再制造发动机5000台，预计到2014年，再制造产能可达到1.5万台。二是推进大连报废车辆拆解有限公司申报国家发展改革委再制造试点项目。

（四）强力推进水资源节约

全面推进节水型城市建设。编制完成了《大连市水务现代化规划》、《大连市水资源可持续利用总体规划》；出台了大连市《关于实行最严格水资源管理制度的意见》，建立了市县两级三条红线量化指标，并将指标分解，纳入市县两级政府政绩考核和问责中。

加强节水管理。组织全市进行万元GDP取水量降低率的考核。进行节水年度考核，进一步完善节水考核赋分制度。节水管理机构进一步健全，管理职能和职责进一步明确。工业节水取得新进展。2012年，工业用水重复利用率达到91.5%，工业间接冷却水循环利用率98.5%，工业万元产值取水量达到13立方米，计划用水率达到95%，海水直接利用量达207万立方米/日，海水淡化能力为4.2万立方米/日。

（五）积极推进建筑领域资源综合利用

一是新型墙体材料发展应用再上新台阶。2012年完成新型墙体材料备案100项。以混凝土空心砌块为代表的新型墙体材料发展迅速，新型墙体材料年产量达到31.66亿标块，占墙体材料总量的94%。建设工程中新型墙体材料使用率达96%。

二是粉煤灰综合利用取得新成绩。2012年底，全市电厂粉煤灰排放量预计达210万吨，利用量178.5万吨，综合利用率86%，其中主要有：水泥生产用灰52万吨，新型墙体材料利用粉煤灰30万吨，商品混凝土生产用灰85万吨。

（六）积极开展对外交流与合作

在循环经济发展领域内，分别与日韩及欧洲等国家开展了广泛合作。大连市与日本北九州市是友好城市，北九州市政府多次组织专家、企业代表团对大连市静脉产业及循环经济发展领域相关问题进行沟通交流。自2010年来，大连市与日立公司在多领域内开展了广泛合作，2012年，大连市发展改革委会同相关部门协助日立公司在大连成功举行了大连日立展2012展会。2012年，我市与韩国蔚山市在绿色成长领域内开展合作，市绿色经济考察团拜访蔚山市政府相关部门，并召开绿色经济成长交流会。

（七）努力提高全民循环经济意识

全市各主要新闻媒体结合"6.5环境日"、"全国节能宣传周"等活动，进一步加大节能减排和循环经济宣传工作力度。在重要版面、重要时段进行系列报道，刊播节能公益性广告。广泛宣传实施节能减排和循环经济的重要性、紧迫性。

开展"家庭节约妙招"征集活动，发放家庭节能减排宣传资料，介绍家庭节约妙招和节能环保经验。充分发挥妇女在家庭和社区中的积极作用，大力推广"环保布袋"、"环保筷子"活动，广泛开展"绿色家庭"创评活动，号召全市广大家庭坚持节约从自身做起，环保从家庭出发，努力养成节约能源，保护环境，合理消费，健康生活的良好习惯。

四、加大环境保护力度，全面推进生态文明建设

（一）强力实施环保基础设施建设规划。

一是认真落实“十二五”环保基础设施建设规划。市发展改革委会同市环保局、市城建局共同印发《大连市“十二五”污水处理及再生利用设施建设规划》和《大连市”十二五”生活垃圾无害化处理设施建设规划》，将其发至相关区市县，并要求各地积极推进规划中项目建设。二是积极推动规划内建设项目争取中央预算内资金支持项目建设。2012年，我市共有4个污水和垃圾处理设施建设项目获中央预算内资金支持。同时，组织筛选了12个环保设施建设备选项目作为2013年中央预算内资金支持的备选项目。

（二）加大大气污染防治力度

积极推进蓝天工程建设。2012年，市投资共投入资金1亿元，用于拆炉并网工程项目建设。为促进大气污染防治，编制了《大连市“蓝天工程”实施方案》，提出实施城市环境空气质量考核、产业结构与布局调整、控制煤烟型污染、重点行业脱硫脱硝除尘等十大重点任务，成立了由相关委办局及区市县政府负责人组成的大连市“蓝天工程”领导小组，建立并完善大气环境综合整治协调机制。

强化机动车尾气减排管理。《大连市机动车污染防治条例（草案）》已进入立法程序，《条例》将对包含机动车污染防治协调机制、环保检验合格标志管理、高污染车辆限行、车用油品质量监管等内容。启动了创建绿标路、限行黄标车工作，市政府出台了《大连市创建机动车环保绿色标志道路工作方案》。启动电子监控系统、机动车环保监测监管信息系统及数据库建设。市政府出台《关于限制部门外埠旧机动车转入我市的通告》，严格限制高污染车辆转入我市。开展机动车排气污染治理“百日会战”，对机动车尾气污染集中进行道路巡检执法工作。

（三）加强农村生态建设

2012年，我市被财政部、环保部确定为为全国农村环境连片整治试点城市。中央财政将在2012-2014年间投入4亿元，地方配套资金6亿元，专项用于全市农村环境连片整治工作，包括生活污水和垃圾治理，农村饮用水源保护、畜禽养殖污染治理等方面。2012年我市20个乡镇获得国家级生态乡镇称号，

（四）加大水源地环境保护力度

2012年，市政府投入资金1800万元，完成大连市22处城市集中式饮用水水源保护区勘界立标，并开发大连市城市集中市饮用水水源环境保护信息管理系统。为加强对水源保护区的管理，完成了《大连市饮用水水源地污染防治管理办法》的立法调研，编制完成《大连市城市集中式饮用水水源地环境保护规划》和《大连市集中式饮用水水源保护区突发环境事件应急预案》。

（五）推进重点企业清洁生产审核

2012年，公布大连市应实施强制性清洁生产审核的重点企业名单共6批，开展317家企业清洁生产审核工作，完成308家企业的清洁生产审核评估验收，启动涉重金属企业第二轮清洁生产审核。

五、积极开展应对气候变化工作，实现低碳发展之路

（一）开展应对气候变化基础研究

根据国家发展改革委和省发展改革委的工作部署和要求，为了摸清底数，更好的开展应对气候变化的工作，我市正式启动了大连市应对气候变化规划编制工作。目前，《大连市应对气候变化规划》草稿已编制完成。

编制温室气体排放清单是开展应对气候变化工作的重要基础性工作，为此，市发展改革委组建了以大连理工大学专家组为核心、以能源、工业、农业、畜牧、土地、林业、环保等多个领域的相关行业研究院参加的排放清单编制团队，共同编制2005年、2008年、2010年及2011年《大连市温室气体排放清单》，目前，各年度《大连市温室气体排放清单》均已编制完成并报省发展改革委核定。

（二）加快能源结构调整，推进低碳能源产业发展

大力推进核电和LNG等清洁能源项目建设。目前，辽宁红沿河核电站一期工程建设进展顺利，四台机组发电装机容量共448万千瓦。2013年2月17日，1号机组正式并网发电。预计到2015年，一期工程4台机组将全部建成发电，年发电量为300亿千瓦时。与同等规模的火电项目相比，辽宁红沿河核电站一期工程4台机组全部投入运行后，每年减少标煤消耗约1000万吨，减排二氧化碳2400万吨、二氧化硫23万吨、氮氧化物15万吨，相当于造林6.6万公顷。大连LNG（液化天然气）接收站已建成投产，这为我市实现能源资源供给多元化、调整能源结构、减少污染物排放奠定了基础。到2012年末，全市风电装机容量已达36万千瓦，2012年实现并网发电5万千瓦；光伏发电装机容量达8.84兆瓦, 2012年新增发电能力6兆瓦。

积极推进农村新能源建设。通过开放节能减排示范基地和召开农村能源现场会等形式，大力宣传农村新能源建设的重要意义。2012年我市新发展户用沼气工程1000个、大中型沼气工程50处、太阳能热水器3000台、太阳能暖房10万平方米、高效节能吊炕2万铺、生物质半气化炉2500台。据测算，2012年新发展的项目，年可生产沼气1212500立方米，年可节约1.8万吨标准煤。

（三）提高全域碳汇能力

为增强全域碳汇能力，我市不断加强生态建设，实施森林乡村、湿地公园、生态河、海防林等青山生态系统十大工程。2012年，全社会投入100亿元，造林补植90.58万亩，全市林木覆盖率达到44.48%。

六、2013年资源节约和环境保护工作思路

2013年是新一届政府开局之年，是完成“十二五”各项任务指标的关键之年，我们将以十八大提出的加快推进生态文明建设为指导，以建设“富庶、美丽、文明大连”为目标，结合我市全域城市化发展战略，积极探索绿色城镇化建设之路，着力推进经济社会绿色、循环、低碳发展。

（一）指导思想

以建设资源节约型、环境友好型社会为主线，以优化资源利用方式、提高资源利用效率为核心，以技术创新和制度创新为动力，尽快形成“政府主导、企业主体、公众参与、法律规范、政策引导、科技支撑、市场运作”的运行机制，积极推进节能减排，发展循环经济，促进环境保护，全面推进全市生态文明建设。

（二）主要节能减排计划指标

2013年全市万元地区生产总值能耗计划同比下降3.77%；万元工业增加值能耗计划同比下降3%；化学需氧量、二氧化硫、氨氮化合物、氮氧化物平均削减率计划为 %（最终以省政府下达的指标为准）。

（三）主要工作

1、强化节能减排考核，落实目标责任制

根据省政府下达给我市的“十二五”期间万元GDP能耗降低率和主要污染物削减率指标，在充分考虑各区市县经济发展水平、产业结构和节能减排潜力等因素的基础上，合理分解下达2013年各区市县、先导区节能减排约束性指标，修订完善节能减排目标责任评价考核办法，强化节能减排目标责任考核工作，严格奖惩措施和责任追究制度。确保节能减排工作完成进度与“十二五”时间进度同步。

积极推进万家企业节能低碳行动，加强指导，强化万家企业节能目标责任考核，确保2013年全市95%以上的万家企业完成节能目标。

2、加快实施“十二五”资源节约与环境保护相关专项规划

加快实施《大连市循环经济发展“十二五”规划》、《大连市“十二五”能源节约规划》、《大连市城镇污水及再生利用设施建设“十二五”规划》和《大连市生活垃圾无害化处理设施建设“十二五”规划》，积极推进各规划确定的重点工作和重大项目，认真开展各规划约束性指标完成情况评价，开展各规划中期评估工作。

3、大力推进资源节约工作

突出抓好工业、建筑、交通运输和公共机构等重点领域节能减排。加大对重点用能企业能耗的监管力度。推进节能技术进步，加大节能新技术、新工艺、新产品的开发和推广应用。加快实施重点节能改造、节能技术产业化示范、节能产品惠民、合同能源管理推广等工程。加强固定资产投资项目节能管理，严格实施固定资产投资项目节能评估和审查制度。

加强工业和生活节水工作。强化重点用水行业管理，推广应用节水器具。提高农业用水效率，大力建设农业节水灌溉设施。提高再生水、海水和雨洪水资源利用效率。

4、积极推进循环经济发展

一是制定并印发《大连市循环经济试点实施方案》，全面启动大连市循环经济“925”工程，着力推进循环经济重点工程和试点单位建设。二是积极推进国家“城市矿产”示范基地—大连国家生态工业示范园区（静脉产业类）建设。加快推进园区配套设施建设。加强园区公共服务平台及服务能力建设，确保入园企业尽快竣工投产。制定并落实促进企业搬迁的相关优惠政策。加快推进现有再生资源拆解企业向园区搬迁，三是以大连经济技术开发区循环化改造为示范，加快推进国家循环经济试点工程建设，推进现有园区的循环化改造步伐，指导其制定循环化改造方案，积极引入补链企业。四是建立和完善再生资源回收体系。规范再生资源回收网点建设及从业人员管理。逐步建立生活垃圾分类回收制度，探索适合大连市的生活垃圾分类回收方式。五是组织编制《大连市粉煤灰综合利用

实施方案》，积极推进粉煤灰综合利用项目建设，提高粉煤灰综合利用效率。

5、强力推进污染减排工作

认真实施全域城市化战略，全面加快城镇环境基础设施建设，加大政府投资，积极推进污水、垃圾处理设施项目建设。大力推进清洁生产工作，扩大清洁生产审核范围，引导和鼓励企业落实清洁生产方案。积极贯彻落实《蓝天工程实施方案》，加强空气质量监测能力建设，加快推进淘汰老旧车辆，加大对汽车尾气污染的防治力度。严格实行区域环评文件限批。推进环境监管能力标准化建设，着力提高污染源监测、农业源污染检测等能力。强化重点污染企业的环境监控，加大在线监测系统建设力度，严肃核查生产运行记录。

6、加大应对气候变化工作力度

一是继续做好温室气体排放清单编制工作。根据省发展改革委的审核要求，进一步修改完善历年《大连市温室气体排放清单》；完成2012年《大连市温室气体排放清单》编制工作，将温室气体排放清单编制工作纳入市发展改革委正常年度工作。二是积极探讨市场化应对气候变化工作新思路。依托大连环境交易所，积极研究探讨碳排放交易；根据国家发展改革委要求，积极组织清洁发展机制（CDM）项目初审工作，进一步规范清洁发展机制项目管理。三是积极申报并推进应对气候变化试点工作。积极组织申报国家低碳试点城市，全方位推进全市应对气候变化工作。积极组织大连生态科技城申报省低碳试点城区，积极推进旅顺口绿色经济区建设。四是着力提高森林碳汇能力。积极推进青山保护工程、森林、湿地公园建设工程、经济林建设工程、道路绿化工程、园区绿化工程、河流绿化工程等十大工程建设。五是加强地方应对气候变化能力建设。积极参加国家发展改革委和省发展改革委组织的各种应对气候变化工作业务培训，适时组织全市应对气候变化工作培训，提高全市从事应对气候变化工作人员的能力和水平。

7、积极推进资源节约、环境保护重大项目建设

一是做好2013年资源节约和环境保护领域中央预算内投资项目推进和监管工作，及时下达地方配套资金计划，确保投资项目按计划建设和竣工投产；二是做好投资项目储备，做好项目立项、可研、环评、能评、土地等前期工作，积极申报2014年资源节约和环境保护领域中央预算内投资备选项目；三是牵头组织市政府办公厅、经信委、建委、交通局、港口口岸局、环保局共同安排好2013年市节能减排资金专项。

8、加强对资源节约和环境保护工作宣传教育

利用各种方式，宣传资源节约和环境保护的重要性，倡导节约型生产方式、消费模式和生活习惯；以“全国节能宣传周”、“中国城市无车日”、“六•五环境日”为依托，重点宣传资源节约和环境保护；组织新闻媒体大力宣传先进典型，曝光反面案例，充分发挥舆论的引导和监督作用。

（撰稿人：成英俊，大连市发展和改革委员会环资处）

2012年青岛市循环经济

青岛市发展和改革委员会

2012年青岛市紧密围绕国家发展改革委重点推进的再制造试点、“城市矿产”示范基地、餐厨废弃物资源化利用和无害化处置试点、循环经济教育示范基地、园区循环化改造示范试点等循环经济发展5大领域，积极组织动员相关企业和园区开展工作，取得了丰硕成果。同时，青岛市继续积极开展国家循环经济试点城市工作，大力推进资源综合利用，努力提高资源利用效率，并成功举办了第二届中国国际循环经济成果交易博览会。

一、国家“城市矿产”示范基地建设稳步推进

规模为2.5万辆/年的半自动报废汽车拆解项目建成投产，设计处理能力4万吨/年的区域性破碎中心投入试运营，处理能力为500kg/48H的氟利昂再生装置投入运行，贵金属提取项目进入设备调试阶段，一期规模为10万吨/年废塑料再生利用项目和3万吨/年废矿物油再生利用项目主体完工，设计能力为1万吨/年废轮胎热裂解资源化利用项目进入可研报告报批阶段，国际再生资源监管区项目进入整体验收阶段，国家“城市矿产”工程技术产业孵化基地研发中心项目正在落实建设地址。与世界500强企业韩国SK集团合作开展污染土壤修复项目，研发完成了重金属铬污染土壤清洗中试设备。引进消化吸收日本先进的废旧容器修复再制造技术，建成再生开口桶和再生闭口桶2条工业用容器再生生产线，年可再生200L旧钢桶30万只。

二、餐厨废弃物资源化利用和无害化处置试点取得新进展

青岛市餐厨垃圾处理厂于2011年12月8日举行开工奠基仪式，陆续完成项目核准、方案设计、场地三通一平等基础设施建设以及主要设备采购，土建工程进入全面施工阶段，今年底将完成建设，明年投入运行。2012年10月1日《青岛市餐厨废弃物管理办法》正式颁布实施，标志着青岛市餐厨废弃物资源化利用体系制度建设取得重要进展。同时，启动餐厨废弃物收运体系建设，建设环卫数字化监管平台，对餐厨废弃物收运、处置全过程监控。中央预拨资金705万元专项用于餐厨垃圾收集车辆购置核加装GPS及电子识别系统，确保餐厨废弃物资源化利用体系正常运行。

三、青岛啤酒二厂成为首批国家循环经济教育示范基地

2月17日，国家发改委、教育部、财政部、国家旅游局联合印发文件，确定9家单位为首批国家循环经济教育示范基地，青岛啤酒二厂成功入选。通过循环经济教育示范基地的建设，青岛市将积极搭建循环经济的宣传、交流平台和教育培训基地，宣传循环经济理念，引导全社会广泛参与循环经济发展。11月，国家发改委组织相关部门对青岛新天地静脉产业园的国家循环经济教育示范基地申报工作进行了现场评审。

四、青岛经济技术开发区获得国家园区循环化改造示范试点启动资金

4月21日，国家发改委、财政部联合印发《关于推进园区循环化改造的意见》，对推进“十二五”期间园区循环化改造进行了部署。通过精心指导和大力推荐，青岛经济技术开发区被确认为国家初选园区之一，并获得国家园区循环化改造示范试点启动资金2000万元，用于园区建设各项基础性工作，以推动园区循环化改造工作尽快启动。循环化改造示范试点工作将有助于提高园区综合竞争力和可持续发展能力，为青岛市园区循环化改造树立样板。

五、积极推动青岛市2家企业申报国家再制造试点

8月初，国家发展改革委公布了33家第二批再制造试点单位初选名单，青岛市组织推荐的威伯科汽车控制系统（中国）有限公司和青岛联合报废汽车回收有限公司名列其中。两企业均为汽车零部件领域的试点单位，其试点范围分别是空压机和发电机、起动机的再制造。市发改委根据专家评审意见指导企业修改完善实施方案并再次上报，等待国家发改委批复。

六、编制循环经济发展规划全面指导董家口经济区建设

组织编制了《青岛董家口经济区循环经济发展规划》，旨在以循环经济理念全面指导董家口经济区规划建设，推动董家口经济区在港区、临港产业区、商住区和生态旅游区分层次构建循环经济体系，确保资源能源高效利用和生态环境保持良好，实现经济区的可持续发展。董家口经济区将以《循环经济发展规划》为顶层设计，指导开展经济区相关规划和建设。

七、深入开展中日城市典型废弃物循环利用体系建设项目试点工作

2012年先后两次在青岛市组织召开了中日城市典型废弃物循环利用体系建设试点工作研讨会，来自国家发改委、日本国际协力机构、中国社科院等部门机构的专家学者与青岛市市直相关部门、院校和企业负责人研讨交流，对青岛市生活废弃物、餐厨废弃物和废旧轮胎综合利用的政策规划和工作路线图进行深入讨论并形成阶段性成果，有力推进了青岛市餐厨垃圾和废旧轮胎的资源化利用试点工作。

八、资源综合利用工作进展顺利

一是根据国家发展改革委办公厅《关于开展资源综合利用“双百工程”建设的通知》要求，推荐已具备建设条件和基础优势的建筑废物和废旧轮胎综合利用2个领域申请列入示范工程（基地）。同时，推荐拥有领先技术水平、具有产业规模化发展基础的3家建筑废物综合利用和2家废旧轮胎综合利用企业争取列入骨干企业。二是落实好国家资源综合利用鼓励政策，上半年有28家企业29个产品通过资源综合利用认定，委托山东省水泥质量监督检验站和山东省建筑工程质量监督检验测试中心完成了全年资源综合利用建材产品抽样检测，健全资源综合利用企业统计制度。三是配合市财政部门起草了《青岛市循环经济发展专项资金管理办法》，并提报至市法制办。四是落实节能环保产业鼓励政策，分别研究制定了《关于做好环境保护节能节水专用设备确认工作的通知》和《关于做好环境保护节能节水项目确认工作的通知》。

九、成功举办第二届中国国际循环经济成果交易博览会

2012第二届中国国际循环经济成果交易博览会于6月8日在青岛国际会展中心隆重开幕，国家发展改革委副主任解振华宣布开幕，科技部、工业和信息化部、环保部、住房和城乡建设部、农业部、商务部、中国人民银行、国资委、中国贸促会等10个部委和山东省政府领导以及德国驻华大使出席开幕式。展会历时3天，于6月10日闭幕。本届博览会以“循环经济新成就，绿色发展新动力”为主题，着眼“十二五”时期循环经济发展新要求，围绕区域和企业绿色、低碳发展关切，集中展示重点行业和领域循环经济试点成果，重点推广“减量化、再利用、资源化”典型模式和解决方案，配套以论坛、研讨等系列活动，进一步普及循环经济理念。

（一）博览会展示精彩纷呈

一是参与面广，代表水平高。省市方面，上海、天津等20个省市组团参展并设立成果特装展区。企业方面，中国电力投资集团、武汉钢铁集团、中煤能源集团、华润集团、国电集团等10家中央大企业参展，并设立特装展位；60多家国家循环经济试点示范企业和技术、装备研发生产供应企业独立参展；法国苏伊士环能、西班牙阿本戈水务、德国博世集团、美国陶氏化学等10多家众多世界知名企业参展。国际合作方面，中美能源合作项目、世界资源研究所、国际回收局、美国回收学会、日本废钢铁再生工业协会、韩国环境公团、巴塞尔公约亚太区域中心、东亚经济交流推介机构等组织了200多家外商参会参展。

二是展示规模大，内容丰富全面。本届博览会参展企业达600多家，比上届增加了近50%，展示面积30000多平方米，其中80%为特装展位。本届博览会采取综合展示与专业展示相结合的方式。循环经济试点范例综合展区，集中展示国家循环经济试点省（市、区）、园区发展循环经济的重大成果；设立多个专业展区，分别为中国循环经济典型模式案例展区、重点行业循环经济解决方案展区、再制造展区、建筑领域循环经济展区、新能源与节能展区、环境保护与污染防治设备展区、再生资源回收利用展区，集中展示钢铁、煤炭、电力、化工、建材、轻工、农林等重点行业和再生资源回收利用、再制造等重点领域国家循环经济试点成果，重点推广一批“减量化、再利用、资源化”典型模式和解决方案，促进相关技术方案、产品设备、配套服务的展示交易。展示方式上，湖南万容、成都神钢、华宏科技、湖北力帝、申沃客车、福瑞斯等展商均展出实物设备；中电投、中煤能源等利用大型仿真模型进行直观展示。

三是注重实效，促进交易合作。博览会秉承“合作、创新、责任、专注”的核心理念，以参展商、采购商需求为中心，以突显交易为重点，将观众邀请作为工作重点，向全国乃至世界政府机构、商业协会、跨国企业、国内优秀企业、投融资机构、科研单位等各层面发出邀请。全国共有30多个省市组织近100个团组参会，总人数超过3000人。虽适逢高考和周末，博览会期间总参观人数突破2万人。

四是践行循环经济理念，打造绿色环保博览会。鼓励各搭建商将绿色理念融入展台设计方案中，倡导采用可循环利用展位搭建材质的使用。邀请青岛新天地静脉产业园管理公司作为展会现场废弃物回收利用服务商，负责将展会现场产生的各类废弃物进行分类回收、循环利用。博览会会刊、循环经济典型模式案例宣传资料、青岛市招商资料等需大批量发放的资料均制成电子光盘，减少纸质资料的浪费。对60种循环经济典型模式案例的展示，摒弃以展板为主的传统展示模式，利用电子触摸显示屏相结合的形式进行展示。5000套博览会专用笔记本、笔全部采用可再生材料制成。

（二）配套论坛会议富有成效

博览会期间举办了首届中德循环经济论坛、中日合作城市典型废弃物回收利用研讨会、中美能源合作项目工业节能研讨会，各项活动主题突出，各具特色，具有权威性与高端性，兼备理论性与实务性。

一是中德循环经济论坛。由国家发改委、环保部、德国经济和技术部、德国环境部、德国驻华大使馆共同主办，国家发展改革委副主任解振华、德国驻华大使施明贤出席并致辞，中德两国相关政府部门、企业代表以及专家到会，深入研讨循环经济政策法规制定、地方政府促进循环经济发展措施以及生态园区循环经济模式创新等问题。

二是中日合作城市典型废弃物循环利用研讨会。由国家发改委环资司与日本国际协力机构共同主办，中日两国相关政府机构、专家学者、企业代表出席，会议围绕城市典型废弃物循环利用进行研讨。

三是循环经济投融资座谈会。由国家发展改革委环资司与国家开发银行评审二局共同主办，邀请政府部门、专家、循环经济重点企业与开发银行共同探讨金融机构支持循环经济发展的方向、方式等问题，并举行了银企合作项目签约。

四是中美能源合作项目工业节能研讨会。邀请陶氏化学、ICF国际咨询、通用电气、卡特彼勒、阿米那能源环保、罗克韦尔自动化等公司到会，围绕工业节能整体解决方案与应用实例展开研讨，促进中美企业在电力、石化等工业领域节能方面的交流合作。

博览会期间，中国物资再生协会还举办了首届中国再生资源产业发展高峰论坛、2012中国再生资源产业领军人物颁奖盛典、甘肃省项目推介会等活动。

（三）利用博览会平台积极展开招商

本次博览会招商是青岛市举办展会历史上首次开展招商活动，对依托展会招商进行了初步和有益的尝试，为今后全市发展展会的同时，借助会展平台推动产业招商奠定了良好基础。经过积极努力和宣传推介，市南区、市北区、四方区、李沧区、莱西市、市政府国资委、市经信委、市商务局、市教育局、市科技局等14个单位已经与部分国内外公司和企业达成了初步合作或投资意向，其中境内投资项目51个，有初步投资额的项目7个，拟投资额34.62亿元；外商投资项目17个，有初步投资额的项目11个，拟投资额2.13亿美元。

（四）媒体宣传助力循环经济理念推广

来自中央电视台、新华社、人民日报、中央人民广播电台、人民网、香港大公报、香港商报以及省市电视台、报纸等60多家媒体、80多名记者参与了博览会采访报导。中央电视台于6月8日“新闻联播”时间对开幕式进行了报道，人民日报在9日第二版发了新闻，经济日报、中国经济导报在头版进行了报道，并做了特刊专题报道。中央电视台、经济日报、中国改革报等中央媒体还对解振华副主任进行了专访。青岛电视台对6月9日晚的“向生态文明践行者致敬盛典暨2012中国再生资源年度人物颁奖晚会”在5频道进行了电视直播，中央电视台进行了录播。

（撰稿人：李海燕、李锋刚，青岛市发展和改委员会节约能源办公室）

试点示范

循环经济示范试点名单

国家循环经济试点单位（第一批）

一、重点行业

（一）钢铁

鞍本钢铁集团　攀枝花钢铁集团有限公司　包头钢铁集团有限公司　济南钢铁集团有限公司　莱芜钢铁集团有限公司

（二）有色

金川集团有限公司　中国铝业公司中州分公司　江西铜业集团公司　株洲冶炼集团有限责任公司　包头铝业有限责任公司　河南省商电铝业集团公司　云南驰宏锌锗股份有限公司　安徽铜陵有色金属（集团）公司

（三）煤炭

淮南矿业集团有限责任公司　河南平顶山煤业集团有限公司　新汶矿业集团公司　抚顺矿业集团　山西焦煤集团西山煤矿总公司

（四）电力

天津北疆发电厂　河北西柏坡发电有限责任公司　重庆发电厂

（五）化工

山西焦化集团有限公司　山东鲁北企业集团有限公司　四川宜宾天原化工股份有限公司　河北冀衡集团公司　湖南智成化工有限公司　贵州宏福实业有限公司　贵阳开阳磷化工集团公司　山东海化集团有限公司　新疆天业（集团）有限公司　宁夏金昱元化工集团有限公司　福建三明市环科化工橡胶有限公司　烟台万华合成革集团有限公司

（六）建材

北京水泥厂有限责任公司　内蒙古乌兰水泥厂有限公司　吉林亚泰集团股份有限公司

（七）轻工

河南天冠企业集团公司　贵州赤天化纸业股份有限公司　山东泉林纸业有限公司　宜宾五粮液集团有限公司　广西贵糖（集团）股份有限公司　广东省江门甘蔗化工(集团)股份有限公司

二、重点领域

（一）再生资源回收利用体系建设

北京市朝阳区中兴再生资源回收利用公司　石家庄市物资回收总公司　吉林省吉林市再生资源集散市场　湖南汨罗再生资源集散市场　广东清远再生资源集散市场　深圳报业集团

（二）废旧金属再生利用

天津大通铜业有限公司　上海新格有色金属有限公司　河南豫光金铅集团有限责任公司　江苏春兴合金集团有限公司　深圳东江环保公司　广东新会双水拆船钢铁有限公司

（三）废旧家电回收利用

浙江省　青岛市　广东贵屿镇

（四）再制造

济南复强动力有限公司　北京金运通大型轮胎翻修厂

三、产业园区

天津经济技术开发区　苏州高新技术产业开发区　大连经济技术开发区　烟台经济技术开发区

河北省曹妃店循环经济示范区　内蒙古蒙西高新技术工业园区

黑龙江省牡丹江经济技术开发区　上海化学工业区

江苏省张家港扬子江冶金工业园　湖北省武汉市东西湖工业园区

四川西部化工城　青海省柴达木循环经济试验区

陕西省杨凌农业高新技术产业示范区

四、省市

北京市　辽宁省　上海市　江苏省　山东省　重庆市（三峡库区）　宁波市　铜陵市　贵阳市　鹤壁市

国家循环经济示范试点单位（第二批）

一、重点行业

（一）钢铁

宝山钢铁股份有限公司　太原钢铁（集团）有限公司　马鞍山钢铁股份有限公司

福建三钢（集团）有限责任公司　重庆钢铁（集团）有限责任公司

（二）有色

葫芦岛有色金属集团有限公司　广西河池市南方有色冶炼有限责任公司　云南铜业股份有限公司

云南锡业集团（控股）有限责任公司　新疆有色工业(集团)稀有金属有限责任公司

（三）煤炭

山西潞安矿业（集团）有限公司　内蒙古伊东煤炭集团有限责任公司　内蒙古庆华集团有限公司

铁法煤业（集团）有限责任公司　黑龙江龙煤矿业集团有限责任公司（鸡西分公司）

安徽皖北煤电集团有限责任公司

（四）电力

江苏宜兴协联热电有限公司　深圳南山热电股份有限公司

（五）化工

山西丰喜肥业（集团）股份有限公司　山西安泰集团股份有限公司　浙江巨化集团公司

广东云浮硫铁矿企业集团公司　云天化集团有限责任公司

（六）建材

江西华春企业集团公司　四川国栋建设股份有限公司

（七）造纸

湖南泰格林纸集团有限责任公司

（八）纺织（印染）

河北唐山三友集团化纤有限公司　青岛凤凰印染有限责任公司

四川宜宾丝丽雅集团有限公司　福建凤竹纺织科技股份有限公司

（九）机械制造

中钢集团西安重型有限公司

（十）农产品加工

内蒙古塞飞亚集团有限公司　江苏省南通鑫缘茧丝绸集团股份有限公司　山东菱花集团有限公司

山东香弛粮油有限公司　贵州茅台酒厂有限责任公司　中粮新疆屯河股份有限公司

（十一）农业（林业）

北京市密云县十里堡镇　黑龙江省望奎县望奎镇　安徽省阜阳市阜南县

河南省沈丘县付井镇　黑龙江伊春市朗乡林业局

二、重点领域

（一）再生资源加工利用基地

天津子牙工业园　河南省大周镇再生金属回收加工区　辽宁省沈阳市再生资源产业基地

江苏省吴江市再生资源回收利用有限公司　江苏中再生投资开发有限公司　安徽省界首市田营循环经济工业区

湖南省郴州市永兴县　陕西省西安市物资回收利用总公司

（二）再生金属回收利用

宁波金田铜业股份有限公司　山东金升有色集团有限公司　厦门钨业股份有限公司

（三）废电子、废轮胎、废电池回收利用

伟翔环保科技发展（上海）有限公司　青岛天盾橡胶有限公司　深圳市格林美高新技术有限公司

湖北金洋冶金股份有限公司

（四）包装物回收利用

盈创再生资源有限公司　四川绵阳长鑫新材料发展有限公司

三、产业园区（重化工集聚区）

天津市临港工业区　大连松木岛化工园区　吉林省四平循环经济示范区　上海莘庄工业园区　苏州工业园

扬州经济开发区　浙江绍兴滨海工业园区　福建泉港石化工业园区　江西永修云山经济开发区

湖北宜昌经济开发区　湖北武汉市青山区　湖南株洲市清水塘工业区　广州经济技术开发区

广东银洲湖纸业基地　海南省昌江循环经济工业区　四川成都市青白江工业集中发展区

重庆长寿化工产业园区　青海省西宁市经济技术开发区　宁夏宁东能源化工基地　新疆库尔勒经济开发区

四、省市

天津市　山西省　浙江省　河南省　甘肃省　青岛市　深圳市　邯郸市　阜新市　白山市　七台河市　淮北市　萍乡市　荆门市　榆林市　石嘴山市　石河子市

餐厨废弃物资源化利用和无害化处理试点城市（区）名单（第一批）

（国家发展改革委办公厅、财政部办公厅、住房城乡建设部办公厅二〇一一年七月十二日）

北京市（朝阳区）　天津市（津南区）　河北省石家庄市　山西省太原市

内蒙古自治区鄂尔多斯市　辽宁省沈阳市　吉林省白山市　黑龙江省哈尔滨市

上海市（闵行区）　江苏省苏州市　浙江省嘉兴市　安徽省合肥市

福建省三明市　江西省南昌市　山东省潍坊市　河南省郑州市

湖北省武汉市　湖南省衡阳市　广西壮族自治区南宁市　海南省三亚市

四川省成都市　重庆市（主城区）　云南省昆明市　贵州省贵阳市

陕西省宝鸡市　甘肃省兰州市　宁夏回族自治区银川市　青海省西宁市

新疆维吾尔自治区乌鲁木齐市　大连市　宁波市　青岛市

深圳市

国家“城市矿产”示范基地名单（第一批）

国家发展改革委　财政部

（二〇一〇年五月）

天津子牙循环经济产业园区　宁波金田产业园　湖南汨罗循环经济工业园　广东清远华清循环经济园　安徽界首田营循环经济工业园　青岛亲天地静脉产业园　四川西南再生资源产业园

国家“城市矿产”示范基地名单（第二批）

（国家发展改革委、财政部 二〇一一年九月 十三日）

1.上海燕龙基再生资源利用示范基地

2. 广西梧州再生资源循环利用园区

3. 江苏邳州市循环经济产业园再生铅产业集聚区

4. 山东临沂金升有色金属产业基地

5. 重庆永川工业园区港桥工业园

6. 浙江桐庐大地循环经济产业园

7. 湖北谷城再生资源园区

8. 大连国家生态工业示范园区

9. 江西新余钢铁再生资源产业基地

10. 河北唐山再生资源循环利用科技产业园

11. 河南大周镇再生金属回收加工区

12. 福建华闽再生资源产业园

13. 宁夏灵武市再生资源循环经济示范区

14. 北京市绿盟再生资源产业基地

15. 辽宁东港再生资源产业园

国家循环化改造示范试点园区名单

（国家发展改革委办公厅 、财政部办公厅二〇一一年十一月二十九日）

甘肃白银高新技术产业开发区　　甘肃金昌经济技术开发区
甘肃陇西经济开发区　　甘肃华亭工业园区
甘肃武威黄羊工业园区　　青海柴达木格尔木工业园
青海柴达木德令哈工业园　　青海柴达木柴旦工业园

汽车零部件再制造试点企业名单

国家发改委
(二〇〇八年三月二日)

一、汽车整车生产企业
中国第一汽车集团公司　安徽江淮汽车集团有限公司　奇瑞汽车有限公司
二、零部件再制造试点企业
上海大众联合发展有限公司（上海大众汽车有限公司授权）
潍柴动力（潍坊）再制造有限公司（潍柴动力股份有限公司授权）
武汉东风鸿泰控股集团有限公司（东风汽车公司授权）
广州市花都全球自动变速箱有限公司（东风悦达起亚汽车有限公司等授权）
济南复强动力有限公司（中国重型汽车集团有限公司授权）
广西玉柴机器股份有限公司
东风康明斯发动机有限公司
柏科（常熟）电机有限公司
陕西法士特汽车传动集团有限责任公司
浙江万里扬变速器有限公司
中国人民解放军第六四五六工厂

国家生态工业示范园区名单

国家环保部

（截至2011年12月31日）

序号	名称	类别	批准文号	批准时间
1	南京高新技术产业开发区	批准建设	环发[2011]122号	2011-10-10
2	杭州经济技术开发区	批准建设	环发[2011]122号	2011-10-10
3	武汉经济技术开发区	批准建设	环发[2011]122号	2011-10-10
4	贵阳经济技术开发区	批准建设	环发[2011]122号	2011-10-10
5	长沙经济技术开发区	批准建设	环发[2011]46号	2011-4-2
6	江阴经济开发区	批准建设	环发[2011]46号	2011-4-2
7	南昌经济技术开发区	批准建设	环发[2011]46号	2011-4-2
8	太原经济技术开发区	批准建设	环发[2011]46号	2011-4-2
9	东营经济技术开发区	批准建设	环发[2010]149号	2010-12-25
10	南通经济技术开发区	批准建设	环发[2010]149号	2010-12-25
11	株洲高新技术产业开发区	批准建设	环发[2010]149号	2010-12-25
12	宁波国家高新技术产业开发区	批准建设	环发[2010]149号	2010-12-25
13	张家港保税区暨扬子江国际化学工业园国家生态工业示范园区	通过验收并命名	环发[2010]135号	2010-11-29
14	昆山经济技术开发区国家生态工业示范园区	通过验收并命名	环发[2010]135号	2010-11-29
15	扬州经济技术开发区国家生态工业示范园区	通过验收并命名	环发[2010]135号	2010-11-29
16	郑州经济技术开发区	批准建设	环发[2010]129号	2010-11-04
17	合肥经济技术开发区	批准建设	环发[2010]129号	2010-11-04
18	上海闵行经济技术开发区	批准建设	环发[2010]129号	2010-11-04
19	重庆永川港桥工业园	批准建设	环发[2010]129号	2010-11-04
20	江苏常州钟楼经济开发区	批准建设	环发[2010]117号	2010-09-20

序号	名称	类别	批准文号	批准时间
21	上海漕河泾新兴技术开发区	批准建设	环发[2010]117号	2010-09-20
22	合肥高新技术产业开发区	批准建设	环发[2010]117号	2010-09-20
23	日照经济技术开发区国家生态工业示范园区	通过验收并命名	环发[2010]103号	2010-08-26
24	上海市莘庄工业区国家生态工业示范园区	通过验收并命名	环发[2010]103号	2010-08-26
25	温州经济技术开发区国家生态工业示范园区	批准建设	环发[2010]104号	2010-08-26
26	西安高新技术产业开发区国家生态工业示范园区	批准建设	环发[2010]104号	2010-08-26
27	上海化学工业区国家生态工业示范园区	批准建设	环发[2010]104号	2010-08-26
28	山东潍坊滨海经济开发区国家生态工业示范园区	通过验收并命名	环发[2010]47号	2010-04-01
29	烟台经济技术开发区国家生态工业示范园区	通过验收并命名	环发[2010]46号	2010-04-01
30	宁波经济技术开发区国家生态工业示范园区	批准建设	环发[2010]45号	2010-04-01
31	南昌高新技术产业开发区国家生态工业示范园区	批准建设	环发[2010]45号	2010-04-01
32	上海张江高新技术产业开发区国家生态工业示范园区	批准建设	环发[2010]45号	2010-04-01
33	无锡新区国家生态工业示范园区	通过验收并命名	环发[2010]46号	2010-04-01
34	广州开发区（含广州经济技术开发区、广州高新技术产业开发区）国家生态工业示范园区	批准建设	环发[2009]3号	2009-01-07
35	北京经济技术开发区国家生态工业示范园区	批准建设	环发[2009]3号	2009-01-07
36	萧山经济技术开发区国家生态工业示范园区	批准建设	环发[2009]3号	2009-01-07
37	昆明高新技术产业开发区国家生态工业示范园区	批准建设	环发[2008]75号	2008-08-25
38	天津新技术产业园区华苑产业区国家生态工业示范园区	批准建设	环发[2008]75号	2008-08-25
39	南京经济技术开发区国家生态工业示范园区	批准建设	环发[2008]75号	2008-08-25
40	上海金桥出口加工区国家生态工业示范园区	批准建设	环发[2008]75号	2008-08-25
41	苏州工业园区国家生态工业示范园区	通过验收并命名	环发[2008]9号	2008-03-31
42	苏州高新技术产业开发区国家生态工业示范园区	通过验收并命名	环发[2008]9号	2008-03-31
43	天津经济技术开发区国家生态工业示范园区	通过验收并命名	环发[2008]9号	2008-03-31

序号	名称	类别	批准文号	批准时间
44	青岛高新区市北新产业园国家生态工业示范园区	批准建设的国家生态工业示范园区	环函[2007]166号	2007-05-16
45	扬州经济开发区国家生态工业示范园区	批准建设	环函[2007]167号	2007-05-16
46	上海市莘庄工业区国家生态工业示范园区	批准建设的国家生态工业示范园区	环函[2007]30号	2007-01-19
47	日照经济开发区国家生态工业示范园区	批准建设的国家生态工业示范园区	环函[2006]525号	2006-12-29
48	绍兴袍江工业区国家生态工业示范园区	批准建设的国家生态工业示范园区	环函[2006]481号	2006-12-04
49	无锡新区国家生态工业示范园区	批准建设	环函[2006]467号	2006-11-22
50	福州经济技术开发区国家生态工业示范园区	批准建设	环函[2006]417号	2006-10-24
51	昆山经济技术开发区国家生态工业示范园区	批准建设	环函[2006]412号	2006-10-24
52	张家港保税区暨扬子江国际化学工业园国家生态工业示范园区	批准建设	环函[2006]411号	2006-10-24
53	青岛新天地工业园（静脉产业类）国家生态工业示范园区	批准建设	环函[2006]347号	2006-09-11
54	山西安泰国家生态工业示范园区	批准建设	环函[2006]198号	2006-05-18
55	包头钢铁国家生态工业示范园区	批准建设	环函[2005]536号	2005-12-08
56	郑州市上街区国家生态工业示范园区	批准建设	环函[2005]144号	2005-04-21
57	潍坊海洋化工高新技术产业开发区国家生态工业示范园区	批准建设	环函[2005]99号	2005-03-31
58	贵阳市开阳磷煤化工国家生态工业示范基地	批准建设	环函[2004]418号	2004-11-29
59	烟台经济技术开发区国家生态工业示范园区	批准建设	环函[2004]426号	2004-11-22
60	大连经济技术开发区国家生态工业建设示范园区	批准建设	环函[2004]114号	2004-04-26
61	抚顺矿业集团国家生态工业建设示范园区	批准建设	环函[2004]113号	2004-04-26
62	鲁北国家生态工业建设示范园区	批准建设	环函[2003]324号	2003-11-18
63	长沙黄兴国家生态工业建设示范园区	批准建设的国家生态工业示范园区	环函[2003]115号	2003-04-29
64	包头国家生态工业（铝业）建设示范园区	批准建设的国家生态工业示范园区	环函[2003]102号	2003-04-18
65	南海国家生态工业建设示范园区暨华南环保科技产业园	批准建设的国家生态工业示范园区	环函[2001]293号	2001-11-29
66	贵港国家生态工业（制糖）建设示范园区	批准建设的国家生态工业示范园区	环函[2001]170号	2001-08-14

循环农业示范市

农业部

（二○○八年）

河北省邯郸市　山西晋城市　辽宁阜新市　山东淄博市　河南洛阳市　湖北恩施市　湖南常德市
江西吉安市　广西桂林市　甘肃天水市

再生资源回收体系建设第一批试点单位

商务部

（二○○六年四月二十一日）

北京市（朝阳区中兴再生资源回收利用公司）　天津市
河北省石家庄市（石家庄市物资回收总公司）　山西省太原市
辽宁省沈阳市　吉林省吉林市（吉林市再生资源责任有限公司）　黑龙江省哈尔滨市　上海市
山东省济南市　江苏省南京市　浙江省宁波市　浙江省永康市　福建省福州市　江西省南昌市
河南省郑州市　湖北省武汉市　湖南省汨罗市（汨罗市团山再生资源市场）
广东省清远市（清远再生资源集散市场）　广西区南宁市　重庆市　四川省成都市　云南省昆明市
陕西省西安市（西安市物资回收利用总公司）　新疆维吾尔自治区乌鲁木齐市

再生资源回收体系建设第二批试点单位

商务部

（二○○九年六月二十四日）

一、城市（29个）

张家口市　大同市　赤峰市　铁岭市　长春市　佳木斯市　苏州市　杭州市　马鞍山市　三明市
景德镇市　临沂市　烟台市　潍坊市　漯河市　襄樊市　长沙市　广州市　海口市　内江市　遵义市
玉溪市　拉萨市　汉中市　兰州市　西宁市　银川市　库尔勒市　青岛市

二、集散市场（11个）

长春亿北再生资源集散市场　苏北再生资源集散市场　赣粤闽湘区域性再生资源集散市场
江门市嘉能再生资源回收市场　大连废旧金属集散交易市场　马鞍山再生资源集散市场
常州再生资源集散市场　山东德力西再生资源集散市场
浙江慈溪再生塑料产业基地　江西丰城市赣中再生金属集散市场
白银有色集团西北再生金属加工基地

地方试点名单

北京市

一、区县类
海淀区
延庆县
二、城镇类
昌平区马池口镇
房山区长阳镇
通州区西集镇
三、园区类
北京市朝阳区垃圾无害化处理中心
密云县水源保护区循环农业区
海淀区六里屯循环经济产业园
用友软件园
四、重点领域类
北京格林雷斯环保科技有限公司
北京恒通创新木塑科技发展有限公司
北京青龙河经济技术开发有限公司
北京奥宇可鑫表面工程技术有限公司
北京市华京源再生资源回收市场有限公司
五、企业类
北京太空板业股份有限公司
北京嘉捷博大汽车节能公司
北京燕京啤酒股份有限公司
北京归原生态农业发展有限公司
北京德青源农业科技股份有限公司
北京市琉璃河水泥有限公司
北京御香苑畜牧有限公司
北京古杉生物能源有限公司
北京神雾热能技术有限公司
密云冶金矿山公司

天津市

第一批
一、园区
天津经济技术开发区
天津子牙工业园
天津临港工业区
天津华苑产业区
二、企业
天津北疆发电厂
天津大通铜业有限公司
天津挂月集团有限公司
三、小城镇
天津东丽区华明示范镇
第二批
一、冶金
天津天铁冶金集团有限公司
天津荣程联合钢铁集团有限公司
天津友发钢管集团有限公司
二、化工
蓝星（天津）化工有限公司
天津市凯威化工有限公司
天津市腾飞化工总厂
天津联博化工股份有限公司
天津渤大硫酸工业有限公司
天津云海裕森科工贸有限公司天津长芦汉沽盐场有限责任公司
三、造纸
玖龙纸业（天津）有限公司
四、医药
天津市津康制药有限公司
五、水泥

天津市雍阳减水剂厂
六、食品
天津盘山啤酒厂
七、建筑
天津市津南区建设开发公司
八、建材
裕川建筑材料制品有限公司
九、环保
天津合佳威立雅环境服务公司
十、工业园区
空港加工区
十一、农业园区
天津市青水源生态循环农业示范园区
天津市超跃畜牧养殖有限责任公司
天津市凯润淡水养殖有限公司
天津市水高庄农业科技示范有限公司
宝坻区新开口镇循环农业园
台头镇万亩立体循环农业示范项目
静海县双塘镇西双塘村委会
宁河县农业局种猪场
十二、小城镇
蓟县许家台乡示范小城镇
蓟县邦均镇
天津市汉沽区茶淀镇孟家瞿村
十三、服务业
天津老板娘水产食品物流有限公司
天津市东丽湖地热开发有限公司

第三批

一、工业园区
天津华明工业园区
天津西青汽车工业区
天津中塘工业区
天津宝坻低碳工业区
天津专用汽车产业园
天津风电产业园
天津上仓酒业及绿色食品加工区
天津八里台工业区
天津宝坻节能环保工业区
天津医药医疗器械工业园
天津南港工业区
无暇街海河下游冶金工业循环经济示范区
二、农业园区
天津市益利来养殖有限公司
海林养殖场粪污综合利用一体化示范园区
天津济泰民农业科技发展有限公司
南海循环农业产业园
林海循环经济示范区
三、再生资源
天津同和绿天使顶峰资源再生有限公司
天津市国联报废机动车回收拆解有限公司
天津市华鑫达投资有限公司
天津宏宇盛华环保科技有限公司
TCL奥博（天津）环保发展有限公司
天津恒景再生合金材料有限公司
天津市东宝润滑油脂有限公司
泰鼎（天津）环保科技有限公司
天津东邦铅资源再生有限公司
四、环保
天津市花苗木服务中心
天津市市容环卫建设发展有限公司
天津碧海环保技术咨询服务有限公司
五、小城镇
静海团泊示范小城镇
蓟县玉石庄示范小城镇
六、服务业
特易购商业（天津）有限公司
盘山风景名胜区
七、生物质能源
天津市乔奇生物质炭化科技有限公司
八、造纸
天津广聚源纸业有限公司
九、水泥
天津振兴水泥有限公司
十、钢铁
天津钢管集团股份有限公司

河北省

一、城市

（一）地级市

石家庄市　邯郸市

唐山市　廊坊市

秦皇岛市

（二）县及县级市（区）

遵化市　平泉县

涞源县　武安市

邯郸市　峰峰矿区

张家口市察北管理区

二、重点行业

（一）钢铁

石家庄钢铁股份有限公司

邯郸钢铁集团有限责任公司

唐山钢铁集团有限责任公司

宣化钢铁集团有限责任公司

邢台钢铁有限责任公司

承德新新钒钛股份有限公司

（二）化工

河北沧州大化集团有限责任公司

河北盛华化工有限公司

河北粤华化工有限公司

唐山三友集团有限公司

河北华煜化工股份有限公司

河北景化化工有限公司

冀州市银海化肥有限责任公司

（三）煤炭

邯郸市紫山特钢集团有限公司

峰峰集团有限公司

开滦（集团）有限责任公司

（四）电力

国电河北龙山发电厂

（五）建材

冀东水泥股份有限公司

武安市新峰水泥有限公司

（六）轻工

秦皇岛骊骅淀粉股份有限公司

河北衡水老白干酿酒（集团）有限公司

张家口长城酿造（集团）有限责任公司

承德避暑山庄集团有限责任公司

（七）畜牧业

河北省景县津龙良种猪养殖有限公司

三、重点领域

大城县有色金属循环经济试点基地

京东橡胶股份有限公司再生橡胶利用

文安县再生资源回收利用基地

四、产业园区

沧州临港化工园区

石家庄循环经济示范产业基地

廊坊龙河循环经济示范园

保定高新技术产业开发区

秦皇岛经济技术开发区

河北省鸡泽县冀泽生态园

沧州阳光循环经济科技示范园

秦皇岛集发农业生态园

滦县司家营重化产业园

河北西柏坡发电有限责任公司

曹妃甸循环经济示范区

河北冀衡集团有限公司

山西省

一、试点市

长治市
运城市

二、试点县

清徐县
永济市
新荣区
朔城区
河曲县
介休市
交城县
平定县
高平市
潞城市
洪洞县

三、试点社区

太原市小店区亲贤社区
新荣区社区管理中心循环经济社区
朔州市禹丰社区
忻州市忻府区长征街办事处社区
吕梁市离石区凤山社区
晋中市榆次区东阳镇
运城市荟萃小区
阳泉市城区新华东街社区
长治市城区演武社区
晋城市城区泰昌社区
临汾市尧都区平阳社区

四、试点园区

太原不锈钢产业园区
同煤集团塔山工业园区
大同医药工业园区
交城经济开发区
太原高新技术产业开发区
武乡县蟠洪循环经济工业园区
金海洋工业园区
夏县庙前镇万亩高效生态农业示范园
山西凤凰山生态植物园区
侯马北方轻工城

五、试点企业

阳泉市南庄煤炭集团有限公司
山西沁新煤焦股份有限公司
山西焦化集团有限公司
山西安泰集团股份有限公司
山西东辉煤焦化集团有限公司
山西天脊煤化工集团有限责任公司
山西合盛工贸有限公司
晋城无烟煤矿业集团有限责任公司
太原化学工业集团有限公司
山西泰尔钢铁有限公司
山西闻喜银光镁业集团有限责任公司
临汾同世达实业有限公司
山西潞宝焦化有限公司
山西兰花煤炭实业集团有限公司
山西三佳煤化有限公司
山西阳泉铝业股份有限公司
平朔煤炭工业公司
山西锌业集团
偏关县晋电化工有限公司
山西省中阳荣欣焦化有限公司
美锦能源集团
高平市兴高焦化有限公司
山西华翔实业（集团）有限公司
山西三联技术产业集团有限公司
中国蓝星集团总公司
运城市鑫源骏达木业有限公司
山西古城乳业有限公司

内蒙古自治区

第一批
内蒙古亿利资源集团
内蒙古黄河工贸集团
内蒙古阿拉善经济开发区
棋盘井工业园区
通辽市科尔沁工业园区（含开鲁园区）
内蒙古托克托工业园区

第二批
中电投蒙东能源集团有限责任公司
乌海市君正科技产业集团公司
鄂尔多斯电力冶金股份有限公司
中盐吉兰泰盐化集团有限公司
华能伊敏煤电有限责任公司
赤峰大吉药业（集团）有限公司
巴彦淖尔紫金有色金属有限公司
内蒙古蒙牛乳业（集团）股份有限公司
内蒙古汇能煤化工工业园区
赤峰市喀喇沁旗锦山工业园区
包头稀土高新技术开发区
希望工业园区
丰镇高科技氟化学工业园区
锡林郭勒盟东乌旗乌里雅斯太工业园区
锡林郭勒经济技术开发区

第三批
赤峰市红山经济开发区
巴彦淖尔市青科乐工业园区
锡林郭勒盟多伦新型工业化化工区
锡林郭勒盟白音华能源化工园区
乌海市经济开发区乌达园区
内蒙古齐华矿业有限责任公司
通辽市霍林郭勒工业园区
内蒙古大唐国际（呼和浩特）资源综合利用基地
包头市石拐工业园区
内蒙古山路煤炭集团

第四批
鄂尔多斯市
包头土右旗新型工业园区
满洲里进口资源加工园区
内蒙古双欣资源集团有限责任公司
锡盟鑫泰生物制品有限责任公司
内蒙古太西煤集团股份有限公司
鄂尔多斯市乌审召化工项目园区
内蒙古蒙佳粮油工业集团有限公司
乌兰浩特工业经济开发区
内蒙古乌海化工股份有限公司

第五批
乌海经济技术开发区海南园区
内蒙古宜化化工有限责任公司
乌海黑猫炭黑有限责任公司
内蒙古克什克腾煤化工园区
赤峰市固体废物加工利用园区
内蒙古乌拉山化工有限责任公司

第六批
包头九原工业园区 内蒙古磴口工业园区
东方希望包头稀土铝业有限责任公司
巴彦淖尔市甘其毛都口岸加工园区
通辽梅花味精生物科技有限公司
乌海市海勃湾工业园区
巴林右旗大板煤电化基地（园区）
阿拉善左旗图腾化工有限公司
赤峰瑞阳化工有限公司
乌审旗纳林河化工项目区
内蒙古自治区第六批工业循环经济
试点示范园区（企业）名单
包头九原工业园区 内蒙古磴口工业园区
东方希望包头稀土铝业有限责任公司
巴彦淖尔市甘其毛都口岸加工园区
通辽梅花味精生物科技有限公司
乌海市海勃湾工业园区
巴林右旗大板煤电化基地（园区）
阿拉善左旗图腾化工有限公司
赤峰瑞阳化工有限公司
乌审旗纳林河化工项目区

第七批
内蒙古包头金属深加工园区
内蒙古包头铝业产业园区
科右中旗百吉纳工业循环经济园区
内蒙古伊东集团东兴化工有限责任公司
内蒙古星光煤炭集团鄂托克旗华鑫建材有限公司
内蒙古东达蒙古王集团有限公司风水梁产业园区
内蒙古维尔农业有限公司
乌拉特前旗工业园区
巴彦淖尔经济技术开发区
内蒙古汉森酒业集团有限公司
内蒙古德晟实业集团有限公司
内蒙古京海煤矸石发电有限责任公司
内蒙古晨宏力化工有限责任公司
内蒙古泰升实业集团有限责任公司

辽宁省

一、重点行业

冶金　石化　电力　煤炭　建材　镁硼

二、重点城市

沈阳市　大连市

营口市　盘锦市

葫芦岛市

三、重点县（区）

瓦房店市　法库县

海城市　南芬区

振安区　黑山县

灯塔市　调兵山市

凌源市　大石桥市

四、重点园区

沈阳化学工业园区

大连长兴岛临港工业园区

抚顺李石生态工业园区

桓仁县农村高效能源示范区

东港经济开发区

锦州经济技术开发区

营口经济技术开发区

阜新城南工业园区

盘锦经济技术开发区

葫芦岛煤炭工业园区

五、重点企业

（一）冶金

大连金牛有限责任公司

鞍山宝得集团

抚顺新抚钢责任有限公司

北台钢铁（集团）有限责任公司

锦州沈宏集团公司

五矿营口中板有限责任公司

凌源钢铁集团

葫芦岛有色金属集团有限公司

（二）石化

沈阳化工股份有限公司

中石油大连石化分公司

大化集团有限责任公司

中石油抚顺石化分公司

中石油锦州石化分公司

营口三征有机化工股份有限公司

中国石化辽阳分公司

辽河石油勘探局

辽宁华锦化工集团有限责任公司

中石油锦西石化分公司

（三）电力

沈阳新北热电有限责任公司

华能大连电厂分公司

大连市热电集团有限公司

铁岭发电厂

（四）煤炭

沈阳煤业（集团）有限责任公司

阜新矿业集团

铁法煤业（集团）有限责任公司

丹东市海珠煤炭销售有限公司

（五）建材

辽宁工源水泥（集团）有限责任公司

本溪市福星现代建材有限公司

阜新大鹰水泥制造有限责任公司

朝阳华龙企业集团

（六）镁硼

海城西洋集团

辽宁中兴矿业集团有限公司

辽宁辽科东达化工有限责任公司

（七）轻工

中新印染有限责任公司

辽宁华福印染公司

（八）机械

沈阳重型机械集团有限责任公司

大连重工起重集团有限公司

（九）医药

东北制药集团有限责任公司

（十）再生资源

沈阳华瑞钒业有限公司

沈阳秋实物资回收有限公司

大连东达环境工程有限公司

大连东泰产业废弃物处理有限公司

兴城市中兴工业有限公司

凤城化工集团有限公司

辽阳统一企业有限公司

（十一）农业

丹东大鹿岛海兴集团公司

辽宁田园实业有限责任公司

辽宁乌兰山生物技术有限公司

盘锦鼎翔集团

（十二）其他

沈阳市奥德燃气有限公司

黑龙江省

一 试点企业

1 黑龙江省中再生资源开发有限公司

2 黑龙江建龙钢铁有限公司

3 黑龙江省双达电力设备集团

二 试点园区

4 鸡西市工业示范基地城子河工业园区

5 宾西经济技术开发区

6 五常市牛家园区

7 鹤岗市南山再就业产业聚集区

三 试点县（市）

8 塔河县

9 双城市

10 虎林市

上海市

一、区县

宝山区

青浦区

二、园区

上海金桥出口加工区

上海金山工业园区（金山第二园区块）

庄行综合试点站

老港固废综合处置与资源化基地

长江生态循环农业园区（长江农场）

上海实业东滩园区

三、企业

上海通用汽车有限公司

上海富士施乐有限公司

上海三菱电梯有限公司

上海烟草（集团）公司

绿色工艺编结有限公司

上海电子废弃物交投中心有限公司

金山区畜禽粪便处理中心

新金桥工业废弃物管理有限公司

国际会议中心

申瑞家具有限公司（宜家）

锦江金门大酒店

上海智慧广场

新世界股份有限公司

四、社区

同济大学

崇明县竖新镇前卫村

平和学校

万科朗润园

四平路街道

华师大一附中

寿祥坊小区

江苏省

一、城市

（一）省辖市

南京市　无锡市　徐州市　苏州市

南通市　常州市　镇江市　扬州市

盐城市

（二）县级市

张家港市　常熟市　江阴市　丹阳市

海门市　泰兴市

二、产业园区

南京化学工业园区

南京经济技术开发区

苏州高新技术产业开发区

江苏扬子江国际冶金工业园

江苏扬子江国际化学工业园

昆山经济开发区

无锡高新技术产业开发区

宜兴环保科技工业园

常州高新技术产业开发区

常州东南经济开发区

南通经济技术开发区

江苏省镇江经济开发区

连云港市化学工业园区

宜兴市昌兴生态型循环农业园区

宝应湖有机农业开发园区

三、企业

（一）冶金

南京钢铁联合有限公司

宝钢集团上海梅山有限公司

江苏锡兴集团有限公司

江阴兴澄特种钢铁有限公司

江苏沙钢集团有限公司

常州市兴昌盛合金制品有限公司

南通宝钢新日制钢有限公司

江苏淮钢集团有限公司

（二）电力

江苏华电扬州发电有限公司

金坛加怡热电有限公司

铜山县新汇热电有限公司

宜兴协联热电有限公司

无锡益多环保热电有限公司

江苏太阳雨太阳能有限公司

南京绿色资源再生工程有限公司

（三）化工

中石化股份有限公司金陵分公司

中石化扬子石油化工股份有限公司

南京红宝丽股份有限公司

江苏北方氯碱集团

江苏灵谷化工有限公司

宜兴市军达化工厂

常熟市江河天绒丝纤维有限责任公司

双狮（张家港）精细化工有限公司

江苏华昌化工股份有限公司

苏州天马医药集团天吉生物制药有限公司

江苏福昌化工残渣处理有限公司

江苏盈天化学有限公司

江苏江东化工股份有限公司

江苏金坛康达有限公司

南通江山农药化工股份有限公司

江苏飞亚化学工业有限责任公司

南通醋酸纤维有限公司

南通文凤化纤有限公司

中石化仪征化纤股份有限公司

江苏联环药业集团有限公司

江苏群发化工有限公司

江苏扬农化工集团有限公司

宝胜集团有限公司

江苏丹化集团有限责任公司

江苏索普（集团）公司

镇江江南化工有限公司
洪泽银珠化工集团有限公司
江苏天士力帝益药业有限公司
江苏安邦电化有限公司
江苏淮河化工有限公司
金湖县国祥工贸有限公司
连云港海水化工有限公司
赣榆县金山化工有限公司
姜堰市化肥有限责任公司
江苏梅兰化工集团公司
江苏陵光股份有限公司
江苏江山制药有限公司
扬子江药业集团有限公司
大丰市劲力化肥有限公司
江苏永林油脂化工有限公司
盐城双昌化工有限责任公司
江苏绿陵化工集团有限公司
（四）轻工
江苏花厅酒业有限公司
东海粮油工业（张家港）有限公司
太仓新太酒精有限公司
江苏昆山协孚人革制品集团有限公司
苏州市相城区江南化纤集团有限公司
常熟市汽车饰件有限公司
鑫缘茧丝绸集团股份有限公司
江苏汤沟两相和酒业有限公司
盐城市华泰纸业有限公司
金东纸业（江苏）有限公司
泰州市东方印刷版材有限公司
江苏三泰啤酒有限公司
江苏洋河酒厂股份有限公司
江苏丝绢集团有限公司
（五）建材
南京三龙水泥有限公司
江南小野田水泥有限公司
中联巨龙淮海水泥有限公司
江苏胜阳实业股份有限公司
无锡海联橡塑五金制品有限公司
江阴泰山石膏建材有限公司
苏州天丰新型建材有限责任公司
中国高岭土公司
江苏华尔润集团有限公司
江苏大亚装饰材料有限公司
仪征市宏图新型建筑材料有限公司
江苏大盛板业有限公司
江苏太平洋玻璃有限公司
江苏太湖巨豪人造板有限公司
（六）再生资源
江苏春兴合金集团有限公司
江苏省物联再生资源有限公司
南京凯燕电子有限公司
南京金泽金属材料有限公司
徐州浩通新材料技术有限公司
江苏万宝铜业集团有限公司
苏州同和资源综合利用有限公司
怡球金属（太仓）有限公司
南通回力橡胶集团有限公司
（七）其他
徐矿集团公司
大屯煤电（集团）有限责任公司
无锡蓝海污泥处理有限公司
无锡华宏生物燃料有限公司
江苏船山矿业股份有限公司
涟水绿壮无公害农产品有限公司

浙江省

第一批

一、工业循环经济试点市

湖州市

台州市

嘉兴市

绍兴市

二、工业循环经济试点县（市、区）

杭州市萧山区

杭州市滨江区

宁波市镇海区

宁波市宁海县

温州市龙湾区

温州市乐清市

金华市永康市

衢州市龙游县

丽水市云和县

舟山市定海区

三、工业循环经济试点园区（块状经济）

杭州经济技术开发区

杭州建德大洋工业功能区（马目）

宁波再生金属资源加工园区（废旧金属再生利用）

宁波宁海工业园区

温州扶贫经济开发区

嘉兴工业区大桥产业组团（化工）

嘉兴桐乡市州泉工业区（化纤、橡胶等4个专业区块）

绍兴市袍江工业区（医药、建材、热电）

绍兴诸暨市山下湖镇珍珠产品加工园区

绍兴诸暨市大堂袜业产业区（袜业）

绍兴诸暨市店口镇循环经济试点区域（五金产业）

绍兴县绿色食品工业园区（食品）

金华市工业园区（冷轧、医药、化工）

金华东阳横店集团控股有限公司（电子、医化企业群）

湖州安吉县竹产业科技创业中心（竹制品、竹木机械）

台州市金属再生工业基地（废旧金属再生利用）

台州国家级浙江省化学原料药基地（临海区块）

衢州经济开发区东港工业园区（化工、造纸）

衢州龙游县经济开发区（化工）

衢州巨化片区循环经济实验区（巨化、市高新园区、开发区等）

丽水经济开发区水阁园区（合成革、革基布）

舟山海洋食品工业产业园区（水产加工）

四、工业循环经济试点企业

（一）杭州市

杭州卷烟厂

杭州胡庆余堂投资有限公司

佑康食品集团有限公司

浙江海穆钢铁服务有限公司

杭州欣达混凝土有限公司

杭州西湖啤酒朝日（股份）有限公司

正大青春宝药业有限公司

浙江省南都电源动力股份有限公司

杭州电化集团有限公司

杭州龙山化工有限公司

杭州高新（滨江）水务有限公司

浙江永泰纸业集团有限公司

杭州富春江化工有限公司

浙江鑫富生化股份有限公司

浙江蜂之语蜂业有限公司

杭州杭联热电有限公司

建德市大洋化工有限公司

浙江新安化工有限公司

淳安县千岛湖新安矿产有限公司

杭州锦江集团杭州大地环保有限公司

（二）宁波市

北仑发电有限公司

中华纸业有限公司

宁波阿克苏诺贝尔化学有限公司

宁波牡牛纸业有限公司

金轮集团

浙江杭州湾印染有限公司

宁波中集物流装备有限公司

奉化市茂森竹业有限公司

（三）温州

温州冶炼总厂

伟明集团有限公司

华仪电器集团有限公司

浙江圣雄皮业有限公司

金狮啤酒集团有限公司

（四）嘉兴

民丰特种纸股份有限公司

平湖景兴纸业
浙江新都水泥公司
嘉兴市芽芽水泥有限公司
浙江华友钴镍材料有限公司
浙江京马电机有限公司
嘉兴市富林化纤厂
嘉兴市振申绝热材料厂
浙江大华包装集团公司
海宁宝圆染化有限公司
嘉兴市中华化工有限公司
民丰集团秀州纸业有限公司
桐乡福利造纸厂
浙江振大水泥有限公司
（五）湖州
浙江超威电源有限公司
浙江美欣达印染集团股份有限公司
长兴金泉米业有限公司
浙江山鹰建材集团
德华集团控股股份有限公司
湖州狮王精细化工有限公司
升华集团控股有限公司
浙江五龙化工股份有限公司
安吉圣氏生物制品有限公司
浙江久立集团股份有限公司
浙江欧美环境工程有限公司
浙江长三角建材有限公司
湖州世纪清固体废物处置中心
浙江长广集团水泥分公司
（六）绍兴
浙江绿环橡胶粉体工程有限公司
浙江新和成股份有限公司
浙江蓝星科技有限公司
海亮集团有限公司
上峰集团有限公司
绍兴第二印染有限公司
绍兴爱德新型建筑材料有限公司
绍兴振亚纺织集团
绍兴新民热电
绍兴中成热电有限公司
浙江阮仕珍珠股份有限公司
浙江盾安集团有限公司
上虞热电有限公司
（七）金华
兰溪大明化工厂
浙江武义神龙浮选有限公司
浙江华莱氨纶有限公司
横店集团家园化工有限公司
浙江普洛化学有限公司
金华立信医药化工有限公司
义乌市义南纸业有限公司
浙江金华康恩贝生物制药有限公司
浙江兴达钢带有限公司
（八）衢州
浙江虎山集团有限公司
浙江江山化工股份有限公司
浙江龙游绿得农药化工有限公司
浙江绿源木业股份有限公司衢州分公司
衢州衢通废弃资源回收公司
江山虎霸集团
浙江红火实业集团有限公司
（九）舟山
舟山兴业有限公司
金鹰股份有限公司
（十）台州
台州发电厂
台州市椒江热电有限公司厂浙江联化科技股份有限公司
台州齐合天地金属有限公司
浙江仙居车头制药有限公司
浙江仙琚制药股份有限公司
浙江石梁啤酒有限公司
玉环县海洋化学生物有限公司
浙江佳诺水泥有限公司
浙江海正药业股份有限公司
浙江中环物资再生利用公司
（十一）丽水
浙江松寿堂中药有限公司
丽水市南平革基布有限公司
浙江利马革业有限公司
浙江众发实业有限公司
浙江奇尔茶叶有限公司
浙江宏庆祥铜业有限公司
燕京啤酒浙江丽水有限公司
浙江省云和县振鹏实业有限公司
浙江省坤骏纸业有限公司
浙江欧科木业有限公司
（十二）省属企业
杭州钢铁集团公司
巨化集团公司

第二批

一、工业循环经济示范园区名单

浙江衢州高新技术产业园区

浙江海宁经编产业园区

嘉兴南湖区凤桥镇工业园区

湖州经济技术开发区

浙江缙云工业园区

二、工业循环经济示范企业

浙江传化股份有限公司

浙江奥康鞋业股份有限公司

浙江苍南仪表厂

乐清市龙威电子有限公司

浙江顺泰木业有限公司

浙江华滨包装材料有限公司

温州庄吉集团工业园区有限公司

浙江乔治白服饰有限公司

正泰电器股份有限公司

康奈集团有限公司

浙江长城换向器有限公司

温州市爱好笔业有限公司

桐昆集团浙江恒盛化纤有限公司

永兴特种不锈钢股份有限公司

浙江特拉建材有限公司

浙江阿祥亚麻纺织有限公司

湖州白岘南方水泥有限公司

久盛地板有限公司

浙江瑞明节能门窗股份有限公司

长兴新城环保有限公司

湖州金騄印染实业有限公司

浙江永裕竹业股份有限公司

长兴新峰印染有限公司

湖州新峰木塑复合材料有限公司

湖州新远见木塑科技有限公司

浙江嘉化能源化工股份有限公司

浙江圣普新能源科技有限公司

平湖市广轮新型建材有限公司

嘉兴新嘉爱斯热电有限公司

海盐海利环保纤维有限公司

浙江双箭橡胶股份有限公司

桐乡南方水泥有限公司

桐乡中欣化纤有限公司

桐乡濮院协鑫环保热电有限公司

宏达高科控股股份有限公司

嘉兴协鑫环保热电有限公司

欣悦印染有限公司

海宁新光阳光电有限公司

浙江荣盛纸业股份有限公司

浙江新和成股份有限公司

绍兴市兆山建材有限公司

会稽山绍兴酒股份有限公司

达利丝绸（浙江）有限公司

绍兴至味食品有限公司

浙江精功新能源有限公司

绍兴中成热电有限公司

浙江金华康恩贝生物制药有限公司

浙江华川实业集团有限公司

浙江康恩贝制药股份有限公司

浙江英洛华磁业有限公司

义乌市双童日用品有限公司

浙江金圆水泥有限公司

浙江真爱时尚家居有限公司

浙江三鼎织造有限公司

金字火腿股份有限公司

浙江金大门业有限公司

江山市何家山水泥有限公司

浙江恒达纸业有限公司

浙江夏王纸业有限公司

龙游外贸笋厂有限公司

浙江华康药业股份有限公司

浙江舟富食品有限公司

浙江海鲲食品有限公司

舟山市越洋食品有限公司

浙江省舟山凯利水产有限公司

浙江金壳生物化学有限公司

浙江银河药业有限公司

浙江司太立制药股份有限公司

浙江圣达药业有限公司

新杰克缝纫机股份有限公司

开来丰泽实业（浙江）有限公司

浙江恒盛木业有限公司

玉环县清港电镀厂

浙江东方铜业有限公司

燕京啤酒（浙江丽水）有限公司

浙江和信玩具有限公司

安徽省

铜陵有色金属集团控股有限公司
淮南矿业（集团）有限责任公司循环经济试点
安徽丰原集团循环经济试点
马鞍山钢铁股份有限公司循环经济试点
安徽海螺集团公司循环经济试点
安徽山鹰纸业股份公司循环经济试点
安徽氯碱化工集团循环经济试点
合肥市城市循环经济试点
马鞍山市城市循环经济试点
芜湖市鸠江区循环经济试点
宁国市县级市循环经济试点
淮南市毛集区循环经济试点
界首市再生铅循环经济产业园试点
安庆市大观民营经济开发区循环经济产业园试点
合肥市庐阳循环经济产业园
临泉县“林、草、牧、沼、菌”农业循环经济试点
合肥市循环经济示范园区（肥东）
宿州市循环经济示范园
五河经济开发区沫河口工业区
安徽省阜阳循环经济园区
阜阳颍上循环经济园区
铜陵农业循环经济试验区
安徽池州东至香隅化工产业园
马鞍山市慈湖经济开发区
舒城县循环经济园

福建省

福建炼油化工有限公司
福建省三钢（集团）有限责任公司
厦门翔鹭化纤股份有限公司
柯达（厦门）有限公司
厦门华夏国际电力发展有限公司
紫金矿业集团股份有限公司
厦门钨业股份有限公司
福建省南纸股份有限公司
福建省青山纸业股份有限公司
福建石化集团三明化工有限责任公司
福建纺织化纤集团有限公司
厦门通士达照明有限公司
福建省东南电化股份有限公司
福建省南平嘉联化工有限公司
永安智胜化工有限公司
福建省邵武化肥厂
福建水泥股份有限公司炼石水泥厂
福建龙麟集团有限公司
福建建明建材集团三明市新型建材总厂
福建华意新型建材有限公司
泉州市建友新型墙材有限公司
泉州市泉堡新型墙材开发有限公司
厦门万里石板材有限公司
麦特（福建）新型建材有限公司
福建福人木业有限公司
福建省光泽沪千人造板制造有限公司
福建省建阳武夷味精有限公司
三明市环科化工橡胶有限公司
福建省圣农实业有限公司
厦门如意集团有限公司
森宝（龙岩）实业有限公司
福建凤竹集团有限公司
福建众和股份有限公司
福州华冠针纺织品有限公司
福建糖业股份有限公司
龙岩卓越新能源发展有限公司
福建省闽南能源发展有限公司
福建省平潭长江澳风电开发有限公司
福建省石狮热电有限责任公司
晋江创冠环保资源开发有限公司
福建省三安钢铁有限公司
福建宏玮鞋塑有限公司
石狮市华宝海洋生物化工有限公司
福建雪津啤酒有限公司
福建电气硝子玻璃有限公司
福建吴航不锈钢制品有限公司

屏南鑫磊晶体有限公司
龙海市多棱锯条有限公司
莆田市华港制油有限公司
莆田市三江化学工业有限公司
江西永修云山经济开发区
南昌高新技术产业开发区
江西丰城工业园区
江西信丰工业园区
江西黎川工业园区
江西宜黄工业园区
江西莲花工业园区

江西省

一、设区市（2个）

新余市
鹰潭市

二、县（市区）（10个）

丰城市
万年县
浮梁县
进贤县
德安县
井冈山市
新干县
瑞昌市
全南县
崇义县

三、工业园区（基地）（12个）

鹰潭（贵溪）铜产业循环经济基地
新余钢铁再生资源产业基地
赣州经济技术开发区
景德镇高新技术产业园
宜春经济开发区
湖口金砂湾工业园
樟树盐化工基地
新干县盐化工业城
宜黄工业园区
横峰工业园区
龙南经济技术开发区东江循环经济园区
奉新工业园区

四、企业（36个）

（一）省属企业（5个）

江西万年青水泥股份有限公司
江西稀有金属钨业控股集团公司
江西省再生资源有限公司
新余钢铁集团公司
赣能股份公司丰城电厂三期

（二）地方企业（31个）

赣州虔东稀土矿业有限公司
景德镇蓝资建材科技有限公司
江西金田铜业有限公司
江西赛维LDK太阳能高科技有限公司
江西宏宇能源发展有限公司
江西龙天勇有色金属有限公司
景德镇市焦化工业集团有限公司
新余市仙女湖建材集团
江西贵雅照明有限公司
江西新凌能源有限公司赣县（谱赛科）生物质沼气发电项目
景德镇市再生资源利用体系
江西晶安高科技股份有限公司
鹰潭兴业电子金属材料有限公司
上饶和丰铜业有限公司
江西飞宇竹业集团有限公司
江西雄鹰铝业股份有限公司
江西哈迪建材有限公司
江西四特酒有限公司
鹰潭信达投资有限公司
江西普盛实业有限公司
上饶市再生资源有限公司
江西自立资源再生有限公司
江西华电电力有限责任公司
江西中再生资源开发有限公司
江西利新橡胶有限公司
江西耀升工贸发展有限公司
杜阿特（赣州）表面材料有限公司
余干县东泰新型建材有限公司
上高县再生资源回收利用公司
贵溪同顺金属有限公司
江西洁良环保科技有限公司

山东省

一、城市

济南市　青岛市

淄博市　东营市

烟台市　潍坊市

济宁市　威海市

日照市　临沂市

二、园区

济南高新技术产业开发区

青岛畜牧科技示范园

青岛市市北区胶州湾新产业基地

淄博高新技术产业开发区

枣庄市经济开发区

枣庄市高新技术开发区

东营市经济开发区

烟台经济技术开发区

烟台资源再生加工示范区

山东潍坊滨海经济开发区

济宁高新技术产业开发区

泰安华丰循环经济工业园

威海经济技术开发区

日照经济开发区

山东鲁北高新技术开发区

德州晶华集团粉煤灰综合利用工业园

山东东阿工业园区

临沂高新技术开发区

临沂金升有色金属产业基地

菏泽交通集团工业园区

三、企业

（一）济南市

山东山水水泥集团有限公司

中国石油化工股份有限公司济南分公司

济南力诺玻璃制品有限公司

济南二机床集团有限公司

山东黄台火力发电厂

济南玫德铸造有限公司

济南市琦泉热电有限责任公司

济南化肥厂有限责任公司

山东明水化工有限公司

章丘日月化工有限公司

中国重型汽车集团有限公司

章丘华明水泥有限公司

济南市北郊热电厂

济南啤酒集团总公司

济南复强动力有限公司

济南佳宝乳业有限公司

山东建工集团公司

济南锅炉集团有限公司

济南卷烟厂

济南趵突泉酿酒有限公司

（二）青岛市

青岛碱业股份有限公司

青岛钢铁控股集团有限责任公司

青岛啤酒股份有限公司

海尔集团公司

华电青岛发电有限公司

山东黄岛发电厂

青岛琅琊台酒业集团股份有限公司

中国石化集团青岛石油化工有限责任公司

胶南易通热电有限责任公司

青岛胶南明月海藻工业有限责任公司

青岛热电集团有限公司

青岛新天地生态循环科技有限公司

青岛万福集团股份有限公司

青岛东方化工股份有限公司

青岛市城阳区金合养殖有限公司

青岛酒厂有限公司

青岛凤凰印染有限公司

青岛美高集团有限公司

青岛市宝荣水产科技发展有限公司

青岛港（集团）有限公司

青岛正大有限公司

青岛海晶化工有限公司

青岛华东葡萄酿酒有限公司

（三）淄博市

山东铝业公司

淄博矿业集团有限责任公司

中国石化集团齐鲁石油化工公司

山东玻璃总公司

山东东岳化工股份有限公司

山东博汇纸业股份有限公司

山东宝山生态建材有限公司

淄博嘉周热电有限公司

山东东佳集团有限公司
山东联合化工有限公司
山东鲁阳股份有限公司
山东瑞阳制药有限公司
淄博兰雁集团股份有限公司
山东贵和纸业集团有限公司
山东东大化学工业有限公司
南金兆集团有限公司
淄博科丰化工有限公司
淄博市周村同森木业有限公司
淄博博丰复合肥有限公司
淄博万昌集团有限公司
淄博市华联矿业有限责任公司
淄博市临淄鲁恒建材有限公司
（四）枣庄市
山东榴园新型水泥发展有限公司
鲁南中联水泥有限公司
兖矿鲁南化肥厂
枣庄八一水煤浆热电有限责任公司
枣庄华润纸业有限公司
华电国际十里泉发电厂
枣庄矿业集团有限责任公司
山东丰源煤电有限公司
山东大宗集团公司
山东鲁南牧工商联合公司
山东神工化工股份有限公司
（五）东营市
华泰集团有限公司
正和集团股份有限公司
万达集团股份有限公司
东营市天信纺织有限公司
山东利华益集团股份有限公司
山东垦利石化有限责任公司
山东石大科技集团有限公司
山东华星石油化工集团有限公司
山东海科化工有限公司
山东金岭集团公司
利津力能热电有限公司
东营胜动机械有限责任公司
山东胜通集团股份有限公司
东营鑫大地化工有限公司
东营方圆有色金属有限公司
山东德仕化工有限公司
（六）烟台市
烟台万华合成革集团有限公司
烟台氨纶集团公司
山东百年电力发展股份有限公司
龙口矿业集团有限责任公司
山东丛林集团公司
烟台鲁宝钢管有限责任公司
正海集团有限公司
招远金宝电子有限公司
山东玲珑橡胶公司
山东九发集团公司
烟台恒邦集团有限公司
烟台巨力化肥有限公司
烟台张裕集团有限公司
烟台绿环再生资源有限公司
烟台首钢东星（集团）公司
山东国大黄金股份有限公司
招金矿业股份有限公司金翅岭金矿
蓬莱市金冶纳米材料有限公司
蓬莱市海洋生物有限公司
蓬莱市黄金（集团）总公司
山东富尔达空调设备有限公司
山东黄金矿业股份有限公司新城金矿
（七）潍坊市
潍坊亚星化学股份有限公司
山东潍坊发电厂
山东恒联投资有限公司
山东晨鸣集团股份有限公司
山东省联盟化工集团有限公司
山东奥宝化工集团有限公司
潍坊钢铁集团公司
潍柴动力股份有限公司
山东海化集团有限公司
诸城市良丰化学有限公司
孚日家纺股份有限公司
山东昌邑石化有限公司
鲁丽集团有限公司
山东景芝酒业股份有限公司
潍坊新方矿业集团有限公司

寿光蔡伦申兴精细化工有限公司
山东乐化集团有限公司
山东青州云门酒业（集团）有限公司
山东省高密市天恒化工有限公司
颐中烟草（集团）有限公司青州卷烟厂
潍坊汇源实业有限公司
（八）济宁市
菱花集团公司
兖矿集团有限公司
山东里能集团有限公司
山东雪花生物化工股份有限公司
山东太阳纸业股份有限公司
山东鲁抗医药集团有限公司
山东金鲁城有限公司
山东华金集团有限公司
山东昊福集团有限公司
山东民生煤化有限公司
兖矿峄山化工有限公司
济宁矿业集团有限公司
济宁金威煤电有限公司
山东省微山湖矿业集团公司
济宁中银电化有限公司
山东如意科技集团有限公司
兖州银河橡塑集团有限公司
济宁碳素工业公司
山东凯赛里能生物高科技有限公司
（九）泰安市
新汶矿业集团有限责任公司
肥城矿业集团有限公司
山东泰和东新股份有限公司
泰山玻璃纤维股份有限公司
山东石横特钢有限公司
肥城阿斯德化工有限公司
山东飞达化工科技有限公司
山东惠普矸石电力股份有限公司
山东岱银纺织集团股份有限公司
山东瑞星化工有限公司
泰山水泥集团有限公司
泰安华丰顶峰热电有限公司
泰安鲁珠水泥有限公司
山东鑫国煤电有限责任公司
泰开电器集团有限公司
山东泰山复合材料有限公司
泰山集团股份有限公司
肥城富源工贸公司
泰安海化新星肥业有限公司
泰安华泰建材有限公司
泰安华新石膏制品有限公司
（十）威海市
三角集团有限公司
华能威海发电有限责任公司
威海热电厂
山东蓝星玻璃集团有限公司
好当家集团有限公司
威海啤酒集团有限公司
威海恒信水泥工业有限公司
成山集团有限公司
威海市第二热电厂
天润曲轴有限公司
乳山市大业金矿
山东威高集团有限公司
文登市第二橡胶厂
山东鸿洋神水产科技有限公司
（十一）日照市
山东日照发电有限公司
日照钢铁控股集团有限公司
山东亚太森博浆纸有限公司
山东洁晶集团股份有限公司
山东日照焦电有限公司
五莲县阳光热电有限公司
海汇集团有限公司
日照鲁信金禾生化有限公司
山东尧王酒业集团有限公司
日照三木木业股份有限公司
山东宝山矿业有限公司
日照海通丝业有限公司
山东永发石业有限公司
山东日照酒业有限公司
（十二）莱芜市
莱芜钢铁集团有限公司
莱芜市泰山阳光电力有限公司
莱芜钢铁集团粉末冶金有限公司
新汶矿业集团有限责任公司鄂庄煤矿
莱芜市泰山阳光水泥有限公司
莱芜泰钢热电有限公司
莱芜钢铁华威工程有限公司
山东鲁碧建材有限公司
莱芜钢铁银山工业有限公司
（十三）临沂市
山东恒通化工股份有限公司

山东金沂蒙集团有限公司
山东阜丰发酵有限公司
山东沂州水泥集团总公司
山东临沂盛能集团股份有限公司
青援食品有限公司
山东省鲁洲食品集团有限公司
山东银麦啤酒股份有限公司
山东冠鲁工业集团公司
山东绿润食品有限公司
山东华丰集团公司
山东宏艺科技有限公司
山东新光股份有限公司
山东正义纺织集团有限公司
山东利丰集团有限公司
山东德利再生资源置业有限公司
泓达生物科技有限公司
山东清华同方鲁颖电子有限公司
临沂新程金锣肉制品有限公司
山东新时代药业有限公司
华盛江泉集团有限公司
沂水大地玉米开发有限公司
（十四）德州市
德州晶华集团有限公司
山东贺友集团总公司
德州沪平永发造纸有限公司
山东德齐龙化工集团有限公司
山东正大纸业有限公司
山东华鲁恒升集团有限公司
山东德棉集团有限公司
山东照东方纸业集团有限公司
华能国际电力有限公司德州电厂
禹城市兴达建材有限公司
山东通裕集团有限公司
山东龙力生物科技有限公司
山东华泰新材料有限公司
禹城福田药业有限公司
皇明太阳能集团有限公司
山东古贝春有限公司
希森三和集团有限公司
（十五）聊城市
山东泉林纸业有限责任公司
山东时风集团有限责任公司
山东凤祥有限责任公司
东阿东昌水泥有限公司
山东省高唐蓝山集团总公司
山东齐鲁味精食品集团有限公司
山东聊城热电有限责任公司
银河纸业有限责任公司
冠州集团股份有限公司
山东东阿阿胶股份有限公司
山东信发铝电集团有限公司
山东聊城鲁西化工集团总公司
阳谷祥光铜业有限公司
高唐县金兴人造板有限公司
山东新嘉华实业集团有限公司
山东科瑞特生物工程有限公司
临清三和纺织集团有限公司
山东三山集团有限公司
（十六）滨州市
山东鲁北企业集团总公司
山东西王集团有限公司
山东滨化集团有限责任公司
山东魏桥创业集团有限公司
山东京博石油化工有限公司
山东齐星集团有限公司
山东滨州渤海活塞股份有限公司
华纺股份有限公司
惠民县光明热电有限公司
山东香驰豆业集团有限公司
山东渤海油脂工业有限公司
山东众和新型墙材有限公司
滨州愉悦家纺有限公司
山东埕口盐化有限责任公司
山东沾化海明化工有限公司
山东省阳信金缘纺化有限公司
山东基德生态科技有限公司
山东万德酒业有限公司
山东珍贝瓷业有限公司
山东沾化海洋化工有限公司
山东明珠集团有限公司
（十七）菏泽市
山东菏泽发电厂
东明县石化集团有限公司
菏泽锦江环保能源有限公司
成武大地玉米开发有限公司
山东银香伟业集团有限公司
菏泽鲁宏水泥有限公司
青岛啤酒（菏泽）有限公司
单县有机化工有限公司
菏泽绿源食品有限公司

河南省

第一批

安钢集团

平煤集团

天冠集团

安阳化工

安阳高新技术产业开发区

三门峡湖滨农业生态园区

义马市

第二批

一、城市

三门峡市

巩义市

二、园区

沈丘付井镇农业产业发展区

大周镇再生金属回收加工区

淇县畜禽产业园区

上街区铝工业园区

新郑市煤炭综合开发区

鹤壁市山城区牟山工业集中区

桐柏碱硝化工产业园区

新乡（七里营）纸制品工业园

三、企业

（一）煤炭

鹤壁煤业（集团）有限责任公司

永城煤电集团有限责任公司永夏矿区

河南超越企业集团

（二）电力

郑州裕中能源有限责任公司

（三）冶金

伊川电力集团总公司

济源市金马焦化有限公司

河南济源钢铁（集团）有限公司

灵宝市金源矿业有限责任公司

灵宝豫赣多金属综合回收有限公司

（四）化工

中国神马集团有限责任公司

河南省中原大化集团有限责任公司

河南骏化发展股份有限公司

河南金鼎化工有限公司

河南省世纪金源化工有限责任公司

（五）建材

郑州新登企业集团有限公司

（六）制药

辅仁药业集团有限公司

河南天方药业股份有限公司

开封制药（集团）有限公司

（七）造纸漯河银鸽实业集团有限公司

（八）农产品加工

河南漯河双汇实业集团有限公司

北徐集团有限责任公司

（九）农业

河南省内乡县牧原养殖有限公司

河南省黄泛区实业集团（农业）

河南省花花牛集团

河南恒友牧业有限责任公司

灵宝市生源农业有限责任公司

（十）领域

郑州市污水净化有限公司

安阳市龙悦湾玉花苑住宅小区

湖北省

一、重点行业

（一）冶金

大冶有色金属公司

湖北新冶钢公司

鄂州吴城钢铁有限公司

（二）化工

湖北宜化集团有限责任公司（包括湖北楚星化工股份有限公司、枣阳化工工业有限公司、浠水县福瑞德化工有限责任公司）

湖北楚源精细化工集团股份有限公司

沙隆达集团公司

武汉有机实业股份有限公司

武汉青江化工股份有限公司

湖北省黄麦岭磷化工集团公司

宜昌兴发集团有限责任公司

湖北祥云化工股份有限公司

湖北洋丰股份有限公司

湖北三新磷酸有限公司

荆州市博尔德化学有限公司

湖北开元化工科技股份有限公司

利安隆生物化学有限公司

竹溪创艺皂素有限公司

潜江市仙桥化学制品有限公司

湖北益泰药业有限公司

（三）建材

葛洲坝股份有限公司水泥厂

华新水泥股份有限公司

湖北基立环保板材有限公司

（四）电力

鄂州发电有限责任公司

（五）轻工

华润雪花啤酒（武汉）有限公司

武汉远东绿世界集团有限公司

赤壁晨鸣纸业有限责任公司

安琪酵母股份有限公司

湖北稻花香集团

（六）汽车

东风汽车股份有限公司铸造分公司

二、重点领域

（一）废旧金属再生利用

湖北金洋冶金股份有限公司

荆门市格林美新材料有限公司

（二）再生资源回收利用体系建设

湖北衡德环保设备制造有限公司

湖北鑫丰再生资源有限公司

荆州市物资再生利用管理总公司

（三）产业园区

武汉市东西湖工业园区（国家第一批试点单位）

武汉市青山区环保产业基地

宜昌经济技术开发区三峡磷化产业区

荆门市高新技术产业开发区

四、市、县

荆门市

谷城县

广东省

一、重点行业

（一）机电

广州丰田汽车有限公司

广汽丰田发动机有限公司

广东省海丰县机械工业总公司

广东风华高新科技股份有限公司

广东四会互感器厂有限公司

（二）轻工

广州珠江啤酒集团有限公司

青岛啤酒（珠海）有限公司

金威啤酒（东莞）有限公司

肇庆蓝带啤酒有限公司

广州珠江钢琴集团有限公司

广东志诚冠军集团有限公司

茂名市凯利环保热能设备有限公司

广州造纸集团有限公司汕头市龙湖区鑫隆纸类制品厂

广东鼎丰纸业有限公司

清远市威利邦木业有限公司

阳东绿源人造板有限公司
广州白云山制药股份有限公司
广州白云山化学制药厂
广东肇庆星湖生物科技股份有限公司海丰肉联厂
海丰县海发食品贸易公司
海丰县溢盛针织厂有限公司
佛山市南海稳德福无纺布有限公司
开平市花皇淀粉厂有限公司
广东省丰收糖业发展有限公司
广东大华糖业有限公司
安利（中国）日用品有限公司
荷力胜（广州）蜂窝制品有限公司
（三）能源
广州明珠C厂发电有限公司
广州保税区广保电力发展有限公司
广州红鹰能源科技有限公司
广州热力有限公司
广州大学城能源发展有限公司
广州市旺隆热电有限公司
广州恒运东区热力有限公司
（四）有色金属
兴宁市金雁电工有限公司
广东高要河台金矿
广东凌丰集团有限公司
（五）石油化工
中国石化股份有限公司茂名分公司
广州珠江轮胎有限公司
广州珠江化工集团有限公司广州制漆厂
广州市康明硅橡胶科技有限公司
珠海得米化工有限公司
广州市粤首实业有限公司
云浮市宝利硫酸有限责任公司
（六）建材
广东塔牌集团蕉岭县鑫达旋窑水泥有限公司
蕉岭县龙腾旋窑水泥有限公司
茂名市油城牌水泥有限公司
云浮市粤云新型石材有限公司
云浮市亨达利水泥制品有限公司
潮州绿环陶瓷资源综合利用有限公司
（七）钢铁
广东省韶关钢铁集团有限公司
广州珠江钢铁有限责任公司
联众（广州）不锈钢有限公司
广东省韶铸集团有限公司
（八）其他
广州广信江湾新城大酒店
广东省第二工人医院

二、重点领域

（一）再生资源回收利用体系建设
广州番禺绿由工业弃置废物回收处理有限公司
广州广汽丰绿资源再生有限公司
肇庆市鼎湖区莲花镇经济发展总公司
江门市长优实业有限公司
广州市万绿达物资回收有限公司
广州天河奥特农化新技术有限公司
东莞市方达环宇环保科技有限公司
广东建航电池连锁有限公司
（二）建筑节能
招商地产广州金山项目、广州世贸中心大厦、深圳振业城
（三）环保产业
东莞市博海环保资源开发有限公司

三、产业园区

广州开发区
东莞石龙（始兴）产业转移工业园
石龙信息产业园
广东银洲湖纸业基地
中山火炬高新技术产业开发区阳西工业园
肇庆市亚洲金属资源再生工业基地
佛山市南海国家生态工业示范园区
广东西樵纺织产业示范基地

四、区（县）

云浮市云安县

五、试点城市

广州
深圳
佛山
东莞
江门
汕头

广西壮族自治区

广西柳州钢铁（集团）公司
中铝广西分公司
广西鱼峰集团有限公司
柳州化学工业集团有限公司
南宁糖业股份有限公司
燕京啤酒（桂林漓泉）股份有限公司
广西八一（集团）有限责任公司
广西金河集团有限责任公司
南丹县吉朗矿冶有限责任公司
广西维尼仑股份有限公司
和来宾河西工业园区
南丹有色金属冶炼工业园区
北海市合浦东园家酒厂循环经济产业示范园

四川省

一、试点市

成都　绵阳
攀枝花　泸州
广安　内江

二、试点县

成都：邛崃市　金堂县　青白江区
绵阳：涪城区　江油市　三台县
德阳：绵竹市　什邡市
乐山：井研县　五通桥区
内江：威远县　隆昌县
眉山：洪雅县　彭山县
攀枝花：仁和区　西区
南充：顺庆区　蓬安县
资阳：简阳市　乐至县
雅安：名山县　天全县
遂宁：射洪县　船山区
自贡：富顺县
广安：广安区　岳池县
宜宾：翠屏区　长宁县
泸州：叙永县　龙马潭区
凉山州：冕宁县　甘洛县　盐源县
广元：剑阁县　苍溪县
达州：大竹县　万源县
巴中：通江县　南江县

三、试点企业

川化集团公司（化工）
攀钢集团成都钢铁有限公司（钢铁）
四川国栋建材集团有限公司（建材）
四川高宇集团有限公司（化工）
四川星河建材有限公司（建材）
四川天赐医药科技有限公司（化工）
安县纸业有限公司（轻工）
翰通生物能源有限公司（化工）
剑南春集团公司（轻工）
林辰实业集团公司（化工）
宏达股份有限公司（建材）
金路集团公司（化工）
广安发电有限责任公司（电力）
广能集团公司（煤炭）
爱众投资控股集团有限公司（化工、建材）
恒立化工有限公司（化工）
华威建材有限公司（建材）
银泰控投有限公司（建材）
川威集团公司（钢铁）
内江天科化工有限责任公司（化工）
长安化纤有限股份公司（化工）
五粮液集团公司（轻工）
宜宾天原公司（化工）
丝丽雅集团公司（化工）
泸州老窖集团公司（轻工）
合江蜀能电力有限责任公司
攀钢集团公司　（钢铁）
成洪磷化工有限责任公司（化工）
金象冶金化工股份有限公司（化工）

眉山丰华纸业有限公司（轻工）
中国南车集团资阳机车厂（机械）
四川省阆洲醋业有限公司（轻工）
达州钢铁集团公司（钢铁）
川投峨眉山铁合金（集团）有限公司（钢铁）
永丰纸业股份有限公司（轻工）
川沱曲酒股份有限公司（轻工）
普宁化纤科技有限公司（化工）
'美丰股份有限公司
宝兴微纳粉体有限公司（有色）
川北玻璃厂（化工）
南江矿业集团有限公司（有色）
宏旺实业有限公司（建材）
科瑞德新材料有限责任公司（有色）
鸿鹤化工股份有限公司（化工）
四川雪宝乳业公司
顺庆区农业开发有限公司
嘉陵区农业科技开发公司
岳池县九龙公司
万千集团公司
天华农业科技发展有限公司
德富隆实业有限公司
青川川珍实业有限公司
蒙顶山皇茶茶业有限公司

四、试点园区

（一）工业集中区
绵阳经济技术开发区（绵阳市）
遂宁城南工业集中区（遂宁市）
五粮液工业生态园区（宜宾市）
泸州老窖罗汉基地生态园区（泸州市）
隆昌县工业集中区（内江隆昌县）
华蓥市工业集中区（广安市）
自贡市工业集中区（自贡市）
眉山市工业集中区（眉山市）

（二）农业生态园区
绵阳科技城现代农业科技示范区（绵阳市）
成都金堂农业生态园区（成都金堂县）
敦煌科技农业生态园区（成都都江堰市）
龙泉驿区生态园区（成都龙泉驿区）
南充顺庆农业科技示范园区（南充顺庆区）
南充凤垭农业科技示范园区（南充嘉陵区）
雁江农业生态示范园区（资阳市）
资中县农业生态示范园区（内江资中县）
岳池县农业生态示范园区（四川广安市）
罗江县天马山农业生态园区（德阳市罗江县）

重庆市

一、试点区县

涪陵区

二、试点园区

重庆经济技术开发区
永川工业园区（港口组团）

三、试点企业

重庆市涪陵榨菜（集团）有限公司涪陵区农工循环经济产业链、产品链
重庆桂楼食品股份有限公司涪陵区农工循环经济产业链、产品链
重庆三峡果业集团有限公司万州区农工循环经济产业链、产品链
重庆市太白酒厂万州区农工循环经济产业链、产品链
重庆业兴实业集团渝北酒厂渝北区农工循环经济产业链、产品链
南川市绿态丝厂南川区农工循环经济产业链、产品链
重庆天运生物液体燃料有限责任公司忠县农工循环经济产业链、产品链
铜梁县沙心生态食品有限公司铜梁县农工循环经济产业链、产品链
重庆星星套装门有限责任公司开县农工循环经济产业链、产品链
重庆石柱宏达畜产品有限公司石柱县农工循环经济产业链、产品链
中化重庆涪陵化工有限公司涪陵区工业废弃物综合利用
重庆长寿化工有限责任公司长寿区工业废弃物综合利用
重庆松藻煤电有限责任公司綦江县煤炭、电力、煤层气
重庆市邵新煤化有限公司梁平县煤炭、电力、煤层气
重庆同兴垃圾处理有限公司北碚区垃圾资源化发电
重庆拉法基水泥有限公司南岸区余热回收利用发电
重庆长江造型材料有限责任公司北碚区铸造废砂回收加工利用
重庆超科实业发展有限公司南岸区废旧橡胶回收加工利用
重庆顺搏铝合金有限公司璧山县废铝回收加工利用
双钱集团（重庆）轮胎有限公司双桥区橡胶制品

云南省

第一批

云锡集团（控股）有限责任公司
云南冶金集团总公司
云南铝业股份有限公司
昆明钢铁集团有限责任公司
云南铜业集团有限公司
云南铜业股份有限公司
云天化集团有限责任公司
云南煤化工集团有限公司
云维集团有限公司
临沧市晶莹糖业有限责任公司
祥云飞龙实业有限公司
云南云景林纸股份有限公司
云南省曲靖化学工业有限公司
云南省陆良化工实业有限公司
海燕橡胶有限股份公司

云南省发展工业循环经济试点示范企业名单

云南云冶锌业股份有限公司
昆明云内动力股份有限公司
昆明钢铁集团有限责任公司
云南铝业股份有限公司
昆明水泥股份有限公司
云南晋宁黄磷有限公司
云南磷化集团有限公司
昆明市东川骏明矿业有限责任公司
云南省四营煤矿
重庆北碚宏大集团公司嵩明造纸厂
云南铜业股份有限公司
国电阳宗海发电有限公司
云南白药集团股份有限公司
红云集团
云南南磷集团股份有限公司
云南省曲靖越钢集团有限公司
云南省东源铝业有限责任公司
云南驰宏锌锗股份公司
云南省曲靖化学工业有限公司
云维集团有限公司
曲靖珠源水泥有限公司
云南省陆良县远东水泥有限公司
云南省曲靖珠源纺织有限公司
云南陆良银河纸业有限公司
云南省恩洪煤矿
云南省富源矿厂云南省中安监狱
云南东源实业股份有限公司
玉溪市刘总旗活发钢铁厂
云南省玉溪化肥厂有限公司
云南盘桥磷电有限公司
云南澄江县德安磷化工有限责任公司
云南玉溪旭立电石有限责任公司
云南省玉溪市刘总旗水泥厂
云南易门意发玻璃有限公司
云南峨山矿冶（集团）有限责任公司
云南省玉溪市第一造纸厂
云南省玉溪市光华造纸厂
云南新平南恩糖纸有限责任公司
云南易门意达陶瓷有限公司
云南玉加宝人造板有限公司
云南玉溪万方天然药物有限公司
保山保盈金属硅厂
腾冲奕标水泥责任公司
云南保升龙糖业有限责任公司
云南省龙陵县康丰糖业有限责任公司
云南省昌宁恒盛糖业有限责任公司
云天化集团有限公司
昭通市昭电大龙洞电石厂
大关县寿星水泥有限责任公司
丽江黑白水电力股份有限公司冶炼厂
云南金鑫硅业有限公司
华坪县花椒坪煤焦有限责任公司
丽江玉峰水泥有限公司
云南省华坪县华月矿业有限责任公司
华坪县宏源煤焦有限责任公司
思茅市翠云区接力水泥有限公司
磨黑盐矿
云南云景林纸股份有限公司
普洱高密度纤维板有限责任公司
云南临沧鑫园锗业股份有限公司
云南省墨江县白糖厂
云县甘化有限公司
云南江川翠峰纸业有限公司双江华峰公司
临沧市晶莹糖业有限责任公司
云南省双江糖业有限责任公司
云南省楚雄滇中铝业有限公司
四川德胜集团楚雄钢铁有限公司
云南武定滇武水泥有限责任公司
云南锡业集团有限责任公司
云南建水县华通锰业有限责任公司
云南东风化工有限公司

开远一行电力氯碱化工有限责任公司
云南开远水泥股份有限公司
建水县贫矿富集有限公司
蒙自博发矿冶有限公司
云南红塔蓝鹰纸业有限公司
云南省红河糖业有限责任公司
云南建水糖业有限责任公司
砚山县东方永胜硅锰厂
云南壮山实业股份有限公司（建材）
云南木利锑业有限公司
云南华联锌铟股份有限公司
云南特安呐制药有限责任公司
云南文山斗南锰业有限责任公司
景洪锰合金厂
西双版纳勐养水泥有限责任公司
西双版纳普文糖厂
云南省黎明农工商联合公司糖厂
云龙县康亚华西电锌业有限公司
大理红山水泥有限责任公司
云南恒丰纸有限责任公司
大理啤酒(集团)有限责任公司
新希望云南邓川蝶泉乳业有限公司
祥云县飞龙实业有限责任公司
芒市硅厂
瑞丽市瑞鑫水泥有限责任公司
云南省德宏裕安龙江糖业股份有限公司
云南省陇川糖厂
兰坪县康华电解锌厂
迪庆开发区三利铁合金有限公司

陕西省

一、试点园区

西安经济技术开发区
韩城龙门生态工业示范区
神府经济开了区锦界工业园区
宝鸡高新技术产业开发区

二、试点企业

神东神华电力有限责任公司
陕西三秦能源有限公司
陕西正元粉煤灰综合利用有限责任公司
陕西龙门钢铁（集团）的限责任公司
陕西东岭集团股份有限公司
韩城黑猫焦化有限责任公司
汉中八一锌业有限责任公司
陕西旬阳鑫业矿业有限公司
青岛啤酒西安汉斯集团有限公司西安公司
蒲白矿务局
黄陵矿业有限公司
彬县煤业总公司
韩城黑猫炭黑有限公司
北元化工有限责任公司
陕西城化股份有限公司
榆林炼油厂
镇安县秀山水泥有限责任公司
陕西秦岭水泥（集团）有限责任公司
陕西福天宝科技有限公司
西安市物资回收利用总公司

甘肃省

试点城市
嘉峪关市
金昌市
武威市
白银市
兰州市西固区
平凉市崆峒区
试点园区
中科院白银高新技术产业园
天水农业高新技术示范园区
玉门建材化工园区
金昌市新材料工业园区
泾川县循环经济产业园区
甘肃武威工业园区
兰州高新技术产业开发区空港循环经济产业园
甘肃武威黄羊工业园区
甘肃永靖工业园区氯碱化工循环经济产业园
甘肃永靖精细化工循环经济产业园；

试点企业

酒泉钢铁（集团）有限责任公司
酒钢集团宏达建材有限公司
嘉峪关市宏丰实业有限公司
白银有色集团有限公司
甘肃稀土集团有限责任公司
靖远煤业有限责任公司
国电靖远发电有限公司
白银金奇化工科技有限公司
中石油兰州石化分公司
甘肃祁连山水泥集团股份有限公司
腾达西北铁合金有限责任公司
窑街煤电有限责任公司
兰州连城铝业有限责任公司
中国铝业股份有限公司兰州分公司
甘肃东兴铝业有限公司
兰州大成自动化工程有限公司
西北永新涂料集团公司
甘肃驰奈生物能源系统有限公司
甘肃金轮再生资源开发有限公司
兰州市再生资源回收公司
永登宝瑞农业科技有限公司
夏河安多投资有限责任公司
玉门油田分公司
敦煌西域特种新材料股份有限公司
甘肃美利亚奥生物科技公司
甘肃刘化（集团）有限责任公司
金川集团有限公司
甘肃金昌化工（集团）有限责任公司
甘肃锦世化工有限责任公司
甘肃昆仑生化有限责任公司
甘肃雪晶生化有限责任公司
张掖市云鹏生物技术有限责任公司
甘肃山丹恒泰炉料有限责任公司
民乐福源化工有限责任公司
甘肃银河食品有限责任公司
甘肃省格瑞斯生物科技有限公司
华能平凉发电有限责任公司
华亭煤业集团有限责任公司
武威市全圣实业集团纸业有限责任公司
民勤县成瑞环保公司
甘肃宏鑫农业科技有限公司
甘肃效灵生物开发有限责任公司
嘉峪关大友企业公司
嘉峪关市聚鑫达实业公司
嘉峪关市丰园玻璃制品公司
甘肃紫轩酒业有限公司
嘉峪关市雄关天石水泥公司
嘉峪关市宏昇电热公司
嘉峪关市宏炎环保建材有限公司
酒钢吉瑞再生资源开发公司
甘肃银光化学工业集团公司
甘肃华鹭铝业公司
白银中天化工公司
甘肃银光聚银化工公司
甘肃大成金属公司
甘肃双赢化工公司
兰州西固热电公司
蓝星化工公司
兰州宏建建材集团有限公司
兰州金浦石化公司
方大炭素有限公司
甘肃鹏飞隔热材料公司
甘南州科瑞乳品开发有限公司
甘南燎原乳业有限公司
甘肃省华羚干酪素有限公司
临潭县建华水泥有限责任公司
中石油庆阳石化公司
庆阳通达果汁厂
庆阳环能建材有限公司
庆阳市德元建材有限公司
庆阳运通草业公司
甘肃宝徽实业集团有限公司
甘肃金徽酒业集团有限责任公司
甘肃成州矿冶集团公司
成县祁连山水泥有限公司
甘肃红川酒业公司
甘肃独一味生物制药股份有限公司
陇南市润基水泥有限公司
陇南市武都区海地煤矸石页岩砖有限公司
甘肃西脉新材料科技股份有限公司
甘肃祈连山药业公司
金塔西域阳光公司
酒泉同福化工公司
甘肃西部水泥公司
天水众兴菌业有限公司
天水长城果汁饮料有限公司
临夏州华安生物制品有限责任公司
甘肃海河曜美生物科技有限公司
镍都实业公司
甘肃瓮福化工有限责任公司
甘肃新川化工有限公司
金昌鑫华焦化有限公司
甘肃万众环保科技有限公司

金昌博瑞宏精细化工有限公司
张掖市有年金龙马铃薯雪花粉有限公司
华煤集团新安煤矸石制砖公司
静宁县恒达有限责任公司
平凉祁连山水泥有限公司
平凉海螺水泥有限公司
平凉新世纪建材有限责任公司
平凉天泰建材有限责任公司
青岛啤酒武威有限责任公司
太西煤集团民勤实业有限公司
甘肃威龙有机葡萄酒有限责任公司
古浪鑫淼精细化工有限公司
甘肃黄羊河集团有限责任公司
武威松树新型建材有限公司
甘肃皇台酒业股份有限公司
甘肃陇原中天生物工程有限公司
甘肃圣大方舟马铃薯变性淀粉有限公司
甘肃富民生态农业科技有限公司
中盐甘肃武阳盐化有限公司
甘肃扶正药业公司
陇西县清吉洋芋开发有限公司
甘肃海盛马铃薯科技有限责任公司
临洮苯日钦牡节能建材有限公司

宁夏回族自治区

第一批

一、试点城市

石嘴山市

二、试点产业园区

银川市望远工业园

三、试点企业

宁夏赛马实业股份有限公司
宁夏昌鑫新型建材有限责任公司
宁夏金昱元化工集团有限公司
宁夏沙湖纸业（集团）有限公司
宁夏万胜生物工程有限公司
宁夏贺兰山铁合金有限责任公司
神华宁夏煤业集团有限责任公司太西洗煤厂
神华宁夏煤业集团有限责任公司太西洗煤厂
宁夏中卫市万国企业有限责任公司

第二批

一、试点城市

平罗县　中宁县

二、循环经济试点园区

石嘴山工业园区　中卫美利工业园区

三、循环经济重点试点领域

宁夏房地产开发集团有限公司　宁夏供销社再生资源有限公司

四、循环经济试点单位

中电投宁夏青铜峡能源铝业集团有限公司　中冶美利纸业集团有限公司

神华宁夏煤业集团太西电力有限责任公司等23家

第三批

启元药业　大荣实业集团
紫金花纸业　昊丰伟业钢铁
兴平精细化工　银川热电
昊盛纸业　兴尔泰
博宇钢铁　中冶美利
伊品生物　房地产集团
太西电力　庆华煤化工
供销社　中节能
惠冶镁业　中卫美利区工业园
英利特化工　中宁县
平罗县　固原佳立淀粉
开元丰友化工　大地冶金
青铜峡铝业　鲁西化工
青铜峡水泥　石嘴山工业园区

新疆维吾尔自治区

一、试点园区

米东化工园区（化工乌昌地区）

石河子北化工园区（化工石河子市）

二、试点企业

新疆八一钢铁股份有限公司（钢铁乌鲁木齐市）

稀有金属有限责任公司（有色阿勒泰地区）

新疆阿希金矿（有色伊犁州）

艾维尔沟煤矿（煤炭乌鲁木齐市）

中国国电集团新疆红雁池发电有限责任公司（电力乌鲁木齐市）

新疆天山电力股份公司玛纳斯发电分公司（电力昌吉州）

中国石油天然气股份有限公司独山子石化分公司（化工克拉玛依市）

新疆中泰化学股份有限公司（化工乌鲁木齐市）

新疆天山水泥股份有限公司（建材乌鲁木齐市）

新疆青松建材化工（集团）股份有限公司（建材阿克苏地区）

新疆特变电工股份有限公司（机电昌吉州）

新疆众和股份有限公司（机电乌鲁木齐市）

新疆博湖苇业股份有限公司（轻工巴州）

新疆四方糖业有限责任公司（轻工伊犁州）

新疆天山纺织（集团）有限责任公司（纺织昌吉州）

新疆金纺纺织股份有限公司（纺织乌鲁木齐市）

新疆金业报废汽车回收（拆解）有限公司（贸易乌鲁木齐市）

新疆中太肉联有限公司（贸易克拉玛依市）

新疆制药厂（医药乌鲁木齐市）

新疆维吾尔药业有限责任公司（医药乌鲁木齐市）

宁波市

一、县（区）

宁海县　镇海区

工业园区：

浙江余姚工业园区

宁海临江开发工业园区

鄞州投资创业中心（园区）

宁波化工园区

二、乡镇（街道）

小曹娥镇　黄家埠镇

莼湖镇　强蛟镇

爵溪街道　云龙镇

集仕港镇　慈城镇

九龙湖镇　小港街道

三、企业

宁波舜江水泥有限公司

宁波华林橡胶工业有限公司

浙江华鑫化纤集团公司

浙江杭州湾纺织品有限公司

宁波众茂杭州湾热电有限公司

宁波华星轮胎有限公司

重啤集团宁波大梁山有限公司

宁波海山纸业有限公司

浙江东亚线缆有限公司

宁波万冠熔模铸造有限公司

宁波格兰特制冷设备制造有限公司

宁波国泰科技发展有限公司

宁波恒泰草制品有限公司

宁波雅戈尔日中纺织印染有限公司

宁波东海集团有限公司

金田铜业

宁波乐金甬兴化工有限公司

宁波德泰化学有限公司

申洲织造有限公司

宝新不锈钢公司

发展循环经济 建设美丽鞍山

鞍山市是东北地区重要的老工业基地，高耗能产业比重较大，资源开发和投资依赖性较强。党的十八大报告首次提出加强生态文明建设，要推进绿色发展、循环发展、低碳发展，建设美丽中国。鞍山市按照党的十八大精神，牢固树立绿色、低碳、循环发展理念，确立以产业升级为主攻方向、以节能减排为突破口、以发展循环经济为支撑点的发展路径，着力推进资源重组、资源节约与资源永续利用，走出了一条具有鞍山特色的循环经济发展道路。

一是建立完善循环经济制度体系。按照国家发展循环经济的要求和部署，根据实际情况，明确提出发展循环经济和低碳经济，建设资源节约型和环境友好型城市，建立较完善的发展循环经济法律法规体系、政策支持体系、体制与技术创新体系和激励约束机制，逐步将循环经济工作纳入规范化、制度化、法制化轨道。

二是优先发展循环经济产业。按照“减量化、再利用、资源化”原则，扎实推进节约降耗，加快建设再生资源环保产业园，探索循环经济发展模式和资源环境约束下钢铁、镁制品等产业集群发展模式，大力支持鞍钢建设国家级循环经济示范型企业，充分发挥冶金和装备制造业能力强的优势，为发展循环经济提供技术装备支撑，使产业结构进一步优化，经济运行质量和效益显著提高，资源利用效率大幅度提升。

三是突出抓好循环经济试点工作。积极争取在冶金、装备制造、化工新材料、光电等行业建立国家级、省级循环经济试点企业，以试点企业带动循环经济发展。同时，深入开展循环经济示范创建活动，把海城市作为循环经济试点县（市），把钢铁行业作为循环经济试点行业，把海城西洋耐火材料有限公司、辽宁天和集团、海城市中新印染有限责任公司等作为循环经济示范企业，充分发挥示范引领作用，不断探索实现转型发展的新路子，切实推进相关区域和领域循环经济水平的整体提升。

四是扎实推进重大循环经济项目。积极推进鞍钢余热利用、环保产业园、垃圾焚烧发电、餐厨废弃物资源化利用等项目建设，不断推动海城滑石矿、菱镁矿等矿产品地区成为循环经济“双百”示范基地，努力提高资源利用效率，实现变废为宝，推动“低投入、低消耗、低排放，可循环、高效益、可持续”发展。

目前，鞍山循环经济发展取得了长足进步，2013年全市单位国内生产总值能耗下降到1.51吨标准煤以下，比2010年累计下降11.3%左右，完成“十二五”节能目标67%；全市化学需氧量、氨氮、二氧化硫、氮氧化物等四项主要污染物累计削减量达到“十二五”目标责任状的60%以上；城镇污水处理率达到90%；城区空气环境质量达标率为91.82%，鞍山已成为天蓝、水绿、山青的宜居城市。

党的十八届三中全会为发展循环经济提出了新的更高要求，鞍山市将以建设生态文明城市为目标，大力推进循环经济，全力打造全国低碳经济示范市，努力谱写“美丽鞍山”新篇章！

国家循环经济试点企业
全国循环经济工作先进单位

JINCHUAN金川

金川集团股份有限公司

2012年8月17日，甘肃省省委书记王三运，省长刘伟平带领全省新建项目现场观摩团在金川集团考察

2012年10月10日，金川集团董事长杨志强出席甘肃金远煤业有限公司沙井子西部煤田开发项目启动仪式

一、大型跨国经营集团——金川集团股份有限公司

金川集团股份有限公司（以下简称“金川集团”）是甘肃省人民政府控股的以矿业和金属为核心的垂直一体化、相关多元化的大型跨国经营集团。公司已形成镍20万吨、铜60万吨、钴1万吨、化工产品280万吨的生产能力。镍产量居世界第四位，钴产量居世界第二位，铂族金属产量居国内第一位，铜产量居国内第三位。

2012年，公司实现营业收入1500亿元，同比增长23.2%；实现利税总额38亿元，其中利润15亿元；进出口贸易总额达35.4亿美元，占甘肃省贸易总额的39%。生产有色金属及加工材93万吨，同比增长18%。其中镍产品14万吨、铜产品61万吨、钴产品7400吨、海绵钛2000吨、加工材17.3万吨；铂族贵金属2201公斤、黄金8003公斤、白银301吨、精硒61吨；化工产品244.3万吨。公司位列中国企业500强第91位、制造业第34位、有色冶金及压延加工第4位。荣获全国循环经济先进企业称号。

二、金川集团循环经济产业链建设

按照循环经济“3R”原则，结合金川集团实

际，以矿产资源综合利用、节能耗降技术改造、废弃资源综合利用、清洁生产与生态修复为产业链构建重点，不断延伸产业链条；从企业间的横向联合出发，围绕相关企业的产品与废弃资源，构建了金川集团与周边企业耦合共生发展的循环经济产业链。

——矿产资源综合利用循环经济产业链

以“采矿—选矿—冶炼—深加工”为主线，加强矿山资源的贫富兼采，不断提高采、选、冶和精深加工技术水平，提高资源综合利用率，发展镍铜钴钛有色产品深加工，延伸产业链条。

——固废综合利用产业链

经过50多年的发展，金川集团积累了超过1亿吨的尾矿砂、3000多万吨镍铜炉渣，其中含有大量的镍、铜、钴、铁等资源，蕴含价值极大。通过构建“固废—再加工—有价金属”产业链，极大地提高了金川集团矿产资源综合利用水平。

——废水资源化产业链

按照“分区收集、分类处理、分质回用”的原则，实施节约用水综合技术改造工程，提高工业废水重复和循环使用

2012年8月21日，金川集团董事长杨志强出席金川集团四十万吨烧碱、三十万吨PVC、三十万吨铜材、冶炼余热发电工程奠基仪式

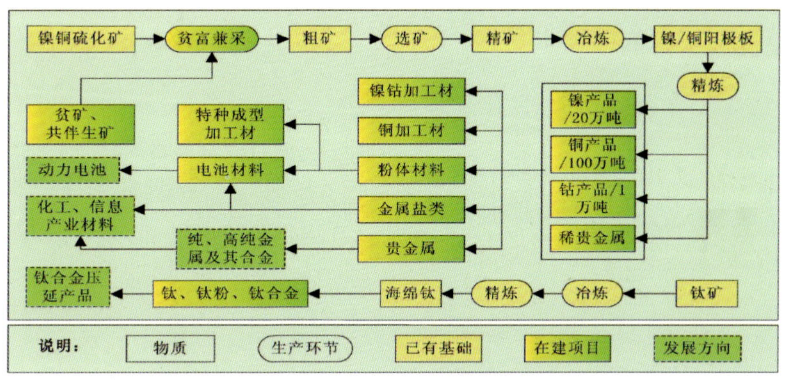

图1 矿产资源综合利用循环经济产业链图

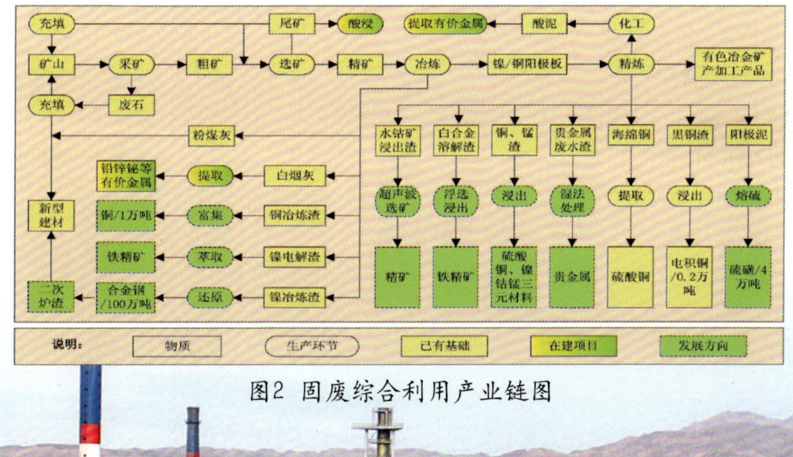

图2 固废综合利用产业链图

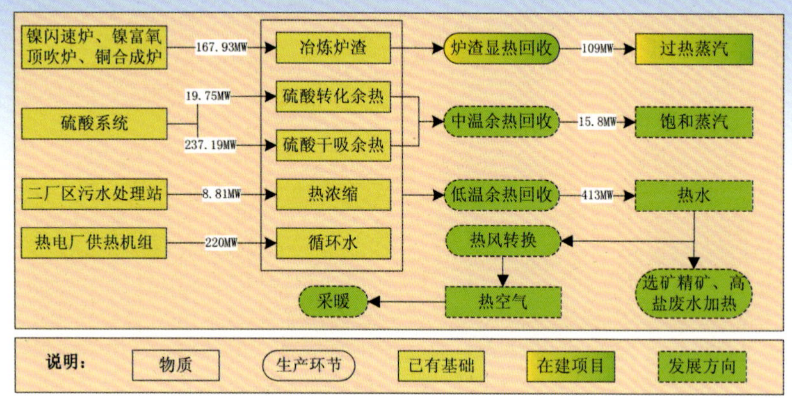

图5 余热资源综合利用产业链图

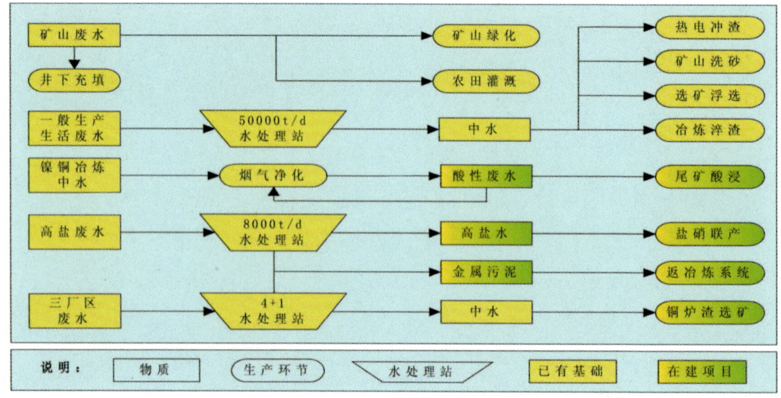

图3 废水资源化产业链图

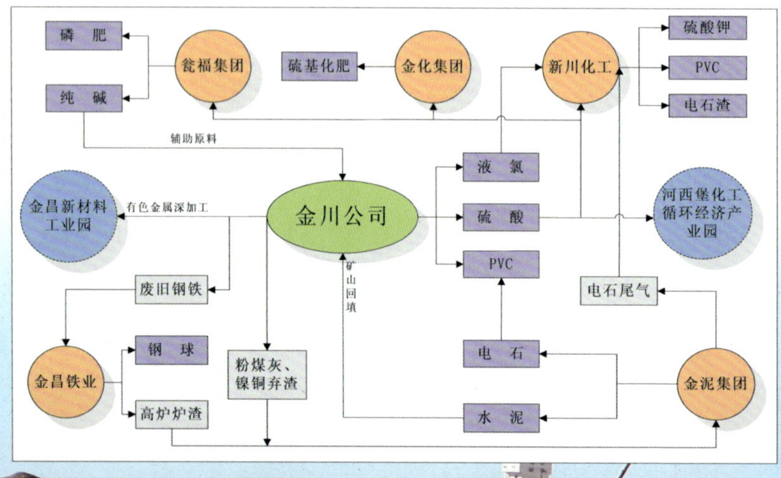

图4 以金川集团为核心的区域循环经济产业链图

率。2012年，金川集团中水回用1320万吨，工业水重复利用率93.5%，有效地缓解了金昌地区的供水矛盾。

——化工循环经济产业链

按照共生耦合发展的理念，与金泥集团、新川化工、瓮福集团、金化集团、金昌铁业及河西堡化工循环经济产业园、金昌新材料工业园的产业共生发展，形成了硫、磷、氯碱、煤、氟五大环环相扣的化工产业链。走出一条资源型地区减量化、资源化、再利用、良性可持续的循环经济发展道路，带动了区域经济协调健康发展。

——余热资源回收利用产业链

建设余热发电站，利用镍冶炼厂顶吹炉、闪速炉、铜合成炉系统余热锅炉产生的中压蒸汽发电，构建了余热资源回收利用产业链。

——清洁能源产业链

积极利用天然气、太阳能，构建了清洁能源生产链，提高清洁能源在公司能源消费中的比重，促进公司开源节流。

——装备再制造产业链

对具备修复价值的设备及备件进行再制造，重新投入生产环节，发挥生产效能；对不可修复

2013年6月21日，由金川集团承办的首届中国(甘肃)循环经济国际博览会在金昌市召开

2012年9月13日，甘肃省发展循环经济工作暨经验交流现场会

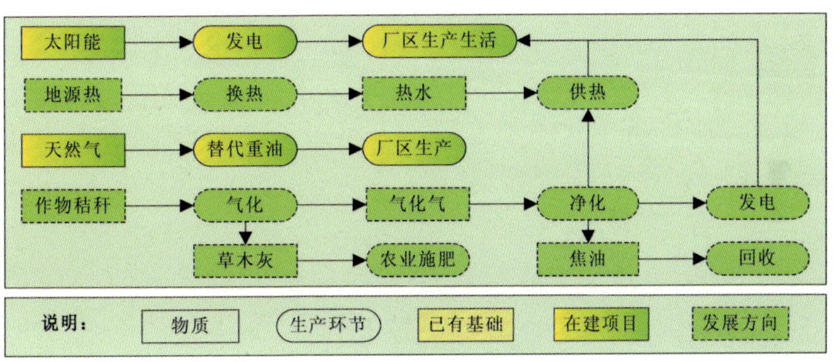

图6 清洁能源产业链图

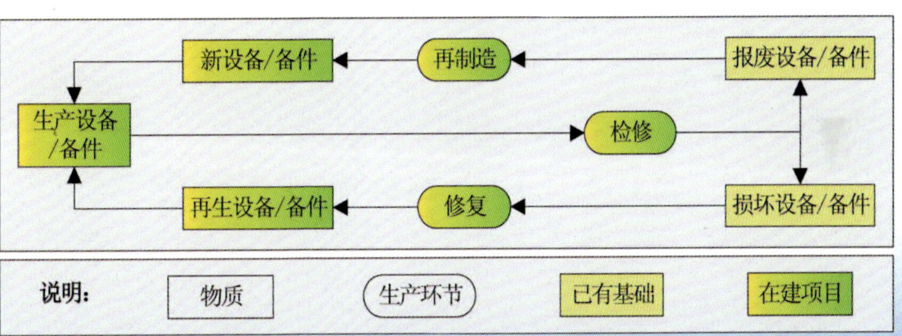

图7 装备再制造循环经济产业链图

部件优先回收有色金属件，其它作为机加工材料或回炉再制造材料。

——有色金属再生利用产业链

建设有色金属再生资源再利用示范基地，构建了有色金属再生利用产业链，回收利用废旧金属、废旧家电、废旧电池、报废汽车、废旧电机、废旧电线电缆等镍、铜类有色金属再生资源。

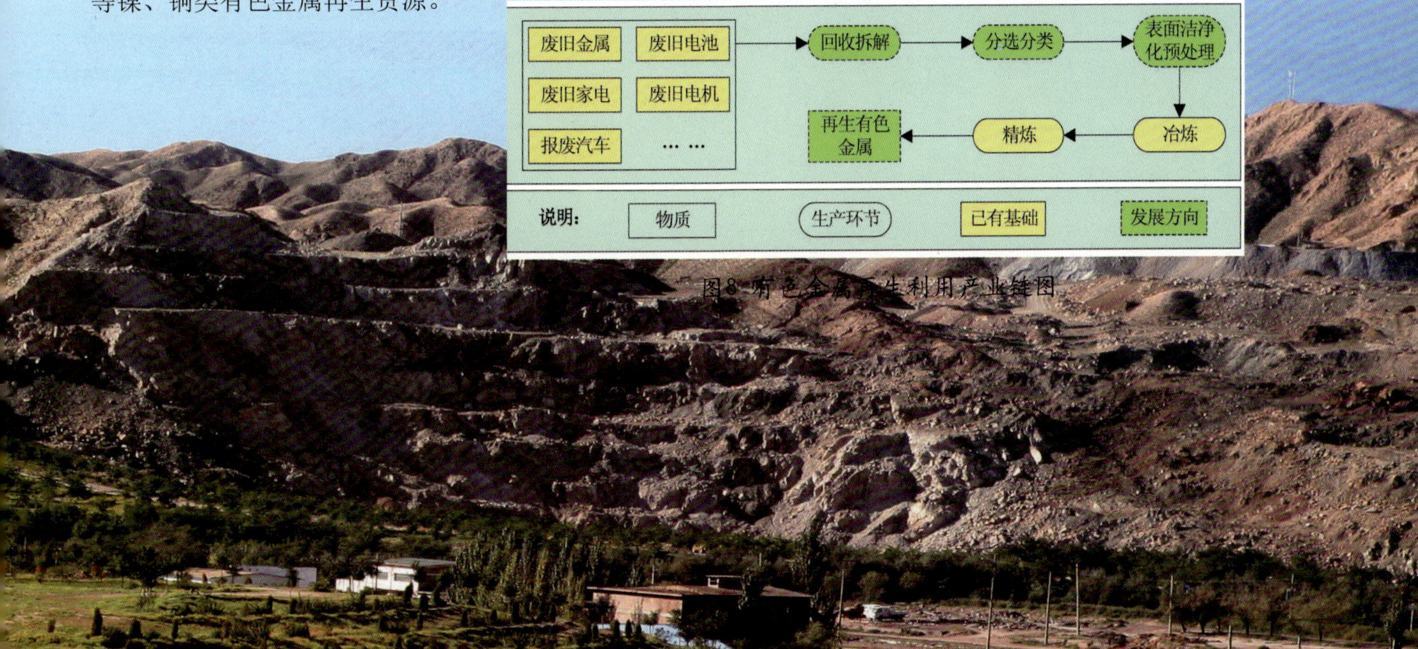

图8 有色金属再生利用产业链图

国酒茅台是中华民族在漫长历史长河中积淀下来的智慧结晶，是源远流长的中华文化的一种物化符号，也是中国民族工业傲立于世界的自主品牌。贵州茅台酒股份有限公司（集团）作为国家循环经济试点企业， 大力建设循环经济产业园区，打造循环经济产业链，加快循环发展。

随着茅台酒产量增加酱香型系例酒发展壮大，茅台酒丢糟量越来越大，生产酱香型白酒丢糟集中在两个月内，酒中富含有机酸、蛋白、纤维素、糖、淀粉和多种微量元素，极易腐烂霉变，如处理不当极易污染水资源和土地富营养化。茅台集团于2004年就成立专门部门和班子寻找和开发酒糟综合利用技术，2005年由茅台投资公司投资设立贵州琨恩公司专门从事酒糟综合利用的中试生产。目前主要是利用昆虫及茅台酒酒糟中原生态的微生物菌群，经发酵后，将茅台酒酒糟快速转化获得生物有机肥、同时可以获得动物源性蛋白、保健蛋白、壳聚糖等多种生物制药原料。利用酒糟生产肥料的同时与饲料生产企业合作生产饲料，不断改进、完善酒糟综合利用的生产工艺和技术。

茅台集团这些年在生态处理酒糟，发展循环经济产业上取得一些经验，同时也取得了一定的社会效益和经济效益：

1. 累计处理酒糟26多万甑，生产有机肥6.72万吨，饲料10.86万吨，保健蛋白原料65吨，推广使用有机肥135万亩。累计实现销售收入13,503万元，实现经济增加值2000多万元。通过在茅台周边大面积推广使用有机肥，有效减少化肥、农药使用，从而保护茅台周边地表水和地下水不受污染，切实保护了赤水河流域及国酒酿造核心区的生态环境。几年来累计减少二氧化碳排放量8.3万吨， 减少二氧化硫和氮氧化物排放，解决就业150多人。

2. 取得肥料、饲料、动物源性饲料蛋白生产许可，取得饲料产品有机认证，肥料有机评估，保健食品通过国家技术评审。参加中国杨凌农业科技成果博览会获得金奖。经过这几年小规模试生产，已通过省级相关部门鉴定验收并获高度评价，“琨恩牌”有机肥已深入千家万户，使用后老百姓口碑很好。2009年通过（茅台酒糟生物转化）国家循环经济示范单位立项，并获国家发改委1000万资助，2011年获得国家科技部“十一五”循环经济科技支撑计划项目， 积极参加今年7月“中国贵阳国际工业节能与清洁生产展洽会”。

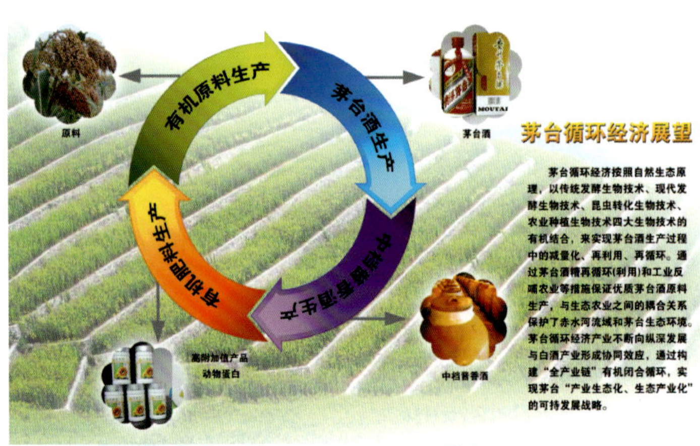

3. 酒糟综合利用产业横向上与生态农业之间形成耦合关系、纵向上与白酒产业构成有机闭合循环关系，使茅台酒的产业链向纵深发展，与白酒产业形成协同效应。经过八年来生产实践证明，茅台的酒糟综合利用的工艺和生产模式成熟，工业化是成功的，不会给茅台微生态环境带来任何生物风险。生产的有机肥为种植茅台酒有机原料提供了保障，保证茅台可持续发展。

为进行规模化扩大生产，集团公司多次召开专题会议确定茅台酒糟综合利用工艺、设备选型等。为确保茅台及仁怀市的可持续发展，保护仁怀的青山绿水，茅台成立了由

房国兴副书记牵头，高守洪、张家齐、杨代永、王莉、游亚林等公司领导组成的班子，主抓循环经济园区建设；探索更科学合理的酒糟处理方式；并且与仁怀市领导一起多次为茅台循环经济园区选址进行实地考察调研。

酒糟综合利用总体思路及规划

今年5、6月份，贵州省经信委领导先后两次到仁怀市及茅台酒厂调研酒糟综合利用规划及进展情况，6月29日向省信委作了循环经济进展情况汇报。

酒糟综合利用打算分两阶段进行：第一阶段茅台集团集中处理好自身的酒糟，利用坛厂和二合已建成循环经济生产厂房集中处理茅台酒股份公司近两年丢糟，分别生产有机肥和有机饲料；第二阶段配合政府部门或引入战略投资者统筹兼顾处理仁怀市甚至赤水河流域的酒糟，循环经济产业园区规划建设上必须尊重市场经济规律，有成熟市场的产品先上，成熟的产业先建设先发展。酒糟综合利用要有利于维护茅台微生态环境和周边生态农业发展，有利于建立茅台有机闭合循环经济产业链，构建起独立的循环经济园区。

茅台集团近期酒糟综合利用推进情况

单位	2013年			2014年		
	班组数量	每班丢糟数量	合计（万甑）	班组数量	每班丢糟数量	合 计（万甑）
茅台酒股份公司	500	240	12	560	240	13.44
201厂	100	260	2.6	148	260	3.848
301厂	34	240	0.816	98	240	2.352
合　计			15.416			19.64

茅台集团酒糟利用分配计划情况

年度	合计（万甑）	生产有机肥酒糟需量（万甑）	生产饲料酒糟需用量（万甑）	技术开发公司酒糟需要量（万甑）	保健酒公司酒糟需要量（万甑）
2013年	15.416	6	5.916（实际9.416）	1.5	2
2014年	19.64	10	3.64（实际9.64）	3	3

2013年茅台股份公司丢糟共15.416万甑，生产有机肥需要6万甑，饲料生产需要 9.416万甑，预计可实现销售收入8000万元；2014年茅台股份公司丢糟共19.64万甑，生产有机肥需要10万甑，饲料生产需要 9.64万甑，预计可实现销售收入1亿元，解决就业200人左右。

目前茅台集团利用在坛厂已修建但因环评问题而闲置的301厂房建设一条肥料生产线，生产2013年和2014年基地所需有机肥，为茅台有机基地有机农资需求提供保障。二合已基本建成年处理10万甑酒糟的饲料项目，可满足近两年茅台丢糟处理需求。根据茅台中长期发展规划，到2020年茅台丢糟量为50万甑（约60万吨）。

天津排放权交易所

中国首家综合性环境能源交易平台

天津排放权交易所由中国石油天然气集团公司（持股78%）和天津产权交易中心（持股22%）共同出资建立，位于国务院批准的国家综合配套改革试验区——天津滨海新区，致力于通过市场化手段和金融创新方式促进节能减排。交易所立足天津、面向全国，为温室气体、主要污染物和能效产品提供安全高效的电子竞价和交易平台，同时为自愿碳交易、清洁发展机制（CDM）项目、 合同能源管理项目、低碳规划方案设计等提供综合服务。

在市场建设方面，按照国家主管部门在应对气候变化、促进节能减排、加强环境保护方面的总体部署，在天津市委市政府的大力支持下，交易所积极推动国家和区域碳市场、建筑能效市场和主要污染物市场的建设，参与有关课题研究和实践。作为国家发改委确定的低碳省市试点、温室气体排放清单编制试点、碳排放权交易试点城市，天津市已确立天津排放权交易所为天津区域碳排放权市场、建筑能效市场和主要污染物市场的指定交易平台。在天津区域碳排放权市场长达两年的酝酿和研究中，天津排放权交易所在主管部门指导下参与了市场的总体设计和各项配套制度建设，天津区域碳排放权市场将于2013年底正式启动交易。

在自愿碳交易方面，交易所是国家指定的温室气体自愿减排交易备案交易机构。同时，交易所推出了碳中和综合服务模式，并组织了一系列创新性试点交易。

在合同能源管理服务方面，按照国家“关于进一步改善金融服务，推广合同能源管理、支持节能产业发展”的要求，交易所着力打造EPC综合服务平台，为具有节能减排需求的企业、节能服务公司、金融机构提供项目开发、融资咨询、法律合规、减排测量等综合性专业服务，截止2013年9月，已与近70家节能服务公司和近20家金融服务机构建立业务合作关系，开发形成六种融资模式，包括保证保险、节能项目保理、收益买断、抵押贷款、融资租赁、信托计划，并分别启动试点项目，形成投资规模近70亿元的项目储备，总节能投资规模超过60亿元。

- 2008年12月23日组织中国首笔基于互联网的SO_2排放指标电子竞价交易
- 2009年11月17日组织中国首笔基于碳足迹盘查的碳中和交易
- 2009年12月27日签署中国首笔通过排放权交易市场达成的合同能源管理项目
- 2010年2月9日启动中国首个基于强制能效目标的排放权交易体系
- 2011年6月10日组织中国大陆首笔基于PAS2060标准的碳中和交易

联系我们

地址：天津经济技术开发区第三大街51号W3-A-2 邮编：300457

电话：0086-22-66370691 66224928

传真：0086-22-66370691 66224916

邮箱：tcx@mailtcx.com

网址：www.天津排放权交易所.com www.chinatcx.com.cn

府谷县：大力发展循环经济 推进绿色循环发展

县委书记马志东考察工业园区

县长辛耀峰考察农业园区

府谷县隶属于陕西省榆林市，位于陕北高原北端，陕、晋、蒙三省（区）交汇处，是国家规划的陕北能源化工基地和榆林“两区六园”的重要组成部分，被陕西省规划为煤电化载能工业园区。2013年实现地区生产总值435.38亿元，连续四年进入“全国百强县”行列。

府谷县有煤炭等20多矿产资源和丰富的水资源，电力供应充足。煤炭已探明储量200亿吨;水资源总量5.91亿立方米，居榆林市各县区之首;高岭土矿探明储量3.71亿吨，居全国之首；铝矾土矿总储量约6.4亿立方米，为陕西省最大矿床；石灰岩储量5亿吨；铁矿储量1亿吨；耐火粘土储量535万吨；膨润土储量初步探明499万吨。

榆林市是全国第二批循环经济试点城市。近年来，府谷县按照国家发改委批复的榆林市循环经济试点实施方案，着力培育循环经济型企业、循环经济型工业园区和循环经济型产业，积极探索资源型城市可持续发展新路子，取得了显著成效。

2005年以来，府谷县提出了转变发展方式，提升发展层次，引导企业走资源节约、循环发展的新型工业化道路的发展目标。通过发展循环经济和加强生态环境治理，府谷县改变了过去依靠产煤来带动经济发展的粗放方式，极大地提高了资源利用效率，改善了生态环境，初步实现了经济效益、社会效益和环境效益的有机统一。

一、主要做法

（一）加强领导，统筹做好规划编制工作

2006年，府谷县委、县政府提出了大力发展循环经济的战略目标。2007年，县上成立了发展循环经

济节能降耗工作领导小组，由县长、常务副县长分别担任组长和副组长。制订颁布了《府谷县节能降耗“十一五”规划》、《府谷县单位GDP能耗考核体系实施方案》等文件。以循环经济理念为指导，先后编制了“四区八园三小区”规划，编制了《府谷县循环经济发展规划（2010-2015）》，并在《府谷县国民经济和社会发展第十二个五年规划纲要》中，明确提出了建设全国循环经济示范县的目标。2012年，县委、县政府再次提出，“府谷县要走新型工业化的发展道路，大力发展循环经济，不断延长产业链条，发展壮大民营经济”，编制完善府谷县循环经济“十二五”及中长期发展规划，为创建全国循环经济示范县奠定了基础。

（二）构建平台，着力打造循环经济示范园区

2006年以来，按照循环经济发展理念和“园区带动、项目支撑、产业奠基”的发展战略，规划了总面积58平方公里的清水川、皇甫川、郭家湾、庙沟门四大工业园区，精心打造煤炭开采及洗选、煤电、煤化工、载能工业及废渣综合利用循环经济产业链。随后，又规划了总面积32平方公里的庙沟门、高山、新窑等8个兰炭产业园，在园区内新上18条60万吨以上兰炭综合利用生产线，配套其它关联项目，实现资源综合利用。为改造提升地方传统产业，规划设置了东山、黄河、恒源三个工业小区。根据“四区八园三小区”的规划布局，逐步将现有规模小、布局分散的企业整合后对应摆放到集中区，做到增产、节能、降耗、减排同步推进，形成综合开发、相互配套、互相支撑的产业集群。

（三）典型示范，全力培育循环经济企业

鼓励和支持企业围绕煤炭就地转化、工业废渣利用、余热发电、金属镁深加工等领域，引进和推广新工艺、新技术，利用接环补链的方式，实现由基础化工原料向精细化工延伸、由粗加工向精深加工转变、由初级产品向终端产品拓展，促进资源的优质高效利用。在政府引导、企业积极实践的基础上，涌现出了京府、昊天、奥维等一批循环经济示范企业。

（四）重点突破，大力发展现代特色农业

以深化农业结构调整为目标，规划了设施农业、立体农业、海红果和小杂粮四大农业园区（基地）。设施农业示范园区，以生态型无公害蔬菜生产为主攻方向，在墙头农业园区和皇甫川流域，重点发展以设施种植为主的现代农业、设施农业、四季农业；立体农业示范园区，以休闲型“红枣+种植（养殖）+其他”模式为主攻方向，充分利用碛塄农业园区的地理优势，重点发展红枣、蔬菜产业，围绕建设集生态、观光、休闲、旅游为一体的新型生态园区，并注重相关农业产业和项目的开发；海红果产业园区，充分发挥海红果特色产业优势，全面提升海红果栽培技术水平和加工产品的科技含量，做大产业，做强品牌；小杂粮产业园区，打造“府谷黄米”知名品牌，并发展黄豆、绿豆、荞麦等优势产业。

庙沟门工业园区东鑫垣化工项目

（五）科技引领，积极推广循环经济关键技术

围绕国家能源化工基地建设，与国内高等院校、科研单位进行科技合作，开展循环经济及环境保护相关技术攻关及推广，主要包括：“提高府谷县煤炭资源回收率技术研究”、“府谷县煤炭资源减沉开采技术研究”等；府谷镁业集团镁节能多联产项目在金属镁还原车间横罐改竖罐技术和蓄热燃烧技术方面的创新改革，被陕西省科技厅列为“13115”科技创新项目；府谷京府煤化有限公司等大兰炭企业，把洗煤过程中生产的煤泥、煤矸石，兰炭生产过程中的荒煤气全部回收利用发电，生产电力和兰炭用于电石、硅铁等载能产品生产，形成初步闭合的企业内循环。

农业方面，在墙头镇墙头村、碛塄杨家庄村、武家庄镇高庄则村、孤山镇岳家寨等农业重点村推广了节水灌溉滴灌、喷灌设施90台（套），太阳能灭虫灯900台，节水日光温室大棚1000棚，有效提升了农业综合效益。

二、取得的主要成效

（一）形成了若干循环经济产业链，初步构建了循环经济产业体系

工业方面，煤炭、电力、化工、冶金、建材等五大支柱产业在节能减排、资源综合利用方面取得了初步成效，打造了煤矸石、煤泥—发电，煤—电—粉煤灰—建材，煤—兰炭—焦油—化工，煤—兰炭—煤气—发电，煤—兰炭—煤气—甲醇，煤—兰炭—电石—金属镁—煤渣—建材等循环经济产业链，初步形成了煤电化冶建材一体化发展的格局。

农业方面，循环经济模式得到大力推广。武家庄高庄则新村利用养猪场的粪便生产沼气，沼气用于照明、取暖、做饭，沼液用于大棚蔬菜和生态农业施肥、施药。孤山镇李家洼村利用养鸡场的粪便发展大棚蔬菜和生态农业，形成“大棚养殖—猪（鸡）粪肥田—大棚种植”为一体的农村循环经济产业链。碛塄园区将县城的粪便集中拉运储存，在碛塄村、杨庄村建设无公害蔬菜基地。此外，绿色物流和生态旅游也逐步发展壮大，全县已初步构建了循环经济产业体系。

（二）实现了环境效益与经济效益的“双赢”

通过发展循环经济，促进了“十一五”节能减排目标的完成。“十一五”期间，府谷县单位地区生产总值能耗从3.13吨标煤下降到1.42吨标煤，二氧化硫累计消减6.69万吨，化学需氧量累计消减310吨。2012年，资源产出率达到642元/吨，工业固体废弃物综合利用率达到70%，工业用水重复利用率达到92%，农作物秸秆综合利用率达到80%。

企业发展循环经济取得了明显的环境效益和经济效益。恒源煤焦电化公司通过发展循环经济，年可节约原煤18.37万吨，降低电耗4067万度，减排工业废水44万立方米、二氧化硫1374吨。天龙镁业通过发展循环经济，年可节约原煤6万吨，减排固体废渣及粉尘1.58万吨，减排废水4万吨，节水5万吨，减排二氧化碳66吨，二氧化硫458吨，吨镁综合成本下降2000元，年增经济效益3000万元。

（三）涌现了一批循环经济先进典型

在政府大力推动下，府谷涌现了一批循环经济先进典型。恒源煤焦化有限公司以煤炭开发为起点，通过延长产业链和进行产品深加工，使上游废料成为下游原料，通过洗选精煤，生产优质工业新型冶金型焦；利用洗煤过程中产生的煤矸石、煤泥、洗中煤，炼焦过程中产生的荒煤气为燃料发电，利用发电产生的炉渣、粉煤灰，生产水泥，并开发出焦油、甲醇、粗酚、轻柴油、石脑油、改质沥青产品等，做到了废物和资源的充分利用。

京府煤化工集团循环经济产业链

天龙镁业有限公司通过改进技术和对废弃物进行综合利用，将原煤生产成焦粉，焦粉用于生产硅铁，生产过程中原来排空燃烧的煤气回收和硅铁一起用于金属镁生产，金属镁生产过程中产生的镁粉回收用作工程垫土或生产空心砖，初步形成了煤炭开采、原煤洗选、机焦冶炼、环保发电、铁合金和有色金属生产为一体的循环经济产业链。

三、下一步发展循环经济的总体思路

今后，府谷县发展循环经济的指导思想是：以党的十八大提出的“大力推进生态文明建设，着力推进绿色发展、循环发展、低碳发展，形成节约资源和保护环境的空间格局、产业结构、生产方式、生活方式，从源头上扭转生态环境恶化趋势，为人民创造良好生产生活环境，为全球生态安全作出贡献”为政策方针，以转变经济发展方式为主线，以体制机制创新和科技创新为动力，以高效利用煤炭、矿产资源为核心，以循环型工业建设为龙头，以“四区八园三小区”建设为重点，带动循环型农业和服务业发展，打造资源高效利用、产业共生耦合、环境持续改善的能源化工循环经济基地，构建循环型产业体系和社会层面循环经济体系，提高全县生态文明水平，实现从“金三角”向“绿三角”的跨越升级。

未来一个时期，府谷县循环经济发展总体目标是：巩固现有循环经济发展成果，利用3-5年时间，进一步完善循环经济产业链，构建矿区煤炭产业循环经济体系，构建煤电冶化循环经济体系，构建矿区-园区-农业-生态循环经济体系，构建资源节约、环境友好的产业结构、增长方式和消费模式，形成资源循环式利用、企业循环型生产、社会循环式发展的格局，打造绿色能源化工基地，努力建设资源高效循环利用、生态环境良好、经济社会持续发展的国家循环经济示范县。

到2016年，打造煤炭、电力、化工、冶金、建材、煤电化冶建材一体化6大循环经济产业链，建设15个循环型工业园区、5个循环型农业基地、2个绿色物流园区、1个“城市矿产”基地，培育50家节约资源能源、保护生态环境的循环型示范企业，打造3大生态旅游景区，形成较为完善的循环型工业、农业、服务业产业体系，初步建成覆盖全县的再生资源回收利用体系，建立起循环经济政策支持体系、技术创新体系和激励约束机制。资源产出率、原煤入洗率、煤矸石综合利用率、粉煤灰综合利用率等重点循环经济指标达到国内同类地区先进水平。

四、主要任务

（一）推行循环型生产方式，构建循环型工业体系

1.在煤炭工业、煤化工及盐化工、电力工业、冶金工业、 建材工业等重点行业推进行业清洁生产。煤矿企业推进绿色开采，加强煤系共伴生矿开发，促进煤层气、矿井水、煤矸石综合利用。化工行业加强废渣综合利用和废气回收利用，推动含硫气体综合利用。电力工业充分利用褐煤、煤泥、煤矸石、煤层气、余热余

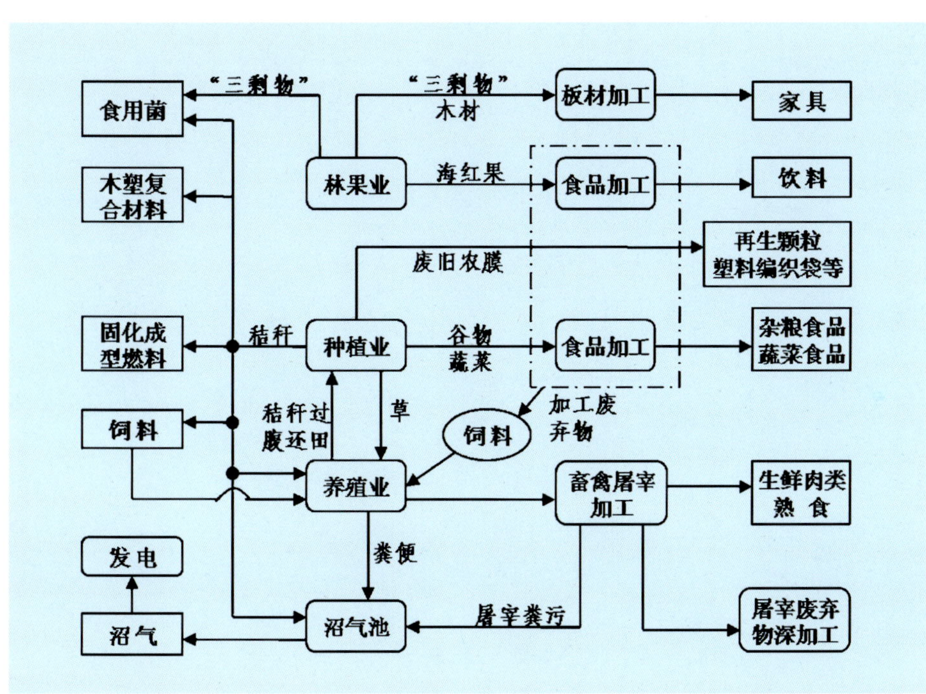

压等发电，鼓励发展热电联产和热电冷三联供，加强电厂余热综合利用、粉煤灰、脱硫石膏综合利用、节水和废水循环利用，减少二氧化碳排放。冶金工业采选环节共伴生矿和尾矿的综合开发，淘汰装备落后的小型硅铁电炉，改造中型硅铁电炉，建设大型硅铁电炉。推广安全高效、能耗物耗低、环保达标、资源综合利用效果好的先进冶炼生产工艺和技术，强化从源头防控污染排放，加强余热利用、冶炼“三废”资源化利用。建材工业推广高固气比水泥悬浮预热预分解技术，利用窑炉低温余热发电，逐步禁止生产和使用实心粘土砖，大力推广散装水泥，发展利废建材和绿色建材。

2. 构建循环经济产业链。构建煤炭开采—原煤—精煤—兰炭、煤炭开采—原煤—发电、煤炭开采—煤层气（瓦斯）—燃料、煤炭开采—矿井水—生产生活用水、煤炭开采—共伴生矿—膨润泥和煤矸石—发电等的煤炭循环经济产业链；构建煤—兰炭—硅铁、煤—兰炭—电石—乙炔—聚氯乙烯（PVC）、煤—合成氨—尿素、煤—甲醇—聚丙烯或二甲醚、以煤气化为核心的煤基多联产产业链，原盐—烧碱—下游化工产品、兰炭生产—煤焦油—燃料油、石脑油等、兰炭生产—煤气—金属镁/发电/甲醇、电石生产—电石炉气—烧石灰/发电、碱渣—烟气脱硫—二氧化硫—硫酸铵化肥、聚氯乙烯生产—电石渣—水泥等的化工循环经济产业链；构建发电—粉煤灰+炉渣—建材、发电—高铝粉煤灰—氧化铝—废渣—水泥、发电—烟气脱硫—脱硫石膏—水泥、污水处理—中水—回用等的电力循环经济产业链；构建兰炭+硅石+钢屑—硅铁、硅铁+白云石—金属镁—镁合金及压铸件、铝矾土—氧化铝—电解铝—铝材加工、硅铁生产—余热发电、硅铁生产—硅微粉—砂浆和混凝土等建材产品、金属镁生产—镁渣—免烧砖、氧化铝生产—赤泥—水泥等的冶金循环经济产业链；构建粉煤灰+镁渣—免烧砖、粉煤灰+电石渣+赤泥—高标号水泥、农作物秸秆—木塑复合材料、生活垃圾/污泥—水泥窑炉—水泥等的建材循环经济产业链；培育煤—电—化、煤—电—建材、煤—电—冶炼—建材、煤—化—建材等跨行业循环经济产业链。形成以煤炭开采为龙头，集发电、化工、冶炼、建材于一体的循环经济产业链网，促进产业共生，打造府谷能源化工循环经济基地。

3. 培育以循环经济为主要内涵的新兴产业。一是节能环保装备制造业。围绕煤炭采掘、能源化工建设发展配套装备制造业，促进府谷县煤炭、化工、电力、冶金、建材等主导产业提高能源利用效率，减少能源消耗和废弃物排放。二是资源循环利用产业。加大共伴生矿开发和大宗固废综合利用力度，开展再制造、餐厨废弃物资源化利用、“城市矿产”利用，促进产业化。三是加强煤系高岭岩、油母页岩等共伴生矿产资源的开发，探索利用煤系共伴生资源生产膨润土、聚合氧化铝、陶粒、特种硅铝铁合金、铝、硅系精细化工等高附加值产品，促进煤层气综合利用。四是加强煤矸石、粉煤灰、电石渣、镁渣、赤泥等大宗工业固废的综合利用。五是大力发展煤炭及其它矿产采掘装备、电力设备、冶金和建材设备、化工成套设备的再制造。六是餐厨废弃物资源化利用。七是推动报废机电设备、电线电缆、家电、汽车、手机、铅酸电池、塑料、橡胶等重点“城市矿产”的回收、拆解和回收，形成集中回收—加工—再生—深加工产业链，建设“城市矿产”基地。八是适度开发生物质能，发展生物质固化成型燃料，在规模化畜禽养殖场建设大中型沼气工程。

4. 建设循环经济工业园区。按照“布局优化、企业集群、产业成链、物质循环、集约发展”的要求，构

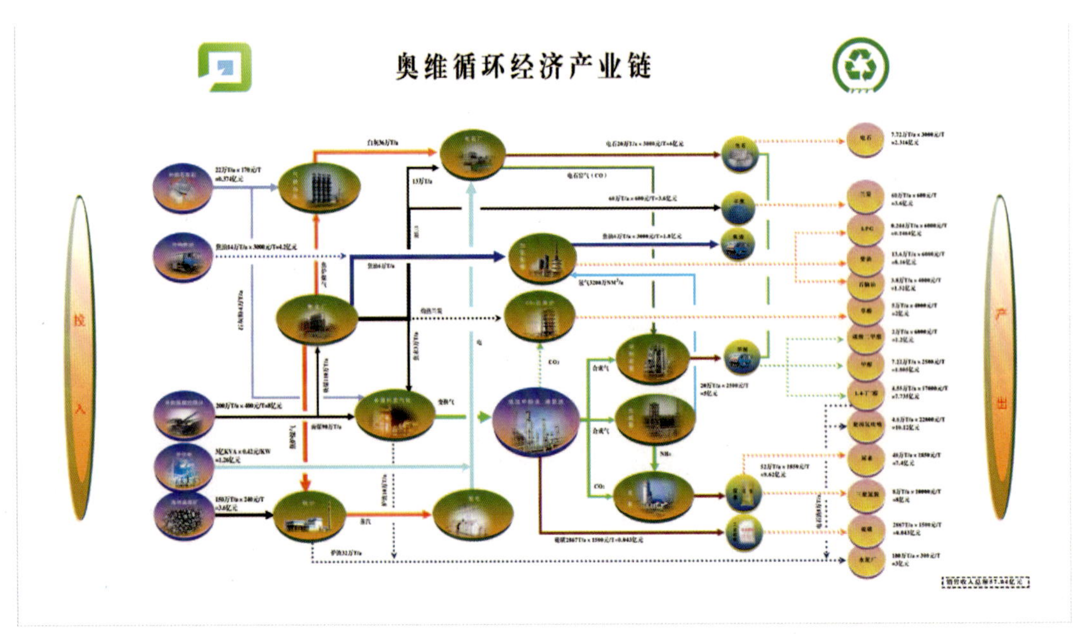

建园区循环经济产业链，促进园区绿色低碳循环发展，保护生态环境，打造循环型“七区八园”。

（二）推行循环型生产方式，构建循环型农业体系

加强农业节地、节水、节能、节种、节肥、节药、节粮，推进农业废弃物资源化利用、秸秆综合利用、农膜回收利用、畜禽粪污资源化治理、林业“三剩物”综合利用。推广以沼气利用为纽带的农业循环经济模式、坡地集雨节水模式、工农复合循环经济模式，做大做强四大农业循环经济园区（基地），发展现代特色农业，提升产业水平和效益。

（三）建设和完善再生资源回收利用体系

加快建设城市社区和乡村回收站点、分拣中心、集散市场三位一体的回收网络，采取“户分类、村集中、镇转运、县处理”的模式，实现垃圾集中收运处理。建立垃圾分类投放、分类收集、分类运输和分类处理的垃圾作业模式，将有毒有害垃圾、厨余垃圾、其它垃圾分类界定。建立建筑垃圾回收体系，在社区内开辟定点区域回收家庭装修垃圾，由小区物业代为管理，市政部门统一运输，逐步完善乡镇垃圾处理设施。建立餐厨废弃物回收体系，开展餐厨废弃物收集试点，建立餐厨废弃物产生登记、定点回收、集中处理、资源化产品评估以及监督管理体系，对餐饮单位、集体食堂、居民区等产生的餐厨废弃物进行单独收运和处理，建设餐厨废弃物资源化利用项目，改变餐厨废弃物无序化处理的现状。

（四）加强城乡水利设施和污水处理设施建设

加强坡地集雨设施建设，实施旧城区20条主干渠道雨污分流工程，促进雨水收集和利用。加强农田水利基础设施建设，提高农业灌溉效率。完善府谷城区污水管网体系，统筹建设污水管网、回用水管网、污泥处理设施。加快建设四大工业园区污水处理工程，有条件的乡镇建设污水处理厂。

五、保障措施

（一）严格组织实施

充分发挥政府在循环经济建设中的主导作用，成立以县委、政府主要领导任组长、各职能部门主要负责人为成员的循环经济领导小组。定期召开联席会议，及时部署和解决循环经济建设中的重大问题。强化工业经济、环保、科技、国土、住房、水务、农业、财政、税务、质检等部门的协调配合，建立起切实可行的协调工作机制。

（二）健全管理制度

建立生态补偿机制。

建立总量和强度“双控”制度。

建立循环经济统计、评价、考核制度。

加强监督管理。

（三）完善政策体系

加大财政支持力度。

设立府谷县循环经济发展专项资金。

落实税收优惠政策。严格产业准入。

完善价格政策。

推行居民生活用水阶梯式水价、居民用电阶梯电价。

拓宽融资渠道，鼓励社会资本进入循环经济领域。

展望未来，府谷县正以建设国家循环经济示范县、陕西省民营经济转型升级试验区和全面建成小康社会示范县为契机，以更高的目标任务、更强的工作措施、更好的工作作风全面加快循环经济发展，全面推进富裕、文明、平安、绿色、和谐的幸福府谷建设！

神府高速公路

高庄则农业园区万头养猪场

海南万宁兴隆热带花园有限公司

1992年，爱国华人郑文泰先生与兴隆华侨农场合作，出资规划设计，在这片既有老化橡胶园、丢荒耕地，同时又有残留沟谷雨林的土地上，开始了兴隆热带花园的建设历程。本着保护和恢复热带雨林资源，优化生态环境，促进海南旅游业可持续发展的初衷，进行热带雨林的原结构恢复和保护工作，并对许多珍稀热带雨林物种进行迁地保护。

热带花园建园初期，以封山育林、严禁砍伐、禁止狩猎等措施，保护基地内现存的自然林和各种生物，尤其是乡土树种，并铺种草皮以保持水土，促进了当地植物资源的恢复。

随后，采取在不同种群内引种的办法，对许多特有树种、珍稀濒危植物如海南苏铁、桫椤、琼棕、海南龙血树、降香檀、青皮树、长叶竹柏等进行迁地保护，移植到园内适当区位。

同时，为促进生物多样性的保护和发展，营造适合各种微生物、昆虫和动物如蝴蝶、鸟类及狐、野猪、猴等小型野生动物的繁衍生息的环境，种植了大量的蜜粉及花粉源、浆果、坚果类以及爬藤、荫生、兰科、蕨类、地衣等多种植物。

随着热带雨林的保护和恢复，热带花园的发展向着成为一个生态环境达到最优化及人与自然和谐共处的示范基地的目标迈进。园内生态环境日益改善，生物量不断增加。现在的热带花园拥有4000多个植物品种，近百万株。景区分为六个游览区，分别是：热带植物观赏区、热带雨林观赏区、生物哺育区、再造热带雨林区（名人植树区）、园艺观赏区、森林野营区。同时，热带花园还成为野生动物的保护区，各种鸟类的栖息地。

热带花园本身已是一个巨大的造氧基地，同时还坚持推广低碳旅游，减少一切可以减少的碳排量。园中全部使用节能环保的电瓶车，房屋建筑充分利用自然风和流水系统以及林荫降温，园内的灌溉系统主要是依山势而建的多条自流水道。

当人们置身兴隆热带花园，会看到热带雨林遮天蔽日，珍稀植物数不胜数，蝴蝶在花丛中飞舞，鸟鸣声随处可闻，山清水秀，白云缭绕，是一个神秘而令人陶醉的地方。

兴隆热带花园从2001年开始接待世界海南青少年寻根之旅夏令营、冬令营，至今已成功接待14届，是海南省外事办的一个固定接待地点。

现在，到兴隆热带花园游览的人们，可以得到回归大自然的享受，这里唤起了人们热爱自然、保护生态、保护环境的意识，并为促进周边地区及海南省的生态环境建设做出贡献。

2.园区主要循环经济特色。

以恢复本地区自然生态环境为主要特色。

(1) 本地热带雨林的保护和恢复；

(2) 对濒临灭绝的海南本土植物进行原地保护、迁地保护和繁殖；

(3) 对本地区特色树种青皮林的保护和恢复。

(三) 园区循环经济发展基本情况

1. 循环经济试点工作总体情况

兴隆热带花园的开发建设被确定为国家旅游优先发展建设项目，是我国政府确定的四个环境生态示范教育基地之一和物种基因库。热带花园坚持保护和恢复热带雨林，并通过开放旅游的方式"出卖"产品，一方面给企业的发展提供了物质保证，另一方面促进周边地区的文明生态建设及和谐发展，促进了兴隆旅游区档次的提升，为海南的生态和社会发展作出了突出的贡献。

2.循环经济产业链条

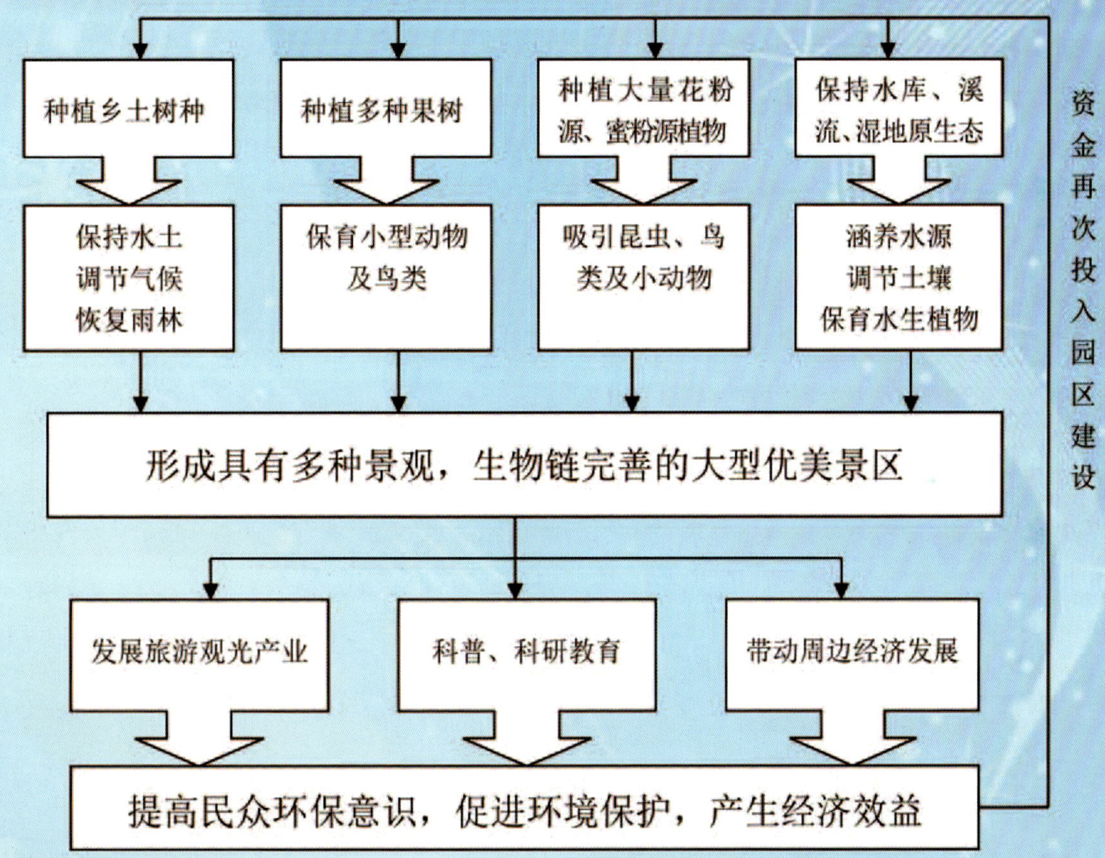

3.循环经济发展的初步成效

(1) 园区为保护自然生态的平衡，多年来一直控制入园人数，虽然即时利益大为减少，但整个环境得到休养，初现原生态景观；

(2) 园区游览以环保教育结合，在讲解过程中，通过导游讲解引导游客增加环保意识，每年接待多次海南省各学校学生参观游园，接待世界海南青少年夏令营、冬令营已达14届，数千人。

(3) 园区常年植树造林、培花育草，并将草木产生的枯枝树叶掩埋做为改良土壤的方法之一；顺山势修建沟渠水塘，通过蓄存山沟渗透水系统为植物进行浇灌；建筑物利用自然山风和流水系统产生的空气流动来降温，尽可能少用空调等耗能设备。

园区全部使用节能环保的电瓶车为旅游交通工具，减少二氧化碳等废气的排放。

利用已成林的山坡地为间作苗圃，在成材树木下的空地培育乡土树种树苗，不必像一般苗圃那样建大型遮阳设备，自然环境好，通风、有雨露滋润，树苗成活率高。等小苗长到一定程度之后即可出场，做为绿化宝岛工程用苗。

海南万宁兴隆热带花园有限公司

一、前　言

海南兴隆热带花园，自1992年建园以来，始终坚持以“环境主业”的经营理念，致力于低海拔热带雨林的保护和恢复工作，以保护本地区生态环境，保护乡土树种为重要任务，建立起集环保科普教育、健康休闲度假为一身的高品质大型综合性景区，开创一种保护自然环境及雨林旅游并行的新模式。1997年被指定为海南省生物多样性保护基地及青少年环境知识教育基地，2002年被中国侨联命名为“科教兴国示范基地”。

根据国家有关建设“循环经济教育示范基地”申报的有关管理规定，为更好地利用本景区自然环境资源，通过旅游的方式向广大公众游客，特别是中小学生宣传循环经济理念，推广循环经济模式，特制定本方案。

二、园区的基本情况

（一）园区区域概况

1.所处区域经济社会发展和旅游资源简况：

兴隆热带花园位于海南省东南部，著名的万宁市兴隆温泉华侨旅游度假区内，紧临滨海度假胜地石梅湾。

万宁古称万州，海南古代四大名州之一，民国三年（1914年）置万宁县，1996年8月5日撤县设市。

万宁地处热带和亚热带的交界处，属热带海洋性季风气候，生态优良，风景秀丽，四季如春，辖区内分布着温泉、海滨、岛屿、珍稀植物、热带雨林等特色旅游资源，是度假休闲旅游胜地，有“植物王国”的美誉。

在万宁市境内109公里的海岸线上，分布着山钦湾、山根湾、大花角、春园湾、乌场保定湾、新潭湾、南燕湾、石梅湾、日月湾等十多个风景秀丽的优质海湾，有大洲岛、白鞍岛、甘蔗岛、洲仔岛、加井岛、神州半岛、英豪半岛等七个风光旖旎的岛屿和半岛，还有两个独特的内海。

景区导览图

万宁市森林覆盖率达66.1%，有6个总面积60万亩的省级自然森林保护区，其中面积1.4万亩的青皮林已有4000年到1.6万年的历史，是世界上面积最大的青皮林；现已采集到1000多个南药品种，其中161个品种被列入全国重点中药资源普查品种，占海南省列入全国重点中药资源普查品种的80%左右；被国家林业局认定为“中国槟榔之乡”和“国家槟榔示范基地”。

万宁美食享誉海内外，东山羊、和乐蟹、港北对虾、后安鲻鱼被称为“万宁四珍”，其中东山羊、和乐蟹被列入海南“四大名菜”，大洲岛燕窝和兴隆咖啡也都是国内外闻名的珍品。

（二）园区发展概况

1.园区经济发展情况及主导产业发展概况：

热带花园以植物为载体，致力于恢复本地区的生物多样性，重建并完善该地区的生态结构，使之形成良性循环的生态环境。经过近20年的坚持，在各级政府、有关部门和兴隆华侨农场的积极配合下，使园区初步呈现热带雨林原生态景观，开发创造恢复保护自然环境与园林艺术环境的事例，实现人与自然环境的完善融合，在热带雨林旅游方面摸索出人与自然和谐共存的发展道路。

兴隆热带花园作为一种企业行为，突破传统的经济模式，树立“环境主业”的全新理念，创建了一个融自然、人文、园艺、园林与环境生态保护为一体，聚科普、环保教育、健康休闲、旅游度假为一身的大型综合性景区，为保护森林、保护生态环境，做出了相当显著的贡献，开创了一种雨林旅游的新模式。

在这里可以领略热带雨林的壮丽景色（雨林日出、日落、云海、雾海等等奇妙景观），可以了解热带雨林的丰富结构，直观认识热带的花、草、树、果，感受植物形态的神奇与美。可以认识热带雨林中的生物链、能量流，了解破坏环境、毁灭物种将造成生物链断裂、能量流转换不畅，引发环境破坏的多米诺骨牌效应。通过参观游览，让每一个游客从思维和行为方式上，自觉自律地保护环境，保护生态，并将这种观念传播开来。

热带花园保护恢复热带雨林的同时，引进了大量的热带珍稀植物花卉，现有植物4000多种，其中珍稀濒危植物有65种。在这些珍稀濒危的植物中，被列入《中国植物红皮书》的有27种（如：坡垒、琼棕、矮琼棕、粘木、海南大风子、海南石梓、野山茶等），许多面临灭绝命运的植物得到迁地保护、繁殖并形成群落。

在这里，可以尽情欣赏各种珍稀植物的神秘与植物在自然界中的生存法则，欣赏人文园艺和自然的融合，观赏鸟类、昆虫及各种小动物自由自在的生态意趣。

游客还可以在园区内通过对大型水库景观、植物园区景观、橡胶园景观、果园景观、苗圃、农田、农舍等景观的游览，了解兴隆的归国华侨（兴隆地区聚居了21个国家和地区的归国华侨）与当地原住民的融合，体验本地独特的人文风情，感受多元旅游文化元素的多姿多彩。

万宁市森林覆盖率达66.1%，有6个总面积60万亩的省级自然森林保护区，其中面积1.4万亩的青皮林已有4000年到1.6万年的历史，是世界上面积最大的青皮林；现已采集到1000多个南药品种，其中161个品种被列入全国重点中药资源普查品种，占海南省列入全国重点中药资源普查品种的80%左右；被国家林业局认定为“中国槟榔之乡”和“国家槟榔示范基地”。

万宁美食享誉海内外，东山羊、和乐蟹、港北对虾、后安鲻鱼被称为“万宁四珍”，其中东山羊、和乐蟹被列入海南“四大名菜”， 大洲岛燕窝和兴隆咖啡也都是国内外闻名的珍品。

国家循环化改造示范园区

金昌市循环经济发展情况

金昌是一个典型的资源型工矿城市，被誉为“祖国的镍都”。近年来，金昌市紧紧抓住被列为甘肃省发展循环经济试点市的契机，大力发展有色金属及深加工产业、化工循环产业、新能源及装备制造业“三大首位产业”，不断延伸循环产业链条，初步形成了企业小循环、产业中循环、区域大循环的发展格局，探索出的以“资源循环利用、产业共生发展、科技引领支撑、园区承载聚集、机制创新保障”为主要特征的循环经济“金昌模式”成为全国区域循环经济12个典型案例之一，列入全国干部培训教材。目前，全市有色金属产能达到90万吨，有色金属深加工产品达到30万吨以上，各类化工产品达到500万吨以上，已取得风光电开发指标300万千瓦，上网容量达到30万千瓦，预计2013年底装机容量可超过100万千瓦。金昌先后被确定为国家新材料高新技术产业基地、国家新型工业化产业示范基地、国家工业固废综合利用示范基地、国家园区循环化改造示范园区、全国新能源利用示范城市、全省循环经济试点示范区和循环经济七大基地之一。

一、不断延伸产业链条。紧紧围绕资源高效利用和循环利用这一核心，全力支持企业实施扩能技改和产业延伸接续项目，积极向有色金属深加工特别是有色金属新材料等新领域跃进，形成了镍铜钴压延产品、镍铜钴粉体材料、镍铜钴金属盐类、贵金属及稀有金属材料等四大新材料产业链。充分利用有色金属生产过程中产生的副产品，配套发展化工、建材、再生资源利用等关联产业，着力延伸工艺相互依存、物料近距离转运和下游接上游、“吃干榨尽”的循环经济产业链，促进产业结构由单一的有色金属产业向化工、冶金、建材及新材料、新能源等多产业延伸发展。着力提高冶炼废渣、废气、废液和余热的资源化利用水平，充分回收余热资源生产蒸气，供热系统形成热电联产，中水全部用于生产，固体废弃物、尾矿再选，废渣用于生态恢复和矿山充填。

二、推进产业集聚发展。坚持把工业园区作为发展循环经济的重要平台，在金昌新材料工业园区以镍铜钴及贵金属产品精深加工及新材料高技术产业为重点，着力延长产业链条和加强新产品开发项目建设，重点引进了1万吨羰基镍、30万吨铜杆、3万吨系列铜盐、250万只印花镍网、高纯金属材料等一批新材料项目，实施了110万吨铜渣选矿、冶炼含铜废渣废酸资源化利用、镍阳极泥综合利用、1万吨白烟灰综合利用、40万吨离子膜烧碱、30万吨PVC等一批循环经济重点补链项目，2012年新材料产业实现增加值500亿元，占全市工业增加值的40%以上。在河西堡化工循环经济产业园以捣固焦、兰炭、电石为龙头，以尾气综合利用为纽带，引进实施150万吨捣固焦、60万吨电石、20万吨合成氨、60万吨煤低温干馏等20多个项目，全部建成后将实现区域内煤焦、电石、煤焦油、煤气循环利用和就地消化，促进化工循环产业不断发展壮大。

三、提升资源利用水平。坚持以科技创新为支撑，积极开展新技术、新工艺、新产品、新设备的自主开发和引进推广，先后实施了756项科技攻关项目，取得科技成果206项，有28种新材料产品被列入中国高新技术产品目录，建成了全球产量最大的硫酸镍生产线和全国产量最大的氯化镍、氧化亚镍及钴盐系列产品生产线。目前，在镍钴铂族金属采、选、冶及相关新材料领域拥有14项达到世界先进水平且具有自主知识产权的核心技术。在生产规模不断扩大、产品产量持续增长的情况下，能耗、用水、污染物排放量大幅下降，2012年，全市单位地区生产总值能耗1.6336万元，工业固体废物综合利用率16.98%，化学需氧量排放总量同比下降2.51%，城市污水处理率99.85%，城市生活垃圾无害化处理率100%，各项评价指标在甘肃省均处于领先水平。

四、改善人居发展环境。大力支持金川集团公司实施“蓝天碧水”工程，先后投资20多亿元进行技术改造，将二氧化硫气体回收制成硫酸，就近分别输入新川化工、瓮福公司、金化集团生产PVC和硫基化肥，生产废渣进入金泥集团生产干法水泥，水泥再次进入金川集团公司用于矿山填充，目前金川集团公司96%的工业烟气得到回收转化。2011年市区空气环境质量首次达到国家二级标准，全国城市环境综合整治“城考”中名列全省第一，先后被命名为“甘肃园林城市”和“国家卫生城市”。今年5月中国社科院发布“2013年城市竞争力报告”，金昌进入全国宜居城市百强，排名第77位，成为甘肃省最宜居的城市。

站在新的历史起点上，金昌将继续坚持把发展循环经济作为实现经济社会跨越转型的最佳实现途径，进一步强化“循环发展、生机无限，资源有限、循环无限”的发展理念，围绕到2014年建成全国循环经济示范区“一个目标”，完善循环型工业、循环型农业和循环型服务业“三大体系”，实施百万吨有色金属深加工工程、百万吨城市矿产资源开发工程、千万吨固废处理工程、千万千瓦级新能源开发和转化工程、千万吨化工循环产业工程“五大工程”，打造有色金属及深加工产业链、冶金产业链、硫化工产业链、氯碱化工产业链、氟化工产业链、磷化工产业链、煤化工产业链、清洁能源产业链、建材产业链和再生资源利用产业链“十大产业链”，努力实现有色金属深加工向新材料产业方向转变、化工产业向精细化方向转变、新能源产业向就地消纳方向转变，不断提高循环经济发展水平，为甘肃省2015年建成全国循环经济示范区起到典型引路和示范带动作用。

中国银都——湖南永兴

永兴县自 2008 年开展国家循环经济试点工作以来，深入贯彻落实科学发展观，加强基地基础设施，大力开展园区整合和企业重组，淘汰落后产能，发展精深加工业，推进结构调整和产业升级，形成独具永兴特色的“无矿开采”循环经济发展模式，2011 年入选全国循环经济 60 案例之一， 2012 年被国家发改委、财政部列为国家“城市矿产”示范基地，并评为全国循环经济工作先进单位。

一、为国家日益增长的战略金属需求提供重要支撑

2013 年永兴县生产白银 2380 吨、黄金 8.4 吨、铋 6100 吨、锑 2.5 万吨、镍 7000 吨、铟 65 吨、铂族金属 6.8 吨、其他有色金属 21 万吨，实现工业总产值 385 亿元，银、铋、铂、钯、铟、锑、硒等金属产量居全国前列，永兴循环经济为国家稀贵战略金属的需求和安全提供重要的保障。

二、为国家节约大量战略矿产资源

近 10 年来，永兴从“三废”和“城市矿产”中回收提炼白银 18000 吨、黄金 53 吨、铟 450 吨、铋 25000 吨、铂族金属 30 吨，其它有色金属 130 余万吨。和原矿开采比较，相当于减少了 2 亿多吨高品位原矿开采量，为国家节约了大量的矿产资源，大规模地实现了废物“资源化”。

三、为国家大环保和节能减排做出了贡献

永兴每年从全国各地收集处理工业“三废”和“城市矿产”上百万吨，变废为宝，为全国的环境保护作出了重大贡献。每年从“三废”中提炼稀贵金属和有色金属过 15 万吨，与原矿冶炼等量金属相比较，减少废渣排放千万吨以上、减少二氧化硫排放 1.5 万吨，节约标煤 90 万吨、节水 5200 万吨。

四、为国家发展循环经济作出了示范

永兴县稀贵金属再生产业建立在“零资源”基础上，企业、园区通过优势互补、协作配套，实现了对“三废”的多次循环利用，为国家发展循环经济作出了积极的贡献和良好的示范。永兴“无矿开采”循环经济模式成为国家区域循环经济十大模式之一。循环经济已成为永兴对外开放的窗口和名片。

稀贵金属精加工

利用废渣加工厂

三废公司湿法车间

加工生产的国标 1# 白银

尾气处理系统

废水处理设施

大力发展循环经济城市

构建富裕、秀美、宜居、和谐

新贵溪

贵溪，位于江西省东北部，国土面积2480平方公里，人口62万。资源发展面临的资源和环境问题突出，按照循环经济理念实现社会经济和生态环境的协调发展对贵溪市具有非常重要的意义。近年来，贵溪市委、市政府坚持以科学发展观为指导，始终坚持资源利用的减量化、再利用、再循环原则，大力开展资源节约、回收利用、绿色消费，用低碳经济理念引领可持续发展，以自主创新、资源再生作为发展的基点，将发展循环经济作为全市经济社会发展的主攻方向和重中之重，全市资源产出、资源综合利用水平不断提高，节能减排、废弃物综合治理成效明显，全市循环经济工作取得积极成效。发展循环经济已经成为全市转方式调结构，加强节能减排，实现可持续发展的重要途径的根本手段。2012年全市实现生产总值278.52亿元，增长12.4%，财政总收入35.59亿元，增长18.2%，规模以上工业主营业务收入1865亿元，增长23.2%，全市万元生产总值能耗为0.834吨标准煤，同比下降3.43%，我市在全省经济发展综合排位第四，2013年度中国中小城市综合实力百强县市（科学发展百强县市）排位第79位。

贵溪市是国家确定的首批循环经济示范县创建地区。铜产业循环经济基地被列为国家第四批“城市矿产”示范基地，中国500强江铜集团公司是国家首批循环经济试点单位。我市积极探索贵溪循环经济的发展思路，一是动静结合，闭路循环。以江铜集团贵溪冶炼厂、贵溪工业园铜精深加工企业为代表的动脉产业，和以贵溪铜产业循环经济基地铜回收拆解企业为代表的静脉产业相结合，形成内循环。二是产业集聚，柔性效应。着重考虑产品在经济和生态方面具有链接和互补的需要，相关企业有目的的在空间上聚集到一起，产生既能做大企业又能做强产业的“产业聚集”效应。

贵溪市建立了较为完善的促进能源资源节约和循环经济发展的管理机制，节能减排取得明显成效，清洁生产持续推进，规模以上企业清洁生产审核率超过60%，资源综合利用和环保产业鼓励政策得到认真落实，资源节约水平不断提高，资源产出率超过3600元／吨。加快建设“绿色铜都”，全面构建铜循环产业链。大力实施循环经济工程，建设一批循环经济重点项目，以循环经济理念破解铜渣、铬渣等长期困扰贵溪市的废弃物污染难题，工业固体废物综合利用率超过96%，建设了城市生活垃圾资源化利用设施，城镇生活垃圾无害化处理率达100%。农业循环经济发展成效明显，农作物秸秆综合利用率超过80%。全市循环经济发展工作正在逐步推向深入。

打造“世界铜都”

龙虎山

冶金大道

神华准能集团公司

神华准能集团有限公司（正在设立）为中国神华能源股份有限公司（以下简称股份公司）以管理为主要职能的全资子公司，在股份公司授权下，负责统一管理股份公司在准格尔地区已设立的神华准格尔能源有限责任公司、中国神华哈尔乌素煤炭分公司、神华准能资源综合开发公司和神华准池铁路公司。负责制订在准格尔地区产业发展战略，统筹煤炭、铁路、循环经济等业务发展规划及拓展，研究协调解决煤炭、铁路、循环经济一体化发展过程中遇到的问题，推进区域经济发展模式的不断创新。截止2012年12月份，集团总资产317.9亿元,在册员工16000余人。

准格尔煤田位于内蒙古自治区鄂尔多斯市准格尔旗，地处蒙、晋、陕交界处，东临黄河，北距首府呼和浩特市120公里。煤田已探明地质储量267.6亿吨（我公司拥有煤炭资源储量30.98亿吨），煤层平均厚度32.8米，属低硫、特低磷、高灰熔点、较高挥发份和较高发热量的长焰煤，应用基底位发热量为4000-5600大卡/千克，是优质动力和气化及化工用煤，以低污染而闻名，被誉为“绿色煤炭”。

目前，公司主营业务有煤炭开采、坑口电厂发电、铁路运输。随着公司粉煤灰提取氧化铝项目的积极推进，公司将煤炭开采、电厂发电、铁路运输一体化的产业结构模式延伸为由煤炭开采、铁路运输、循环经济一体化的产业结构模式。建立循环经济工业园区是准能公司转变经济发展方式的重大举措，是公司调整产业结构的重点建设目标，形成“煤炭开采—劣质煤及煤矸石发电—粉煤灰提炼氧化铝—电解铝”的产业链，实现煤炭资源的综合利用，大力发展循环经济，充分挖掘废弃物资源利用价值，打造环保新型的战略型产业，实现企业效益最大化。

公司拥有年生产能力2500万吨的黑岱沟露天煤矿、洗选能力为2500万吨的选煤厂；受神华集团公司委托管理年生产能力2000万吨的哈尔乌素露天煤矿及配套的选煤厂和全长16.187公里的点（岱沟）-南（坪）运煤铁路专线；装机容量2×100MW的坑口发电厂、装机容量2×150MW和2×330MW的煤矸石发电厂；正线全长264公里、年运输能力7000万吨的大（同）—准（格尔）电气化铁路专用线。2010年开工建设粉煤灰提取氧化铝工程中试工厂，目前工艺流程已全面贯通，正在筹备建设年产100万吨氧化铝示范厂；还有配套的供电、供水、通讯、计算机网络、污水处理等生产辅助设施。

万吨列车

公司目前拥有的年产4000吨的氧化铝中试厂。准格尔矿区产出原煤，通过运用已有的采矿及洗选加工控制技术，燃烧后产生粉煤灰中氧化铝含量可达50%左右，同时富含镓及硅资源。基于高铝富镓准格尔地区煤炭资源，中国神华从2004年开始自主研发粉煤灰制取氧化铝“酸碱联合法”、“水酸联合法”、“一步酸溶法”等工艺技术及镓、硅提取技术。2010年10月18日，以“一步酸溶法”工艺技术为核心的循环流化床粉煤灰生产4000吨/年氧化铝工业化中试装置正式开工建设，工艺系统流程已于2011年8月25日一次性全面贯通，同年底在达产的同时品质达到国家冶金氧化铝一级品标准。公司煤炭伴生资源综合利用研发及工程示范中心为公司研发机构。主要进行循环流化床粉煤灰酸法生产氧化铝工艺系统参数进一步优化，煤粉炉粉煤灰生产氧化铝工艺技术深入研究，粉煤灰酸法生产的氧化铝电解工艺技术研究，以及镓系列产品、硅系列产品工艺技术研究等工作。

2012年，公司全年完成煤炭生产完成6383万吨，发电43.98亿度；铁路运输7769万吨。两公司主营业预计总收入195.84亿元，总利润46亿元，缴纳税费47亿元。

当前，公司鲜明的提出“4+3”七彩准能发展战略。“4”是四项产业，是公司发展的硬实力，即：黑色煤炭产业、白色氧化铝循环经济产业、金色铁路运输物流网络、绿色生态农牧业。“3”是三项工程，是公司发展的软实力，即：橙色管理提升再造工程、蓝色幸福员工工程、红色企地和谐共赢工程。探索一条煤炭企业“科技引领、绿色发展、低碳高效、综合利用、和谐共赢”的科学可持续工业化发展道路。最终形成国家转变经济发展方式形势下的准格尔煤炭开采、循环经济、铁路运输一体化区域经济升级模式，彰显准格尔区域经济一体化管理的竞争优势，为国家经济社会的发展做出新的更大的贡献。

露天煤矿矿区

同煤集团

塔山循环经济园区

塞上古都，名城大同。在古都大同以南30公里巍巍七峰山下，闻名遐迩的同煤集团塔山循环经济园区就座落在这片人杰地灵、物华天宝的土地上。

塔山循环经济园区是同煤集团根据循环经济“减量化、再利用、资源化”的基本原则，以“集约、绿色、多元、低碳”为特色，规划建设的第一个循环经济园区。2003年2月开工，2009年7月建成，是目前全国煤炭行业建成的第一个规划最完整、建设速度最快、效果体现最明显的循环经济园区。2007年被列入山西省第一批循环经济试点园区。2011年被确定为“中国循环经济典型模式案例”、“国家首批矿产资源综合利用示范基地”，并于同年获得“中国工业大奖表彰奖”。

园区占地面积387公顷，总投资364多亿元，初步建成了“两矿十厂一条路”共13个项目，包括：年产1500万吨塔山煤矿、年入洗1500万吨塔山选煤厂、年产1000万吨同忻煤矿、年入洗1000万吨同忻选煤厂、塔山2×60万千瓦坑口电厂、资源综合利用电厂（一期4×5万千瓦、二期2×30万千瓦）、年产60万

年产1500万吨塔山煤矿

年产1000万吨同忻煤矿

岱庄煤矿

岱庄煤矿是淄矿集团在济北矿区建设的第二对现代化矿井。1998年2月开工建设，2000年1月建成投产，建设工期24个月。设计生产能力150万吨，核定生产能力240万吨。矿井配有年入洗能力150万吨的洗选厂和装机容量为2×12兆瓦的低热值综合热电厂。矿井位于山东省济宁市境内，南距市区6公里，区内连接京沪、京九、兖新铁路线，北靠日东高速公路，西临京杭大运河，交通十分便利。

矿井投产以来，认真贯彻落实“安全第一，预防为主，综合治理”的安全生产方针和坚持管理、装备、培训并重的原则，以科学发展观总揽全局，以打造本质安全型现代化矿井为目标，全面推行本质安全管理体系，突出安全生产“双基”建设，深化安全质量标准化和精细化管理，安全基础工作不断强化。大力实施“科技兴安”战略，积极引进应用薄煤层电液阀控制综采支架、大功率交流电牵引采煤机、智能乳化液泵站系统、井下压风机变频冷却水闭环系统、井上下无线通讯系统、人员定位系统等。针对“三下”压煤严重实际，大胆研究实施建下膏体充填置换开采技术、不规则、旋转、跨老巷开采技术，加大资源回收力度，努力拉长矿井服务年限。加强安全文化建设，全力抓好安全教育培训，形成了以凝聚力、管控力、执行力、保障力、学习力、亲和力为主要内容的“六力”安全文化管理体系。

矿井连续13年实现安全生产，先后荣获山东省安全生产“双基”建设先进单位、山东省“十佳煤矿”、山东省安全质量标准化一级矿井、山东省安全程度评估“11A”级矿井、国家

全国煤炭工业“双十佳煤矿”

全国煤炭工业特级安全高效矿井

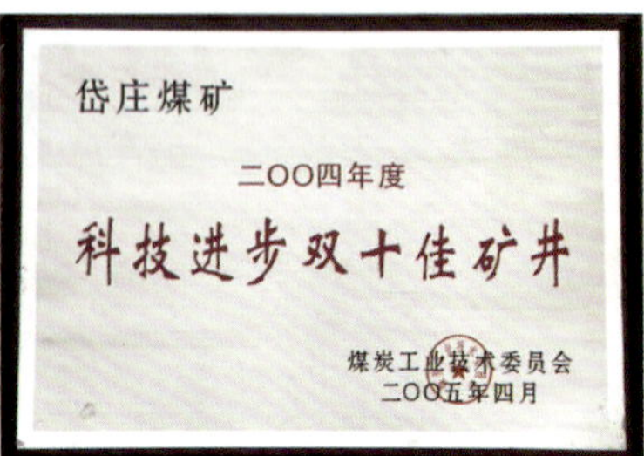

科技进步双十佳矿井

安全生产监督管理总局国家级安全质量标准化煤矿、国家煤炭工业技术委员会“科技创新型矿井”、中国煤矿工业科技进步“双十佳矿井”、全国煤炭工业“双十佳煤矿”、全国“特级安全高效矿井”、中国煤炭工业“企业文化示范矿”等多项荣誉称号。厂长曹忠获“山东省有突出贡献的中青年专家”、山东能源集团“感动山东能源十大人物”等荣誉称号。

充填集中控制室

节能减排取得显著成效

2013年以来，岱庄煤矿在上级各级节能部门的正确领导和支持下，认真贯彻落实科学发展观和节约资源基本国策，推进循环经济发展，从企业实际出发，加强管理，加大科技投入，依靠科技进步，实施重点工程，推进节能减排各项工作，取得了扎实的工作成效。

膏体充填车间

2013年生产原煤215.6063万吨，原煤生产能源消耗量9346.2959吨标准煤，原煤生产综合能耗4.33千克标准煤/吨， 2013年完成节能量1438.26吨标准煤，2011年至2013年共完成节能量4349.92吨标准煤。

矸石破碎系统

一是加强对节能降耗工作的领导。明确节能领导机构和部门责任，成立了矿节能管理领导小组，由矿长、党委书记任组长，成立了专门机构节能办公室，定期协调、监督、检查各单位节能降耗工作情况；使节能、资源节约工作形成了纵到底横到边的局面。

充填工作面

二是分解落实节能目标。2013年矿下发了《关于下达2013年节能目标及考核管理办法的通知》，设立奖励资金。各用能单位根据本单位的节能指标要求，进行指标的分解细化，将责任落实到班组、个人，保证了节能指标的全面完成。

充填支架

三是加强节能工作管理。调整加强了节能组织领导和管理结构，持续开展节能工作，矿每季度定期召开领导小组会议和节能专题会议，研究部署节能工作。有关部门、单位各司其职，各负其责，齐抓共管。修订完善了节能管理办法、能源统计制度、能源计量、消耗定额、利用状况报告制度等，使我矿的节能环保工作有章可循。

四是加大节能投入和节能技术开发。2013年以来，先后投资726万元对节能减排项目进行节能技术改造与开发，年可节电206.91万度，置换煤炭55.4695万吨，综合利用矸石24.96万吨，粉煤灰23.77万吨，节约价值130.07万元。

面后充填区

矿投资350万元新购进了一部MG320/710-WD3的变频采煤机，用于11605工作面，通过加大变频采煤机的更换力度，取得了良好的节电效果。年可节约22.15吨标准煤。在2353工作面连续式牵引车安装了一套BPJ7-200/600型交流变频电控系统，通过新型电控系统的应用不仅供电安全可靠性得到了保障，变频技术、智能技术的应用起到了节能效果。年可节约137.97吨标准煤。进行、局部通风系统智能化节能改造，年可节约23.84吨标准煤。优化运输系统，年可节约178.44吨标准煤。皮带集中控制，年可节约128.77吨标准煤。进行电厂循环泵叶轮节能改造，年可节约134.33吨标准煤。对膏体充填吹灰系统升级改造，加大了电厂粉煤灰的综合利用量。BPJ-500变频器的应用，年可节约53.9吨标准煤。

实施充填开采获得重大进展

自2006年以来，岱庄煤矿立足矿井实际，转变生产方式，强力推进节能减排，创新开采工艺，大力实施建筑物下条带煤柱矸石膏体充填开采技术。2010年在2351工作面进行了工业性试验，成功地实现了村庄条带煤柱的二次回采，为延长矿井服务年限提供了资源保障，为企业稳定、持续发展积蓄了后劲。

岱庄煤矿核定生产能力为300万吨/年，2013年矿井煤炭产量215.6万吨，煤炭销量215万吨。矿井矸石膏体充填开采生产能力为60万吨/年，2013年全年充填采出原煤56万吨，充填矸石21万立方米，已累计充填采出原煤147万吨，充填矸石52万立方米。

应用“建筑物下条带煤柱矸石膏体充填开采技术”回采的首采2351充填工作面于2012年12月底回采结束，工作面左侧、右侧及切眼三面为采空区，工作面面长103米，工作面回采了1100米，累计回收煤柱49万吨，充填矸石17万立方米。矿井现在2352、2353两个充填工作面交替生产，2352充填工作面左侧、右侧及切眼三面为采空区，工作面面长178米，已推采了929米，累计回收煤柱71万吨，充填矸石26万立方米；2353充填工作面左侧和切眼二面为采空区，工作面面长152米，已推采了403米，累计回收煤柱27万吨，充填矸石9万立方米。

充填开采实施区域主要是建筑物下条带遗留煤柱和建筑物下压煤。规划充填开采53个条带遗留煤柱和两个村庄下压煤采区，并开展高层建筑物下膏体充填开采技术研究和下组煤高承压水上、建筑物下充填开采技术研究，增加矿井可采储量，保证矿井生产接续和延长矿井服务年限。

岱庄煤矿实施的建筑物下条带煤柱矸石膏体充填开采技术，破解了充填开采管路易堵塞、充实率低、充填产能效率低等技术难题，达到了技术上成熟、安全上可靠、效率上高效（与常规条带工作面产能并驾齐驱）。创出了一套全新的矸石膏体管道输送技术，膏体充实率接近

矿区一角

地面膏体充填站

KOS25100HP型工业充填泵

100%，充填产能达到60万吨/年，实现了地表零塌陷。先后累计获得国家发明专利5项，国家实用新型专利10项。截止目前，已经回收丢弃煤炭资源147万吨，按目前平均售价466.16元/吨，总产值6.85亿元。为国家和地方创税费2.46亿元（其中：增值税17%，城建教育附加2.04%，矿产资源补偿费0.9%，资源税3.6元/吨，价格调节基金8元/吨，采矿权价款6.2元/吨，环境治理保证金4.52元/吨，水利建设基金4.66元/吨，地方教育附加9.32元/吨）。另外，实施充填开采还节省地面沉陷治理、建筑物损害赔偿等费用；并使原来作为废弃物处理的粉煤灰增值120元/吨。

石膏体充填开采产生了明显的生态环保效益和社会效益。一是充填开采有效地控制了地表移动变形，降低了土地塌陷程度，减少了土地塌陷范围，保护了耕地和建（构）筑物，在不迁村、不赔偿的前提下实现了安全、高效、高采出率地回收煤炭资源。二是充填开采使工业废弃物（粉煤灰、矸石山、矿井废水）得以资源化利用，减少了土地占用，保护了生态环境。三是提高煤炭资源采出率，延长矿井服务年限，解决了劳动就业，保持了社会稳定。四是提高了矿井的安全保障程度。

2010年～2013年充填开采产量、充填量、消耗矸石量统计表

项目 时间	充填产量（万吨）	充填量（万立方米）	消耗矸石量（万立方米）	备注
2010年	13.12	8.9	3.45	
2011年	33.07	23.75	11.59	
2012年	45.08	32.37	16.35	
2013年	56	40	21	
合计	147.27	105.02	52.39	

2010年～2013年正规回采与充填回采工效比较

项目 年份	常规回采			充填回采			充填与常规回采效率比较
	产量（万吨）	回采工数（吨/工）	回采效率（吨/工）	产量（万吨）	回采工数（吨/工）	回采效率（吨/工）	
2010年	191.69	89986	21.3	13.12	27219	4.82	-16.48
2011年	178.48	88911	20.07	33.07	49506	6.68	-13.39
2012年	151.22	86218	17.54	45.08	55488	8.05	-9.49
2013年	137.16	85086	16.12	56	60098	9.32	-6.8

淄矿集团许厂煤矿

许厂煤矿矿长张玉军

许厂煤矿位于孔孟之乡、古运河畔，是淄矿集团在济（宁）北建设的第一座现代化矿井，始建于1996年6月，1999年10月正式投产。现辖12个区队、14个科（部）室、3个直属厂、3个公司，共有职工2600人，矿井年设计能力150万吨，核定生产能力320万吨。主要可采煤层为3下和16、17三层煤，煤质为气煤和气肥煤，主要煤炭产品有原煤、块煤、精煤、块末煤、筛末煤、中煤、煤泥等12个煤种，产品畅销国内外市场。

淄矿集团许厂煤矿连年被中国煤炭协会评为高产高效矿井，先后荣获中国煤炭工业科技进步"十佳矿井"、"全国煤炭行业环境保护优秀企业"、"山东省污染减排成效突出企业"等荣誉称号。

由于受城市、村庄、运河、公路等压覆的影响，淄博矿业集团济北矿区近年来可采储量锐减，如果放弃开采不仅造成资源浪费，而且矿井服务年限也会大大缩短。要实现企业健康和谐、可持续发展，就必须实现传统的粗放型采矿方式向资源综合利用型生态产业转变，打破地面排矸生产方式，创新技术，对开采废弃物有效利用，将井下矸石就地转化为地下结构支撑体，减少地面塌陷，变害为利。据此，该矿探索开发置换开采新技术，通过将开采的矸石直接在井下充填巷道，已多开采出"三下"压煤52万吨，不但减少了污染，而且创效益亿元以上。该技术先后荣获煤炭工业十大科技成果、国家科学技术进步奖二等奖等称号，目前该项技术已在淄矿集团全面推广。

许厂煤矿技术科组织技术人员进行技术比武

许厂煤矿通过在"细"字上做文章，在资源开采上"精耕细作"。先后推广了一次采全高综采、大倾角采煤、村庄群下宽条带开采、矸石充填置换开采等技术工艺，工作面回采率达到了近97%，居全国领先水平。根据不同采区现场地质构造和煤质差异情况安排开拓布局，注意搞好优劣煤搭配生产，在设计工作面时综合考虑煤质状况，优化工作面设计，最大限度地消除了地质构造对煤质的影响。在产量相同的情况下每年多增收上亿元。

既要发展经济，又要给子孙后代留下碧水蓝天。许厂煤矿坚持清洁生产，大力发展循环经济。过去，矿井水经过处理后，基本都是作为洗煤、电厂用水，大部分都白白浪费掉，还污染环境。许厂煤矿投资上千万元建成了目前山东省最大的矿井水深度处理站，处理后的矿井水能够完全符合国家排放标准要求，满足了矿区绿化、电厂循环、井下设备冷却、防尘、洗煤及地面清洁等除生活饮用外的所有用水，综合利用率达70%以上，一年可节省数千万元的排污费、水资源费。该矿还与地方联系，铺设了管网，将矿井水销售给社会上用水单位赚“外汇”，目前已与十几家单位签订了合同。如果矿井水全部实现交易后，每年可产生700多万元的利润，更重要的是杜绝了矿井水外排对环境的影响。

许厂煤矿推行内部市场化管理，大力开展节本降耗活动。他们把废旧物料的回收再利用作为降低生产成本的有效举措，专门下发《废旧物料回收复用市场化管理办法》，分采煤、掘进、安装回撤3个部分，详细制定了50余种井下材料的收购价格。根据现场情况，结算中心每月向各单位下达一次物料回收指标，月底进行考核。废旧物料是加工制作各种零件的原材料，如用旧锚杆可以加工制作管钩，用钢板、管路等可以加工制作井下各种零部件等。目前，该矿机厂加工的各种零部件种类已达到上百种，对此他们成立了“非标准件超市”。该矿各生产单位可以根据需要，自行选购，价格远远低于市场价。据统计，全矿仅5个月，材料费仅回收复用就节约90余万元。

许厂煤矿矿洗选厂及时对煤泥压滤机压紧装置、液压控制系统以及滤板、滤布等进行技术改造，使煤泥压滤机效率提高15%，有效地保障了原煤生产

内部市场化催生高效率

细煤泥浮选柱安装现场

许厂煤矿将从井下回收的废旧锚杆、钢带等经过人工调直、整形后，制作成设备护栏、货架及人行过桥等进行再利用，收到了明显的经济效益

北京现代循环经济研究院
竭诚为推进绿色循环低碳发展服务

北京现代循环经济研究院是国家工商和民政部门正式注册的从事绿色发展、循环发展和低碳发展的理论研究与实践推动的科研机构。国家发展和改革委员会重点联系单位，由北京市社会科学联合会主管。研究院的 200 多名研究团队人员主要来自钢铁、煤炭、有色、石化、农业、环保、建材、电力、航空、建筑、再生资源等领域，以及中国科学院、中国工程院、清华大学、北京大学等科技教育机构。其中两院院士、外籍院士 21 人，博士生导师 40 人。研究院 2011 年被北京市民政部门评估为 4A 级中国社会组织单位。

在“中国应对气候变化和低碳发展十大新闻发布会暨《中国低碳年鉴 2011》首发式”上，国家发改委应对气候变化司司长苏伟致词

北京现代循环经济研究院以诚信为本、智力服务为宗旨，在循环经济和低碳发展中，竭诚为各级政府当“助手”，为企业、园区、城镇、乡村当“向导”。以智力优势和对实体经济的技术和管理优势为依托，开展循环经济、低碳发展和规划方案制定、项目咨询、技术推介、信息交流、理念宣传普及等服务。

北京现代循环经济研究院业务范围：以应用研究为主，重点设计制订适于绿色循环低碳经济发展的模式和规划方案、组织相关咨询、论证、评估；技术交流、经验推介以及组织大中型论坛、研讨会、讲座、学术报告等进行理论探讨和学术交流，沟通交流经验信息，普及相关知识；培育、引进、推广支持绿色循环低碳各种先进和适用技术；编著出版相关书刊。

组织和参与国家循环经济试点单位的试点方案制订和评审是研究院的主要业务之一，建院近 10 年来，先后承担完成了国家发改委和园区、企业委托的《钢铁企业发展循环经济模式研究》、《东营方圆有色金属有限公司循环经济试点实施规划》、《北京市产品包装现状分析与实施减量化、回收再利用、可循环的对策》、《广东清远国家循环经济试点实施方案》和《石家庄市再生资源回收利用体系国家循环经济试点实施方案》、《 山东东营市经济技术开发区有色金属为业规划》等 20 多个国家和省、市、园区、企业的循环经济、低碳经济重大课题研究、规划与方案制订。

研究院合作主办和承办了“首届再生资源与循环经济发展论坛”、“中国 • 武汉（青山）循环经济发展论坛”、“2012年“城市矿产”产业高峰论坛”等多个大型循环经济论坛和研讨会。

研究院先后编著出版了《循环经济要情》（250多期）、《循环经济要览》、《产业循环经济》（马凯主任作序）、《区域循环经济》（曾培炎副总理作序）、《人类共同的选择：绿色低碳发展》等书籍。2011年8月，研究院与中国循环经济发展中心共同创办了《中国现代循环经济》杂志（已编辑出版18期）。从2008年起承担由国家发改委解振华副主任主编的我国第一部大型循环经济典籍《中国循环经济年鉴》（已编辑出版2008、2009、2010、2011、2012、2013共6卷）的编辑出版工作。从2011年开始，研究院承担由全国人大、全国政协、国务院十部委领导和主管司局、省区市发改委的支持下、国家发改委应对气候变化司指导编辑出版《中国低碳年鉴》（已出版2010、2011、2012、2013共4卷）的编辑出版工作。在国家发改委气候司等十部委指导下，北京现代循环经济研究院、《中国低碳年鉴》编委会和中国经济导报社等相继开展的“2010、2011、2012年中国应对气候变化和低碳发展十大新闻评选活动”，每次近100家媒体报道，产生了广泛影响，并写入由国务院新闻办组织发布的国家发改委《中国应对气候变化的政策与行动年度报告》中。

北京现代循环经济研究所承办的2012“城市矿产”产业高峰论坛

北京现代循环经济研究院编制的规划方案、编写、编辑出版的《中国循环经济年鉴》、《中国低碳年鉴》及有关杂志和书籍

地址：北京东城区安外大街138号A座611　邮编：100011
电话：010-84110359/9673/4231/9310（年鉴编辑部）/3306
传真：010-84110359/9310（年鉴编辑部）
http://www.riore.org E-Mail:riore@126.com

国家循环经济试点示范城市

鹤壁循环经济

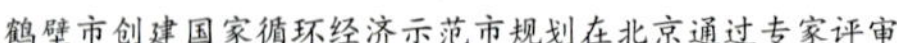
鹤壁市创建国家循环经济示范市规划在北京通过专家评审

鹤壁市循环经济标准化试点市通过国家考核验收

鹤壁市于2005年被确定为国家首批循环经济试点市，8年以来，该市坚持把发展循环经济摆在全市发展的重要位置，作为推动产业转型升级、提高发展质量效益的重要举措，采取一系列强有力的措施加快推进，目前初步实现了循环经济从企业到行业再到产业、从点到面再到城市的拓展，实现了产业发展从资源依赖型向资源效益型的转变，有力推动了新型工业化、城镇化和农业现代化协调发展，探索出了一条具有自身特色的发展路子，先后被确定为中国人居环境范例奖城市、国家循环经济标准化试点市、国家农业综合标准化示范市、全国首批中美低碳生态试点市、全国既有建筑节能改造示范市、全国可再生能源应用示范市、国家资源产出率统计试点市等。

——2004年5月，鹤壁市委常委会议决定启动循环经济试点城市工作，11月，河南省发改委把鹤壁市列入了省循环经济试点城市，鹤壁市循环经济规划编制工作正式启动。同年底，鹤壁市委六届九次全会提出了“走新型工业化的道路，大力推进循环经济”的指导思想，指出：以煤、电、水泥、金属镁、食品加工五大经济循环链为基础，走新型工业化道路，推进循环经济的发展。

——2005年，鹤壁市政府出台《关于印发鹤壁市鼓励发展循环经济若干规定的通知》，设立市循环经济专项资金，用于扶持循环经济示范企业和示范项目的发展。10月，国家发改委等六部委将鹤壁市确定为国家第一批7个试点城市之一，标志着鹤壁市循环经济工作进入了新的阶段。

——2006年11月，吴邦国委员长视察河南时专程赴鹤壁就循环经济发展进行调研，对鹤壁循环经济发展给予充分肯定并要求“为全国发展循环经济树立标杆”。同年12月，在国务院召开的发展循环经济电视电话会议上，鹤壁市作为唯一省辖市代表进行大会发言。

——2007年11月，鹤壁市被国家标准委员会确定为全国第一批八个循环经济标准化试点单位中唯一以城市为试点的单位，试点3年。

——2010年11月，鹤壁市顺利通过了国标委组织的循环经济标准化试点考核验收，成为全国首个通过国家级循环经济标准化验收的试点。参与制定13套国家资源节约和综合利用标准体系，配套出台了《鹤壁市主要行业循环经济评价指标体系》，目前全市试点企业循环经济标准覆盖率达到97%。

——2011年，成功探索出了中小规模资源型城市循环经济发展模式，入选国家发改委《中国循环经济典型模式案例》并在全国推广。

——2012年7月，国家统计局、国家发展改革委确定鹤壁市为2012年资源产出率统计试点调查省市之一，建立了资源产出率统计评价体指标体系。

——截至目前，鹤壁市总投资147亿元的130个循环经济重点项目完成投资131亿元，112个项目竣工投产。在此带动下，2012年全市单位生产总值能耗下降10%、仅用两年时间就完成“十二五”目标的80%，工业固废综合利用率93%、比

全国水平高出30个百分点，主要污染物减排量超额完成省定目标，全市饮用水源地水质达标率为100%，城市环境空气质量优良率达到92.6%，实现了经济发展和环境保护的“双赢”。

——构建了较为完善的循环型工业、循环型农业和循环型城市三位一体的循环经济体系。在循环型工业方面，全力构建煤电化材、金属镁等循环经济产业链，建设了综合利用热电厂、煤矸石建材和无机纤维、煤层气发电、矿井水综合利用、镁渣陶瓷滤料等项目，实现了资源的最大化利用，工业固废综合利用率达到93%；在循环型农业方面，形成了秸秆综合利用、沼气为纽带的种养结合、畜产品精深加工全利用、农产品深加工资源最大化利用四种农业循环经济发展模式，实现了工农业循环经济复合发展，农业废弃物综合利用率达到92%以上；在循环型城市体系上，不断完善城市减排基础设施，推进再生资源回收利用体系建设，加大既有建筑节能改造，大力推广地热、太阳能等可再生能源在建筑中的应用，主要城区和产业集聚区污水处理率达到82%以上，市区新建建筑节能实施率保持100%。

鹤壁市委书记魏小东、市长范修芳陪同河南省委书记郭庚茂调研鹤壁市金属镁等产业循环发展

——持续鼓励支持重点企业与大专院校、科研单位联合开发，重点突破循环经济关键链接技术和节能降耗技术，引进研发了从玉米杆芯中提取低聚木糖、玉米芯提取糠醛、秸秆生产天然气、粉煤灰生产陶瓷、煤矸石提取无机纤维、从鸡血中提取生物活性蛋白、从镁渣中提取陶瓷滤料等一批新技术，研制了环保节能型电炉炼钢成套设备、金属镁蓄热式竖罐还原炉技术等一批节能环保设备工艺，为循环经济创新发展提供技术支撑。

鹤壁市常务副市长桂玉强到宝山循环经济产业集聚区调研

——“十二五”以来，鹤壁市高度重视国家循环经济示范市创建工作，成立了创建国家循环经济示范市建设工作领导小组，多次召开市委常委会、市政府常务会等进行专题安排部署，积极组织开展相关调查研究，聘请专家进行指导，在深入调研、科学论证的基础上，编制了《鹤壁市创建国家循环经济示范市发展规划》和《国家循环经济示范市创建实施方案》。

2013年，该市把创建工作写入了《政府工作报告》，列入了年度考核目标，全方位、多领域拓展循环经济发展空间，提升循环经济发展层次和水平。2013年11月，鹤壁市编制的《国家循环经济示范市创建实施方案》在北京顺利通过了国家发改委组织的专家评审论证。

鹤壁市副市长刘新勇在美国费城国际循环经济研讨会上发言

创建工作的总体思路是：以科学发展观为指导，以实现全市经济社会的整体循环化转型为主线，以技术创新和制度创新为动力，通过构建循环型产业体系、基础设施体系和服务支撑体系，全面提升循环经济发展层次水平，实现绿色发展、循环发展、低碳发展。创建工作的总体目标是：通过实施“381” 计划（“3”即建设循环型产业、循环型基础设施、循环型管理与服务支撑等三大体系；“8”即改造提升宝山循环经济产业集聚区、金山产业集聚区、鹤淇产业集聚区、浚县产业集聚区、石林陶瓷产业园区、鹤山产业园区、浚县粮食精深加工园区、淇县畜牧业循环经济产业园区等八大循环型产业集聚区；“1”即重点实施100个循环经济重点项目），促进经济可持续发展。到2015年，以循环经济发展带动“三化”协调科学发展的格局基本形成，主要经济指标增速高于全国平均水平，超额完成节能减排约束性目标；到2017年，全面建成城市基础设施和服务支撑体，成为循环经济标准、技术、服务输出市，成为资源依赖市创建循环型城市的典范。

鹤壁市循环经济促进法电视大赛

开创循环经济宁海模式
打造生态型宜居宜业现代化滨海城市

宁海县地处长江三角洲南翼，浙江东部沿海，位列“全国县域经济基本竞争力百强县”第58位。产业布局上基本形成三大工业发展平台和三大农业特色产业带。科技富民示范作用强劲，2012年，宁海县被科技部列为“国家科技富民强县试点县”。拥有象山港、三门湾宁海海域，是浙江省海水养殖第一大县。可再生能源品种齐全，资源丰富，水资源相对丰富，总容量为4.3亿立方米，是宁波市主要饮用水供应地。森林资源丰富，森林覆盖率62.58%。大气环境质量总体情况优良，环境空气质量指数（API）达到347天。饮用水源及地表水水质良好，水库的水质达到集中生活饮用水水源地三类水质标准。海域水质能够满足海域环境功能水质控制要求。

近年来，宁海县先后出台循环经济发展规划，建立了组织协调机制。县委、县政府专成立了县循环经济发展工作领导小组，从2006年到2013年每年实施年度循环经济发展实施计划。制定了循环工作协调会议和部门职责分工机制，并出台了循环经济、清洁生产和节能减排的管理办法。形成了以园区为载体，以循环产业链为联动，以示范企业为龙头的发展模式。宁海湾循环经济开发区和东海岸农业循环经济示范园已经打造成为省级工业和农业循环经济示范园区，宁海湾工业循环经济产业链和生态农业循环产业链不断完善，工业固废综合利用和生态循环农业示范企业发展良好。2011年，以“循环经济示范园区为载体的资源匮乏型县域循环经济发展模式”（土地资源和化石能源资源匮乏）被国家发改委列为浙江省唯一一家入选区域典型模式案例，并作为全省典型受邀参加第二届中国国际循环经济成果交易博览会。该模式对于经济较发达，但资源匮乏的地区发展循环经济具有借鉴意义。通过开展循环经济工作，2012年，宁海能源产出率达到20483元/吨，水资源产出率达到204元/吨，农作物秸秆和工业固体废物综合利用率超过98%。从2010年开始，对全县重点的耗能和用水大户企业进行年度统计和考核测评，并且每年定期对国华电厂的水、煤炭、电等工业资源开展统计。县内污水、固废等环保基础设施建设完善，近三年内无重大环境污染事件。在生态型临港工业、新能源开发、湿地保护、海水养殖和滨海旅游等海洋循环经济方面取得显著的成效。宁海县新能源应用领域广泛，建设投产三门湾茶山风电场、东方日升等三个太阳能光伏发电站。

按照“建成生态型宜居宜业的现代化滨海城市”的总体战略定位。宁海将坚持“山、陆、海、湾”联动发展，开创循环经济宁海模式，走出一条经济发展、生态良好、生活富裕、社会和谐的文明发展道路。

国家“城市矿产”示范基地

唐山中再生资源开发有限公司

唐山中再生资源开发有限公司成立于2011年1月，坐落于玉田工业聚集区内，占地面积335亩，注册资本5000万元，由中国再生资源开发有限公司控股、唐山市再生资源有限公司和河北君诚投资有限责任公司共同投资建设。主要经营废弃电器电子产品拆解加工、报废汽车拆解、废旧钢铁分拣加工、报废含汞荧光灯管回收处理、废旧塑料加工等项目。

公司主要投资方——中国再生资源开发有限公司是中华全国供销合作总社投资控股的国内最大的专业性再生资源综合利用企业，已建立起覆盖全国的回收网络体系。

作为“唐山再生资源循环利用科技产业园”主体建设单位，唐山中再生资源开发有限公司以再生资源回收网络为依托，以加工利用体系为核心，以无害化处理为手段，以技术创新和信息服务为动力，以打造再生资源行业品牌为目标，以废旧钢铁、废弃电器电子产品、废汽车、废塑料的回收利用为重点，以实现产业结构调整和技术升级，建成回收网络健全，基础设施完善、经营机制创新，经济与社会、环境协调发展的综合性再生资源回收利用基地，业务覆盖京、津、冀、内蒙古、辽宁等地区。

2011年10月，以公司为龙头企业的唐山再生资源循环利用科技产业园被国家发改委、财政部确定为第二批国家“城市矿产”示范基地。2012年，公司被河北省列入第一批资源综合利用试点企业，同时公司六大项目被纳入河北省“十二五”工业资源综合利用发展规划重点培育对象之一。2013年，以公司为龙头企业的唐山再生资源循环利用科技产业园被省发改委确定为河北省首批循环经济示范园区，公司被确定为河北省第一批资源综合利用认定企业。同年，公司入选为“国家循环经济教育示范基地”。

唐山中再生资源开发有限公司鸟瞰图

废弃电器电子产品回收处理车间

从德国引进的废旧冰箱处理线

废钢分拣加工配送中心

混杂塑料清洗加工设备

国家循环经济教育示范基地展厅

新疆天业集团有限公司

发展循环经济 建设百年企业

新疆天业（集团）有限公司组建于1996年7月，是新疆生产建设兵团农八师的大型国有企业。集团控股的新疆天业股份有限公司于1997年6月在上海交易所上市、新疆天业节水灌溉股份有限公司于2006年2月在香港成功上市。集团所属产业涉及塑料制品、节水器材、化工、电石、食品、热电、矿业、建材、水泥、物流商贸、建筑与房地产等多个领域。2011年底企业总资产达264亿元，主营收入208亿元，实现利税32亿元，各项经营指标连续多年均以40%左右的速度递增。天业集团党委先后荣获"全国国有企业创建'四好'领导班子先进集体"；全国"先进基层党组织"荣誉称号；企业荣获"全国五一劳动奖状"；连续三年荣膺中国企业500强。2012年11月，天业集团被国家发改委授予全国循环经济工作先进单位。

在自治区党委和兵团党委大力支持帮助下，天业确定了"以科学发展观为指导，大力发展循环经济，实现企业利益与社会效益双赢，构建和谐八师石河子市"的发展思路，走出了一条具有自身鲜明特色、高速发展的循环经济发展之路。

新疆天业集团用循环经济的理念发展煤电一体化产业，使传统高污染、高能耗的电石法聚氯乙烯生产工艺发生了根本性的变革。天业在化工园区建设中选择了世界最先进的工艺技术与装备，坚持高起点、快速度，同时用循环经济的理念，科技创新的方法，解决了高污染、高消耗、资源再利用的问题，就地转化新疆丰富、优质的煤炭、石灰石、原盐等矿产资源，初步了形成循环经济产业链，建立可持续发展的模式，取得了良好的经济效益。2005年天业集团已被国家列入第一批循环经济试点单位。天业循环经济产业链的构建，从根本上改变了电石法生产聚氯乙烯的概念，使传统工艺有了新的生机，也为天业进一步发展奠定了基础。2011年天业集团被国家确定为首批国家循环经济教育示范基地，这充分体现了国家对天业集团循环经济发展的支持和肯定。2003年始天业经过反复的实践，做出了"突破一个难点、构筑两个链条、实现三化目标"的战略决策，目前已全部实现。

突破一个难点

2005年10月，天业首期国内第一套35万吨湿磨干烧电石渣水泥装置投产运行。2007年，天业集团在成功突破干法乙炔技术后，针对干法乙炔电石渣的特性，进一步开发出电石渣新型干法水泥技术，形成了干法乙炔配套电石渣新型干法水

新疆天业电厂冷却塔

新疆天业节水公司500万亩管材生产基地

由天业生产的中国名牌产品—“天业牌”聚氯乙烯（pvc）整装待运

天业粉煤灰砖厂

废水母液水回收

泥工业化成套技术，相继建成了与2×40万吨聚氯乙烯装置相匹配的工业化生产装置，实现了安全、稳定和满负荷运转，成为国内第一家大规模成功运行干法乙炔配套电石渣新型干法水泥的企业，节能效果显著。干法乙炔和电石渣新型干法水泥技术的成功示范，彻底解决了电石渣再利用的难题，为电石法聚氯乙烯循环经济和规模化发展奠定了扎实的基础。2012年，天业集团干法乙炔配套电石渣新型干法水泥技术被国家工信部确定为首批工业循环经济重大示范工程。

构筑两个链条

2007年，天业集团按照“规模化、循环化、可持续”的发展思路，实施了新一轮结构调整，将产业和产品进一步向上、下游延伸，形成了更加完善的循环经济两大产业链。两大产业链相互交织，以循环经济为核心，形成了产品多元化。主导产品聚氯乙烯树脂生产成本较国内平均成本低40%以上。

——主导产品产业链。即矿产资源开发—电力—电石—聚氯乙烯—节水器材—高效农业—食品加工—农业产业化产业链。这个主导产品产业链，以新疆丰富的煤炭、石灰石和盐资源为起点，以电为载体，以聚氯乙烯树脂及下游产业为终点，各类资源的转换效率大幅度提高。

——废弃物综合利用产业链。即工业废渣—水泥建材和废旧滴灌带回收与再利用产业链。废弃物综合利用产业链将上游产业的废弃物变为下游产业的资源，使上游产业环境处理的过程转变为下游产业原料搜集的过程。

实现三化目标

即实现装置大型化、控制信息化、排放资源化。

目前，天业集团已成功攻关循环经济关键技术35项，承担完成国家发改委等部委重点循环经济攻关项目12项。天业集团成功实现了环保和经济效益的有机结合。目前120万吨联合化工项目的装备、设施和循环系统全部实现装置大型化、控制信息化、排放资源化。天业电石渣水泥年生产能力达到400万吨，原料全部采用电石渣、粉煤灰、脱硫石膏、硫酸渣等，工业废渣利用率达到100%；年减少石灰石消耗510万吨，减排二氧化碳220万吨；通过源头减排和建立水资源梯级利用网络，年节水800万立方米；通过电石炉气资源化利用和电石渣新型干法水泥技术的成功应用，年节约标煤25万吨。通过各类废弃物的资源化利用，天业年实现经济效益5亿元以上，占到企业经济效益总额的30%。对公司营业收入和毛利润贡献分别达到了10.56%和14.78%。将电石生产回收石灰粉粒用于柠檬酸生产，年可减少采购成本100万元以上；将原本作为废弃物的电石渣、柠檬酸渣、硫酸渣、粉煤灰等工业废渣作为水泥生产的原料出售，大幅度降低治污成本，且产生良好的经济效益。

“十二五”时期天业集团将以十八大精神为指导，坚持以科学发展为主题，以加快转变经济发展方式为主线，立足实现资源就地转化，确立“发展循环经济，成就美丽家园，建设百年企业”的总体目标，在现有电石法聚氯乙烯循环经济模式基础上，进一步构建符合新疆特点并具有资源转换率高、水资源消耗少且产品附加值高的煤电化一体化循环经济新模式。公司将以发展煤化工产业为中心，在已经具备的基础上，通过采取资源整合、并购与合作方式，实现对外扩展，实施煤焦化和电石及其下游产业链等煤化工项目，进一步扩展产业链。 在煤电化一体化方面，依托新疆丰富的煤炭等矿产资源，在现有装置的基础上，重点建设100万吨电石、25万吨/年电石炉气制乙二醇、20万吨/年1,4-丁二醇、20万吨聚乙烯醇、15万吨/年丙烯酸（酯）或20万吨丁二烯及其下游产品等项目，进而发展聚脂和氨纶产业，同时在兵团范围内选择具备资源优势的区域，通过新建煤电化一体化装置，实现企业跨区域发展，努力向世界500强阔步迈进！

蒙西高新技术工业园区

蒙西工业园区
MENGXI INDUSTRIAL ESTATE

蒙西高新技术工业园区筹建于1998年，2001年经内蒙古自治区人民政府批准为省级高新技术工业园区；2002年被国家科技部认定为国家新材料成果转化及产业化示范基地；2004年被自治区党委、政府列为全区20家重点扶持园区；2005年被国家发改委等六部委列为全国第一批循环经济试点产业园区；2010年被命名为内蒙古自治区高新技术产业化基地，也是自治区沿黄沿线重点园区之一。

园区目前落户企业36家，资产总额689亿元，就业人员3.5万人，2013年实现地区生产总值95亿元，销售收入171.08亿元，工业总产值182亿元，工业增加值84.6亿元，全口径财政收入10.5亿元，完成固定资产投资148.8亿元。

蒙西园区在全市工业经济发展的试验田和对外开放的窗口，通过多年的探索实践，走出了一条具有蒙西特色的循环经济和高新技术之路。

形成五大主导产业

以蒙西、神华蒙西、星光、双欣、德晟、君正等大企业为主，构成了氯碱化工、特种冶金、建材、煤化工、现代物流五大主导产业的主体框架。步入了以“资源——产品——再生资源”为特征的“区域大循环、园区中循环、企业小循环”的循环经济快车道，为带动和加快区域经济发展提供了良好的环境、持久的动力和广阔的空间。依托以上产业板块，已形成甲醇产能10万吨、金属制品298万吨、水泥产能602万吨、PVA产能11万吨、PVC产能120万吨、特种纤维产能6万吨、焦炭产能380万吨、发电装机容量68亿千瓦、物流吞吐量5000万吨。

打造六大循环经济产业链

园区着力打造循环化、高端化产业园区，通过加强废弃物的综合利用，降低资源和能源消耗，不断提升产业层次，构建了6大循环经济产业链：

——煤化工产业链。原煤经过洗煤厂洗选，洗选精煤用于炼焦，焦炭供给园区内高炉炼铁电石等企业。利用炼焦所产生的焦炉煤气制甲醇，对炼焦过程中生产的粗苯、二氧化硫等副产品进行深加工，充分延长产业链，提高资源自用率，降低成本、保护环境、提高效益。目前，园区形成产能合成氨10万吨，硝铵23万吨，焦炭产能380万吨，甲醇产能10万吨。代表企业有神华蒙西170万吨/年焦化、华誉110万吨煤焦化、华冶100万吨/年煤焦化。

蒙西集团总部——蒙西大厦

北方蒙西发电公司

——建材产业链。利用周边地区每年淤积的大量废弃石灰石、硅石渣、粉煤灰、煤矸石等为原料，制备高性能水泥和高附加值的高岭粉土，同时可利用生产水泥的过程中产生的余热发电，使废弃物实现循环化利用。目前园区拥有水泥产能达602万吨/年，高岭土6万吨/年，代表企业有蒙西水泥公司、蒙西高岭土粉体有限责任公司、华月水泥有限公司、伊峰水泥有限责任公司。

——冶金产业链。利用园区企业产生的焦炭进行炼铁，并延伸到生产铸造及锻造件，利用铸造及锻造件生产冷模具、塑料模具钢等，利用生产中产生的水渣生产免烧砖。星光集团80万吨铸造机锻造件项目一期40万吨已投产，以上项目建成后，园区将形成近400万吨特种钢产能。

——新型化工产业链。利用周边丰富的石灰石资源生产氧化钙，利用氧化钙生产电石，利用电石制得乙炔气，生产PVA、PVC等化工产品，同时充分利用生产过程中产生的电石渣等废弃物生产水泥。目前，园区双欣集团44万吨PVA项目一期11万吨已建成投产，君正能源48万吨/年烧碱60万吨/年PVC正在试生产，园区中谷矿业60万吨PVC项目正在建设中。待以上项目建成后蒙西园区成为全国最大的氯碱化工基地。

——煤矸石综合利用产业链。洗煤厂副产的低热值煤生产超细高岭土及用于发电。

——现代物流产业链。已形成的物流吞吐能力达5000万吨。目前园区正在致力打造“一平台四中心二系统”信息交换平台与多个配套中心与设施，将以蒙西工业园为中心，以乌海、阿拉善盟、巴彦淖尔、鄂尔多斯、宁夏等200公里以内的地区为主服务领域，以国内大、中城市为信息转化站，辐射全国乃至全球。

2013年，园区实施新续建项目19项，全部为亿元以上项目，总投资462亿元。目前星光40万吨铸锻件项目已基本具备投产条件。年内计划投产或具备投产条件的项目主要有：君正50万吨电石、60万吨白灰，中谷矿业50万吨电石，德晟一期100万吨金属制品，蒙西40万吨氧化铝等。此外，君正30万吨PVC，中谷矿业30万吨PVC、30万吨烧碱及双欣二期60万吨电石、4万吨VAE、4500吨水泥等项目正在快速推进，将于明年陆续投产，加速园区产业集群。

园区“十二五”发展目标

重点培育五大产业集群，打造六大百亿企业。五大产业集群是指：通过实施双欣二期33万吨PVA、君正160万吨PVC、中谷60万吨PVC等重点项目，及早开工建设已审批240万吨PVC项目，培育44万吨PVA、500万吨PVC基地为代表的PVA/PVC延伸新型化工产业集群；通过实施德晟300万吨特种钢、蒙西100万吨氧化铝、星光80万吨特种钢等重点项目，培育钢铝深加工及其他新型加工产业集群；通过实施神华8万吨苯加氢、星光110万吨捣固焦、双欣180万吨煤炭深加工等重点项目，培育新型煤化工产业集群；通过实施现代物流区建设，整合现有物流公司，培育与产业相配套的铁运、汽运为主体的现代物流产业集群；蒙西9000吨水泥、君正2500吨水泥、双欣化学3000吨、华月4500吨水泥的建材产业集群。初步形成500万吨的PVA/PVC及相关产品深加工产能，1800万吨的冶金建材产能，600万吨的新型煤化工产能，5000万吨的现代物流运输体系。六大百亿企业是指：在2015年之前培育建设双欣、星光、君正、中谷矿业、德晟、蒙西六家销售收入超百亿元的大型企业，做大园区经济总量，提升竞争力。届时，蒙西园区将成为全国最大的PVA生产基地和全国重要的氯碱化工基地。

“十二五”末园区地区生产总值超400亿元，全口径财政收入超40亿元，固定资产投资超700亿元。

辉煌成就鼓人心，美好前景催奋进。蒙西工业园区在高新技术与循环经济的推动下，必将成为自治区西部新的经济高地！

双欣PVA循环产业链项目

中谷矿业120万吨PVC及烧碱项目

一、经济区区位优势

大连循环产业经济区位于庄河市境内的北黄海沿岸，西临花园口经济区，东临庄河市区，距离国家一类口岸庄河港12公里。201国道、辽宁滨海公路、丹大高速公路、庄盖高速、丹大快铁从经济区穿境而过。大连循环产业经济区作为辽宁沿海经济带42个重点园区之一，以资源再生利用为主导产业，同时发展现代物流业、商贸业等产业的循环经济产业体系经济功能区。经济区开工建设以来，得到了大连市委、市政府的高度关注和大力支持。庄河市委、市政府更是将经济区建设作为全市工作的重中之重，举全市之力，采取有力措施全力推进经济区发展建设。

二、经济区规划面积

大连循环产业经济区规划面积26平方公里，其中产业区，即大连国家生态工业示范园区规划面积12平方公里，主要从事废旧金属、废旧家电、废旧汽车等工业固废物回收、拆解、再生利用循环产业；生活配套区，即大郑新城规划面积14平方公里，围绕产业区，规划建设了一座集现代物流业、商贸业、公共服务为一体的新型城镇。

三、经济区获得的相关资质和政策

1.中日韩循环经济示范基地

2009年10月，第二次中日韩领导人会议决定建立"中日韩循环经济示范基地"。2012年5月,第五次中日韩领导人会议发布了提升全方位合作伙伴关系的联合宣言，宣言重申了建设中日韩循环经济示范基地的重要性。2013年5月，经国家发改委、外交部、财政部的联合初审，确定大连循环产业经济区开展中日韩循环经济示范基地建设的前期工作。

2.国家城市矿产示范基地

2011年9月，国家发改委和财政部下发文件（发改办环资[2011]2223号），确定大连国家生态工业示范园区为国家城市矿产示范基地。园区在获得国家城市矿产示范基地称号后，将获得国家相关部委补助资金2.3亿元，用于园区的开发建设。

3.国家进口废物圈区管理示范园区

2012年4月13日，大连国家生态工业示范园区正式通过了"进口可利用废物圈区管理"的国家级验收，国家环保部已正式下达批复。这标志着大连国家生态工业示范园区已经取得了国外再生资源进口权，可获得国家环保部每年下达给园区300万吨国外再生资源配额，对于吸引企业来园区投资具有极大的促进作用。

4.辽宁省废旧电器集中拆解定点园区

辽宁省环保厅于2010年5月，正式确定大连国家生态工业示范园区为辽宁省废旧电器集中拆解定点园区，这标志着园区达到了辽宁省环保厅关于从事废旧电器集中拆解定点园区的要求，可以在园区内从事废旧电器集中拆解的业务。

四、经济区建设和发展情况

1.大连国家生态工业示范园区建设和发展情况。

园区已完成基础设施投资近20亿元。完成填海造地4平方公里。其中，园区内部已完成1.7平方公里"七通一平"建设及基础配套设施建设，完成一起余下的2.3平方公里的部分道路强夯工程和管网铺设。建成并出租标准厂房27栋，完成园区办公楼及海关、检验检疫办公楼10,000平方米，完成海关、检验检疫监管区70,000平方米及监管仓库4,000平方米，完成日处理能力1,000吨污水处理站及建筑面积1,000平方米的危废暂存中心。园区外围的自来水工程已全部完工，24KV的供电工程已完工，66KV的变电所已办完相关手续，正在平整场地施工。园区目前已建成和在建项目27个，投资总额38亿元，有重点在谈项目22个。已初步形成以再生金属加工、废旧家电拆解、塑料瓶砖、废旧汽车拆解产业为代表的四大产业集群。

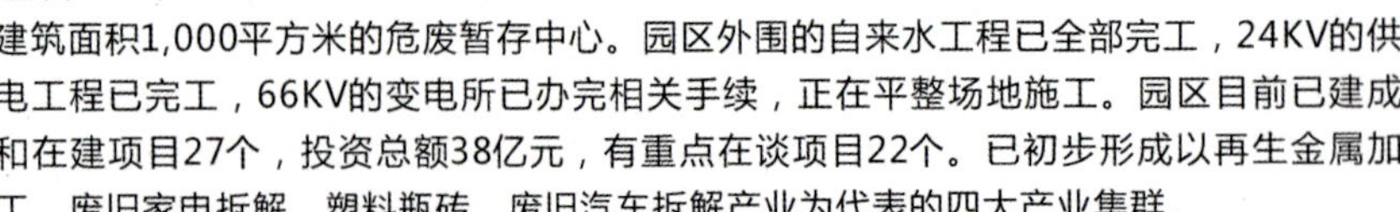

2.大郑新城建设和发展情况。

大郑新城目前已完成基础设施投8亿元，已完成10.5万余平方米的商住设施建设;完成10.5公里的新城路网建设；新城水、电、供暖、燃气、公交车站等城市基础设施已完备。2014年还将开始30余万平方米的商住设施建设。

统计数据

2012年国家统计局统计数据

（国家统计局提供）

一、自然资源

表1–1 土地状况

项目	面积 (万平方公里)	占总面积 (%)
总面积	960.00	100.00
#耕地	121.72	12.80
园地	11.79	1.24
林地	236.09	24.83
牧草地	261.84	27.54
其他农用地	25.44	2.68
居民点及独立工矿用地	26.92	2.83
交通运输用地	2.50	0.26
水利设施用地	3.65	0.38

注：本表数据来源于国土资源部，为2008年底数据。

表1–2 主要河流基本情况

名称	流域面积(平方公里)	河长(公里)	年径流量(亿立方米)
长　江	1782715	6300	9857
黄　河	752773	5464	592
松花江	561222	2308	818
辽　河	221097	1390	137
珠　江	442527	2214	3381
海　河	265511	1090	163
淮　河	268957	1000	595

注：本表数据由水利部提供，为2002年至2005年进行的第二次水资源评价数据。

表1–3 河流流域面积

流域名称	流域面积(平方公里)	占外流河、内陆河流域面积合计
合计	9506678	100.00
外流河	6150927	64.70
黑龙江及绥芬河	934802	9.83
辽河、鸭绿江及沿海诸河	314146	3.30
海滦河	320041	3.37
黄河	752773	7.92
淮河及山东沿海诸河	330009	3.47
长江	1782715	18.75
浙闽台诸河	244574	2.57
珠江及沿海诸河	578974	6.09
元江及澜仓江	240389	2.53
怒江及滇西诸河	157392	1.66
雅鲁藏布江及藏南诸河	387550	4.08
藏西诸河	58783	0.62
额尔齐斯河	48779	0.51
内陆河	3355751	35.30
内蒙内陆河	311378	3.28
河西内陆河	469843	4.94
准噶尔内陆河	323621	3.40
中亚细亚内陆河	77757	0.82
塔里木内陆河	1079643	11.36
青海内陆河	321161	3.38
羌唐内陆河	730077	7.68
松花江、黄河、藏南闭流区	42271	0.44

注：本表数据由水利部提供，为2002年至2005年进行的第二次水资源评价数据。

表1-4 主要矿产基础储量

项目		2012
石油	(万吨)	333258.33
天然气	(亿立方米)	43789.88
煤炭	(亿吨)	2298.86
铁矿	(矿石，亿吨)	194.77
锰矿	(矿石，亿吨)	20938.18
铬矿	(矿石，亿吨)	405.01
钒矿	(万吨)	877.49
原生钛铁矿	(万吨)	21088.22
铜矿	(铜，万吨)	2734.41
铅矿	(铅，万吨)	1454.65
锌矿	(锌，万吨)	3490.74
铝土矿	(矿石，万吨)	90589.97
镍矿	(镍，万吨)	260.88
钨矿	(WO_3，万吨)	233.78
锡矿	(锡，万吨)	117.51
钼矿	(钼，万吨)	651.37
锑矿	(锑，万吨)	45.01
金矿	(金，吨)	1866.74
银矿	(银，吨)	37034.42
菱镁矿	(矿石，万吨)	156499.26
普通萤石	(矿物，万吨)	3712.6
硫铁矿	(矿石，万吨)	134285.39
磷矿	(矿石，亿吨)	30.74
钾盐	(KCl，万吨)	57774.78
盐矿	($NaCl$，亿吨)	2070.25
芒硝	(Na_2SO_4，亿吨)	92.75
重晶石	(矿石，万吨)	3585.62
玻璃硅质原料	(矿石，万吨)	198929.86
石墨	(矿物，万吨)	4879.39
滑石	(矿石，万吨)	9211.7
高岭土	(矿石，万吨)	38143.46

注：本表资料由国土资源部提供。其中，石油和天然气的数据为剩余技术可采储量(下表同)。

表1–5　各地区主要能源、黑色金属矿产基础储量（2012年）

地区	石油(万吨)	天然气(亿立方米)	煤炭(亿吨)	铁矿(矿石,亿吨)	锰矿(矿石,万吨)	铬矿(矿石,万吨)	钒矿(万吨)	原生钛铁矿(万吨)
全 国	333258.33	43789.88	2298.86	194.77	20938.18	405.01	877.49	21088.22
北 京			3.73	1.24				
天 津	3034.52	278.78	2.97					
河 北	26934.54	315.37	39.51	24.23	7.05	4.64	10.51	290.07
山 西			908.42	12.82	12.90			
内蒙古	8517.07	8344.30	401.66	15.58	567.88	56.29	0.77	
辽 宁	16946.82	178.54	31.92	54.98	1386.46			
吉 林	18304.08	776.22	9.82	3.82	0.40			
黑龙江	50137.48	1381.51	61.64	0.35				
上 海								
江 苏	3061.03	24.35	10.82	1.78			4.83	
浙 江			0.43	0.31			3.75	
安 徽	260.06	0.30	80.38	8.39	7.77		6.07	
福 建			4.44	3.56	133.41			
江 西			4.11	1.46			6.52	
山 东	34302.35	345.90	79.73	8.90				645.79
河 南	5160.24	75.08	99.09	1.56	0.82			0.52
湖 北	1328.70	49.68	3.25	5.83	721.27		25.16	1053.23
湖 南			6.61	1.29	1958.37		2.86	
广 东	7.90	0.30	0.23	1.08	75.23			
广 西	139.00	1.24	2.08	0.29	8590.40		171.49	
海 南	297.50	-1.29	1.19	0.81				2.69
重 庆	158.63	1928.31	19.85	0.22	1678.45			
四 川	804.63	9351.09	54.53	29.66	97.74		547.03	19049.87
贵 州		5.44	69.39	0.13	3559.77			
云 南	12.21	2.24	59.09	4.29	1029.47		0.07	
西 藏			0.12	0.17		173.69		
陕 西	31397.94	6376.26	108.99	3.85	281.82		8.40	
甘 肃	19184.32	224.58	34.08	3.84	259.04	124.83	89.87	
青 海	6499.44	1281.60	15.97	0.06		1.38		
宁 夏	2299.47	294.96	32.34					
新 疆	56464.74	9324.37	152.47	4.27	569.93	44.18	0.16	46.05
海 域	48005.65	3230.75						

表1–6　各地区主要有色金属、非金属矿产基础储量（2012年）

地区	铜矿 (铜,万吨)	铅矿 (铅,万吨)	锌矿 (锌,万吨)	铝土矿 (矿石,万吨)	菱镁矿 (矿石,万吨)	硫铁矿 (矿石,万吨)	磷矿 (矿石,亿吨)	高岭土 (矿石,万吨)
全国	2734.41	1454.65	3490.74	90589.97	156499.26	134285.39	30.74	38143.46
北京	0.02							
天津								
河北	13.23	20.65	78.19	2.57	882.34	1136.62	1.97	58.30
山西	160.09	0.55	0.34	13263.71		1058.11	0.81	160.20
内蒙古	370.49	391.07	735.15			16325.13	0.02	1085.36
辽宁	32.55	9.45	44.31		140583.97	1879.12	0.81	525.00
吉林	20.19	12.02	18.02		1.10	730.70		49.08
黑龙江	112.05	6.37	32.77			48.20		
上海								
江苏	3.86	10.53	18.21			335.95	0.13	700.52
浙江	6.11	8.45	19.58			519.85		803.42
安徽	175.61	10.84	13.48			14925.81	0.20	155.81
福建	55.78	32.33	77.53			1120.36		5528.72
江西	662.09	55.12	78.77			15280.38	0.61	3127.78
山东	15.40	0.28	0.34	158.90	14793.34	3.18		366.30
河南	9.49	47.33	45.94	15080.21	2.12	6021.10	0.03	22.27
湖北	108.69	5.22	20.49	502.87		3933.81	8.30	460.43
湖南	7.57	55.98	77.29	311.43		805.22	0.23	2021.23
广东	30.94	138.17	244.04			16226.41		5455.93
广西	3.29	25.30	101.07	41529.43		837.06		15123.20
海南	3.59	6.62	16.96					1923.20
重庆		5.56	18.35	5611.47		1453.10		9.00
四川	70.71	85.13	218.59	14.40	186.49	40990.95	3.60	56.10
贵州	0.30	4.43	68.96	12628.85		5532.66	6.87	16.05
云南	300.76	213.14	889.46	1485.24		4944.86	6.50	402.30
西藏	274.36	46.92	13.99					
陕西	20.02	31.10	75.90	0.89		108.30	0.05	81.10
甘肃	159.46	79.82	323.95			1.00		
青海	35.70	73.41	140.94		49.90	50.07	0.60	
宁夏							0.01	
新疆	82.06	78.86	118.12			17.44		12.16
海域								

二、土地利用与生态

表2-1　各地区土地利用情况（2008年）

单位：万公顷

地区	土地调查面积	农用地			建设用地			
			园地	牧草地		居民点及工矿用地	交通运输用地	水利设施用地
北 京	164.1	109.6	12.0	0.2	33.8	27.9	3.3	2.6
天 津	119.2	69.3	3.5	0.1	36.8	28.1	2.2	6.5
河 北	1884.3	1308.2	70.5	79.9	179.4	154.5	12.0	12.9
山 西	1567.1	1014.3	29.5	65.8	86.9	77.3	6.3	3.3
内蒙古	11451.2	9523.0	7.3	6560.9	149.2	123.9	16.0	9.3
辽 宁	1480.6	1122.8	59.6	34.9	139.9	115.9	9.2	14.8
吉 林	1911.2	1639.3	11.5	104.4	106.5	84.2	6.7	15.6
黑龙江	4526.5	3792.4	6.0	220.8	149.2	116.1	11.9	21.2
上 海	82.4	36.7	2.1		25.4	23.0	2.1	0.2
江 苏	1067.4	671.6	31.6	0.1	193.4	161.0	13.1	19.3
浙 江	1054.0	867.2	66.1		104.9	81.7	9.5	13.8
安 徽	1401.3	1119.0	33.9	2.8	166.2	133.4	10.1	22.7
福 建	1240.2	1073.1	62.9	0.3	64.7	50.7	7.9	6.1
江 西	1668.9	1416.4	27.8	0.4	95.4	67.5	7.5	20.5
山 东	1571.3	1156.6	100.7	3.4	251.1	209.3	16.3	25.5
河 南	1655.4	1228.1	31.4	1.4	218.7	188.3	12.2	18.2
湖 北	1858.9	1465.2	42.4	4.4	140.0	100.9	9.2	30.0
湖 南	2118.5	1789.8	49.0	10.4	139.0	108.8	10.4	19.8
广 东	1798.1	1489.1	100.8	2.7	179.0	145.7	12.1	21.1
广 西	2375.6	1786.6	53.9	71.6	95.4	71.0	8.8	15.5
海 南	353.5	282.3	53.2	1.9	29.8	22.3	1.4	6.1
重 庆	822.7	692.0	24.0	23.7	59.3	48.9	4.8	5.5
四 川	4840.6	4239.8	71.6	1371.1	160.3	136.6	13.5	10.2
贵 州	1761.5	1524.6	12.1	159.8	55.7	45.7	6.1	4.0
云 南	3831.9	3176.0	84.2	78.2	81.6	62.8	10.0	8.8
西 藏	12020.7	7760.6	0.2	6444.1	6.7	4.2	2.4	0.1
陕 西	2057.9	1847.8	70.6	306.4	81.7	71.0	6.6	4.0
甘 肃	4040.9	2387.9	20.0	1261.3	97.7	88.2	6.6	2.9
青 海	7174.8	4372.4	0.7	4034.7	32.7	24.7	3.2	4.8
宁 夏	519.5	417.4	3.4	226.4	21.2	18.6	1.9	0.7
新 疆	16649.0	6308.5	36.4	5111.4	124.0	99.3	6.3	18.4

表2-2　各地区森林资源情况

地　区	林业用地面积(万公顷)	森林面积(万公顷)		森林覆盖率(%)	活立木总蓄积量(万立方米)	森林蓄积量(万立方米)
			#人工林			
全　国	30590.41	19545.22	6168.84	20.36	1491268.19	1372080.36
北　京	101.46	52.05	35.65	31.72	1291.29	1038.58
天　津	14.22	9.32	8.88	8.24	277.01	198.89
河　北	705.37	418.33	212.27	22.29	10183.91	8374.08
山　西	754.58	221.11	102.74	14.12	8846.96	7643.67
内蒙古	4394.93	2366.40	303.91	20.00	136073.62	117720.51
辽　宁	666.28	511.98	283.03	35.13	21174.91	20226.85
吉　林	848.73	736.57	148.94	38.93	88244.21	84412.29
黑龙江	2184.16	1926.97	235.68	42.39	165191.60	152104.96
上　海	7.46	5.97	5.97	9.41	275.20	100.95
江　苏	128.64	107.51	104.15	10.48	5022.59	3501.75
浙　江	667.97	584.42	267.44	57.41	19382.93	17223.14
安　徽	439.40	360.07	209.87	26.06	16258.35	13755.41
福　建	914.81	766.65	359.18	63.10	53226.01	48436.28
江　西	1054.92	973.63	291.87	58.32	45045.51	39529.64
山　东	342.12	254.46	244.38	16.72	8627.99	6338.53
河　南	502.02	336.59	217.39	20.16	18051.16	12936.12
湖　北	822.01	578.82	167.01	31.14	23121.55	20942.49
湖　南	1234.21	948.17	464.04	44.76	38177.20	34906.67
广　东	1073.07	873.98	503.18	49.44	32160.74	30183.37
广　西	1496.45	1252.50	515.52	52.71	51056.78	46875.18
海　南	208.73	176.26	125.29	51.98	7940.93	7274.23
重　庆	400.18	286.92	76.20	34.85	13803.63	11331.85
四　川	2311.66	1659.52	415.65	34.31	168753.49	159572.37
贵　州	841.23	556.92	199.86	31.61	27911.53	24007.96
云　南	2476.11	1817.73	326.77	47.50	171216.68	155380.09
西　藏	1746.63	1462.65	3.36	11.91	227271.36	224550.91
陕　西	1205.80	767.56	183.27	37.26	36144.16	33820.54
甘　肃	955.44	468.78	80.77	10.42	21708.26	19363.83
青　海	634.00	329.56	4.44	4.57	4413.80	3915.64
宁　夏	179.03	51.10	10.38	9.84	625.93	492.14
新　疆	1066.57	661.65	61.75	4.02	33914.50	30100.54

注：1.本表为第七次全国森林资源清查（2004—2008)资料。

2.全国总计数包括台湾省和香港、澳门特别行政区数据。

表2–3　造林面积

单位：公顷

年份 地区	造林 总面积	按造林方式分			按林种用途分				
		人工造林	飞播造林	无林地和疏林地新封山育林	用材林	经济林	防护林	薪炭林	特种用途林
2000	5105138	4345008	760130		1218461	1350277	2430834	82338	23228
2001	4953038	3977324	975714		905518	1068540	2913538	45611	19831
2002	7770971	6896041	874930		898736	964211	5828810	59144	20070
2003	9118894	8432486	686408		1175812	797318	7087319	37070	21374
2004	5598079	5018885	579194		871132	456691	4210768	49966	9522
2005	3647942	3231556	416386		607547	337816	2678214	16074	8291
2006	2717925	2446122	271803		481629	403322	1824687	4837	3450
2007	3907711	2738521	118671	1050519	610367	478417	2790172	7993	20762
2008	5354387	3684913	154065	1515409	782109	850774	3697812	4020	19672
2009	6262330	4156293	226337	1879700	801317	1002555	4407654	23705	27099
2010	5909919	3872762	195948	1841209	809937	1110896	3943432	18887	26767
2011	5996613	4065693	196931	1733989	1019320	1218281	3688827	36805	33380
2012	5595791	3820704	136409	1638678	774398	1101053	3650842	41145	28353
北　京	35752	22171		13581		574	34090		1088
天　津	5357	5357			984	976	3397		
河　北	312360	209013	20002	83345	28806	31267	251258	402	627
山　西	302851	225253	2333	75265	1733	61739	226194	13185	
内蒙古	781617	357339	65071	359207	9820	13300	756364	2133	
辽　宁	246667	140000		106667	13362	17851	215423		31
吉　林	28166	27833		333	4135	300	23731		
黑龙江	162299	108960		53339	13891	4052	142708	46	1602
上　海	1168	1168				155	1013		
江　苏	57341	57341			10116	10015	36824		386
浙　江	43923	34473		9450	5327	11209	25783	435	1169
安　徽	43786	32162		11624	10022	5842	27449	154	319
福　建	98042	98042			57402	11758	23249		5633
江　西	138645	127031		11614	66682	32379	37853	545	1186
山　东	197956	195875		2081	25178	49195	122277		1306
河　南	228292	205968		22324	45506	34538	147818		430
湖　北	198578	140174		58404	67624	45534	84343	217	860
湖　南	404239	236487		167752	125068	48051	230908		212
广　东	107512	94919		12593	27786	6050	72617		1059
广　西	148878	124443		24435	99553	20785	26965		1575
海　南	17734	17734			2520	11052	3113		1049
重　庆	206215	135414	10000	60801	43561	32934	124768	3338	1614
四　川	112159	58828		53331	26829	18940	66390		
贵　州	147704	70400		77304	22529	48989	70352	4911	923
云　南	544466	495424		49042	53697	404887	84407	1195	280
西　藏	72432	38395		34037	3042	2823	65092	1475	
陕　西	320287	215684	39003	65600	4856	80827	234604		
甘　肃	177330	110789		66541		28233	141076	1200	6821
青　海	135644	33387		102257		1567	125477	8600	
宁　夏	94814	53430		41384		9006	85808		
新　疆	210244	133877		76367	4369	56225	146158	3309	183

注：2012年全国合计造林面积中包括军事管理区13333公顷退耕还林工程荒山荒地造林。根据造林技术规程(GB/T 15776-2006)，自2006年起将无林地和疏林地新封山育林面积计入造林总面积。

三、能源

表3-1 能源生产总量及构成

年 份	能源生产总量(万吨标准煤)	占能源生产总量的比重 (%)			
		原 煤	原 油	天然气	水电、核电、风电
1978	62770	70.3	23.7	2.9	3.1
1980	63735	69.4	23.8	3.0	3.8
1985	85546	72.8	20.9	2.0	4.3
1990	103922	74.2	19.0	2.0	4.8
1991	104844	74.1	19.2	2.0	4.7
1992	107256	74.3	18.9	2.0	4.8
1993	111059	74.0	18.7	2.0	5.3
1994	118729	74.6	17.6	1.9	5.9
1995	129034	75.3	16.6	1.9	6.2
1996	133032	75.0	16.9	2.0	6.1
1997	133460	74.3	17.2	2.1	6.5
1998	129834	73.3	17.7	2.2	6.8
1999	131935	73.9	17.3	2.5	6.3
2000	135048	73.2	17.2	2.7	6.9
2001	143875	73.0	16.3	2.8	7.9
2002	150656	73.5	15.8	2.9	7.8
2003	171906	76.2	14.1	2.7	7.0
2004	196648	77.1	12.8	2.8	7.3
2005	216219	77.6	12.0	3.0	7.4
2006	232167	77.8	11.3	3.4	7.5
2007	247279	77.7	10.8	3.7	7.8
2008	260552	76.8	10.5	4.1	8.6
2009	274619	77.3	9.9	4.1	8.7
2010	296916	76.6	9.8	4.2	9.4
2011	317987	77.8	9.1	4.3	8.8
2012	331848	76.5	8.9	4.3	10.3

注：电力折算标准煤的系数根据当年平均发电煤耗计算(下表同)。

表3-2　能源消费总量及构成

年 份	能源消费总量(万吨标准煤)	占能源消费总量的比重 (%)			
		煤 炭	石 油	天然气	水电、核电、风电
1978	57144	70.7	22.7	3.2	3.4
1980	60275	72.2	20.7	3.1	4.0
1985	76682	75.8	17.1	2.2	4.9
1990	98703	76.2	16.6	2.1	5.1
1991	103783	76.1	17.1	2.0	4.8
1992	109170	75.7	17.5	1.9	4.9
1993	115993	74.7	18.2	1.9	5.2
1994	122737	75.0	17.4	1.9	5.7
1995	131176	74.6	17.5	1.8	6.1
1996	135192	73.5	18.7	1.8	6.0
1997	135909	71.4	20.4	1.8	6.4
1998	136184	70.9	20.8	1.8	6.5
1999	140569	70.6	21.5	2.0	5.9
2000	145531	69.2	22.2	2.2	6.4
2001	150406	68.3	21.8	2.4	7.5
2002	159431	68.0	22.3	2.4	7.3
2003	183792	69.8	21.2	2.5	6.5
2004	213456	69.5	21.3	2.5	6.7
2005	235997	70.8	19.8	2.6	6.8
2006	258676	71.1	19.3	2.9	6.7
2007	280508	71.1	18.8	3.3	6.8
2008	291448	70.3	18.3	3.7	7.7
2009	306647	70.4	17.9	3.9	7.8
2010	324939	68.0	19.0	4.4	8.6
2011	348002	68.4	18.6	5.0	8.0
2012	361732	66.6	18.8	5.2	9.4

表3–3　综合能源平衡表

单位：万吨标准煤

项　目	1990	1995	2000	2005	2010	2011
可供消费的能源总量	96138	129535	142605	232225	339687	362842
一次能源生产量	103922	129034	135048	216219	296916	317986
回收能		2312	1760	2939	5143	
进口量	1310	5456	14334	26952	55736	62262
出口量(-)	5875	6776	9633	11448	8846	8447
年初年末库存差额	-3219	-491	1097	-2436	-9262	-8959
能源消费总量	98703	131176	145531	235997	324939	348002
在总量中：						
农、林、牧、渔、						
水利业	4852	5505	3914	6071	6477	6759
工　业	67578	96191	103774	168724	231102	246441
建筑业	1213	1335	2179	3403	6226	5872
交通运输、仓储和						
邮政业	4541	5863	11242	18391	26068	28536
批发、零售业和						
住宿、餐饮业	1247	2018	3048	4848	6827	7795
其他行业	3473	4519	5762	9255	13681	15189
生活消费	15799	15745	15614	25305	34558	37410
在总量中：						
终端消费	94289	124252	139008	225690	305010	333127
#工业	63239	89473	97597	158767	211626	231963
加工转换损失量	2264	3634	2461	3823	11073	5691
#炼焦	905		525	702	1480	1679
炼油	326		781	1305	2142	2064
损失量	2150	3289	4062	6483	8857	9183
平衡差额	-2565	-1641	-2926	-3772	14748	14840

注：1.电力、热力按等价热值折算，因此加工转换损失量中不包括发电、供热损失量。村办工业包括在工业中(下表同)。

2.进口量包括我国飞机、轮船在国外加油量；出口量包括外国飞机、轮船在我国加油量。

表3-4 石油平衡表

单位：万吨

项　目	1990	1995	2000	2005	2010	2011
可供量	11435.0	16072.7	22631.8	32539.1	44178.4	45659.2
生产量	13830.6	15005.0	16300.0	18135.3	20301.4	20287.6
进口量	755.6	3673.2	9748.5	17163.2	29437.2	31593.6
出口量(-)	3110.4	2454.5	2172.1	2888.1	4079.0	4117.0
年初年末库存差额	-40.8	-151.0	-1244.6	128.8	-1481.2	-2105.0
消费量	11485.6	16064.9	22495.9	32537.7	43245.2	45378.5
在消费量中：						
农、林、牧、渔、水利业	1033.6	1203.2	788.5	1451.7	1382.5	1466.3
工　业	7321.6	9349.3	11248.5	14245.1	17448.8	18005.0
建筑业	327.3	242.8	840.6	1502.2	3045.1	2521.8
交通运输、仓储和邮政业	1683.2	2863.6	6399.0	10709.5	14870.3	16021.0
批发、零售业和住宿、餐饮业	77.6	333.9	247.0	375.6	481.0	500.0
其他行业	757.8	1390.3	1635.9	1969.2	2556.7	2880.5
生活消费	284.5	682.0	1336.5	2284.4	3460.8	3983.9
在消费量中：						
终端消费	9304.7	13676.3	19950.1	29191.6	40393.7	42727.3
#工　业	5180.4	7095.5	8860.0	11027.5	14757.8	15463.9
中间消费						
(用于加工转换)	1630.4	2230.0	2352.9	3190.7	2657.1	2469.5
发　电	1234.4	1358.5	1178.2	1602.0	459.1	319.8
供　热	356.3	399.9	427.0	407.6	593.1	525.7
制　气	39.7	51.6	25.9	14.4		
炼油损失量	295.8	420.1	721.9	1166.7	1604.8	1624.1
损失量	254.7	158.6	192.9	155.4	194.4	181.7
平衡差额	-50.6	7.8	135.8	1.4	933.3	280.7

注：1.生产量为原油产量。

2.进口量包括我国飞机、轮船在国外加油量；出口量包括外国飞机、轮船在我国加油量。

表3-3 煤炭平衡表

单位：万吨

项 目	1990	1995	2000	2005	2010	2011
可供量	102221.1	133461.7	136794.5	226941.0	319772.0	360561.5
生产量	107988.3	136073.1	138418.5	234951.8	323500.0	351600.0
进口量	200.3	163.5	217.9	2617.1	16309.5	18209.8
出口量(-)	1729.0	2861.7	5506.5	7172.4	1910.4	1465.8
年初年末库存差额	-4238.5	86.8	3664.7	-3455.4	-8127.2	-7782.5
消费量	105523.0	137676.5	141091.7	231851.1	312236.5	342950.2
在消费量中：						
农、林、牧、渔、						
水利业	2095.2	1856.7	933.4	1513.8	1711.1	1756.6
工 业	81090.9	117570.7	127806.7	215493.3	296031.6	326230.0
建筑业	437.6	439.8	536.8	603.6	718.9	781.8
交通运输、仓储						
和邮政业	2160.9	1315.1	882.2	811.2	639.2	645.9
批发、零售业和						
住宿、餐饮业	1058.3	977.4	1314.6	1674.4	1969.9	2211.7
其他行业	1980.4	1986.7	1161.0	1715.9	2006.6	2112.2
生活消费	16699.7	13530.1	8457.0	10039.0	9159.2	9212.0
在消费量中：						
终端消费	60205.9	66156.1	55913.1	75382.7	84350.9	86416.3
#工 业	35773.8	46050.3	42628.0	59024.9	68146.1	69696.0
中间消费						
(用于加工转换)	41257.8	69487.6	85178.6	156468.4	227885.6	256534.0
#发 电	27204.3	44440.2	55811.2	103263.5	154542.5	175578.5
供 热	2995.5	5887.3	8794.1	13542.0	15253.1	16834.2
炼 焦	10697.6	18396.4	16496.4	33167.1	47150.4	52959.9
炼油及煤制油					213.4	345.7
制 气	360.4	763.7	960.0	1277.0	1040.1	870.5
洗选损耗	4059.3	2032.8	3191.2	4982.1	9484.6	9723.4
平衡差额	-3302.0	-4214.8	-4297.2	-4910.0	17535.5	17611.3

注：生产量为原煤产量。

表3–4　电力平衡表

单位：亿千瓦小时

项　目	1990	1995	2000	2005	2010	2011
可供量	6230.4	10023.4	13472.7	24940.8	41936.5	47002.7
生产量	6212.0	10077.3	13556.0	25002.6	42071.6	47130.2
水 电	1267.2	1905.8	2224.1	3970.2	7221.7	6989.5
火 电	4944.8	8043.2	11141.9	20473.4	33319.3	38337.0
核 电		128.3	167.4	530.9	738.8	863.5
风 电					446.2	703.3
进口量	19.3	6.4	15.5	50.1	55.5	65.6
出口量(-)	0.9	60.3	98.8	111.9	190.6	193.1
消费量	6230.4	10023.4	13472.4	24940.3	41934.5	47000.9
在消费量中：						
农、林、牧、渔、						
水利业	426.8	582.4	533.0	776.3	976.5	1012.9
工 业	4873.3	7659.8	10004.6	18521.7	30871.8	34691.6
建筑业	65.0	159.6	159.8	233.9	483.2	571.8
交通运输、仓储						
和邮政业	105.9	182.3	281.2	430.3	734.5	848.4
批发、零售业和						
住宿、餐饮业	76.2	199.5	418.7	752.3	1292.0	1503.1
其他行业	202.4	234.2	623.2	1340.9	2451.8	2753.1
生活消费	480.8	1005.6	1452.0	2884.8	5124.6	5620.1
在消费量中：						
终端消费	5795.8	9278.9	12535.7	23233.8	39366.3	44300.2
#工 业	4438.7	6915.3	9067.9	16815.2	28303.5	31990.9
输配电损失量	434.6	744.5	936.7	1706.5	2568.2	2700.7

表3–3　能源生产弹性系数

年 份	能源生产比上年增长 (%)	电力生产比上年增长 (%)	国内生产总值比上年增长 (%)	能源生产弹性系数	电力生产弹性系数
1985	9.9	8.9	13.5	0.73	0.66
1990	2.2	6.2	3.8	0.58	1.63
1991	0.9	9.1	9.2	0.10	0.99
1992	2.3	11.3	14.2	0.16	0.80
1993	3.6	15.3	14.0	0.26	1.09
1994	6.9	10.7	13.1	0.53	0.82
1995	8.7	8.6	10.9	0.80	0.79
1996	3.1	7.2	10.0	0.31	0.72
1997	0.3	5.1	9.3	0.03	0.55
1998	-2.7	2.7	7.8		0.35
1999	1.6	6.3	7.6	0.21	0.83
2000	2.4	9.4	8.4	0.28	1.12
2001	6.5	9.2	8.3	0.79	1.11
2002	4.7	11.7	9.1	0.52	1.29
2003	14.1	15.5	10.0	1.41	1.55
2004	14.4	15.3	10.1	1.43	1.51
2005	10.0	13.5	11.3	0.88	1.19
2006	7.4	14.6	12.7	0.58	1.15
2007	6.5	14.5	14.2	0.46	1.02
2008	5.4	5.6	9.6	0.56	0.58
2009	5.4	7.1	9.2	0.59	0.77
2010	8.1	13.3	10.4	0.78	1.28
2011	7.1	12.0	9.3	0.76	1.29
2012	4.4	5.8	7.7	0.57	0.75

注：国内生产总值增长速度按不变价格计算(下表同)。

表3-4 能源消费弹性系数

年 份	能源消费比上年增长(%)	电力消费比上年增长(%)	国内生产总值比上年增长(%)	能源消费弹性系数	电力消费弹性系数
1985	8.1	9.0	13.5	0.60	0.67
1990	1.8	6.2	3.8	0.47	1.63
1991	5.1	9.2	9.2	0.55	1.00
1992	5.2	11.5	14.2	0.37	0.81
1993	6.3	11.0	14.0	0.45	0.79
1994	5.8	9.9	13.1	0.44	0.76
1995	6.9	8.2	10.9	0.63	0.75
1996	3.1	7.4	10.0	0.31	0.74
1997	0.5	4.8	9.3	0.06	0.52
1998	0.2	2.8	7.8	0.03	0.36
1999	3.2	6.1	7.6	0.42	0.80
2000	3.5	9.5	8.4	0.42	1.13
2001	3.3	9.3	8.3	0.40	1.12
2002	6.0	11.8	9.1	0.66	1.30
2003	15.3	15.6	10.0	1.53	1.56
2004	16.1	15.4	10.1	1.60	1.52
2005	10.6	13.5	11.3	0.93	1.19
2006	9.6	14.6	12.7	0.76	1.15
2007	8.4	14.4	14.2	0.59	1.01
2008	3.9	5.6	9.6	0.41	0.58
2009	5.2	7.2	9.2	0.57	0.78
2010	6.0	13.2	10.4	0.58	1.27
2011	7.1	12.1	9.3	0.76	1.30
2012	3.9	5.9	7.7	0.51	0.77

表3-3　按行业分能源消费量（2011年）

行　业	能源消费总量(万吨标准煤)	煤炭消费量(万吨)	焦炭消费量(万吨)	原油消费量(万吨)	汽油消费量(万吨)
消费总量	348001.66	342950.24	38163.27	43965.84	7395.95
农、林、牧、渔、水利业	6758.56	1756.63	54.06		185.98
工业	246440.96	326229.97	38052.08	43860.44	604.81
采掘业	20024.66	26141.48	237.03	1000.63	68.41
煤炭开采和洗选业	11566.47	24629.90	30.15		22.52
石油和天然气开采业	3934.36	559.72		1000.57	22.46
黑色金属矿采选业	1920.70	211.23	185.35	0.06	8.13
有色金属矿采选业	1146.53	107.90	13.92		9.22
非金属矿采选业	1173.91	632.73	7.61		6.06
其他采矿业	282.70				0.02
制造业	200403.37	128297.11	37791.36	42857.70	504.66
农副食品加工业	2663.79	1719.05	13.72	0.14	32.70
食品制造业	1517.97	1187.05	2.54		11.83
饮料制造业	1197.41	801.38	0.80		8.77
烟草制品业	272.31	109.11			0.85
纺织业	6269.05	2261.68	3.92		21.20
纺织服装、鞋、帽制造业	753.44	211.90	5.20	0.05	13.59
皮革、毛皮、羽毛(绒)及其制品业	371.37	68.97	0.91	0.09	6.85
木材加工及木、竹、藤、棕、草制品业	1097.31	433.54	0.61	0.13	7.99
家具制造业	201.99	33.89	1.74		5.70
造纸及纸制品业	3983.51	4466.51	1.92	0.04	8.81
印刷业和记录媒介的复制	389.60	32.00	0.30	0.03	6.02
文教体育用品制造业	232.76	15.07	3.59	0.03	3.14
石油加工、炼焦及核燃料加工业	17057.01	34087.24	83.93	39157.70	41.44
化学原料及化学制品制造业	34713.14	16177.17	2271.62	3696.04	45.15
医药制造业	1523.16	776.27	0.74		10.39

表3-3　按行业分能源消费量（2011年）（续一）

行　业	能源消费总量（万吨标准煤）	煤炭消费量（万吨）	焦炭消费量（万吨）	原油消费量（万吨）	汽油消费量（万吨）
化学纤维制造业	1530.40	651.14	2.33		1.33
橡胶制品业	1521.16	468.39	2.34	0.04	8.24
塑料制品业	2016.73	353.14	3.88	0.08	15.60
非金属矿物制品业	30014.96	25031.84	553.50	2.03	33.72
黑色金属冶炼及压延加工业	58896.58	29971.15	32906.33	0.18	11.13
有色金属冶炼及压延加工业	13991.13	6227.18	583.44	0.62	9.05
金属制品业	3533.37	281.42	65.12	0.14	22.94
通用设备制造业	3823.13	399.21	982.11	0.05	48.15
专用设备制造业	1887.05	559.55	78.19	0.02	25.24
交通运输设备制造业	3995.63	798.64	175.99	0.16	48.09
电气机械及器材制造业	2276.48	519.06	24.83	0.10	29.24
通信设备、计算机及其他电子设备制造业	2623.39	164.04	2.09	0.02	15.28
仪器仪表及文化、办公用机械制造业	318.39	21.95	4.39	0.01	5.59
工艺品及其他制造业	1641.89	456.11	2.54		6.02
废弃资源和废旧材料回收加工业	89.29	13.45	12.75		0.61
电力、煤气及水生产和供应业	26012.93	171791.38	23.69	2.11	31.74
电力、热力的生产和供应业	24372.14	170744.15	7.63	2.11	25.23
燃气生产和供应业	604.71	1003.78	15.76		2.98
水的生产和供应业	1036.08	43.46	0.30		3.53
建筑业	5872.16	781.81	4.81		282.77
交通运输、仓储和邮政业	28535.50	645.85	0.09	105.40	3373.52
批发、零售业和住宿、餐饮业	7795.38	2211.71	9.24		177.14
其他行业	15189.15	2112.21	1.94		1313.17
生活消费	37409.94	9212.06	41.08		1458.56

表3–3 按行业分能源消费量（2011年）（续二）

行　业	煤油消费量(万吨)	柴油消费量(万吨)	燃料油消费量(万吨)	天然气消费量(亿立方米)	电力消费量(亿千瓦小时)
消费总量	1816.72	15635.11	3662.80	1305.30	47000.88
农、林、牧、渔、水利业	1.47	1271.91	1.31	0.56	1012.90
工业	34.21	1824.25	2260.15	839.95	34691.55
采掘业	3.22	614.87	30.09	131.93	2245.23
煤炭开采和洗选业	2.30	212.42	1.12	5.10	818.57
石油和天然气开采业		192.24	28.71	126.04	374.81
黑色金属矿采选业	0.16	113.38	0.08	0.05	436.58
有色金属矿采选业	0.64	36.06	0.02	0.10	311.97
非金属矿采选业	0.12	60.55	0.16	0.65	214.27
其他采矿业		0.22			89.03
制造业	30.96	1120.39	2186.41	483.07	25526.84
农副食品加工业	0.29	49.52	6.40	1.13	471.04
食品制造业	0.09	26.00	6.38	4.21	198.18
饮料制造业	0.04	15.26	5.75	2.41	145.57
烟草制品业		4.13	1.02	0.81	51.84
纺织业	0.31	34.66	14.76	1.96	1378.82
纺织服装、鞋、帽制造业	0.52	26.02	7.41	0.47	163.70
皮革、毛皮、羽毛(绒)及其制品业	0.23	8.53	3.85	0.09	88.37
木材加工及木、竹、藤、棕、草制品业	0.05	14.43	0.17	0.44	236.15
家具制造业	0.02	9.20	0.64	0.55	45.83
造纸及纸制品业	0.13	22.37	13.38	2.27	580.38
印刷业和记录媒介的复制	0.10	7.41	1.51	0.84	102.50
文教体育用品制造业	0.04	6.59	1.39	0.25	61.79
石油加工、炼焦及核燃料加工业	2.46	25.44	1191.77	68.33	607.06
化学原料及化学制品制造业	2.94	79.89	452.00	233.48	3528.32
医药制造业	0.25	13.82	4.91	3.70	240.88

表3-3 按行业分能源消费量（2011年）（续三）

行 业	煤油消费量（万吨）	柴油消费量（万吨）	燃料油消费量（万吨）	天然气消费量（亿立方米）	电力消费量（亿千瓦小时）
化学纤维制造业	0.02	7.92	9.52	0.51	322.36
橡胶制品业	0.05	7.10	6.11	1.35	358.92
塑料制品业	0.17	30.96	10.93	1.92	532.40
非金属矿物制品业	3.48	248.73	312.08	63.76	2917.93
黑色金属冶炼及压延加工业	0.31	84.14	9.13	28.56	5248.27
有色金属冶炼及压延加工业	1.80	60.76	79.03	13.94	3501.80
金属制品业	1.07	44.98	12.42	4.87	959.48
通用设备制造业	3.75	63.44	4.61	8.33	714.18
专用设备制造业	0.56	38.07	2.55	7.24	361.84
交通运输设备制造业	11.44	99.63	17.95	18.55	861.41
电气机械及器材制造业	0.34	40.44	4.11	5.42	584.42
通信设备、计算机及其他电子设备制造业	0.16	29.98	3.29	6.44	737.83
仪器仪表及文化、办公用机械制造业	0.16	6.65	0.43	0.51	83.70
工艺品及其他制造业	0.18	10.07	1.75	0.63	424.25
废弃资源和废旧材料回收加工业		4.25	1.16	0.10	17.62
电力、煤气及水生产和供应业	0.03	88.99	43.65	224.95	6919.48
电力、热力的生产和供应业	0.02	84.89	43.40	215.90	6512.12
燃气生产和供应业	0.01	2.11	0.22	8.87	90.21
水的生产和供应业		1.99	0.03	0.18	317.15
建筑业	10.79	518.63	30.60	1.28	571.82
交通运输、仓储和邮政业	1646.35	9485.20	1345.16	138.35	848.42
批发、零售业和住宿、餐饮业	32.18	212.31	9.34	33.64	1503.08
其他行业	68.24	1428.07	16.23	27.14	2753.05
生活消费	23.48	894.74		264.38	5620.06

表3-4 能源加工转换效率

单位：%

年 份	总效率	发电及电站供热	炼 焦	炼 油
1983	69.93	36.94	91.18	99.16
1984	69.16	36.95	90.08	99.17
1985	68.29	36.85	90.79	99.10
1986	68.32	36.69	90.63	99.04
1987	67.48	36.75	90.46	98.81
1988	66.54	36.34	90.77	98.76
1989	66.51	36.74	90.30	98.57
1990	66.48	37.34	91.28	90.19
1991	65.90	37.60	89.90	98.10
1992	66.00	37.80	92.70	96.80
1993	67.32	39.90	98.05	98.49
1994	65.20	39.35	89.62	97.48
1995	71.05	37.31	91.99	97.67
1996	70.19	36.63	94.07	97.46
1997	69.76	35.89	94.01	97.37
1998	69.28	37.09	94.97	96.41
1999	69.25	37.04	96.13	97.51
2000	69.04	37.36	96.21	97.32
2001	69.34	37.63	96.48	97.92
2002	69.04	38.73	96.63	96.71
2003	69.40	38.83	96.13	96.80
2004	70.91	39.46	97.55	96.43
2005	71.55	39.87	97.57	96.86
2006	71.24	39.87	97.77	96.86
2007	70.77	40.24	97.56	97.17
2008	71.55	41.04	97.75	97.17
2009	72.01	41.73	97.38	96.63
2010	72.83	42.43	96.44	96.86
2011	72.32	42.44	96.41	97.01

表3-5 平均每天能源消费量

能源品种	1990	1995	2000	2005	2009	2010	2011
合计 (万吨标准煤)	270.4	359.4	397.6	646.6	840.1	890.2	953.4
煤炭 (万吨)	289.1	377.2	385.5	635.2	810.5	855.4	939.6
焦炭 (万吨)	18.9	29.4	29.6	68.8	87.3	92.3	104.6
原油 (万吨)	32.2	40.8	58.0	82.4	104.5	117.5	120.5
燃料油 (万吨)	9.2	10.2	10.6	11.6	7.8	10.3	10.0
汽油 (万吨)	5.2	8.0	9.6	13.3	16.9	18.9	20.3
煤油 (万吨)	1.0	1.4	2.4	3.0	3.9	4.8	5.0
柴油 (万吨)	7.4	11.8	18.6	30.1	37.7	40.1	42.8
天然气 (亿立方米)	0.4	0.5	0.7	1.3	2.5	2.9	3.6
电力 (亿千瓦小时)	17.1	27.5	36.8	68.3	101.5	114.9	128.8

表3-6 生活能源消费量

能源品种	1990	1995	2000	2005	2009	2010	2011
合计 (万吨标准煤)	15799	15745	15614	25305	33843	34558	37410
煤炭 (万吨)	16700	13530	8457	10039	9122	9159	9212
煤油 (万吨)	105	64	72	26	19	19	24
液化石油气 (万吨)	159	534	858	1329	1496	1457	1607
天然气 (亿立方米)	19	19	32	79	178	227	264
煤气 (亿立方米)	29	57	126	145	166	167	146
热力 (万百万千焦)	8972	12637	23234	52044	67000	67410	70044
电力 (亿千瓦小时)	481	1006	1452	2885	4872	5125	5620

表3-7　人均生活能源消费量

年 份	平均每人生活消费能源(千克标准煤)	煤 炭(千克)	电 力(千瓦小时)	煤 油(千克)	液化石油气(千克)	天然气(立方米)	煤 气(立方米)
1983	106.6	127.7	13.4	1.2	0.6	0.1	1.5
1984	113.5	134.9	15.3	1.4	0.6	0.4	1.6
1985	126.7	148.7	21.2	1.2	0.9	0.4	1.3
1986	127.3	148.3	23.2	1.3	1.1	0.6	1.3
1987	132.1	152.1	26.4	1.2	1.1	0.7	1.6
1988	141.0	159.1	31.2	1.1	1.2	1.4	1.6
1989	139.3	152.4	35.3	1.1	1.4	1.5	2.4
1990	139.2	147.1	42.4	0.9	1.4	1.6	2.5
1991	139.0	143.0	47.2	0.8	1.8	1.6	3.2
1992	134.2	126.9	54.9	0.7	2.1	1.8	4.4
1993	133.5	123.2	62.5	0.6	2.5	1.5	4.6
1994	129.3	109.5	72.7	0.6	3.2	1.7	6.3
1995	130.7	112.3	83.5	0.5	4.4	1.6	4.7
1996	120.5	83.0	87.7	0.5	5.9	1.7	6.4
1997	119.3	77.2	98.6	0.5	6.2	1.7	8.9
1998	119.0	73.1	104.2	0.6	6.9	1.9	9.7
1999	121.8	69.9	108.6	0.6	6.8	2.1	9.3
2000	123.7	67.0	115.0	0.6	6.8	2.6	10.0
2001	127.2	66.1	126.5	0.6	6.7	3.3	9.4
2002	134.0	65.7	138.3	0.3	7.6	3.6	9.8
2003	153.4	69.9	159.7	0.3	8.6	4.0	10.2
2004	175.7	75.4	184.0	0.2	10.4	5.2	10.7
2005	194.1	77.0	221.3	0.2	10.2	6.1	11.1
2006	211.8	76.6	255.6	0.2	11.1	7.8	12.7
2007	233.8	74.1	308.3	0.1	12.4	10.9	14.1
2008	240.8	69.1	331.9	0.1	11.0	12.8	13.9
2009	254.2	68.5	365.9	0.1	11.2	13.3	12.5
2010	258.3	68.5	383.1	0.1	10.9	17.0	14.5
2011	278.3	68.5	418.1	0.2	12.0	19.7	10.9

注：计算消费量所使用的人口数为平均人口数计算。

表3-8　分地区电力消费量

单位：亿千瓦小时

地 区	1995	2000	2005	2010	2011	2012
北 京	261.74	384.43	570.54	809.90	821.71	874.28
天 津	178.99	234.05	384.84	645.74	695.15	722.48
河 北	602.68	809.34	1501.92	2691.52	2984.90	3077.73
山 西	399.16	501.99	946.33	1460.00	1650.41	1765.79
内蒙古	186.83	254.21	667.72	1536.83	1864.07	2016.76
辽 宁	622.81	748.89	1110.56	1715.26	1861.53	1899.88
吉 林	267.60	291.37	378.23	576.98	630.15	637.00
黑龙江	409.38	442.28	555.85	747.84	801.87	827.91
上 海	403.27	559.45	921.97	1295.87	1339.62	1353.45
江 苏	684.80	971.34	2193.45	3864.37	4281.62	4580.90
浙 江	439.59	738.05	1642.31	2820.93	3116.91	3210.55
安 徽	288.97	338.93	582.16	1077.91	1221.19	1361.10
福 建	261.28	401.51	756.59	1315.09	1515.86	1579.50
江 西	181.21	208.15	391.98	700.51	835.10	867.67
山 东	741.07	1000.71	1911.61	3298.46	3635.26	3794.55
河 南	571.48	718.52	1352.74	2353.96	2659.14	2747.75
湖 北	414.99	503.02	788.91	1330.44	1450.76	1507.85
湖 南	374.76	406.12	674.43	1171.91	1293.44	1345.22
广 东	787.66	1334.58	2673.56	4060.13	4399.02	4619.41
广 西	220.77	314.44	510.15	993.24	1112.21	1153.42
海 南	32.00	38.37	81.61	159.02	185.28	208.08
重 庆		307.61	347.68	626.44	717.03	723.03
四 川	582.85	521.23	942.59	1549.03	1751.44	1830.70
贵 州	203.70	287.78	486.97	835.38	944.13	1046.72
云 南	223.71	273.58	557.25	1004.07	1204.07	1315.86
西 藏				20.41	23.77	27.76
陕 西	239.68	292.76	516.43	859.22	982.47	1066.75
甘 肃	241.06	295.33	489.48	804.43	923.45	994.56
青 海	69.02	109.10	206.56	465.18	560.68	602.22
宁 夏	92.38	136.17	302.88	546.77	724.54	741.79
新 疆	119.67	182.98	310.14	661.96	839.10	1090.80

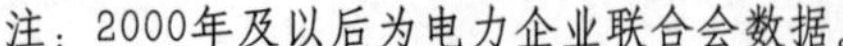
注：2000年及以后为电力企业联合会数据。

表3-7 分地区能源消耗指标(2011年)

地 区	万元地区生产总值能耗(等价值)		万元工业增加值能耗上升或下降	万元地区生产总值电耗
	指标值(吨标准煤/万元)	上升或下降	(规模以上，当量值)	上升或下降
北 京	0.459	-6.94	-18.50	-6.10
天 津	0.708	-4.28	-7.48	-7.48
河 北	1.300	-3.69	-6.68	-0.36
山 西	1.762	-3.55	-5.82	0.03
内蒙古	1.405	-2.51	-4.39	4.38
辽 宁	1.096	-3.40	-5.02	-3.15
吉 林	0.923	-3.59	-4.19	-3.90
黑龙江	1.042	-3.50	-5.17	-4.43
上 海	0.618	-5.32	-7.33	-4.42
江 苏	0.600	-3.52	-5.41	-0.14
浙 江	0.590	-3.07	-2.40	1.41
安 徽	0.754	-4.06	-9.54	-0.15
福 建	0.644	-3.29	-1.16	2.73
江 西	0.651	-3.08	-6.87	2.30
山 东	0.855	-3.77	-7.67	-0.58
河 南	0.895	-3.57	-8.60	1.27
湖 北	0.912	-3.79	-6.88	-4.20
湖 南	0.894	-3.68	-8.61	-2.10
广 东	0.563	-3.78	-5.13	-1.46
广 西	0.800	-3.36	-6.13	-0.28
海 南	0.692	5.23	12.53	3.94
重 庆	0.953	-3.81	-5.31	-1.63
四 川	0.997	-4.23	-7.78	-1.87
贵 州	1.714	-3.51	-8.02	-1.70
云 南	1.162	-3.22	-9.92	5.47
西 藏				
陕 西	0.846	-3.56	-5.60	0.38
甘 肃	1.402	-2.51	-1.96	2.07
青 海	2.081	9.44	9.62	6.24
宁 夏	2.279	4.60	14.72	18.36
新 疆	1.631	6.96	9.28	14.69

注：计算消耗指标所使用的地区生产总值和工业增加值按2010年价格计算。

表3–8　农村水电建设和发电量

年 份	本年完成投资额(万元)	年末发电设备容量(千瓦)	#本年新增发电设备容量	在建电站规　模(千瓦)	#当年新开工电站规模	发电量(万千瓦时)
1990	348848	13978100	791000			4181100
1991	476529	14942700	1009100			4066800
1992	594081	15728195	964769	4170000		4818494
1993	792747	16622781	995124	9600000		5841049
1994	1020937	17566675	1163873	10500000		5771834
1995	1321689	18721073	1207854	10760000		6316247
1996	1442828	20095552	1408342			6496723
1997	1452004	21771773	1780352			7221270
1998	1585787	23390300	1741631			7560916
1999	1833853	25562760	2344285	8717000	386000	7715124
2000	2220993	27487791	2060127	7459500	2384000	8755014
2001	2133741	28787476	1714454	3547500	1462800	9490187
2002	2393195	31044576	1883648	5680800	1419000	10366868
2003	3006249	34157792	2702834	10850143	6385500	10966512
2004	3762995	38655048	4363322	16652425	5362090	11045527
2005	4343826	43090145	4964672	17727677	4284511	13571702
2006	4604296	47196651	6403520	20653424	4501575	14835889
2007	5117926	53855597	6578193	20944545	4498420	16346041
2008	4568884	51274371	4194106	21239258	3787365	16275902
2009	4563240	55121211	3807072	12890100	2194445	15672471
2010	4398453	59240191	3793551	13700560	2425973	20444256
2011	4243988	62123430	3277465	10309266	1585709	17566867
2012	3671548	65686071	3399616	9947388	1658258	21729246

表3–8　农村水电建设和发电量（续一）

地 区	本年完成投资额（万元）	年末发电设备容量（千瓦）	#本年新增发电设备容量	在建电站规 模（千瓦）	#当年新开工电站规模	发电量（万千瓦时）
北 京		42920				2418
天 津		5800				1972
河 北	3827	381693	2220	29930		50475
山 西	5954	179166	4075	66890	2390	35689
内蒙古		87525	7500	9900		16481
辽 宁	13187	387573	10309	48195	925	112062
吉 林	47940	498565	46500	257845	16975	163304
黑龙江	21907	294425		113220	14320	60376
上 海						
江 苏		61090	12220			7087
浙 江	50452	3829931	118410	105910	4800	1174390
安 徽	26556	974653	57000	52040	12280	219308
福 建	9669	7261407	19080	33850	800	2824686
江 西	55637	2905410	122603	207310	8180	942758
山 东		83790	2188			14653
河 南	33643	461217	67020	11630	4400	106298
湖 北	326847	3226864	337325	507110	37180	762624
湖 南	208601	5572159	135665	389670	92310	1956985
广 东	42548	7157124	110546	168960	11645	2174508
广 西	303450	4055129	89758	501978	5505	1257162
海 南	3929	367795	11060	31010	7500	126683
重 庆	266820	2007619	440420	390152	59350	541896
四 川	766208	8142326	523470	2752062	346433	3269403
贵 州	254642	2592661	284950	779316	139885	819356
云 南	669746	9637151	546652	1956160	600280	3065809
西 藏	25169	163601	9380	2500	15470	37023
陕 西	96813	1086697	75070	204270	21000	373664
甘 肃	226031	2020105	225485	863580	132900	747596
青 海	67393	865535	44850	254680	22160	380411
宁 夏		5440				1900
新 疆	80233	922515	90900	189240	81590	311425
新疆兵团	64346	295285	4960	19980	19980	114826
水利部						
直属		112900				56018

注：本表由水利部农村水电及电气化发展局提供。农村水电是以小水电为主体，直接为农村经济社会发展服务的水电站及其供电网络。2008年起，对农村水电统计范围进行了调整，有关数据作了相应调整。

四、水资源和废水处理

表4-1 水资源情况

年份 地区	水资源总量 (亿立方米)	地表水资源量	地下水资源量	地表水与地下水资源重复量	人均水资源量 (立方米/人)
2000	27700.8	26561.9	8501.9	7363.0	2193.9
2001	26867.8	25933.4	8390.1	7455.7	2112.5
2002	28261.3	27243.3	8697.2	7679.2	2207.2
2003	27460.2	26250.7	8299.3	7089.9	2131.3
2004	24129.6	23126.4	7436.3	6433.1	1856.3
2005	28053.1	26982.4	8091.1	7020.4	2151.8
2006	25330.1	24358.1	7642.9	6670.8	1932.1
2007	25255.2	24242.5	7617.2	6604.5	1916.3
2008	27434.3	26377.0	8122.0	7064.7	2071.1
2009	24180.2	23125.2	7267.0	6212.1	1816.2
2010	30906.4	29797.6	8417.0	7308.2	2310.4
2011	23256.7	22213.6	7214.5	6171.4	1730.2
2012	29526.9	28371.4	8416.1	7260.6	2186.1
北 京	39.5	18.0	26.5	4.9	193.2
天 津	32.9	26.5	7.6	1.2	238.0
河 北	235.5	117.8	164.8	47.1	324.2
山 西	106.2	65.9	88.3	48.0	295.0
内蒙古	510.3	349.2	258.4	97.4	2052.7
辽 宁	547.3	492.4	147.4	92.5	1247.8
吉 林	460.5	387.3	147.0	73.8	1674.5
黑龙江	841.4	695.7	289.8	144.1	2194.6
上 海	33.9	27.4	9.7	3.2	143.4
江 苏	373.3	279.1	110.2	16.0	472.0
浙 江	1444.8	1427.1	273.5	255.8	2641.3
安 徽	701.0	640.6	159.3	99.0	1172.6
福 建	1511.4	1510.1	349.3	347.9	4047.8
江 西	2174.4	2155.8	462.3	443.7	4836.0
山 东	274.3	182.2	164.2	72.1	283.9
河 南	265.5	172.7	161.8	68.9	282.6
湖 北	813.9	783.8	262.8	232.7	1411.0
湖 南	1988.9	1981.3	417.9	410.3	3005.7
广 东	2026.5	2017.5	485.8	476.7	1921.0
广 西	2087.4	2086.4	587.3	586.3	4476.0
海 南	364.3	360.2	92.6	88.5	4130.8
重 庆	476.9	476.9	97.8	97.8	1626.5
四 川	2892.4	2891.2	614.9	613.8	3587.2
贵 州	974.0	974.0	253.3	253.3	2801.8
云 南	1689.8	1689.8	583.2	583.2	3637.9
西 藏	4196.4	4196.4	951.9	951.9	137378.1
陕 西	390.5	368.0	130.2	107.7	1041.9
甘 肃	267.0	259.0	139.1	131.1	1038.4
青 海	895.2	879.2	400.5	384.5	15687.2
宁 夏	10.8	8.5	21.6	19.2	168.0
新 疆	900.6	851.6	557.0	508.0	4055.5

注：2012年相关数据为各地初步上报数据，未与第一次全国水利普查数据衔接(下表同)。

表4-2 供水用水情况

年份 地区	供水总量 (亿立方米)	地表水	地下水	其他	用水总量 (亿立方米)	农业	工业	生活	生态	人均用水量 (立方米/人)
2000	5530.7	4440.4	1069.2	21.1	5497.6	3783.5	1139.1	574.9		435.4
2001	5567.4	4450.7	1094.9	21.9	5567.4	3825.7	1141.8	599.9		437.7
2002	5497.3	4404.4	1072.4	20.5	5497.3	3736.2	1142.4	618.7		429.3
2003	5320.4	4286.0	1018.1	16.3	5320.4	3432.8	1177.2	630.9	79.5	412.9
2004	5547.8	4504.2	1026.4	17.2	5547.8	3585.7	1228.9	651.2	82.0	428.0
2005	5633.0	4572.2	1038.8	22.0	5633.0	3580.0	1285.2	675.1	92.7	432.1
2006	5795.0	4706.8	1065.5	22.7	5795.0	3664.4	1343.8	693.8	93.0	442.0
2007	5818.7	4723.9	1069.1	25.7	5818.7	3599.5	1403.0	710.4	105.7	441.5
2008	5910.0	4796.4	1084.8	28.7	5910.0	3663.5	1397.1	729.3	120.2	446.2
2009	5965.2	4839.5	1094.5	31.2	5965.2	3723.1	1390.9	748.2	103.0	448.0
2010	6022.0	4881.6	1107.3	33.1	6022.0	3689.1	1447.3	765.8	119.8	450.2
2011	6107.2	4953.3	1109.1	44.8	6107.2	3743.6	1461.8	789.9	111.9	454.4
2012	6141.8	4963.0	1134.2	44.6	6141.8	3880.3	1423.9	728.8	108.8	454.7
北京	35.9	8.0	20.4	7.5	35.9	9.3	4.9	16.0	5.7	175.5
天津	23.1	16.0	5.5	1.7	23.1	11.7	5.1	5.0	1.4	167.1
河北	195.3	41.3	151.3	2.8	195.3	142.9	25.2	23.4	3.8	268.9
山西	73.4	31.8	38.8	2.8	73.4	42.7	15.5	11.8	3.3	203.7
内蒙古	184.4	89.6	93.0	1.7	184.4	135.4	23.5	10.4	15.1	741.6
辽宁	142.2	77.5	61.3	3.3	142.2	91.5	23.0	23.4	4.4	324.3
吉林	129.8	85.9	43.3	0.6	129.8	84.7	27.1	12.0	6.0	472.1
黑龙江	358.9	197.4	161.5		358.9	294.9	41.7	16.3	6.0	936.1
上海	116.0	115.9	0.1		116.0	17.5	72.9	24.9	0.7	490.6
江苏	552.2	542.4	9.8		552.2	305.4	193.1	50.5	3.3	698.2
浙江	198.1	193.9	3.3	0.8	198.1	91.3	60.7	41.6	4.5	362.2
安徽	292.6	257.4	34.4	0.9	292.6	157.9	99.3	30.9	4.6	489.5
福建	200.1	192.8	6.6	0.7	200.1	92.8	75.7	28.5	3.1	535.8
江西	242.5	233.2	9.4		242.5	155.7	58.7	26.1	2.1	539.4
山东	221.8	126.1	89.3	6.4	221.8	154.2	28.1	32.8	6.7	229.6
河南	238.6	100.5	137.2	0.9	238.6	135.5	60.5	32.0	10.6	253.9
湖北	299.3	288.2	10.1	1.0	299.3	146.4	121.6	30.9	0.3	518.9
湖南	328.8	310.3	18.5		328.8	188.0	98.1	40.3	2.5	496.9
广东	451.0	432.4	17.0	1.6	451.0	227.6	121.6	95.4	6.5	427.5
广西	303.0	291.4	11.0	0.6	303.0	211.9	51.5	36.6	3.0	649.8
海南	45.3	42.0	3.3	0.1	45.3	34.7	3.8	6.6	0.2	514.0
重庆	82.9	81.2	1.6	0.1	82.9	25.2	39.4	17.5	0.8	282.9
四川	245.9	222.8	18.6	4.6	245.9	145.8	54.7	42.9	2.5	305.0
贵州	100.8	98.1	1.1	1.7	100.8	47.7	39.7	13.1	0.3	290.0
云南	151.8	145.3	5.4	1.1	151.8	103.8	27.8	19.2	1.0	326.9
西藏	29.8	26.3	3.5		29.8	27.1	1.7	1.0		975.9
陕西	88.0	54.0	33.4	0.6	88.0	58.2	13.3	14.8	1.7	234.9
甘肃	123.1	95.9	25.7	1.5	123.1	95.1	15.7	9.3	3.0	478.7
青海	27.4	23.8	3.5	0.1	27.4	22.5	2.5	2.2	0.2	480.3
宁夏	69.4	63.8	5.5	0.2	69.4	61.4	4.9	1.6	1.5	1078.0
新疆	590.1	477.9	110.9	1.4	590.1	561.7	12.4	12.0	4.0	2657.4

注：1.生态用水仅包括部分河湖、湿地人工补水和城市环境用水。
2.2012年起，生活用水量中的牲畜用水量调整至农业用水量中。

表4–3 分地区废水中主要污染物排放情况（2012年）

地 区	废 水 排放总量(万吨)	废水中主要污染物排放量											
		化学需氧量(万吨)	氨氮(万吨)	总氮(万吨)	总磷(万吨)	石油类(吨)	挥发酚(吨)	铅(千克)	汞(千克)	镉(千克)	六价铬(千克)	总铬(千克)	砷(千克)
全 国	6847612	2423.73	253.59	451.37	48.88	17493.9	1501.3	99358.8	1223.4	27249.9	70533.6	190079.1	128493.8
北 京	140274	18.65	2.05	3.26	0.44	51.5	0.5	215.9	0.5	17.9	325.8	460.1	21.3
天 津	82813	22.94	2.54	3.29	0.36	138.2	1.2	1004.6	3.7	9.6	169.3	453.8	19.4
河 北	305773	134.91	11.07	36.04	3.86	986.0	120.3	377.8	5.0	26.6	2870.8	5963.6	66.3
山 西	134298	47.68	5.69	8.45	0.81	1202.0	727.2	453.6	5.8	799.0	466.2	501.2	574.0
内蒙古	102424	88.39	5.27	26.70	2.07	798.3	216.8	3050.0	77.0	415.7	4.1	35.2	5081.8
辽 宁	238769	130.59	10.75	20.53	2.76	714.6	30.1	557.2	10.8	56.9	513.4	742.0	350.3
吉 林	119509	78.75	5.63	12.90	1.58	301.5	5.0	198.9	5.4	26.6	109.7	162.2	1015.4
黑龙江	162589	149.88	9.28	24.75	2.37	293.4	6.5	31.0	1.6	4.1	369.7	376.3	4.1
上 海	219244	24.26	4.74	1.55	0.18	649.7	4.0	321.3	4.0	15.3	1011.0	2815.4	99.9
江 苏	598211	119.70	15.31	17.47	1.86	1205.3	52.1	2322.9	113.9	38.7	4542.1	11340.0	584.1
浙 江	420961	78.62	11.23	9.23	1.06	684.2	23.9	498.1	10.4	212.9	9364.8	19520.0	199.4
安 徽	254329	92.43	10.61	18.12	2.01	739.3	5.6	1737.5	9.0	132.2	2297.2	3547.5	5062.4
福 建	256263	66.00	9.32	9.57	1.21	434.5	9.4	3093.0	27.5	347.4	2774.3	11769.3	1230.5
江 西	201190	74.83	9.11	11.38	1.36	579.0	10.9	6750.4	95.6	2219.5	17155.7	17438.7	8712.1
山 东	479100	192.12	16.86	56.27	6.10	1086.8	38.6	735.7	15.4	1012.4	533.3	7104.2	2192.3
河 南	403668	139.36	14.98	41.86	4.81	1147.2	136.4	4670.4	20.2	1318.3	1007.5	32604.5	1374.0
湖 北	290200	108.66	12.89	19.46	2.34	972.4	17.0	3292.3	219.1	656.4	11567.2	12484.8	9595.1
湖 南	304214	126.34	16.13	22.05	2.37	784.5	19.9	38607.3	236.9	13516.8	2098.9	18168.9	53524.9
广 东	838551	180.29	22.41	19.46	2.50	691.0	11.3	4855.1	33.7	794.9	8972.9	28454.0	758.3
广 西	245578	78.03	8.26	11.59	1.34	285.9	15.0	5418.4	46.7	1405.5	727.3	1769.7	6639.2
海 南	37103	19.74	2.25	4.12	0.50	4.2	0.3	15.8	1.0	4.6	0.3	136.1	18.6
重 庆	132430	40.28	5.34	5.41	0.64	354.5	9.5	88.4	0.7	2.6	204.8	513.1	1362.4
四 川	283657	126.87	14.07	22.14	2.52	423.9	1.7	1645.7	72.8	147.2	843.9	3604.6	2642.2
贵 州	91455	33.30	3.87	4.68	0.45	461.8	1.1	289.0	26.2	123.6	80.6	172.3	560.6
云 南	154010	54.86	5.86	7.61	0.74	410.0	3.9	8916.2	12.6	1655.2	27.2	94.3	10495.3
西 藏	4683	2.58	0.32	0.57	0.04	0.6		3.2	0.1	0.6		1.3	8943.2
陕 西	128749	53.62	6.19	8.58	0.75	741.3	2.7	1692.9	31.2	631.2	306.8	1727.2	655.7
甘 肃	62813	38.93	4.10	4.75	0.38	264.4	2.5	6792.7	89.8	1303.7	381.1	5026.3	3751.1
青 海	21994	10.38	0.98	0.67	0.05	316.0	1.4	724.8	9.9	120.1	7.4	14.7	1452.7
宁 夏	38948	22.80	1.74	2.73	0.21	179.0	10.6	92.1	4.3	24.2	110.1	340.3	168.7
新 疆	93810	67.92	4.72	16.21	1.19	593.1	15.8	906.7	32.6	210.1	1690.3	2737.5	1338.6

注：2011年环境保护部对统计制度中的指标体系、调查方法及相关技术规定等进行了修订，统计范围扩展为工业源、农业源、城镇生活源、机动车、集中式污染治理设施5个部分。

表4-4　主要城市废水中主要污染物排放情况（2012年）

城市	废水排放总量(万吨)	废水中主要污染物排放量											
		化学需氧量(万吨)	氨氮(万吨)	总氮(万吨)	总磷(万吨)	石油类(吨)	挥发酚(吨)	铅(千克)	汞(千克)	镉(千克)	六价铬(千克)	总铬(千克)	砷(千克)
北京	140274	18.65	2.05	3.26	0.44	51.46	0.52	215.91	0.49	17.90	325.84	460.10	21.34
天津	82813	22.94	2.54	3.29	0.36	138.21	1.24	1004.64	3.74	9.64	169.28	453.78	19.37
石家庄	59696	22.91	1.57	4.55	0.46	147.58	4.16	15.17	0.75	0.91	3.69	2035.30	1.52
太原	21202	2.58	0.46	0.40	0.04	27.77	0.16	91.21	3.20	13.33	154.65	171.12	32.48
呼和浩特	13733	13.24	0.48	2.33	0.17	1.51	0.00	7.54	1.27				2.00
沈阳	42130	26.05	2.25	5.18	0.63	60.52	13.58	39.53	1.66	1.09	87.05	87.09	1.44
长春	26097	18.33	1.39	3.33	0.47	26.36	0.25	15.48		0.03	88.46	95.26	0.08
哈尔滨	40050	31.47	2.28	4.87	0.49	38.42	0.43	20.80	0.18	1.01	41.48	44.38	
上海	219244	24.26	4.74	1.55	0.18	649.74	3.98	321.25	4.00	15.34	1010.97	2815.44	99.86
南京	72205	10.89	1.75	0.85	0.09	204.27	8.88	20.32	2.63	8.95	328.71	404.30	51.79
杭州	95385	10.48	1.38	1.00	0.12	40.63	18.02	32.34	0.05	0.31	2318.14	2780.64	1.00
合肥	43542	12.53	1.09	1.59	0.22	25.21	0.00	20.03	0.31	2.70	6.69	12.80	2.85
福州	36837	10.68	1.59	1.45	0.21	26.04	0.11	27.49	12.99	2.47	454.44	469.40	7.01
南昌	43708	8.87	1.12	1.31	0.16	76.77	3.14	51.63	0.76	8.58	16869.59	16900.10	5.16
济南	33338	11.58	0.96	2.74	0.28	78.00	6.80	6.57	0.27	1.54	85.99	128.35	43.25
郑州	57900	9.81	1.30	1.91	0.25	177.82	0.69	20.72	0.19	6.19	44.06	52.07	27.29
武汉	82408	15.91	1.86	1.52	0.19	111.50	0.63	122.89	2.19	4.30	1193.84	1270.40	209.46
长沙	44385	12.30	1.39	1.62	0.19	14.78	0.02	63.99	0.16	11.57	133.09	169.71	1.98
广州	152831	17.91	2.39	1.32	0.18	94.71	1.12	105.98	0.40	15.40	1669.55	2509.56	32.17
南宁	38312	12.37	1.32	1.93	0.24	6.35	10.60	16.91	5.22	3.66	17.25	42.53	24.09
海口	11521	1.69	0.46	0.51	0.07	3.32		0.28	0.00	0.11	0.00	131.28	0.47
重庆	132431	40.28	5.34	5.41	0.64	354.48	9.51	88.43	0.66	2.65	204.84	513.11	1362.39
成都	88104	19.84	2.30	3.12	0.35	34.91	0.06	16.32	0.22	2.31	100.17	229.77	97.70
贵阳	23009	4.36	0.51	0.40	0.04	60.96	0.04	2.71	0.11	0.88	3.79	5.20	0.70
昆明	52631	2.82	0.72	0.75	0.10	76.36	1.44	4933.12	1.01	1063.34	0.45	17.17	3641.00
拉萨	2337	0.99	0.12	0.14	0.01	0.27	0.02	2.57	0.06	0.51		1.09	
西安	40085	11.83	1.38	1.18	0.12	273.37	0.06	49.21	1.31	5.73	93.58	207.41	8.24
兰州	18318	4.96	0.86	0.36	0.04	69.02	0.40	8.74	0.32	1.24	2.05	24.42	2.97
西宁	10563	4.29	0.46	0.19	0.01	38.83	0.66	291.58	2.77	78.37	7.26	12.73	209.62
银川	19678	5.10	0.65	0.84	0.07	53.57	4.90	11.03	0.07	0.31	6.74	80.47	36.97
乌鲁木齐	24268	3.13	0.63	0.27	0.02	55.84	4.27	28.21	14.43	42.46	129.58	187.58	122.08

表4-5　全海域未达到第一类海水水质标准的海域面积(2012年)

单位：平方公里

项 目	第二类水质海域面积	第三类水质海域面积	第四类水质海域面积	劣于第四类水质海域面积
总 计	46910	30030	24700	67880
渤 海	12330	11040	4690	13080
黄 海	12890	3450	7540	16530
东 海	12800	7540	8820	33970
南 海	8890	8000	3650	4300

五、废气排放及处理

表5-1 分地区废气中主要污染物排放情况（2012年）

单位：万吨

地 区	二氧化硫	氮氧化物	烟(粉)尘
全 国	2117.63	2337.76	1235.77
北 京	9.38	17.75	6.68
天 津	22.45	33.42	8.41
河 北	134.12	176.11	123.59
山 西	130.18	124.40	107.09
内蒙古	138.49	141.89	83.30
辽 宁	105.87	103.63	72.63
吉 林	40.35	57.59	26.48
黑龙江	51.43	78.06	69.93
上 海	22.82	40.16	8.71
江 苏	99.20	147.96	44.32
浙 江	62.58	80.88	25.40
安 徽	51.96	92.13	46.21
福 建	37.13	46.72	25.26
江 西	56.77	57.71	35.74
山 东	174.88	173.90	69.53
河 南	127.59	162.59	59.98
湖 北	62.24	64.00	34.97
湖 南	64.50	60.72	34.07
广 东	79.92	130.34	32.83
广 西	50.41	49.83	29.97
海 南	3.41	10.34	1.66
重 庆	56.48	38.27	18.23
四 川	86.44	65.90	29.58
贵 州	104.11	56.35	29.45
云 南	67.22	54.43	39.06
西 藏	0.42	4.43	0.66
陕 西	84.38	80.81	46.21
甘 肃	57.25	47.34	20.76
青 海	15.39	12.61	15.64
宁 夏	40.66	45.54	19.83
新 疆	79.61	81.95	69.61

表5-2 主要城市废气中主要污染物排放情况（2012年）

单位：万吨

城 市	二氧化硫	氮氧化物	烟(粉)尘
北 京	9.38	17.75	6.68
天 津	22.45	33.42	8.41
石家庄	18.89	27.98	11.23
太 原	13.31	14.25	7.62
呼和浩特	10.40	19.24	2.58
沈 阳	11.12	13.07	6.79
长 春	7.64	15.14	5.45
哈尔滨	11.28	15.02	14.31
上 海	22.82	40.16	8.71
南 京	12.18	15.62	4.37
杭 州	8.69	11.69	3.71
合 肥	4.80	10.24	4.96
福 州	7.75	10.77	4.02
南 昌	4.42	5.90	1.49
济 南	11.45	11.27	6.28
郑 州	11.95	21.61	3.90
武 汉	10.58	15.58	3.39
长 沙	2.36	4.80	1.67
广 州	7.08	12.65	2.12
南 宁	3.94	7.14	3.37
海 口	0.19	1.04	0.19
重 庆	56.48	38.27	18.23
成 都	6.13	10.63	2.83
贵 阳	9.88	4.75	2.72
昆 明	11.86	11.12	6.10
拉 萨	0.17	1.37	0.15
西 安	10.36	9.16	3.19
兰 州	8.04	10.70	3.60
西 宁	7.83	6.69	5.54
银 川	11.14	11.00	3.30
乌鲁木齐	12.46	17.27	6.63

表5-3　主要城市空气质量指标（2012年）

单位：毫克/立方米

城　市	可吸入颗粒物(PM10)	二氧化硫(SO_2)	二氧化氮(NO_2)	空气质量达到及好于二级的天数(天)	空气质量达到二级以上天数占全年比重(%)
北　京	0.109	0.029	0.052	281	76.8
天　津	0.105	0.048	0.042	305	83.3
石家庄	0.098	0.058	0.040	322	88.0
太　原	0.080	0.056	0.026	324	88.5
呼和浩特	0.091	0.051	0.037	348	95.1
沈　阳	0.092	0.058	0.036	329	89.9
长　春	0.087	0.030	0.044	339	92.6
哈尔滨	0.094	0.036	0.047	319	87.2
上　海	0.071	0.023	0.046	343	93.7
南　京	0.102	0.033	0.051	317	86.6
杭　州	0.087	0.035	0.053	336	91.8
合　肥	0.098	0.019	0.027	331	90.4
福　州	0.060	0.008	0.035	364	99.5
南　昌	0.088	0.045	0.039	330	90.2
济　南	0.104	0.055	0.041	324	88.5
郑　州	0.105	0.051	0.046	319	87.2
武　汉	0.097	0.030	0.054	321	87.7
长　沙	0.088	0.028	0.044	332	90.7
广　州	0.069	0.022	0.049	360	98.4
南　宁	0.069	0.019	0.033	352	96.2
海　口	0.034	0.006	0.019	366	100.0
重　庆	0.090	0.037	0.035	340	92.9
成　都	0.119	0.033	0.051	293	80.1
贵　阳	0.073	0.031	0.028	351	95.9
昆　明	0.067	0.034	0.036	365	99.7
拉　萨	0.049	0.008	0.024	364	99.5
西　安	0.118	0.040	0.042	306	83.6
兰　州	0.136	0.041	0.039	270	73.8
西　宁	0.105	0.035	0.026	315	86.1
银　川	0.099	0.044	0.037	329	89.9
乌鲁木齐	0.145	0.058	0.068	292	79.8

表5-4　按地区类别及路边情况划分的大气质量（2012年）

单位：微克／立方米

地区类别及路边	全年平均大气污染浓度			
	二氧化硫	二氧化氮	总悬浮粒子	可吸入悬浮粒子
市区①	12	60	62	42
新市镇②	10	47	59	42
郊区③	11	11	–	38
路边④	10	118	83	53

注：①包括葵涌、中西区、深水、观塘、东区及荃湾。
②包括大埔、沙田、元朗及东涌。
③包括塔门。
④包括铜锣湾、中环及旺角。

六、固体废物与生活垃圾处理利用

表6-1 部分地区固体废物处理利用情况（2012年）

单位：万吨

地区	一般工业固体废物产生量	一般工业固体废物综合利用量	一般工业固体废物处置量	一般工业固体废物贮存量	一般工业固体废物倾倒丢弃量	危险废物产生量	危险废物综合利用量	危险废物处置量	危险废物贮存量
全国	329044.26	202461.92	70744.82	59786.32	144.21	3465.24	2004.64	698.21	846.91
北京	1104.05	871.73	219.49	12.83		13.41	4.50	8.91	
天津	1820.00	1816.50	6.80			11.47	3.96	7.51	
河北	45575.83	17360.83	7439.07	21210.42		49.18	27.03	21.91	0.32
山西	29031.50	20235.33	7132.32	1758.69	16.12	18.53	13.33	5.09	0.16
内蒙古	24225.63	10924.83	10943.21	2425.55	5.46	69.99	41.65	39.84	7.81
辽宁	27279.74	11861.83	11654.99	3948.11	10.40	73.21	49.46	30.54	0.35
吉林	4730.89	3197.50	540.66	992.73		71.21	67.01	4.20	0.02
黑龙江	6312.55	4646.01	808.40	918.13		21.33	4.20	16.99	0.14
上海	2198.81	2140.36	55.86	9.59	0.25	54.96	30.34	24.60	0.14
江苏	10224.44	9341.57	630.40	302.87	0.01	208.59	109.98	97.64	2.79
浙江	4461.42	4082.76	314.34	67.35	0.40	80.58	27.94	51.56	1.97
安徽	12022.34	10265.97	1704.90	895.47		24.74	18.32	6.21	0.29
福建	7719.54	6887.40	764.27	83.83	0.16	10.36	4.62	5.73	0.17
江西	11133.60	6071.25	387.80	4692.32	2.46	30.56	25.22	5.10	0.33
山东	18342.59	17072.86	1061.33	487.40		820.31	761.13	66.14	6.29
河南	15250.47	11597.47	3204.26	559.62	2.11	50.10	42.29	7.81	0.42
湖北	7610.94	5736.89	1561.22	376.95	1.06	63.50	39.86	23.70	0.41
湖南	8115.92	5188.28	2143.95	954.67	0.66	267.48	207.65	41.66	21.37
广东	5965.49	5198.30	814.48	252.54	3.12	130.17	67.01	62.82	0.40
广西	7963.96	5369.24	2217.85	1063.08	0.41	78.79	55.45	22.89	7.61
海南	385.72	238.15	58.98	116.04	0.05	1.53	0.10	1.56	0.03
重庆	3114.89	2569.02	475.38	97.45	4.69	49.03	37.18	11.80	0.05
四川	13187.30	6052.28	5099.01	2278.51	2.14	110.44	63.14	46.63	0.90
贵州	7835.25	4838.75	2067.44	938.46	14.05	33.87	13.91	0.36	19.61
云南	16037.59	7938.01	4766.65	3512.74	43.14	208.04	97.44	53.13	76.47
西藏	365.98	5.90	26.52	348.56					
陕西	7215.11	4421.94	1457.34	1359.54	2.24	30.65	11.54	12.11	7.63
甘肃	6671.17	3593.44	2109.73	991.53	0.37	29.09	13.04	11.44	10.07
青海	12301.16	6831.06	5.63	5482.81	0.05	404.34	61.30	0.12	347.51
宁夏	2960.67	2043.78	539.92	397.98		5.62	3.66	0.80	1.17
新疆	7879.72	4062.72	532.63	3250.56	34.86	444.17	102.39	9.40	332.49

表6-2　主要城市固体废物处理利用情况（2012年）

单位：万吨

城　市	一般工业固体废物产生量	一般工业固体废物综合利用量	一般工业固体废物处置量	一般工业固体废物贮存量	一般工业固体废物倾倒丢弃量	危险废物产生量	危险废物综合利用量	危险废物处置量	危险废物贮存量
北　京	1104.05	871.73	219.49	12.83		13.41	4.50	8.91	0.00
天　津	1820.00	1816.50	6.80	0.00		11.47	3.96	7.51	0.00
石家庄	759.49	743.45	8.59	7.46		19.69	3.99	15.51	0.26
太　原	2787.39	1499.32	1258.51	20.46	10.36	4.85	2.07	2.78	0.01
呼和浩特	1121.96	401.04	715.97	4.95		0.17	0.14	0.03	0.00
沈　阳	703.75	667.87	138.26	40.44		6.91	4.25	2.62	0.04
长　春	469.55	468.57	0.98			3.03	0.18	2.85	0.00
哈尔滨	571.18	572.82	2.88			2.71	1.23	1.49	
上　海	2198.81	2140.36	55.86	9.59	0.25	54.96	30.34	24.60	0.14
南　京	1615.95	1126.57	362.50	128.05		32.52	20.46	11.85	1.12
杭　州	706.84	655.81	50.97	0.17	0.02	12.65	4.58	8.04	0.09
合　肥	1076.85	1011.72	7.19	59.15		2.86	1.21	1.65	0.01
福　州	728.40	655.15	65.56	11.58		2.20	1.16	1.12	0.01
南　昌	186.32	183.89	1.96	0.01	0.47	2.47	2.00	0.47	0.00
济　南	1012.21	1010.54	0.41	1.26		6.14	4.16	6.19	0.03
郑　州	1500.23	1140.20	330.39	32.41		0.58	0.23	0.35	0.01
武　汉	1381.30	1364.26	61.95	6.46		20.74	16.51	4.23	0.00
长　沙	103.51	94.69	3.36	6.46	0.00	0.30	0.11	0.16	0.07
广　州	614.96	589.09	22.26	4.19		29.78	12.11	17.68	
南　宁	356.49	326.20	140.03	13.21	0.00	0.94	0.01	0.16	0.77
海　口	6.15	5.64	0.51			0.21	0.01	0.20	0.00
重　庆	3114.89	2569.02	475.38	97.45	4.69	49.03	37.18	11.80	0.05
成　都	585.27	577.36	7.91	0.00		13.24	1.96	11.26	0.03
贵　阳	1122.38	663.78	444.38	16.93		0.80	0.77	0.03	0.00
昆　明	3002.68	1356.02	1604.29	106.34	0.04	65.74	50.03	15.68	0.03
拉　萨	314.79	5.86	26.27	297.66					
西　安	258.22	248.53	8.38	1.54	0.01	0.92	0.05	0.86	0.00
兰　州	627.88	623.54	23.19	1.66		6.14	1.14	5.06	0.00
西　宁	504.66	511.08	2.37	9.56	0.05	14.90	15.02	0.12	4.35
银　川	728.72	591.59	28.87	116.59		4.07	2.24	0.66	1.17
乌鲁木齐	1299.70	1157.47	135.35	6.86	0.01	16.41	7.27	0.97	8.17

表6–3 部分地区城市生活垃圾清运和处理情况（2012年）

地区	生活垃圾清运量(万吨)	无害化处理厂数(座)	#卫生填埋	#焚烧	#其他	无害化处理能力(吨/日)	#卫生填埋	#焚烧	#其他
全国	17080.9	701	540	138	23	446268	310927	122649	12692
北京	648.3	20	13	3	4	16830	11380	2800	2650
天津	185.8	9	6	3		9500	6200	3300	
河北	577.4	31	23	4	4	13629	8917	2850	1862
山西	392.4	18	13	4	1	9936	6166	3620	150
内蒙古	385.9	21	20		1	9868	9028		840
辽宁	929.9	27	25	1	1	21304	19487	1537	280
吉林	508.6	11	8	3		8773	5933	2840	
黑龙江	710.0	21	19	2		11807	11307	500	
上海	716.0	10	4	2	4	11732	6232	2500	3000
江苏	1210.1	47	26	21		43113	21844	21269	
浙江	1055.0	53	27	26		37161	14796	22365	
安徽	442.1	22	18	4		12426	9876	2550	
福建	493.8	27	14	12	1	16425	6375	9550	500
江西	327.2	15	15			9193	9193		
山东	1062.4	58	47	9	2	35795	26535	8200	1060
河南	795.8	42	38	3	1	21790	18490	2900	400
湖北	716.6	28	21	7		17040	9028	8012	
湖南	565.4	30	29	1		16704	16104	600	
广东	2136.9	55	37	18		43197	27362	15835	
广西	266.2	21	18	2	1	8271	7271	600	400
海南	110.2	9	6	3		4167	2517	1650	
重庆	335.3	14	12	2		8154	4554	3600	
四川	702.8	29	26	3		17296	16685	611	
贵州	235.7	13	13			6296	6296		
云南	306.7	19	14	5		9995	5035	4960	
西藏	25.6								
陕西	433.1	13	11		2	11212	10262		950
甘肃	270.5	12	12			3178	3178		
青海	66.3	4	4			2006	2006		
宁夏	116.2	4	4			2160	2160		
新疆	352.7	18	17		1	7310	6710		600

表6-3 部分地区城市生活垃圾清运和处理情况（2012年）（续）

地 区	无害化处理量(万吨)	#卫生填埋	#焚 烧	#其 他	粪便清运量(万吨)	粪便无害化处理量(万吨)	生活垃圾无害化处理率(%)
全 国	14489.5	10512.5	3584.1	393.0	1811.8	801.4	84.8
北 京	633.1	443.2	94.7	95.3	207.2	183.4	99.1
天 津	185.4	103.1	82.3		32.1	13.2	99.8
河 北	470.0	310.4	114.3	45.3	85.7	29.5	81.4
山 西	314.9	203.1	105.3	6.5	79.5	0.9	80.3
内蒙古	352.0	335.2		16.8	106.0	27.7	91.2
辽 宁	810.6	773.7	29.6	7.3	113.4	26.4	87.2
吉 林	232.9	176.5	56.4		88.8	58.2	45.8
黑龙江	337.8	328.6	9.2		151.1	44.7	47.6
上 海	598.5	377.5	103.6	117.4	200.0	64.6	83.6
江 苏	1160.9	493.3	667.6		72.9	45.5	95.9
浙 江	1044.1	469.6	574.5		84.2	64.9	99.0
安 徽	402.9	314.8	88.1		27.2	8.2	91.1
福 建	476.1	238.1	218.0	20.0	4.1	2.9	96.4
江 西	291.3	291.3			44.6	8.9	89.1
山 东	1041.7	719.4	295.9	26.5	120.6	59.6	98.1
河 南	687.6	588.3	91.0	8.3	66.4	15.5	86.4
湖 北	512.4	302.3	210.2		37.2	7.1	71.5
湖 南	537.2	514.5	22.7		4.9	1.7	95.0
广 东	1690.6	1195.9	494.7		99.4	57.7	79.1
广 西	260.9	244.6	7.6	8.6	13.4	9.1	98.0
海 南	110.1	48.5	61.6		22.2		99.9
重 庆	332.9	237.8	95.0		63.9	18.7	99.3
四 川	620.4	603.3	17.1		19.7	10.0	88.3
贵 州	216.6	216.6			4.9	3.8	91.9
云 南	253.7	109.0	144.7		17.7	11.4	82.7
西 藏							
陕 西	383.2	356.5		26.8	22.9	8.3	88.5
甘 肃	112.8	112.8			17.1	16.9	41.7
青 海	59.1	59.1			1.3		89.2
宁 夏	82.1	82.1			3.1	1.9	70.6
新 疆	277.7	263.5		14.3	0.4	1.0	78.7

表6-4 按种类划分的日均产生的固体废物量

单位：吨 (每日计)

种 类	2008	2009	2010	2011
于堆填区弃置的固体废物				
都市固体废物①				
家居废物②	6080	6020	6140	5970
商业废物③	2280	2320	2350	2360
工业废物④	660	630	630	660
小计	9020	8960	9110	9000
整体建筑废物①⑤	3090	3120	3580	3330
特殊废物⑥	1390	1240	1120	1130
总计	13500	13330	13820	13460
已回收都市固体废物⑦	8590	8720	9870	8270

注：①都市固体废物包括运往弃置设施的家居废物、商业废物及工业废物，但不包括建筑废物及已回收都市固体废物。

②家居废物包括使用后的住宅固体废物，及由公共洁净服务收集的废物。

③商业废物包括所有类型的商业活动产生的固体废物。

④工业废物包括由工业活动产生的固体废物，但不包括化学废物及建筑废料。自2007年开始运往堆填区处置并包括在工业废物类别的废弃混凝土已被重新归类于整体建筑废物，有关的数量已从工业废物类别中扣除。

⑤建筑废物包括由建筑及拆卸活动所产生的废物，但不包括可运往公众填土区作填海用途的物料。在堆填区弃置的整体建筑废物包括来自建筑地盘的建筑废物，以及在建筑地盘以外设立的混凝土配料厂和水泥/砂浆生产厂所产生的废弃混凝土。

⑥特殊废物包括弃置于堆填区的动物尸体、屠房废物、报废货物、滤水厂及污水处理后的污泥、污水处理厂的隔滤物、禽畜废物、医疗废物及化学废物。

⑦都市固体废物回收后会在本地或香港以外地方循环再造。

七、城市建设

表7-1 城市公用事业基本情况

本表各项指标按全社会范围计算。

项 目		1990	1995	2000	2010	2011	2012
城市建设							
城区面积	(平方公里)	1165970	1171698	878015	178692	183618	183039
建成区面积	(平方公里)	12856	19264	22439	40058	43603	45566
城市建设用地面积	(平方公里)	11608	22064	22114	39758	41861	45751
城市人口密度	(人/平方公里)	279	322	442	2209	2228	2307
城市供水、燃气及集中供热							
全年供水总量	(亿立方米)	382.3	481.6	469.0	507.9	513.4	523.0
#生活用水		100.1	158.1	200.0	238.8	247.7	257.2
人均生活用水	(吨)	67.9	71.3	95.5	62.6	62.4	62.7
用水普及率	(%)	48.0	58.7	63.9	96.7	97.0	97.2
人工煤气供气量	(亿立方米)	174.7	126.7	152.4	279.9	84.7	77.0
#家庭用量		27.4	45.7	63.1	26.9	23.9	21.5
天然气供气量	(亿立方米)	64.2	67.3	82.1	487.6	678.8	795.0
#家庭用量		11.6	16.4	24.8	117.2	130.1	155.8
液化石油气供气量	(万吨)	219.0	488.7	1053.7	1268.0	1165.8	1114.8
#家庭用量		142.8	370.2	532.3	633.9	632.9	608.1
供气管道长度	(万公里)	2.4	4.4	8.9	30.9	34.9	38.9
燃气普及率	(%)	19.1	34.3	45.4	92.0	92.4	93.2
集中供热面积	(亿平方米)	2.1	6.5	11.1	43.6	47.4	51.8
城市市政设施							
年末实有道路长度	(万公里)	9.5	13.0	16.0	29.4	30.9	32.7
每万人拥有道路长度	(公里)	3.1	3.8	4.1	7.5	7.6	7.7
年末实有道路面积	(亿平方米)	10.2	16.5	23.8	52.1	56.3	60.7
人均拥有道路面积	(平方米)	3.1	4.4	6.1	13.2	13.8	14.4
城市排水管道长度	(万公里)	5.8	11.0	14.2	37.0	41.4	43.9
城市公共交通							
年末公共交通车辆运营数	(万辆)	6.2	13.7	22.6	38.3	41.3	43.2
每万人拥有公交车辆	(标台)	2.2	3.6	5.3	11.2	11.8	12.1
出租汽车数	(万辆)	11.1	50.4	82.5	98.6	100.2	102.7
城市绿化和园林							
城市绿地面积	(万公顷)	47.5	67.8	86.5	213.4	224.3	236.8
人均公园绿地面积	(平方米)	1.8	2.5	3.7	11.2	11.8	12.3
公园个数	(个)	1970	3619	4455	9955	10780	11604
公园面积	(万公顷)	3.9	7.3	8.2	25.8	28.6	30.6
城市环境卫生							
生活垃圾清运量	(万吨)	6767	10671	11819	15805	16395	17081
粪便清运量	(万吨)	2385	3066	2829	1951	1963	1812
每万人拥有公厕	(座)	3.0	3.0	2.7	3.0	2.9	2.9

注：1.2006年以前“城区面积”为“城市面积”。

2.计算人均和普及率指标所使用的人口数2006年以前为城市人口，2006年起为城区人口与城区暂住人口之和，以公安部门的户籍统计和暂住人口统计为准。

表7–3 部分地区城市建设情况（2012年）

地 区	城区面积(平方公里)	建成区面积(平方公里)	城市建设用地面积(平方公里)	本年征用土地面积(平方公里)	城市人口密度(人/平方公里)
全 国	183039.4	45565.8	45750.7	2161.5	2307
北 京	12187.0	1261.1	1445.0	42.2	1464
天 津	2334.5	722.1	722.1	55.7	2782
河 北	6611.2	1738.9	1609.3	19.7	2411
山 西	3427.2	1013.8	944.1	26.8	3028
内蒙古	8501.0	1132.8	1198.8	17.9	1032
辽 宁	13966.5	2329.1	2261.3	194.8	1624
吉 林	3956.6	1293.8	1209.8	56.0	2878
黑龙江	2718.3	1725.5	1747.7	39.7	5054
上 海	6340.5	998.8	2904.3	42.0	3754
江 苏	13957.0	3655.1	3701.9	245.9	2002
浙 江	10515.2	2296.3	2246.7	115.2	1786
安 徽	5569.1	1696.0	1682.0	128.6	2401
福 建	4500.9	1203.1	1126.1	72.5	2388
江 西	1949.6	1077.6	1034.3	65.9	4663
山 东	21421.5	3927.0	3854.4	150.7	1349
河 南	4628.0	2219.1	2083.4	44.7	4964
湖 北	9052.3	1889.6	2126.7	34.3	2004
湖 南	4623.5	1465.1	1430.2	69.1	3030
广 东	15984.1	5026.4	4083.4	286.3	2927
广 西	6067.4	1083.6	1029.8	88.9	1528
海 南	1149.1	265.6	253.4	11.2	2079
重 庆	6105.7	1051.7	859.5	75.3	1832
四 川	6205.0	1901.7	1855.6	71.1	2866
贵 州	1816.6	586.1	555.5	17.1	3324
云 南	2143.8	859.9	846.6	62.5	4029
西 藏	337.0	119.7	111.0		1655
陕 西	1504.4	863.5	776.2	28.7	5483
甘 肃	1292.4	681.6	642.7	52.9	4369
青 海	512.3	122.1	122.0	2.9	2674
宁 夏	2103.2	399.6	332.9	10.7	1251
新 疆	1558.5	959.6	954.1	32.4	4312

表7–4 部分地区城市供水情况（2012年）

地 区	年末供水综合生产能力(万立方米/日)	年末供水管道长度(公里)	全年供水总 量(万立方米)			用水人口(万人)	人均日生活用水量(升)
				#生活用水	#生产用水		
全 国	27177.3	591872	5230326	2572473	1592723	41026.5	171.8
北 京	1644.2	23674	159646	111844	22317	1783.7	171.8
天 津	439.5	12926	77218	32456	30549	649.4	134.1
河 北	974.2	15344	172396	73414	64757	1593.4	126.2
山 西	442.5	8550	82438	41030	30996	1013.4	110.9
内蒙古	378.7	9967	64870	27556	23028	828.6	91.1
辽 宁	1339.1	32062	274953	104389	97403	2233.4	128.1
吉 林	747.5	9600	106530	42852	33603	1052.0	111.6
黑龙江	891.0	12847	152154	59236	60562	1293.4	125.5
上 海	1145.0	34904	309704	162080	53826	2380.4	186.5
江 苏	2749.8	71413	492791	219008	200532	2785.1	215.4
浙 江	1537.8	44841	281165	134079	100338	1876.0	195.8
安 徽	1029.4	18869	156888	79139	47010	1310.5	165.5
福 建	721.0	16743	146328	69361	42843	1065.4	178.4
江 西	435.9	11831	94595	56940	15907	887.9	175.7
山 东	1644.5	41934	327449	138650	143546	2886.5	131.6
河 南	1042.3	19288	188538	80097	73651	2108.2	104.1
湖 北	1328.0	26146	259049	140334	61772	1782.3	215.7
湖 南	999.5	16747	186471	104915	35229	1350.9	212.8
广 东	3531.4	75935	817348	411275	216227	4567.7	246.7
广 西	665.0	14424	156785	79992	58547	883.3	248.1
海 南	151.7	3451	39045	20217	3071	233.6	237.2
重 庆	447.8	9534	95903	56976	22842	1049.4	148.8
四 川	822.8	22880	190304	116837	42246	1636.7	195.6
贵 州	250.4	7466	48886	29399	8106	555.9	144.9
云 南	353.1	8011	59717	35173	15600	814.7	118.3
西 藏	59.8	835	13043	1959	4966	42.0	127.7
陕 西	380.5	5948	84703	50575	20146	793.1	174.7
甘 肃	370.4	4719	54243	27534	18995	523.8	144.0
青 海	84.6	1534	22946	9698	9289	136.8	194.2
宁 夏	144.3	1996	28369	13871	10125	242.8	156.5
新 疆	425.8	7450	85851	41586	24695	666.2	171.0

表7–6 部分地区城市集中供热情况（2012年）

地区	供热能力		供热总量		管道长度		供热面积 (万平方米)
	蒸汽 (吨/小时)	热水 (兆瓦)	蒸汽 (万吉焦)	热水 (万吉焦)	蒸汽 (公里)	热水 (公里)	
全国	86452	365278	51609	243818	12690	147390	518368
北京	450	38298	289	35222	44	11031	52555
天津	3463	21063	1757	10244	564	16190	30000
河北	9244	26129	6490	16197	1199	9092	44670
山西	2639	20706	1767	12295	342	6879	36056
内蒙古	1135	29489	778	19145	158	6673	32921
辽宁	13038	62826	6320	42748	2259	24787	87108
吉林	1537	36536	420	20189	208	15019	38296
黑龙江	4789	38743	2454	27815	370	15553	48336
上海							
江苏							
浙江	5442	75	5713		832		8575
安徽	3846	182	2868	43	511	15	2966
福建							
江西							
山东	24678	33450	14759	24018	3982	24070	67423
河南	5856	6204	3053	3139	1187	3149	13006
湖北	1816	278	891	43	183	10	1682
湖南							
广东							
广西							
海南							
重庆							
四川							
贵州							
云南							
西藏							
陕西	5795	6682	2293	3465	546	918	12308
甘肃	384	12758	305	7569	125	3825	12943
青海		258		199		114	304
宁夏	381	7927	151	4794	25	2690	7373
新疆	1959	23675	1302	16691	155	7376	21844

表7–7 部分地区城市市政设施（2012年）

地区	年末实有道路长度(公里)	年末实有道路面积(万平方米)	城市桥梁(座)	城市排水管道长度(公里)	城市污水日处理能力(万立方米)	城市道路照明灯(千盏)
全 国	327081	607449	57601	439080	13692.9	20622.2
北 京	7894	13509	2885	12665	400.5	237.0
天 津	6462	11611	736	17756	257.2	282.1
河 北	12419	28433	1286	15787	522.8	646.1
山 西	6382	12233	520	6530	190.1	459.6
内蒙古	7299	15502	354	10012	167.4	753.5
辽 宁	15513	26200	1612	15945	670.9	1487.2
吉 林	8056	14362	696	8910	247.8	604.0
黑龙江	11128	16252	876	9376	323.2	559.6
上 海	4775	9717	2151	18191	701.3	497.6
江 苏	34966	62438	12922	56887	1564.5	2727.1
浙 江	17672	33575	8984	29786	691.1	1255.9
安 徽	11571	24693	1311	19885	511.4	722.0
福 建	8210	15183	1689	11483	392.1	618.8
江 西	6477	13630	550	9484	226.0	467.2
山 东	36566	71390	4660	43357	954.0	1629.1
河 南	10798	25458	1215	17292	527.8	769.4
湖 北	17461	28755	1822	18634	557.0	383.1
湖 南	10367	18902	718	11402	575.3	574.8
广 东	41388	62787	6044	41056	1705.3	1858.4
广 西	7021	13662	668	7726	720.2	564.1
海 南	2104	4504	143	3015	73.9	162.8
重 庆	5956	11936	1201	8851	238.4	305.8
四 川	11287	22628	1798	18753	403.1	836.5
贵 州	2521	4103	436	3648	124.8	271.0
云 南	4855	10297	639	5276	229.7	352.7
西 藏	396	793	13	355	5.0	20.4
陕 西	5422	12137	618	6383	227.2	585.8
甘 肃	3580	7093	385	3282	159.1	225.8
青 海	773	1529	85	1155	32.1	103.4
宁 夏	1948	4619	148	1242	79.5	249.3
新 疆	5813	9517	436	4956	214.2	412.3

九、环境污染治理投资

表9-1　环境污染治理投资

指　标	2008	2009	2010	2011	2012
环境污染治理投资总额(亿元)	4937.0	5258.4	7612.2	7114.0	8253.5
#城镇环境基础设施建设投资	2247.7	3245.1	5182.2	4557.2	5062.7
#燃气	199.2	219.2	357.9	444.1	551.8
集中供热	328.2	441.5	557.5	593.3	798.1
排水	637.2	1035.5	1172.7	971.6	934.1
园林绿化	823.9	1137.6	2670.6	1991.9	2380.0
市容环境卫生	259.2	411.2	423.5	556.2	398.6
工业污染源治理投资	542.6	442.6	397.0	444.4	500.5
建设项目“三同时”环保投资	2146.7	1570.7	2033.0	2112.4	2690.4
环境污染治理投资总额 占国内生产总值比重(%)	1.57	1.54	1.90	1.50	1.59

注：城镇环境基础设施建设投资中增加了县城基础设施建设投资。

表9-2 工业污染治理投资完成情况

年份 地区	工业污染治理完成投资(万元)	治理废水	治理废气	治理固体废物	治理噪声	治理其他
2000	2347895	1095897	909242	114673	13692	214390
2001	1745280	729214	657940	186967	6424	164734
2002	1883663	714935	697864	161287	10464	299113
2003	2218281	873748	921222	161763	10139	251408
2004	3081060	1055868	1427975	226465	13416	357336
2005	4581909	1337147	2129571	274181	30613	810396
2006	4839485	1511165	2332697	182631	30145	782848
2007	5523909	1960722	2752642	182532	18279	606838
2008	5426404	1945977	2656987	196851	28383	598206
2009	4426207	1494606	2324616	218536	14100	374349
2010	3969768	1295519	1881883	142692	14193	620021
2011	4443610	1577471	2116811	313875	21623	413831
2012	5004573	1403448	2577139	247499	11627	764860
北京	32840	3012	24652	1011	40	4125
天津	125559	11306	42459	1301	1208	69284
河北	236290	52178	181167	86		2858
山西	323269	30523	170665	40201	239	81642
内蒙古	189715	38699	123391	18197	5	9424
辽宁	119447	27777	56168	2354	111	33038
吉林	57269	14702	30422	1095	350	10700
黑龙江	39287	7350	27661	2501		1776
上海	115915	5336	55455	432	560	54131
江苏	390144	73572	265739	12989	323	37521
浙江	283023	101840	138422	1457	1405	39899
安徽	127350	21476	100711	2335	183	2645
福建	237635	102883	107725	7576	382	19069
江西	39478	16575	17576	1624	16	3688
山东	670633	263797	303865	35350	1306	66316
河南	148347	30452	77995	3952	425	35522
湖北	148964	35376	75490	1476	1114	35508
湖南	179561	48312	78513	4157	280	48298
广东	280996	57889	190207	17348	755	14797
广西	85644	43969	25546	8782	2	7344
海南	48279	25043	21207	180		1850
重庆	38226	17510	16531	1471	309	2405
四川	110608	53646	48615	2892	474	4980
贵州	124663	21041	67346	2363	1034	32879
云南	197259	101066	56598	5733	575	33287
西藏	1775	922	174	615		64
陕西	271266	112221	112464	11406	480	34695
甘肃	210984	29510	62220	53499	51	65706
青海	21880	3263	14130	1514		2974
宁夏	69160	14298	43543	3601		7717
新疆	79106	37905	40483			718

再生资源回收利用统计数据

（中国物资再生协会提供）

表1　2011–2012年我国主要再生资源类别回收利用情况

序号	名称	单位	2011年	2012年	同比增长%
1	废钢铁	万吨	9100	8400	-7.7
2	废有色金属	万吨	455	530	16.5
3	废塑料	万吨	1350	1600	18.5
4	废纸	万吨	4347	4472	2.9
5	废轮胎	万吨	329	370.3	12.6
	其中：翻新	万吨	34	45.3	33.2
	再利用	万吨	295	325	10.2
6	废弃电器电子产品				
	数量	万台	16058	8264	-48.5
	重量	万吨	370.6	190.7	-48.5
7	报废汽车				
	数量	万辆	149.6	132.3	-11.6
	重量	万吨	285	249	-12.6
8	报废船舶				
	数量	艘	317	340	7.3
	重量	万轻吨	225.2	255	13.2
9	合计（重量）	万吨	16461.8	16067	-2.4

表2　2011–2012年我国主要再生资源回收价值

单位：亿元

序号	名 称	2011年	2012年	同比增长%
1	废钢铁	2740.9	2226	-18.8
2	废有色金属	889.1	1027	15.5
3	废塑料	919.8	1056.0	14.8
4	废纸	869.4	830.3	-4.5
5	废轮胎	79	88.9	12.6
6	废弃电器电子产品	119.2	57.2	-52.0
7	报废船舶	63.1	63.8	1.0
8	报废汽车	83.4	64.2	-23.0
9	回收总值	5763.9	5413.4	-6.1

表3　2011—2012年我国主要再生资源进口情况

序号	名称	单位	2011年	2012年	同比增长%
1	废钢铁	万吨	677	497	-26.6
2	废有色金属	万吨	738	745	0.9
3	废塑料	万吨	838.4	887.8	5.9
4	废纸	万吨	2728	3007	10.2
5	报废船舶	万轻吨	217.6	310	42.5
6	合计（重量）	万吨	4726.7	4970	5.1

备注：1、废有色金属进口是指含铝废料、含铜废料、含锌废料

2、我国进口废有色金属实物量按36%的比例折算。

表4　2011—2012年我国再生资源回收和节能减排情况表

类别	回收量（万吨）		节能量（万吨标煤）		减排量（万吨）	
					废水	
	2011年	2012年	2011年	2012年	2011年	2012年
废钢铁	9100	8400	3194.2	2948.5	79853.9	73711.3
废有色金属	455	530	4734.5	5514.9	305667.5	356052.3
废塑料	1350	1600	442.1	524	122812.9	145556
废纸	4347	4472	6866.9	7064.4	508655.8	523282.4
废轮胎	329	370.3	74	83.3	6163.6	6937.3
废弃电器电子	370.6	190.7	730.1	375.7	8980.8	4621.3
报废汽车	285	249	191.5	167.3	10260	8964
报废船舶	225.2	255	239.9	271.6	6877.2	7787.2
合计	16461.8	16067	16473.2	16949.7	1049271.7	1126911.8

表5　2011—2012年我国再生资源回收和节能减排情况表（续）

类别	减排量（万吨）					
	固体废弃物		二氧化硫		二氧化碳	
	2011年	2012年	2011年	2012年	2011年	2012年
废钢铁	26617.6	24570.1	177.4	163.8	7666	7076.3
废有色金属	245794.4	286310	80.6	93.9	11362.9	13235.9
废塑料	3779	4478.8	58.5	69.3	1061.2	1257.7
废纸	9838.8	10121.7	12.1	12.4	16480.6	16954.5
废轮胎	369.9	416.3	4.5	5.1	177.6	199.9
废弃电器电子	5043.2	2595.1	17.1	8.8	1752.4	901.7
报废汽车	7695	6723	7.3	6.4	459.7	401.6
报废船舶	3365.1	3810.4	13.2	14.9	575.7	651.9
合计	302503	339025.4	370.7	374.6	39536.1	40679.6

表6　2006—2012年我国废钢铁资源平衡情况表

单位：万吨

类别	废钢铁消耗量	废钢铁资源构成				
		企业自产量	社会采购量	进口补充量	废次材调出量	库存变化量
2006年	6720	2750	3980	340	310	40
2007年	6850	2780	4230	120	270	10
2008年	7200	2860	4200	260	220	-100
2009年	8310	3040	4580	1020	200	130
2010年	8670	3300	5190	440	160	100
2011年	9100	3560	5080	510	200	-150
2012年	8400	3650	4420	370	150	-110

表7　2006-2012年我国废钢进口情况

单位：万吨

主要国家和地区	2006年	2007年	2008年	2009年	2010年	2011年	2012年
总量合计	539	339	359	1369	585	677	497
其中:美国	114.9	21.2	57.5	489.9	171.3	278	107
日本	110.7	50.6	72.6	446.4	268.2	233	308
哈萨克斯坦	61.9	37.9	30.5	17.6	10.9	8.7	4.5
俄罗斯	24.1	6.9	3.8	10.7	7.3	8.6	1.3
澳大利亚	47.9	27.9	5.8	66.8	19.1	40.5	19
吉尔吉斯斯坦	8.9	1.3	2.7	2.4	2.8	4.4	1,5
朝鲜	3.2	2.8	1.4	3.7	1.4	—	0.3
德国	9.9	3.8	1.3	10.4	3.5	1.9	2.1
加拿大	1.5	1.9	1.9	9.1	3	2.7	1.3
中国香港	42.5	53.4	131.7	154.5	37.2	30	16.8
中国台湾	7.4	4.1	2.3	6.5	2.8	1.4	2.0

表8　2008-2012年塑料废弃量、回收再生量和回收再生率

单位：万吨

	2008	2009	2010	2011	2012
国内相对实际塑料消费量（测算）	3500.86	4170.68	4693.6	5229.5	5467.37
塑料废弃量（测算）	1805	2353	2800	2871	3413
国内回收再生量（测算）	900	1000	1200	1350	1600
进口量	707.4	732	800．9	838.4	887.8
再生利用量	1607.4	1732	2000.9	2188.4	2487.8
回收率	25.7%	24.0%	25.6%	25.8%	29.3%

表9　2008–2012年废塑料进口情况

单位：万吨

项目＼年份	2008	2009	2010	2011	2012	年均增长（%）
PE废塑料	214.4	220.6	263.5	328.7	369.3	14.56
PS废塑料	9.7	13.7	24.3	14.8	24.2	25.68
PVC废塑料	182.9	196.9	171.8	118.6	69.1	-21.60
PET废塑料	106.1	136.1	165.1	166.5	204.5	17.83
其他废塑料	194.4	165.2	176.2	209.8	220.7	3.22
进口废塑料总量	707.5	732.6	800.9	838.4	887.8	5.84

表10　2001~2012年我国纸及纸板产量、消费量和废纸回收与利用数据

单位：万吨

年度	纸及纸板		纸浆总消耗	废纸浆		国内废纸		废纸进口量	废纸利用率
	产量	消费量		用量	占总浆比	回收量	回收率		
2001	3200	3680	2980	1310	43.96	1013	27.50%	624	51.16%
2002	3780	4415	3470	1620	46.69	1338	30.31%	687	53.57%
2003	4300	4806	3910	1920	49.10	1462	30.42%	938	55.81%
2004	4950	5439	4455	2305	51.74	1651	30.35%	1230	58.18%
2005	5600	5930	5200	2810	54.04	1809	30.51%	1703	62.71%
2006	6500	6600	5992	3380	64.72	2263	34.29%	1962	60.85%
2007	7350	7290	6769	4017	59.34	2765	37.93%	2256	68.31%
2008	7980	7935	7360	4439	60.31	3137	39.53%	2421	69.65%
2009	8640	8569	7980	4939	62.62	3762	43.90%	2570	73.28%
2010	9270	9173	8461	5305	62.70	4016	43.80%	2610	71.47%
2011	9930	9752	9044	5660	62.58	4347	44.57%	2728	71.24%
2012	10250	10048	9348	5983	64.00	4472	44.51%	3007	72.97%

表11　我国5种主要家电实际报废数量

单位：万台

年份	电视机	电冰箱	洗衣机	空调器	电脑	总计
2011	5358	1281	1646	1954	5819	16058
2012	1845	929	1057	1782	2651	8264
同比增长/%	-65.6	-27.5	-35.8	-8.8	-54.4	-48.5

表12 2008–2012年报废汽车回收情况

单位：万辆

	2008年	2009年	2010年	2011年	2012年
理论注销量	144.1	221.0	364.2	377.3	451.6
系统统计量	45.9	41.2	91.0	56.0	45.1
实际回收量	88.86	70.82	147.87	118.6	110.0

表13 2012年报废汽车回收拆解分材料明细产量产值情况

拆解材料名称	拆解材料数量（万吨）	拆解产值（亿元）
可用零部件	33.05	15.20
废钢铁	250.36	77.57
废有色金属	16.53	5.95
废塑料	18.28	7.68
废橡胶	16.34	1.96
废玻璃	11.80	0.04
废油	5.69	2.22
合计	352.05	110.24
拆解损耗	4.91	0.00
废弃物	31.08	-0.37

表14 2010–2012年报废船舶拆解情况

项目	2010	2011	2012
拆解数量（艘）	286	317	340
拆解重量（万轻吨）	187.9	225.2	255

表15 2006–2012年我国废旧轮胎回收利用情况

项目	2006	2007	2008	2009	2010	2011	2012
翻新量（万条）	960	1100	1200	1300	1400	1200	1600
胶粉产量（万吨）	22	25	23	22	20	20	25
再生胶产量（万吨）	165	220	250	260	270	270	300
热裂解（万吨）	3	3	4	5	5	5	3

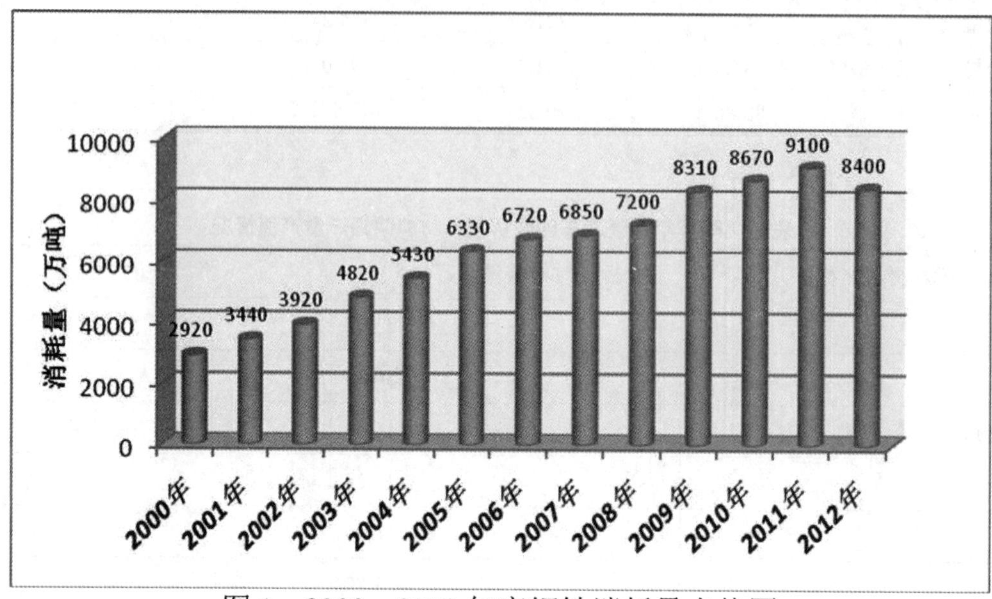

图1　2000—2012年废钢铁消耗量走势图

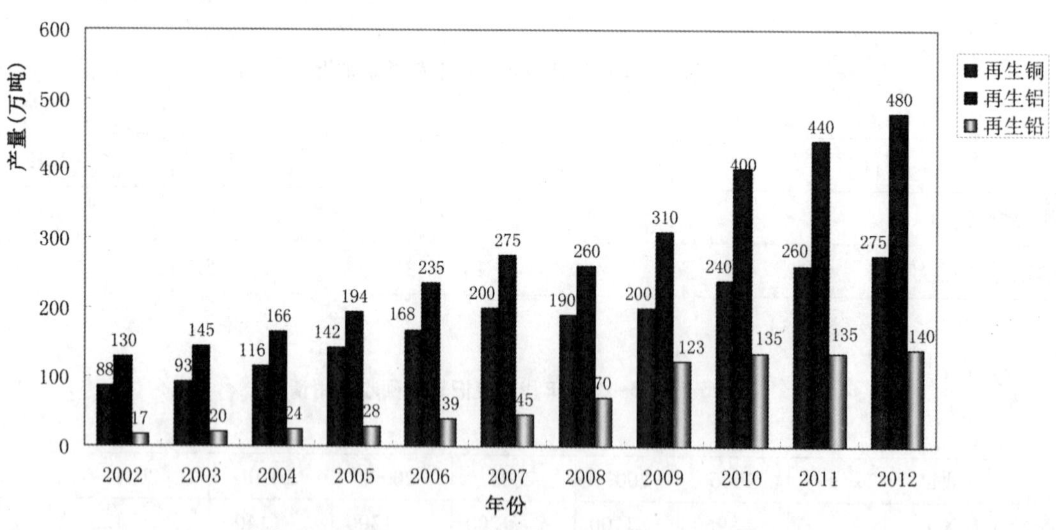

图2　2002-2012年再生有色金属产量

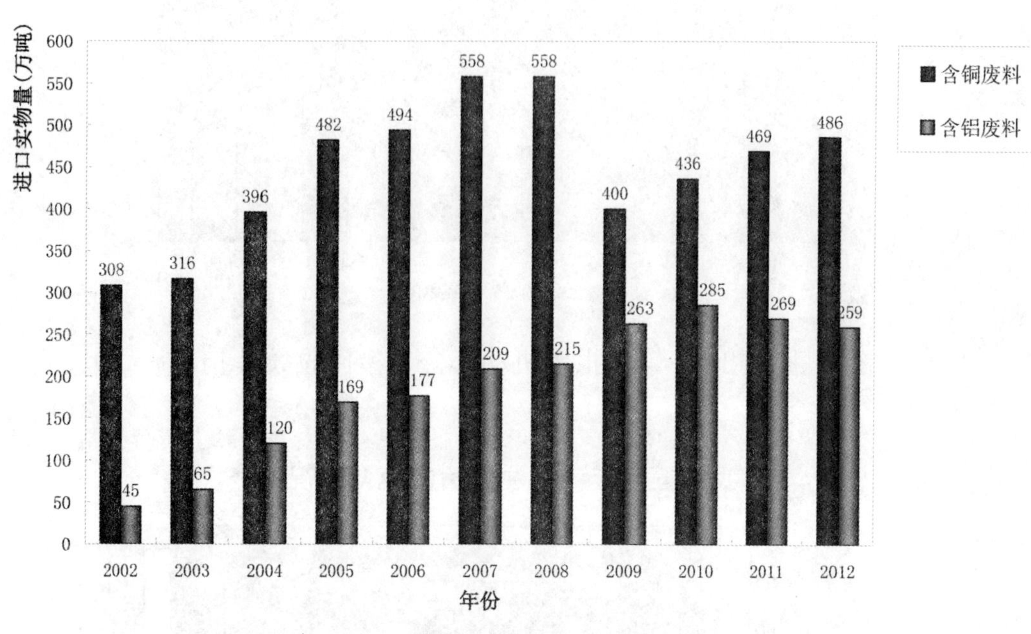

图 3　2002-2012 年废有色金属进口实物量

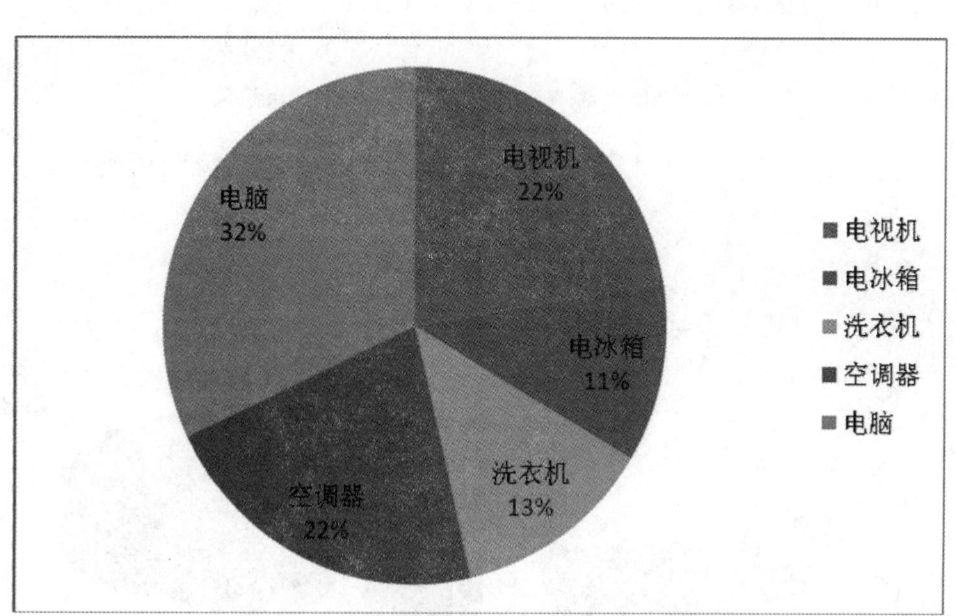

图 4　2012 年废弃电器电子产品实际报废数量比例

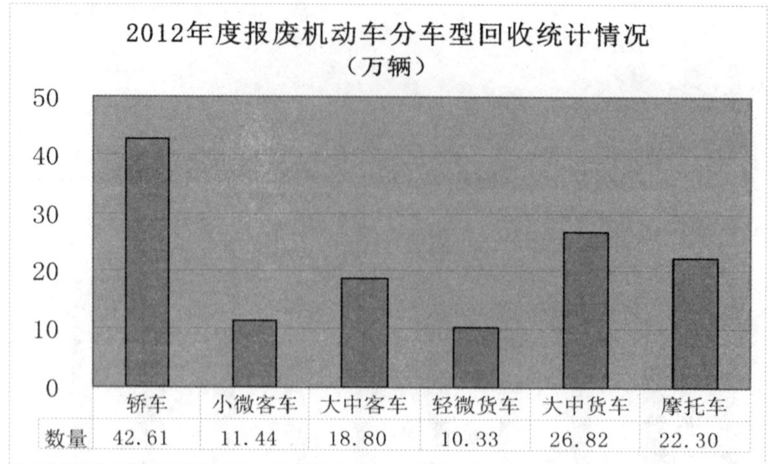

	轿车	小微客车	大中客车	轻微货车	大中货车	摩托车
数量	42.61	11.44	18.80	10.33	26.82	22.30

图 5 我国 2012 年度报废机动车分车型回收统计情况

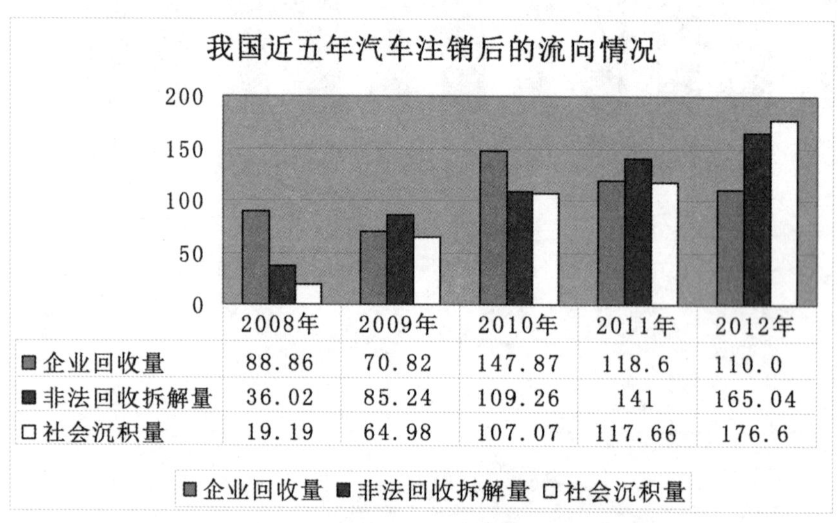

	2008年	2009年	2010年	2011年	2012年
■企业回收量	88.86	70.82	147.87	118.6	110.0
■非法回收拆解量	36.02	85.24	109.26	141	165.04
□社会沉积量	19.19	64.98	107.07	117.66	176.6

图 6　2008-2012 年我国汽车注销后的报废汽车流向情况

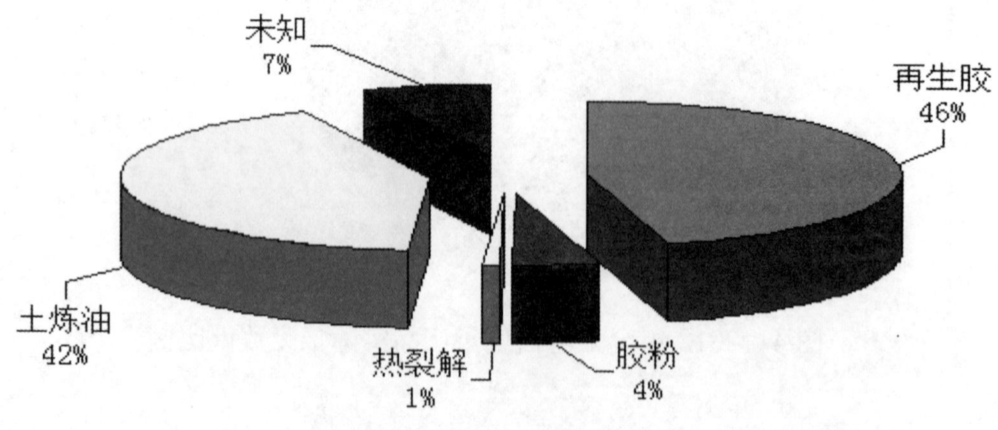

图 7 2012 年废轮胎利用

大事记

中国循环经济大事记

1月

1月6日 中共中央政治局常委、国务院副总理李克强在与工程科技界院士、专家座谈时强调，我国发展面临的能源资源瓶颈制约日益突出，保障能源资源安全是现代化进程中始终面临的一个重大挑战。要坚持立足国内，推进地质找矿技术创新，加大密度、拓展深度，努力实现新突破，提高能源资源的国内保障水平。要把节能减排当作一场持久战来打，把循环经济的理念转化为各方面的实际行动，不断提高能源资源利用效率。

1月6日 国家发展改革委会同中宣部等17个单位联合发出《关于印发"十二五"节能减排全民行动实施方案的通知》（发改环资〔2012〕194号）。《"十二五"节能减排全民行动实施方案》从节能减排社区行动、青少年行动、企业行动、学校行动、军营行动、农村行动、政府机构行动、科技行动、科普行动、媒体行动等10个方面提出了要求，倡导"公车少开一天"、开展绿色办公等，以推动"十二五"节能减排的深入开展。

1月12日 组织专家对"十一五"国家科技支撑计划"生活垃圾综合处理与资源化利用技术研究示范"项目通过科技部社发司组织的验收。该项目突破了混合生活垃圾综合分选技术、多列料层可调型二段往复式垃圾焚烧炉技术、带独立调湿减温塔的半干法烟气净化技术与设备、焚烧前生活垃圾预处理技术、垃圾焚烧发电厂二噁英达标排放的控制技术等一批关键技术，解决了我国垃圾焚烧炉排炉国产化等一系列重大问题。

1月12日 国务院发出《关于实行最严格水资源管理制度的意见》（国发〔2012〕3号）。这是继2011年中央1号文件和中央水利工作会议明确要求实行最严格水资源管理制度以来，对实行该制度作出的全面部署和具体安排。《意见》明确提出了实行最严格水资源管理制度的指导思想、基本原则、主要目标、管理措施和保障措施。主要目标：确立水资源开发利用控制红线，到2030年全国用水总量控制在7000亿立方米以内；确立用水效率控制红线，到2030年用水效率达到或接近世界先进水平，万元工业增加值用水量（以2000年不变价计，下同）降低到40立方米以下，农田灌溉水有效利用系数提高到0.6以上；确立水功能区限制纳污红线，到2030年主要污染物入河湖总量控制在水功能区纳污能力范围之内，水功能区水质达标率提高到95%以上。

1月16日 中国国务院总理温家宝在阿联酋阿布扎比世界未来能源峰会上发表题为《中国坚定走绿色和可持续发展道路》的讲话指出，中国在大中城市、工业园区和企业广泛开展循环经济试点和低碳经济试点，大力推行清洁生产和资源综合利用，在全国倡导低碳生产方式，推行绿色消费。

1月18日 国务院印发《工业转型升级规划（2011-2015年）》（国发[2011]47号）。这是改革开放以来第一个把整个工业作为规划对象，并且由国务院发布实施的中长期规划。《规划》提出了工业转型升级的总体思路、主要目标、重点任务、重点领域发展导向和保障措施。《规划》确定，未来五年工业转型升级的主要目标之一是：资源节约、环境保护和安全生产水平显著提升，单位工业增加值能耗较"十一五"末降低21%左右，单位工业增加值用水量降低30%。《规划》强调促进工业绿色低碳发展。大力推进工业节能降耗，促进清洁生产，发展循环经济，积极推广低碳技术，加快淘汰落后产能，提高工业企业本质安全水平。加快淘汰落后产能，推进节能降耗减排，优化产业布局，提高产业集中度，培育发展新材料产业。《规划》的发布和实施，对于指导未来五年工业结构调整、优化升级和循环经济，加快我国工业发展方式转变，具有重要意义。

1月18日 工业和信息化部发布《工业清洁生产推行"十二五"规划》，明确了"十二五"期间工业清洁生产总体目标和主要任务。我国"十二五"期间工业清洁生产总体目标包括：全国工业领域清洁生产推进机制进一步健全，技术支撑能力显著提高，清洁生产服务体系更加完善，重点行业、省级以上工业园区企业清洁生产水平大幅提升，清洁生产对科学利用资源、节能减排的促进作用更加突出，为全面建立清洁生产方式奠定坚实基础。

1月18日 交通运输部节能减排工作领导小组2012年第一次会议强调，着力打造交通运输节能减排"十百千"工程，即十个低碳交通运输体系建设城市试点、百个交通运输行业节能减排示范项目、千家"车、船、路、港"低碳交通运输专项行动参与企业，确保取得实际成效，为实现国家和行业"十二五"节能减排目标奠定基础。

1月31日 国家发展改革委、中宣部、教育部、科技部、农业部等 17个部门发出《关于印发节能减排全民行动实施方案的通知》（发改环资[2012]194号）。广泛动员全社会参与节能减排，倡导文明、节约、绿色、低碳的生产方式、消费模式和生活习惯。《实施方案》提出开展有节能减排家庭社区行动、节能减排青少年行动、节能减排企业行动、节能减排学校行动、节能减排军营行动、节能减排农村行动、节能减排政府机构行动、节能减排科技行动、

节能减排科普行动、节能减排媒体行动。

2月

2月5日 商务部办公厅发出《关于确定第三批再生资源回收体系建设试点城市的通知》，确定河北承德等35个城市作为第三批再生资源回收体系建设试点城市。

2月6日 国务院印发《质量发展纲要(2011~2020年)》。《纲要》提出，积极推进清洁生产模式，加快制修订与节能减排和循环经济有关的标准。到2015年，清洁生产新技术产业化和标准化水平大幅提升，建成一批清洁生产示范项目和公共服务平台，生产过程污染物的产生和排放得到有效控制，资源消耗大幅降低。

2月13日 工业和信息化部、财政部、科学技术部批复《资源节约型环境友好型企业创建试点方案》（工信部联节〔2012〕78号），原则同意首钢京唐钢铁联合有限责任公司等80家企业试点实施方案。

2月17日 国家发展改革委、教育部、财政部、国家旅游局发出《关于确定北京德青源农业科技股份有限公司等9家单位为首批国家循环经济教育示范基地的复函 》（发改环资[2012]341号）。国家循环经济教育示范基地作为循环经济理念的宣传教育平台，主要通过循环经济背景知识讲解、产业链展示、生产一线参观、体验互动的形式，向社会公众，尤其是青少年，传播“减量化、再利用、资源化”的循环经济知识，展示现阶段我国循环经济发展成果，推广国内先进的循环经济典型模式案例。

2月24日 工业和信息化部节能与综合利用司组织召开的再生资源综合利用先进适用技术交流会，将积极推进再生资源综合利用先进适用技术的推广应用工作，推动体制机制创新，提升再生资源产业化水平。同时，积极争取再生资源综合利用的扶持政策，尤其是对技术创新典型和骨干企业加大政策支持，促进技术创新，破解产业发展长期存在的再生产品附加值低等难题。再生资源综合利用先进适用技术目录涵盖六大类产品综合利用产业领域的95项技术。

2月24日 中央国家机关2012年节约能源资源工作会议暨废旧物品回收体系建设启动。

2月24日 中国银监会会发布《绿色信贷指引》。《绿色信贷指引》的发布，将对严控“两高一剩”、“落后产能”信贷投放，促进工业节能减排和循环经济发展，推动工业转型升级发挥重要作用。

2月28日 水体污染控制与治理科技重大专项实施推进大会暨部省合作协议签约仪式在京举行。水污染治理专项领导小组组长、环境保护部部长周生贤，科技部副部长王伟中，专项第一行政责任人住房城乡建设部副部长仇保兴、环境保护部副部长吴晓青等出席会议。会议传达学习了国家科技重大专项监督评估汇报会暨组织实施推进会精神，总结了水污染治理专项“十一五”工作，部署了“十二五”和2012年工作。水污染治理专项第一行政责任人住房城乡建设部副部长仇保兴、环境保护部副部长吴晓青分别代表水污染治理专项牵头组织部门与江苏省、浙江省、上海市、云南省、昆明市、辽宁省、吉林省、黑龙江省人民政府负责同志签订部省共同推进水污染治理专项合作协议。

2月29日 国务院总理温家宝主持召开国务院常务会议，同意发布新修订的《环境空气质量标准》，部署加强大气污染综合防治重点工作。新标准增加了细颗粒物（PM2.5）和臭氧（O_3）8小时浓度限值监测指标。会议要求2012年在京津冀、长三角、珠三角等重点区域以及直辖市和省会城市开展细颗粒物与臭氧等项目监测，2013年在113个环境保护重点城市和国家环境保护模范城市开展监测，2015年覆盖所有地级以上城市。

2月29日 十一届全国人大常委会第二十五次会议表决通过《全国人民代表大会常务委员会关于修改〈中华人民共和国清洁生产促进法〉的决定》。国家主席胡锦涛签署第54号主席令予以公布，自2012年7月1日实施。修改后的清洁生产促进法体现了突出循环经济，在以下方面做出了新的规定：一是强化了执法主体。二是强化了推行措施。三是加强了中央预算投入。四是规范了清洁生产审核制度。

3月

3月5日 国务院总理温家宝在十一届全国人大五次会议上作《政府工作报告》强调，推进节能减排和生态环境保护。节能减排的关键是节约能源，提高能效，减少污染。要抓紧制定出台合理控制能源消费总量工作方案，加快理顺能源价格体系。综合运用经济、法律和必要的行政手段，突出抓好工业、交通、建筑、公共机构、居民生活等重点领域和千家重点耗能企业节能减排，进一步淘汰落后产能。加强用能管理，发展智能电网和分布式能源，实施节能发电调度、合同能源管理、政府节能采购等行之有效的管理方式。

3月16日 工业和信息化部印发《2012年工业节能与综合利用工作要点》提出：大力推进资源综合利用，加快发

展循环经济。推进工业固废综合利用基地建设。抓好工业固废综合利用基地建设试点工作;加强资源综合利用技术示范和认定；切实加强资源再生利用；推进建筑垃圾综合利用；推进工业循环经济发展；加快发展机电产品再制造产业；推进机电产品包装节材代木。

3月16日 国家发展改革委、财政部联合印发《关于推进园区循环化改造的意见》，就推进园区循环化改造进行部署。《意见》提出了“十二五”期间园区循环化改造的目标：一是50%以上的国家级园区和30%以上的省级园区实施循环化改造；二是培育百个国家循环化改造示范园区，示范、推广一批适合我国国情的园区循环化改造范式、管理模式；三是循环化改造后园区的主要资源产出率、土地产出率大幅度上升，固体废物资源利用率、水循环利用率、生活垃圾资源利用率显著提高，主要污染物排放量大幅度降低，基本实现“零排放”。《意见》要求推进现有各类园区进行循环化改造，实现“七化”，即空间布局合理化、产业结构最优化、产业链接循环化、资源利用高效化、污染治理集中化、基础设施绿色化、运行管理规范化。《意见》提出了支持园区循环化改造的政策措施。

3月22日 工业和信息化部印发《工业循环经济重大示范工程（第一批）》（工信厅节[2012]62号），确定了第一批23项工业循环经济重大示范工程。

3月22日 工业和信息化部节能司在南昌市召开《大宗工业固体废弃物综合利用“十二五”规划》宣贯暨工作座谈会，对规划落实提出了具体要求。

3月23日 环境保护部办公厅发出《关于开展“十二五”主要污染物总量减排措施季度调度工作的通知》（环办[2012]46号）。

3月27日 国家发展改革委、住房城乡建设部办公厅、财政部办公厅、 环境保护部办公厅、农业部办公厅印发《关于组织推荐第二批餐厨废弃物资源化利用和无害化处理试点备选城市的通知》(发改办环资[2012]718号)，决定选择部分具备开展餐厨废弃物资源化利用和无害化处理条件的设区城市或直辖市市辖区进行试点，并就试点内容、组织推荐、申报材料、程序安排等提出了具体要求。

3月27日 国家发展改革委办公厅印发《关于开展资源综合利用“双百工程”建设的通知》（发改办环资[2012]726号），启动资源综合利用“双百工程”建设。根据通知，到“十二五”末，“双百工程”形成资源综合利用能力将超过2亿吨/年，占全国新增利用能力的30%。示范工程（基地）内的矿产资源总回收率与共伴生矿产综合利用率分别达到40%和45%以上；实现资源综合利用产值超过1000亿元，吸纳就业人员超过200万人，培育一批资源综合利用上市企业和具有国际竞争力的大型集团公司。“双百工程”将包括三大建设领域：一是矿产资源综合利用，即共伴生矿产及尾矿资源综合利用（煤层气发电除外）；二是产业废物综合利用，即煤矸石、粉煤灰、工业副产石膏、冶炼渣、建筑废物综合利用（煤矸石发电除外）；三是废旧资源综合利用。

4月

4月1日 科学技术部印发《绿色制造科技发展“十二五”专项规划》（国科发计〔2012〕231号 ）。发展目标：面向汽车、机械、家电、流程工业等国民经济支柱产业以及废旧家电与电子产品拆解与资源化、装备再制造等循环经济新兴产业需求，以制造业绿色化为目标，开展绿色制造基础理论和共性技术研究、典型绿色新产品、新工艺、新装备研制，形成绿色制造理论、技术和标准体系，开发出一批具有典型创新性和示范性的产品、工艺和重点装备，实施应用工程和产业示范，带动传统产业资源节约和环境友好提升，支撑节能环保战略性新兴产业的发展，增强量大面广出口产品跨越绿色贸易壁垒的基础能力。

4月6日中国国家发展改革委环资司组织召开第三次中日韩循环经济示范基地建设处长协调会。中国国家发展改革委、日本经济产业省、韩国环境部三国牵头部门签署了“中日韩循环经济示范基地第二次处长协调会会谈纪要”，并就示范基地建设备选园区、下一步工作计划进行了磋商。中国外交部亚洲司、日本驻华使馆、韩国驻华使馆也派人参加了会议。

4月9~10日 全国发展改革系统资源节约和环境保护工作会议在昆明召开。国家发展改革委副主任解振华做了题为《统一思想 狠抓落实 扎实推进资源节约和环境保护工作》的工作报告，强调2012年要壮大循环经济，努力提高资源产出率，推进循环经济形成较大规模。

4月10日 “2012年中华环保世纪行宣传活动”启动仪式在人民大会堂举行，全国人大常委会副委员长陈至立出席并宣布活动启动。全国人大环资委主任委员汪光焘主持启动仪式。2012年，中华环保世纪行宣传活动以“科技支撑、依法治理、节约资源、高效利用”为主题，重点宣传节约资源保护环境基本国策，促进水资源、矿产资源保护与可持续利用，进一步增强全社会珍惜资源、节约资源和保护资源的意识。

4月12日 环境保护部发布2012年第27号公告，公布《“十二五”主要污染物总量减排目标责任书》要求2012年完成的重点减排项目的公告。对重点减排项目未按目标责任书落实的地区和企业，环境保护部将根据《国务院关于印发“十二五”节能减排综合性工作方案的通知》规定，实行阶段性环评限批。

4月13日 国务院总理温家宝主持召开国务院常务会议强调，加快推进产业转型升级。加大对企业创新和优化升级的支持力度，着力加强企业技术改造。全面落实“十二五”节能减排综合性工作方案，大力推进资源节约和环境保护。

4月13日 科技部、发展改革委、工业和信息化部、环境保护部、住房城乡建设部、商业部、中国科学院等联合制定的《废物资源化科技工程十二五专项规划》印发。《规划》提出了“十二五”期间我国依靠科技创新推进废物资源化的总体思路、基本原则和发展目标，明确了“十二五”期间废有色金属、机电产品再制造、电子废弃物、废旧高分子材料等再生资源、工业固废、垃圾和污泥等废物资源化科技工程发展的优先领域和重点任务，提出了在废物资源化领域科技发展应取得的重大突破和预期重大标志性成果，具有较强的指导性。对推动废物资源化技术的发展、深入实施节能减排、缓解资源短缺瓶颈和发展节能环保战略性新兴产业具有重要意义。《规划》是指导“十二五”时期我国再生资源、工业固废、垃圾与污泥等废物循环利用行业科技创新的纲领性文件，将是“十二五”期间国家科技计划项目(支撑计划、863）立项的重要依据。

4月17日 住房城乡建设部发出《关于做好2012年全国城市节约用水宣传周工作的通知》，明确了5月13日至19日为今年全国城市节约用水宣传周（第21个）的活动时间和“倡导低碳绿色生活，推进城镇节水减排”的主题。

4月19日 国务院办公厅印发了国家发展改革委会同住房城乡建设部、环境保护部编制的《“十二五”全国城镇污水处理及再生利用设施建设规划》（国办发[23]号）和《“十二五”全国城镇生活垃圾无害化处理设施建设规划》（国办发[24]号）。《污水规划》重点推动城镇污水管网配套建设、污水处理设施建设、污水处理厂升级改造、污泥处理处置、污水再生利用设施和监管能力建设等六个方面的主要任务。《垃圾规划》确定了加快处理设施建设、完善收运体系、加大存量治理力度、推进餐厨垃圾分类处理、推行生活垃圾分类、加强监管能力建设等六方面主要任务。

4月19日 商务部办公厅发出《关于开展再生资源回收体系建设项目督查工作的通知》，决定自2012年4月中旬起，组织对再生资源回收体系建设项目进行督查。

4月24日 全国公共机构节约能源资源工作会议在西安市举行.会议要求以节约型公共机构建设为主线，坚持全面推进和重点突破相结合、政策引导与市场推动相结合、源头控制与存量优化相结合，切实抓好《公共机构节能“十二五”规划》的实施，重点抓好建筑及用能系统节能、公车治理和节油、资源节约和综合利用、管理制度建设、计量统计考核、资金技术支撑、宣传教育等工作，努力推动公共机构节约能源资源工作取得更大成效。

4月27日 财政部、住房和城乡建设部印发《关于加快推动我国绿色建筑发展的实施意见》（财建[2012]167号）。《意见》提出，将通过建立财政激励机制、健全标准规范及评价标识体系、推进相关科技进步和产业发展等多种手段，到2020年，绿色建筑占新建建筑比重超过30%，建筑建造和使用过程的能源资源消耗水平接近或达到现阶段发达国家水平。到2014年政府投资的公益性建筑和直辖市、计划单列市及省会城市的保障性住房全面执行绿色建筑标准，力争到2015年，新增绿色建筑面积10亿平方米以上。

4月28日 国家发展改革委发布2012年第8号公告通过验收的再制造试点单位和产品名单(第一批)。

4月28日 工业和信息化部、科学技术部印发《机电产品再制造技术及装备目录》。

4月30日 环境保护部印发《国家生态建设示范区管理规程》。

5月

5月3日 国家发改委和美国国务院在钓鱼台国宾馆共同举办中美绿色合作伙伴计划签字仪式。美国国务卿希拉里、国家发改委副主任解振华出席仪式并分别致辞。5对新的绿色合作伙伴签署了结对文件，正式加入绿色合作伙伴计划。新增上述5个结对后，绿色合作伙伴的总数达到18对。

5月10日 全国供销总社出台《关于加快推进供销合作社废旧商品回收利用体系建设的意见》，提出按照国办49号文件要求，发挥供销合作社在废旧商品回收利用领域的传统优势，统筹规划、合理布局、分类推进、加强联合、有效整合、改造和提升系统现有回收利用网络资源，进一步巩固回收基础、扩大加工能力、提升技术水平、做强龙头企业、完善行业管理、推进产业化进程，尽快形成村镇和城市社区有回收网点、重要集散地有分拣中心、资源富集区有产业园区的一体化网络体系，在建立我国完整的先进的废旧商品回收体系中发挥主导作用。

5月12日 国家发展改革委发布“万家企业节能低碳行动”企业名单及节能量目标（2012年第10号公告）。

5月13~19日 2012年全国城市节约用水宣传周（第21个），主题是“倡导低碳绿色生活，推进城镇节水减排”。

5月21日 财政部、环境保护部、国家发展改革委、工业和信息化部、海关总署、国家税务总局发出印发《废弃电器电子产品处理基金征收使用管理办法》（财综[2012]34号）。

5月24日 国家发展改革委召开《全国循环经济发展“十二五”规划》专家论证会。国家发展改革委副主任解振华主持并讲话。会议推选国务院参事冯之浚教授担任专家组组长。解振华指出，国家“十二五”规划纲要把循环经济摆到了很重要的位置，首次提出了资源产出率提高15%的目标。《规划》是国务院确定的“十二五”时期国家级专项规划之一，是对国家“十二五”规划纲要确定的有关循环经济目标任务的具体部署，也是我国首部国家循环经济规划。环资司介绍了《规划》编制情况和主要内容。

5月24日 科技部印发《“十二五”绿色建筑科技发展专项规划》（国科发计[2012]692号），提出了“十二五”绿色建筑科技发展目标和重点任务。“十二五”期间，将依靠科技进步，推进绿色建筑规模化建设，显著提升我国绿色建筑技术自主创新能力，加速提升绿色建筑规划设计能力、技术整装能力、工程实施能力、运营管理能力，提升产业核心竞争力，改变建筑业发展方式。

5月25~27日 中共中央政治局常委、国务院总理温家宝在湖南考察指出，大力发展循环经济，探索地区、企业、园区等不同类型的循环经济发展模式。

5月29日 国家统计局、国家发展改革委召开2012年资源产出率统计试点调查工作会议。会议对开展统计试点调查的统计部门和省级循环经济发展综合管理部门的代表进行了培训，明确调查范围、调查方式、工作进程等内容。这项省域层面的资源产出率核算工作在我国刚刚起步，在世界范围内也属于一项创举。资源产出率是指主要资源实物量（包括主要能源、矿产资源、木材和工业用粮）的单位消耗量所产出的生产总值，是反映循环经济发展水平的综合性指标。“十二五”规划纲要提出了资源产出率提高15%的目标。

6月

6月1日 国家发展改革委、环境保护部、科技部、工业和信息化部等四部门联合发布了《国家鼓励的循环经济技术、工艺和设备名录（第一批）》。《名录》共分四个方面，其中，减量化类9项、再利用与再制造类7项、资源化类23项、产业共生与链接类3项。《名录》的发布，将对提升循环经济发展的科技支撑能力，促进循环经济形成较大规模产生积极作用。国家今后还将继续开展这项工作。

6月5日 由环境保护部、共青团中央、全国妇联、联合国环境规划署共同主办的2012“6·5”世界环境日文艺晚会——“绿色消费你我同行”在北京展览馆剧场举行。

6月6日 由国家发改委环资司指导，中国经济导报社、北京现代循环经济研究院、中国社会科学院中国循环经济研究中心共同举办的“2011年中国循环经济十大新闻评选活动”举行发布会，发布“2011年中国循环经济十大新闻”：一、国家“十二五”规划纲要专章强调“大力发展循环经济”，首次提出“提高资源产出率提高15%”的目标。二、第三届亚洲3R区域论坛于新加坡召开，中国成果得到肯定。三、国务院总理温家宝在第四次中国、日本、韩国领导人会议上提出，加快中日韩循环经济示范基地建设。四、循环经济试点取得阶段性成果，60个中国循环经济典型模式案例出炉。五、国务院副总理李克强在山西考察时提出，发展循环经济是一条势在必行、行之有效的出路。六、全国第一部省级循环经济地方性法规《陕西省循环经济促进条例》颁布实施。七、贯彻落实《循环经济促进法》，首批国家循环经济教育示范基地开放参观。八、从源头斩断“地沟油”“垃圾猪”利益链，33个城市（区）开展餐厨废弃物资源化利用和无害化处理试点。九、园区循环化改造率先在甘肃和青海省示范试点。十、“十二五”资源综合利用指导意见出台，资源综合利用政策进一步完善。

6月8日 由国家发展改革委、科技部、工业和信息化部、环境保护部等共同主办的“第二届中国国际循环经济成果交易博览会”在青岛国际会展中心举行。国家发展改革委副主任解振华出席开幕式并讲话。博览会围绕“循环经济新成就，绿色发展新动力”主题，通过展览、论坛、研讨、项目对接等多种形式，宣传循环经济发展理念、典型模式，促进循环经济相关技术、设备、产品交易，为进一步普及推动循环经济发展提供了很好的平台。600多家国内外展商参展，签订了一批循环经济项目合作意向或协议，其中，仅在组委会于博览会开幕次日回访的82家展商中，就有18家企业收获订单或合作项目；此外，青岛市的有关单位与部分国内外企业签订了25个项目合作协议。

6月8日 由中国国家发展改革委、环境保护部、德国经济技术部、环境保护部、德国驻华使馆联合主办的“首届中德循环经济论坛”在青岛市举行。国家发展改革委副主任解振华、德国驻华大使施明贤等出席论坛并致辞。来自中德两国的 院士、专家、企业家和政府官员，围绕循环经济法律法规、园区循环化改造、再制造产业、再生资源等多个议题发表了演讲。

6月8日 “中德动力电池回收利用项目联合工作组”第一次工作组会议在青岛举行。中德双方分别介绍了本国动力电池发展及资源化有关情况，就电动汽车动力电池现状及发展趋势、汽车企业对建立动力电池回收系统、中国电池回收及资源化利用的实践探索、德国动力电池回收示范项目情况等作了专题报告。会议还讨论了工作组有关章程和近期工作计划。会议宣布“中德动力电池回收利用工作组”正式成立，并拟签署会议纪要。

6月8日 第四次中德循环经济与环保技术工作组会议在中国青岛市召开。此次会议旨在促进中德两国在循环经济和环保技术等领域的交流与合作。中德双方一致同意对2007年签订的《关于在中德经济技术合作框架下成立环保技术工作组和循环经济的框架协议》进行续签，并在政策标准、信息平台、废弃物资源化技术、建筑废弃物利用、污水处理及回用技术、农业废弃物资源化、物质流分析和园区循环化改造等8个方面积极开展务实合作，并创新合作方式，建立固定工作机制，双方同意各指定1-2家机构作为合作的支撑单位。

6月8~10日，首届“中国再生资源产业发展高峰论坛”在青岛举行。国家发改委副主任解振华作了题为“加快建设城市矿产示范基地，促进再生资源产业化发展”的主旨讲话指出，“十二五”期间，国家将以提高资源产出率为目标，推进生产、流通、消费各环节循环经济发展，加快构建覆盖全社会的资源循环利用体系。

6月9日 国家发改委环资司与日本国际协力机构在青岛共同举办“中日合作城市典型废弃物循环利用研讨会”。旨在推进构建中国城市典型废弃物循环利用体系，深化两国的务实合作。

6月9日 家发改委环资司、国家开发银行评审二局在山东省青岛市召开循环经济投融资座谈会，问题，推动循环经济形成较大规模。座谈会期间，国家发展改革委环资司与国家开发银行评审二局签署了《关于支持“十二五”循环经济发展合作框架协议》。

6月10日 国家发改委、北京市人民政府共同主办的“2012中国北京国际节能环保展览会’在北京展览馆开幕，国内外300多家企业参展。汪光焘、郭金龙、解振华出席开幕式。“节展会”设置了循环经济、工业节能、建筑节能、清洁空气等8个专业展区。

6月10日 由国家发展和改革委员会等14个部委共同主办的2012年全国节能宣传周10日在京启动。全国节能宣传周期间（6月10日至16日），各地围绕“节能低碳，绿色发展”的主题，宣传国家推进节能减排、发展循环经济取得的成果，推动全社会树立绿色低碳发展理念，推广低碳技术，形成文明、节约、绿色、低碳的消费模式和生活方式。到今年，全国节能宣传周已连续举办了22届。

6月16日 国务院印发《“十二五”节能环保产业发展规划》（国发[2012]19号）。《规划》提出，到2015年我国节能环保产业总产值达4.5万亿元，增加值占国内生产总值的比重为2%左右的总体目标；明确了政策机制驱动、技术创新引领、重点工程带动、市场秩序规范、服务模式创新的基本原则；并提出了七个方面的政策措施。“十二五”时期，为加快节能环保产业发展，我国将实施重大节能技术与装备产业化、半导体照明产业化及应用、“城市矿产”示范、再制造产业化、产业废物资源化利用、重大环保技术装备及产品产业化示范、海水淡化产业基地建设、节能环保服务业培育等八大重点工程，必将推动战略性新兴产业的快速发展。

6月20日 国务院总理温家宝在里约热内卢出席联合国可持续发展大会，发表《共同谱写人类可持续发展新篇章》的演讲表示，应当积极探索发展绿色经济的有效模式，因地制宜，把发展绿色经济作为各国推动可持续发展、促进世界经济复苏的有效途径；应当完善全球治理机制，充分发挥联合国的领导作用，更好统筹经济发展、社会进步和环境保护三大支柱。

6月20日 “限塑令”实施4周年宣传活动举行。“限塑令”实施以来，全国累计减少塑料消耗8 0万吨，相当于节约石油480万吨，约占大庆油田年产量的八分之一，折合标准煤680多万吨。这对于节约能源资源、保护生态环境、积极应对全球气候变化发挥了积极作用。

6月28日 商务部在北京召开废旧商品回收体系电视电话会议，贯彻落实《国务院办公厅关于建立完整的先进的废旧商品回收体系的意见》（国办发[2011]49号）精神，落实重点工作任务分工，研究部署下一步工作。商务部副部长姜增伟强调，争取到“十二五”期末，初步建立起完整先进的废旧商品回收体系，全国重点品种回收率达到70%以上。

7月

7月5日 环境保护部发布《2012年国家先进污染防治示范技术名录》和《2012年国家鼓励发展的环境保护技术目录》（环境保护部公告 2012年 第39号）。《国家先进污染防治示范技术名录》所列的新技术、新工艺在技术方法上具有创新性，技术指标具有先进性，已基本达到实际工程应用水平。《国家鼓励发展的环境保护技术目录》所列的技术是已经工程实践证明的成熟技术。

7月9日 国务院印发《“十二五”国家战略性新兴产业发展规划》（国发[2012]28号）。《规划》提出，重点发展方向和主要任务包括高效节能产业、先进环保产业、资源循环利用产业等产业。实施重大环保技术装备及产品产业化示范工程、重要资源循环利用工程等。

7月10日 科技部、环境保护部印发《蓝天科技工程“十二五”专项规划》（国科发计[2012]719号）。规划总体目标是：以改善空气质量和保障公众健康为核心，大幅提升大气环境保护自主创新能力，基本形成适合国情的涵盖

大气环境科学理论、污染控制技术、监测预警技术、决策支撑技术的大气污染防治技术创新体系，基本建成蓝天科技创新人才培养与技术成果转化服务体系。

7月11日 温家宝总理主持召开国务院常务会议讨论通过《节能减排“十二五”规划》，要求形成加快转变经济发展方式的倒逼机制，建立健全有效的激励和约束机制，大幅度提高能源利用效率，显著减少污染物排放，确保到2015年实现单位国内生产总值能耗比2010年下降16%，化学需氧量、二氧化硫排放总量减少8%，氨氮、氮氧化物排放总量减少10%的约束性目标。

7月30日 温家宝总理主持召开国务院常务会议，鼓励民间投资加快推广国内外先进节能、节水、节材技术和工艺，提高能源资源利用效率，提高成熟适用清洁生产技术普及率。

7月30日 国务院办公厅印发的《关于加快林下经济发展的意见》提出，不断延伸产业链条，大力发展林业循环经济。

7月30日 商务部流通发展司在湖北省武汉市召开全国废旧商品回收体系建设工作会议，通报再生资源回收体系建设项目督查情况，就重点工作进行了部署，提出了工作要求。

7月31日 全国首个国家级循环经济研究基地在武汉市光谷金融港成立。该基地旨在集聚循环经济领域专家人才，推动社会各界、各部门研究资源整合；聚焦与废旧商品回收相关的重点领域、重点环节，促进技术研发与应用；创新回收利用模式，推动产业链各环节融合发展；组织开展宣传教育与国际交流，形成官产学研一体化、社会化和国际化的循环经济研究平台，为我国建立完整的、先进的废旧商品回收体系提供参考与决策依据。

7月31日 工业和信息化部印发《轮胎翻新行业准入条件》和《废轮胎综合利用行业准入条件》。

8月

8月2~3日 工业和信息化部在山东召开全国工业固体废弃物综合利用基地试点工作座谈会。12个基地分别就本地区2011年基地建设工作进展情况、主要做法以及2012年工作思路做了汇报，并就基地建设开展以来所取得的经验和问题进行了深入交流和讨论。

8月3日 环境保护部在京召开2012年上半年主要污染物总量减排核查核算视频会议。环境保护部副部长张力军部署2012年上半年主要污染物总量减排核查核算工作。

8月6日 国务院印发《节能减排“十二五”规划》（国发[2012]40号）。《规划》确定节能减排“十二五”总体目标：到2015年，全国万元国内生产总值能耗下降到0.869吨标准煤（按2005年价格计算），比2010年的1.034吨标准煤下降16%（比2005年的1.276吨标准煤下降32%）。“十二五”期间，实现节约能源6.7亿吨标准煤。2015年，全国化学需氧量和二氧化硫排放总量分别控制在2347.6万吨、2086.4万吨，比2010年的2551.7万吨、2267.8万吨各减少8%，分别新增削减能力601万吨、654万吨；全国氨氮和氮氧化物排放总量分别控制在238万吨、2046.2万吨，比2010年的264.4万吨、2273.6万吨各减少10%，分别新增削减能力69万吨、794万吨。《规划》提出了节能改造、节能产品惠民、合同能源管理推广、节能技术产业化示范、城镇生活污水处理设施建设、重点流域水污染防治、脱硫脱硝、规模化畜禽养殖污染防治、循环经济示范推广、节能减排能力建设等十大重点工程和保障措施。

8月6日 由中国国家发展改革委、中国商务部、驻日本使馆与日本经济产业省、日中经济协会共同举办的“第七届中日节能环保综合论坛”在日本东京举行。中国国家发展改革委主任张平、中国商务部国际贸易谈判代表兼副部长高虎城、驻日本大使程永华，日本经济产业省大臣枝野幸男、环境省大臣细野豪志、日中经济协会会长张富士夫等出席论坛并分别发表演讲。论坛期间，张平主任和枝野幸男大臣举行了双边会谈。双方交换了47个节能环保签约项目的文本。

8月6日 环境保护部印发《综合类生态工业园区标准》（HJ274-2009）修改方案。

8月6日 住房城乡建设部通报，截至6月底，全国已有21个省（区、市）实现了污水处理设施市（县）级别的全覆盖。全国设市城市、县累计建成城镇污水处理厂3243座，日处理能力达到1.39亿立方米。全国城镇污水处理厂累计处理水量103.56亿立方米。

8月10日 清华大学主办以“餐厨垃圾处理处置与利用”为主题的“2012固废热点论坛”。我国每年产生餐厨垃圾产生量约5000~6000万吨／年。

8月16日 商务部、国务院机关事务管理局在石家庄举行部分省市公共机构废旧商品回收体系建设签约仪式，要求各级公共机构开展废旧商品回收体系建设工作。签约仪式上，河北、辽宁、吉林、安徽、江西、山东、湖北、重庆等8个省市分别与当地废旧商品回收企业签署合作协议，协议双方将在本地区合作推动公共机构废旧商品回收体系建设工作，开展废纸、废塑料、危险废弃物、废弃电器电子类资产等废旧商品的分类收集和科学处理。

8月16日 中国商用飞机有限责任公司与美国波音公司在北京昌平正式启动总投资为25亿元的航空节能减排技术

中心，其首个研究项目为探索使用废弃食用油（国内俗称为地沟油）提炼航空生物燃料。

8月21日 国家发展改革委办公厅发出《关于开展“十二五”城市城区限制使用黏土制品 县城禁止使用实心黏土砖工作的通知》（发改办环资[2012]2313号），开展“城市限黏、县城禁实”，大力发展节能节地利废的新型墙体材料，推广应用节能利废的新型墙体材料新技术、新产品，推动新型墙体材料行业节能降耗。提出到2015年，全国30%以上的城市实现“限黏”、50%以上县城实现“禁实”，有序推进乡镇、农村“禁实”工作。“十二五”期间推动全国新型墙体材料行业节约1000万吨标煤以上，力争到2015年新型墙体材料产品生产能耗下降20%。

9月

9月11日和9月13日 由农业部科技教育司主办的全国农村妇女沼气使用知识竞赛分别在呼和浩特和武汉举行。此次全国农村妇女沼气使用知识竞赛共有28支代表队84名选手参加了分区决赛，参与选拔的农村妇女达1.2万人。2003年以来，中央累计投资314亿元，支持建设户用沼气池1730多万户、小型沼气工程2.4万处和大中型沼气工程近3700处，建成乡村服务网点近9万个、县级服务站800多个，服务沼气用户3000万户左右，覆盖率达到75%。截止到2011年底，全国沼气用户达到4000多万户，占适宜农户数的34%，受益人口达1.5亿人。

9月13~14日 甘肃省发展循环经济工作暨经验交流现场会在金昌市召开，甘肃省省长刘伟平出席会议并讲话，国家发改委副秘书长赵家荣出席会议并讲话。2009年12月，国务院批复了《甘肃省循环经济总体规划》两年多来，甘肃省委、省政府扎实推进总体规划的实施，取得了阶段性成果。

9月18日 财政部、国家发展改革委印发《循环经济发展专项资金管理暂行办法》，自2012年9月1日施行，由中央财政预算安排，专项用于支持循环经济重点工程和项目的实施、循环经济技术和产品的示范与推广、循环经济基础能力建设等方面。支持范围包括国家“城市矿产”示范基地资源新增加工处理能力(含改造)、基础设施、公共服务平台及回收体系的建设，餐厨废弃物资源化利用和无害化处理、园区循环化改造示范、再制造、清洁生产技术示范推广、循环经济(含清洁生产，下同)基础能力建设、国务院循环经济发展综合管理部门、财政部协商确定的其他重点工作。

9月27日 商务部流通发展司在辽宁省大连市召开废旧商品回收利用宣传暨流通领域节能减排工作座谈会。会议就做好废旧商品回收利用宣传及流通领域节能减排工作进行了部署。

9月 中国石油化工股份有限公司和空中客车公司跨行业合作，共同推动环保型航空燃料（即航空生物燃料）在我国的生产和应用，并首次在我国建立完整的航空生物燃料生产体系。

10月

10月8日 由山东龙力生物公司生产的首批2500吨燃料乙醇交付中石化和中石油的山东分公司销售，标志着往汽油里添加的燃料乙醇生产技术已在我国实现重大突破。

10月9日 国家发展改革委印发《关于表彰全国循环经济工作先进单位的通报》（发改环资[2012]3125号）。《通报》说，“十一五”以来，国家有关部门和地方把发展循环经济作为转变经济发展方式，建设资源节约型和环境友好型社会的重要举措，在全国范围内得到迅速发展，涌现出一批发展循环经济的典型企业和园区。为表扬先进，树立典型，进一步推进生产、流通、消费各环节循环经济发展，加快构建覆盖全社会的资源循环利用体系，国家发展改革委决定将北京水泥厂有限责任公司等76个企业和园区确定为全国循环经济工作先进单位，并予以表彰。各地要通过召开现场经验交流会、组织新闻媒体宣传报道等多种形式，加大对全国循环经济工作先进单位的宣传和推广力度。

10月10日 亚洲最大的垃圾填埋气发电项目在上海老港正式并网，满负荷生产后每年可向上海电网输送“绿色电力”约1.1亿千瓦时，解决约10万户居民的日常用电。

10月17日 国家发改委副主任解振华等考察中国工程院节能科技楼，听取了中国工程院关于节能科技楼建设情况的汇报，实地察看了楼宇节能管理系统、餐厨垃圾处理利用、雨水收集利用、中水利用等。中国工程院节能科技楼以系统集成的方式，综合运用各种节能技术，取得了良好的节能效果。如果这些技术在全国加以推广，对于实现我国节能减排目标将起到重要的作用。

10月25日 工信部节能司、原材料司联合在宁夏石嘴山市召开“利用工业废弃物生产水泥熟料技术”现场交流会。

10月29日 环境保护部 、国家发展和改革委、 财政部印发《重点区域大气污染防治“十二五”规划》（环发[2012]130号）。规划目标：到2015 年，重点区域二氧化硫、氮氧化物、工业烟粉尘排放量分别下降12%、13%、

10%，挥发性有机物污染防治工作全面展开；环境空气质量有所改善，可吸入颗粒物、二氧化硫、二氧化氮、细颗粒物年均浓度分别下降10%、10%、7%、5%，臭氧污染得到初步控制，酸雨污染有所减轻；建立区域大气污染联防联控机制，区域大气环境管理能力明显提高。京津冀、长三角、珠三角区域将细颗粒物纳入考核指标，细颗粒物年均浓度下降6%；其他城市群将其作为预期性指标。

10月30日 农业部召开全国秸秆循环农业现场会。全国已累计建设秸秆固体成型加工点超过100处、年产成型燃料30万吨以上，秸秆沼气集中供气工程150多处，秸秆热解气化站近900处，生物质直燃发电项目40多个、总装机容量约82万千瓦。据测算，秸秆新型能源化开发利用量约640万吨。

11月

11月5日 国家发展改革委副主任解振华带队赴天津市调研中新天津生态城创建国家绿色发展示范区和北疆发电厂循环经济发展的有关情况。科技部、财政部、环保部、住建部、文化部、商务部和人民银行、税务总局等有关部门负责人和院士专家参加。

11月6日 国家发展改革委办公厅印发《关于印发资源综合利用“双百工程”示范基地和骨干企业名单（第一批）及有关事项的通知》（发改办环资[2012]3309号），选出50家单位作为首批资源综合利用“双百工程”示范基地和骨干企业。

11月8日 中共中央总书记胡锦涛在中国共产党第十八次全国代表大会上的报告中，把大力推进生态文明建设纳入社会主义现代化建设总体布局。《报告》提出，建设生态文明，是关系人民福祉、关乎民族未来的长远大计。坚持节约资源和保护环境的基本国策，坚持节约优先、保护优先、自然恢复为主的方针，着力推进绿色发展、循环发展、低碳发展，形成节约资源和保护环境的空间格局、产业结构、生产方式、生活方式，从源头上扭转生态环境恶化趋势，为人民创造良好生产生活环境，为全球生态安全作出贡献。《报告》还强调，要坚持共同但有区别的责任原则、公平原则、各自能力原则，同国际社会一道积极应对全球气候变化。

11月9日 全国废旧商品回收利用宣传活动暨流通领域节能环保“百城千店”示范工程启动仪式在广州举行。商务部副部长姜增伟出席启动仪式并致辞。本次废旧商品回收利用宣传活动自2012年11月9日起，为期一周，围绕“废品回收人人参与，循环发展家家受益”的宣传主题，重点开展绿色回收进社区、进机关、进高校和进商场等活动，旨在通过宣传资源回收和节能环保理念，提高每个公民、每个家庭乃至全社会的节能环保意识。商务部同时启动了流通领域节能环保“百城千店”示范工程，公布了第一批全国248家流通领域节能环保“百城千店”示范企业，通过示范带动流通领域节能减排可持续发展。商务部在上述启动仪式上发布了《2012年零售业节能环保绿皮书》。

11月15日 新当选的中共中央总书记习近平在党的十八届一中全会上讲话强调，我们要继续推进生态文明建设，坚持节约资源和保护环境的基本国策，把生态文明建设放到现代化建设全局的突出地位，把生态文明理念深刻融入经济建设、政治建设、文化建设、社会建设各方面和全过程，从根本上扭转生态环境恶化趋势，确保中华民族永续发展，为全球生态安全作出我们应有的贡献。

11月19日 工业和信息化部办公厅印发《关于加强工业清洁生产示范项目管理与监督工作的通知》（工信厅节[2012]222号）。

11月19日 国家发展改革委环资司和财政部经建司在长沙召开“国家‘城市矿产’示范基地建设现场会”，总结几年来国家“城市矿产”示范基地建设经验，进一步推进示范基地建设工作。会议要求，进一步加快国家“城市矿产”示范基地建设，达到回收体系网络化、产业链条合理化、资源利用规模化、技术装备领先化、基础设施共享化、环保处理集中化、运营管理规范化，实现再生资源回收与利用的一体化发展，实现再生资源的规模化利用、高值化利用、清洁利用、安全利用。

11月20日 国家能源局印发《可再生能源发电工程质量监督体系方案》。

11月21日 国务院新闻办举行新闻发布会，发布《中国应对气候变化的政策与行动2012年度报告》，循环经济为重要内容。

11月26日 国务院办公厅印发《国家农业节水纲要（2012—2020年）》(国办发〔2012〕55号)。发展目标：到2020年，在全国初步建立农业生产布局与水土资源条件相匹配、农业用水规模与用水效率相协调、工程措施与非工程措施相结合的农业节水体系。基本完成大型灌区、重点中型灌区续建配套与节水改造和大中型灌排泵站更新改造，小型农田水利重点县建设基本覆盖农业大县;全国农田有效灌溉面积达到10亿亩，新增节水灌溉工程面积3亿亩，其中新增高效节水灌溉工程面积1.5亿亩以上;全国农业用水量基本稳定，农田灌溉水有效利用系数达到0.55以上;全国旱作节水农业技术推广面积达到5亿亩以上，高效用水技术覆盖率达到50%以上。

12月

12月3日 以“开发城市矿产，发展循环经济”为主题的首届“城市矿产”博览会在北京举行。全国政协副主席白立忱、发展改革委副秘书长赵家荣等出席开幕式。12月4日，由中国再生资源回收利用协会主办，中华全国供销合作总社、国家发改委、财政部、环境保护部、工信部、商务部等相关部委共同支持举办的2012“城市矿产”产业高峰论坛在京举行。发展改革委副秘书长赵家荣、供销合作总社理事会副主任顾国新等致辞。

12月4日 中共中央总书记习近平主持召开中共中央政治局会议，作出中央政治局关于改进工作作风、密切联系群众的八项规定，提出“厉行勤俭，严格执行待遇规定”的规定。“八项规定”和习近平总书记的重要讲话，有力地推动了人们自觉地认真贯彻落实节约优先、节约资源的基本国策，节约集约利用有限的能源与自然资源，大力倡导珍惜资源、节约资源，促进绿色发展、循环发展、低碳发展的文明理念和消费模式，加快建设资源节约型社会。从中央对党员干部提出的新要求，到网民发起的用餐“光盘行动”，全社会掀起节约优先、节约资源的新风。

12月6日 第一届中国国际废纸利用大会在北京召开。会议针对当前经济形势下废纸回收再利用存在的问题，聚焦上下游产业链，研究探讨解决废纸回收利用的有效措施，促进行业健康有序发展。

12月6日 国家发展改革委环资司在江西省井冈山市召开墙体材料革新工作会议。会议强调：墙体材料革新工作要大力推进生态文明建设，树立绿色、低碳发展理念，以推进节能减排、促进循环经济发展为重心，以服务建筑、保护耕地、推动资源综合利用为目标，深入推进“城市限黏、县城禁实”工作，大力发展利废、节能、环保、节地的新型墙体材料，推动产业优化升级，促进资源节约型、环境友好型社会建设。

12月12日 国务院总理温家宝主持召开国务院常务会议，研究部署发展循环经济。会议讨论通过国务院常务会议研究部署发展循环经济。

会议指出，发展循环经济是我国经济社会发展的重大战略任务，是推进生态文明建设、实现可持续发展的重要途径和基本方式。今后一个时期，要围绕提高资源产出率，健全激励约束机制，积极构建循环型产业体系，推动再生资源利用产业化，推行绿色消费，加快形成覆盖全社会的资源循环利用体系。

会议讨论通过《“十二五”循环经济发展规划》（2013年1月23日公布更名为《循环经济发展战略及近期行动计划》）。《规划》明确了发展循环经济的主要目标、重点任务和保障措施。在全国范围内推广循环经济典型模式，构建循环经济产业体系（循环型工业体系、循环型农业体系、循环型服务业体系），开展循环经济示范行动，实施“十百千”示范工程（十大工程，百个循环经济示范市县，千家循环经济示范企业和园区），创建示范城市，培育示范企业和园区。

12月13日 工业和信息化部印发荧光灯等6个行业清洁生产技术推行方案。

12月13日 工业和信息化部在武汉召开机床行业再制造技术现场交流会。重点交流机床再制造与综合提升技术发展、产业化模式，以及再制造产品认定实施情况等。

12月14日 太原市通过国家级循环经济标准化试点城市中期评估。作为全国首个以省会城市为单位开展综合性循环经济标准化试点工作的城市，太原通过典型引路、示范推广，将企业层面的“小循环”、园区层面的“中循环”和社会层面的“大循环”有机结合，形成了政府推动、部门联动、企业主动、社会参与的良好氛围，具有太原特色的循环经济标准化试点市发展模式已初步形成。

12月15日，中共中央总书记习近平主持召开的中央经济工作会议指出，经济发展和资源环境的矛盾仍然突出。会议确定，要把生态文明理念和原则全面融入城镇化全过程，走集约、智能、绿色、低碳的新型城镇化道路。

12月25日 中共中央办公厅、国务院办公厅就做好2013年元旦、春节期间有关工作发出通知，要求大力宣传节约、绿色、低碳消费，积极倡导健康文明节日文化理念。

12月27日 商务部在北京召开废旧商品回收体系建设部际联席办公室会议，总结2012年各部门开展废旧商品回收体系工作情况，讨论2013年重点工作。

12月25日 浙江省确定29个园区为第一批省级生态循环农业示范区。2015年前，全省计划创建100个省级生态循环农业示范区。29个园区形成各具特色的创建模式。